JN232871

建築基礎のための地盤改良設計指針案

Recommendations for Design of Ground Improvement

for Building Foundations

2006 制定

日本建築学会

本書のご利用にあたって

　本書は，作成時点での最新の学術的知見をもとに，技術者の判断に資する技術の考え方や可能性を示したものであり，法令等の補完や根拠を示すものではありません．また，本書の数値は推奨値であり，それを満足しないことが直ちに建築物の安全性を脅かすものでもありません．ご利用に際しては，本書が最新版であることをご確認ください．本会は，本書に起因する損害に対しては一切の責任を有しません．

ご案内

　本書の著作権・出版権は(一社)日本建築学会にあります．本書より著書・論文等への引用・転載にあたっては必ず本会の許諾を得てください．
　Ⓡ＜学術著作権協会委託出版物＞
　本書の無断複写は，著作権法上での例外を除き禁じられています．本書を複写される場合は，学術著作権協会（03-3475-5618）の許諾を受けてください．

一般社団法人　日本建築学会

序

　地盤改良が建築の分野で積極的に採用されるようになったのは，兵庫県南部地震以後である．この震災によって，セメント系固化材を用いた深層混合処理工法による改良地盤上の建物にはほとんど被害が認められなかったことや，締固め工法による改良地盤においても上部構造に致命的な被害を生じているものはほとんどなかったことにより，この工法が一躍脚光を浴びた．本会編「建築基礎構造設計指針」においても地盤改良について詳細に記述されているものの，さらに独立した設計指針として発刊を希望する声も多かった．そこで，1998年に基礎構造運営委員会の下部組織として，地盤改良小委員会が発足し，固化工法のうちの深層混合処理工法と締固め工法に関して，設計法を中心にしながら併せて施工管理・品質管理手法の一連の流れとその考え方が整理され，今回の指針へとつながっていった．

　指針の構成は第Ⅰ編が深層混合処理工法，第Ⅱ編が締固め工法とし，それぞれ本文・解説という形式をとり，読者が知りたい重要事項を容易に見出せるものとした．深層混合処理工法編においては，直接基礎の設計のほかに液状化対策や杭基礎の水平抵抗力の増加などについてもふれ，最新の技術的知見を積極的に取り入れている．締固め工法編においては，これまで建築基礎を設計するための技術資料や指針類がほとんど整備されていない状況にあった．そこで，従来どおりの標準的手法（簡便法）以外に最新の知見を盛り込み積極的な採用を推奨している手法（推奨法），および今後のデータの蓄積や研究成果の蓄積を前提に現状では提案に留めている手法（詳細法）の3種類から各種の条件に応じて構造設計者が自由に選択できる新しい形式を提案している．このように，本指針は従来の指針とは異なるスタイルをとっていることから，本書のタイトルを「指針案」とした．

　建築の分野における地盤改良は歴史も浅く，未解決な要素も多い．今後さらに活発な研究が進められるとともに，本指針について多くのご意見を寄せられることを期待する．

2006年11月

日本建築学会

指針案作成関係委員 (2006年3月)
―(五十音順・敬称略)―

構造委員会本委員会
委員長 和田 章
幹事 倉本 洋　福和 伸夫　緑川 光正
委員 (省略)

基礎構造運営委員会
主査 時松 孝次
幹事 安達 俊夫　石井 雄輔
委員 伊藤 淳志　梅野 岳　小椋 仁志　桂 豊
　　　　桑原 文夫　小林 勝已　鈴木 康嗣　田村 修次
　　　　田村 昌仁　土屋 勉　冨永 晃司　藤井 衛
　　　　真島 正人　三町 直志　山下 清

地盤改良小委員会
主査 藤井 衛
幹事 鈴木 吉夫　真島 正人
委員 青木 功　安達 俊夫　伊勢本 昇昭　大西 智晴
　　　　近藤 秀貴　佐原 守　田中 俊平　田村 昌仁
　　　　山崎 勉
元委員 石崎 仁　川村 政史　笹尾 光　椎野 宏明
　　　　神保 俊次　寺田 邦雄　中野 健二　日比野 信一
　　　　山本 実

固化ワーキンググループ
主査 鈴木 吉夫
委員 青木 功　内山 晴夫　大西 智晴　清田 正人
　　　　近藤 秀貴　田中 俊平　田村 昌仁　藤井 衛
　　　　又吉 直哉
協力メンバー 三輪 紅介　本目 貴史

締固めワーキンググループ

主　査　　真島　正人
委　員　　安達　俊夫　　伊勢本　昇昭　　駒崎　俊治　　佐原　　守
　　　　　船原　英樹　　山崎　　勉　　吉田　　正　　吉富　宏紀

原案執筆担当

本指針作成にあたって　　　　　　　　藤井　衛

第Ⅰ編　深層混合処理工法編
第1章　総　論　　　　　　　1.1〜1.5　　藤井　衛

第2章　地盤改良の計画　　　　2.1〜2.5　　青木　功

第3章　調　査　　　　　　　3.1　　　　藤井　衛
　　　　　　　　　　　　　　3.2　　　　藤井　衛　　大西智晴

第4章　地盤改良の設計　　　　4.1　　　　青木　功
　　　　　　　　　　　　　　4.2　　　　清田正人
　　　　　　　　　　　　　　4.3　　　　大西智晴
　　　　　　　　　　　　　　4.4　　　　田中俊平
　　　　　　　　　　　　　　4.5　　　　大西智晴
　　　　　　　　　　　　　　4.6　　　　田中俊平
　　　　　　　　　　　　　　4.7〜4.9　　鈴木吉夫

第5章　改良体の施工および品質管理　5.1〜5.3　田村昌仁

第6章　環境への配慮　　　　　6.1〜6.6　　近藤秀貴

第7章　設計例　　　　　　　　7.1〜7.4　　青木　功　　内山晴夫
　　　　　　　　　　　　　　　　　　　　又吉直哉

付録
付録1　深層混合処理工法の実施例　付1.1, 付1.2　又吉直哉

付録2　その他の固化工法　　　付2.1　　田中俊平
　　　　　　　　　　　　　　付2.2　　大西智晴
　　　　　　　　　　　　　　付2.3　　伊勢本昇昭

第Ⅱ編　締固め工法編

章	節	担当者
第1章 総論	1.1〜1.5	真島正人　安達俊夫
第2章 地盤改良の計画	2.1〜2.5	吉富宏紀
第3章 調査	3.1, 3.2	吉田正　駒崎俊治
第4章 液状化対策としての設計	4.1〜4.5	吉富宏紀　伊勢本昇昭
第5章 直接基礎の設計	5.1〜5.5	佐原守　伊勢本昇昭
第6章 杭基礎の設計	6.1〜6.6	山崎勉　船原英樹
第7章 施工管理	7.1〜7.3	吉富宏紀
第8章 品質管理	8.1〜8.3	吉田正　駒崎俊治
第9章 設計例	9.1	佐原守
	9.2	吉富宏紀
	9.3	山崎勉　船原英樹

建築基礎のための地盤改良設計指針案
目　　　次

本指針案の作成にあたって ……………………………………………………………… 1

第Ⅰ編　深層混合処理工法編
第1章　総　　論
　1.1節　本編の方針………………………………………………………………………… 5
　1.2節　適用範囲…………………………………………………………………………… 7
　1.3節　本編の構成………………………………………………………………………… 8
　1.4節　用　　語…………………………………………………………………………… 9
　1.5節　記　　号……………………………………………………………………………11

第2章　地盤改良の計画
　2.1節　基本事項……………………………………………………………………………15
　2.2節　改良地盤の要求性能と限界値……………………………………………………17
　2.3節　改良地盤の支持力特性……………………………………………………………17
　2.4節　留意事項……………………………………………………………………………22
　2.5節　施工管理と品質管理………………………………………………………………25

第3章　調　　査
　3.1節　調査目的……………………………………………………………………………27
　3.2節　調査内容……………………………………………………………………………27

第4章　地盤改良の設計
　4.1節　基本事項……………………………………………………………………………33
　4.2節　改良体の配合試験および特性……………………………………………………47
　4.3節　鉛直支持力…………………………………………………………………………63
　4.4節　沈　　下……………………………………………………………………………70
　4.5節　水平抵抗力…………………………………………………………………………76
　4.6節　偏土圧………………………………………………………………………………89
　4.7節　液状化対策…………………………………………………………………………100
　4.8節　杭基礎の水平抵抗力の増加………………………………………………………117
　4.9節　地震時挙動…………………………………………………………………………121

第5章　改良体の施工および品質管理
- 5.1節　基本事項 …………………………………………………………………129
- 5.2節　施工および施工管理 ……………………………………………………134
- 5.3節　品質検査と管理結果の表示 ……………………………………………138

第6章　環境への配慮
- 6.1節　基本事項 …………………………………………………………………147
- 6.2節　地盤変状 …………………………………………………………………148
- 6.3節　騒音・振動 ………………………………………………………………151
- 6.4節　粉塵・臭気 ………………………………………………………………153
- 6.5節　土壌・地下水への影響 …………………………………………………154
- 6.6節　建設発生土と建設汚泥 …………………………………………………160

第7章　設計例
- 設計例の概要 ……………………………………………………………………163
- 7.1節　支持層が浅い場合 ………………………………………………………164
- 7.2節　支持層が深い場合 ………………………………………………………180
- 7.3節　支持層が傾斜している場合 ……………………………………………197
- 7.4節　偏土圧を受ける場合 ……………………………………………………216

付録
- 付録1　深層混合処理工法の実施事例
  - 付1.1　異種基礎に適用した実施事例 ………………………………………237
  - 付1.2　支持層が深い場合の実施事例 ………………………………………241
- 付録2　その他の固化工法
  - 付2.1　噴射攪拌式深層混合処理工法 ………………………………………247
  - 付2.2　流動化処理工法 ………………………………………………………253
  - 付2.3　浅層混合処理工法 ……………………………………………………257

第II編　締固め工法編
第1章　総論
- 1.1節　本編の方針 ………………………………………………………………265
- 1.2節　適用範囲 …………………………………………………………………269
- 1.3節　本編の構成 ………………………………………………………………272
- 1.4節　用語 ………………………………………………………………………274
- 1.5節　記号 ………………………………………………………………………274

第2章 地盤改良の計画
2.1節 基本事項……………………………………………………………………277
2.2節 改良地盤の要求性能と限界値……………………………………………283
2.3節 改良地盤の力学的特性の評価方法………………………………………283
2.4節 改良地盤のばらつきの評価方法…………………………………………287
2.5節 施工管理と品質管理………………………………………………………295

第3章 調査
3.1節 調査目的と調査計画………………………………………………………297
3.2節 地盤調査の方法と留意事項………………………………………………304

第4章 液状化対策としての設計
4.1節 基本事項……………………………………………………………………313
4.2節 設計の手順…………………………………………………………………316
4.3節 液状化判定…………………………………………………………………318
4.4節 改良仕様の設計……………………………………………………………329
4.5節 改良仕様の計算例…………………………………………………………340

第5章 直接基礎の設計
5.1節 基本事項……………………………………………………………………343
5.2節 設計フロー…………………………………………………………………347
5.3節 鉛直支持力…………………………………………………………………348
5.4節 沈下…………………………………………………………………………352
5.5節 改良範囲……………………………………………………………………361

第6章 杭基礎の設計
6.1節 基本事項……………………………………………………………………367
6.2節 設計フロー…………………………………………………………………371
6.3節 鉛直支持力…………………………………………………………………371
6.4節 引抜き抵抗力………………………………………………………………374
6.5節 水平抵抗力および水平変位………………………………………………375
6.6節 改良範囲……………………………………………………………………382

第7章 施工管理
7.1節 基本事項……………………………………………………………………387
7.2節 性能を確保するための施工管理…………………………………………387

7.3節　環境に配慮した施工管理……………………………………………………………390

第8章　品 質 管 理

8.1節　品質管理の目的と実施項目……………………………………………………………397
8.2節　品質管理のための地盤調査方法………………………………………………………400
8.3節　検査結果の評価方法……………………………………………………………………406

第9章　設　計　例

設計例の概要 ………………………………………………………………………………415
9.1節　直 接 基 礎（独立基礎）………………………………………………………………415
9.2節　直 接 基 礎（べた基礎）………………………………………………………………426
9.3節　杭　基　礎………………………………………………………………………………438

建築基礎のための地盤改良設計指針案

建築基礎のための地盤改良設計指針案

本指針案の作成にあたって

・はじめに

　本会編「建築基礎構造設計指針［2001年版］」（以後，基礎指針と呼ぶ）には[1]，地盤改良として固化工法と締固め工法についての記述がある．地盤改良が積極的に取り上げられたのは，この2001年版の指針が初めてであり，それ以前の指針には液状化対策として，いくつかの締固め工法の利用例が示されているにすぎなかった．しかし，両工法とも2001年版の指針においても，設計できるほどの情報が網羅されているわけではない．固化工法と締固め工法では，建築の分野における設計の適用頻度が非常に異なる．固化工法については，すでに1997年に㈶日本建築センターから「建築物のための改良地盤の設計及び品質管理指針」（以後，センター指針と呼ぶ）が発行され，急速に地盤改良工法が我が国に広まった経緯がある[2]．ただし，この指針は一定水準以上の改良地盤の築造・設計・品質管理ができるように作成されたものであり，改良地盤の計画・設計のみに特化して作成されたものではない．一方，締固め工法にいたっては，建築基礎を設計するための技術資料や指針類についてはほとんど整備されていない状況にある．しかし，これら工法の設計に対する需要は高まる一方であり，両工法の設計指針の作成を望む声が非常に強くなってきた．このような背景のもとに，本指針は作成された．

　本指針では，基本方針は基礎指針に準じており，固化工法として建築基礎への適用実績が最も多いスラリー系の機械攪拌式深層混合処理工法を対象としている．この深層混合処理工法と締固め工法は同じ地盤改良ではあるが設計の考え方は全く異なる．そこで，本指針では，この両工法を深層混合処理工法編，締固め工法編として分け，それぞれ地盤改良の計画から設計法，施工管理・品質管理手法の一連の流れおよび設計例を示した．両工法とも，建築物を対象とした地盤改良工法の設計法ならびにその考え方を示すものであるが，深層混合処理工法は設計に関する情報や設計例の提示に主眼を置き，締固め工法は設計法そのものに主眼を置いているので，両工法の各章の構成および内容にはかなりの違いがあり，従来の指針とは異なるスタイルをとっていることから本書のタイトルを「指針案」とした．ただし，本書は基礎指針で不足していた地盤改良の設計法に関する記述を充実させたものであり，基礎指針の地盤改良編として位置付けられる．

・本指針で対象とする地盤改良工法

　地盤改良は，図1に示すように各種の方法に分類されるが，建築基礎への適用実績が多いのは固化工法と締固め工法である．固化工法には浅層混合処理工法と深層混合処理工法があるが，本指針

では，先にも述べたように機械攪拌式深層混合処理工法を対象としている．特に機械攪拌式深層混合処理工法のみを対象としたのは，この工法が実績に比してあまりにも設計方法を示した専門書籍類が少ないため，現状では画一的に設計されることが多く，十分にこの工法の適用性が活かされていないと判断したからである．本指針により，深層混合処理工法の有用性が理解できれば，さらに基礎設計の選択肢も拡大されよう．なお，本指針では，浅層混合処理工法や機械攪拌式以外の深層混合処理工法を本指針の本文で取り扱っていない．しかし，これらの工法は，最近，実績が増大し，研究論文も多数学会等で報告されてきているので，付録として噴射攪拌式深層混合処理工法，流動化処理工法および浅層混合処理工法の概要を示した．設計時に参考にされたい．一方，本指針で扱う締固め工法は，建築基礎への適用実績を考慮してサンドコンパクションパイル工法，バイブロフロテーション工法，ディープ・バイブロ工法ならびに静的締固め砂杭工法の4工法を対象としている．

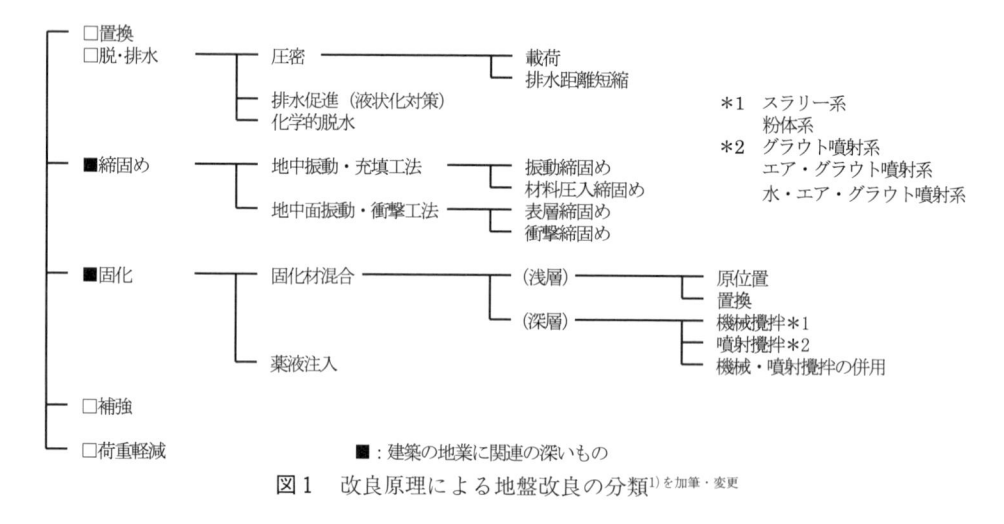

図1 改良原理による地盤改良の分類[1]を加筆・変更

いずれの改良工法を採用するかは，建築物の要求性能と地盤条件および経済性・環境・施工性等によって検討する必要がある．深層混合処理工法の場合は，図2に示すように直接基礎の支持力増加や液状化対策，杭の水平抵抗力の増加として改良地盤を設計することが多い．締固め工法の場合

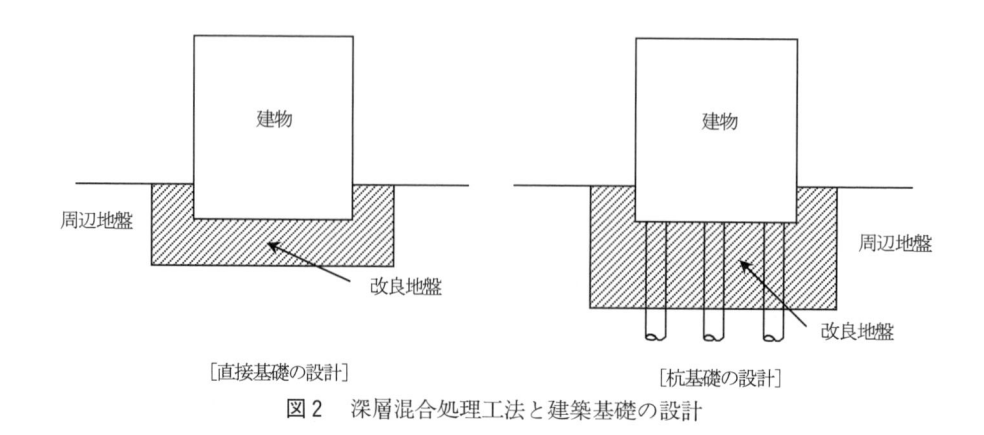

図2 深層混合処理工法と建築基礎の設計

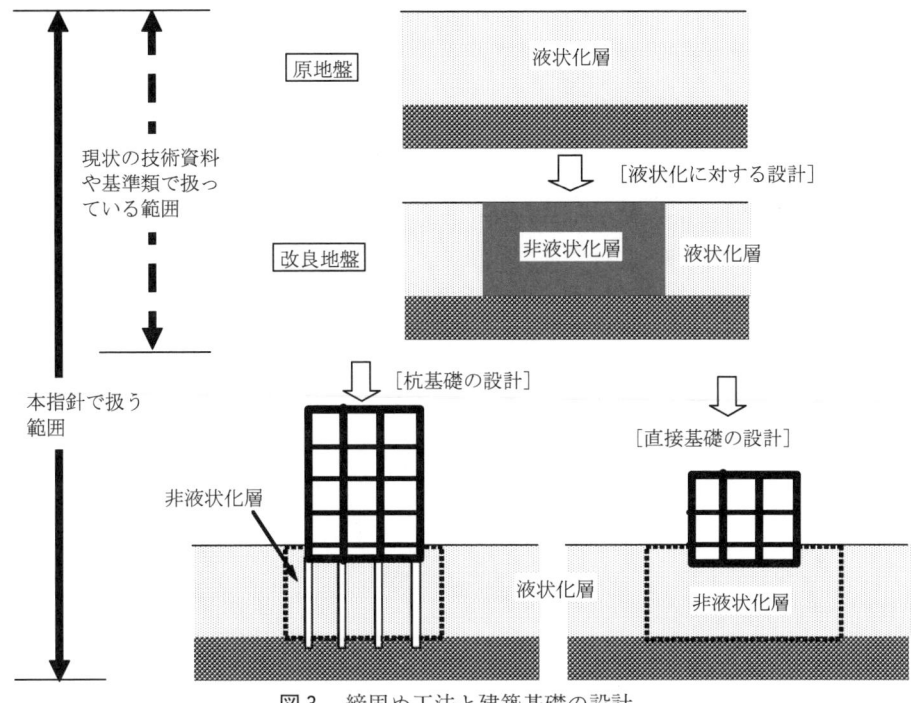

図3 締固め工法と建築基礎の設計

は，支持力増加として併用する場合もあるが，一般に液状化防止を目的とした地盤補強として設計することが多い．本指針では，図3に示すように単に液状化防止だけではなく，基礎の設計も含めた一連の考え方をまとめている．

いずれの工法とも建築物の基礎構造の設計は，基礎指針に準じて行い，限界状態設計法に沿った考え方を採用する．すなわち，まず，終局限界，損傷限界，使用限界の三つの状態を想定し，各限界状態に対応する要求性能を設定する．続いて，基礎構造がこれらの状態で要求性能を満足することを上部構造への影響（基礎の沈下量，水平変位量，または変形角，傾斜角），基礎部材，地盤の3項目について検討する．当然，検討項目については，各限界状態に対応して要求性能を満たすための限界値を設定し，地盤，基礎部材に生ずる応力，変形などの応答値が限界値を上回らないことを確認する．

改良地盤の強度・変形に関する性能は，両工法とも，表1に示す地盤に関する要求性能のとおりである．要求性能の確認方法は，本来，信頼性理論に基づく荷重・耐力係数を用いて確認することが望ましいが，深層混合処理工法・締固め工法とも現段階では，荷重・耐力係数を提示できるまでにはデータがそろっていない．締固め工法における要求性能の確認は基礎指針に準じて，基礎形式に応じた検討項目を支持力や沈下量などとして，限界状態ごとに設定している．ただし，将来的には，耐力係数が設定できるようばらつきに関する統計的な情報を極力取り入れている．また，深層混合処理工法においても，改良体の載荷試験のデータが非常に少なく，かつ計測技術の面で周面摩擦と先端支持力を分離できるまでには至っていない．したがって，現段階では耐力係数を設定できる状況ではない．しかし，このままでは設計を行うことができないので，現状では，過去の災害事

表1　各限界状態に対応する基礎構造と地盤の要求性能

性能レベル （限界状態）	要求性能		
	基礎構造全体の性能 （上部構造の影響に関する性能）	基礎部材に関する性能	地盤の強度・変形に 関する性能
終局限界	基礎の破壊あるいは過大な変位によって，建物が破壊または転倒しない．	基礎部材が脆性的に破壊しない．変形性能の限界に達して耐力低下を生じない．	地盤の極限抵抗力を超過しない．
損傷限界	基礎の変位によって，建物に損傷を生じない．基礎の残留変形によって，建物の使用性や機能性，耐久性に支障を生じない．	基礎部材に構造上の補修，補強を必要とするような損傷が生じない．	上部構造や基礎の耐久性に有害な残留変形を生じない．
使用限界	基礎の変形によって，建物の使用性・機能性・耐久性に支障を生じない．	基礎部材の耐久性に支障が生じない．	上部構造の使用性，機能性や耐久性に障害を生じるような過大な地盤の沈下・変形が生じない．

例や従来の実績に基づき，各限界状態における改良地盤と改良体応力度などの限界値において安全係数を設定した．いずれの工法とも，将来的には設定した数値の見直しを図ってゆくべきであり，さらに信頼性理論に基づく耐力係数の設定が可能であるようデータの蓄積を図ってゆく必要がある．

本指針で取り扱う改良目的は，直接基礎における支持力の増加，沈下量の低減，液状化対策，杭の水平抵抗力の増加という点では両工法に共通している．ただし，それぞれの工法において，改良目的の各事項に対する適用の頻度には違いがある．深層混合処理工法においては，直接基礎の支持地盤として改良地盤の要求性能を設定し，改良地盤の鉛直支持力，水平抵抗力などの性能を確認することに重点をおいて記述している．なお，液状化対策，杭の水平抵抗力の増加については，改良地盤の設計に対する考え方や設計事例を紹介するにとどめている．一方，締固め工法においては，液状化に対する要求性能の設定およびその確認を前提とし，その後改良地盤としての地盤定数を設定して，自然地盤と同様に扱った上で直接基礎および杭基礎の性能を確認することに重点をおいて記述している．

参 考 文 献
1) 日本建築学会：建築基礎構造設計指針，2001
2) 日本建築センター：改訂版 建築物のための改良地盤の設計及び品質管理指針，2002

第Ⅰ編　深層混合処理工法編

第1章 総　　論

1.1節　本編の方針

> 1．本編は，建築物を対象とした深層混合処理工法の設計法と施工管理・品質管理方法に加え，改良地盤で支持される直接基礎および杭基礎の設計に対する考え方を示すものである．
> 2．直接基礎の設計では，限界状態設計法に沿った考え方を採用する．
> 3．直接基礎の設計では，改良形式に応じて複合地盤として鉛直支持力と沈下量および水平抵抗力やすべり安定性を適切に評価する．
> 4．液状化対策を目的として適用する場合は，対策効果，経済性，施工性，周辺環境等を十分に考慮して，改良範囲・改良形式を決定する．
> 5．杭基礎において，杭の水平抵抗力の増加を目的として適用する場合は，地盤条件および改良前後の杭の挙動を適切に評価して改良範囲・改良形式を選定する．

1．目　　的

　深層混合処理工法とは一般にセメントおよびセメント系固化材を用いて原地盤を改良する工法のことをいう．深層混合処理工法による改良地盤には，数多くの形式があり，それぞれ構造体としての特性や支持力特性を考慮しながら設計されてきた．深層混合処理工法は，混合攪拌方式により，機械攪拌方式と噴射攪拌方式に分けられる．機械攪拌方式には，スラリー系と粉体系がある．さらに，機械攪拌方式と噴射攪拌方式を併用したタイプもある．本編では，攪拌機械を用いたスラリー系の深層混合処理工法を対象としており，これを深層混合処理工法と呼んでいる．

　建築分野での深層混合処理工法は，軟弱地盤や盛土地盤における直接基礎の鉛直支持力・水平抵抗力の増加，沈下量の低減，液状化対策，また，杭基礎の水平抵抗力の増加，液状化対策を目的として採用されている．例えば，沖積平野部のような軟弱地盤での建築物の計画において，その基礎は軽微な建築物を除けば一般的には支持力確保の面から杭基礎が採用されることが多い．このような場合，経済性に問題が残るだけでなく，地盤沈下地帯では建築物周辺地盤の沈下によって，給排水管・ガス管などの破断，入口周りの段差発生，建築物の根入れの減少や杭頭部の突出に伴う水平抵抗力の減少といった問題が発生する可能性が高い．しかし，建築物の規模や地盤条件等によっては本工法による地盤改良を適用した基礎工法を選定することにより，これらの問題を解決でき経済的な設計が可能となるだけでなく，杭の施工に伴って発生する泥土などの建設産業廃棄物の削減によって環境負荷の低減にも寄与できる場合がある．さらに，洪積台地などで直接基礎を想定できるが建築物の基礎底面と支持層深度が比較的近いあるいは支持層が一部傾斜しているなどの場合，本工法による地盤改良を選定することにより杭基礎やラップルコンクリートを採用した場合に比べて，経済的で環境負荷の低減も可能となる場合が多い．

　また，緩い砂層が堆積した地盤では液状化の可能性が予想されることから，その対策として本工

法による地盤改良を併用することにより，その防止や杭基礎の水平抵抗力の増加が図られ，経済的で初期の目標性能を満足できる可能性が高い．ただし，現状での深層混合処理工法はほとんど直接基礎の設計への適用を目的としており，液状化対策や杭の水平抵抗力の増加を目的とした実施例はまだ数少ない．これらについては，設計手法が確立できるほどデータがそろっていないので，本編では最新の技術的知見を示し，今後の設計に対する方向性を提示するにとどめている．

2. 設計の考え方

深層混合処理工法による直接基礎の設計では，基礎指針に準拠し，限界状態設計法に沿った考え方を取り入れている．限界状態設計法の本来の考え方では，荷重と耐力の変動性を考慮し，応答値（荷重効果）と限界値（耐力）に別々の安全係数（荷重係数，耐力係数）を乗じて応答値と限界値を求め，それらの大小関係を比較して要求性能あるいは安全性を確認する必要がある．しかしながら，深層混合処理工法による改良体や改良地盤での載荷試験例はきわめて少なく，現状では信頼性に基づいて耐力係数を合理的に決定できる状態ではない．そこで，当面，考え方のみ限界状態設計法の枠組みに従うことにした．直接基礎の設計においては，過去の災害事例や従来の実績に基づき，各限界状態における改良地盤および改良体応力度などの限界値において安全係数を設定した．

3. 直接基礎に対する設計方針

改良地盤上での直接基礎の設計は，自然地盤と同様に液状化，支持力，沈下量，すべり安定性などについて検討されねばならない．改良地盤であっても要求性能を満足することを確認するための検討項目は自然地盤と同じであり，直接基礎や杭基礎を設計する対象地盤が自然地盤から改良地盤に置き換わったものとみなすことができる．すなわち，自然地盤と改良地盤の違いは，地盤の評価方法だけの問題となり，本編で扱う範囲は改良地盤の設計のみとしている．ただし，改良地盤は，それ自身が支持地盤でもあることから，改良地盤直下の地盤が十分な支持性能を有していることが，前提条件となるのでこの点に対する確認を行うことは言うまでもない．すなわち，改良地盤の鉛直支持力は，改良体の強度はもとより改良地盤の下部地盤，周辺地盤および改良体間原地盤との抵抗力によって発揮されるので，設計にあたってはそれらを適切に評価することが大切である．また，建築物の慣性力によって基礎に水平荷重が作用し，これが改良地盤に伝達される．改良地盤の水平抵抗力は，改良形式に応じて水平抵抗の機構が異なるので，鉛直支持力の場合も同様であるが，改良形式の選定にあたっては，その特性の違いを十分に認識しておくことが大切である．その他，改良地盤下部の沈下に対する検討は必ず行い，改良地盤上の直接基礎に有害な不同沈下が発生しないことを確認しておく必要がある．さらに，傾斜地に建つ建築物の改良地盤では，建築物の基礎底面を介して水平荷重が作用し，場合によっては地盤全体がすべり破壊を生ずる可能性もあるので，このような地盤ではすべりに対する安全性も確認しておくことが必要となる．

4. 液状化に対する設計方針

液状化の可能性が懸念される地盤に対しては，液状化の判定を行う必要がある．その際には，対象土層や想定する入力地震動レベルのほか，建築物の特性も考慮に入れることが大切である．そして，その結果に対しては，建築物の特性，経済性等を考慮に入れて液状化防止対策を実施するか否かの評価をすることが大切である．評価方法として基礎指針4.5節[1.2.1)]に述べられている地震動時の

地表面動的変位を指標とする方法もあろう．

深層混合処理工法による地盤改良は，比較的小さい規模の敷地でも可能であること，施工に伴う周辺環境への影響が少ないこと，また，兵庫県南部地震において杭基礎の建築物で液状化対策を目的に格子状形式で改良した実施例で，大地震時での液状化防止効果が認められたことなどから，液状化防止対策工法として杭基礎と併用する実施例が近年増加している．さらに，中小規模建物では，格子状形式で改良することによって液状化対策と直接基礎の鉛直支持力の増加を目的とした実施例も多く見られるようになってきている．

一方，液状化対策工法として適用する場合の改良形式とその効果等に関して，多くの実験・研究が行われており，設計を行う際の貴重な資料となっている．

いずれにしても，液状化防止対策として深層混合処理工法を採用する場合は，その目的を達成できる改良仕様（改良形式，改良深度，改良幅，改良体強度）を設定することが大切である．具体的な設計の考え方や事例など詳細について4.7節に記述している．

５．杭の水平抵抗力増加のための設計方針

杭基礎において，杭の水平抵抗力の増加を目的として，改良体によって杭の周囲をブロック状形式や格子状形式で改良する場合がある．このような場合，その改良範囲，改良形式の選定においては，杭と改良地盤の相互作用やその改良効果を適切に評価したうえで選定することが大切である．詳細については，4.8節に記述している．

1.2節　適 用 範 囲

> １．本編が対象とする構造物は，本設構造物とする．
> ２．本編の適用にあたっては，建築物の規模制限は設けていない．

１．対象とする構造物

深層混合処理工法は，山留め壁の補強のように仮設構造物にも用いられることもあるが，本編では本設構造物を対象としている．山留め壁にソイルセメントを用いる場合は，本会編「山留め設計施工指針」を参照されたい[1.2.2)]．

２．対象とする建築物の規模

本来，対象とする建物の規模は設計者の判断にゆだねられるべき事項であり，本編の適用にあたっては，適切な計画・設計が行われ，良好な施工・品質管理が実施されることを前提に，建築物の規模制限は設けないことにした．

参 考 文 献

1.2.1)　日本建築学会：建築基礎構造設計指針，p61，2001.10
1.2.2)　日本建築学会：山留め設計施工指針，2002

1.3節 本編の構成

　第1章は総論であり，本編の方針や適用範囲，構成および用語と記号が示されている．本編の方針では，地盤改良の目的や直接基礎，液状化対策および杭の水平抵抗力増加のための設計の目的および設計の考え方が示されている．第2章は地盤改良の計画に関する基本的な考え方が示されている．まず，基本事項として，地盤改良の計画手順および工法を選定する上での地盤条件等に関する説明がなされている．次に，本編が限界状態設計法の考え方に基づいていることや改良形式と支持性能との関連性，改良目的に対応した改良地盤の設計上のポイントや施工管理と品質管理の目的が説明されている．

　第3章は，調査について述べている．ここでいう調査とは，地盤改良の設計と施工を前提とした調査であり，調査の項目や各種の調査方法および調査の留意点が述べられている．

　第4章では，第2章の地盤改良の計画に関する基本的な考え方を受けて，具体的な設計に関する手法および情報が提示されている．地盤改良の設計に関する基本事項として，要求性能に関する説明と検討項目の説明がなされ，地盤改良の設計フローチャートが示されている．また，設計基準強度は，改良体の限界値に相当するものであるから，4.1節にてその意味や設定方法が記述されている．そして，4.2節にて設計基準強度に関連して改良体の配合試験や改良体の特性についての説明がなされている．以上の基本事項をふまえて，4.3節～4.6節では直接基礎を設計する場合の改良地盤の鉛直支持力や沈下，水平抵抗力などに関する設計手法やその考え方が記述されている．さらに，4.7節～4.9節において，液状化対策や杭の水平抵抗力の増加を取り上げているが，先にも述べたように本編では，明確な設計手法を提示しているのではなく，最新の技術的知見を示し，今後の設計に対する方向性を提示するにとどめている．これらは，きわめて高度な設計行為であるので，設計に適用する場合は，構造計画上の留意点を考慮し，その適用に関して検討・確認したうえで工法の特長が十分に発揮できるように慎重に計画・設計を進めてゆく必要がある．

　第5章は，改良体の施工および品質管理であり，それらの目的や方法および留意点が詳述されている．また，施工管理および品質管理方法の重要性や管理結果の保存の意義についての説明がなされている．

　第6章は，地盤改良工事を行ううえで起こる可能性のある地盤変状，騒音・振動，粉塵，悪臭への対策や六価クロム，pH等の汚染問題について試験方法や基準値についての説明がなされている．すでに，第5章で述べているように改良体のできばえ評価は，きわめて重要ではあるが，深層混合処理工法の施工にあたっては，土壌汚染など環境への配慮も同じ程度の重要性を有している．そこで，本章では，騒音・振動も含めた広義の意味での施工管理として，環境への配慮を第5章とは独立させて扱うことにした．

　第7章は，改良地盤の設計例であり，三つの支持層の形態（支持層が浅い場合，深い場合，傾斜している場合）と偏土圧の影響を受ける場合を取り上げ，主に第4章の内容をふまえて，設計上のポイントが示されている．

　なお，付録は二つあり，深層混合処理工法の実施事例とその他の固化工法が示されている．

　以上の各章のつながりを図1.3.1に示す．本編では，第2章の地盤改良の計画が核となり，これを

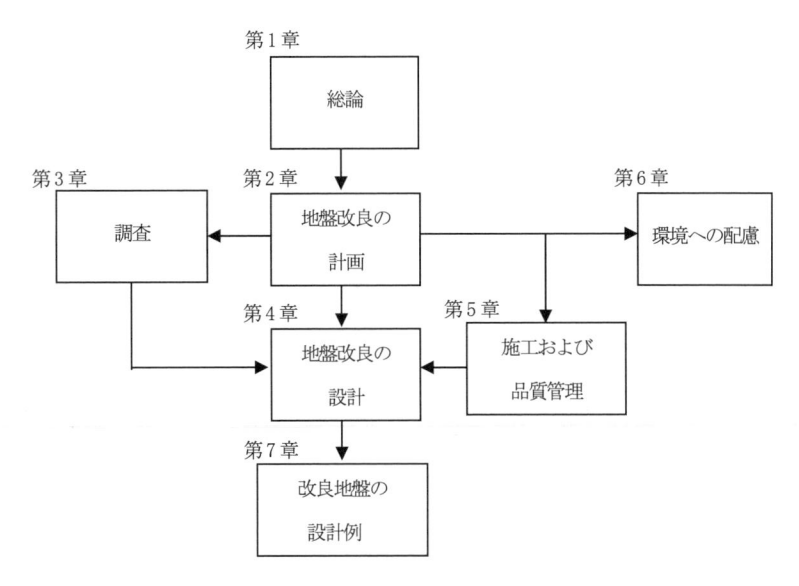

```
         第1章
         ┌──────┐
         │ 総論 │
         └──┬───┘
            ↓
 第3章      第2章           第6章
┌──────┐ ┌──────────┐  ┌──────────┐
│ 調査 │←│地盤改良の│→│環境への  │
└──┬───┘ │   計画   │  │  配慮    │
   │     └────┬─────┘  └──────────┘
   │          ↓      第5章
   │     ┌──────────┐┌──────────┐
   └────→│地盤改良の│←│施工および│
         │   設計   │  │ 品質管理 │
         └────┬─────┘  └──────────┘
              ↓
         第7章
         ┌──────────┐
         │改良地盤の│
         │ 設計例   │
         └──────────┘
```

図1.3.1　各章のつながり

第3章～第6章が具現化する形をとっている．本編では，特に一つの設計方法を推奨しているのではなく，基本的には複数の方法を提示し，それぞれの設計方法の考え方や適用性について評価している．主たる設計自体は，第2章→第4章→第7章へと流れており，第3章と第5章がこれに付随する形となっている．また，第6章は，第5章とは関係しているが独立した位置づけとなっている．なお，改良地盤の設計をある程度理解している設計者であれば，第7章のみでも設計業務に役立つ内容となっている．

1.4節　用　語

本編における用語の定義は，次のとおりとする．なお，改良形式については表2.3.1を参照されたい．
1. 固化工法：一般にセメントまたはセメント系固化材を用いて原地盤を改良する工法
2. セメントスラリー：セメントまたはセメント系固化材に水を加えて液状にした材料
3. セメント系固化材：セメントを主成分とした地盤改良に用いる固化材
4. 深層混合処理工法：専用機械を用いて土と固化材とを柱状に混合する地盤改良工法
5. 浅層混合処理工法：地盤の表層部にセメントまたはセメント系固化材を添加・混合して板状に固める工法で，表層改良，浅層改良と呼ばれることもある
6. 改良体：原地盤とセメントまたはセメント系固化材を攪拌混合して築造された固化体
7. 改良地盤：改良体とその外周によって囲まれる地盤
8. 単体：単独の改良体
9. 改良形式：改良体の面的な配置や改良地盤の形式
10. 壁状形式：改良体相互が一方向のみに重なり合っている配置形状
11. 杭形式：改良体の細長比を大きくして用いた改良形式で，非ラップ配置（杭配置と接円配置）とラップ配置に分けられる
12. ブロック状形式：改良体相互が二方向とも重なり合っている配置形状
13. 格子状形式：壁状改良体を直交二方向に配して格子状とした配置形状
14. 非ラップ配置：改良体相互が重なり合っていない配置で杭配置と接円配置がある

15. ラップ配置：改良体相互が重なり合っている配置
16. 杭配置：改良体相互が独立している配置
17. 接円配置：改良体相互が接している配置
18. 改良仕様：改良体の径，本数，施工深さ，形状などの改良体の施工条件の内容
19. 残留強さ：地盤が破壊しても強度が残留する場合において，強度が定常状態に達した値を指す
20. 室内配合試験：最適な固化材およびその添加量やスラリー濃度（水固化材比）を求めるために行う試験であり，一般には一軸圧縮強さと固化材添加量との関係曲線を求めるために行う
21. ボーリングコア：ボーリングによりコアリングして得られた供試体
22. 設計基準強度：改良地盤の設計や施工および品質管理を行う際の基準となる強度
23. 配合強度：配合条件を決める際に目標とする強度
24. 室内配合強度：配合強度を現場コア供試体/室内供試体の強度比で除した値
25. 改良地盤底面の滑動：土圧や地震時慣性力により，改良地盤の底面が滑り出す現象
26. 改良体間地盤の抜出し：建物の両側の地表面の高さに高低差がある場合，偏土圧により改良体内の原地盤が偏土圧の作用方向に抜け出ようとする現象
27. すべり抵抗：すべり円弧に働く抵抗力で，土のせん断強度により評価できる
28. 複合地盤：改良体と改良体間原地盤およびその外側によって囲まれる地盤を，設計上，外力に対して一体となって抵抗するように考えた地盤の一般的概念
29. 改良体間原地盤：改良地盤中の原地盤
30. 周辺地盤：改良地盤の外側にある地盤
31. 下部地盤：改良地盤の下側にある地盤
32. 上部地盤：下部地盤より上部に位置する改良地盤以外の地盤
33. 応力集中係数：改良地盤に作用する荷重のうち，改良体が負担する割合を表す係数
34. 改良率：基礎底面内に占める改良体面積と基礎底面積の比
35. 応力分担比：基礎底面に作用する鉛直荷重により改良体と原地盤に生ずる鉛直応力の比
36. ピーク強度：改良体の応力・ひずみ曲線の最大応力度
37. 局部すべり：改良地盤を含む地盤の局部的すべり形態
38. 全体すべり：複数の改良地盤を含む地盤の全体的すべり形態
39. 偏土圧：建物の両側の地表面の高低差や地盤構成の違いにより，建物の両側に作用する異なる土圧
40. 羽根切り回数：攪拌翼が1mの長さを通過する時の全回転数
41. モールドコア：コラムの施工直後に改良土を採取し，モールド（型枠）に充填して固化させた供試体
42. コア採取率：サンプラーより採取されたコアの未固化部分を除いた固化部分の長さの割合で，全長に対するコア採取率と1mあたりのコア採取率がある
43. インテグリティ試験：コラム頭部を軽打して生じた反射波を加速度計によってとらえ，その形状からコラムの連続性を調査する試験
44. 電気比抵抗試験：施工直後の未固化の改良体に，電極を装着したコーンを挿入させ，深さ方向の電気比抵抗の変化から改良体の均質性を評価する試験
45. 騒音レベル：騒音の物理的大きさの尺度である音圧レベルにA特性の補正を行った量として示したもので，このA特性補正音圧レベルを騒音レベルと呼び，これを騒音の大きさの尺度として用いる．記号は，通常L_Aを用い，単位はデシベル（dB）である
46. 振動レベル：人が感じる振動の強さを表す指標として使われる量で，振動のエネルギーの大きさを示す振動加速度レベルを振動感覚補正特性で補正したもの．単位はデシベル（dB）である

1.5節 記　号

本編で用いられている記号の意味は，出現する箇所ごとに必要に応じて説明されているが，ごく特殊な場合を除いては以下に示すとおりである．

A_b：改良地盤の底面積（m²）

A_f：基礎の底面積（m²）

A_p：改良体の面積，改良体の先端有効断面積（m²）

a_p：改良率

B_1：水平加力直角方向の改良地盤幅（m）

B_2：水平加力平面方向の改良地盤幅（m）

B_b：改良地盤の短辺または短径の長さ（m）

b_1：改良体幅，水平加力直角方向の改良体幅（m）

b_2：改良体奥行き方向幅，水平加力平行方向の改良体幅（m）

c：粘着力（kN/m²）

D_f：基礎の根入れ深さ（m）

D_f'：基礎に近接した最低地盤面から下部地盤までの深さ（m）

d_1：水平加力直角方向の改良体間隔（m）

d_2：水平加力平行方向の改良体間隔（m）

E_0：微小ひずみ時のヤング係数（kN/m²）

E_1：改良体間原地盤の変形係数（kN/m²）

E_2：下部地盤の変形係数（kN/m²）

E_p：改良体の弾性係数（kN/m²）

E_s：周辺地盤の変形係数（kN/m²）

F_c：設計基準強度（kN/m²）

F_τ：極限せん断応力度（kN/m²）

F_s：安全係数

f_c：各限界状態における改良体の圧縮応力度の限界値（kN/m²）

f_t：各限界状態における改良体の引張応力度の限界値（kN/m²）

f_τ：各限界状態における改良体のせん断応力度の限界値（kN/m²）

h_i：層厚（m）

H_{ru}：改良地盤の極限滑動抵抗力（kN/m）

I_p：改良体の断面二次モーメント（m⁴）

i_c, i_γ, i_q：荷重の傾斜に対する補正係数

K_A：主働土圧係数

K_P：受働土圧係数

K_{base}：地下階または基礎の地震震度

k_h：周辺地盤の水平方向地盤反力係数（kN/m³），改良地盤に作用する水平震度，設計

震度
L：改良長（m）
L_b：改良地盤の長辺または長径の長さ（m）
L_s：改良体の外周長さ（m）
L_y：仮想底面深度（m）
M_0：杭頭曲げモーメント（kN・m）
M_{max}：地中部最大曲げモーメント（kN・m）
M_{ru}：円弧すべりの極限抵抗モーメント（kN・m/m）
N_c, N_γ, N_q：支持力係数
n：応力分担比，設計上一つとして取り扱う改良体および改良体群，改良地盤内にある改良体の本数
P_A：主働土圧合力（kN）
P_{EA}：地震時主働土圧合力（kN）
P_p：受働土圧合力（kN）
Q_p：改良体に作用する水平力（kN）
Q_1：1階柱脚に作用する水平力（kN）
q_a：各限界状態における改良地盤の鉛直支持力度の限界値（kN/m²）
q_{a1}：複合地盤としての支持力機構による各限界状態での鉛直支持力度の限界値（kN/m²）
q_{a2}：改良体単体とした場合の支持力機構による各限界状態での鉛直支持力度の限界値（kN/m²）
q_d：下部地盤の極限鉛直支持力度（kN/m²）
q_p：改良体頭部に生ずる圧縮応力度（kN/m²）
q_s：改良体間原地盤に生ずる圧縮応力度（kN/m²）
R_u：改良体の極限鉛直支持力（kN）
R_{pu}：改良体先端極限鉛直支持力（kN）
S：沈下量（mm），圧密沈下量（m, mm）
S_{Dmax}：相対沈下量（mm）
S_E：即時沈下量（mm）
S_{max}：総沈下量（mm）
S_{ru}：改良地盤内原地盤の極限抜出し抵抗力（kN）
W_f：フーチングの重量（kN）
W_p：改良体に作用する鉛直荷重（kN）
α：k_h値の割増し係数
α_{max}：地表面水平加速度（cm/s²）
α_γ：改良体頭部固定度

α, β：基礎の形状係数

β：杭の［水平抵抗］特性値（1/m）

γ：単位体積重量（kN/m³）

γ'：水中単位体積重量（kN/m³）

γ_w：水の単位体積重量（kN/m³）

θ：荷重の傾斜角（°）

μ_1, μ_2, μ_{12}：群杭効果に関する係数

μ_p：応力集中係数

μ：改良地盤と着底部地盤との摩擦係数

σ_e：改良地盤に作用する鉛直荷重度，接地圧（kN/m²）

$\sigma_{max}, \sigma_{min}$：それぞれ，圧縮側および引張り側の縁応力度（kN/m²）

τ_d：改良地盤周面に作用する極限周面摩擦力度（kN/m²）

ϕ：下部地盤の内部摩擦角（°）

ϕ_p：改良体の内部摩擦角（°）

ψ：改良体の周長（m）

η：基礎の寸法効果による補正係数

κ：形状係数

第2章　地盤改良の計画

2.1節　基本事項

> 1．地盤改良の計画にあたっては，建築物の特性および要求性能を踏まえ，各限界状態における改良地盤の目標性能を明確にしたうえで具体的な検討項目を設定し，適切な手順と方法により設計する．
> 2．地盤改良の計画にあたっては，建物条件・地盤条件・敷地条件・周辺状況などについて事前に調査・把握する．
> 3．深層混合処理工法の選定にあたっては，その改良原理を十分に理解し改良目的に対する効果の検討はもちろんのこと，工法の技術的信頼性・経済性・環境への影響・施工期間・施工実績などを考慮して総合的検討を行う．

1．地盤改良の計画

　地盤改良の計画にあたっては，建築物の要求性能を踏まえ改良地盤の目標性能を設定し，適切な手順と方法により設計する．改良地盤を直接基礎の支持地盤として用いる場合の一般的な地盤改良の計画手順を図2.1.1に示す．各作業段階でのチェック項目は基礎指針[2.1.1)]に準じた項目となる．また，具体的な検討項目と限界値については，4.1節に記述している．

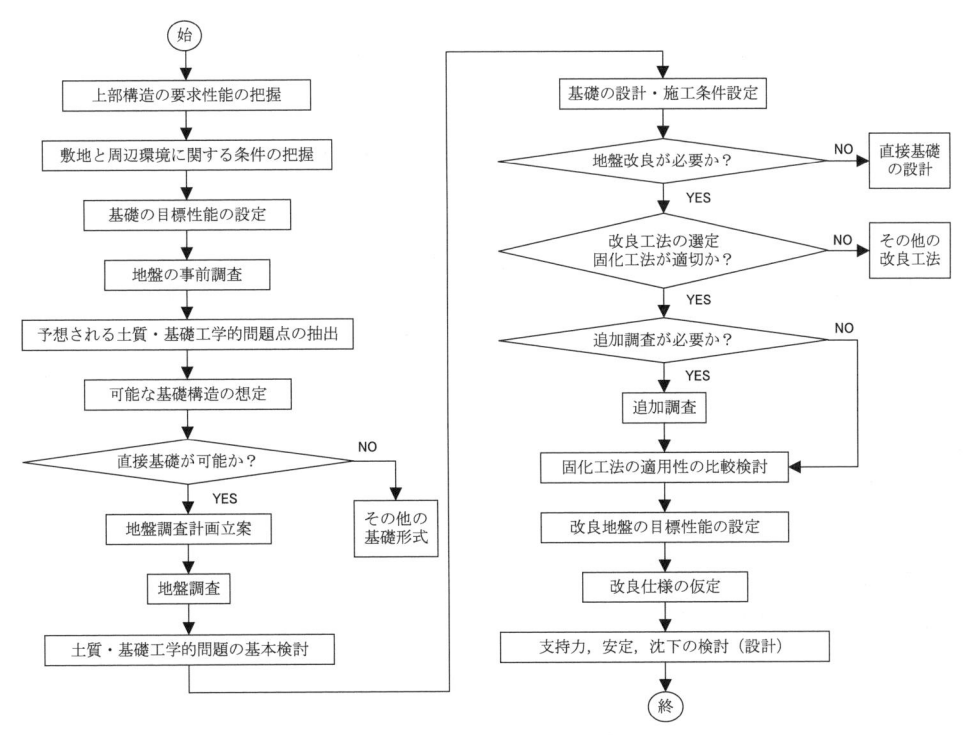

図2.1.1　地盤改良の計画手順の流れ

ここで大切なことは，建築物の要求性能を満たすために，なぜ地盤改良を選定するのか，その選定は適切か，そして，地盤改良を選定した場合，なぜ深層混合処理工法を選定するのか，その選定は適切であるかなどであり，事前の十分な検討が必要である．

2．与条件の把握

(1) 建築物条件

地盤改良の計画においては，建築物の規模，用途，重要度，平面・立面形状，構造種別，構造形式など建築物の条件を的確に把握することが重要である．

(2) 地盤条件

地盤改良の計画においては，事前に敷地地盤の地層・地質・土性（物理・力学）・液状化・広域沈下・地下水などに関するデータを収集，把握し，地盤を適切に評価することが重要である．

建築物の与条件とこれら地盤の与条件によっては，深層混合処理工法による地盤改良そのものの選定が安全性，施工性などから否定される場合がある．したがって，地盤調査の項目や土質試験の方法は，適切なものでなければならない．これらは調査として3.2節に記述している．

また，敷地が工場跡地である場合など，その敷地の地歴によっては地盤中に改良体の強度発現や耐久性に影響する化学物質などが含まれている場合がある．このような場合は事前に敷地地盤についての情報収集や地盤調査と併せて土の汚染調査を実施し，その実態を確認しておくことが大切である．これらに関しても3.2節に記述している．

なお，工場跡地などの再開発，売却においては，土壌汚染対策法（平成15年2月15日施行）に基づく調査・対応が必要となる場合があるので注意する必要がある．

(3) 敷地および敷地周辺状況

敷地の広さ・形状・高低差・表層の状態などは，深層混合処理工法の施工に大きな影響を与える要因である．敷地の広さ・形状は，施工機械や施工設備の選定に係わる要因であり，敷地の高低差の程度・表層の状態などは，施工時において施工機械の作業性に影響を与える．また，地中障害物の有無や上下水道・ガス・電気など公共埋設物などの状況についても円滑な工事遂行上から事前に調査・把握しておく必要がある．

敷地周辺状況に関して，敷地周辺道路の幅員・交通規制・交通事情などの道路状況は施工機械や施工設備の選定，搬出入に関係する重要な判断要因であり，工事規制，作業時間などに関する社会状況は工事の工程に大きく影響する要因であることから，これらに関して事前に十分な調査をしておくことが重要である．

(4) 周辺環境への配慮

深層混合処理工法は，多くの地盤改良工法の中でも施工時の騒音・振動は極めて小さいといえる．しかし，施工状況によっては敷地周辺に対して少なからず影響を与える場合があることから，敷地およびその周辺における騒音・振動規制を事前に調査し，工事上に支障が発生しないように心がけることが大切である．また，改良工事によって周辺環境に影響を及ぼす項目には，騒音・振動のほかに地盤変状，地下水への影響，粉塵・悪臭などがある．これらは固化材および固化材を地盤中に注入し改良体を築造することに起因している問題であり，これらに対する十分な配慮が必要である．

詳細については第6章に記述しているが，関連する法律なども多く制定されており，施工にあたってはこれらの法律などを遵守するとともに，計画段階においてもその重要性を十分に認識しておかなければならない．

3．工法の選定

建築分野における深層混合処理工法は，セメントやセメント系固化材などのスラリーを使用して原位置で土と機械的に攪拌混合することによって改良地盤を造成する工法が多く適用されている．これらはその改良原理に基づいて多くの工法が開発されているが，攪拌装置や攪拌方法など施工機械や施工法の違いによって，改良土の品質や改良規模，環境への影響の程度などを異にしている．したがって，具体的な工法の選定においては，事前に建築物の規模・用途など建築物の特性，敷地の土質・地層構成など地盤特性，施工機械や施工法，そして，敷地の周辺環境などについて調査・把握し，技術的信頼性，施工実績，工期，環境への影響，経済性などの検討を行ったうえで，その改良目的に適合した工法を選定することが大切である．

参 考 文 献
2.1.1) 日本建築学会：建築基礎構造設計指針，p.49，2001.10

2.2節 改良地盤の要求性能と限界値

> 地盤改良の設計にあたっては，終局限界状態，損傷限界状態，使用限界状態に対応する建築物・基礎・改良地盤の要求性能と限界値を設定し，各限界状態検討用の作用荷重に対して応答値が限界値を上回らないように設計する．

地盤改良および基礎の設計においては，基礎指針に準拠し，限界状態設計法の概念を取り入れている．まず，終局限界状態，損傷限界状態，使用限界状態の三つの状態を想定し，各限界状態に対応する建築物および基礎の要求性能を設定する．続いて，改良地盤の要求性能を設定し，その要求性能を満足させるために具体的な検討項目と限界値を設定し，応答値が限界値を上回らないことを確認する．そして，基礎部材に生ずる応力，変形についても限界値を上回らないことを確認する．改良地盤の要求性能および限界値の詳細は4.1節に記述している．

2.3節 改良地盤の支持力特性

> 1．改良地盤の支持力特性は，改良形式などに大きく影響を受けることからその選定においてはそれらの支持力特性を適切に評価する．
> 2．改良形式の選定においては，その支持力特性を十分考慮に入れ，建築物の構造特性などに適合した改良形式を選定する．

1. 改良地盤の改良形式と支持力特性

(1) 改良形式

改良地盤を構成する改良体の配置と間隔の組合せには様々なものがある．表2.3.1では，それらに対して改良体の配置形状の視点から三つの形式に区分し，それぞれの支持力特性および施工性に関する特徴と代表的な適用例を述べている．改良体のラップの有無に拘らずその配置が杭の配置に類似したものを杭形式，壁状に配置したものを壁状形式，そして，大きな塊として配置したものをブロック状形式と区分している．なお，同図中の壁状形式に区分されている(e)，(g)は，配置形状をより明確に表現する場合，特に格子状形式と表現されている．

(2) 支持力特性

a．鉛直支持力特性

改良地盤の鉛直支持力は，改良体強度とは別に改良地盤の下部地盤，周辺地盤および改良体間原地盤の抵抗力によって発揮される．その支持力機構は，4.3節に記述しているように改良地盤を構成する改良体と，改良体間原地盤である未改良部分の地盤からなる複合地盤としての鉛直支持力機構と，改良体が独立して支持するとした場合の鉛直支持力機構を考えている．そして，この二つの想定した機構に基づいて設計した結果の双方を満足する値をもってその改良地盤の鉛直支持力とする考え方であり，いずれの改良形式においても同様である．

また，改良体の間隔によっても支持力機構は異なってくる．非ラップ配置において杭配置のように改良体の間隔が大きい場合は改良体単体が単杭として，接円配置のように改良体間隔が小さい場合は群杭としての支持力機構と考えられる．

このように，改良地盤の鉛直支持力特性は，改良地盤の下部地盤や周辺地盤の特性，改良体の配置・間隔などの改良形式に大きく影響を受けることから，設計にあってはそれらを適切に評価することが大切である．

b．水平抵抗力特性

改良地盤の水平抵抗力は，改良体相互のラップの有無により大きく異なり，その水平抵抗機構については4.5節に記述している．改良地盤が鉛直荷重と水平荷重を受けた場合，水平荷重に対して，非ラップ配置の場合は改良体単体で抵抗し，ラップ配置の場合はラップした全ての改良体がラップした方向に一体となって抵抗する．また，非ラップ配置の場合，改良体の間隔によって挙動が異なる．杭形式の杭配置(a)，(b)の場合は単杭のような，各形式の接円配置(c)，(e)，(h)，(i)の場合は群杭のような挙動と考えることができよう．杭形式のラップ配置(d)の場合は，一体となった改良体のブロックの間隔によって同様なことを考慮する必要があろう．

このようなことから，壁状形式は特定の方向の水平抵抗力と水平剛性を向上させる形式といえ，ブロック状形式は不特定の方向に対して水平抵抗力と水平剛性を向上させた形式ということができる．これについては両形式ともラップ配置の場合がより顕著であるが，改良体相互の一体性を保持するためには，水平力によってラップ部分に生ずる鉛直方向のせん断耐力が支配的となることに注意する必要がある．さらに，水平抵抗力や水平剛性は改良体の細長比（改良長/改良体幅）に大きく影響を受ける．細長比が大きい場合には曲げ破壊が，小さい場合にはせん断破壊が卓越することか

表2.3.1 改良形式の主な特徴

			杭形式	壁状形式	ブロック状形式
基本配置	非ラップ配置	杭配置	(a) (b)		
		接円配置	(c)	(e)	(h) (i)
	ラップ配置		(d)	(f) (g)	(j) (k)
支持力特性			①鉛直力に対しては，非ラップ配置のうち杭配置(a)，(b)は単杭，接円配置(c)は群杭のような支持機構と考えられる． ②水平力に対しては，非ラップ配置の場合，改良体単体での挙動で，杭配置(a)，(b)は単杭，接円配置(c)は群杭のような支持機構と考えられる． ③ラップ配置(d)の場合，複数本が一体として水平に抵抗し，剛性も高くなることから水平変位も小さい． ④杭形式では，細長比（改良長と改良体幅の比＝L/B）や改良体間隔の大小が支持力特性に大きく影響する．	①非ラップ配置(e)の場合，鉛直力および水平力に対して群杭のような支持機構と考えられる． ②ラップ配置(f)，(g)の場合，一方向にラップしていることから，その方向の改良体全体を一体として考えることができる． ③②より，ラップ方向については高い剛性が期待できることから，ラップ方向の水平力に対して，変形抑制効果も合わせて期待できる．	①非ラップ配置(h)，(i)の場合，鉛直力および水平力に対して群杭のような支持機構と考えられる． ②ラップ配置(j)，(k)の場合，二方向にラップしていることから，改良体全体が一体となって外力に抵抗し，両方向ともに高い剛性が確保できる． ③②より，両方向の水平力に対して抵抗効果が大きく，変形抑制にも大きく寄与できる．
施工性			①非ラップ配置は，基本的な施工仕様で施工できる． ②ラップ配置は，壁状形式などに準じた施工管理が要求される．	①非ラップ配置は，基本的な施工仕様で施工ができる． ②ラップ配置は，改良体の施工順序，鉛直精度，品質などに関して高い施工管理が要求される． ③施工時にラップ方向への周辺地盤の変状に留意する必要がある．	①非ラップ配置は，基本的な施工仕様で施工ができる． ②ラップ配置の場合，二方向にラップさせることから，改良体の施工順序，鉛直精度，品質などに関して壁状形式以上の施工管理が要求される． ③改良率が高いことから，施工時の周辺地盤の変状に留意する必要がある．
代表的適用例			①非ラップ配置のうち杭配置は，比較的軽量な建築物や土間下の沈下抑制として適用される． ②接円配置は，上部建築物がラーメン構造・壁状構造などで，周辺地盤が比較的良好な場合に適用される． ③ラップ配置は，上部建築物がラーメン構造などで，周辺地盤が良好でない場合，独立基礎として適用される．	①非ラップ配置は，上部建築物が壁式構造などで，周辺地盤が比較的良好な場合に適用される． ②水平方向に高い剛性を期待する場合で，(f)は擁壁，(g)は壁式構造の建築物に適用される． ③(g)は杭基礎において周辺地盤の液状化対策としての適用も多い．	①高層建築物などにおいて堅固な地層を支持地盤とするラップルコンクリートに代わるものとして適用される場合が多い． ②ラップ配置は，二方向に対して高い剛性と大きな鉛直支持力を期待する場合に適用される．

ら，この点も考慮に入れて設計しなければならない．この場合の改良体幅とは非ラップ配置では改良体直径であり，ラップ配置では水平荷重作用方向に一体となった改良体幅をいう．

建築物の慣性力によって基礎に作用する水平荷重は，基礎底面と改良地盤上面との摩擦力によって改良地盤に伝達され，水平荷重として改良地盤に作用する．したがって，改良体には鉛直荷重に比例した水平荷重が作用すると考えられることから，水平抵抗力の検討にあっては地震動時に基礎底面に作用する鉛直荷重分布を適切に把握することが重要である．特に基礎に浮上がりが生ずる場合は注意が必要である．また，杭配置などの場合「改良体間隔/改良体径」は通常の杭と比較して一般的に小さいことから，水平抵抗力検討の際は群杭としての考慮も行う必要がある．

2．改良形式の選定

改良地盤の鉛直支持力特性・水平抵抗力特性は，前項で述べたとおり改良形式によって異なることから，その選定にあたっては，それら特性の違いを認識し，建築物の規模・重量・構造・剛性などの構造特性や基礎形式に適合した改良形式を選定することが大切である．

(1) 支持力特性からみた改良形式の特徴

杭形式は，支持力増加や沈下量の低減を目的として地盤改良する場合に最も多く選定される形式である．杭配置は，改良率が小さいことなどから改良地盤の鉛直支持力，水平抵抗力も小さく，低層建築物など鉛直・水平荷重の小さい建築物に適した形式ということができよう．接円配置は，杭配置に比べ改良率を大きくすることによって改良地盤にさらに大きな鉛直支持力を期待できる配置といえる．しかし，水平抵抗力や水平剛性については，前項で述べたとおり改良体単体としての抵抗と考えられることからラップ配置のレベルまでは期待はできない．対象建築物としては，中層建築物程度の規模・重量などで独立基礎に適した形式といえる．ラップ配置は，その形式からラーメン構造で独立基礎を想定している建築物に適した形式であろう．独立基礎直下において複数本の改良体をラップ配置して改良することによって，一体となった一つのブロックが形成されることから高い水平剛性が期待できる．ブロックの大きさは作用する鉛直荷重と改良地盤の支持力などによって決定される．

壁状形式の特徴は，1方向あるいは2方向（格子状形式）に高い水平抵抗力と水平剛性を確保できることにある．このうち格子状形式の接円配置は，中規模程度の壁式構造で布基礎の建築物に適した形式ということができるであろう．また，ラップ配置は，高層壁式構造建築物のように大きな水平抵抗力を期待する場合や液状化対策，水平抵抗力の増加を目的として杭基礎との併用などで多く採用されている形式である．偏土圧によって常時水平荷重が作用する傾斜地に建つ建築物や擁壁の支持地盤としての改良地盤の場合，改良地盤の滑動や水平変位の抑制に注意しなければならない．このような場合は，改良体をラップさせ一文字状に並列に配置した形式が有効と考えられる．

ブロック状形式は，基礎底面を全面的に改良することから，高い鉛直支持力と水平抵抗力・水平剛性が期待できる形式である．接円配置に比べラップ配置は改良地盤全体の一体性が確保されていることから，より高い水平抵抗力が期待できる．このような支持力特性から，改良地盤の下部地盤が堅固な地層でそれと同程度の鉛直支持力と高い水平抵抗力を必要とする改良地盤を造成したい場合に適した形式といえる．すなわち，洪積地盤において高層建築物など大きな鉛直支持力と水平抵

抗力を必要とする場合にラップルコンクリート地業に代わるものとして適した形式ということができる．

(2) 考慮すべき建築物の構造特性

改良形式の選定にあたって，考慮すべき建築物の構造特性とその際の基本的な留意点を以下に挙げる．

a．建築物の接地圧は，改良体強度の設定や改良体の本数，基礎形式などを左右するが，周辺地盤との剛性バランスを著しく欠き高い改良体強度を設定するなどして基礎底面の改良率を低下させると，終局限界状態などにおいて改良体に鉛直荷重が集中するなどして改良体が破壊し，地震後に常時荷重に対する地盤支持力を確保することができないことにもなるので注意しなければならない．

b．建築物の平面・立面形状の違いは，建築物に作用する荷重によって改良地盤に生ずる荷重レベルを大きく左右する．例えば，図2.3.1 a）のような高層集合住宅で梁間方向の剛性が高い独立連層耐震壁付柱下部の改良地盤や，同図 b）のような塔状比の大きな建築物の柱下の改良地盤には地震時に大きい変動軸力が作用することから，改良体頭部の圧壊に注意が必要である．また，同図 c）～f）のように特殊な平面形状あるいは立面形状，または，これらの組み合わさった形状をした建築物は，地震時に平面的なねじれを生ずることが多い．このような建築物における改良地盤の設計では，このねじれによる影響をできる限り考慮して改良体の配置や改良形式を選定することが望ましい．例えば，建築物でのねじれ補正の結果を反映させ，改良体はラップ配置による壁状形式やブロック状形式として改良地盤の水平剛性を高めるなどの方法も考えられる．

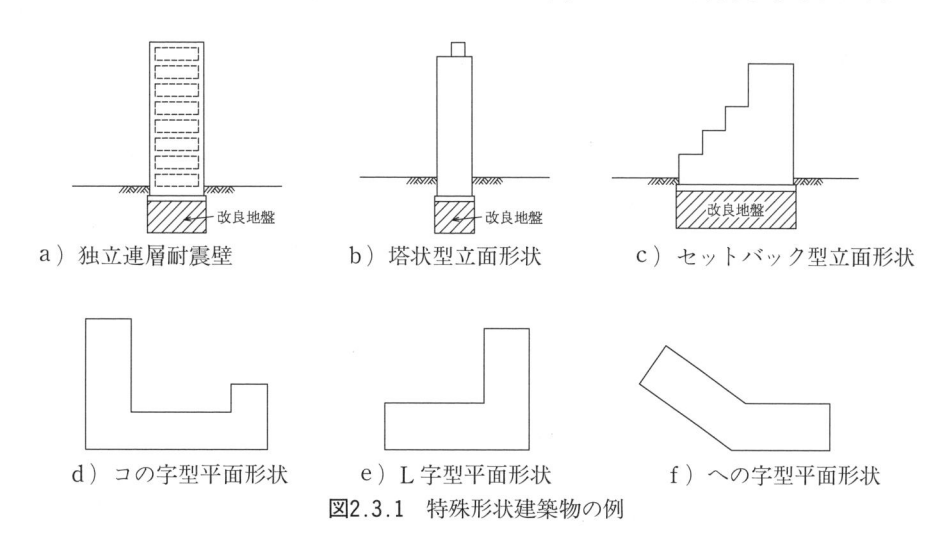

a）独立連層耐震壁　　b）塔状型立面形状　　c）セットバック型立面形状

d）コの字型平面形状　　e）L字型平面形状　　f）への字型平面形状

図2.3.1　特殊形状建築物の例

(3) 改良形式と建築物の構造種別

改良形式などの選定は，建築物の構造種別によっても左右される．例えば，鉄骨造では鉄筋コンクリート造に比べて建築物の上部構造の剛性が一般的に低いことから，基礎梁の剛性が低い場合などでは基礎の軽微な沈下によって建築物の仕上げ材などにひび割れなどの障害を発生させる場合がある．しかし，鉄筋コンクリート造の場合は，全体の剛性がそれらの沈下に伴う変形の抑制に寄与

することから，壁や柱などに無害と言えるようなひび割れは発生しても大きな障害を免れることも考えられる．壁式構造はその典型といえよう．このようなことから，改良地盤を直接基礎との併用，あるいは比較的堅固でない地盤に計画する場合は，建築物の規模の抑制や可能な限り剛性の高い構造種別の選定に心がけることが大切である．しかし，そのようなことが難しい場合は，障害発生後における建築物の修復可能の可否に拘わらず基礎構造の剛性だけでも高められる基礎形式，改良形式の選定に留意することが大切である．

2.4節　留意事項

1．支持層が浅い場合，改良体の設計基準強度の設定や改良長の決定は改良対象土や施工性に留意して適切に行う．
2．支持層が深い地盤に支持させる場合，改良地盤だけでなく下部地盤の支持力および沈下について検討し，建築物の損傷および機能上の障害が発生しないことを確認する．
3．支持層が傾斜した地盤での支持力増加，沈下量の低減を目的として直接基礎または杭基礎と地盤改良を併用する場合，それぞれの基礎と改良地盤の鉛直支持力特性，水平抵抗力特性および変形特性を適切に評価し，建築物に有害な障害を生じないことを確認する．
4．擁壁や傾斜地に建つ建築物の支持地盤として適用する場合，改良地盤は建築物を介して偏土圧の影響を受けることから，改良地盤の滑動や鉛直支持力不足によって建築物などの安定性に障害が生ずることのないようにする．

1．支持層が浅い場合

　建築物の支持地盤となる平坦な硬質層が基礎底面位置に露出しているか，そのごく近傍にある場合には直接基礎が採用される．そして，その基礎形式は建築物の荷重度によって独立基礎，布基礎あるいはべた基礎が採用される．しかし，図2.4.1のようにその深度がある程度深いが杭基礎の採用には適さない場合，一般的に置換工法の一つであるラップルコンクリート地業を採用することが少なくない．しかし，この場合，掘削残土の発生とその処分問題，場合によっては掘削に伴う山留めが必要となるなど，経済性，施工性において得策といえない場合がある．このような場合に地盤改良を採用することによりこれらの問題が解決されることが多い．しかし，改良地盤の下部地盤であ

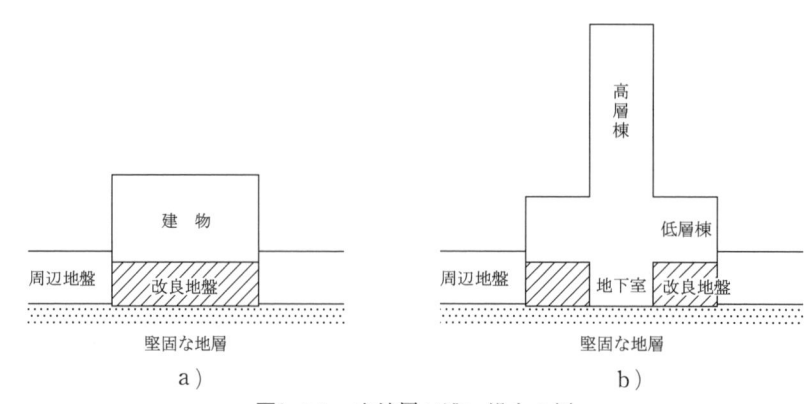

図2.4.1　支持層が浅い場合の例

る硬質層の N 値が高く，大きな鉛直支持力度が期待できるからといって，経済性を追求するために改良体の設計基準強度をむやみに大きく設定することは，改良対象土の物性や改良体の均質性などを考慮すれば避けることが望ましい．設計基準強度の設定などに関しては4.1節に記述している．本項のような場合の設計例を7.1節に掲げている．

2．支持層が深い場合

支持層が深い地盤での建築物の基礎は，軽微なものを除けばとかく安全性，確実性を重視して杭基礎を採用している傾向が少ないとはいえない．その結果，経済性に問題を残すだけでなく，地盤沈下地帯では地盤沈下などに伴って後に多くの障害が発生する可能性がある．このような場合，図2.4.2のように，地盤改良したうえで直接基礎として設計することによって，それらを回避できる可能性があることはすでに述べたところである．しかし，この場合，特に注意しなければならないことは，改良地盤下部の地盤の沈下である．

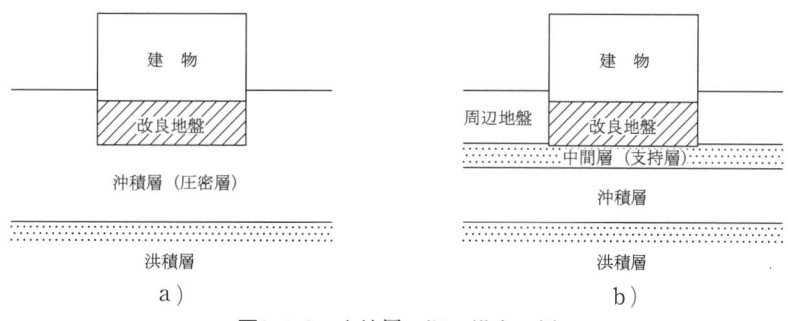

図2.4.2 支持層が深い場合の例

このような基礎工法の選定にあたっては，以下に示す留意事項を念頭におくことが重要である．
a．建築物の平面形状は比較的整形で，平面的な重量のバランスが図られているか．
b．上部構造および基礎構造（基礎形式，基礎梁）に高い剛性の確保が可能か．
c．地盤に不陸や傾斜が少なく，一様で水平成層状態にあるか．
d．経済性と安全性のバランスが図れるか．

そして，設計では沈下（即時沈下，圧密沈下）に関する検討は必ず行い，変形角や基礎部材のひび割れなどに関する限界値を満足することを確認する必要がある．建築物では，地盤と建築物との相体的な沈下はある程度許容しても，構造体の損傷や建築物の機能上の障害となるような不同沈下は避けなければならない．沈下計算では，地盤定数を適切に評価するとともに，建物剛性を考慮しない計算法や建物剛性を考慮した詳細な計算法がいくつかあることから，設計者は上部構造の特性に見合った計算法の選択とその結果に対する評価を適切に行うことが大切である．沈下計算の方法などについては4.4節に記述している．本項のような場合の設計例を7.2節に掲げている．

3．支持層が傾斜している場合

丘陵地などの造成地では，図2.4.3のように建築物の支持地盤となる硬質層は起伏に富み，傾斜している場合が多い．このような場合，所定深さに支持地盤面となる地層が出現する部分は直接基礎とし，傾斜に伴って支持地盤面がある程度深い部分は地盤改良をすることによって多くのメリット

があることは既に述べたところである．また，同図e）のような杭基礎の建築物においても，支持層が傾斜していることから，杭が極端に短くなる部分は杭に代えて地盤改良をする場合がある．このように同一建築物において直接基礎または杭基礎と地盤改良を併用する場合には，それぞれの基礎の支持力，変形性状など，その特性に違いがあることから計画にあたってはそれらを適切に評価し，常時および地震時において建築物に障害が生じないことを確認する必要がある．さらに，改良体の長さが著しく異なる場合においては，その影響を適切に評価して設計することが望ましい．このような基礎工法を採用する場合の留意事項を以下に述べる．本項のような場合の設計例を7.3節に掲げている．

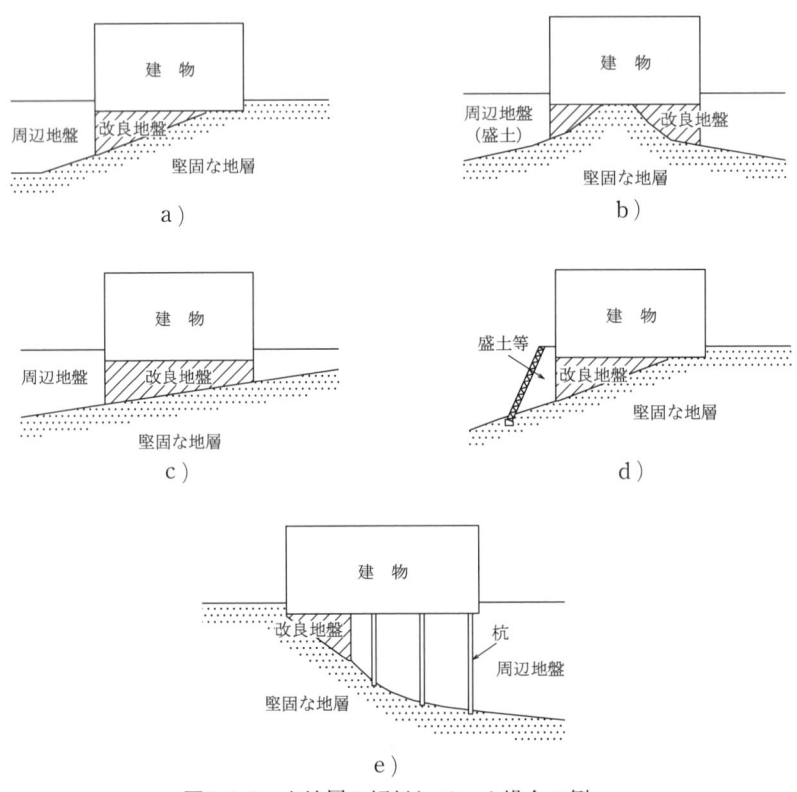

図2.4.3 支持層が傾斜している場合の例

a．硬質層の傾斜の状態，切土・盛土など地盤状況，法面などと建築物の位置関係を正確に把握する．
b．支持地盤または支持形式の違いから鉛直方向の変形性状が異なることに留意し，建築物に有害な障害を生じないこと，また，基礎部材に発生する付加応力に対しても限界値を満足することを確認する．特に支持形式が異なる境界部分で障害を生じやすいことに留意する．
c．基礎に作用する水平荷重は，適切な方法によって改良地盤と直接基礎または杭基礎に分担させる．その方法としては，基礎指針7.2節[2.4.1)]に準じた方法などが考えられる．
d．剛性が異なる基礎を併用した建築物に水平荷重が作用するとねじれ現象が生ずることが指摘されている．これに対しては，適切な方法によってその補正などを行う必要がある．その方法とし

ては，上部構造で慣用的に用いられているねじれ補正計算の手法の適用が考えられる．その場合，改良地盤においても改良長や改良形式の違いによって水平剛性が異なることからその違いを考慮に入れる必要がある．その方法はｃと同様に異種基礎に準じた方法などが考えられる．

ｅ．水平荷重に対する建築物のねじれ現象を軽減するために，改良地盤の水平剛性をできるだけ高めることが望ましい．そのためには改良形式を壁状形式やブロック状形式とするなどが考えられる．

4．偏土圧を受ける場合

擁壁や図2.4.4のように傾斜地に建つ建築物では，擁壁の背面またはドライエリアなどを介して建築物の山側から常に土圧・水圧が作用している．このような建築物の支持地盤として地盤改良を適用する場合，改良地盤には建築物の基礎底面を介して常時および地震時に水平荷重が作用し，改良地盤の滑動・転倒，改良体の破壊，そして，建築物の背面側地盤を含む全体的なすべり破壊が生ずる可能性がある．したがって，これらに対しては改良地盤底面での滑動，改良地盤内での改良体間の原地盤の抜出し，改良地盤前面部の鉛直支持力の検討，そして局部・全体すべり抵抗の検討を行う．その結果，建築物の安全性に関して支障が生じないことを確認しておく必要がある．その場合，作用する常時・地震時の土圧の大きさなどについては，建築物や地盤条件を吟味して適切に設定することが大切である．改良形式の選定においても水平荷重の作用方向にできるだけ大きな抵抗力と高い剛性が確保できる壁状形式やブロック状形式とすることが望ましい．このような場合の設計例を7.4節に掲げている．

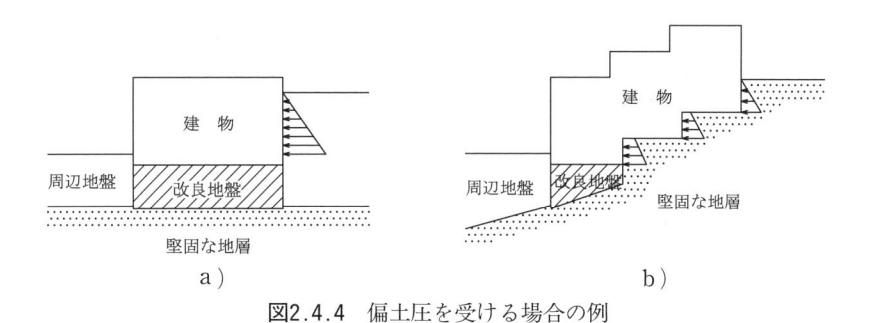

図2.4.4　偏土圧を受ける場合の例

参考文献

2.4.1)　日本建築学会：建築基礎構造設計指針，p.329，2001.10

2.5節　施工管理と品質管理

1．施工管理にあたっては，設計で要求する改良地盤の性能を確保するために，固化材液の配合に係る配合強度・配合条件および施工時に必要な施工管理項目を選定し，管理方法，管理値を適切に定める．
2．品質管理にあたっては，設計で要求する改良地盤の性能を確認するため，必要な品質管理項目を選定し，管理方法，管理値を適切に定める．

要求する改良地盤の性能を確保するため，計画段階においても施工管理，品質管理の大切さを設計者は認識しておかなければならないことから以下にそのポイントを述べる．詳細については，第5章に記述している．

1．施工管理

設計で要求している改良体の品質を確保するために，工事に先立って，固化材液の配合条件（固化材の種類，配合量，スラリーの濃度）を決定する必要がある．配合条件の決定にあたっては配合試験を実施することとし，詳細については，4.2節に記述している．また，工事中においては，改良体の品質を確保し周辺環境への影響を防止するために，固化材液や改良体の施工精度・品質などに係る具体的な施工管理項目の選定と，その管理方法および管理値を適切に設定したうえで施工管理を実施する必要がある．

2．品質管理

改良地盤の品質管理には，改良体の強度に関する項目と支持力に関する項目がある．これらについて必要とする具体的な品質管理項目を選定し，その管理方法および管理値を適切に設定したうえで品質検査を実施し，それらの結果の記録と保存をする必要がある．しかし，支持力に関する項目については，その検査方法として載荷試験の実施が考えられるが，特別な事情がない限り日常の品質検査として実施されることは非常にまれであり，一般的には改良体の強度や均質性の確認をもって品質管理が実施される．これらの詳細については，第5章に記述している．

第3章 調　　査

3.1節　調査目的

> 　　地盤改良に関する調査は，深層混合処理工法の適用性に対する検討を行うために，設計および施工に必要な情報を適確に把握・収集することを目的として実施する．既に建築物の設計を対象に地盤調査が実施されている場合には，必要に応じて地盤状況や周辺環境に関する情報の把握を目的として追加調査を実施する．

　図2.1.1に示すように一般的な地盤改良の計画手順の流れの中で，深層混合処理工法による地盤改良が選択される時点では，既に建築物の設計を対象とした標準貫入試験や地層構成などに関する基本的な地盤調査が実施されている．しかし，その調査の内容や結果が地盤改良の設計および施工を行うに当たって不足あるいは適切さに欠けている場合は，追加調査をして地盤状況や周辺環境に関する情報を十分に収集することが必要である．

3.2節　調査内容

> 1．設計を前提とした地盤調査では，想定する改良目的に応じた適切な調査方法を検討するとともに調査項目や調査数量を設定する．
> 2．施工を前提とした調査では，敷地調査や周辺環境および騒音・振動などの環境問題に対する深層混合処理工法の適用性について検討する．

　1．設計を前提とした調査
　地盤改良における調査の位置付けは，計画→調査→設計→施工のようになっている．まず，設計を前提とした調査では，改良の対象となる範囲（水平・深度）を的確に把握するとともに，改良目的や建築物からの作用荷重の状況に応じた調査項目を設定する必要がある．
　一方，建築物の設計を対象に実施される調査は，基礎工法の選択を目的に実施されているものが多く，敷地全般にわたる地層構成や支持層深度を把握することはできるが，地盤改良の設計を前提とした場合，地盤定数などを設定するにはデータ不足となりがちである．そのため，実務においては必要に応じて追加調査を行うことが多い．これらを踏まえ，地盤改良の設計を前提とした調査の着眼点の一例を図3.2.1に示す．また，一般的な土質試験の例を表3.2.1，化学的侵食が予想される場合の調査項目を表3.2.2に示す[3.2.1]．ただし，改良目的によっては，表3.2.1や表3.2.2に示すような土質試験や水質調査のみでは情報が不足することもあり，さらに，追加調査が必要になる場合もある．特に，地盤改良計画時に敷地と周辺環境の調査の段階において地盤が汚染されている疑いが

ある場合には，土壌試料を採取し有害物質の分析を行う必要がある．そのためには，土地の履歴や地質図など関連する資料を収集する必要がある．最近では，地盤汚染域を検出する方法として，コーン貫入試験機のコーンの上端のロッド部分に電極を取り付けた電導コーンが開発され，成果を挙げている[3.2.2)]．調査の結果，特定有害物質が基準値を超えて存在することが確認され，対策を有する場合は有害物質の種類や濃度，地盤の状況に応じて適切な対策方法を選定し，実施する必要がある[3.2.3)]．

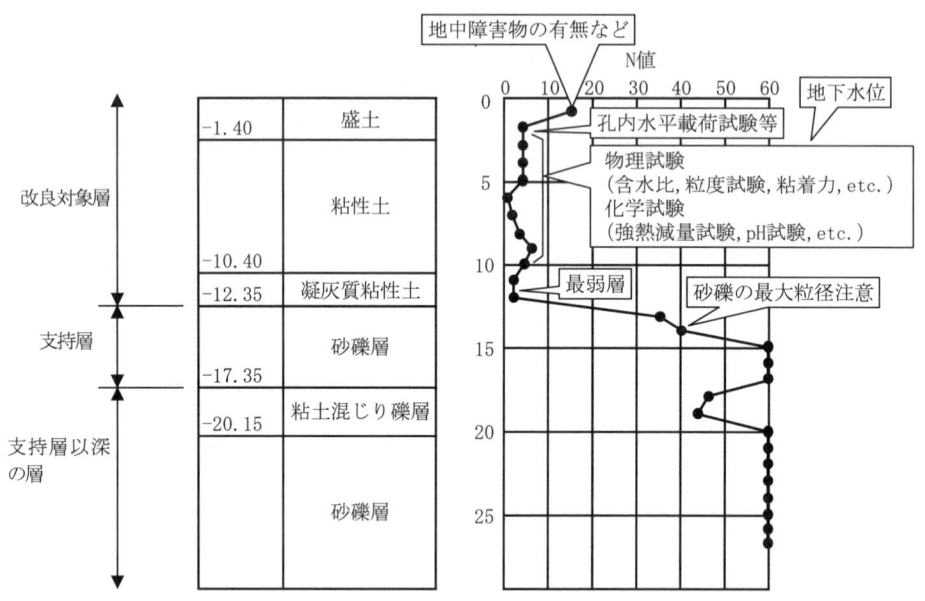

図3.2.1 調査の着眼点

地盤改良の設計においては，図3.2.1に示すように地層全体を，改良対象層，支持層，支持層以深の層に分けることができ，設計を前提とした調査や検討項目がそれぞれ異なっている．深層混合処理工法の場合，改良目的，建築物の規模，基礎形式によって支持層まで調査しておけば十分な場合と，支持層以深の地層構成や性状（支持力，沈下，液状化）まで調査しなければならない場合がある．また，改良体の強度および固化材の配合量を決定づける最弱層については，特に詳細な把握が必要である．

支持層が浅い場合は，基礎底面から支持層までの地盤が設計の対象となる．このような場合，配合試験を目的とした調査（最弱層の決定など）のほかに，設計の対象となる地層の強度特性，変形特性を把握することを目的に土質に応じて標準貫入試験，一軸圧縮試験，孔内水平載荷試験，速度検層などを実施する．このほか，設計の対象となる地層が緩い砂質土の場合，液状化の検討が必要となることから地下水位の調査や粒度試験を実施する．

支持層が深い場合は，軟弱層および周辺地盤の特性を十分把握しておく必要がある．特に，中間層を支持地盤とする場合は，それ以深の地層が粘性土であれば圧密沈下，砂質土では即時沈下および液状化の検討が必要となる．そのため，中間層以深の地盤の地層構成，層厚を標準貫入試験などにより調査するとともに，圧密試験，粒度試験，速度検層などを実施する．中間層以浅の地盤の調

表3.2.1 土質試験の一例

ボーリング No.1 深度 (m)			6.15〜6.45	7.15〜7.45	8.15〜8.45	9.15〜9.45	10.15〜10.45	11.15〜11.45	12.15〜12.45	15.15〜15.95	24.15〜24.95	33.15〜33.95
粒度分布	礫分（2mm以上）	(%)	0.0	0.0	0.0	0.0	0.0	0.0	0.0	0.0	0.0	0.0
	砂分（75μm〜2mm）	(%)	91.0	90.9	90.6	78.5	80.0	74.4	72.3	16.4	0.0	0.0
	シルト分（5〜75μm）	(%)	7.0	6.3	6.9	16.2	14.4	19.5	20.7	54.0	56.0	63.8
	粘土分（5μm未満）	(%)	2.0	2.8	2.5	5.3	5.6	6.1	7.0	29.6	44.0	36.2
コンシステンシー	液性限界 W_L	(%)	—	—	—	—	—	—	—	75.5	69.2	36.2
	塑性限界 W_P	(%)	—	—	—	—	—	—	—	34.4	21.7	26.5
	塑性指数 I_P		—	—	—	—	—	—	—	41.1	47.5	9.7
土粒子の密度 ρ_s		(t/m³)	2.68	2.66	2.67	2.68	2.67	2.69	2.69	2.70	2.70	2.71
自然状態	含水比 W	(%)	37.7	30.2	36.0	35.7	32.0	31.3	35.0	53.5	50.7	41.2
	湿潤単位体積重量 γ_t	(kN/m³)	—	—	—	—	—	—	—	16.6	16.8	17.6
	間隙比 e		—	—	—	—	—	—	—	1.45	1.38	1.13
	飽和度 S_r	(%)	—	—	—	—	—	—	—	99.7	99.5	98.6
一軸圧縮試験	一軸圧縮強さ q_u	(kN/m²)	—	—	—	—	—	—	—	129	166	281
	変形係数 E_{50}	(kN/m²)	—	—	—	—	—	—	—	3 500	3 700	11 000
圧密試験	圧密降伏応力 p_c	(kN/m²)	—	—	—	—	—	—	—	166	233	404
	圧密指数 C_c		—	—	—	—	—	—	—	0.53	0.33	0.58

表3.2.2 化学的侵食が予想される場合の調査項目[3.2.1)]

	調査項目	侵食性の目安	侵食性物質	注目すべき地域・地盤	注目すべき盛土・埋土材料
土質	pH	pH≦4	無機酸 有機酸	火山・温泉 鉱山地帯	産業廃棄物 生活廃棄物
	硫酸塩	可溶性 SO_4 ≧0.5%	硫酸塩	海岸地帯・海成土質・山岳地帯の造成地域	産業廃棄物 生活廃棄物
地下水質	海水	海水であること・流水状態に依存	無機塩	海岸地帯	—
	pH	pH≦4 流水状態に依存	酸性水	火山・温泉 鉱山地帯	—
土質 水質	その他	適宜，調査検討を要する	油脂，塩化物等	工場跡地地盤 廃棄物埋立地盤	産業廃棄物 生活廃棄物

査は支持層が浅い場合の調査に準じればよい．

　傾斜した硬質層において直接基礎または杭基礎と改良地盤を併用する場合は，造成前のコンター図から硬質層上面の傾斜方向を正確にとらえることのほかに，敷地周辺のボーリングデータや地層の連続性にも配慮しておくことも必要である．地層の連続性や傾斜については，ボーリング調査を実施して確認することができる．さらに，このような地盤では，伏流水が存在することも多く，流速に対する注意も必要である．

　擁壁の背面またはドライエリアを介して建物の山側から常に土圧や水圧が作用するような傾斜地に建つ建物の支持地盤として地盤改良を適用する場合は，円弧すべりの検討や改良地盤底面の滑動および地盤反力の検討を行うことが必要となる．したがって，一般的な調査のほかに，地層の傾斜に関する情報の収集も併せて考える必要がある．特に，造成された傾斜地の場合は，ボーリングデータが少ないため，地形図や地質構造上の概要を把握する必要があり，表3.2.3に示す文献資料が参考になる[3.2.4]．追加調査の費用を惜しんだ結果，過剰に安全な設計となるケースも多く見受けられるので，追加調査に関しては，積極的に採用する姿勢を持つべきである．

表3.2.3　主な文献資料

文献種類	発行	資料名
地形図	国土地理院	地形図1/25 000，1/50 000，1/200 000　森林基本図1/5 000
空中写真	国土地理院，林野庁，地方自治体	1/10 000～1/40 000，1/20 000
地質図	工業技術院地質調査所，経済産業省，国土交通省，地方自治体	1/50 000 地質図幅および同解説書 表層地質図，日本地方地質誌
地震図	国立天文台 気象庁	理科年表 地震月報

　調査頻度は，本会編「建築基礎設計のための地盤調査計画指針」に準じて実施することを基本とするが，敷地の地盤構成に大きな変化がある場合などは必要に応じて追加調査を行う．

２．施工を前提とした調査

　施工を前提とした調査としては，敷地調査，周辺調査および地下水調査がある．表3.2.4は，調査項目ごとに，当該工法の適用が困難なケースと対処により適用可能となるケースに分けて，施工を前提とした調査の要点を示したものである．このうち，最も重要な調査は，地中障害物や地中埋設物の可能性を検討することである．地中にこのようなものが存在する場合は，当然撤去することを考えなければならない．なお，粒径の大きな礫が混在する地盤の場合は，あらかじめオーガーにて削孔（先行掘削）しておくなど，事前に施工を容易にする対策を講じておくことが大切である．さらに，改良に伴う影響範囲内に近接して構造物がある場合や埋設管がある場合は，地盤変状対策を講ずる必要がある．現在，その対策として，大別すると二つの方法が考えられている[3.2.5]．一つは地

盤改良施工域あるいは周辺に工作物を設置する対策である[3.2.6]．ほかの一つは施工方法による対策であり，対象構造物との位置関係に着目した打設方向，打設順序を検討したり，機械部の挿入体容積と固化材液吐出量に相当する量の地盤中の土を地表面に排出する排土施工が代表的方法である．地盤変状の予測は非常に難しく，対象構造物の重要度に応じて計測管理を併用する必要がある．また，施工時に発生する騒音・振動は敷地周辺に影響を及ぼすことから，それらに関する法律の遵守はもちろんのこと，低騒音・低振動対応型機械を使用するなど積極的な対策を講ずることが必要である．これらの地盤変状や騒音・振動対策の詳細については第6章を参照されたい．なお，改良範囲内に伏流水が存在する場合は，健全な改良体の造成が難しくなる場合がある．これまでの施工実績によると，流速が100mm/min程度であれば改良体の造成に問題はなかったとの報告もある

表3.2.4 施工を前提とした調査チェック

	調査項目	「適用が困難なケース」	対処により適用可能となるケース
敷地調査	施工機械の搬入・搬出・組み立て・解体	・運搬車両が進入できない（施工機の搬入が不可能）	・搬入路が狭く大型車が進入できない→小分けして搬入 ・敷地が狭く，施工スペースの確保が困難→道路使用許可
		・車両が進入できない（運搬車両の幅より幅員が狭い）	・空地が隣接，近接している→空地，道路使用許可
	プラント設置の可能性	・運搬車両が進入できない（プラントの幅より幅員が狭い）	・搬入路が狭く大型車が進入できない→小分けして搬入
	地中障害物・地中埋設物の可能性	・使用中（撤去不可能）の埋設物がある場合 ・改良範囲内に埋設管等がある場合 ・ゴミで埋め立てられている地盤	・解体ガラや鉄筋，H鋼などが混入した地盤→撤去，置換え ・粒径の大きい礫地盤→先行削孔
周辺調査	騒音・振動規制・工場規制・作業時間	・騒音・振動で問題となる施設（病院・養護施設等）に近接している場合	・低騒音低振動対応型機械の使用
	上下水・ガス・電気	・改良に伴う影響範囲に埋設管等がある場合	・改良に伴う影響範囲内に埋設管等がある場合→変位吸収溝
	変位対策	・少しの変位も許されない構造物等がある場合	・隣地境界線一杯に近接構造物がある→変位吸収溝，排土型施工
地下水	伏流水・被圧水	・改良範囲内に流れの速い伏流水がある場合	・改良範囲内に（緩かな）伏流水がある場合→促進材の使用 ・大きな被圧の掛かっている層を貫通して施工する場合→事前試験などによって確認する
	生活用水	・生活用水として使用している水源の近くで，スラリー等が水源へ流出する場合（遮水壁等で対処できない場合）	・生活用水として使用している水源の近くで，スラリー等が水源へ流出する場合（遮水壁等で対処できる場合）

が[3.2.7]，安全を期して伏流水が存在するような地盤であれば，固化材と原土の化学反応を促進させる材料を使用することも考える必要がある．また，生活用水として使用している水源の近くにおいて，固化材液が水源に流入するおそれがある場合は，遮水壁等で流入防止の対応を図ることも考える必要がある．

参 考 文 献

3.2.1) 日本建築センター：改訂版 建築物のための改良地盤の設計及び品質管理指針，pp.36，2002
3.2.2) 福江正治・田屋直美・松本 基・酒井 豪：電導コーンの開発とその応用，土木学会論文集，No. 596/Ⅲ-43，pp.283～293，1998.6
3.2.3) ㈱土木研究所：建設工事で遭遇する地盤汚染対応マニュアル（暫定版），pp.55～68，2004.5
3.2.4) 日本建築学会：建築基礎設計のための地盤調査計画指針，1995.12
3.2.5) ㈶土木研究センター：陸上工事における深層混合処理工法設計・施工マニュアル，2000.3
3.2.6) 水野恭男・須藤文夫・河野憲二・遠藤 茂：深層混合処理工法の施工に伴う周辺地盤変位とその対策，第3回「施工体験発表会」講演概要，㈳土木学会，pp.5～12，1986
3.2.7) NCコラム協会：NC工法設計施工マニュアル，1999

第4章　地盤改良の設計

4.1節　基本事項

1. 地盤改良の設計は，終局・損傷・使用の各限界状態における改良地盤の要求性能に対応して，具体的検討項目とそれらの限界値を明確に設定し，応答値が限界値を上回らないことを確認することを目的とする．
2. 各限界状態に対応する改良体および改良地盤の要求性能は表4.1による．さらに，必要に応じて個別に要求性能を設定する．また，要求性能の設定においては，建築物の規模・用途・重要度・供用年数などその特性を把握し，安全性・経済性などについて建築物とのバランスに十分配慮する．

表4.1　各限界状態の改良体および改良地盤の要求性能

限界状態	要求性能
終局限界状態	想定される最大級の荷重に対して改良体および改良地盤全体の破壊を生じない
損傷限界状態	建築物の供用期間中に1回～数回遭遇する荷重に対して改良体および改良地盤に有害な残留変形を生じない
使用限界状態	建築物に日常的に作用する荷重に対して改良体および改良地盤が有害な変形を生じない

3. 改良地盤の要求性能の確認においては，各限界状態の要求性能に応じて表4.2に示す項目について検討を行う．各検討項目における限界値は，改良地盤に作用する荷重と改良地盤の変位関係について総合的に評価し，具体的かつ適切に設定する．

表4.2　各限界状態における検討項目

限界状態	検討項目
終局限界状態	鉛直支持力，水平抵抗力，すべり抵抗，改良地盤底面の滑動，下部地盤の破壊，改良体間原地盤の抜出し
損傷限界状態	鉛直支持力，水平抵抗力，すべり抵抗，沈下，改良地盤底面の滑動，下部地盤の破壊，改良体間原地盤の抜出し
使用限界状態	鉛直支持力，水平抵抗力，すべり抵抗，沈下，改良地盤底面の滑動，下部地盤の破壊，改良体間原地盤の抜出し

4. 地盤改良の設計は，検討条件・設計条件・検討項目・限界値を設定し，想定した手順に基づいて適切に行う．
5. 改良体の設計基準強度は，改良体の一軸圧縮強さを基準とし，土質・地層構成・施工法によるばらつきを考慮して適切に設定する．

1. 設計の目的

計画において設定した各限界状態における要求性能を確保するために，設計においては，改良体および改良地盤の鉛直支持力や水平抵抗力などの具体的な性能に対して検討をしなければならない．そのために建築物の特性に対応して，検討する項目と限界値をまえもって具体的かつ適切に設定しておくことが必要である．そして，設計した結果である応答値が，その限界値を上回らないことを確認することが設計の目的である．

2. 要求性能

(1) 改良地盤の要求性能

直接基礎あるいは併用基礎の建築物に適用する場合の地盤改良の設計は，それらの支持地盤の設計であるということができる．このことから，支持地盤である改良地盤に対しては終局・損傷・使用の各限界状態に対応して要求性能を明確に設定しておく必要がある．その場合の想定する荷重について本編では，基礎指針2.3節[4.1.1)]に基づいて終局限界状態の検討に関しての最大級の荷重（再現期間500年程度）として大地震動時荷重を，損傷限界状態の検討に関しての供用期間中に1回～数回遭遇する荷重（再現期間50年程度）として中地震動時荷重を，また，使用限界状態の検討に関しての荷重として常時の荷重を，それぞれ想定することとする．

a．終局限界状態

終局限界状態の改良地盤に対する要求性能としては，人命保護の観点から大地震動時に建築物を崩壊（倒壊）させないために，このときの作用荷重に対して改良体および改良地盤の破壊を生じさせないこととする．大地震動時に改良地盤全体が破壊して鉛直支持性能の喪失を許容することは，建築物の破壊や倒壊に繋がることを意味する．

b．損傷限界状態

損傷限界状態検討用に想定される荷重条件は中地震動時荷重であり，それによって建築物の上部構造や基礎構造に構造上の補修，補強を必要とするような損傷を生じさせないこととする．このことから，損傷限界状態の改良地盤に対する要求性能としては，このときの作用荷重によって改良体および改良地盤に有害な残留変形を生じさせないこととする．

c．使用限界状態

使用限界状態検討用に想定する荷重条件は建築物に日常的に作用する荷重であり，それによって建築物の使用性・機能性・耐久性などに支障を来たさず，建築物に有害なひび割れや耐久性に支障を生じさせないこととする．このことから，使用限界状態の改良地盤に対する要求性能は，常時荷重に対してその要因となるような有害な変形を改良地盤に生じさせないこととする．

擁壁や傾斜地に建つ建築物のように，建築物あるいは改良地盤が常時偏土圧を受ける場合は，建築物の慣性力などの作用荷重に加えて偏土圧を作用荷重とした検討を追加し，その結果が各限界状態において要求性能を満足していることを確認する必要がある．

また，液状化対策，杭の水平抵抗力の増加を目的として適用する場合の終局限界状態および損傷限界状態の要求性能についても前述の考え方に準ずる．

(2) 建築物の要求性能とのバランス

学校・病院などの多数の人が集まる，あるいは災害時に緊急避難場所となる建築物や住宅など常時，人が居住している建築物と，倉庫・車庫など人の居住がない建築物では，その用途の違いから重要度は異なってくる．改良地盤の要求性能の設定においては，このような建築物の特性を考慮に入れて，その特性に見合った性能を設定すべきである．改良地盤の安全性を優先するがあまり建築物の特性とバランスを欠いて，改良地盤に過剰な支持性能を負わせることのないよう配慮する必要がある．

3．検討項目および要求性能の確認方法

本文表4.2は，原地盤が液状化の可能性がない場合での改良地盤に対する検討項目である．これらの検討項目の設計での扱いは，改良目的や建築物に作用する荷重の種類，大きさなどによって異なる．いくつかの検討項目の中で，ある項目に対する検討が明らかに設計上支配的になる場合は，その他の項目は省略することができるであろう．

表4.1.1および表4.1.2に各限界状態における検討項目に対する限界値を示している．一般的な建築物に対する検討項目と限界値は表4.1.1に，斜面地に建つ建築物や擁壁のように常時，偏土圧により水平荷重が作用する場合に追加する検討項目と限界値は表4.1.2に示している．したがって，偏土圧により水平荷重が作用する場合には表4.1.1および表4.1.2に対して検討する必要がある．なお，表4.1.2中の検討項目である下部地盤の破壊は，表4.1.1中の鉛直支持力の検討の一部に相当するものである．

表4.1.1および表4.1.2に示す損傷・使用限界状態の安全係数（1/3，1/1.5など）については，今後，載荷試験などのデータを蓄積し，その数値の見直しを図っていくことが必要である．

表4.1.1　各限界状態における検討項目と限界値

検討項目 限界状態	鉛直支持力	水平抵抗力	すべり抵抗	沈下
終局限界状態	・改良体圧縮応力度が改良体の設計基準強度 ・基礎底面荷重が改良地盤の極限鉛直支持力	・改良体を転倒させない ・改良体せん断応力度が極限せん断応力度 ・改良体底面の滑動力が極限滑動抵抗力	検討しない	検討しない
損傷限界状態	・改良体圧縮応力度が改良体設計基準強度の2/3 ・基礎底面荷重が改良地盤の極限鉛直支持力の2/3	・改良体応力度 圧縮：改良体設計基準強度の2/3 引張り：圧縮応力度の20%かつ200kN/m² せん断：極限せん断応力度の2/3	検討しない	基礎の不同沈下量が沈下の限界値
使用限界状態	・改良体圧縮応力度が改良体設計基準強度の1/3 ・基礎底面荷重が改良地盤の極限鉛直支持力の1/3	────	極限抵抗モーメントの1/1.2	基礎の沈下量および不同沈下量が沈下の限界値

表4.1.2 各限界状態における検討項目と限界値（偏土圧が作用する場合）

限界状態＼検討項目	改良地盤底面の滑動 改良体間原地盤の抜出し	下部地盤の破壊	水平抵抗力	すべり抵抗
終局限界状態	・極限滑動抵抗力 ・極限抜出し抵抗力	改良体底面荷重が下部地盤の極限鉛直支持力	表4.1.1による	極限抵抗モーメント
損傷限界状態	・極限滑動抵抗力の1/1.2 ・極限抜出し抵抗力の1/1.2	改良体底面荷重が下部地盤の極限鉛直支持力の2/3	表4.1.1による	極限抵抗モーメントの1/1.2
使用限界状態	・極限滑動抵抗力の1/1.5 ・極限抜出し抵抗力の1/1.5	改良体底面荷重が下部地盤の極限鉛直支持力の1/3	・改良体応力度 　圧縮：改良体設計基準強度の1/3 　引張り：0（許容しない） 　せん断：極限せん断応力度の1/3	極限抵抗モーメントの1/1.5

(1) 終局限界状態

　終局限界状態における検討項目と限界値は，設定荷重に対して表4.1.1および表4.1.2のとおり設定する．偏土圧が作用しない建築物のすべり抵抗や沈下に対する検討は通常省略してもよいであろう．鉛直支持力に対する検討では，改良体の設計基準強度と改良地盤の極限鉛直支持力で判断し，水平抵抗力に対する検討では，水平荷重が作用した場合の改良地盤の破壊特性から改良体の曲げ破壊，せん断破壊，滑動に視点をおいて判断することとしている．特に偏土圧によって常時水平荷重が作用している場合は，改良地盤底面の滑動や改良体間原地盤の抜出し，そして，荷重が集中する改良地盤受働側（荷重作用方向前面）における改良体および下部地盤の破壊，さらに周辺地盤を含む敷地地盤全体のすべり抵抗が支配的となることからこれらの検討を怠ってはならない．

　水平抵抗力の検討においては，終局限界状態であることから，本来，大地震動時の改良地盤の動的な挙動についても考慮に入れることが望ましいが，現状ではそれらに関しての知見などが少ないことから静的に検討することとしている．すなわち，大地震動時の改良体―地盤系の破壊形態を仮定し，極限状態における力の釣合いから改良体の限界水平抵抗力を求めている．なお，大地震動時の動的な挙動などに関しては事例研究などを含め4.9節に記述している．

　液状化対策として適用する場合，一般的に選定されているラップ配置による格子状形式では，改良地盤の大地震動時慣性力と改良地盤周辺地盤の動水圧を改良体への作用荷重として扱い，改良体の水平抵抗力に対する検討は表4.1.1と同様に行われる．そして，直接基礎に適用する場合の鉛直支持力・水平抵抗力や杭基礎に適用する場合の杭の検討においては，非液状化地盤として，それぞれの検討を行うこととなる．詳細については4.7節に記述している．

　杭の水平抵抗力の増加を図るために適用する場合は，杭への水平荷重によって生ずる杭からの改良体に作用する荷重および改良地盤の周辺地盤・下部地盤からの地震動時荷重（土圧，水圧，慣性

力）に対して改良体の検討を行う．検討は，表4.1.1の「水平抵抗力」に関する内容に対して行う．詳細については，4.8節に記述している．

(2) 損傷限界状態

　損傷限界状態における検討項目と限界値は，設定荷重に対して表4.1.1および表4.1.2のとおり設定する．常時に水平荷重が作用しない建築物のすべり抵抗に対する検討は終局限界状態と同様に通常省略してもよいであろう．鉛直支持力および水平抵抗力に対する検討は，設定した作用荷重に対して要求性能を満足させるため，安全係数を考慮した限界値との確認を行わなければならない．すなわち，改良体および改良地盤の応答値が表4.1.1の限界値を上回らないことを確認する．なお，改良体の引張応力度の限界値は，改良体の引張強さに関する特性および改良体の引張強さを過度に期待することは好ましくないことから，上限値を設定している．

　沈下については，建築物全体の傾斜や残留変形によって使用性・機能性・耐久性において有害となる障害を生じさせないことが要求されることから，基礎の不同沈下量が限界値以下であることを確認しなければならない．

　しかし，損傷限界状態での基礎の沈下量算定にあたって，現状では地盤改良を施した地盤の地震時のばね定数設定に関する知見がほとんどないことから，通常の場合，中地震動時に改良地盤に作用する基礎の接地圧が損傷限界状態における改良地盤の鉛直支持力の限界値を上回らないことの確認をもってそれらの確認としている．

　常時において偏土圧による水平荷重が作用している場合は，終局限界状態での検討と同様に，改良地盤底面の滑動や改良体間原地盤の抜出しおよびすべり抵抗に対して検討を加えることとする．その場合の限界値は表4.1.1および表4.1.2による．そして，改良地盤受働側の改良体および下部地盤の破壊の検討については，偏土圧による水平荷重が作用しない場合の鉛直支持力と同様の確認を行う．

　改良体の水平抵抗力の検討は，弾性論に基づき線形弾性地盤反力法によって検討を行う．

　液状化対策としてラップ配置による格子状形式を適用する場合は，改良体への作用荷重は異にするが，検討項目および検討方法は終局限界状態の場合と同様である．そして，せん断抵抗に関する限界値は，表4.1.1による．

　杭の水平抵抗力の増加を目的として適用する場合についても，改良体への作用荷重は異にするが，終局限界状態と同様に改良体の検討を行う．

(3) 使用限界状態

　使用限界状態における検討項目と限界値は，設定荷重に対して表4.1.1および表4.1.2のとおり設定する．鉛直支持力に対する検討は，安全係数を考慮した限界値との確認を行うこととする．すなわち，改良体および改良地盤の応答値が表4.1.1の限界値を上回らないことを確認する．なお，改良体の引張強さに関しては，使用限界状態であることから許容しない．また，基礎指針[4.1.2)]において，直接基礎の場合，使用限界状態では鉛直支持力は検討の対象としていないが，改良地盤の設計では，鉛直支持力についても検討することとし限界値を設定している．

　沈下に対する検討は，使用限界状態の要求性能を満足させるための重要な行為である．具体的に

は，改良地盤の下部地盤の即時沈下・圧密沈下のほか，改良体の深さ方向の圧縮量に対する検討を行い，応答値であるそれらの合計沈下量が設定した限界値以下で，建築物の使用性・機能性などに関して有害となるような変形が生じないことを確認する必要がある．非常にまれな例として，腐植土などの改良地盤では，改良体のクリープによる長期沈下を考慮しなければならない場合があるので，改良土の性質に注意し改良土の力学特性の把握に努めなければならない．沈下の検討方法については，4.4節に記述している．

すべり抵抗に関しては，偏土圧が作用しない場合においても改良体の残留強度を用いて改良地盤を含む地盤全体のすべり計算を行い，局部すべりおよび全体すべりについて検討する必要がある．この理由としては，改良体の強度を大きくすることで改良率をいたずらに小さくすることを避け，大地震動時に改良体が万一破壊しても，地震後の常時荷重に対する地盤支持力を確保する意味を含んでいる．その場合の限界値は表4.1.1による．

常時，偏土圧による水平荷重を受ける建築物や擁壁の支持地盤として適用する改良地盤においては，水平荷重によって改良地盤底面の滑動，改良体間原地盤の抜出し，そして，建築物の転倒モードに起因する改良地盤底面の地盤破壊などを起こす可能性がある．また，地盤全体の安定性については，偏土圧が作用しない場合に比べ，一層留意して検討する必要がある．その場合，改良地盤底面の滑動，改良体間原地盤の抜出しに対する限界値は表4.1.2による．改良地盤底面の地盤破壊などの検討については常時に水平荷重が作用していない場合の鉛直支持力と同様の確認を行う．さらに，すべり抵抗については，偏土圧の水平荷重が作用しない場合と同様に全体すべりについて検討し，応答値が表4.1.2の限界値以下であることを確認する．また，改良体のせん断応力度についても表4.1.2の限界値以下であることを確認する．

4．地盤改良の設計手順

本編で想定される地盤改良の設計手順を図4.1.1に示す．設計対象となる建築物，地盤，敷地周辺に関する条件設定を行い，それに基づいて敷地地盤の評価をする．その結果，原地盤が液状化の可能性がある場合はその対応策を，偏土圧が作用する場合は改良地盤に作用する外力の検討を行う必要がある．次に設計方針の設定，検討項目・限界値の設定を行う．そして，具体的な改良地盤の計算，すなわち，改良仕様の仮定，鉛直支持力・水平抵抗力・すべり抵抗・沈下の検討を進めていくこととなる．

鉛直支持力，水平抵抗力およびすべりの検討の詳細な手順を図4.1.2，図4.1.3に示している．

5．改良体の設計基準強度

改良体の設計基準強度とは，地盤改良の設計において基準となる改良体の圧縮強度のことで「コンクリートの設計基準強度」に相当するものであり，改良体の一軸圧縮強さをもととしている．その理由としては以下の点があげられる．

　a．一軸圧縮試験が比較的簡便であること
　b．一軸圧縮強さと他の力学特性に関する実績データが多く評価上での信頼性が高いこと
　c．一軸圧縮強さから他の力学特性を推定できる場合が多いこと
　d．改良範囲が比較的浅い地盤であることから，改良体周辺地盤の拘束圧が小さい領域での使用

第4章 地盤改良の設計 －39－

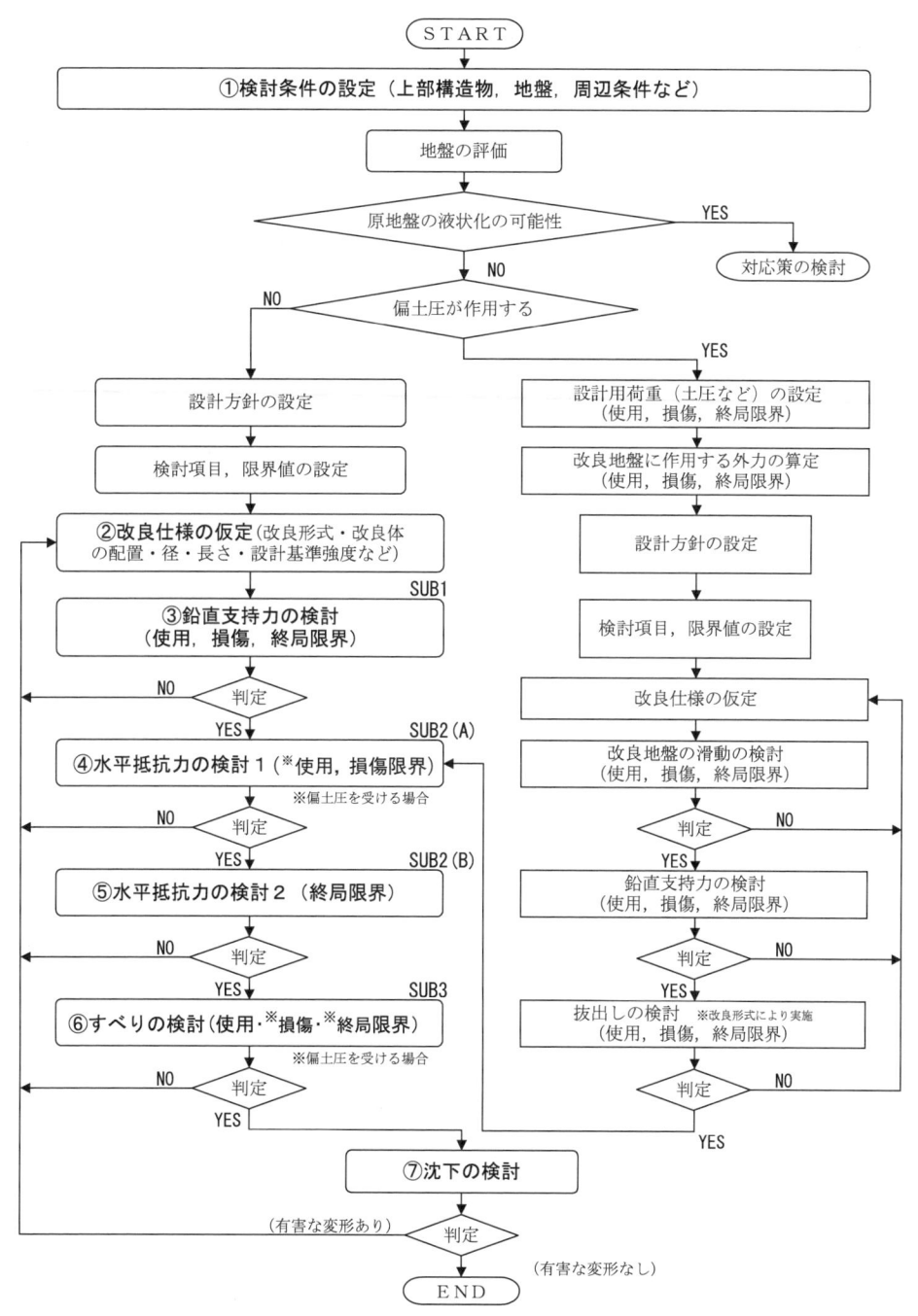

```
                                START
                                  ↓
        ①検討条件の設定（上部構造物，地盤，周辺条件など）
                                  ↓
                            地盤の評価
                                  ↓
                      ＜原地盤の液状化の可能性＞――YES――→ 対応策の検討
                                  ↓NO
              NO ←＜偏土圧が作用する＞――YES
               ↓                                    ↓
         設計方針の設定                  設計用荷重（土圧など）の設定
                                        （使用，損傷，終局限界）
               ↓                                    ↓
       検討項目，限界値の設定            改良地盤に作用する外力の算定
                                        （使用，損傷，終局限界）
               ↓                                    ↓
    →②改良仕様の仮定(改良形式・改良体            設計方針の設定
       の配置・径・長さ・設計基準強度など)              ↓
               ↓              SUB1        検討項目，限界値の設定
       ③鉛直支持力の検討                           ↓
       （使用，損傷，終局限界）              →改良仕様の仮定
               ↓                                   ↓
          ＜判定＞―NO―→            改良地盤の滑動の検討
               ↓YES        SUB2(A)      （使用，損傷，終局限界）
    →④水平抵抗力の検討1（※使用，損傷限界）←         ↓
                    ※偏土圧を受ける場合        ＜判定＞―NO―→
          ＜判定＞―NO―→                    ↓YES
               ↓YES        SUB2(B)      鉛直支持力の検討
       ⑤水平抵抗力の検討2（終局限界）          （使用，損傷，終局限界）
               ↓                                   ↓
          ＜判定＞―NO―→                    ＜判定＞―NO―→
               ↓YES         SUB3                ↓YES
    →⑥すべりの検討（使用・※損傷・※終局限界）    抜出しの検討 ※改良形式により実施
                    ※偏土圧を受ける場合        （使用，損傷，終局限界）
          ＜判定＞―NO―→                          ↓
               ↓YES                          ＜判定＞―NO―→
                    ↓←――――――――――――――――――YES
                    ⑦沈下の検討
                          ↓
         （有害な変形あり）＜判定＞（有害な変形なし）
                          ↓
                        END
```

図4.1.1 地盤改良の設計フローチャート（その1）

が多く，一軸状態における応力条件下の試験結果が妥当と考えられること

　改良体の一軸圧縮強さは，コンクリートのように厳選された骨材・練り混ぜ水などによって製造される製品と異なり，改良対象土の種類や物理的・化学的性質，地層構成，固化材の種類・配合条件，そして攪拌装置・攪拌方法など施工機械・施工法に大きく影響を受け，かつ，ばらつきを有している．そのため，実際に現場で築造した改良体を掘り起こし，その一軸圧縮強さを求めることが

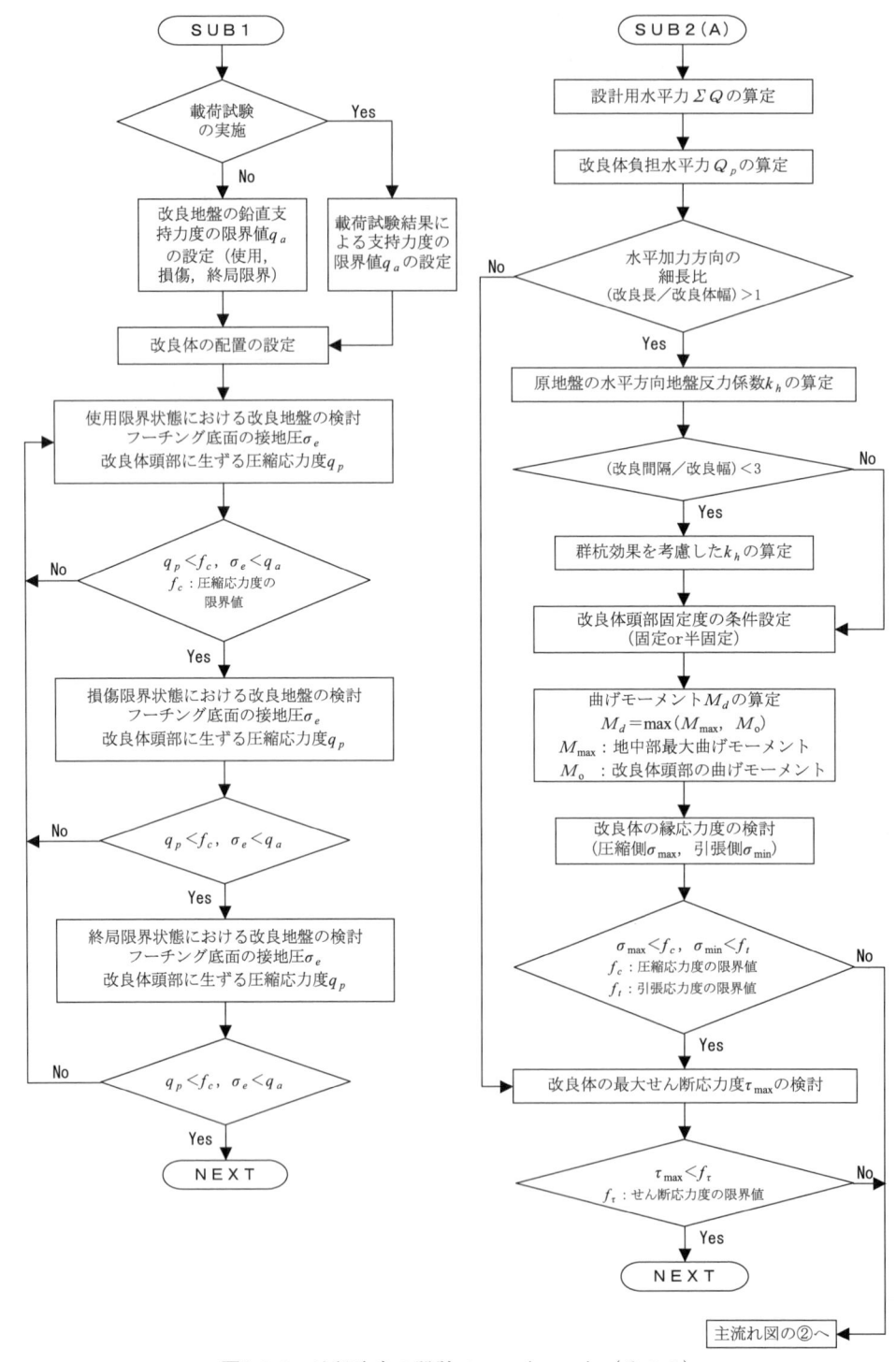

― 40 ―　建築基礎のための地盤改良設計指針案

図4.1.2　地盤改良の設計フローチャート（その2）

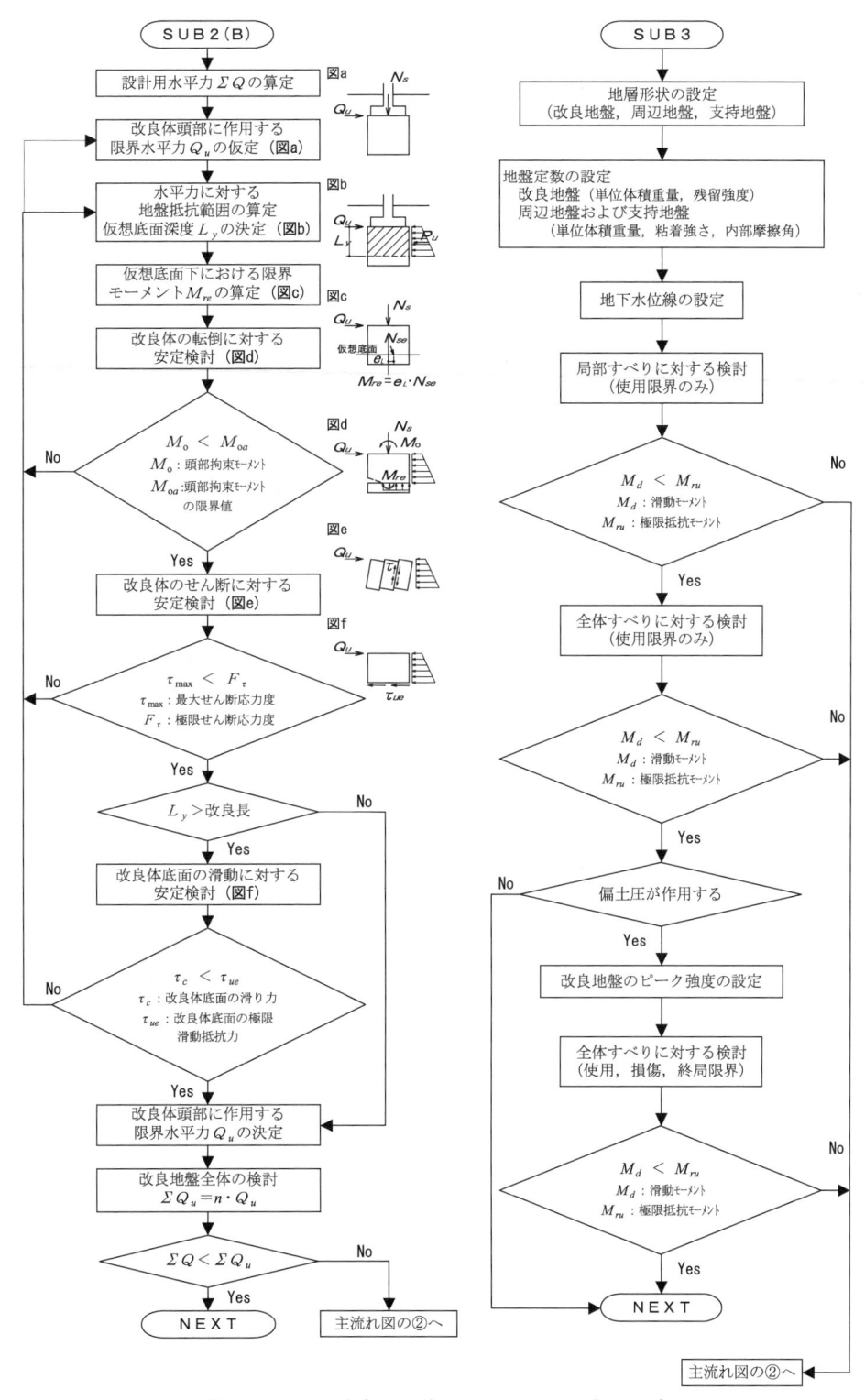

図4.1.3　地盤改良の設計フローチャート（その3）

望ましいと考えられる．しかし，費用・工期などから実情としては極めて困難であることから，間接的な方法として，現場の改良体から採取したコア供試体の材齢28日での一軸圧縮強さ（以下，現場コア強度という）を求めることとしている[4.1.3]．

また，コア供試体の採取は，個々の設計に先立って建設計画地で築造した改良体から採取することが望ましいが，実務的には費用・工期などの点から困難であることから，通常は，現場コア強度の実績データから改良対象土のそれを推定する方法によっている．

この方法以外に，既存の室内配合試験結果データに基づき，固化材/改良対象土1m³あたりの総水量，あるいは改良対象土の乾燥密度から現場コア強度を推定する方法も提案されている[4.1.4]．

しかし，施工実績のない土質や施工法による場合は，建設計画地において試験施工を実施し，現場コア強度を求める必要がある．

(1) 設計基準強度の設定方法

現場コア強度 q_{uf} から改良体の設計基準強度 F_c を設定する方法のもととなる現場コア強度の既存データとして，表4.1.3は，攪拌装置の形状や攪拌混合方法が異なる種類の工法によって築造された改良体の現場コア強度と固化材添加量の関係の実績データ[4.1.5],[4.1.6],[4.1.7]であり，図4.1.4は，表4.1.3

表4.1.3 施工法別に見た現場コア強度と固化材添加量の目安

(A)工法[4.1.5]

土質	現場コア強度 (kN/m²)	固化材添加量 (kg/m³)
ローム	1 000～2 000	250～350
砂・礫	2 000～3 000	200～300
粘性土・シルト	1 500～2 500	250～350
有機質土・高有機質土	500～1 500	250～500

(B)工法[4.1.6]

土質	現場コア強度 (kN/m²)	固化材添加量 (kg/m³)
砂質土	1 500～4 000	200～300
シルト	1 000～3 000	200～350
粘土・ローム	1 000～3 000	200～350
有機質土（腐植土混）	800～2 000	250～350
高有機質土	500～1 500	300～400

(C)工法[4.1.7]

土質	現場コア強度 (kN/m²)	固化材添加量 (kg/m³)
砂質土	1 500～2 500	200～300
粘性土	1 000～2 000	250～350
凝灰質粘土	1 000～2 000	250～350
特殊土	500～1 500	300～450

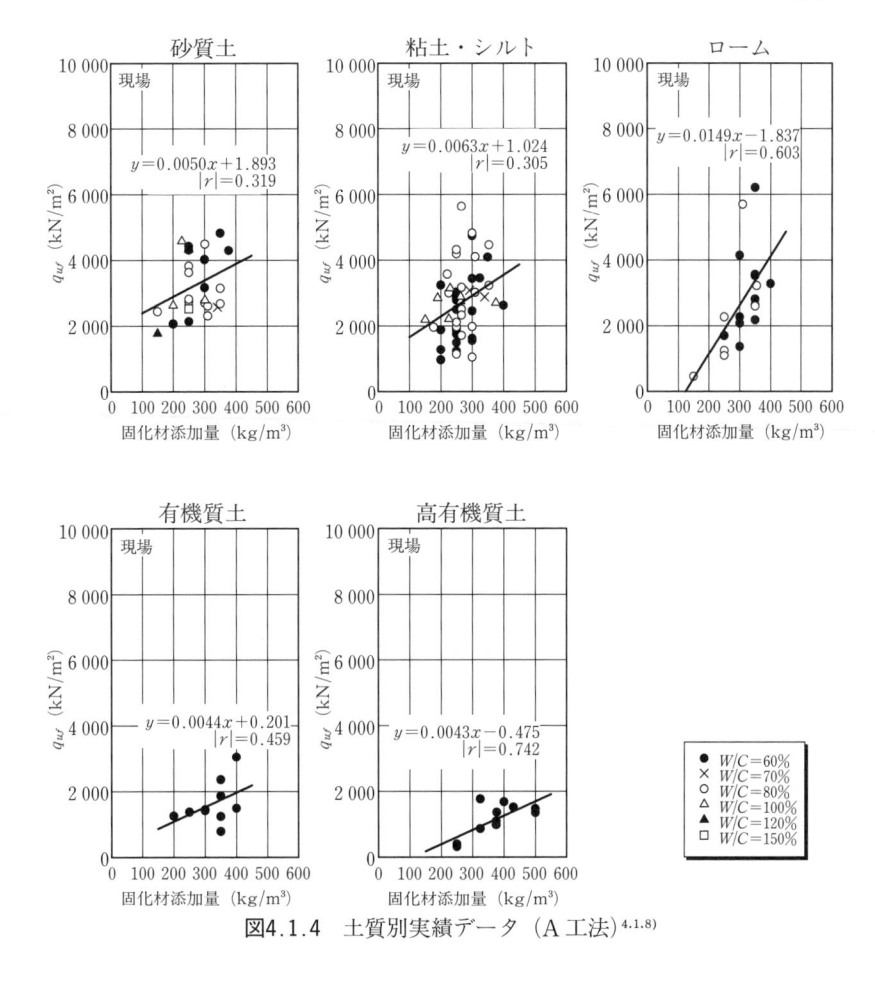

図4.1.4 土質別実績データ（A工法）[4.1.8]

(A)工法の土質別の現場コア強度と固化材添加量の関係を示した実績データである[4.1.8]．なお，図4.1.4中の凡例の W/C は，スラリー濃度（水/固化材比）を表している．

これらから，改良対象土に対する現場コア強度を推定し設計基準強度を設定する．設定方法として，現在，以下の方法が提案されているが，一般的には①の方法が最も利用されており，本編においてもこの設定方法を推奨する．

① 実大強度を設計基準強度と仮定する方法

現場コア強度を正規分布と仮定した場合，改良体の実大強度 Q_u と現場平均コア強度 $\bar{q}_{uf}$，現場コア強度の標準偏差 σ の関係を，$m=(\bar{q}_{uf}-Q_u)/\sigma$ の関係式で整理すれば，全土質を用いた平均が $m=1.33$ 程度となることを確認している[4.1.9]．したがって，図4.1.5に示すように実大強度 Q_u を設計基準強度 F_c と仮定した場合，(4.1.1)式が得られる．本式による設計基準強度 F_c は，現場平均コア強度 $\bar{q}_{uf}$ より約 1.3σ 差し引いたところに位置し，現場コア強度 q_{uf} が Q_u を下回る確率は10%に相当する．

この方法は，不良率の概念を取り入れているところに特徴があり，品質管理においてもこの不良率を考慮した品質検査方法が採用されるのが一般的である．

$$F_c=\bar{q}_{uf}-m\cdot\sigma=(1-1.3V_{q_{uf}})\bar{q}_{uf} \qquad (4.1.1)$$

ここで，F_c：設計基準強度（kN/m²）

$\bar{q}_{uf}$：実績データに基づき想定した現場平均コア強度（kN/m²）

m：実大強度 Q_u と現場平均コア強度 $\bar{q}_{uf}$，現場コア強度 q_{uf} の標準偏差 σ を関係づける係数（=1.3）

σ：現場コア強度の標準偏差（kN/m²）

V_{quf}：q_{uf} の変動係数（$=\sigma/\bar{q}_{uf}$）V_{quf} は0.20〜0.45の範囲において，実績データに基づき適切な値を設定する．ただし，実績データが乏しい場合には，$V_{quf}=0.45$ とするなど配慮が必要である．

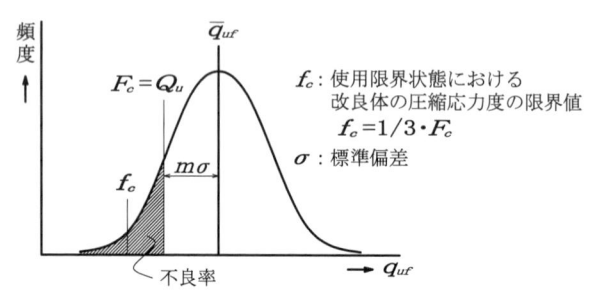

図4.1.5 実大強度を設計基準強度と仮定する方法の考え方

② 信頼性設計法による方法

基礎構造の設計では，信頼性設計法の導入が検討され始めている．その考え方に基づいた方法で，改良体に作用する荷重 P と実大強度 Q_u の大きさ別の確率密度関数 $f(P)$，$f(Q_u)$ を示すと図4.1.6のようになり，$P>Q_u$ となる斜線部分の領域の面積が破壊確率 P_f に相当する．改良体の破壊確率 P_f を常時で1/1000とし，$Q_u=F_c$ とみなすことにより(4.1.2)式が得られる．

本式は，$V_{quf}=0.20$〜0.45の範囲において，F_c/f_c と破壊確率 P_f との関係が，おおむね $F_c/f_c=3.0$（常時）で $P_f=1/1000$，$F_c/f_c=1.5$（中地震時）で $P_f=1/20$，$F_c/f_c=1.0$（大地震動時）で $P_f=1/3$ となる[4.1.10]．なお，本式で設定された F_c は，あくまで計算による値であること，土質によっては強度発現に限界があることから，実績データと照合するなどその採用には十分に留意する必要がある．

$$F_c=3\cdot\Phi\cdot\bar{q}_{uf}\cdot\bar{a}_1=3\cdot e^{-0.85\cdot 3\cdot\sqrt{V_{quf}^2+0.116}}\cdot\bar{q}_{uf}\cdot 0.69 \qquad (4.1.2)$$

ここで，Φ：耐力係数

$\bar{a}_1$：現場コア強度から実大強度を推定する係数の平均値（=0.69）

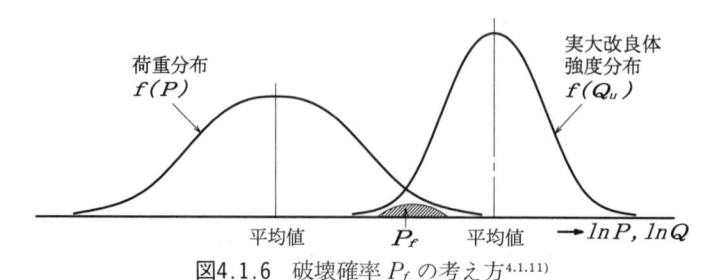

図4.1.6 破壊確率 P_f の考え方[4.1.11]

③ 実績データにより求める方法

文献4.1.12)において提案されている方法であり，図4.1.7に示すように，改良体の現場コア強度が正規分布するものと仮定し，現場平均コア強度 $\bar{q}_{uf}$ が設計基準強度 F_c を下回る発生率を2.5%となるように設定されており，(4.1.3)式による．

本式を採用するにあたっては，現場平均コア強度 $\bar{q}_{uf}$ のばらつきが変動係数 $V_{quf}=0.25$ 以下となる施工法に限定されることに留意する必要がある．また，式の特性上，設計基準強度 F_c の値は常に想定した $\bar{q}_{uf}$ の $1/2$ である．

$$F_c = \bar{q}_{uf} - 2\sigma_f \tag{4.1.3}$$

ここで，$\bar{q}_{uf}$：改良対象土に該当する実績データに基づいた現場平均コア強度（kN/m²）

σ_f：現場コア強度の標準偏差（kN/m²）

$$\sigma_f = V_{quf} \cdot \bar{q}_{uf} = 0.25 \bar{q}_{uf}$$

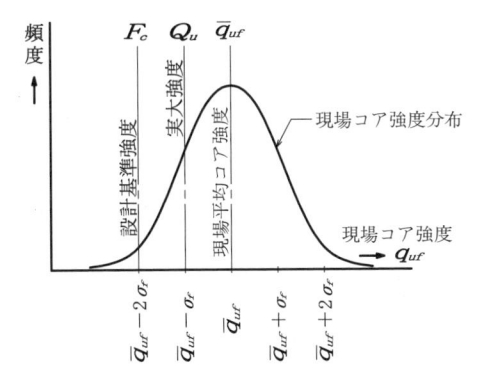

図4.1.7 実績データにより求める方法の考え方[4.1.12]

(2) 設計基準強度の設定における留意事項

第1の留意事項として，土質の違いによって改良強度の発現状況が異なることに留意する必要がある．同一配合条件下での改良体の現場コア強度は，一般的に，砂質土＞粘性土＞火山灰質粘性土＞有機質土＞高有機質土の順に強度発現が低下する傾向がある．強度に影響する土質の物性には様々なものがあり地域性も高いので，過去の実績や配合試験などで強度発現を確認することが大切である．設計基準強度は，最も強度発現の低い土質に着目して設定することが大切である．また，改良体の一軸圧縮強さと材齢の関係については，4.2節に記述しているが，設計基準強度の設定においては，材齢28日の一軸圧縮強さを用いることとする．

第2の留意事項として，地層構成に留意する必要がある．地盤は，改良強度の発現状況が異なる各種の土層が積層状態で構成されていることから，このことによって生ずる改良体の圧縮強さのばらつきを評価しなければならない．図4.1.8は，地盤を構成する土層と改良体の圧縮強さが深度方向に異なっている関係を示した模式図である．この図にみられるように，土質ごとに圧縮強さを評価し，最も小さい値である粘土層を，設計基準強度を設定する際の対象層として採用するという姿勢が大切である．同図(b)のように，全土質を一体として評価すると統計学上では過大なばらつきとみ

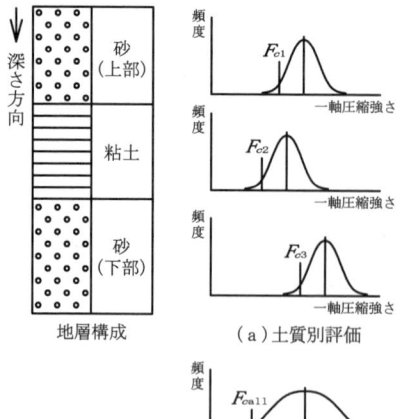

F_{c1} ：砂（上部）として評価した設計基準強度
F_{c2} ：粘土として評価した設計基準強度
F_{c3} ：砂（下部）として評価した設計基準強度
F_{ca11} ：全土質一体として評価した設計基準強度

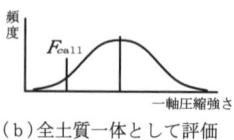

（a）土質別評価
（b）全土質一体として評価
図4.1.8　地層構成によるばらつき評価

なされるだけでなく，その結果から求まる設計基準強度を過小評価するおそれがあることに留意する必要がある．

第3の留意事項として，施工法の違いが改良体の圧縮強さやばらつきに大きく影響することに留意する．攪拌装置，攪拌方法など施工機械・施工法ごとの攪拌混合性能を事前に確認し，それらを考慮して改良体の設計基準強度の設定を行う必要がある．

第4の留意事項として，実大の改良体の一軸圧縮強さ Q_u（以下，実大強度という）と，現場の改良体から採取して得られたコア供試体の現場平均コア強度 $\bar{q}_{uf}$ の関係を考慮する必要がある．図4.1.9は，現場コア強度の q_{uf} の頻度分布と実大強度 Q_u の関係を示したものである．図中の曲線は現場コア強度 q_{uf} が正規分布に従うと仮定して求めた近似曲線である．図より，実大強度 Q_u は現場平均コア強度 $\bar{q}_{uf}$ より小さめの値を示しており，実大強度 Q_u を下回るコア供試体が存在していることが分かる．実大強度 Q_u を設計基準強度 F_c とみなし現場コア強度は正規分布に従うと仮定した場合，設計基準強度を下回る個所が存在することを考慮して設定することが必要である．また，

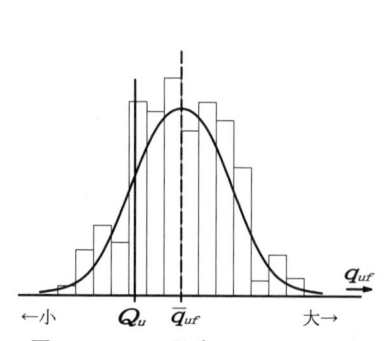

図4.1.9　コア強度のばらつき分布

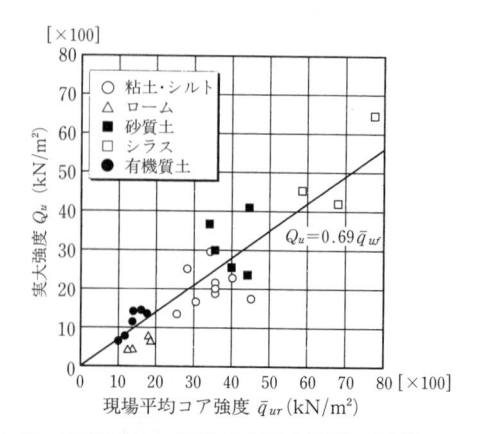

図4.1.10　現場平均コア強度と実大強度の関係[4.1.9]

$Q_u = 0.69 \bar{q}_{uf}$

図4.1.10は，直径 ϕ500mm～1000mm の改良体26体の実大強度 Q_u と現場平均コア強度 $\bar{q}_{uf}$（コア直径67mm程度，コア数15～30程度）の関係を示したものである．

両者には $Q_u=0.69\bar{q}_{uf}$ のような関係があり，実大強度 Q_u は現場平均コア強度 $\bar{q}_{uf}$ の約0.7倍と小さい値を示していることを考慮する必要がある．この考え方に基づいた設計基準強度の設定方法が前項①である．

第5の留意事項として，改良体の深度方向での強度発現状態の違いがある．均一な土質で構成された地盤を想定した場合，上載・側圧効果によって改良体頭部から先端部方向に圧縮強さは増加する傾向にある．このことから，設計基準強度の設定にあたっては，改良体頭部付近の強度発現に留意する必要がある．

参考文献

4.1.1) 日本建築学会：建築基礎構造設計指針，p.16，2001.10
4.1.2) 日本建築学会：建築基礎構造設計指針，p.97，2001.10
4.1.3) 日本建築センター：改訂版 建築物のための改良地盤の設計及び品質管理指針，p.37，2002.11
4.1.4) 日本建築センター：改訂版 建築物のための改良地盤の設計及び品質管理指針，pp.313～330，2002.11
4.1.5) 先端建設技術センター：建設技術審査証明報告書「テノコラム工法」，p.23，2003.10
4.1.6) 日本建築センター：建設技術審査証明報告書「NCコラム工法」，p.95，2000.1
4.1.7) 日本建築センター：建設技術審査証明報告書「アスコラム工法」，p.122，2002.1
4.1.8) テノックス：テノコラム工法 技術資料 2004年版
4.1.9) 日本建築センター：改訂版 建築物のための改良地盤の設計及び品質管理指針，pp.303～306，2002.11
4.1.10) 日本建築センター：改訂版 建築物のための改良地盤の設計及び品質管理指針，pp.307～312，2002.11
4.1.11) 藤井 衛・神田 順・中野健二・金子 治・二木幹夫・平出 努・溝口栄二郎：建築基礎地盤としてのセメント系改良地盤に関する研究（その32）―改良地盤の設計基準強度の設定に対する考え方―，日本建築学会大会学術講演梗概集（近畿）pp.663～664，1996.9
4.1.12) 住宅・都市整備公団：ソイルセメントコラム工法設計・施工指針（案），p.51，1988.9

4.2節 改良体の配合試験および特性

1. 深層混合処理工法に使用する材料は，改良目的や地盤条件に適したものを，事前の土質試験および室内配合試験などを実施して選定する．
2. 配合試験は，適切な配合条件を決定するために行う．配合強度は，設計基準強度をもとに，改良体強度のばらつきや室内と現場の強度比などを考慮して適切な数値を決定する．
3. 設計に用いる定数は，各種の試験や既往の実績データなどを参考にして適切に設定する．

1．使用材料

(1) 固化材の種類と特徴

スラリー系の深層混合処理工法に使用する固化材の種類を分類すると，図4.2.1に示すように，普

```
固化材 ─┬─ JIS規格セメント ─┬─ 普通ポルトランドセメント
        │                    └─ 高炉セメントB種
        └─ セメント系固化材 ─┬─ 一般軟弱土用
           (JIS規格外)        ├─ 有機質土用
                              └─ 特殊土用
```

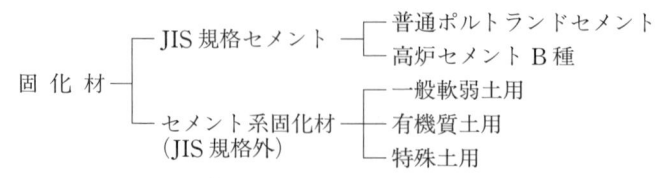

図4.2.1 深層混合処理工法に用いる固化材の分類

表4.2.1 固化材の種類と特徴[4.2.1)に一部加筆]

分類	種類	特徴
JIS規格品	普通ポルトランドセメント	セメント水和物の生成により強度増加が期待でき、主に砂質土や一部の粘性土に対して改良効果がある.
	高炉セメントB種	セメントの改良効果に加えて、高炉スラグの性質を利用した強度増加が期待できる.
セメント系固化材 (JIS規格外)	一般軟弱土用	軟弱地盤（砂質土・シルト・粘土・火山灰質粘性土）に幅広く使用できる汎用固化材.
	有機質土用	腐植土・有機質土・ヘドロなどの有機物含有量の多い土に効果がある固化材.
	特殊土用	土の種類によっては、溶出するおそれのある六価クロムの溶出量を抑制する固化材.

通ポルトランドセメントや高炉セメントB種などのJIS規格品と、地盤改良を目的として製造されたJIS規格外のセメント系固化材に分けられる．それらの特徴を表4.2.1に示す[4.2.1)]．

　セメント系固化材はセメントを母材として、改良対象の土質に対して有効に作用する成分を添加している．有効成分としては、スラグ、フライアッシュなどのポゾラン材、アルミナセメント、ジェットセメントなどの特殊な成分の強度増進材、せっこう、硫酸ソーダなどのセメントの水和刺激材がある[4.2.2)]．改良対象の土質や配合条件によっては、改良土から六価クロムが土壌環境基準値を超過して溶出する場合がある．そこで、最近では、六価クロムの溶出量を低減する特殊土用固化材も使用されている．

　固化材の主要材料であるセメントの代表的な水和反応について、概要を図4.2.2に示す[4.2.3)]．セメ

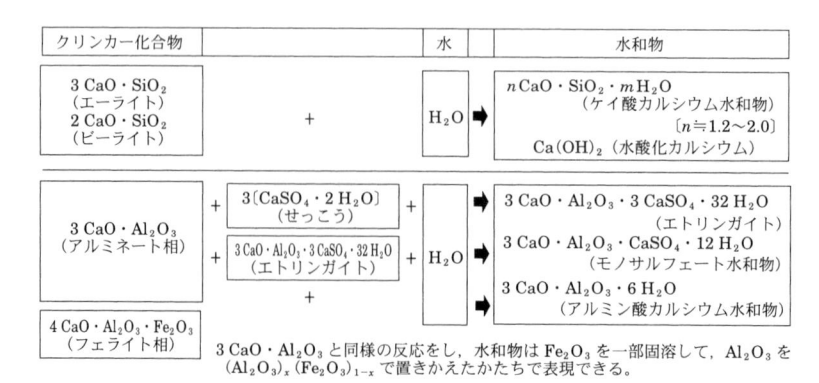

クリンカー化合物	水	水和物
$3CaO \cdot SiO_2$ (エーライト) $2CaO \cdot SiO_2$ (ビーライト)	$+$ H_2O	$\rightarrow$ $nCaO \cdot SiO_2 \cdot mH_2O$ (ケイ酸カルシウム水和物) 〔$n \fallingdotseq 1.2 \sim 2.0$〕 $Ca(OH)_2$ (水酸化カルシウム)
$3CaO \cdot Al_2O_3$ (アルミネート相)	$+ 3[CaSO_4 \cdot 2H_2O]$ (せっこう) $+$ $3CaO \cdot Al_2O_3 \cdot 3CaSO_4 \cdot 32H_2O$ (エトリンガイト) $+$ H_2O	$\Rightarrow 3CaO \cdot Al_2O_3 \cdot 3CaSO_4 \cdot 32H_2O$ (エトリンガイト) $\Rightarrow 3CaO \cdot Al_2O_3 \cdot CaSO_4 \cdot 12H_2O$ (モノサルフェート水和物) $\Rightarrow 3CaO \cdot Al_2O_3 \cdot 6H_2O$ (アルミン酸カルシウム水和物)
$4CaO \cdot Al_2O_3 \cdot Fe_2O_3$ (フェライト相)		$3CaO \cdot Al_2O_3$と同様の反応をし、水和物はFe_2O_3を一部固溶して、Al_2O_3を$(Al_2O_3)_x \cdot (Fe_2O_3)_{1-x}$で置きかえたかたちで表現できる．

図4.2.2 セメントの水和反応[4.2.3)]

ントを構成している主な化合物はエーライト，ビーライト，アルミネート相およびフェライト相の4種類である．これらの化合物は水と接触するとただちに反応が始まる．

エーライトやビーライトは水和して，けい酸カルシウム水和物と水酸化カルシウムになる．反応が最も速いアルミネート相は，せっこうと反応してエトリンガイトとよばれる化合物を表面に生成する．さらに，このエトリンガイトが未水和のアルミネート相と反応してモノサルフェート水和物へと変化する．

(2) 固化材による固化処理のメカニズム

　a．普通ポルトランドセメントによる固化処理

セメント系固化材および普通ポルトランドセメントによる固化の原理の模式図を図4.2.3に示す[4.2.4]．普通ポルトランドセメントによる土の改良において，最も強度増加に寄与する働きはセメントの水和反応である．セメントの水和物が土粒子の間隙を緻密に埋めて硬化体を形成する．エーライトやビーライトの水和で生成された水酸化カルシウムが，長期的には土に含まれるシリカ分やアルミナ分とポゾラン反応を起こして，不溶性の水和物を生成し強度が増加する．

　b．高炉セメントによる固化処理

高炉セメントは普通ポルトランドセメントに高炉スラグ粉末を所定の割合で添加したものである．高炉スラグ粉末の割合によって，A～Cの3種類がJISで定められており，通常，B種（30～60％）が多く使用されている．高炉スラグ粉末は，セメントの水和反応で生成した水酸化カルシウムに刺激されると徐々に水和反応を起こす特性（潜在水硬性とよぶ）がある．したがって，高炉セメント

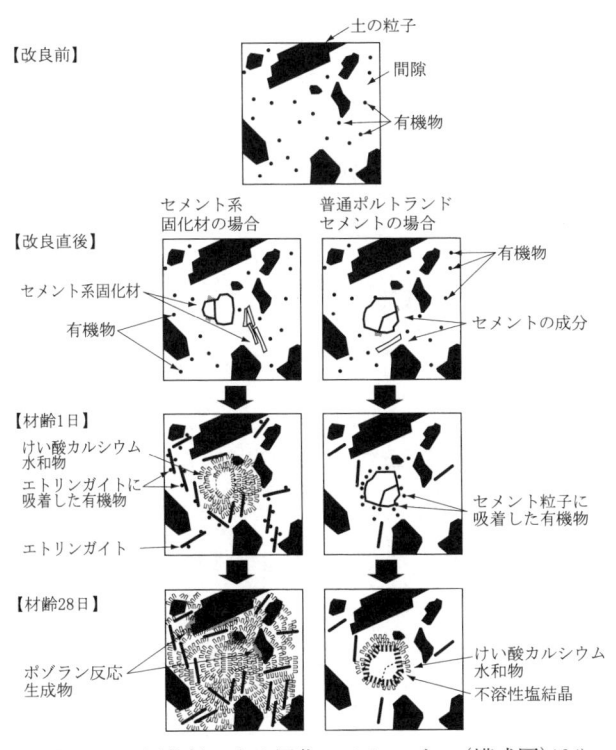

図4.2.3　固化材による固化のメカニズム（模式図）[4.2.4]

の固化作用は普通ポルトランドセメントと同様であるが，セメントが高炉スラグ粉末に置換されることから初期強度が低くなる傾向があるものの，潜在水硬性の作用により，中長期的には水和物を生成し強度増加に寄与する．

c．セメント系固化材による固化処理

セメント系固化材はセメントを母材として土を固めるのに有効な成分が添加されている．自硬性を持つ材料である．セメント系固化材が固まるときに生成する水和物の中で最も特徴的な水和物がエトリンガイトである．エトリンガイトは分子式が示すように，自重の46％という多量の結晶水を持つ水和物であるため，周辺の水を取り込み，改良土の見かけ上の含水比を低下させる働きがある．エトリンガイトの水和物は栗の毬のような針状結晶であり，この結晶の絡み合いが，含水比が高く間隙の大きいヘドロや有機物を多量に含む土を取り込み，固化に寄与する．

セメント系固化材は土質と施工目的に合せて，このエトリンガイトを適切に生成するように配合したものである．これに対して，普通ポルトランドセメントや高炉セメントは土を固めるために製造された製品でないため，エトリンガイトの生成はセメント系固化材に比べて少ない．セメント系固化材は，長期的には普通ポルトランドセメントと同様にポゾラン反応による水和物を生成し，強固な改良体を造成する．

d．改良体の骨格構造

改良土の骨格構造を調べる目的で，水銀圧入法による細孔径分布の経時変化を測定した結果を図4.2.4に示す[4.2.5]．この図からは，材齢が長期化して強度が増加するのに伴って，細孔径分布のピークは小さな径に移行し，径の小さな間隙が増加することが判る．このことから，セメントの水和生成物が間隙を細分化し，改良土の骨格構造を密実化させることが，改良土の強度増加や透水係数が低下する要因であると推察している．

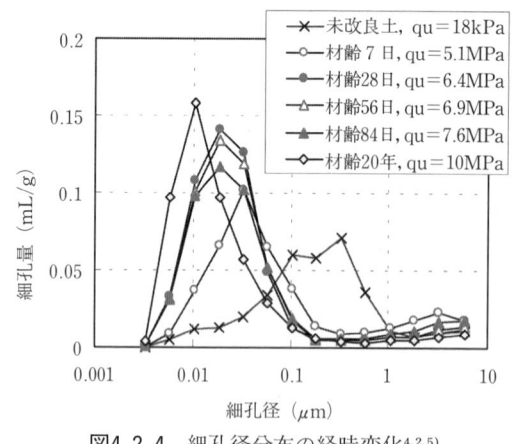

図4.2.4 細孔径分布の経時変化[4.2.5] 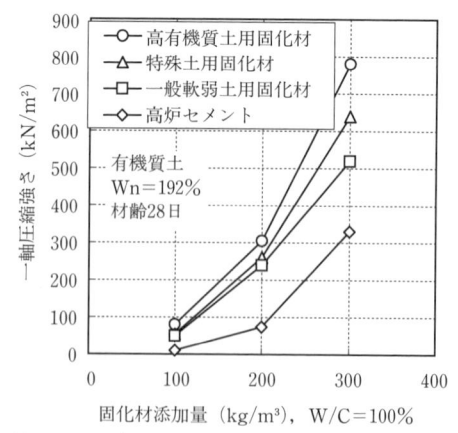　　**図4.2.5** 各種固化材の強度特性例[4.2.1]に一部加筆

(3) 固化材の選定

図4.2.5は，有機質土を種々の固化材で固化させた場合の固化材添加量と改良土の強度の関係である[4.2.1]．改良土の強度は，固化材の種類に依存することが判る．改良対象土の特性や施工方法に適した固化材を選定しなければ，改良体の強度に影響を与えることになる．含水比の高い軟弱な土やフ

ミン酸などを含む有機質土ではセメントの水和を阻害するため，普通ポルトランドセメントや高炉セメントでは強度が低いケースがある．このようなケースには，セメント系固化材を使用することにより効果的に改良でき，経済的な場合がある．したがって，各種固化材の選定は慎重に行う必要がある．

各種固化材の選定の目安を表4.2.2に示す[4.2.2)]．この表は強度発現性に主眼をおいたものであり，六価クロムの溶出抑制についても考慮して，固化材を選定する必要がある．また，前述したようにセメント系固化材は，用途別にいくつかの種類があるため，使用に際しては，改良目的や地盤条件に適したものを事前の土質試験や室内配合試験などの確認により選定することが望ましい．

表4.2.2 固化材の選定の目安[4.2.2)]を一部加筆

	固化材	普通ポルトランドセメント	高炉セメント	セメント系固化材
土質分類性状	砂質土	○	○	○
	粘性土	○	○	◎
	火山灰質粘性土	○	△	◎
	有機質土	△	○	◎
	高有機質土	×	△	◎
	含水比が液性限界以下	○	○	○
	含水比が液性限界以上	△	△	△
混合	スラリー状での使用	○	○	○
	粉体状での粘性土との混合性	△	△	△
効果	運搬などのための早期改質	△	△	△
	初期強度	△	△	○
	長期強度	○	○	○

［注］ ◎：最良　○：良　△：やや良　×：不良

(4) 固化材の取扱い

固化材は不燃性であり，通常の取扱いでは危険な製品ではない．ただし，固化材は水を加えた際に反応しやすいように微細な粉末状となっており，その反応は高温になると活発になる．したがって，使用前の保管・保存の際には，高温を避けて，水との接触や湿気を防ぐようにする必要がある．水と接触すると強いアルカリ性を示し，目・鼻・皮膚に対して刺激性がある．また，極微量のクロム化合物を含むため，アレルギーが起こる可能性がある．適切な保護具（手袋，保護メガネ，防塵マスク）を着用することが望ましい．詳しくは，製品の品質や使用上の注意を記した製品安全データシート（MSDS）を参照されたい．

(5) 混和剤

セメント粒子の分離・凝集を防ぐことやセメントスラリーの流動性の保持および改良体のラップ配置の場合の施工を良好にする目的で，分散剤や遅延剤などの混和剤を改良材に混ぜて使用する場

合がある．混和剤は，わずかな量の違いにより凝結の遅延や長期強度の発現不良を引き起こすことがあり，注意を要する．混和剤を使用する場合は，製品の製品安全データシートで製品の内容・成分を確認し，事前の室内配合試験や原位置試験施工により添加量を決定することが望ましい．

２．配合試験

配合試験は，土質試験と室内配合試験からなり，一般に図4.2.6のフローに基づいて行われる．配合試験に必要な土質試験を表4.2.3に示す．

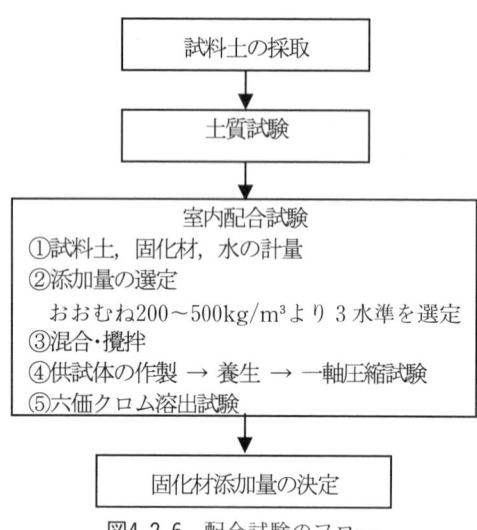

表4.2.3 配合試験に必要な土質試験

試験分類	試験方法	規格
物理試験	土の含水比試験	JIS A 1203
	土の粒度試験	JIS A 1204
	土の湿潤密度試験	JIS A 1225
化学試験	土懸濁液のpH試験	JGS 0211
	土の強熱減量試験	JIS A 1226
	土の有機炭素含有量試験	JGS 0231

図4.2.6 配合試験のフロー

(フロー図内容)
試料土の採取 → 土質試験 → 室内配合試験
- ①試料土，固化材，水の計量
- ②添加量の選定
  おおむね200～500kg/m³より3水準を選定
- ③混合・撹拌
- ④供試体の作製 → 養生 → 一軸圧縮試験
- ⑤六価クロム溶出試験

→ 固化材添加量の決定

(1) 室内配合試験

室内配合試験は適切な配合条件を設定するために行うものであり，設定する配合条件は，固化材の種類，配合量，スラリーの濃度（水固化材比）がある．一般的な配合条件の設定フローを図4.2.7に示す．

室内配合試験の実施にあたってはあらかじめ，①設計基準強度F_c，②配合強度X_f，③室内配合強度X_lの順にその値を設定しておく必要がある．なお，設計基準強度F_cの設定については4.1節で詳述していることから，本項では，配合強度X_fと室内配合強度X_lについて詳述する．

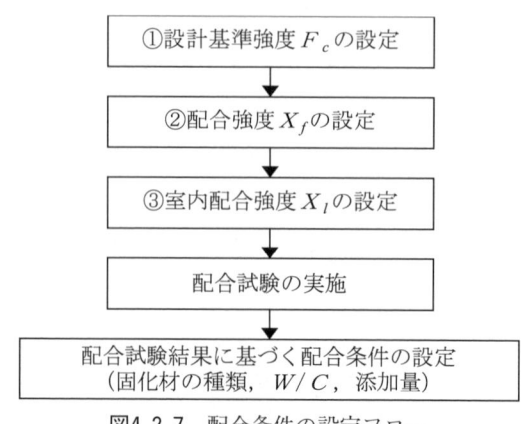

①設計基準強度F_cの設定
↓
②配合強度X_fの設定
↓
③室内配合強度X_lの設定
↓
配合試験の実施
↓
配合試験結果に基づく配合条件の設定
（固化材の種類，W/C，添加量）

図4.2.7 配合条件の設定フロー

室内配合試験の方法は，地盤工学会にて規定されている「安定処理土の締固めをしない供試体作製方法（JGS 0821）」に準じて行うものとする．

室内配合試験において使用する固化材の種類は，改良対象土の物理・化学的性質や施工方法を考慮し，地盤条件に適したものを用いる．六価クロムの溶出が懸念される場合には，溶出を低減する特殊土用固化材を使用する方がよい．なお，六価クロムの溶出については，旧建設省（現国土交通省）などから材料の選定および品質管理に関する通達が出されている．これらについては，6.5節の土壌・地下水への影響を参照されたい．

強熱減量値が多いほど，強度の発現が悪くなるとの報告もあり[4.2.6]，それに適合する固化材を選定する必要がある．さらに，配合試験のために採取した土質の状況が設計時と異なっている場合には，適宜，物理試験・化学試験を実施して，対応を図ることが肝要である．

室内配合試験から，図4.2.8に示す一軸圧縮強さ q_u と固化材添加量との関係曲線を得る．そして後項(3)より得られた室内配合強度 X_l をもとに，図4.2.8の関係から固化材添加量は決定される．

なお，固化材添加量は，土1m³あたりに添加する質量（kg）として「kg/m³」として示すのが一般的である．

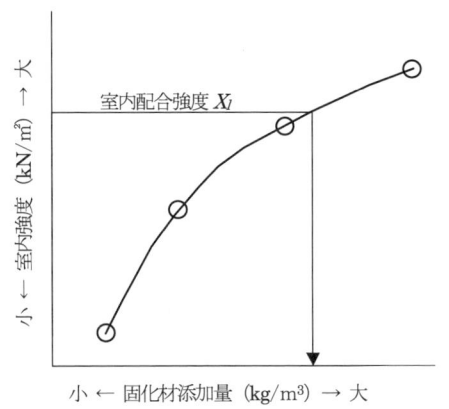

図4.2.8　固化材添加量の決定方法

(2) 配合強度 X_f の設定

配合強度 X_f は，配合条件を決める際に目標とする強度で，改良体に要求する強度や品質を現場において確保できるように，設計基準強度 F_c と割増し係数 α_t を用いて，(4.2.1)式により求められる[4.2.7]．割増し係数 α_t は，設計で想定する現場コア強度の変動係数および品質検査における改良体の合格確率やコアの抜取り数に応じて統計学的な確率論で決まるものであり，施工後の品質検査において不合格とならないよう $\alpha_t=1.5\sim 3$ 程度の範囲で設定する必要がある[4.2.8],[4.2.9]．

$$X_f = F_c \cdot \alpha_t \qquad (4.2.1)$$

ここで，X_f：配合強度（kN/m²）

F_c：設計基準強度（kN/m²）

α_t：割増し係数[4.2.8],[4.2.9]

(3) 室内配合強度 X_l の設定

配合条件は，試験施工の結果から求める方法もあるが，一般には室内配合試験から求められている．この場合，室内配合強度 X_l は(4.2.2)式に示すように，配合強度 X_f を現場/室内強度比 $α_{fl}$ で除することにより得られる．$α_{fl}$ は，現場平均コア強度 $\bar{q}_{uf}$/室内強度 q_{ul} で定義される．

現場/室内強度比 $α_{fl}$ は，現場と室内における混合条件や養生条件の違いから生ずる強度の比を示すものであるが，室内配合試験の早期材齢（7日強度）から求める場合もある．室内配合試験における7日強度と28日強度の関係については，図4.2.11を参照されたい[4.2.1]．

$$X_l = X_f / α_{fl} \tag{4.2.2}$$

ここで，X_l：室内配合強度（kN/m²）

$α_{fl}$：現場/室内強度比

$$α_{fl} = \bar{q}_{uf} / q_{ul}$$

$\bar{q}_{uf}$：現場平均コア強度（kN/m²）

q_{ul}：室内強度（kN/m²）

3．改良体の特性

(1) 改良効果に影響を及ぼす要因

表4.2.4に，改良効果に影響を与える主な要因を示す[4.2.10]．固化材の種類については，表4.2.1を参照されたい．材料の配合条件（材料の添加量や水固化材比）については，事前に室内配合試験を実施し確認することが望ましい．

改良対象土の性質としては，土固有の性質（粘土鉱物，シリカ・アルミナ分などの含有量），含水比や粒度組成，有機物含有量，pHなどが挙げられる．一般的に，改良対象土の含水比が高い場合や有機物含有量が多い場合には，改良強度は低くなる．改良対象土のpHが4以下の酸性を示す場合では，セメントの水和反応が阻害されることがあるため[4.2.6]，配合試験などによる確認が必要である．固化材による改良効果は対象土の性質に大きく影響を受けるため，深度方向で土質が変化するに伴って，改良体の強度が2倍以上変化した事例もある[4.2.11]．

表4.2.4 改良効果に及ぼす要因[4.2.10]を一部加筆

(1)	材料	①固化材の種類 ②配合条件
(2)	改良対象土	①土固有の性質 ②含水比や粒度組成 ③有機物含有量 ④土のpH
(3)	混合条件	①施工方法 ②撹拌羽根の形状 ③混合性状
(4)	養生環境	①温度 ②材齢 ③乾湿繰返し，凍結融解ほか

混合条件としては，施工方法，攪拌羽根の形状，混合性状(攪拌時間，羽根切り回数，施工速度)などが改良効果に影響を与えるため，混合の際には注意を要する．また，改良体は養生環境にも大きく影響を受け，特に養生温度が低温の場合，セメント水和物の反応の進行が遅く，強度発現不良を起こすケースがある．しかし，コンクリートの施工とは異なり，一般的には改良体は地中に造成されて周辺地盤に囲まれているため，養生温度が極端に低くなることは少ない．

これらの条件を適切に把握した上で，固化材の添加量，施工方法，施工仕様および施工計画を作成し，それに基づいた施工を行うのが望ましい．

(2) 改良体の物理的・力学的特性

改良体の特性について整理すると，物理的特性，化学的特性，力学的特性の三つに大きく分けられる．物理的特性では含水比，湿潤密度，透水性，化学的特性ではpH，六価クロム，力学的特性では一軸圧縮強さ，弾性係数，ポアソン比，せん断強さ，残留強さ，引張強さ，クリープ(圧密特性)が挙げられる．これらについて，以下に詳述する．なお，化学的特性のpHと六価クロムについては，6.5節「土壌・地下水への影響」で詳述している．

a．含水比

一般的に，改良体の含水比は，改良前の対象土の含水比に比べて減少する[4.2.12]．この主な原因は，セメントの水和反応やエトリンガイトの生成において，改良対象土中の水や固化材スラリーから供給される水を結合水として取り込むためである．この結合水に使用される水量は，固化材質量に対して17～20％程度との報告がある[4.2.13]．ただし，含水比が低い改良対象土に固化材スラリーを添加する場合では，改良体の含水比が高くなることもある．

b．湿潤密度

一般的に，改良体の湿潤密度は，改良前の対象土の湿潤密度に比べてわずかに大きくなる[4.2.14]．水固化材比を大きくして固化材スラリーを添加する場合では，改良体の湿潤密度が減少するケースもある．設計上は，改良による湿潤密度の増加を無視し，改良前後では対象土の湿潤密度は同じとすることが多い．

c．透水性

改良体の透水試験結果の一例を図4.2.9に示す[4.2.15]．改良体の透水性については，土粒子間にセメ

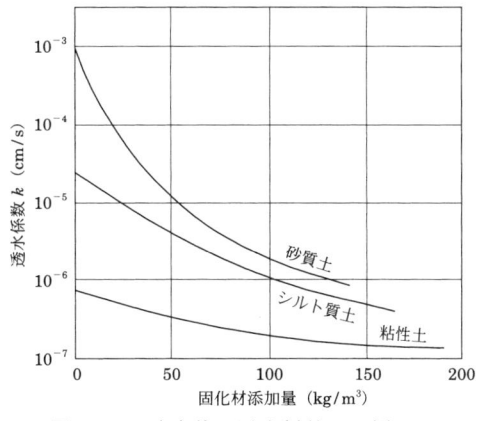

図4.2.9 改良体の透水係数の一例[4.2.15]

ント水和物が充填され,緻密な固化体となることから,固化材添加量の増加に伴い透水係数は一般的に低下する.特に,砂質土のように元々の透水係数が高い土では,透水係数が著しく低下する傾向がある.

d.一軸圧縮強さ

改良体の強度を評価する指標としては,一般的に一軸圧縮強さを用いることが多い.一軸圧縮試験は他の試験に比べて簡便であるため,一軸圧縮強さと他の強度特性や変形特性との関係のデータを集積することにより,一軸圧縮強さからそれらを推定することが可能となる.そのため,設計および品質管理を行ううえでは,重要な試験の一つとして位置付けされる.

ⅰ)固化材添加量と一軸圧縮強さの関係

一般軟弱土用固化材を用いて,種々の土質で室内配合試験を行った結果を図4.2.10に示す[4.2.1].改良体の一軸圧縮強さは,一般的に添加量が多いほど大きくなる.改良効果は土質による影響を大きく受け,土質が類似していても改良体の一軸圧縮強さが大きく異なる場合があることが判る.ここでは一例を示したが,詳細については文献4.2.15)を参照されたい.

凡例	土質	W_n(%)	ρ_t(g/cm³)
◇	砂質土(SM)(東京都)	29.2	1.783
□	シルト(MH)(愛知県)	59.4	1.693
△	粘性土(CH)(埼玉県)	76.5	1.634
○	火山灰質粘性土(VH2)(東京都)	115	1.402
■	有機質土(OH)(千葉県)	212.7	1.224

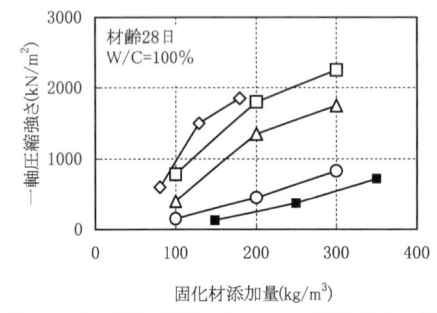

図4.2.10 固化材添加量と一軸圧縮強さの関係[4.2.1]

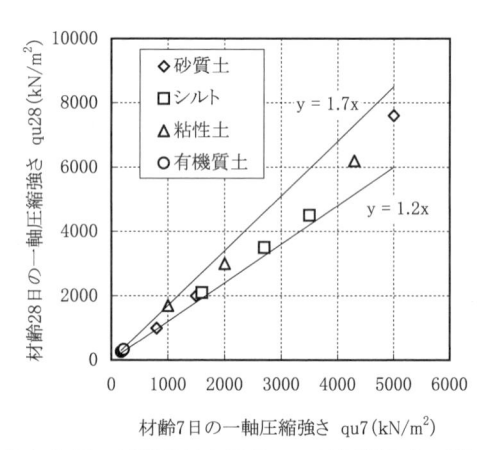

図4.2.11 材齢7日と28日の一軸圧縮強さの関係[4.2.1]

ⅱ)材齢と一軸圧縮強さの関係

改良体の一軸圧縮強さは,一般的に材齢の経過(水和反応の進行)に伴い大きくなる.土質の種類,固化材の種類,施工条件などにより異なるが,材齢28日の一軸圧縮強さは,材齢7日の強さの約1.2～1.7倍といわれており,その一例を図4.2.11に示す[4.2.1].しかし,基本的には室内配合試験を行い材齢と一軸圧縮強さの関係を事前に確認しておくことが望ましい.

ⅲ)室内強度と現場強度の関係

室内配合試験と現場のボーリングコアで得られる強度(現場コア強度と呼ぶ)の関係は,土質の種類,施工条件などにより異なる.一般的に,深層混合処理工法において,現場コア強度は室内配合試験で得られる強度(室内強度とよぶ)に比べ,混合条件,ボーリングコアの採取方法や採取時

期，深度方向における土質の変化，養生環境などの影響により，ばらつきが大きくなる可能性があり，これまでの実績データによると，現場平均コア/室内強度比 a_{fl} はおおむね $1 \sim 1/2$ である[4.2.16]．

iv) 一軸圧縮強さの変動係数

現場において建造された改良体頭部から，採取したコアによる一軸圧縮強さのばらつきを調べた結果[4.2.17]では，土質により異なるものの変動係数は $0.2 \sim 0.45$ 程度であった．変動係数は土と固化材スラリーの混合攪拌度により異なるため，施工法別にそれぞれの実績データをもとして設計に用いる必要がある．

e．弾 性 係 数

弾性係数は，一般的に圧縮試験で得られるひずみ-応力曲線の勾配をいい，一般には $q_u/2$ における割線勾配を E_{50} として表示する．設計における弾性係数の設定は，4.5節に詳述してあるので参照されたい．

改良体の弾性係数と一軸圧縮強さには比例関係があり，さまざまな関係式が提案されているが，土質の違いによりそれぞれの比例定数は異なるとの報告がある．弾性係数 E_{50} の例を図4.2.12に示す[4.2.18]．同図において，土質別の関係式の比例定数は，全土質の比例定数に対して最大で32％のばらつきがある．なお，弾性係数はひずみの測定方法や破壊ひずみの修正原点の取り方などによって影響を受けるため，これらを考慮して正確に測定する必要がある．

変形解析を行う場合には，破壊前の微小ひずみレベル（$10^{-6} \sim 10^{-5}$ 程度）の変形特性が重要な要素となる．ところが，微小ひずみレベルにおける測定は，供試体上下端面でのベディングエラーの影響により，弾性ヤング係数が大きく異なることが報告されている[4.2.19]．したがって，微小ひずみレベルにおける弾性ヤング係数の測定には，十分留意する必要がある．

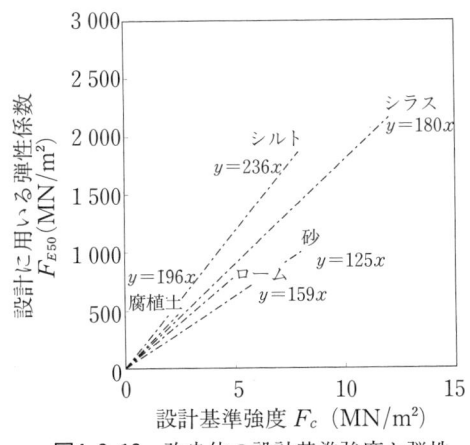

図4.2.12 改良体の設計基準強度と弾性係数[4.2.18]に一部加筆

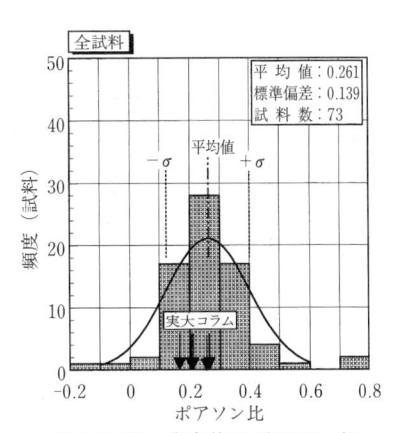

図4.2.13 改良体のポアソン比の分布図[4.2.18]

f．ポアソン比

三軸圧縮（CD）試験および実大改良体の一軸圧縮試験から得られたポアソン比の分布を図4.2.13に示す[4.2.18]．土質の違いによるポアソン比の差異は認められず，ポアソン比の平均値は0.26，変動係

数は53％であった．対象となる土質に係わらず，一定値を設定してよいと考えられる．ただし，排水条件下のポアソン比は，降伏応力を境にして変化し，対象となる材料の種類，飽和度等の材料条件，供試体の管理条件，側圧や載荷などによって異なることが予想される[4.2.20),4.2.21)]．

g．せん断強さ

地盤がせん断破壊される際のせん断応力の最大値をせん断強さ τ とよび，一般的には(4.2.3)式が与えられる[4.2.18)]．改良体のせん断強さは，高強度であれば軟岩に，低強度であれば過圧密粘土に類似していると考えられる．通常は，三軸圧縮試験により測定が行われ，粘着力 c や内部摩擦角 ϕ で評価される．

$$\tau = \tau_{s_0} + \sigma \cdot \tan\phi \tag{4.2.3}$$

σ：垂直応力（有効応力）
ϕ：改良体の内部摩擦角（有効応力）
τ_{s_0}：垂直応力 σ_n が作用しない状態におけるせん断強さ

文献4.2.18)では，τ_{s_0} の決定に関して，①せん断試験の回帰直線の傾きと設計基準強度から求める方法，②一軸圧縮強さと引張強さの関係から求める方法の二つを併記している．

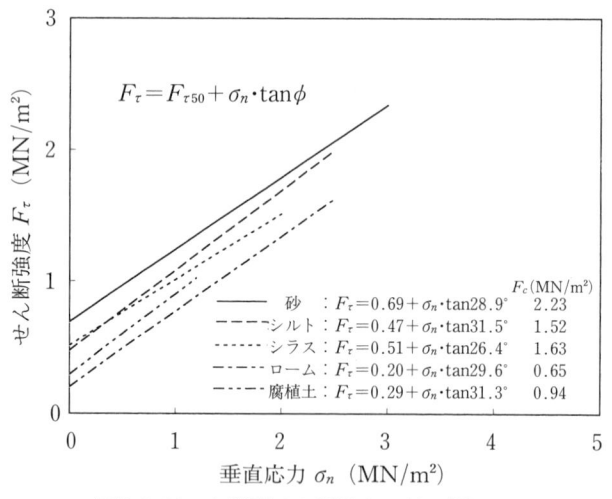

図4.2.14　土質別せん断強さの線の例[4.2.18)]

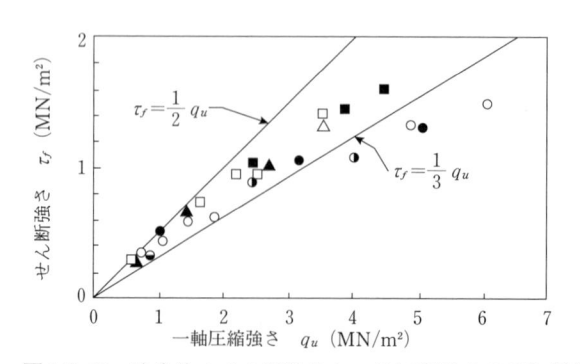

図4.2.15　改良体のせん断強さと一軸圧縮強さ[4.2.22)を一部加筆]

改良体の内部摩擦角 ϕ は，土質の種類により若干異なる．各土質について設計に用いるせん断強度 F_τ の例を図4.2.14に示す．図中の ϕ は，土質別にせん断試験の回帰直線の傾きから推定したものである．

せん断試験から求めた改良体のせん断強さ τ_f と一軸圧縮強さの関係を図4.2.15に示す[4.2.22]．改良土が低強度の範囲では，一軸圧縮強さに対するせん断強さの比は1/2程度を示すが，高強度になるほどその比は減少する傾向がみられる．

h．残留強さ

残留強さとは，地盤が破壊しても強度が残留する図4.2.16のような場合において，強度が定常状態に達した値を指す[4.2.23]．改良体の残留強さは，建築物の支持地盤として地盤改良を採用できる地盤かどうかを検討する場合に使用される．改良体の残留強さを求める試験方法は簡単ではなく，確立された試験方法がないのが現状である．固化土を砕いた試料を用いた三軸圧縮（CU）試験が残留強さ時に相当するとして，実施した試験結果[4.2.18]を図4.2.17に示す．土質の違いによる大きな差はな

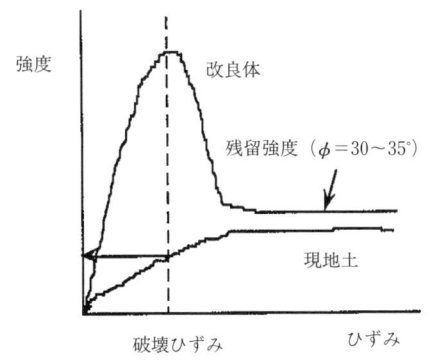

図4.2.16 改良体の残留強さ（強度）[4.2.23]

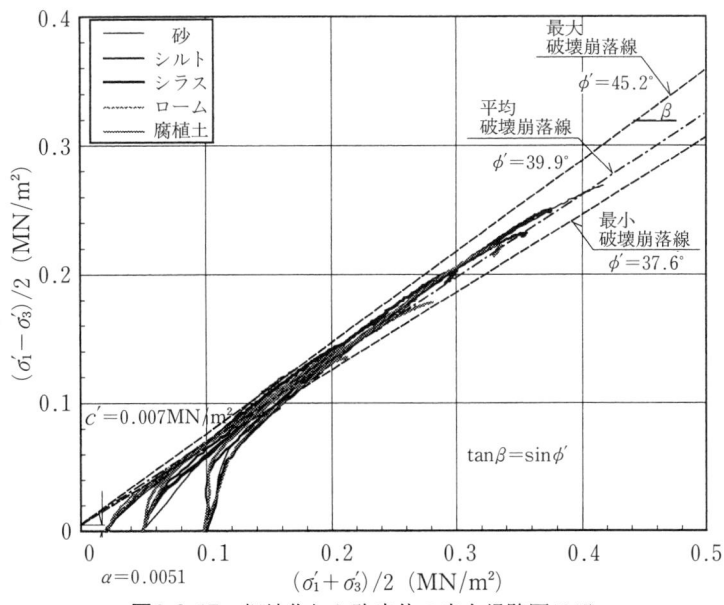

図4.2.17 細粒化した改良体の応力経路図[4.2.18]

く，残留強さを示すときの粘着力は $c≒0$ となり，内部摩擦角 $\phi≒37°$ であるとの報告がある．また，改良体の残留強さは強度レベルや排水条件の違いにより挙動が異なるとの報告がある[4.2.24]．非排水条件時の残留強さは拘束圧に係らず一定となり，排水条件時では拘束圧の増加に伴って大きくなることが確認されている．

ⅰ．引張強さ

改良体の引張強さを求める方法としては，単純引張試験と割裂引張試験とがある．まず，割裂引張試験により求めた，引張強さと一軸圧縮強さの関係を図4.2.18に示す[4.2.18]．ここでは，改良体の引張強さは一軸圧縮強さの約1／5程度の関係であるとしている．一般的なコンクリートのこの関係は1／10～1／13程度であることから，改良体ではコンクリートに比べて，一軸圧縮強さに対する引張強さの比は大きいことになる．

次に，単純引張試験と割裂引張試験により求めた，一軸圧縮強さと引張強さの関係を図4.2.19に示す[4.2.25]．この図では，単純引張試験で得られた引張強さは，割裂引張試験で得られたものよりも大きい傾向がある．また，全体的に一軸圧縮強さが増加するに伴って，一軸圧縮強さに対する引張強さの比は減少する傾向がみられる．

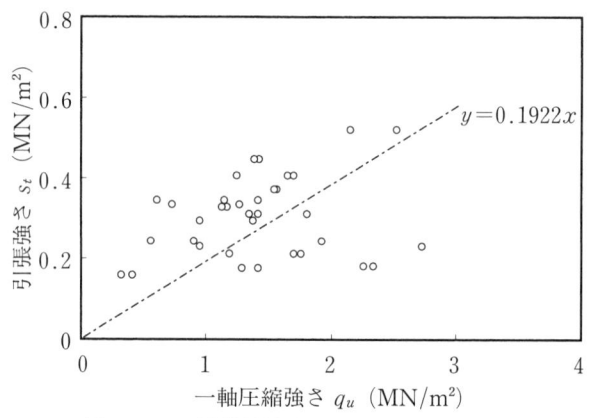

図4.2.18 割裂引張試験による引張強さ[4.2.18]

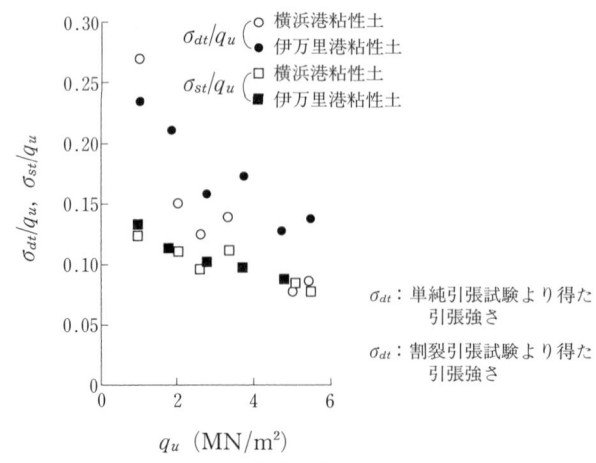

図4.2.19 試験方法が異なる引張強さ[4.2.25]

j．クリープ特性

クリープは，使用限界状態での常時荷重において徐々に変形が進行する現象であり，改良体に有害なクリープ変形を起こさないことを検証する必要がある．改良体の圧密試験により，圧密圧力と間隙比の関係を求めた結果[4.2.18)]では，対象土が腐植土の場合を除いて，長期許容圧縮応力度（$F_c/3$）付近に相当する間隙比の変化は非常に小さく，ほぼ弾性的であった．このような弾性的な挙動を示す安定領域の範囲は，圧密降伏応力（P_c）の1/4程度以下であると考えられる．応力範囲が安定領域にあるとクリープ変形は発生しにくいが，安定領域を超えるとクリープ変形が発生する可能性があるため，構造物の沈下量に留意する必要がある．

(3) 改良体の長期耐久性

固化材による地盤改良の歴史は浅く，改良体の長期耐久性を調査した報告は少ないのが現状である．そのため，材齢50年や100年の改良体の経時変化については，明確にはなっていない．また，周辺環境の影響，サンプリング条件，試験方法，劣化の評価などの問題点もあり，今後の課題としてデータ蓄積に取り組み，それらを設計に反映できるようにするべきである．改良体の長期耐久性は，経時的な強度増加の面と周辺環境の影響を受けた強度低下（劣化）の面の相反する特性をあわせ持つ．ここでは，長期耐久性の調査・研究事例の中から，材齢10年以上のもので得られている知見について以下に紹介する．

火山灰質粘性土をセメント系固化材により地盤改良した材齢10年までの試験結果を図4.2.20に示す[4.2.26)]．なお，この現場の地下水位は改良体底面より下に位置している．

記号の説明　B：ブロックサンプリング　C：コアボーリング
Si：側面部　Su：表面部　Ce：中心部　Ci：周辺部

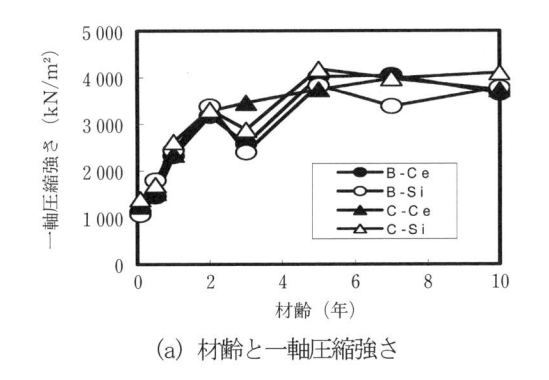

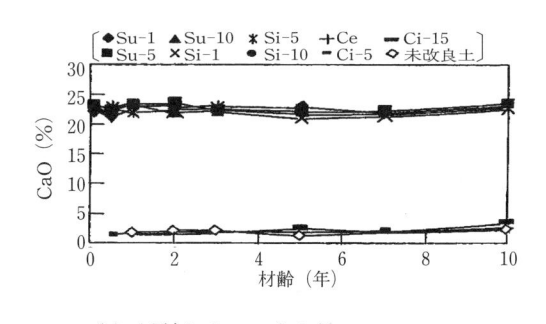

(a) 材齢と一軸圧縮強さ　　(b) 材齢とカルシウム量

図4.2.20　10年材齢における改良体に性状

改良体から採取したコアの一軸圧縮強さは，材齢1か月から材齢2年までに3倍程度増加し，その後10年までは横ばいか漸増傾向であった．なお，材齢3年における多少の強度低下は，改良体間の個々のばらつきと推察している．改良体のCaO含有量は施工後からほぼ22～23%で一定であり，長期にわたってほとんど変動がなかった．X線回折や走査型電子顕微鏡(SEM：Scanning Electron Microscope)観察からは，エトリンガイトなどのセメントの水和物が長期にわたって安定して存在

することが確認された．また，改良体のpHは施工直後で11.5を超えていたが，材齢10年では10.5程度となった．改良体から5～10cm離れた周辺土のpHは8程度で変化がなく，改良体からカルシウムの溶脱はないと推測している．

一方，高炉セメントで地盤改良（深層混合処理工法，ブロック状形式）した岸壁基礎部分のボーリングを行い，材齢20年までの長期特性を調べた結果[4.2.27),4.2.28]では，改良土の含水比や湿潤密度の物理特性は，施工20年後もほとんど変化していない．また，材齢3か月から材齢20年までの間に，改良体内部の一軸圧縮強さは約2倍に増加しているが，改良体の表面付近（境界部）では，暴露期間の増加と伴にカルシウム量の減少領域が内部に進行しており，境界層付近で強度が低下する原因はカルシウムの溶出であると報告している．

参考文献

4.2.1) 金城徳一・酒巻克之・田坂行雄・高倉　篤：土を固める原理と応用（3．改良土の特性），土と基礎，Vol.52, No.10, pp.59～66, 2004.11
4.2.2) セメント協会：セメント系固化材による地盤改良マニュアル（第3版），pp.5～26, 2003
4.2.3) セメント協会：セメントの常識，pp.12, 2004.1
4.2.4) 土木研究センター：陸上工事における深層混合処理工法設計・施工マニュアル，pp.24～25, 2004
4.2.5) 一場武洋・池上正春・佐藤茂樹・小沢大造・志村浩美・寺師昌明・大石幹太：セメント安定処理土の経時的強度増加と骨格構造の変化，第58回土木学会年次学術講演会，pp.1175～1176, 2003
4.2.6) 藤井　衛・甚野慶右・伊集院博：普通ポルトランドセメントを用いたソイルセメントの一軸圧縮強さについて，日本建築学会構造系論文報告集，第441号，pp.9～16, 1992
4.2.7) 日本建築センター：改訂版 建築物のための改良地盤の設計及び品質管理指針，pp.219, 2002
4.2.8) 日本建築センター：改訂版 建築物のための改良地盤の設計及び品質管理指針，pp.220～221, 2002
4.2.9) 日本建築センター：改訂版 建築物のための改良地盤の設計及び品質管理指針，pp.413～416, 2002
4.2.10) 斎藤　聰：深層混合処理工法による改良土の調査と工学的性質，基礎工，Vol.13, No.2, pp.108～114, 1985
4.2.11) 榎並　昭・日比野信一・高橋守男・秋谷健二：住宅用小型混合処理機を用いた基礎地盤の改良，土と基礎，Vol.34, No.6, pp.37～43, 1986.6
4.2.12) 川崎孝人・新名昭士・斎藤　聰・馬場崎亮一：セメント系改良土の工学的特性に関する研究，竹中技術研究所報告，No.19, pp.144～165, 1978
4.2.13) 清田正人・日比野信一・堤　徹郎・岸本幸尚：固化処理土の含水比推定式に関する一考察，第40回地盤工学研究発表会，pp.793～794, 2005.7
4.2.14) DJM工法研究会：DJM工法技術マニュアル，2003
4.2.15) セメント協会：セメント系固化材による地盤改良マニュアル（第3版），pp.32～58, 2003
4.4.16) 土木研究センター：陸上工事における深層混合処理工法設計・施工マニュアル，pp.38～39, 2004
4.2.17) 日本建築センター：改訂版 建築物のための改良地盤の設計及び品質管理指針，pp.37～43, 2002
4.2.18) 日本建築センター：改訂版 建築物のための改良地盤の設計及び品質管理指針，pp.44～53, 2002
4.2.19) 前田依彦・篠原洋司：東京湾横断道路建設における土質工学的諸問題について，土木学会論文集，第400号，III-10, pp.13～28, 1988
4.2.20) 前田晴義：Q&Aコーナー「セメントで固化した場合のポアソン比の特性」，土と基礎，Vol.147, No.9, pp.41～42, 1999.9
4.2.21) 杉江茂彦：Q&Aコーナー「FEMにおける地盤の弾性係数とポアソン比の設定方法」，土と基礎，

Vol. 45, No. 4, pp.41～42, 1997.4
4.2.22) 斉藤　聰：深層混合処理工法による改良土の調査と工学的性質，基礎工，Vol. 13, No. 2, pp. 108～114, 1985
4.2.23) 日本建築センター：改訂版　建築物のための改良地盤の設計及び品質管理指針, pp.22～23, 2002
4.2.24) 内田恵之助・塩井幸武・橋本文男・龍岡文夫：東京湾横断道路におけるセメント改良固化土，土と基礎，Vol. 41, No. 8, pp.23～28, 1993.8
4.2.25) 土木研究センター：陸上工事における深層混合処理工法設計・施工マニュアル, pp.46, 2004
4.2.26) セメント協会セメント系固化材技術専門委員会：セメント系固化材を用いた改良体の長期安定性に関する研究，セメント・コンクリート, pp.44～49, 2003.1
4.2.27) 大石幹太・池上正春・増田勝人・一場武洋・鶴谷広一・佐藤茂樹・寺師昌明：深層混合処理工法により改良され20年を経過した海底粘土の健全性，第57回土木学会年次学術講演会, pp.121～122, 2002
4.2.28) 一場武洋・池上正春・増田勝人・鶴谷広一・佐藤茂樹・寺師昌明・大石幹太：深層混合処理工法により改良され20年を経過した海底粘土の物理特性ならびに強度，第57回土木学会年次学術講演会, pp.123～124, 2002

4.3節　鉛直支持力

> 改良地盤の鉛直支持力の検討は，各限界状態において，改良地盤の鉛直支持力の限界値を適切に設定し，改良地盤に生ずる応答値が限界値を上回らないことを確認する．

(1) 改良地盤の鉛直支持力機構

改良地盤の鉛直支持力機構は，図4.3.1に示す二つの支持力機構を想定している[4.3.1]．(a)は，改良体と非改良部分（改良体間原地盤）からなる複合地盤としての支持力機構で，浅い基礎の支持力の考え方に基づいており，基礎底面から改良地盤に伝達される鉛直荷重に対して，改良地盤底面における地盤支持力と改良地盤周辺の摩擦抵抗力によって支持力が発揮される．(b)は，深い基礎の支持力の考え方に基づくものであり，改良体単体を単杭あるいは群杭と捉え，改良体の先端支持力と摩擦抵抗力によって支持力が発揮される．

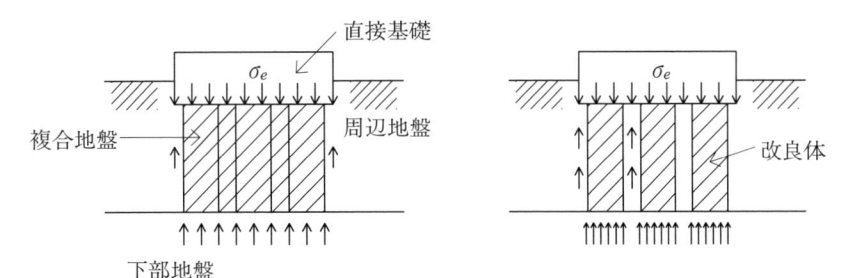

(a) 複合地盤としての鉛直支持力機構　　(b) 改良体単体とした場合の鉛直支持力機構
図4.3.1　改良地盤の鉛直支持力機構

(2) 改良体に作用する荷重

基礎底面に作用する鉛直荷重は，基礎底面の改良体と改良体間原地盤で分担される．その分担の

比率は，弾性論によって算定することとしており，改良体と改良体間原地盤の面積や剛性の比によって決定される．しかし，改良地盤に作用する鉛直荷重は，改良体間原地盤と比較して圧倒的に剛性が高い改良体に集中する．改良地盤に作用する荷重のうち，改良体が負担する割合を表す係数を応力集中係数 μ_p といい，改良体が分担する荷重は，この応力集中係数を適切に評価して算定することが重要である．以下に，応力集中係数について説明するが，本編では実務で最も多く用いられているａの方法を推奨する．

　ａ．文献による方法[4.3.1)]

　改良地盤に鉛直荷重度 σ_e が作用すると，図4.3.2に示すように，改良体間原地盤より剛性の高い改良体に応力が集中する．文献によれば，改良体と改良体間原地盤の頭部の鉛直変位が同一であると仮定し，改良体頭部に生ずる鉛直応力度 q_p と改良体間原地盤に生ずる鉛直応力度 q_s および後述する改良率 a_p の関係から応力集中係数 μ_p を(4.3.1)式により求めることとしている．ただし，この方法では，下部地盤の変形係数 E_2 と改良体間原地盤の変形係数 E_1 との比 $n_{12}(=E_1/E_2)$ が0.1程度以下で，かつ下部地盤の変形係数 E_2 と改良体の弾性係数 E_p の比 $n_{p2}(=E_p/E_2)$ が10程度以上のような場合，応力分担比 n が100以上となり，応力集中係数と改良率の関係が，$\mu_p=1/a_p$ と近似できるとしている．実務では，このようなケースがほとんどであることから応力集中係数 μ_p を $1/a_p$ として設計することが多い．

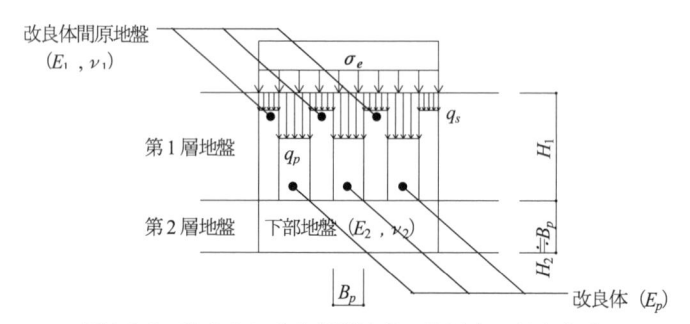

図4.3.2　改良体と改良体間地盤に作用する鉛直荷重

$$\mu_p = \frac{n}{1+(n-1)a_p} \tag{4.3.1}$$

　μ_p：応力集中係数
　a_p：改良率　本節(3)参照
　　　$a_p = \sum A_p / A_f$
　$\sum A_p$：基礎底面内における改良体の面積（m²）
　A_f：基礎の底面積（m²）
　n：応力分担比で(4.3.2)式により求める．

$$n = \frac{q_p}{q_s} = \frac{E_p(\lambda_L + n_{12})}{E_1(a\nu_1 \cdot \lambda_L + n_{p2})} \tag{4.3.2}$$

　q_p：改良体頭部に生ずる鉛直応力度（kN/m²）

q_s：改良体間原地盤に生ずる鉛直応力度（kN/m²）
E_p：改良体の弾性係数（kN/m², 4.5節参照）
$\lambda_L = H_1/B_p$, $n_{12} = E_1/E_2$, $n_{p2} = E_p/E_2$

$$\alpha_{\nu 1} = \frac{(1-\nu_1)}{(1+\nu_1)(1-2\nu_2)}$$

H_1：第1層地盤の層厚で改良長と等しい（m）
H_2：第2層地盤の層厚で改良体の短辺方向の幅で B_p 程度を考慮（m）
B_p：改良体の短辺方向の幅（m）
E_1, E_2：第1層および第2層地盤の変形係数（kN/m²）
ν_1, ν_2：第1層および第2層地盤のポアソン比
$\alpha_{\nu 1}$：側方拘束によって生ずる鉛直方向の変形係数の増加率

b．沈らによる方法[4.3.2)]

改良体への応力分担比の具体的な数値を示した報告として，沈らは，室内模型実験と有限要素法によって圧密挙動する軟弱地盤での改良体と周辺粘土の応力分担機構について検討し，応力分担比 n は，改良体貫通比 R_{hd}（模型の軟弱地盤全厚さに対する地盤中に打設した改良体の長さの比）と改良率 a_p で表現でき，R_{hd} が60%以上では a_p に応じて n が増加するのに対し，R_{hd} が60%未満では，a_p に関係なく R_{hd} に応じて n が増加すること，また，a_p 10%未満，R_{hd} 100%の完全貫通では $n=20\sim25$ となると報告している．

このほか，沖積粘性土地盤の実験結果から改良体に作用する鉛直荷重度 q_c と基礎底面の平均接地圧 q の関係（q_c/q）を応力分担比と定義している方法[4.3.3)]もある．

(3) 改 良 率

改良率 a_p は，図4.3.3に示すように基礎底面内に占める改良体面積 ΣA_p（ラップ配置の場合は斜線部の面積）と基礎の底面積 A_f の比として，$a_p = \Sigma A_p/A_f$ で表される．

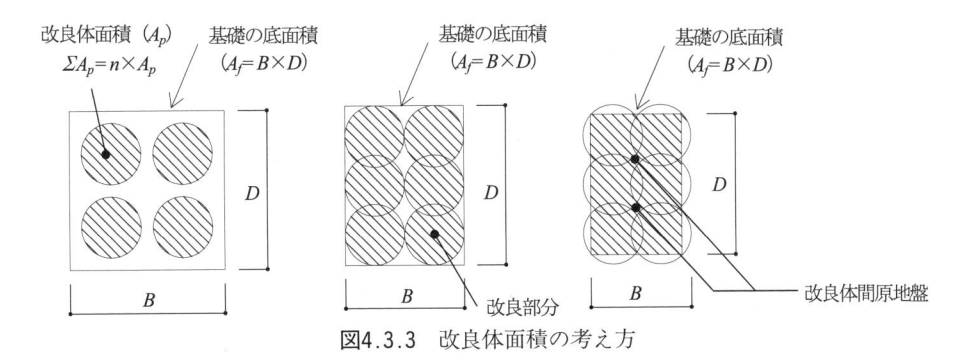

図4.3.3 改良体面積の考え方

建築の分野では，改良目的が軟弱地盤における鉛直支持力の増加などの場合，改良地盤に作用する水平荷重などを考慮して基礎底面内に配置される改良体は，接円配置やラップ配置となることが多い．そのため，改良率はおおむね70%以上，荷重が大きい基礎の場合，90%～100%近くになることもある．

馬場崎らは，壁状形式の改良体に対する鉛直載荷の実験を遠心模型実験により実施して，改良率が上がると降伏荷重も増加し，改良率が100％での破壊荷重は，改良体の一軸圧縮強さとほぼ一致していたと報告している[4.3.4]．

(4) 改良地盤の鉛直支持力度

改良地盤の鉛直支持力度は，(1)で示した二つの支持力機構の考え方に基づき，(4.3.4)式により算定する．

$$q_a = \min(q_{a1}, q_{a2}) \tag{4.3.4}$$

q_a：各限界状態における改良地盤の鉛直支持力度の限界値（kN/m²）
q_{a1}：複合地盤としての支持力機構による各限界状態での鉛直支持力度の限界値（kN/m²）
q_{a2}：改良体単体とした場合の支持力機構による各限界状態での鉛直支持力度の限界値（kN/m²）

改良地盤が作用外力に対して複合地盤として挙動するのか，改良体単体として挙動するかについては現時点では明確になっていない．そのため，改良地盤の鉛直支持力の検討では，複合地盤としての挙動と改良体単体としての挙動の両面から検討を行うことにより安全性を確認することとする．

q_{a1} と q_{a2} を比較すると，一般的に，下部地盤が砂地盤や礫地盤で強度が大きい場合などは q_{a1} が q_{a2} より大きな値となることが多い．一方，下部地盤が粘性土地盤で下部地盤の強度と周辺地盤の抵抗力に大きな差がない場合，あるいは改良長が短く，根入れ効果が期待できない場合，q_{a1} が q_{a2} より小さな値となることが多い．以下に，q_{a1}, q_{a2} の具体的な算定方法について説明する．

a．複合地盤としての支持力機構による各限界状態での鉛直支持力度の限界値 q_{a1}

この考え方による支持力は，図4.3.1(a)に示すように浅い基礎の支持力，すなわち直接基礎の支持力に基づいた評価で算定するものであり，(4.3.5)式で算定する．

$$q_{a1} = F_s \left\{ \frac{q_d \cdot A_b + \sum(\tau_d \cdot h_i) L_s}{A_f} \right\} \tag{4.3.5}$$

F_s：安全係数（使用限界：1/3，損傷限界：2/3，終局限界：1）
q_d：下部地盤の極限鉛直支持力度（kN/m²）
A_b：改良地盤の底面積（m²）
τ_d：改良地盤周面に作用する極限周面摩擦力度（kN/m²）
h_i：層厚（m）
L_s：改良地盤の外周長さ（m）

ここで，改良地盤の下部地盤における極限鉛直支持力度 q_d は，(4.3.6)式により算定する．

$$q_d = i_c \alpha c N_c + i_\gamma \beta \gamma_1 B_b \eta N_\gamma + i_q \gamma_2 D_f' N_q \tag{4.3.6}$$

N_c, N_γ, N_q：支持力係数
　　c：下部地盤の粘着力（kN/m²）
　　γ_1：下部地盤の単位体積重量（kN/m³）
　　γ_2：下部地盤より上方にある地盤の平均単位体積重量（kN/m³）

(γ_1, γ_2 とも地下水位以下の場合には水中単位体積重量を用いる)

α, β：改良地盤の形状に応じて表4.3.1に揚げる係数

η：基礎の寸法効果による補正係数（簡便法による）

$$\eta=(B_b/B_0)^{-1/3} \quad (ただし, B_b, B_0 の単位は m, B_0 = 1 \text{ m})$$

B_b：改良地盤の短辺または短径の長さ（m）

L_b：改良地盤の長辺または長径の長さ（m）

D_f'：基礎に近接した最低地盤面から下部地盤までの深さ（m）

i_c, i_γ, i_q：荷重の傾斜に対する補正係数

$$i_c = i_q = [1-\theta/90]^2$$

$$i_\gamma = [1-\theta/\phi]^2 \quad (ただし, \theta > \phi の場合には i_\gamma = 0)$$

ϕ：下部地盤の内部摩擦角（°）

θ：荷重の傾斜角（°）

表4.3.1 形状係数

係数 \ 基礎荷重面の形状	円形	円形以外の形状
α	1.2	$1.0+0.2(B_b/L_b)$
β	0.3	$0.5-0.2(B_b/L_b)$

(4.3.6)式において，荷重の傾斜に対する補正係数および基礎の寸法効果による補正係数の取扱い，また，その他の留意事項については以下による．

① 荷重の傾斜に対する補正係数の取扱い

地震時，暴風時においては，ある程度の改良地盤の改良厚さ（改良長）があると，改良地盤に作用する受働土圧抵抗や側面摩擦抵抗により改良地盤が基礎と一体となって挙動するおそれがないと考えられることから，改良地盤の下部地盤の支持力算定においては，$\theta=0$，すなわち $i_c=i_\gamma=i_q=1.0$ として扱ってよい．ただし，改良地盤の厚さが極端に薄い場合，基礎と一体となって挙動することが考えられることから補正係数を考慮する．

② 基礎の寸法効果による補正係数の取扱い

改良地盤の下部地盤が砂地盤の場合，内部摩擦角 ϕ の拘束圧依存性などから，傾斜，偏心を伴わない荷重条件，すなわち常時荷重など使用限界状態の支持力算定においては直接基礎の場合と同様にこれを考慮する．

③ その他の留意事項

改良地盤の下部地盤が層状をなす場合の下部地盤の支持力算定は，基礎指針の5.2節[4.3.5]に準じて行うものとする．

b．改良体単体とした場合の支持力機構による各限界状態での鉛直支持力度の限界値 q_{a2}

この考え方による支持力は，図4.3.1(b)に示すように深い基礎の支持力，すなわち杭基礎に基づい

た評価であり，(4.3.7)式で算定する．

$$q_{a2} = F_s\left(\frac{n \cdot R_u}{A_f}\right) \tag{4.3.7}$$

$$R_u = R_{pu} + \phi \cdot \sum \tau_d \cdot h_i \tag{4.3.8}$$

 F_s：安全係数（使用限界：1/3，損傷限界：2/3，終局限界：1）
 n：改良地盤内にある改良体の本数
 R_u：改良体の極限鉛直支持力（kN）
 R_{pu}：改良体先端部における極限鉛直支持力（kN）
 ϕ：改良体の周長（m）

(4.3.8)式において，改良体先端部における極限鉛直支持力 R_{pu} は以下による．

① 改良体下部地盤が砂質土の場合

改良体下部地盤が砂質土の場合，改良体先端部における極限鉛直支持力 R_{pu} は(4.3.9)式による．

$$R_{pu} = 75 \cdot \bar{N} \cdot A_p \tag{4.3.9}$$

 $\bar{N}$：改良体先端から下に $1d$，上に $1d$（地表面を上限とする）の範囲の N 値の平均値もしくは状況により確認した値．なお，d は改良体の最小幅（m），円形の場合は直径とする．
 A_p：改良体の先端有効断面積（m²）

(4.3.9)式中の先端支持力係数75（kN/m²）は，文献4.3.1）による改良体先端の極限鉛直支持力の算定式，$R_{pu} = 150\alpha \cdot \bar{N} \cdot A_p$ で，載荷試験で確認しない場合の補正係数 $\alpha = 0.5$ を考慮した係数である．

② 改良体下部地盤が粘性土の場合

改良体下部地盤が粘性土の場合，改良体先端部における極限鉛直支持力 R_{pu} は(4.3.10)式による．

$$R_{pu} = 6c_u \cdot A_p \tag{4.3.10}$$

 c_u：土の非排水せん断強さ（kN/m²）

(4.3.10)式中の先端極限支持力度 $q_p = 6c_u$ は，基礎指針に詳述されている杭の支持層が粘性土地盤の場合の先端極限支持力算定式である．

③ 支持力算定式における改良体自重の扱い

改良地盤の鉛直支持力算定式(4.3.5)式および(4.3.7)式に改良体の自重項がないのは，これらの式が杭基礎に使用されている経験式に準拠して提案されているからである．基礎指針において提案されている杭基礎の支持力式に自重項がない理由として，提案の支持力算定式は多くの載荷試験結果に基づき提案しているもので，地盤に作用する荷重として杭頭の載荷重を採用し，杭の自重を考慮した検討を行っていないことを挙げている．また，基礎指針において自重を考慮しない指摘は単杭についてなされているものであり，群杭に関してはその取扱いについての記述はないが，群杭の支持力算定式にも杭の自重項はない．このほか，深層混合処理工法による単数，複数本の改良体の支持力について溝口らは，35件の改良体の鉛直載荷試験結果と，(4.3.5)式，(4.3.7)式により得られた計算値との比較を行い，鉛直載荷試験の結果が支持力算定式による計算値を大きく上回ってい

ること，統計的手法による信頼性評価の結果から見ても安全であると報告している[4.3.6]．

このことから，改良地盤の鉛直支持力の算定にあたっては，杭基礎と同様の考え方が適用できると判断し，本節においても改良体の自重項は考慮していない．

(5) 改良地盤の鉛直支持力度の確認

改良地盤の鉛直支持力度の確認は，表4.1.1に示す限界値に対して，応答値が下回っていることを確認することにある．その場合，各限界状態における接地圧は，図4.3.4に示すような接地圧分布を想定している．なお，図中に示す B は基礎フーチング幅，V は鉛直荷重，M は転倒モーメント，B' は基礎の有効幅，e は偏心距離を表している．

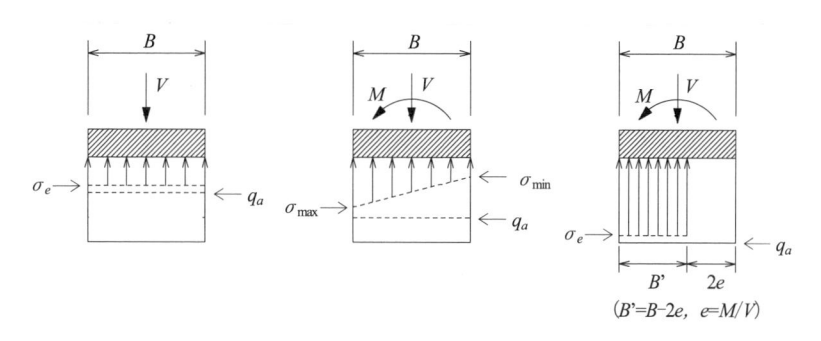

(a) 使用限界状態の検討　　(b) 損傷限界状態の検討　　(c) 終局限界状態の検討

図4.3.4　基礎底面における接地圧分布と限界値の模式図

(6) 改良体の圧縮応力度の確認

改良体頭部に生ずる圧縮応力度の確認は，表4.1.1に示す限界値に対して，応答値が下回っていることを確認することにある．圧縮応力度については，(4.3.11)式により，改良地盤面における接地圧 σ_e に，本節(2)に詳述した応力集中係数 μ_p を乗ずることによって得られる．

$$q_p = \mu_p \cdot \sigma_e \qquad (4.3.11)$$

　　q_p：改良体頭部に生ずる圧縮応力度（kN/m²）

(7) 地盤変状に伴う負の摩擦力

杭的な荷重伝達機構を有している改良体の場合，地盤条件により負の摩擦力が作用することになる．一般に，改良体の圧縮強さは通常の杭に比較して極めて低いため，杭的な鉛直支持性能を確保するためには杭に比べて大きな断面を必要とする．したがって，改良体と地盤との接触面積も大きくなり，負の摩擦力が作用すると通常の杭に比べてその影響は大きいと考えられる．そのため，比較的短い改良体であっても次のような地盤条件，改良形式での改良体については負の摩擦力の検討を行うことが必要となる．

　a．広域地盤沈下地帯，例えば，沈下速度が2cm/年以上の圧密沈下している地盤中の改良体
　b．非常に軟弱な粘性土地盤で，地下水位の低下があれば容易に圧密沈下が発生するおそれのある地盤中の改良体
　c．地層厚さが大きく変化し，圧密沈下が発生しやすい粘性土地盤中の改良体
　d．圧密沈下が発生しやすい粘性土地盤の下の傾斜した支持地盤に着底された改良体

e．地盤と接する面積が大きい杭形式の改良体

　負の摩擦力は，杭と地盤の沈下状況で評価できるが，相互作用効果としての評価自体は複雑であるので，一般に，地盤条件，杭条件で簡易評価が行われる．具体的な負の摩擦力の評価，材料強度，地盤支持力（変形）による限界値の確認については，基礎指針6.5節[4.3.7)を参照されたい．

(8)　改良地盤のすべり抵抗に対する検討

　偏土圧が作用しない場合においても，図4.3.5に示すような改良地盤を含む地盤全体のすべりに対する安定性を確保するため，局部および全体すべりの検討を行う必要がある．具体的な計算方法については，4.6節を参照されたい．

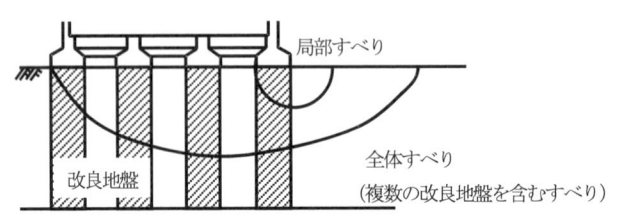

図4.3.5　すべりの破壊形態の模式図

参考文献

4.3.1)　日本建築センター：改訂版 建築物のための改良地盤の設計及び品質管理指針，pp.55～64，2002
4.3.2)　沈　水龍・三浦哲彦：ソイルセメントコラムと周辺粘土の応力分担比について，第35回地盤工学研究発表会，pp.1387～1388，2000.6
4.3.3)　住宅・都市整備公団 建築部：ソイルセメントコラム工法設計・施工指針（案），pp.56～57，1988.9
4.3.4)　馬場崎亮一・鈴木善雄：遠心力載荷装置による耐液状化改良地盤の支持力に関する研究（その1），日本建築学会大会学術講演梗概集（近畿），pp.1157～1158，1987.10
4.3.5)　日本建築学会：建築基礎構造設計指針，pp.116～118，2001.10
4.3.6)　溝口栄二郎・青木　功・藤井　衛・田村昌仁：載荷試験に基づいた改良地盤の鉛直支持力算定式の信頼性評価，日本建築学会大会学術講演梗概集（北陸），pp.391～392，2002.8
4.3.7)　日本建築学会：建築基礎構造設計指針，pp.250～261，2001.10

4.4節　沈　下

> 改良地盤の沈下量は，改良地盤が支持する建築物の荷重条件，地盤条件を考慮して計算し，沈下量が限界値を上回らないことを確認する．

(1)　改良地盤の沈下

　改良地盤は，①直接基礎において，支持層となる地層の深度が比較的深いことからラップルコンクリートに代わる地業としての適用，②支持層となる地層が傾斜した地盤において建築物下全面に，または直接基礎あるいは杭基礎との併用で部分的に，ラップルコンクリートに代わる地業としての適用，③沖積地盤において，杭基礎に代わって，支持層に頼らない基礎形式としての支持力増強，

沈下抑制を目的として適用される．

改良地盤の沈下量の面から見ると，ラップルコンクリートに代わる利用では，改良体の弾性係数は原地盤に比べて非常に大きいことから，改良地盤の沈下量は小さく，設計においては無視してもその影響は少ない．一方，支持層に頼らない基礎形式としての沈下抑制のための利用では，沈下量が直接的な限界値となるため，その評価は重要である．

改良地盤の沈下量は沈下のメカニズムの違いから①弾性的な即時沈下，②時間依存型の圧密沈下の二つに分けられる．本節では，解説の(2)で即時沈下，(3)で圧密沈下，(4)で沈下量の限界値について記述している．

基礎指針では沈下抑制のための基礎形式としてパイルド・ラフト基礎が提案されている[4.4.1]．パイルド・ラフト基礎は，杭基礎と直接基礎が複合して建築物を支持する形態の基礎であり，一般的な異種基礎とは異なる支持形式とされている．

改良地盤は，改良体とその周辺の地盤が複合した基礎であることが4.3節で示されており，沈下の面から見ると広義のパイルド・ラフト基礎であるといえる．

改良地盤の沈下特性については，建設された建築物の実挙動によって沈下抑止効果が確実に期待できることの事例報告も多い．

図4.4.1は厚さ約20mの過圧密粘性土層の上に建設された壁式RC造5階建築物の沈下量の推移である[4.4.2]．この建築物は，圧密沈下を制御するために，長さ9～13mの接円配置の杭形式で支持されている．沈下予測は建築物全荷重が瞬間的に地盤に載るとして行われることが多いが，実際には施工に伴い建築物荷重が漸増する載荷期間があることを考慮して予測値と実測値の沈下基点は異なる．

図4.4.2は40m以上の層厚を有する正規圧密粘土層の上に建設されたS造1階建築物の沈下実測例である[4.4.3],[4.4.4]．この建築物は，長さ5mの杭形式の改良体で支持されている．

図4.4.1，図4.4.2のいずれの事例も，沈下実測値は予測されていた応答値に近く，不同沈下量も少なく限界値を下回っている．

(2) 即時沈下

改良地盤を含む地盤の即時沈下現象は，建築物と改良地盤と改良地盤下部の地盤の相互作用とし

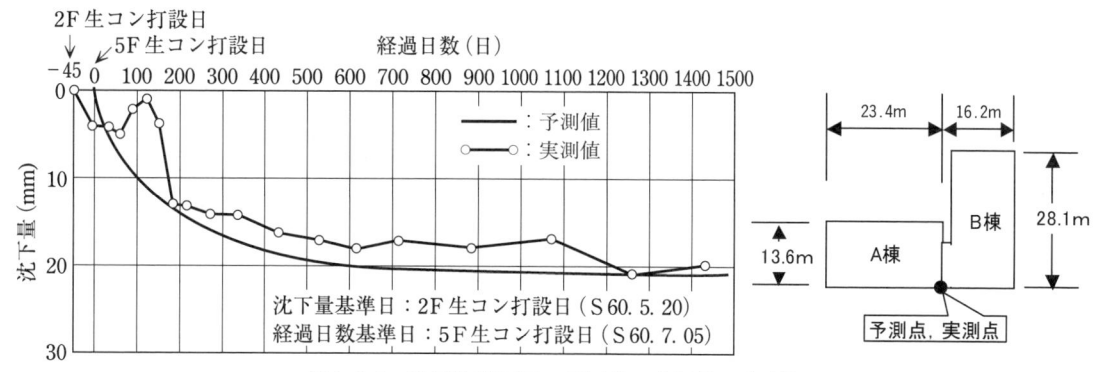

図4.4.1 建築物沈下量の予測値と実測値[4.4.2]に加筆

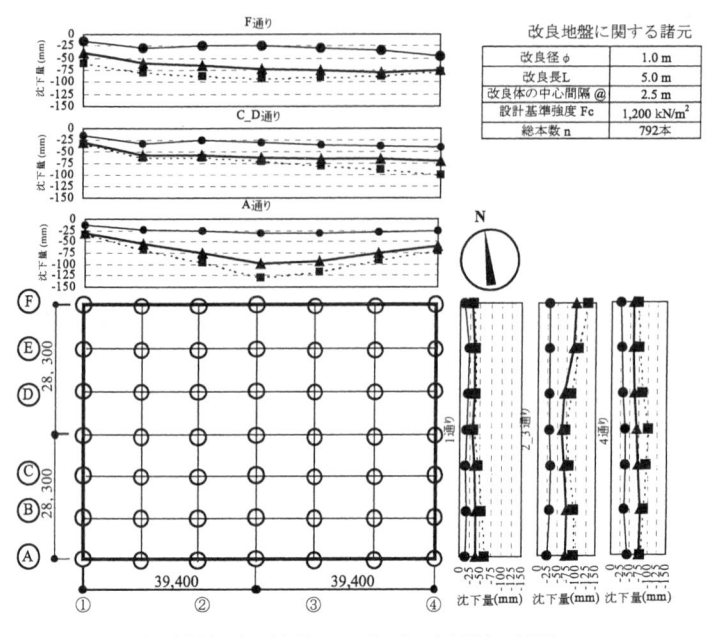

改良地盤に関する諸元	
改良径 φ	1.0 m
改良長 L	5.0 m
改良体の中心間隔 @	2.5 m
設計基準強度 Fc	1,200 kN/m²
総本数 n	792本

(● : 建物竣工時の実測値, ▲ : 竣工後 2 年経過時の実測値,
■ : √t 法による最終沈下量の予測値)

図4.4.2 建築物沈下量の実測値[4.4.3]

て現れる．地盤に生じたひずみや応力によって地盤の変形特性が変化するため，地盤の応力度と変位の関係は非線形性状を示すことが知られている．したがって，相互作用を考慮して沈下量を評価するには有限要素法などの連続体の離散化モデルを使用する方法によることがある．しかしながらこの方法は，煩雑であり，実務的ではないことから，通常は，地盤を弾性体とみなして，地盤の変形係数，ポアソン比を適切に設定することにより，即時の変形問題として評価することが多い[4.4.5]．

ここでは，即時沈下量を改良体の圧縮量と改良地盤下部に分離して評価する比較的簡便な評価法と，地盤を弾性体とみなして建築物と改良地盤と改良地盤下部の地盤の相互作用を考慮する解析法を紹介する．

 ａ．改良体の圧縮量

壁状形式，ブロック状形式の改良体の場合は，杭形式の改良体に比べて改良面積が大きく，改良体の挙動が支配的になるため，改良体を単独として扱う．一方，杭形式の改良体の場合は，改良体と改良体間の地盤の複合体としての挙動が支配的になるため，改良地盤を等価ピア法により一本の等価なピアとして扱う[4.4.6]．改良体や等価ピアの圧縮量の評価は基礎指針に詳述されている荷重伝達法[4.4.6]で行うことが望ましいが，杭と地盤の摩擦ばね，杭先端の地盤ばねが必要になり，多層地盤では，ばねの評価が煩雑な面もあるため，実務上は等価ピア体あるいは改良体の弾性係数を用いて圧縮量を評価することが多い．

 ｂ．改良地盤下部の地盤即時沈下量

改良地盤下部に位置する地盤の即時沈下量は，改良地盤直下の有限厚さの土層上面に伝達された鉛直荷重による即時沈下量を求めることで評価する．評価法としては，基礎指針の直接基礎の沈下

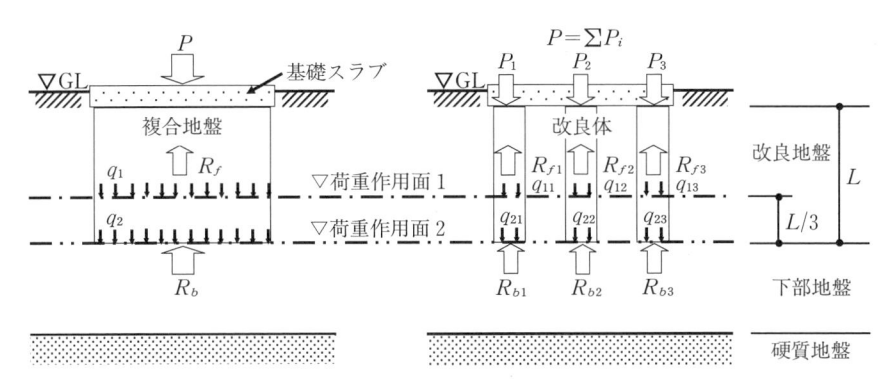

P, P_i：複合地盤または改良体に作用する鉛直荷重
R_f, R_{fi}：複合地盤または改良体に作用する極限周面摩擦力
R_b, R_{bi}：複合地盤または改良体に作用する先端極限鉛直支持力
q_1, q_{1i}：複合地盤または改良体の極限周面摩擦力度に相当する鉛直荷重度
$q_1 = R_f/A$, $q_{1i} = R_{fi}/A_i$　ただし，A, A_i：複合地盤または改良体の平面積
q_2, q_{2i}：複合地盤または改良体の先端に作用する鉛直荷重度
$q_2 = (P - R_f)/A$, $q_{2i} = (P_i - R_{fi})/A_i$

図4.4.3　簡略化した荷重作用面

の項に詳述されている弾性理論解，Steinbrennerの近似解が利用できる[4.4.7]．

評価に必要な地盤定数は，下部地盤の変形係数 E_2 とポアソン比 ν である．地盤のポアソン比は，砂礫，砂質土は0.3，粘性土は排水条件が考慮され0.35〜0.5の範囲の値が通常の有効応力下の変形解析によく用いられている．変形係数は，地盤構成や地盤拘束圧が明らかな地盤調査時における微小ひずみ時のヤング係数 E_0 から，沈下量評価時の地盤拘束圧に合わせた E_0' を評価し，この E_0' を基準として求めた沈下量で評価した地盤ひずみに合わせて E_2 を修正する方法が最も合理的であると基礎指針では推奨している[4.4.8]．

改良地盤下部に位置する地盤に作用する荷重については，杭形式や壁状形式の改良体の場合は改良体に囲まれた複合地盤として，改良体の配置が近くブロック状形式に近い壁状形式や，ブロック状形式の改良体の場合は，改良体を独立した一体の改良体として，改良地盤下部に荷重が作用する．

いずれの場合にも，改良地盤が支持する鉛直荷重のうちの摩擦力については改良地盤先端部ではなく，改良地盤の先端部深度より浅い位置で作用する荷重である．そこで荷重を摩擦力と先端支持力に分割し，それぞれの荷重が作用する位置を図4.4.3のように簡略化する考え方が採用できる．

極限周面摩擦力に相当する鉛直荷重度 q_1，q_{1i} は複合地盤または改良体の先端位置より改良体長さの1/3上方位置の改良地盤断面内に作用させ，先端支持力分に相当する鉛直荷重度 q_2，q_{2i} は改良地盤先端面に作用させる方法である．なお，極限周面摩擦力は比較的小さな変位で動員される抵抗力であるため，極限周面摩擦力が改良地盤に作用する全鉛直荷重を超える場合は，全鉛直荷重を q_1，q_{1i} の作用位置に作用させ，改良地盤先端に伝達する荷重をゼロとする．

c．建築物と改良地盤，地盤を連成させた沈下量

改良地盤に作用する荷重は，改良地盤および改良地盤下部の地盤の沈下に伴い，基礎スラブを介して荷重の再配分が行われることになる．したがって，建築物基礎スラブと改良地盤，改良地盤下

部の地盤を連成させた建築物基礎スラブの沈下量を評価することが沈下予測精度の向上になる．

評価法としては，基礎指針に詳述されている a. 連続梁・格子梁モデルによる解法，b. a の解法に有限要素法を組み合せた解法，c. 有限要素法による解法がある[4.4.5]．

有限要素法による解法は，建築物の上部構造，基礎構造，改良地盤，地盤を連続体として離散化して行う方法であるが，モデル化には高度な技術を必要とし，コンピュータを使用しても多くの時間と費用が必要になり，一般化した解法とはなっていない．a, b の解法は建築物基礎構造下に改良地盤，地盤を評価したばねを配置して解く方法であり，ばねを適切に設定できれば，比較的容易に解析が出来る実用的な解法である．a, b の違いは，上部構造，基礎構造を梁モデルとするか，連続体モデルとするかである．

(3) 圧密沈下

改良地盤の圧密沈下は，即時沈下で扱う荷重と荷重作用面の組合せで改良地盤下部の地盤中に発生する地中増加応力度を評価し，この地中応力度によって発生する時間依存型の沈下量である．沈下量の計算方法は，自然地盤での基礎設計の場合と同じである．具体的な評価法は基礎指針に詳述されている[4.4.9]．

図4.4.4は図4.4.1に示した実測事例における圧密予測モデルを示している．この事例では，改良体を極めて軟弱な上部の粘性土を貫通させ，その下 GL－10m 以深の過圧密粘性土層の上に着底させている．圧密沈下量は，改良地盤先端から改良厚さの1／3上の位置より1：2の直線状に荷重が分散され，その荷重が改良地盤先端位置に一様に作用するものとして，地盤内地中応力度を求め，Terzaghi の一次元圧密理論により計算している．荷重分散の考え方は図4.4.3の方法と類似の方法で，杭形式，壁状形式の改良の場合に適応しやすい．この事例では，建築物剛性は考慮していないが，図4.4.1に示した実測値と予測値はほぼ良い一致を示している．

図4.4.5は図4.4.2に示した実測事例における圧密予測モデルと解析で使用した地盤定数を示している[4.4.4]．この事例では，建築物，改良地盤，下部地盤を連成させている．連成効果を考慮する方法

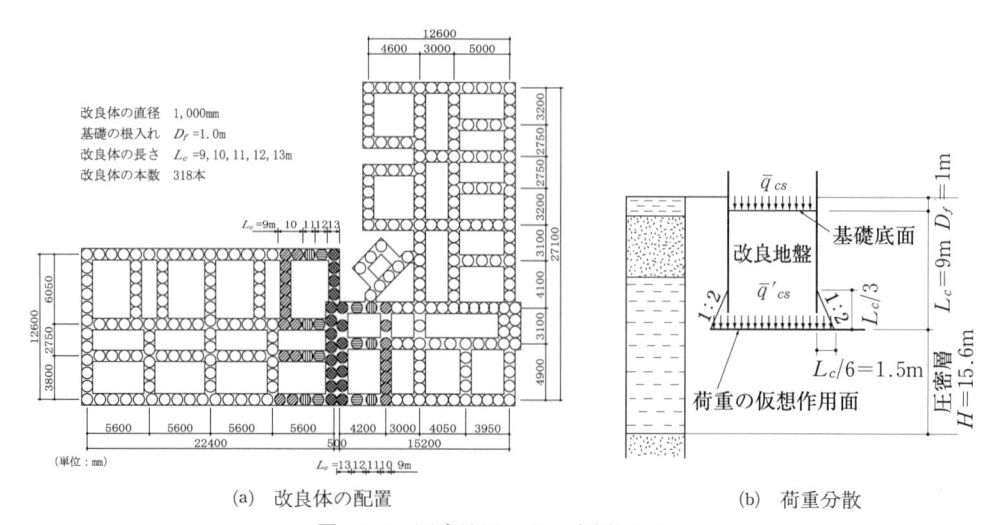

(a) 改良体の配置

(b) 荷重分散

図4.4.4 圧密沈下モデル事例(1)[4.4.2]

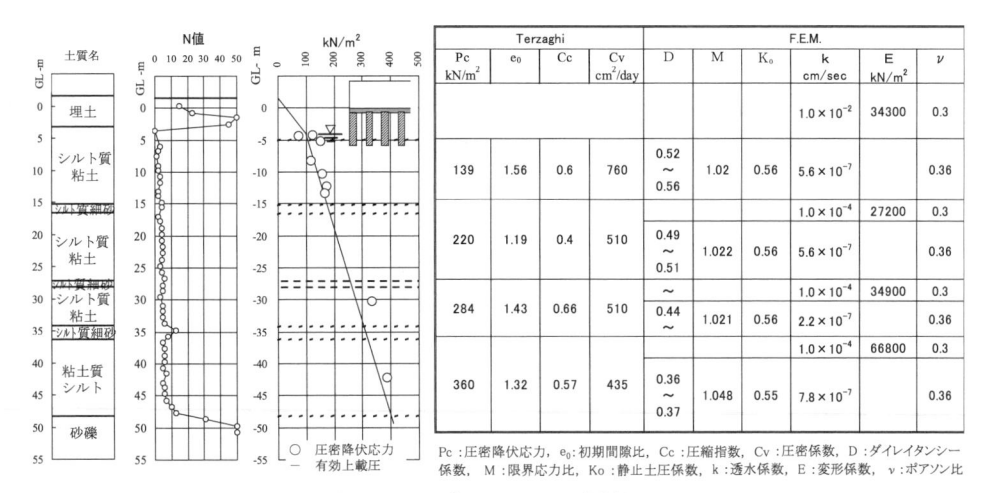

	Terzaghi				F.E.M.					
	P_c kN/m²	e_0	C_c	C_v cm²/day	D	M	K_0	k cm/sec	E kN/m²	ν
								1.0×10^{-2}	34300	0.3
	139	1.56	0.6	760	0.52 ~ 0.56	1.02	0.56	5.6×10^{-7}		0.36
								1.0×10^{-4}	27200	0.3
	220	1.19	0.4	510	0.49 ~ 0.51	1.022	0.56	5.6×10^{-7}		0.36
								1.0×10^{-4}	34900	0.3
	284	1.43	0.66	510	~ 0.44 ~	1.021	0.56	2.2×10^{-7}		0.36
								1.0×10^{-4}	66800	0.3
	360	1.32	0.57	435	0.36 ~ 0.37	1.048	0.55	7.8×10^{-7}		0.36

P_c：圧密降伏応力，e_0：初期間隙比，C_c：圧縮指数，C_v：圧密係数，D：ダイレイタンシー係数，M：限界応力比，K_o：静止土圧係数，k：透水係数，E：変形係数，ν：ポアソン比

図4.4.5 圧密沈下モデル事例(2)[4.4.4]

は，①基礎スラブ下に地盤ばねを配置した格子梁モデルによる解析と，②基礎スラブ，改良体と埋土からなる表層複合地盤，改良体下の圧密層から構成される地盤を連続体としてモデル化して，有効応力有限要素法による解析の2種類の方法で行っている．格子梁モデルは，図4.4.4の方法と同じく，改良地盤先端から改良厚さの1/3上の位置より1：2の直線状に荷重が分散され，その荷重が改良地盤先端位置に一様に作用する荷重モデルを採用し，Terzaghiの一次元圧密理論により圧密沈下量を計算している．この圧密沈下量から求めたばね反力と作用させた荷重とが一致するように収斂計算が行われている．

2種類の方法による予測値は図4.4.2に示された実測値に一致していると判断できる[4.4.4]．

(4) 沈下量の限界値

評価された改良地盤，改良体の沈下量が，上部構造に対して有害な変形，傾斜が生じないように，変形角や基礎部材のひび割れに関する限界値を上回らないことの確認が，沈下に対する限界値の検討である．

限界値の考え方は4.1節に記述されているが，総沈下量および不同沈下量が限界値を上回らないこととされている．したがって，評価した沈下量を総沈下量や不同沈下量に変換する必要がある．

限界値の数字については基礎指針5.3節に，中低層建築物の沈下実測と構造障害の関係から支持地盤，構造種別，基礎形式で分類された限界変形角，相対沈下量，総沈下量の例が記載されており，性能レベル設定の参考になる[4.4.10]．

参考文献

4.4.1) 日本建築学会：建築基礎構造設計指針，pp.339～341，2001.10
4.4.2) 日比野信一：ソイルセメントコラムによって支持された建物の沈下性状について，1989年日本建築学会関東支部研究報告集，pp.77～80，1989
4.4.3) 佐原 守・鈴木直子・茶谷文雄・隅田清貴・斉藤高夫：厚い沖積粘性土上に建つ倉庫の圧密沈下性状（その1表層改良併用直接基礎の採用と実測沈下），第38回地盤工学研究発表会，pp.

1565~1566, 2003.7
4.4.4) 鈴木直子・佐原　守・茶谷文雄・斉藤高夫・隅田清貴：厚い沖積粘性土上に建つ倉庫の圧密沈下性状（その2実測沈下と解析結果の比較），第38回地盤工学研究発表会，pp.1567~1568，2003.7
4.4.5) 日本建築学会：建築基礎構造設計指針，pp.128~130，pp.345~347，2001.10
4.4.6) 日本建築学会：建築基礎構造設計指針，pp.224~226，pp.231~232，2001.10
4.4.7) 日本建築学会：建築基礎構造設計指針，pp.123~126，2001.10
4.4.8) 日本建築学会：建築基礎構造設計指針，pp.142~150，2001.10
4.4.9) 日本建築学会：建築基礎構造設計指針，pp.130~142，2001.10
4.4.10) 日本建築学会：建築基礎構造設計指針，pp.150~154，2001.10

4.5節　水平抵抗力

> 改良地盤の水平抵抗力の検討は，各限界状態において，改良体の水平抵抗力の限界値を適切に設定し，改良体に生ずる応答値が限界値を上回らないことを確認する．

(1)　水平抵抗機構
　a．改良地盤の水平抵抗機構

改良地盤の水平抵抗機構は，改良体の配置および改良形式によって異なる．すなわち，改良体単体あるいは複数本が一体となって水平力に抵抗することを想定している[4.5.1]．図4.5.1に示すように，改良体が基礎底面内に複数本ある場合，杭形式・壁状形式・ブロック状形式の接円配置では改良体単体で水平力に抵抗し，壁状形式またはブロック状形式で改良体をラップさせた場合は，ラップされた個々の改良体群として水平力に抵抗する[4.5.1],[4.5.2]．

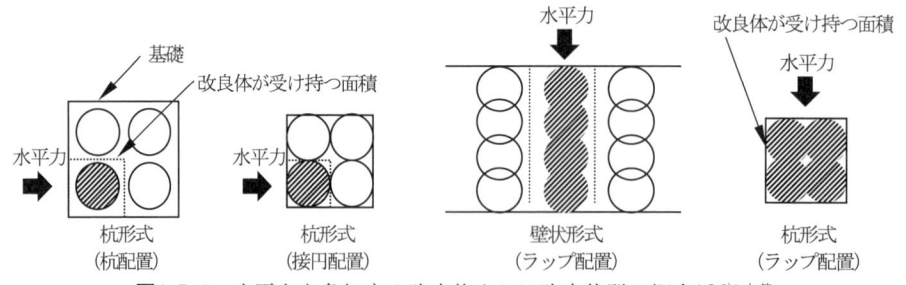

図4.5.1　水平力を負担する改良体または改良体群の概念[4.5.2]に加筆

改良地盤の水平抵抗機構に関する実験として，実大改良体による破壊形態の違いなどに着目した研究報告がある．二木らは，ローム地盤に施工した改良径600mm，長さ2.8mの改良体を杭形式で杭配置，および壁状形式で接円配置，ラップ配置（ラップ幅100mm）の3ケースの静的水平載荷試験の結果から，最大荷重は予測値より大きめであり，改良体頭部の水平変位も急激な変化はなく，脆性的な破壊とならなかったと報告している[4.5.3]．また，軟弱な人工シルト地盤中に改良径800mm，長さ4.0mの改良体を杭形式で杭配置，および壁状形式でラップ配置（ラップ幅200mm，300mmの2種類）の3ケースについて静的水平載荷試験を実施している．その結果，ラップ幅が大きいと最大

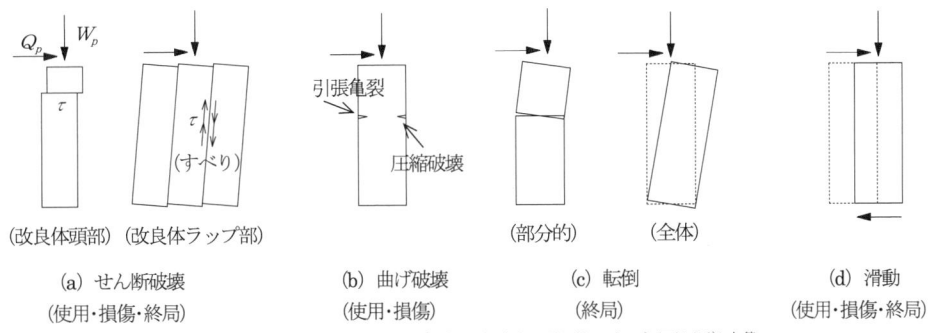

図4.5.2 水平力による破壊・転倒・滑動の概念図[4.5.2)に加筆]

(a) せん断破壊 (使用・損傷・終局) — (改良体頭部) (改良体ラップ部)
(b) 曲げ破壊 (使用・損傷) — 引張亀裂、圧縮破壊
(c) 転倒 (終局) — (部分的) (全体)
(d) 滑動 (使用・損傷・終局)

荷重も大きくなり，そのときの破壊形態は，杭形式では曲げ・せん断が支配的となるのに対し，ラップ配置ではせん断破壊が支配的であったが，改良体頭部の水平変位の急激な変化は無かったと報告している[4.5.4]．中野らは，これらの破壊形態を解析でも確認したと報告している[4.5.5]．

改良地盤は，複数の改良体が近接して配置されることが多いことや，改良径に対して改良長が短い事例が多い[4.5.6]．そのため，水平力に対して群杭や短杭に近い挙動をするものと考えられることから，これらの点に留意する必要がある．

b．改良体の破壊の概念と水平抵抗力に関する検討項目

改良地盤頭部に鉛直力と水平力が作用した場合の改良体の破壊形態は，図4.5.2に示すようにせん断破壊，曲げ破壊および転倒，滑動を想定している[4.5.2),4.5.7]．そのため，各限界状態における水平抵抗力に関する検討項目をそれぞれ次のように設定している．使用限界状態で偏土圧が作用する場合および損傷限界状態では，線形弾性地盤反力法による改良体のせん断破壊，曲げ破壊，滑動の検討，終局限界状態では，改良体のせん断破壊，転倒，滑動に対して検討する．

(2) 水平抵抗力の検討

水平抵抗力の検討方法として，使用限界・損傷限界状態における方法，および終局限界状態における方法を以下に説明する．

a．使用限界状態および損傷限界状態

① 改良体に作用する水平力

使用限界状態および損傷限界状態において基礎底面に作用する水平力は，基礎底面と改良地盤あるいは改良体との摩擦抵抗力によって改良地盤に伝達されることから，改良地盤には鉛直荷重に比例した水平力が作用する[4.5.8]．基礎底面と改良体の間の摩擦係数について二木らは，水平載荷試験の結果から載荷板と砕石間の摩擦係数 μ が0.58，すなわち，せん断抵抗角 ϕ が30°相当であったと報告している[4.5.3]．したがって，水平抵抗力の検討においては各限界状態で改良地盤に作用する鉛直荷重分布を適切に評価し，それに基づいて改良地盤に作用する水平力を算定することが重要となる．

改良地盤に伝達された水平力は本来，改良体と改良体間原地盤である未改良部分で分担される．しかし，改良体の剛性が未改良部分に比べて大きいこと，また，分担比率に関する知見が蓄積されていないことから，安全側の評価として改良地盤に作用した水平力はすべて改良体が負担するものとして，(4.5.1)式により算定する．このとき，基礎指針[4.5.9]に示されている根入効果による地震せ

ん断力の低減係数を考慮してもよい．

$$Q_p = \sum Q_p \cdot \frac{N_s}{\sum N_s} + K_{base} \cdot W_f \qquad (4.5.1)$$

Q_p：改良体に作用する水平力（kN）
$\sum Q_p$：フーチングの重量による慣性力を除いた建物水平力（kN）
N_s：着目する改良体に作用する鉛直荷重（常時荷重＋地震時の変動荷重）（kN）
$\sum N_s$：フーチングの重量を除いた鉛直荷重の和（kN）
K_{base}：地下階または基礎の地震震度
W_f：フーチングの重量（kN）

前述したように，改良体に作用する水平力 Q_p は，鉛直荷重 N_s に比例した摩擦抵抗力が水平力として作用するため，均等配分ではなく，軸方向力の大小により水平力の分担が変化すると考え，鉛直荷重比に応じて比例分配させることが必要である．このことから，地震時において引抜き側の基礎フーチングは，負担する水平力は小さくなり，押込み側の基礎フーチングは，大きな水平力を負担することとなる．

② 改良体の曲げ応力度の検討

改良体の曲げ応力度の検討は，杭の設計における「線形弾性地盤反力法」を基本としており，図4.5.3に示す応力状態を想定している．具体的な検討手順は，改良体の弾性係数 E_p と周辺地盤の水平方向地盤反力係数 k_h を設定し，改良体に作用する鉛直荷重度 W_p/A_p と本節①で求めた改良体の分担する水平力 Q_p とにより，改良体に作用する縁応力度を算定する．このとき，改良体頭部の固定度や改良体の断面係数を適切に評価することが重要である．

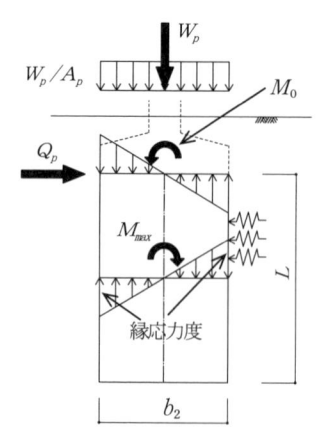

図4.5.3 改良体の曲げ応力度の検討手法[4.5.2]に加筆

i) 曲げモーメントの算定

設計用曲げモーメント M_d は，(4.5.2)式により求める[4.5.10]．

$$M_d = \max(M_{\max}, M_0) \qquad (4.5.2)$$
$$M_{\max} = (Q_p/2\beta) \cdot R_{M\max}$$
$$M_0 = (Q_p/2\beta) \cdot R_{M0}$$

表4.5.1 線形弾性地盤反力法による杭の計算の各種係数値[4.5.10)]

Z	固定度 $a_r=0.25$ （半固定）				固定度 $a_r=0.0$ （自由）			
	R_{Mmax}	R_{M0}	R_{lm}	R_{y0}	R_{Mmax}	R_{M0}	R_{lm}	R_{y0}
0.5	0.035	0.242	0.335	4.548	0.192	0.0	0.211	6.010
0.6	0.046	0.281	0.392	3.829	0.230	0.0	0.253	5.016
0.7	0.061	0.312	0.443	3.333	0.268	0.0	0.295	4.312
0.8	0.083	0.331	0.486	2.977	0.306	0.0	0.337	3.789
0.9	0.111	0.340	0.525	2.712	0.343	0.0	0.378	3.388
1.0	0.145	0.339	0.559	2.509	0.379	0.0	0.419	3.075
1.1	0.184	0.331	0.591	2.350	0.414	0.0	0.460	2.827
1.2	0.225	0.319	0.623	2.220	0.448	0.0	0.499	2.628
1.3	0.267	0.305	0.654	2.113	0.480	0.0	0.537	2.468
1.4	0.307	0.292	0.685	2.024	0.510	0.0	0.574	2.341
1.5	0.344	0.280	0.717	1.952	0.538	0.0	0.610	2.239
1.6	0.377	0.270	0.748	1.893	0.563	0.0	0.643	2.159
1.7	0.407	0.262	0.778	1.845	0.585	0.0	0.673	2.098
1.8	0.432	0.256	0.807	1.808	0.604	0.0	0.701	2.051
1.9	0.453	0.252	0.834	1.779	0.620	0.0	0.726	2.018
2.0	0.471	0.249	0.858	1.759	0.632	0.0	0.747	1.994
2.1	0.484	0.247	0.880	1.744	0.642	0.0	0.765	1.979
2.2	0.494	0.246	0.898	1.735	0.649	0.0	0.779	1.970
2.3	0.501	0.246	0.913	1.730	0.653	0.0	0.789	1.966
2.4	0.505	0.246	0.925	1.728	0.656	0.0	0.796	1.965
2.5	0.508	0.246	0.933	1.728	0.657	0.0	0.801	1.967
2.6	0.509	0.247	0.939	1.729	0.657	0.0	0.803	1.971
2.7	0.509	0.247	0.942	1.732	0.656	0.0	0.803	1.975
2.8	0.507	0.248	0.944	1.734	0.655	0.0	0.802	1.979
2.9	0.506	0.248	0.943	1.737	0.653	0.0	0.800	1.984
3.0	0.504	0.249	0.943	1.740	0.652	0.0	0.798	1.988
3.2	0.501	0.249	0.939	1.745	0.649	0.0	0.793	1.994
3.4	0.498	0.250	0.944	1.748	0.647	0.0	0.790	1.998
3.6	0.496	0.250	0.932	1.750	0.645	0.0	0.787	2.001
3.8	0.495	0.250	0.930	1.751	0.645	0.0	0.786	2.001
4.0	0.495	0.250	0.928	1.751	0.644	0.0	0.785	2.002
4.2	0.495	0.250	0.928	1.751	0.644	0.0	0.785	2.001
4.4	0.495	0.250	0.927	1.751	0.644	0.0	0.785	2.001
4.6	0.495	0.250	0.927	1.750	0.645	0.0	0.785	2.000
4.8	0.495	0.250	0.928	1.750	0.645	0.0	0.785	2.000
5.0	0.495	0.250	0.928	1.750	0.645	0.0	0.785	2.000

M_{max}, M_0：地中部最大曲げモーメント，改良体頭部曲げモーメント（kN・m）

R_{Mmax}, R_{M0}：M_{max} および M_0 に関する係数（表4.5.1による）

$$\beta = \sqrt[4]{\frac{k_h \cdot b_1}{4E_p \cdot I_p}}$$

k_h：水平方向地盤反力係数（kN/m³）本節iv）参照

b_1：水平加力直角方向の改良体幅（m）

E_p：改良体の弾性係数（kN/m²）本節iii）参照

I_p：改良体の断面二次モーメント（m⁴）

R_{Mmax}，R_{M0} は，M_{max} および M_0 を求めるときの係数であり，文献4.5.10)には，改良体の頭部固定度 $a_r = 0.25$ および改良体長を考慮した係数 $Z = \beta \cdot L$ の関係として表4.5.1が示されている．改良体頭部固定度の値については本節，ii)に詳述してあるので参照されたい．ただし，地盤改良の設計では，一般の杭のように $\beta \cdot L$ 値によって長い杭，あるいは短い杭の区別は行っていない．

ii）改良体頭部固定度

改良体頭部固定度の具体的な設定方法あるいは実験的研究や報告は少ない．改良体頭部固定度の具体的な値について文献4.5.10)では，改良体頭部に鉛直荷重が作用していることから，頭部の回転がある程度固定されている場合の係数[4.5.11)]として $a_r = 0.25$ を推奨している．これは，実大改良体による水平載荷試験の逆解析結果から改良体頭部固定度を0.25とした場合に実験結果をよりよく説明できるためである．

ただし，改良体頭部固定度は本来，設計者が状況に応じて設定すべきものであり，適切な試験により頭部固定度が確認された場合には，その値を用いることができる．

iii）改良体の弾性係数および周辺地盤の変形係数

周辺地盤の変形係数 E_s は，対象となる地層の土性により，原位置における孔内水平載荷試験，せん断波速度測定試験，または標準貫入試験による N 値や不攪乱試料による室内試験の結果をもとに設定するなどの方法があるが，実務では，周辺地盤が砂地盤の場合は標準貫入試験による N 値から $E_s = 700N$（kN/m²），粘土地盤の場合は一軸圧縮強さ q_u から $E_s = 56q_u$（kN/m²）として求めることが多い[4.5.12)]．このほか，せん断波速度から変形係数 E_s を算定する方法は，基礎指針に詳述してあるので参照されたい．

一方，改良体の弾性係数 E_p については，土質によって差異があるものの改良体の一軸圧縮強さ q_u と改良体の弾性係数 E_{50} の関係として，$E_{50} = 130 \sim 260q_u$ の範囲が示されている[4.5.13)]．また，設計に用いる改良体の弾性係数 E_p は，対象とする土質に対して一軸圧縮試験を実施し，(弾性係数/一軸圧縮強さ)の関係を求めて評価する方法が示されているが，本編では，一軸圧縮強さ q_u を設計基準強度 F_c に置き換え，$E_p = 180F_c$（kN/m²）とした．改良体の弾性係数については，4.2節に詳述してあるので参照されたい．

iv）水平方向地盤反力係数

周辺地盤の水平方向地盤反力係数 k_h は，水平載荷試験による改良体頭部の水平変位と各種提案式による計算値との比較[4.5.3)]，また，杭基礎に比べ改良地盤の杭形式の改良体は密に配置されることが

多く，さらに，壁状形式やブロック状形式ではケーソンや地中連続壁と類似した形式となることなどを考慮し，文献4.5.14)の提案式として，(4.5.3)式を用いることとしている．

$$k_h = (1/30) \cdot \alpha \cdot E_s \cdot (b_1/30)^{-3/4} \times 10^2 \tag{4.5.3}$$

α：係数（＝4）

斜面に近接した改良体は，水平抵抗力が低下するので基礎指針に従い，その影響を考慮する必要がある．

ⅴ）群杭効果

群杭効果に関する係数 μ は，図4.5.4に示すように，群杭効果を考慮する方向ごとに，表4.5.2に示す式により，μ_1（加力直角方向），μ_2（加力方向）または μ_{12}（両方向）を求める[4.5.15),4.5.16)]．表4.5.2に示した式は，文献4.5.14)の式を変形したものである．

ⅵ）改良体に作用する縁応力度の検討

改良体に作用する縁応力度が，各限界状態における改良体応力度の限界値を上回らないことを(4.5.4)式により確認する．

$$\left. \begin{array}{l} \sigma_{\max} = W_p/A_p + M_d/(2I_p/b_2) \leq f_c \\ \sigma_{\min} = W_p/A_p - M_d/(2I_p/b_2) \leq f_t \end{array} \right\} \tag{4.5.4}$$

b_2：水平加力方向の改良体幅（m）
f_c：各限界状態における改良体の圧縮応力度の限界値（kN/m²）
f_t：各限界状態における改良体の引張応力度の限界値（kN/m²）

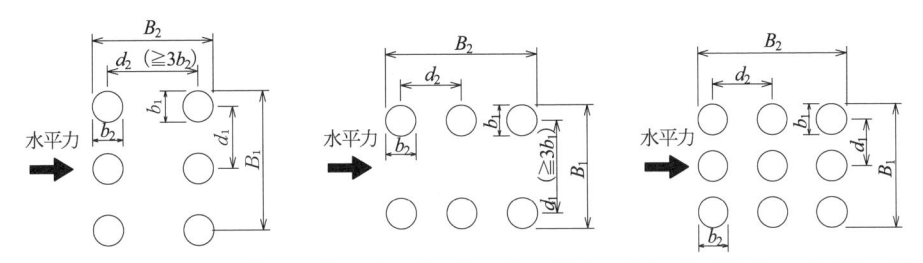

(a) $d_2 \geq 3b_2$，$d_1 < 3b_1$ の場合　　(b) $d_2 < 3b_2$，$d_1 \geq 3b_1$ の場合　　(c) $d_2 < 3b_2$ かつ $d_1 < 3b_1$ の場合

図4.5.4　群杭効果に関する係数の算出方法の参考図[4.5.15)]

表4.5.2　群杭効果に関する係数 μ [4.5.16)に加筆]

図4.5.4に示すパターン	群杭効果の方向	算定式	μ の設定方法
(a)	加力直角方向	$\mu_1' = 1 - 0.2 \cdot (3 - R_1{}^*)$ $\mu_1'' = \dfrac{\text{全改良幅 } B_1 \text{ を用いて } \mu_1=1 \text{ として求めた } k_h}{\text{改良体幅 } b_1 \text{ を用いて } \mu_1=1 \text{ として求めた } k_h}$	μ_1' と μ_1'' のうち大きい値を加力直角方向の μ_1 とし，$\mu_1=\mu$ とする
(b)	加力方向	$\mu_2 = 1 - 0.3 \cdot (3 - R_2{}^{**})$	$\mu_2 = \mu$ とする
(c)	両方向	$\mu_{12} = \mu_1 \cdot \mu_2$	$\mu_{12} = \mu$ とする

［注］　＊：加力直角方向の改良体間隔 d_1/改良体幅 b_1（＜3）
　　　＊＊：加力方向の改良体間隔 d_2/改良体幅 b_2（＜3）

③ せん断応力度の検討[4.5.2),4.5.17)]

常時，中地震時において改良体に作用するせん断応力度の分布を図4.5.5に示す．具体的な検討内容は(4.5.5)式に示すように，改良体に作用する最大せん断応力度 τ_{max} が，改良体のせん断応力度の限界値 f_τ を上回らないことを確認することにより行う．

$$\tau_{max} = \chi \cdot \bar{\tau} = \chi \cdot (Q_p/A_p) \leqq f_\tau \tag{4.5.5}$$

τ_{max}：最大せん断応力度（kN/m²）

χ：形状係数（円形の場合，$\chi = 4/3$）

$\bar{\tau}$：平均せん断応力度（kN/m²）

f_τ：改良体のせん断応力度の限界値（kN/m²）

なお，改良体のせん断応力度の限界値は表4.1.1によることとし，その設定の基準となる極限せん断応力度 F_τ は(4.5.6)式による．

$$F_\tau = \min(F_{\tau 1}, F_{\tau 2}) = \min\{0.3F_c + (Q_p/A_p)\tan\phi_p, 0.5F_c\} \tag{4.5.6}$$

F_τ：改良体の極限せん断応力度（kN/m²）

ϕ_p：改良体の内部摩擦角（＝30°）

F_τ は(4.5.6)式に示すように，$F_{\tau 1}$ と $F_{\tau 2}$ のうちいずれか小さい方とする．これは，三軸圧縮試験結果による c, ϕ をせん断強さを評価する基本とし，かつ一軸圧縮強さの1/2を上限としたことによる．$F_{\tau 1}$ を求める場合，垂直応力 $\sigma_n (= Q_p/A_p)$ が必要となるが，改良体のせん断応力度の検討では，鉛直せん断面には水平の平均せん断応力度に相当する垂直応力が少なくとも作用すると考えている．

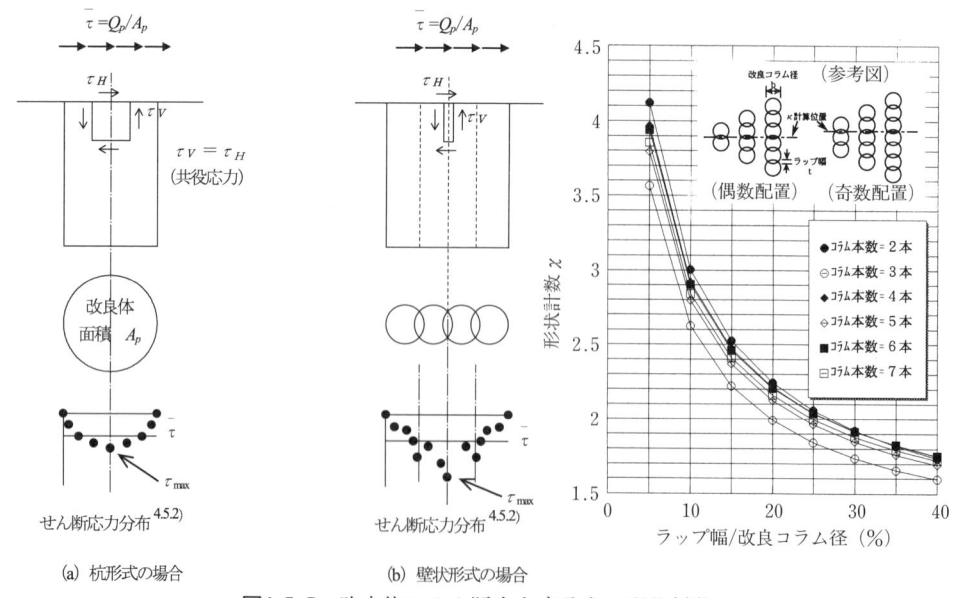

図4.5.5 改良体のせん断応力度分布と形状係数

(a) 杭形式の場合　　(b) 壁状形式の場合

改良体断面のせん断応力の分布は，改良体が杭形式の場合，図4.5.5(a)に示すように改良体中心部で最大となる．このときの形状係数 χ は，円形と同じ 4/3 となる．これに対し，改良体がラップし

表4.5.3 ラップ配置の場合の形状係数（改良体本数2本）

（ラップ幅）/（改良体の径）（％）	5	10	15	20	25
形状係数 x	4.1	3.0	2.5	2.2	2.1

ている場合，図4.5.5(b)に示すように改良体断面のせん断応力分布は，中央のラップ部分で最大となる．改良体がラップしている場合の形状係数 x は，図4.5.5中の形状係数の例から求めることになるが，表4.5.3に示す改良体本数が2本の場合の形状係数 x が上限値となるのでこれを用いれば安全側となる．

 b．終局限界状態

① 改良体の転倒の検討

この検討方法は，大地震時の改良体の転倒に対する方法であり，「B.B. Broms の考え方に基づく極限設計法」[4.5.18],[4.5.19] を基本としている．図4.5.6に示すように，改良体頭部に作用する水平力 Q_p に対して地盤反力の釣合いから，繰返し計算により改良体の極限水平抵抗力を算定し，大地震時に改良体に作用する水平力 Q_p に対して安全であることを確認する方法である．検討フローは，図4.1.3を参照されたい．ここで，改良体の転倒とは，図4.5.2(c)に示すように，曲げ破壊による転倒と改良体が短い場合は改良体全体の転倒を想定している．

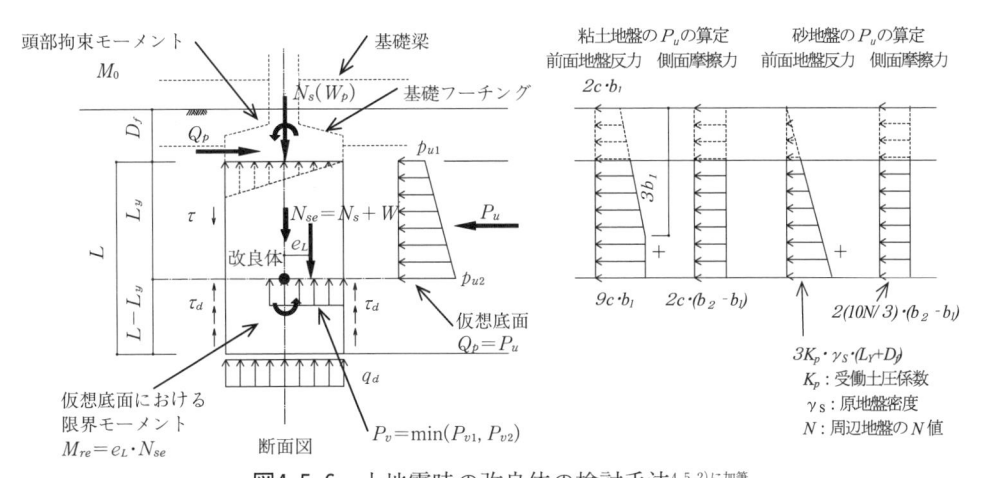

図4.5.6 大地震時の改良体の検討手法[4.5.2]に加筆

以下に，具体的な検討内容および方法について説明する．

ⅰ）水平力に対する地盤抵抗範囲 L_y および水平地盤反力 P_u の算定

地盤抵抗範囲 L_y（仮想底面深度）とは，改良体頭部に作用する水平力 Q_p と水平地盤反力 P_u が釣り合う深度であり，図4.5.6に示すように，地盤抵抗範囲の水平地盤反力は台形分布であることから，(4.5.7)式により求める．

$$Q_p = P_u = (P_{u1} + P_{u2})L_y/2 \tag{4.5.7}$$

ここで，水平地盤反力 P_u は水平力に対する地盤抵抗範囲の前面地盤反力と改良体側面の摩擦抵抗力の和であり，(4.5.8)式，(4.5.9)式に示すように周辺地盤が粘性土あるいは砂質土により算定

方法が異なっている．

[粘性土]

$D_f \leqq 3b_1$ のとき　　$P_{u1} = \left(\dfrac{7D_f}{3b_1} + 2\right) \cdot c \cdot b_1 \cdot \mu_1 \cdot \mu_2 + 2c \cdot (b_2 - b_1)$ 　　　　(4.5.8)

$D_f > 3b_1$ のとき　　$P_{u1} = 9c \cdot b_1 \cdot \mu_1 \cdot \mu_2 + 2c \cdot (b_2 - b_1)$

$L_y + D_f \leqq 3b_1$ のとき　　$P_{u2} = \left\{\dfrac{7(L_y + D_f)}{3b_1} + 2\right\} \cdot c \cdot b_1 \cdot \mu_1 \cdot \mu_2 + 2c \cdot (b_2 - b_1)$

$L_y + D_f > 3b_1$ のとき　　$P_{u2} = 9c \cdot b_1 \cdot \mu_1 \cdot \mu_2 + 2c \cdot (b_2 - b_1)$

[砂質土]

$$P_{u1} = 3K_p \cdot \gamma \cdot b_1 \cdot D_f \cdot \mu_1 \cdot \mu_2 + 2(10N/3) \cdot (b_2 - b_1)$$
$$P_{u2} = 3K_p \cdot \gamma \cdot b_1 \cdot (L_y + D_f) \cdot \mu_1 \cdot \mu_2 + 2(10N/3) \cdot (b_2 - b_1)$$
(4.5.9)

P_{u1}：基礎底面深度における水平地盤反力 （kN/m）
P_{u2}：仮想底面深度における水平地盤反力 （kN/m）
D_f：基礎の根入れ深さ （m）
μ_1, μ_2：群杭効果に関する低減係数 （本節vii参照）

水平地盤反力 P_u の算定において側面摩擦力は，側面幅 b_2 から前面幅 b_1 を差し引いた幅で考えることにしている．これは，砂地盤において前面地盤反力の係数を受働土圧係数の3倍としていることから，側面幅 b_2 のうち，前面側 b_1 の区間の摩擦効果は，前面地盤反力に含まれていると考えたことによる．

ⅱ) 仮想底面深度での地盤反力 P_v の算定

地盤反力 P_v は，仮想底面深度での地盤反力であり(4.5.10)式に示すように，下部地盤の極限鉛直支持力度 q_d と仮想底面深度以深の改良体の周辺摩擦抵抗力より求まる反力 P_{v1} と，改良体の鉛直応力から決まる極限鉛直支持力度 P_{v2} のうち小さい方とする．

$$P_v = \min(P_{v1}, P_{v2})$$
$$P_{v1} = q_d + (\phi/A_p) \cdot \tau_d \cdot (L - L_y)$$
$$P_{v2} = a_p \cdot F_c$$
(4.5.10)

P_v：仮想底面における底面反力の最大値 （kN/m²）
P_{v1}：仮想底面における地盤の極限鉛直支持力度 （kN/m²）
P_{v2}：改良体の鉛直応力から決まる極限鉛直支持力度 （kN/m²）

ⅲ) 有効面積 A' と改良体中心からの偏心距離 e_L

仮想底面における底面反力の分布は，そこに作用する荷重の合力の作用点を中心とする改良体の仮想断面(有効面積)に一様に作用するものとして扱うこととしている．この場合の有効面積 A' は，図4.5.7のように仮定して，地盤反力 P_v と仮想底面深度に作用する鉛直荷重 N_{se} の関係から，$A' = N_{se}/P_v$ として求める．

鉛直荷重 N_{se} は仮想底面深度での反力分布に応じて改良体中心から e_L だけ離れた位置に作用するものとして偏心距離 e_L を(4.5.11)式，(4.5.12)式により求める．このとき，壁状形式やブロック

長方形基礎　　　　　　円形基礎

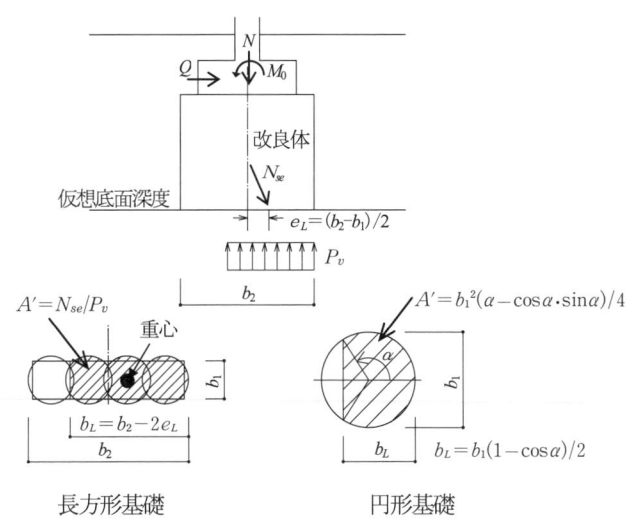

図4.5.7　有効面積 A' の考え方

状形式については図4.5.7に示すように長方形基礎としてMeyerhofの方法[4.5.20)]を，改良体が杭形式の場合，円形基礎として文献4.5.21)に示す方法により求める．

［長方形基礎］

$$e_L = (b_2 - b_L)/2$$
$$b_L = A'/b_1 \tag{4.5.11}$$

［円形基礎］[4.5.21)]

$$e_L = (b_1 \cdot \sin^3\alpha)/3(\alpha - \cos\alpha \cdot \sin\alpha)$$
$$b_L = (1 - \cos\alpha) \cdot b_1/2 \tag{4.5.12}$$

b_L：有効載荷幅（m）

α：図4.5.7に示す角度（rad）

$A' = b_1^2(\alpha - \cos\alpha \cdot \sin\alpha)/4$，$2e_L/b_1 = 2\sin^3\alpha/3(\alpha - \cos\alpha \cdot \sin\alpha)$ の関係から求める

iv）仮想底面位置での限界モーメント M_{re} の算定

仮想底面位置での限界モーメント M_{re} は，鉛直荷重 N_{se} とiii)で求めた偏心距離 e_L より $M_{re} = e_L \cdot N_{se}$ として求める．

v）改良体頭部拘束モーメント M_0 と仮想底面位置に生ずるモーメント M_e の算定

仮想底面位置に限界モーメント M_{re} が作用したときの杭頭拘束モーメント M_0 および仮想底面位置に生ずるモーメント M_e は，改良体頭部の拘束条件により(4.5.13)式，(4.5.14)式により求める．

［改良体頭部が拘束されている場合］

改良体頭部が拘束されている場合とは，基礎梁が設けられているなど，水平力によって基礎の回転が拘束されている状態を言う．

$$M_0 = Q_p \cdot L_y - 1/6 \cdot (2P_{u1} + P_{u2}) \cdot L_y^2 - M_\tau - M_{re} \tag{4.5.13}$$

M_0：頭部拘束モーメント（kN・m）

M_{re}：仮想底面位置における限界モーメント（kN・m）

M_τ：改良体の鉛直方向の摩擦力による抵抗モーメント（kN・m）

長方形　$M_\tau = \tau_d \cdot (b_1 \cdot b_2 + b_2^2/2) \cdot L_y$

円　形　$M_\tau = \tau_d \cdot b_1^2 \cdot L_y$

[改良体頭部が拘束されていない場合]

改良体頭部が拘束されていない場合とは，基礎梁が設けられていない基礎や擁壁のように，基礎の回転が拘束されていない状態を言う．

$$M_e = Q_p \cdot L_y - 1/6 \cdot (2P_{u1} + P_{u2}) \cdot L_y^2 - M_\tau + M \tag{4.5.14}$$

M_e：仮想底面位置に生ずるモーメント（kN・m）

M：改良体頭部に生ずるモーメント（kN・m）

vi）安定の照査

改良体の転倒に対する安定検討は，v）と同様に改良体頭部の拘束条件により検討方法が異なる．

改良体頭部が拘束されている場合，圧縮縁が設計基準強度を超えない範囲のモーメントとして頭部拘束モーメントの限界値 M_{0a} は，(4.5.15)式による．そして，(4.5.16)式によって頭部拘束モーメント M_0 が頭部拘束モーメントの限界値 M_{0a} を下回ることを確認する．

$$\begin{aligned} M_{0a} &= \min(M_{0a1}, M_{0a2}) \\ M_{0a1} &= \frac{N_s}{A_p} \cdot Z \\ M_{0a2} &= (F_c - \frac{N_s}{A_p}) \cdot Z \end{aligned} \tag{4.5.15}$$

M_{0a}：頭部拘束モーメントの限界値（kN・m）

Z：改良体の断面係数（m³）

$$M_0 \leq M_{0a} \tag{4.5.16}$$

一方，改良体頭部が拘束されていない場合，仮想底面位置に生ずるモーメント M_e が仮想底面位置における限界モーメント M_{re} を下回ることを(4.5.17)式により確認する．

$$M_e \leq M_{re} \tag{4.5.17}$$

vii）前面地盤反力および側面地盤反力に対する改良体間隔の考慮

常時，中地震時の検討と同様に前面地盤反力および側面摩擦力に対して改良体間隔に応じて群杭

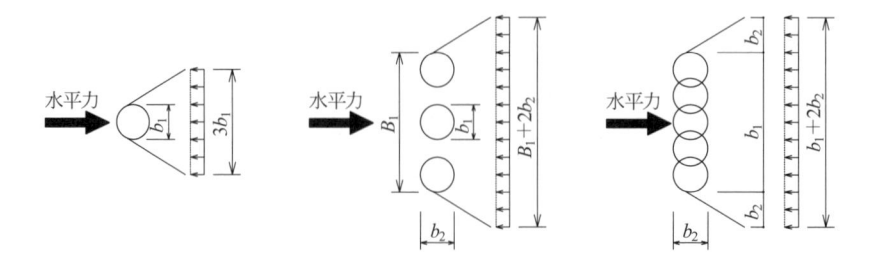

(a) 改良体が独立しているとき　　(b) 改良体が近接して配置されているとき　　(c) 改良体がラップして配置されているとき

図4.5.8　前面地盤反力に対する改良体間隔の考慮[4.5.22)に加筆]

効果を考慮する．図4.5.8に前面地盤反力に対する改良体間隔の考慮の方法について示す．(4.5.8)式，および(4.5.9)式中のμ_1には，図4.5.8の(a), (b)の場合は(4.5.18)式，同図の(c)の場合は(4.5.19)式によって算出した値を適用する．

$$\mu_{1a}=(B_1+2b_2)/(3n \cdot b_1) \quad (ただし，\mu_{1a} \leq 1) \quad (4.5.18)$$

$$\mu_{1b}=(b_1+2b_2)/3b_1 \quad (ただし，b_1 > b_2) \quad (4.5.19)$$

μ_{1a}, μ_{1b}：水平地盤反力係数に対する低減係数

n：加力直角方向に並ぶ改良体の本数

図4.5.8(a)のように，改良体が独立している場合，前面地盤反力の水平抵抗力に関与する範囲は，改良体の前面幅の3倍程度と考える．この考え方は，改良体幅から45°で広げた範囲の地盤が水平抵抗に寄与するという考え方に基づいており，$b_1=b_2$の場合，改良体前面での寄与幅は$3b_1$となり，前述の受働土圧の約3倍を前面地盤反力とするB.B. Bromsの考え方と同じである．

一方，図4.5.8(b)のように，改良体同士が近接して配置された場合，その抵抗範囲が重なり合うことになる．このような場合，水平地盤反力P_uに低減係数μ_{1a}を乗じて水平地盤反力を算出する．同様に，図4.5.8(c)のように，改良体の加力直角方向の幅が加力方向の幅と比較してかなり大きい場合，改良体前面の幅に改良体の加力方向の幅程度を加えた地盤が抵抗範囲と考えられるのため，水平地盤反力P_uに(4.5.19)式による低減係数μ_{1b}を乗じて水平地盤反力を算出する．加力方向に改良体が近接している場合は，表4.5.2で説明したμ_2をさらに適用する．

② せん断応力度の検討

せん断応力度の検討は，図4.5.2(a)に示すように改良体単体あるいはラップ面に生ずる最大せん断応力度τ_{max}が(4.5.6)式による極限せん断応力度F_τ以下であることを確認する．

③ 改良地盤底面における滑動の検討

改良地盤頭部に作用する水平力が水平地盤反力より大きい場合，図4.5.9に示すように，仮想底面深度が改良体底面深度と一致して改良体底面にすべり力が生ずる．この場合，前述した改良体の転倒，せん断の検討に加え(4.5.20)式により改良底面における滑動の検討を行う．

このほか，偏土圧が作用する改良地盤の滑動の検討は4.6節に詳述されているので参照されたい．

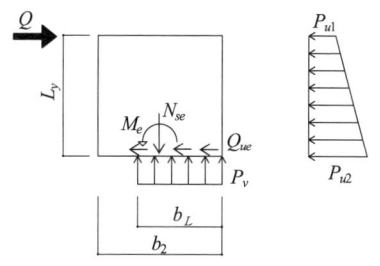

図4.5.9 改良地盤底面におけるすべり抵抗[4.5.23]

$$\tau_c = \frac{Q_{ue}}{A'} \leq \tau_{ue} \quad (4.5.20)$$

τ_c：改良体底面に生ずるすべり力（kN/m²）

Q_{ue}：改良体底面における有効面積A'に作用する水平力（kN）

$$Q_{ue} = Q - (P_{u1} + P_{u2}) \cdot L_y / 2$$

τ_{ue}：改良体底面における滑動抵抗力（kN/m²）

$$\tau_{ue} = c + P_v \cdot \tan\phi$$

c, ϕ：下部地盤の土の粘着力と内部摩擦角

参 考 文 献

4.5.1) 日本建築センター：改訂版 建築物のための改良地盤の設計及び品質管理指針，pp.66～68, 2002

4.5.2) 河本憲二：地盤改良体の水平支持力の評価方法，建築技術，No.576, pp.113～117, 1998.2

4.5.3) 二木幹夫・平出 務・日比野信一・萩野芳章：建築基礎地盤としてのセメント系改良地盤に関する研究（その31）ソイルセメントコラムの水平載荷試験，日本建築学会大会学術講演梗概集（東海），pp.875～876, 1994.9

4.5.4) 二木幹夫・若命善雄・日比野信一・溝口栄二郎：建築基礎地盤としてのセメント系改良地盤に関する研究（その42）軟弱地盤に築造されたソイルセメントコラムの水平載荷試験，日本建築学会大会学術講演梗概集（関東），pp.679～680, 1997.9

4.5.5) 中野健二・二木幹夫・真島正人・河本憲二：建築基礎地盤としてのセメント系改良地盤に関する研究（その43）水平載荷実験の解析，日本建築学会大会学術講演梗概集（関東），pp.681～682, 1997.9

4.5.6) 日本建築学会構造委員会：実務にみる地盤改良工法の技術的諸問題，建築基礎の設計施工に関する研究資料5，シンポジウム資料集，p.8, 1999.10

4.5.7) 日本建築センター：改訂版 建築物のための改良地盤の設計及び品質管理指針，pp.20～23, 2002

4.5.8) 日本建築センター：改訂版 建築物のための改良地盤の設計及び品質管理指針，pp.31～32, 2002

4.5.9) 日本建築学会：建築基礎構造設計指針，pp.40～44, 2001

4.5.10) 日本建築センター：改訂版 建築物のための改良地盤の設計及び品質管理指針，pp.71～72, 2002

4.5.11) 杉村義広：杭頭回転拘束度及び杭長を考慮した杭の水平抵抗理論，日本建築学会構造系論文報告集，第365号，pp.132～142, 1986.7

4.5.12) 日本建築センター：改訂版 建築物のための改良地盤の設計及び品質管理指針，pp.68～69, 2002

4.5.13) 日本建築センター：改訂版 建築物のための改良地盤の設計及び品質管理指針，pp.349～352, 2002

4.5.14) 日本道路協会：道路橋示方書・同解説，pp.342～345, 1996.12

4.5.15) 日本建築センター：改訂版 建築物のための改良地盤の設計及び品質管理指針，pp.69～70, 2002

4.5.16) 日本建築学会関東支部：基礎構造の設計 学びやすい構造設計，p.259, 2003.01

4.5.17) 日本建築センター：改訂版 建築物のための改良地盤の設計及び品質管理指針，pp.75～77, 2002

4.5.18) B.B. Broms: Lateral Resistance of Piles in Cohesionless Soils, Proc. ASCE, Vol. 90, No. SM2, pp.27～63, 1964.

4.4.19) B.B. Broms: Lateral Resistance of Piles in Cohesionless Soils, Proc. ASCE, Vol. 90, No. SM2, pp.123～156, 1964.

4.5.20) 土質工学会：新・土と基礎の設計計算演習，pp.94～95, 1992

4.5.21) 鉄道総合技術研究所：鉄道構造物等設計標準・同解説—基礎構造物/抗土圧構造物，pp.137～141, 1987

4.5.22) 日本建築センター：改訂版 建築物のための改良地盤の設計及び品質管理指針，pp.95～96, 2002

4.5.23) 日本建築センター：改訂版 建築物のための改良地盤の設計及び品質管理指針，p.93, 2002

4.6節　偏　土　圧

> 改良地盤に偏土圧が作用しても，改良地盤の滑動，改良体および改良地盤の破壊，改良地盤内からの原地盤の抜出し，改良地盤を含む地盤全体のすべりが無く，改良地盤は安定していることを確認する．

(1) 偏土圧が作用する改良地盤

　偏土圧を受ける建築物の基礎を例に，改良体を用いた場合の設計外力概念図を図4.6.1に示した．この外力状態で，各限界状態において評価された応答値が，4.1節の表4.1.1および表4.1.2で詳述されている限界値を上回らないことの確認が，改良地盤の滑動，改良体および改良地盤の破壊，改良地盤内からの原地盤の抜出しが無く改良地盤が安定していることの検討である．検討する項目と各限界状態において，以下に示すような改良地盤特有の荷重条件があるので，検討に際しては留意されたい．

　・使用限界状態の検討で改良地盤に常時作用する偏土圧は，地下外壁などと同様に静止土圧と考えられる．改良地盤に作用する静止土圧を計測した事例はなく，地下外壁での研究成果を参考にすると砂質土・粘性土とも静止土圧係数は0.5程度であると考えられる．

　・改良体間の原地盤の抜出しを検討する場合は，地盤変形を許容した検討に相当するため，主働土圧，受働土圧を採用する．基礎指針では，主働土圧・受働土圧としてクーロン土圧を推奨している[4.6.1]．

　なお，偏土圧条件に限らない，大地震時の改良地盤の転倒の検討については4.5節で詳述している．

(2) 改良地盤の滑動

　改良地盤の滑動における荷重としては，改良地盤上面に作用する建築物からの水平力，改良地盤の地震時慣性力，主働土圧，主働側と受働側の水圧差が考えられる．抵抗成分は受働土圧と改良体底面の抵抗となる．

　外力について，北詰は遠心模型実験により軟弱粘土層を対象とした壁状形式改良地盤の滑動破壊に関する以下の知見を報告している[4.6.3]．

　・改良地盤内の改良体と未改良地盤はほぼ一体として挙動する

　・改良地盤に作用する主働および受働土圧は改良体と未改良地盤に均等に作用する

　本検討もこの結果を受け，偏土圧を受ける場合は壁状形式，ブロック状形式のいずれの形式も同様の方法で計算を行うものとしている．

　滑動の安定は各限界状態における応答値（滑動力 H_d）が限界値（滑動抵抗力 H_r）を上回らないことである．

　滑動力 H_d は(4.6.1)式で求める．

$$H_d = Q_1 + P_A + P_W + k_h \cdot W_2 \tag{4.6.1}$$

　　ただし，　$W_2 = \gamma \cdot H \cdot b_2 \cdot R_1$

　　　　　　　γ：改良地盤の平均単位体積重量（kN/m³）

　　　　　　　k_h：構造物の設計水平震度の1/2程度が目安となる

R_1（図4.6.2参照）：改良体間原地盤の重量を除く係数

滑動抵抗力 H_r を評価する極限滑動抵抗力 H_{ru} は(4.6.2)式で求める.

$$H_{ru} = P_p + R \tag{4.6.2}$$

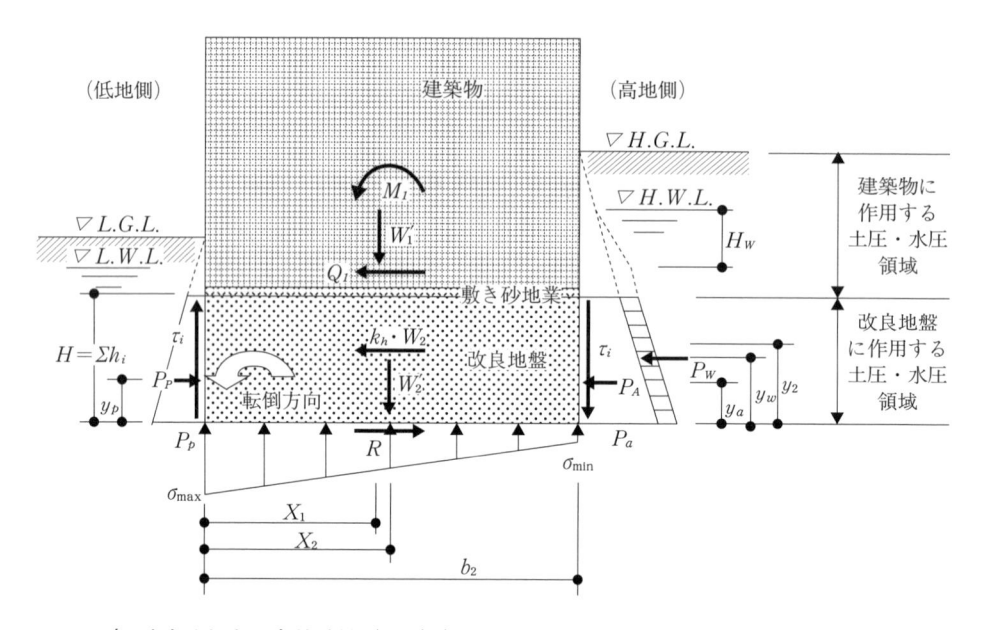

図4.6.1 偏土圧を受ける改良地盤の設計外力の概念図

W_1'：改良地盤上の有効重量（kN/m）
W_2：改良地盤の重量（kN/m）
W_2'：改良地盤の有効重量（kN/m）
Q_1：改良地盤上面に作用する各限界状態における水平力（kN/m）
M_1：改良地盤上面に作用する各限界状態におけるモーメント（kN・m/m）
p_a：改良地盤に作用する各限界状態における主働土圧（kN/m²）
P_A：改良地盤に作用する主働土圧の改良地盤全層厚分の合力（kN/m）
p_p：改良地盤に作用する各限界状態における受働土圧（kN/m²）
P_P：改良地盤に作用する受働土圧の改良地盤全層厚分の合力（kN/m）
P_W：主働側（高地側）水圧と受働側（低地側）水圧の差の合力（kN/m）
R：改良地盤底面に作用する摩擦抵抗力（kN/m）
b_2：加力方向の改良地盤幅（m）
τ_i：最大周面摩擦力度（kN/m²）
X_1：改良地盤受働側下端と改良地盤に作用する鉛直力作用点までの水平距離（m）
X_2：改良地盤受働側下端と改良地盤の重量作用点までの水平距離（m）
y_a：改良地盤底面と主働土圧合力作用点までの鉛直距離（m）
y_p：改良地盤底面と受働土圧合力作用点までの鉛直距離（m）
y_w：地盤底面と受働側と主働側の水圧差の合力の作用点までの鉛直距離（m）
y_2：改良地盤底面と改良地盤地震慣性力作用点までの鉛直距離（m）
H：改良地盤の全層厚（m）
h_i：土層別改良層厚（m）
H_W：主働側（高地側）地下水位と受働側（低地側）地下水位との水位差（m）
σ_{max}：改良地盤受働側底面部の圧縮側の縁応力度（kN/m²）
k_h：改良地盤に作用する水平震度

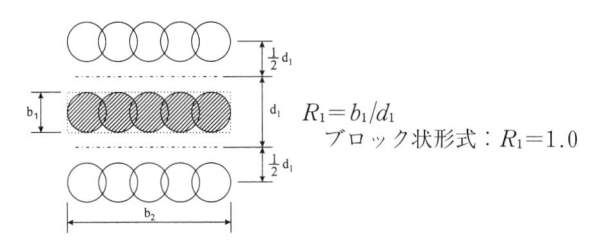

図4.6.2　壁状形式における改良地盤幅と改良体間隔の関係

改良地盤の着底部の摩擦抵抗力 R は，改良地盤のせん断強さと着底地盤のせん断強さの小さい評価値を採用する．通常は，改良体のせん断強さがかなり高いことから，下部地盤が砂質土の場合は(4.6.3)式で，下部地盤が粘性土の場合は(4.6.4)式の着底地盤のせん断強さで評価できる．

$$R = \mu(W_1' + W_2') \tag{4.6.3}$$

μ：摩擦係数　$\mu = \tan\phi$　ただし，岩盤の場合は $\mu = 0.6$

ϕ：砂質土の内部摩擦角

W_1'：改良地盤上の有効重量，図4.6.1参照 (kN/m)

W_2'：改良地盤の有効重量，図4.6.1参照 (kN/m)

$W_2' = \gamma_2 \cdot H \cdot b_2 \cdot R_1$

γ_2：改良地盤の平均単位体積重量（地下水位以下では水中単位体積重量）(kN/m³)

$$R = c \cdot b_2 \cdot R_1 \tag{4.6.4}$$

c：せん断抵抗力（粘着力）(kN/m²)

三宅らは，低強度の粘土地盤における改良率36%の改良体が着底地盤の砂，過圧密粘土と接する一面せん断試験により，摩擦抵抗力の実験値と計算値の比は図4.6.3に示すように0.2～0.4となり，過圧密粘土では計算値は過大評価の傾向であると報告している[4.6.4]．過圧密粘土については配慮が望まれる．

原地盤が液状化するような状況においては，4.7節に詳述されている地震時動水圧が改良体に作用すると考えられる．改良体がブロック状形式もしくは格子状形式のような場合は，改良体上部の建

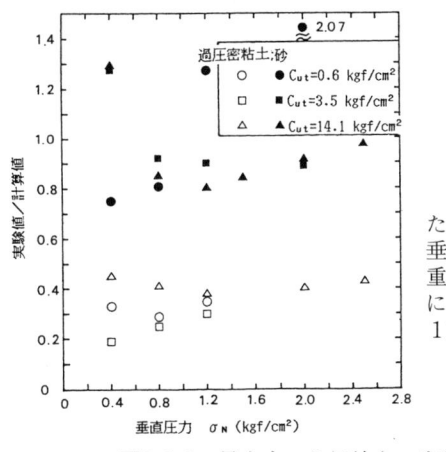

図4.6.3　最大すべり抵抗力の実験結果[4.6.4]

築物の慣性力，改良地盤の慣性力および液状化による動水圧が改良体に外力として作用し，抵抗成分としては改良地盤の底面摩擦抵抗しかない．このような場合に，地震時の滑動を許さない検討では，限界値が小さくなり滑動に対する安定性確保が困難になる．

　実現象としては，液状化による側方流動が予測されるような場合を除いて，地震時の力の釣合いにおいて外力が抵抗力を瞬間的に上回ったとしても，滑動変位量としては建築物の性能上問題ない範囲に収まる可能性があり，静的な力の釣合いで滑動の有無を判断することは安全側の設計になっているといえる．このような，滑動をある程度許容した設計を行なうには，滑動時の変位量が判断基準となり，液状化地盤中にある改良体の滑動変位量の推定法についての研究も行われている[4.6.5]．

(3) 改良体および下部地盤の破壊

　偏土圧を受ける建築物は，基礎底面前端地盤が破壊して回転することがないように計画される．改良体および下部地盤の破壊に対する安定は，各限界状態における応答値が改良地盤の鉛直支持力度の限界値，下部地盤の鉛直支持力度の限界値および改良体の圧縮応力度の限界値を上回らないことである．このうち，改良地盤の鉛直支持力度の安定については，使用限界状態での転倒モーメントが想定されていないものの，考え方は4.3節(4)(5)(6)に詳述されているので参照されたい．ここでは，改良地盤自体が転倒モーメントを受ける場合の改良体および下部地盤の安定について示す．

　応答値の計算に必要な改良地盤受働側下端回りのモーメント M は図4.6.1の設計外力により(4.6.5)式で評価する．鉛直荷重の合力 $P=(W_1'+W_2')$ の偏心距離 e は(4.6.6)式で評価できる．

$$M = (M_1 + Q_1 \cdot H + P_A \cdot y_A + P_w \cdot y_w + k_h \cdot W_2 \cdot y_2)$$
$$\quad - (W_1' \cdot X_1 + W_2' \cdot X_2 + P_p \cdot y_p + b_2 \cdot \sum \tau_i \cdot h_i) \qquad (4.6.5)$$

$$e = \frac{b_2}{2} - \left(\frac{M}{-P}\right) \qquad (4.6.6)$$

　基礎指針では，偏心荷重を受ける直接基礎の支持力は，局部的に大きな接地圧となることから鉛直荷重に対する検討のほかに，使用限界状態では長期的なクリープを防止するために圧縮側の縁応力度 σ_{max} が降伏支持力以下，損傷限界状態では想定以上の沈下が生じないように圧縮側の縁応力度

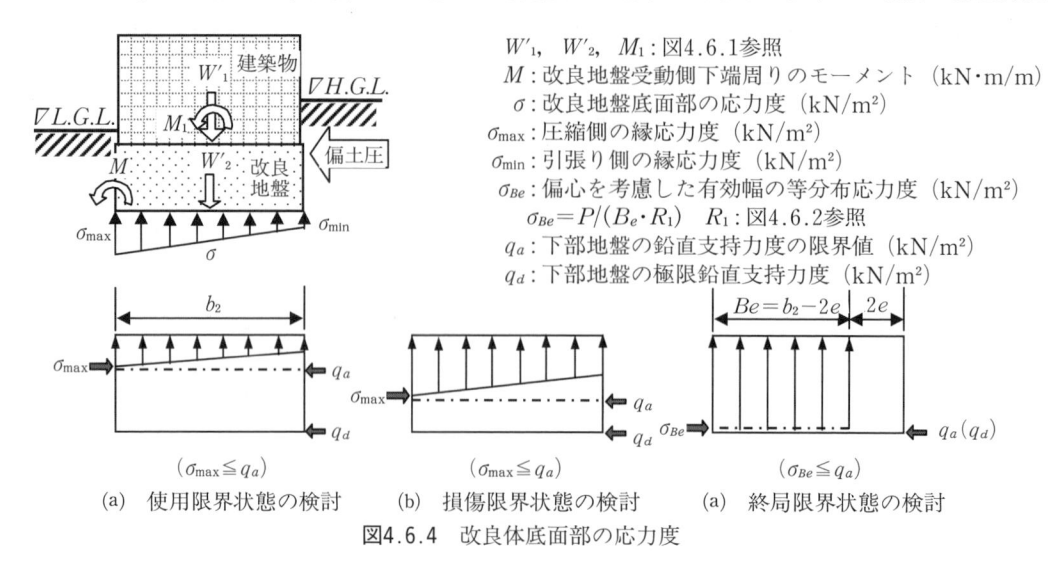

W_1', W_2', M_1：図4.6.1参照
M：改良地盤受働側下端回りのモーメント（kN·m/m）
σ：改良地盤底面部の応力度（kN/m²）
σ_{max}：圧縮側の縁応力度（kN/m²）
σ_{min}：引張り側の縁応力度（kN/m²）
σ_{Be}：偏心を考慮した有効幅の等分布応力度（kN/m²）
$\sigma_{Be} = P/(B_e \cdot R_1)$　　R_1：図4.6.2参照
q_a：下部地盤の鉛直支持力度の限界値（kN/m²）
q_d：下部地盤の極限鉛直支持力度（kN/m²）

(a) 使用限界状態の検討　　(b) 損傷限界状態の検討　　(a) 終局限界状態の検討

図4.6.4　改良体底面部の応力度

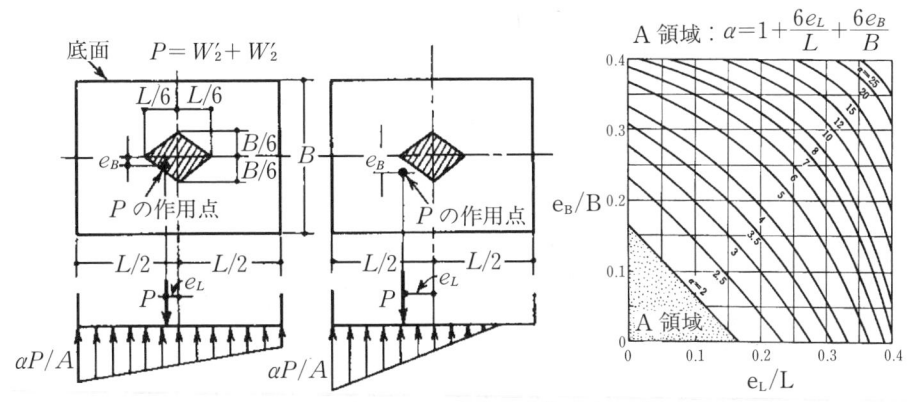

図4.6.5 長方形底面の任意の点に鉛直合力が作用する時の接地圧分布[4.6.7)]

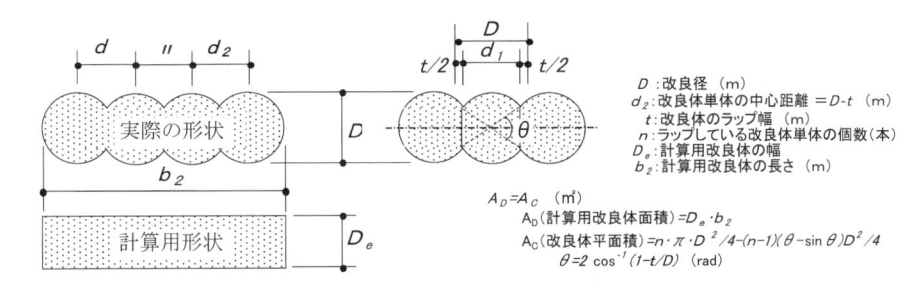

図4.6.6 改良体の計算用形状の変換方法

σ_{max} が極限鉛直支持力度以下であることの確認を提案している[4.6.6)]．許容応力度設計法を採用している文献4.6.2)では，常時，中地震動時および大地震動時の圧縮側の縁応力度 σ_{max} が許容値以下であることを確認する方法を提案している．

本編では，降伏支持力を設定する知見が十分でないことも踏まえ，図4.6.4に示す使用限界状態および損傷限界状態では改良地盤底面部の圧縮側の縁応力度 σ_{max} が，終局限界状態では偏心を考慮した有効幅の等分布応力度 σ_{Be} が，下部地盤の鉛直支持力度の限界値 q_a を上回らないこと．さらに，各限界状態における応答値 σ_{max}, σ_{Be} が，改良体の圧縮応力度の限界値 f_c を上回らないことを確認することとした．

各限界状態における下部地盤の鉛直支持力度の限界値 q_a は4.3節(4)に詳述されている．

圧縮側の縁応力度 σ_{max} の評価は，図4.6.5の長方形の任意の点に鉛直合力が作用した場合の接地圧分布，接地圧係数 α を利用して計算できる．なお，壁状形式，ブロック状形式の改良は，改良体の実形状としては一般的に長方形とはなっていないので，図4.6.6に示すように，長方形の計算用形状に変換して計算する．また，改良地盤奥行き方向は通常は幾何学的に偏心の無い形状となっていることから，$e = e_L$, $e_B = 0$ としてよい．

(4) 改良地盤内からの原地盤の抜出し

壁状形式については，改良体間の原地盤が抜け出さないことが，改良地盤の安定条件となる．

抜出しの検討は，改良地盤に作用する主働土圧，受働土圧，水圧が改良体間の原地盤に直接作用

a．解析断面　　　　　　　　　　b．解析断面直交面

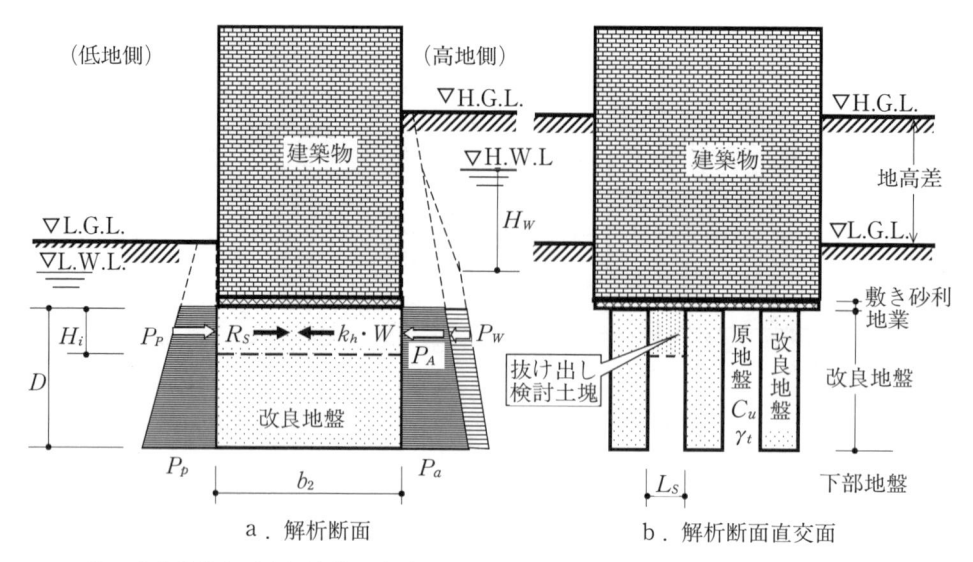

H_i：改良地盤上面より検討土塊断面下端までの深さ (m)
D：改良地盤の深さ (m)
C_u：原地盤の平均せん断強度 (kN/m²)
γ_t：原地盤の単位体積重量 (kN/m³)
γ_w：水の単位体積重量 (kN/m³)
k_h：抜出し土塊に作用する水平震度（滑動時の検討に準ずる）
H_w：主働側（高地側）地下水位と受働側（低地側）地下水位との水位差 (m)
L_s：加力直角方向の改良体間の離れ (m)
p_a：改良地盤に作用する各限界状態における主働土圧 (kN/m²)
P_A：改良地盤上面より深さ H_i までの抜出し土塊に作用する主働土圧の合力 (kN)
p_p：改良地盤に作用する各限界状態における受働土圧 (kN/m²)
P_P：改良地盤上面より深さ H_i までの抜出し土塊に作用する受働土圧の合力 (kN)
P_W：改良地盤上面より H_i の深さまでの水圧差の合力 (kN)
　　　$P_W = \gamma_w \cdot H_w \cdot H_i \cdot L_s$
R_S：抜出し土塊周面の摩擦力 (kN)
　　　$R_S = 2 \cdot (H_i + L_s) \cdot b_2 \cdot C_u$
W：抜出し土塊の重量 (kN)
　　　$W = \gamma_t \cdot H_i \cdot L_s \cdot b_2$
b_2：加力方向の改良地盤の長さ (m)

図4.6.7　抜出しの検討概念図

するものとして図4.6.7の状態を設定して計算する．抜出し土塊に作用する主働および受働土圧合力は，土圧が改良体と未改良地盤に均等に作用するとした実験結果[4.6.3]を受けて，検討する土塊幅 L_s 分を考慮する．

　抜出しの安定は，各限界状態における応答値（抜出し力 S_d）が限界値（抜出し抵抗力 S_r）を上回らないことである．

　抜出し力 S_d は(4.6.7)式で求める．

$$S_d = P_A + P_W + k_h \cdot W \tag{4.6.7}$$

　抜出し抵抗力 S_r を評価する改良地盤内原地盤の極限抜出し抵抗力 S_{ru} は(4.6.8)式で求める．

$$S_{ru} = P_P + R_S \tag{4.6.8}$$

　計算に際しては，抜出し位置の特定ができないため，改良地盤上面より改良地盤の先端深さ位置まで抜出し検討土塊下端を移動させて，検討範囲内のすべてで応答値 S_d が限界値 S_r を上回らないことを確認する．

(5) 地盤全体のすべり

　改良地盤を対象とした地盤全体のすべりの検討には，円弧すべりにおける抵抗モーメントと滑動モーメントとの比で定義した修正フェレニウス法と，円弧すべりにおいて地盤が発揮可能なせん断強さとすべりが発生しないために必要なせん断抵抗力との比で定義した簡易ビショップ法が実務上よく使用されている．文献4.6.8)では，ピーク強度を使用する検討では修正フェレニウス法，簡易ビショップ法を，残留強度を使用する検討では簡易ビショップ法を推奨している．修正フェレニウス法と簡易ビショップ法は，いずれの方法もすべり円弧の中心位置が特定できないことから，すべり円弧の中心位置を移動させて応答値と限界値を比較する必要があるので，パソコンを利用すると便利である．

　修正フェレニウス法は，簡易ビショップ法に比して比較的簡便で安全側の評価結果となることから，地盤すべりの検討でよく採用されている．以下，修正フェレニウス法で解説する．

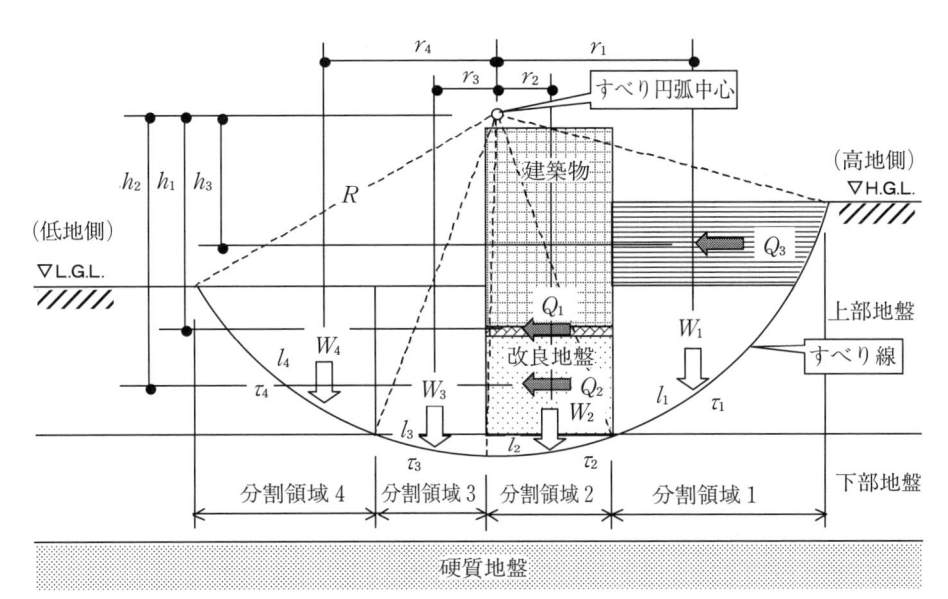

R：すべり円弧半径（m）
l_1, l_2, l_3, l_4：各分割すべり線の長さ（m）
$\tau_1, \tau_2, \tau_3, \tau_4$：各分割領域のすべり線上の平均地盤せん断強さ（kN/m²）
r_1, r_2, r_3, r_4：鉛直荷重作用点と円弧中心との水平距離（m）
h_1, h_2, h_3：水平荷重作用点と円弧中心との鉛直距離（m）
W_1, W_2, W_3, W_4：各分割領域のすべり線上に作用する地盤鉛直荷重（kN/m）
Q_1：偏土圧により建築物に作用する水平力と建築物の地震時慣性力（kN/m）
Q_2：すべり線内に位置する改良地盤の地震時慣性力（kN/m）
Q_3：低地側 GL 面より上ですべり線で囲まれる土塊の地震時慣性力（kN/m）

図4.6.8　改良地盤を含む円弧すべりの説明

地盤全体のすべりには改良地盤も含む地盤全体のすべりと，改良地盤を横切る地盤全体のすべりがある．改良地盤を含む地盤全体のすべりの検討では，改良体の自重が必要となるものの，改良体自体のせん断強度は不要である．

改良地盤も含む地盤全体すべりの安定は，図4.6.8に例示した円弧すべりに対して，各限界状態における応答値（滑動モーメント M_d）が限界値（抵抗モーメント M_r）を上回らないことである．

滑動モーメント M_d は(4.6.9)式で求める．

$$M_d = r_1 \cdot W_1 + r_2 \cdot W_2 + r_3 \cdot W_3 + r_4 \cdot W_4 + h_1 \cdot Q_1 + h_2 \cdot Q_2 + h_3 \cdot Q_3 \tag{4.6.9}$$

すべり線上の地盤鉛直荷重の評価に使用する建築物の鉛直荷重には水平力の影響を考慮しない荷重を用いる．

Q_1，Q_2，Q_3 は検討する限界状態に応じて考慮すべき水平力で，使用限界状態の検討では Q_1 のみが，損傷限界状態，終局限界状態の検討では Q_1，Q_2，Q_3 が対象となる．

Q_2，Q_3 は斜面の安定計算の考えを適用したもので，検討地盤面と建築物および改良地盤の高さ方向の配置により評価する．

Q_2 は，地盤面が傾斜しており斜面下の低地側 GL 面より上の地盤内に改良地盤が位置する場合に考慮する水平力で，検討すべり線内に位置する改良地盤の地震時慣性力で評価される．図4.6.8の場合は，低地側 GL 面より改良地盤が下に位置するため考慮しなくてもよいが，斜面となって低地側 GL 面が改良地盤上面より低い場合には考慮することになる．

抵抗モーメント M_r を評価する円弧すべりの極限抵抗モーメント M_{ru} は(4.6.10)式で求める．

$$M_{ru} = R(l_1 \cdot \tau_1 + l_2 \cdot \tau_2 + l_3 \cdot \tau_3 + l_4 \cdot \tau_4) \tag{4.6.10}$$

すべり線が改良地盤を横切る地盤全体のすべりの検討は，改良地盤を横切る位置の地盤強度を改良地盤の強度に置き換えることで検討できる．

改良地盤の強度は，各限界状態の荷重に対して，改良体のピーク強度を改良地盤の強度として使用するが，改良体の破壊も予想される大地震時の後でも，改良地盤が使用限界状態の荷重に対して支持力確保できることを必要としていることから，使用限界状態の荷重についてのみ，改良体の残留強度を使用するすべり安定性の検討も合わせて行う．図4.6.9に解析用強度定数の設定法を示した．なお，改良地盤周辺の地盤強度は，支持力問題と考えると改良地盤の形状を考慮するとした考え方もあるが，本編では，二次元のすべり問題として考慮していない．

また，改良地盤自体はブロック状形式，壁状形式，杭形式のいずれかとなっており，壁状形式の一部や杭形式については，解析断面直交方向（奥行き方向）に改良体が断続的に配置されている．円弧すべり法は二次元の解析であるため，解析断面直交方向に改良体が断続的に配置されている場合は，改良体と地盤が複合された改良地盤としての平均せん断強さおよび平均単位体積重量を評価しなければならない．図4.6.10に，改良地盤の平均せん断強さおよび平均単位体積重量の評価方法を示した．

図4.6.8のような単純な地層条件とはならない場合，地下水条件を考慮する場合，あるいは掘削法面が複雑で検討断面が複雑な場合には，分割法によって検討できる．

分割法は掘削法面形状と地盤構成を考慮してすべり円弧内の検討土塊を複数の土塊に分割して検

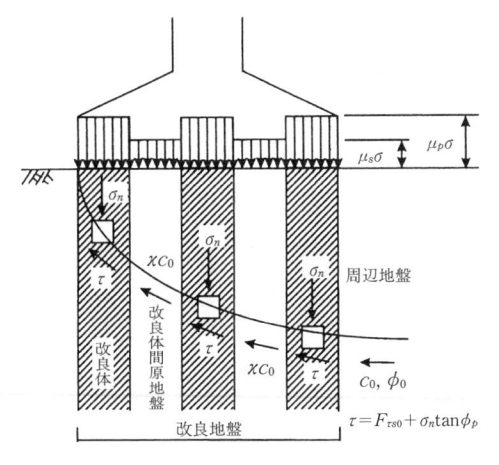

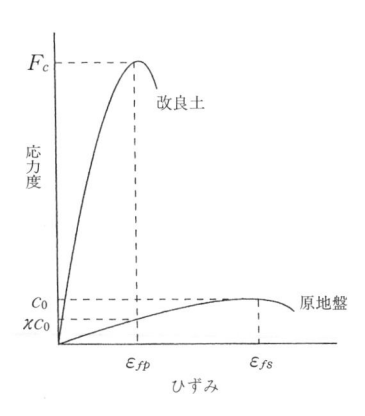

すべり面におけるせん断抵抗力

a）改良地盤の c, ϕ の設定
$c = a_p \cdot F_{\tau s0} + \chi(1-a_p)c_0$
$\phi = \tan^{-1}\{a_p \cdot \mu_p \cdot \tan\phi_p + (1-a_p)\mu_s \cdot \tan\phi_0\}$

b）周辺地盤の c, ϕ の設定
$c = c_0$
$\phi = \phi_0$

τ：改良体のせん断強さ（kN/m²）　$\tau = F_{\tau s0} + \sigma_n \cdot \tan\phi_p$
σ_n：改良体に作用する鉛直応力（kN/m²）
a_p：改良率
$F_{\tau s0}$：垂直応力（σ_n）が発生しない状態における改良体のせん断強度（kN/m²）
ϕ_p：改良体の内部摩擦角
c_0：原地盤の粘着力（kN/m²）
ϕ_0：原地盤の内部摩擦角
χ：改良体の破壊ひずみ ε_{fp} と原地盤破壊ひずみ ε_{fs} のひずみ差による低減係数
　　で $\chi = \varepsilon_{fp}/\varepsilon_{fs}$ とする
μ_p：改良体の応力集中係数　$= n/\{1+(n-1)a_p\}$
μ_s：原地盤の応力低減係数　$= 1/\{1+(n-1)a_p\}$
n：応力分担比　（4.3.2式参照）

c）改良体のピーク強度を使用する検討
$F_{\tau s0} = 0.31 \cdot F_c$ [4.6.8]
F_c：一軸圧縮強さ（kN/m²）
ϕ_p：砂；28.9°　シルト；31.5°　シラス；26.4°　ローム；29.6°
腐植土；31.3°（図4.2.14参照）
χ：$\varepsilon_{fp} = 0.5\%$, $\varepsilon_{fs} = 3\%$ とすると $\chi = \varepsilon_{fp}/\varepsilon_{fs} = 1/6$　（例）[4.6.8]

d）改良体の残留強度を使用する検討
$F_{\tau s0} = 0$（4.2節　3.(2) h. 参照）
ϕ_p：$\phi_p = \phi_R = 37°$（4.2節　3.(2) h. 参照）
$\chi = \varepsilon_{fp}/\varepsilon_{fs} = 1$ とする
n：3〜5程度[4.6.8]

図4.6.9　解析用強度定数の設定

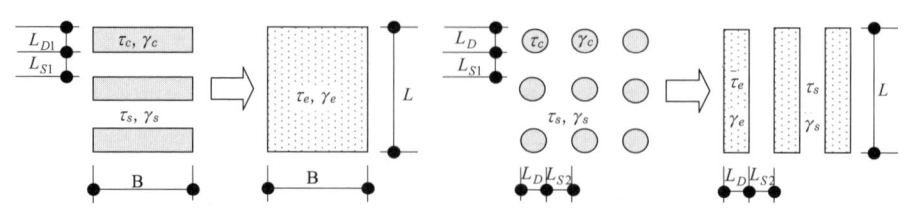

a．解析断面に平行に配置された壁状形式 　　　　b．杭形式

$$\tau_e = \frac{\tau_c \cdot L_{D1} + \tau_S \cdot L_{S1}}{L_{D1} + L_{S1}} \qquad \tau_e = \frac{0.785 \cdot \tau_c \cdot L_D^2 + \tau_S \cdot L_D^2(0.215 + L_{S1}/L_D)}{L_D + L_{S1}}$$

$$\gamma_e = \frac{\gamma_c \cdot L_{D1} + \gamma_S \cdot L_{S1}}{L_{D1} + L_{S1}} \qquad \gamma_e = \frac{0.785 \cdot \gamma_c \cdot L_D^2 + \gamma_S \cdot L_D^2(0.215 + L_{S1}/L_D)}{L_D + L_{S1}}$$

τ_e：検討用せん断強さ （kN/m²）
τ_c：改良体せん断強さ （kN/m²）
τ_S：原地盤せん断強さ （kN/m²）
　　　$\tau_S = C_0 + \sigma v \cdot \tan\phi$
　　　C_0：原地盤の粘着力 （kN/m²）
　　　σv：原地盤に作用する鉛直応力度 （kN/m²）
　　　ϕ：原地盤の内部摩擦角 （°）
γ_e：検討用単位体積重量 （kN/m³）
γ_c：改良体単位体積重量 （kN/m³）
γ_S：原地盤単位体積重量 （kN/m³）
L：検討用改良地盤の奥行き方向の長さ （m）
B：検討用改良地盤の幅 （m）
L_D：杭形式改良体の改良径 （m）
L_{D1}：奥行き方向の壁状形式改良体の改良幅 （m）
L_{S1}：奥行き方向の壁状形式または杭形式改良体間の離れ （m）
L_{S2}：解析断面内の杭形式改良体間の離れ （m）

図4.6.10　改良形式と検討用せん断強さおよび単位体積重量

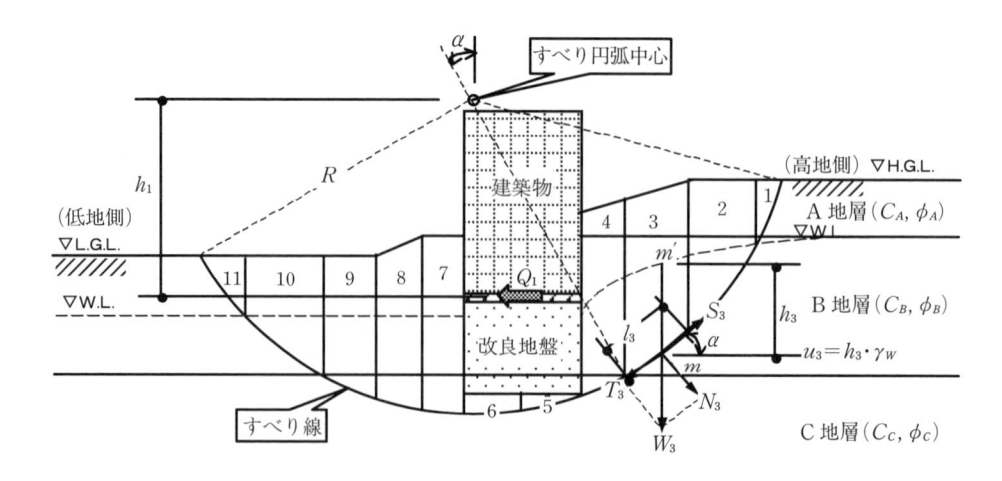

図4.6.11　分割法の説明図

討する方法である．地震が作用しない場合の分割法の説明を図4.6.11に示した．すべり円弧上の長さ l で分割された土塊片の底面は同一の地盤強度定数 c, ϕ を持つ地層に面しているとする．例えば，図4.6.11に示す区分3を形成する土塊重量 W_3 は，分割土塊片のすべり円弧上での長さ l_3 のほぼ中心を通る．この土塊重量 W_3 をすべり線の接線方向の力 T_3, 法線方向の力 N_3 に分解すると接線方向の力 T_3 はすべり円弧中心に対する滑動モーメント $\Delta M_{d3} = R \cdot T_3$ を生ずる．また法線方向の力 N_3 はすべり円弧に垂直に働くのでこの力に $\tan\phi_3$ ($\phi_3 = \phi_B$) を乗じて評価される摩擦力と，すべり円弧に沿って働く粘着力 $c_3 l_3$ ($c_3 = c_B$) を加えた力が $S = \tau \cdot l = c \cdot l + N \cdot \tan\phi$ で表現されるすべり抵抗力 S_3 で，すべり円弧中心に対する抵抗モーメント $\Delta M_{r3} = R \cdot S_3$ を生ずる．各分割土塊片について滑動モーメント ΔM_{di} と抵抗モーメント ΔM_{ri} を求め，それらを加算すれば，土塊全体のすべり中心に関する滑動モーメント M_d は(4.6.11)式で，極限抵抗モーメント M_{ru} は(4.6.12)式で求まる．

$$M_d = \sum \Delta M_{di} + Q_1 \cdot h_1 = R \cdot \sum T_i + Q_1 \cdot h_1 = R \cdot \sum W_i \cdot \sin\alpha + Q_1 \cdot h_1 \qquad (4.6.11)$$

$$M_{ru} = \sum \Delta M_{ri} = R \cdot \sum (N_i \cdot \tan\phi_i + c_i \cdot l_i) = R \cdot \sum (W_i \cdot \cos\alpha \cdot \tan\phi_i + c_i \cdot l_i) \qquad (4.6.12)$$

改良地盤や，建築物が位置する分割片の土塊重量には，改良地盤や，建築物重量を加算する必要がある．このような場合，土塊片内のそれぞれの境界位置で異なる単位体積重量を設定した仮想地盤解析モデルとすることで容易に対応できる．

地盤内に地下水がある場合，各分割土塊片の底面には土塊重量 W のほかに間隙水圧 u が作用する．この間隙水圧 u は法線方向の有効力 N を減じ，有効力 N' となる．すべり円弧に働くすべり抵抗力 S は $S = \tau \cdot l = c \cdot l + N' \cdot \tan\phi = c \cdot l + (N - u \cdot l) \cdot \tan\phi$ で評価できるが，すべり円弧の水平面に対する角度が大きい場合は S が負になることもあるため，修正フェレニウス法ではすべり抵抗力 S を有効応力表示とした $S = \tau \cdot l = c' \cdot l + N' \cdot \tan\phi' = c' \cdot l + W' \cdot \cos\alpha \cdot \tan\phi'$ と考える．ただし，W' は地盤鉛直有効荷重である．

土の粘着力 c', 内部摩擦角 ϕ' は地下水の存在によらず c, ϕ と考えてよい．

参考文献

4.6.1) 日本建築学会：建築基礎構造設計指針，pp.25〜26，2001.10
4.6.2) 日本建築センター：改訂版 建築物のための改良地盤の設計および品質管理指針—セメント系固化材を用いた深層・浅層混合処理工法—，pp.101〜105，2002.11
4.6.3) 北詰昌樹：壁式改良地盤の滑動破壊に関する遠心模型実験，セメント系安定処理土に関するシンポジウム，pp.171-178，1996
4.6.4) 三宅達夫・赤本弘文・網干寿夫：深層混合処理工法による杭状改良地盤の着底部のスベリ抵抗力，第23回土質工学研究発表会，pp.2289〜2292，1988.6
4.6.5) 土木研究センター：陸上工事における深層混合処理工法設計・施工マニュアル，pp.104，1999.6
4.6.6) 日本建築学会：建築基礎構造設計指針，pp.103，pp.110〜111，pp.167〜169，2001.10
4.6.7) 日本建築学会：建築基礎構造設計指針（1988改訂），pp.189，1988.1
4.6.8) 日本建築センター：改訂版 建築物のための改良地盤の設計および品質管理指針—セメント系固化材を用いた深層・浅層混合処理工法—，pp.108〜111，2002.11

4.7節　液状化対策

> 液状化対策として深層混合処理工法を適用する場合は，構造計画上の留意点を考慮し，工法の特長を十分発揮できるよう計画・設計する．

(1) 深層混合処理工法による液状化対策方法の特長

　液状化対策方法の選定にあたっては，主として二つの考え方がある．地盤の液状化の発生を防止する方法と地盤の液状化が発生しても構造物の安全性を確保する方法[4.7.1)]であり，建築計画上の留意点を考慮して選択する．地盤改良による液状化対策には，図4.7.1[4.7.2)]に示すようにさまざまな施工法が開発され，利用されている．

　液状化対策における深層混合処理工法は，改良体の透水性が低い，せん断強さが大きいおよび改良土そのものが液状化しないという特性を生かして構造物の支持性能と液状化防止性能とを併せ持つ改良地盤として利用され，以下のような特長がある[4.7.3)]．

　ⅰ）改良土は液状化しないので，液状化対策での想定地震動が大きい場合でも利用できる．乾燥砂に重量比で5％のセメントを添加した改良土は余裕を持って液状化しない材料になり，一軸圧縮強さで50～100kN/m²が液状化しない目安値になる[4.7.4)]．事前混合処理工法のデータで液状化しない改良土の強度の下限値として，一軸圧縮強さ q_u で100kN/m²が報告されている[4.7.3)]．通常の建設工事では改良土の q_u は1 000kN/m²以上のことが多く液状化抵抗比が大きいため，改良土自身の液状化

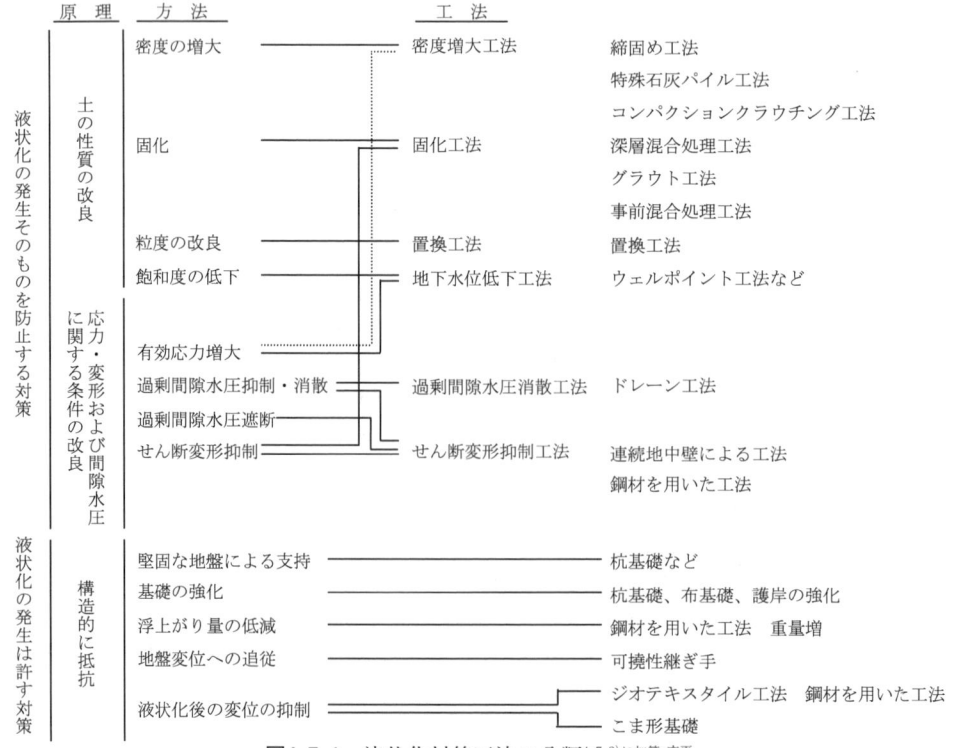

図4.7.1　液状化対策工法の分類[4.7.2)]に加筆・変更

を問題にすることはあまり無い．

　ⅱ）従来は液状化対策をしなかった細粒分が多い地盤の液状化対策を行う必要がある場合に利用できる．

　ⅲ）改良土のせん断剛性および減衰定数のひずみ依存性はせん断ひずみが10^{-4}付近から影響が現れると報告されている[4.7.5)~4.7.9)]が，せん断強さおよびせん断剛性が原地盤に比べて著しく大きいので，液状化対策として改良地盤を設計する場合，地震動による地盤のひずみ依存性を考慮するにあたり，改良体については考慮しないことが多いが，発生するひずみ量に注意する必要がある．

(2) 液状化対策に有効な改良地盤の改良形式

　改良地盤の改良形式（表2.3.1）は，改良地盤の要求性能（4.1節に詳述）に応じて，建築物の構造形式，杭基礎や直接基礎など基礎構造の形式および改良体の強度と関連して設定される．

　埋立て地盤全体のように広い面積を有する地盤全体の液状化対策には，高い強度を有する改良地盤の造成を特長とする深層混合処理工法による液状化対策は適していない．締固め工法あるいは前述の事前混合処理工法が適している．深層混合処理工法は，液状化対策が必要な構造物のみを対象とした狭い範囲の改良で構造物の安定を確保する使用方法に適している．深層混合処理工法では，高い強度の改良体をラップ配置施工により力学的に連続体と扱える改良地盤を造成する施工法の特長を生かして，複雑な構造を持つ改良地盤を造成して改良体積を減少させ，経済性の高い施工を可能にする設計が可能である．その点から，利用される改良形式は，軟弱粘性土地盤での支持力対策を対象とした改良形式と同じであり，表2.3.1に示された改良形式が利用されている．

　液状化対策に有効な改良形式について，杭・壁状・格子状の改良地盤と無改良の地盤とで液状化抑止能力を統一的に調査した実験的研究がなされ[4.7.10)]，以下の考察により最も有効な改良形式として，ラップ配置格子状形式改良を選んでいる．

　①改良率が等しい場合，次の順序で液状化抑止効果が発揮される．格子状形式＞長壁状形式＞杭形式・短壁状形式．これは，改良体が改良地盤内の原地盤部分の振動によるせん断変形を拘束できる順番である．

　②杭形式改良では，杭形式改良体のロッキングを拘束すれば，液状化抑止能力は向上する．ロッキングを拘束できないと，抑止能力は極端に低下する．

　深層混合処理工法を用いた液状化対策で利用されている改良形式の大部分は，ラップ配置格子状形式改良およびラップ配置ブロック状形式である．ラップ配置格子状形式改良を基本の構成要素としない改良形式は，液状化対策には効果がないとしている文献もある[4.7.10)~4.7.11)]．本編では，推奨する改良形式としてラップ配置ブロック状形式およびラップ配置格子状形式の改良を選び，以下では，特に記述しない限り，この2形式に絞って解説する．

(3) 設計上の特徴

　改良地盤を直接基礎の液状化対策に適用する場合，液状化により不足する原地盤の支持力・抵抗力を補強し，杭基礎の場合はその水平抵抗力のうち主として原地盤が負担する部分を補強する．

　以下では改良地盤が，比較的堅固な液状化しない土層に支持されている場合を想定している．設計上考慮すべき特徴は，側方地盤が液状化することによる改良地盤への外力（地震力および側圧）

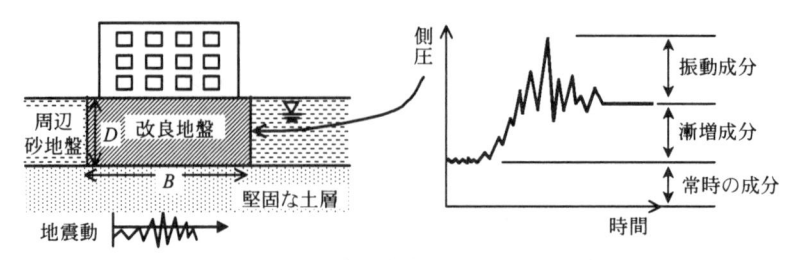

図4.7.2　液状化時の改良地盤への側圧模式図

に対する影響である．周辺地盤の間隙水圧が上昇するにつれ，周辺砂地盤のせん断剛性は低下してゼロに近づき，改良地盤は，滑動などの不安定化が生じない限り，支持地盤からの地震動伝播をそのまま受ける．図4.7.2は，周辺地盤からブロック状形式または格子状形式改良地盤の側面に作用している側圧が，液状化していない状態の値から液状化状態の値へと変化する様子の模式図であり，図中の振動成分および漸増成分が液状化状態での側圧の特徴である．この改良形式の場合，改良地盤のアスペクト比B/D（平面方向長さB/深さ方向改良厚さD）は1を超える範囲で利用されることが多いため，支持地盤から改良地盤に伝達される地震動，周辺地盤からの動的側圧および上部建築物の動的応答に対して，改良地盤の持つ高いせん断剛性により改良地盤のせん断変形（改良地盤天端の水平変位）は微少量に抑えられ，その動的挙動が支持地盤に伝達される．そのため，一般的にはこの形式の改良地盤は，杭形式改良地盤よりも，改良地盤に作用する慣性力および動的側圧は大きい．

1）改良地盤に作用する側圧

改良地盤に作用する液状化時の側圧は，図4.7.2に示すように間隙水圧の上昇と有効土圧の減少に振動現象が加わり，

$$\text{全側圧} = \text{常時成分} + \text{漸増成分}（pe）+ \text{振動成分}（pdw） \tag{4.7.1}$$

として表現される[4.7.12]．液状化に伴う側圧の漸増成分（第i層底面の側圧の漸増成分pe_i）として以下の計算式が提案されている[4.7.2]．

$$pe_i = \{(1-K_i)\cdot(\sum\gamma_i \cdot h_i)\}\cdot Ru_i \tag{4.7.2}$$

ここに，pe_i：第i層底面の側圧の漸増成分，K_i：第i層の土圧係数，h_i：第i層の層厚，Ru_i：第i層の過剰間隙水圧比，γ_i：第i層の土の単位体積重量（水位以浅は湿潤単位体積重量，水位以深は水中単位体積重量）．

また，側圧の振動成分（第i層の側圧の振動成分pdw_i）として以下の式が提案されている[4.7.2]．

$$pdw_i = \pm\frac{7}{8}\cdot(\gamma w + Ru_i \cdot \gamma_i)\cdot k_h \cdot (h_i \cdot z)^{1/2} \tag{4.7.3}$$

ここに，pdw_i：第i層の側圧の振動成分，γw：水の単位体積重量，k_h：改良体の設計水平震度，h_i：液状化層厚，z：動水圧を計算する点の水位面からの深さ，その他の記号は(4.7.2)式と同じ．

a．液状化時の側圧の漸増成分

液状化地盤中の改良地盤は泥水中の剛体のような側圧を受けることが研究により判っている．ラップ配置格子状形式改良地盤の遠心模型振動実験（遠心場100g）により，加振終了直後に面外改

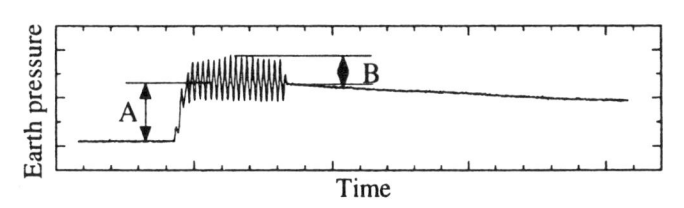

図4.7.3 液状化時側圧の成分評価実験（側圧成分 A および B）[4.7.12]

良壁に作用する側圧の漸増成分 pe は，液状化層の土の単位体積重量を密度とする静的液圧で評価できると報告されている[4.7.13]．図4.7.3は，重力式護岸のレベル2地震時（大地震動時）変形性能の研究として護岸に作用する側圧に関する遠心模型振動実験結果である[4.7.12]．それによると，護岸模型が滑動しないようにした場合，(4.7.1)式で表現されるように背後地盤が液状化に至るまでの護岸の側圧増分を振動成分 B と漸増成分 A に分けられること，漸増成分 A は(4.7.2)式で過剰間隙水圧比 $Ru=1$ として，振動成分 B は飽和土の単位体積重量を用いた(4.7.3)式で評価できるとしている．上記の3式の妥当性は模型振動実験[4.7.13),4.7.14]，遠心模型振動実験[4.7.15]，FEM地震応答解析[4.7.14),4.7.16]などの研究により報告されている．液状化状態の地盤の有効土圧に関しては，過剰間隙水圧が発生する際の有効応力成分での土圧係数（$\sigma hs'/\sigma vs'$）はほぼ一定であり，平均0.5であるとの実験[4.7.17]がある．

b．液状化時の側圧の振動成分

液状化した地盤中の改良体に作用する側圧の振動成分（半振幅 pdw）を評価する実験がなされ，振動成分の評価方法には，Westergaard の動水圧の拡張式(4.7.3)式が適用できるとしている[4.7.15)~4.7.19]．外力の振動成分としてはこのほかに慣性力があり両者の位相関係は設計的には重要である．実験結果[4.7.19),4.7.20]から，改良体に作用する側圧の振動成分は，改良体に作用する慣性力の方向（改良体が変位した方向）の前面において減少し，背面において増加するよう作用させる，としている．

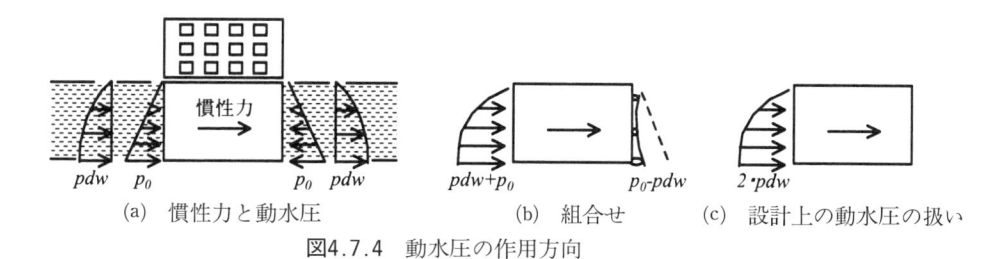

(a) 慣性力と動水圧　(b) 組合せ　(c) 設計上の動水圧の扱い

図4.7.4 動水圧の作用方向

以上より(4.7.1)式の振動成分は Westergaard の動水圧公式で評価できるとして，図4.7.4に設計上の扱いを示す．図中の p_0 は側圧の振動成分以外の成分で左右で打ち消し合う．その結果，振動成分の pdw が残り，改良地盤に作用する水平慣性力と同位相で，改良地盤の両側面に側圧増加と側圧減少が同時に作用するとし，同方向に振動成分の2倍を作用させるのと等価となる扱いとする[4.7.15),4.7.16]．

2）改良地盤に作用する地震力

改良地盤に作用する地震力は，改良地盤が着底している地盤および側方地盤と改良地盤との相互作用で決まる．地震動は水平動と上下動の合成した震動であるが，改良地盤の設計では通常は水平動のみを対象にする．改良地盤に作用する地震動による水平力は，慣性力による震度法を用いて表現される．

改良体の一軸圧縮強さq_uは3 000～5 000kN/m^2，せん断波伝播速度V_sは600～800m/sec[4.7.66),4.7.67)]程度である．直接基礎の液状化対策に利用される場合，ラップ配置されたブロック状形式ならば改良地盤のV_sは改良体のV_sのままであり，ラップ配置された格子状形式ならば改良地盤の改良率に応じてブロック状形式よりも低減されたV_sとなる．改良地盤の支持地盤のN値は20～30（V_sが200～300m/sec）程度，工学的基盤はV_sが400m/sec程度以上とされており，ブロック状形式改良地盤は側方の周辺地盤より，また改良地盤の下の支持地盤（図4.7.2）よりもせん断強さおよびV_sが大きいことが多い．格子状形式改良地盤の場合は側方周辺地盤よりは改良地盤の平均V_sは大きいといえるが，支持地盤との比較は，改良率に応じて決まると考えられる．

側方周辺原地盤は液状化によりせん断剛性が低下するので，側方地盤から改良地盤への地震動は伝達しにくくなる．改良体は液状化しない比較的堅固な支持土層に根入れする形で施工されるため，模式的には支持層上端付近の地震動が改良地盤下端に直接的に伝達される．支持層から改良地盤に伝達された地震動は改良地盤の剛性や形状などで決まる動的特性に従って変化し，上部建築物に伝達される．上部建築物は自身の動的特性に従って振動し，改良地盤にも影響を及ぼす．

 a．地震応答解析および模型振動実験による地震力の検討

埋立地に建設される火力発電所建屋をラップ配置ブロック状形式改良地盤で液状化対策した想定モデルで，建物が「保有耐力が必要な場合」の検討として東京都レベル2相当模擬地震波（GL-19.5mに入射）により二次元FEM動的有効応力解析コードによる地震応答解析を実施し，改良地盤（GL-12.5mまで改良）および建屋の地震時挙動と安全性および提案している設計法との対応性が検討されている[4.7.16)]．その中で複数の地震応答解析の結果として，改良地盤の最大応答加速度299cm/sec^{2}から改良地盤の水平地震力を計算する水平震度0.3を提案している．この水平震度および上部構造のベースシヤー係数0.65を用いて静的設計をし，地震応答解析の結果を包含した結果になることを確認している．

上述のモデルにおいて改良地盤に部分的に未改良原地盤を残し，改良体積を20％減少させたラップ配置格子状形式改良地盤のモデルにより，三次元FEM動的有効応力解析コードによる地震応答解析（入力地震動＝臨海1992，最大加速度2.3cm/sec^2，GL-19.5m）およびその結果を整理して同一モデルで三次元FEM静的震度解析を実施した[4.7.21)]報告によると，地震応答解析で改良地盤のせん断応力が最大の時刻（改良地盤の水平応答加速度最大値時刻近傍）のシミュレーションとして，改良地盤および原地盤の水平震度0.3，上部構造のベースシヤー係数0.65で静的震度解析による内部応力のシミュレーションを実施し良い結果を得ている．

(4.7.4)式および(4.7.5)式は，海上工事の深層混合処理工法で，震度法による耐震設計で用いる改良地盤の水平震度の設定方法である[4.7.22)]．地震応答解析により求めた改良体の最大応答加速度から設計水平震度を設定するとし，適用範囲を液状化対策に限定していない．改良地盤が液状化しな

$k_h = \gamma_d \cdot k_{h0}$
ここに，k_h：改良地盤の慣性力用水平震度，
$\gamma_d = 1 - 0.015z$，z：震度（m）≤ 20m，
k_{h0}：自由地表面で与えられる設計水平震度

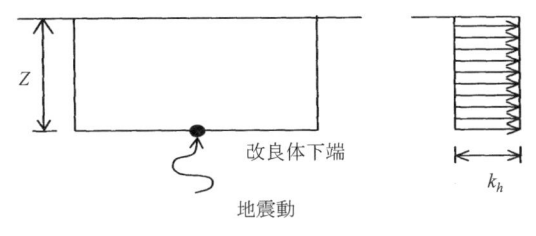

（改良体）　　　　　　　　（設計水平震度の分布）

図4.7.5　設計用地震力の設定方法[4.7.22]に加筆変更

い堅固な支持層に着底している場合，改良地盤の設計震度は支持層上端付近の設計震度に等しいとしている．比較的堅固な支持層に着底していない場合（浮き型）あるいは着底している支持地盤が緩いもしくは砂と粘土の互層の場合は地震応答解析（二次元 FEM の FLUSH など）で求めた改良体の最大応答加速度（a_{max}）を基に決めるのが望ましい，としている．

$$k_h = a_{max}/g \qquad (a_{max} \leq 200\text{cm/sec}^2) \qquad (4.7.4)$$

$$k_h = \frac{(a_{max}/g)^{1/3}}{3} \qquad (a_{max} > 200\text{cm/sec}^2) \qquad (4.7.5)$$

ここに，k_h：改良地盤の設計水平震度，a_{max}：改良体の最大応答加速度（m/sec^2），g：重力の加速度（9.8m/sec^2）．

また，図4.7.5は改良地盤の設計震度に改良地盤の支持地盤上端の水平設計震度 k_h を用いる方法[4.7.21]を示している．図中の γ_d は，液状化判定で地盤内各深さの動的せん断応力を求める方法に使用されていて，その適用方法から深度 z は20m以下と考えられる．改良地盤内での地震動の増幅はないとしている．改良地盤に作用する土圧・水圧の算定用慣性力の設定は自由地盤地表面で与えられる設計水平震度（k_{h0}）を用いる．

改良地盤の水平震度の設定にあたっては，FEM 地震応答解析などを利用することが望ましい．事例を参考に設定する場合は，適用条件を十分確認することが必要である．

b．実施事例での慣性力の設計値

火力発電所タービン建屋の液状化対策の事例[4.7.23]では，ラップ配置されたブロック状形式改良地盤が採用されている．改良地盤の設計検討では，許容応力度法が用いられ，改良地盤の水平震度は「保有耐力レベル」に0.3が用いられている．

また，河川堤防基礎地盤の液状化対策にラップ配置された格子状形式改良地盤を採用した[4.7.24]事例も報告されている．設計は文献4.7.25)に準じて行われ，改良地盤の諸元は，幅11.4m，延長60m，格子内寸3m×3m，壁厚2m，深さ約14.4m，改良体の平均一軸圧縮強さ q_u は420kN/m^{2}である．設計は許容応力度法で，原地盤および改良地盤の水平震度は0.15である．

(4) ラップ配置されたブロック状形式改良地盤の設計

図4.7.6はラップ配置されたブロック状形式改良地盤の模式図である．ほかの改良形式に比較して

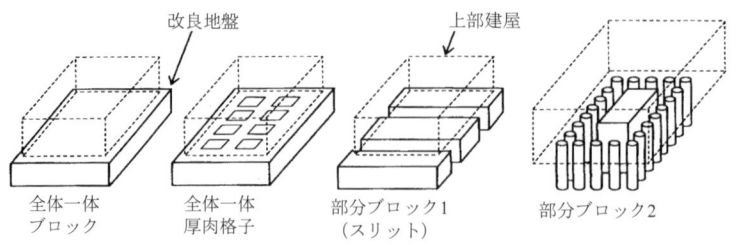

図4.7.6　ブロック状形式改良地盤の概念図

液状化対策効果は非常に大きいが改良土の体積が多くなるので，利用されるのはエネルギー施設や大型医療施設などの重要建築物の液状化対策のような，特定の条件がある場合に限られる．ブロック状形式で利用される場合，①全体一体ブロック状形式，②部分ブロック状形式がある．

改良地盤の設計手順は，4.1節に示された改良地盤の設計手順に従うものとする．周辺原地盤の液状化に伴う，改良地盤への側圧および改良地盤への地震力の設定に関しては，本節の解説(3)を参照されたい．

1）全体一体のラップ配置されたブロック状形式改良地盤の設計

液状化対策に用いる全体一体のラップ配置されたブロック状形式改良地盤の設計は，4.1節の図4.1.1に準ずる．この改良形式は，直接基礎を有する構造物の基礎底面全体を一体のブロックで支持することで，液状化しない支持地盤を構築して構造物の安定性を確保する形式である．改良地盤全体が一体挙動することを設計の前提としているので，建築面積が広く，局所的変形・変位を極力抑えるためのコンクリートマット状の基礎スラブを有し，基礎スラブの接地圧も数百 kN/m^2 ぐらいの重量がある大型火力発電所タービン建屋のような，一体型の建築物に適用されている[4.7.26]．留意事項としては，全体一体ブロック状形式改良地盤での液状化時の側圧・地震力・接地圧・応力集中など

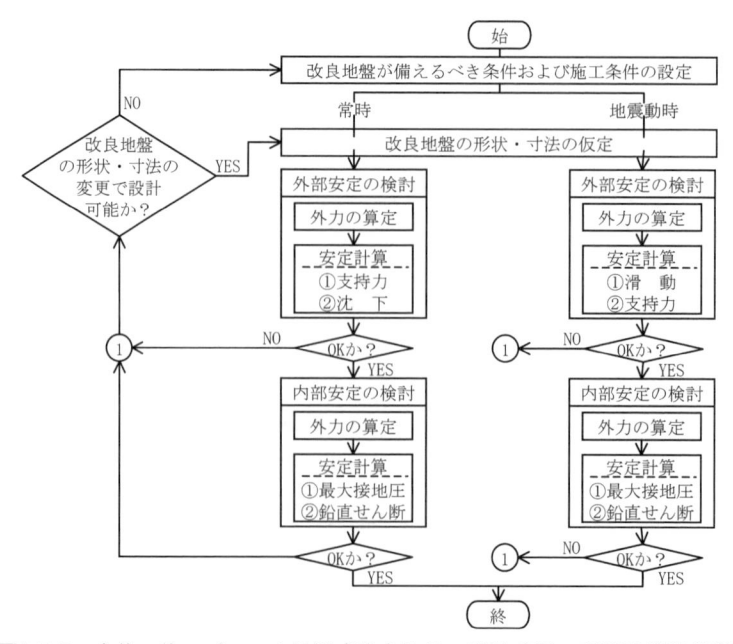

図4.7.7　全体一体のブロック状形式改良地盤の設計手順の事例[4.7.29]を加筆・変更

であり，これらに関して一連の研究[4.7.26)～4.7.28)]が，設計法の研究[4.7.29)]とともに実施されている．図4.7.7は火力発電所の液状化対策に実施された全体一体のブロック状形式改良地盤の設計手順およびその中の安定性検討の内容である．ブロック状形式改良地盤を，周辺地盤よりも剛性の高い一つの土塊と見做し，土圧・水圧・接地圧および慣性力を外力として，改良体の応力の照査（内部安定）および周辺地盤の応力の照査（外部安定）をし，要求性能を満たしているかどうかを判定している．また，改良地盤の規模およびアスペクト比が大きい場合の留意事項である応力集中[4.7.27),4.7.28)]について検討がなされている．

2）ラップ配置された部分ブロック状形式改良地盤による液状化対策の設計

ラップ配置された部分ブロック状形式改良地盤は，直接基礎を有する構造物の基礎底面を複数の小さな全体一体のラップ配置されたブロック状形式改良地盤で支持し，地盤の液状化時における構造物の安定性を確保する改良形式である．小ブロック状形式改良地盤間に未改良原地盤を残し，改良体積総量の減少を狙いとしている．液状化対策以外では，直接基礎を有する構造物に用いられる改良形式として，こちらの方が多く用いられている．

個々のブロック状形式改良地盤の設計は，4.1節の図4.1.1に準拠する．設計上の主な留意点は，構造的には一体である一つの上部構造物を複数のブロック状形式改良地盤で支持するため，すべてのブロック状形式改良地盤は同一の変位挙動をするという前提が置かれていることである．直接基礎の形式によっては，この前提が改良地盤および直接基礎の設計上に影響を持つことがある．

全体一体ブロック状形式改良地盤の改良体積を20％削減する狙いで，図4.7.6のスリット型部分ブロック状形式改良地盤が火力発電所タービン建屋を上部構造にもつ基礎の改良地盤として施工された事例の報告がある．詳細は文献[4.7.30),4.7.31)]を参照されたい．

(5) ラップ配置された格子状形式改良地盤の設計

1）ラップ配置された格子状形式改良地盤による液状化対策の考え方

図4.7.8は，液状化対策にラップ配置された格子状形式改良地盤を利用した場合の模式図である．ブロック状形式改良地盤で液状化対策すると改良体積が多くなるので，上部建築物に悪影響が無い範囲で改良体積を削減する方策である．

格子状形式改良地盤においても，全体一体挙動が確保できる範囲でその仕様を設定できれば，改良地盤の設計方法はブロック状形式改良地盤の設計方法と基本的には同じである．格子状形式改良地盤が全体一体挙動を保てるだけの全体としての高い剛性が必要なため，格子壁の面内剛性を高め

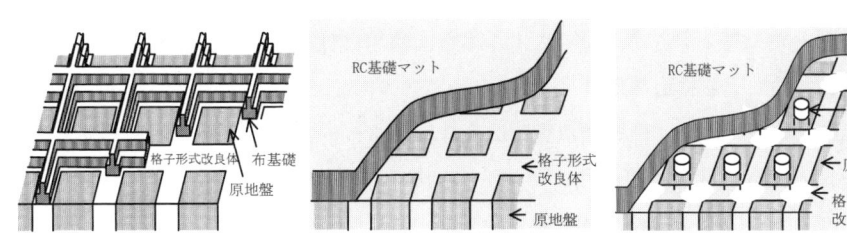

格子上に布基礎　　　格子上にマット基礎　　　格子内に杭基礎

図4.7.8　格子状形式改良地盤による液状化対策の模式図

るべく格子壁をラップ配置の連続体に施工しておく必要がある．現在，最も普及している鉛直2軸型深層混合処理施工機で施工する場合においても，ラップ施工による連続改良壁としての施工は不可欠である．地盤が液状化してもそれに支持されている建築物が設計の要求性能を満たしていれば問題はないので，格子状形式改良を選択する場合，格子状の壁で囲まれた原地盤（格子内原地盤）が液状化してはいけないかどうかは，要求性能との関連で判断される．

直接基礎の建築物をラップ配置格子状形式改良地盤で液状化対策した場合，格子内原地盤の液状化を許すと改良体に加わる外力が変化して改良体の内部応力が大きくなり改良体の強度が不足するような場合や，改良地盤の滑動抵抗力が不足するような場合には，格子内原地盤を液状化させないように設計しなければならない．

建築物が杭基礎を必要とする場合，杭が格子壁で囲まれた原地盤に配置されている設計では杭の地震時水平抵抗力を確保するために，格子内原地盤の液状化を抑止することは必要である．杭が格子の交差部に配置されている設計の場合，改良体の内部応力の応答値がその限界値を上回らないことが必要である．

2）ラップ配置格子内原地盤の液状化抑止

地盤の液状化判定は，基礎指針で扱われている F_l 値（液状化発生に対する安全率）で行われる．F_l 値における液状化抵抗比は地盤の N 値をベースとして決められる与条件である．格子内原地盤は地盤改良前と同一状態にあると仮定できるので，格子内原地盤の液状化を抑止する（F_l 値を大きくする）には繰返しせん断応力比を低下させるのがよい．繰返しせん断応力比は地震動による地表面加速度に依存している．地盤改良によって地盤の平均的せん断剛性を増強し，改良地盤の固有周期を周辺地盤の卓越周期よりも短周期側にシフト出来れば，改良地盤の応答加速度の増幅度合いは減少し，格子内原地盤の繰返しせん断応力比は低下する．したがって，格子内原地盤の液状化を抑止するには以下の方法が考えられる．

ⅰ）改良地盤全体の平均的せん断剛性を増強する（改良体のせん断剛性を増強する．改良地盤の改良率を高くする．）

ⅱ）改良地盤全体のアスペクト比 B/D を大きくする．（改良地盤の改良範囲は与条件であることが多く，対応は困難である．しかし，アスペクト比が小さいと改良地盤はせん断変形ではなくロッキング運動や曲げ変形が卓越するようになり，格子内原地盤は液状化し易くなる．）

これらの方法に関しての研究[4.7.32),4.7.33)]はまだ少ないので，実務においては，有限要素法による地震応答解析を用いる検討を併用するのが望ましい．以下では，実務上の対応が容易な上述のⅰ）の方法についての研究成果を紹介するが，参考にする場合は適用条件の確認が必要である．

a．模型振動実験による検討事例

格子状形式改良体模型のせん断剛性が実物改良体よりも高い状態で，格子状形式改良地盤の模型振動実験（中型・大型模型振動実験および遠心模型振動実験）が実施された．それによると，図4.7.9[4.7.2)]に示すように，格子内原地盤の最大過剰間隙水圧比 $\Delta u/\sigma_v'$ を，格子間隔 L と格子深さ H（液状化層の厚さに等しい）との比 L/H の関数として整理することができ，地下水位の影響も考慮した液状化抑止効果を定量的に求めている[4.7.2),4.7.34)~4.7.41)]．これらの研究には適用の範囲が関係して

第4章 地盤改良の設計 —109—

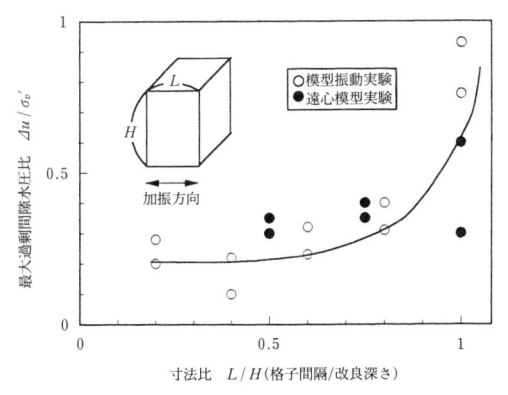

図4.7.9 格子間隔/改良深さと格子内原地盤の過剰間隙水圧の関係[4.7.2]

おり，詳細は参考文献を参照されたい．

b．有限要素法解析による検討

有限要素法を用いて格子状形式改良地盤の地震応答解析を行い，格子状形式改良地盤の液状化抑止機能の検討および格子状形式改良地盤の改良仕様から格子内原地盤の液状化判定をするための検討の報告[4.7.33],[4.7.42]～[4.7.45]が，地表面最大加速度が300cm/sec²を超える大地震動時（レベル2）に対する場合も含めて[4.7.46]されている．またこれらの実施において，三次元的形状を有する格子状形式改良地盤に適した解析手法を二次元有限要素法で表現する手法の研究[4.7.47]や三次元FEM動的有効応力解析による詳細な研究[4.7.48],[4.7.49]がなされている．

図4.7.10は，格子間隔を簡便に推定するチャートであり[4.7.43]，工法選択の際の簡易設計に用いられている．同図は二次元有限要素法でパラメータ・スタディをして作成されている．入力地震動は1995年1月兵庫県南部地震神戸海洋気象台地震波をベースに設定されている．同図から，液状化層厚，液状化層のN値などから格子内原地盤の$F_l=1.0$となる格子間隔が求まる．ただし，改良地盤の支持地盤，その他の前提条件があるので適用にあたっては文献を参照されたい．

基礎指針のF_l値による液状化判定式に，改良地盤および原地盤の特性値を代入して格子内原地盤の液状化判定をするための，評価式用補正係数の研究[4.7.45]がある．図4.7.11は，3種類の補正係数のグラフである．格子内原地盤の液状化判定に用いる液状化判定式中の等価な繰返しせん断応力比$\tau d/\sigma z'$，

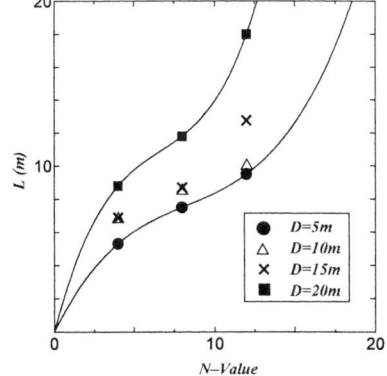

図4.7.10 $F_l=1.0$となる格子間隔L～液状化層N値～液状化層厚D[4.7.43]

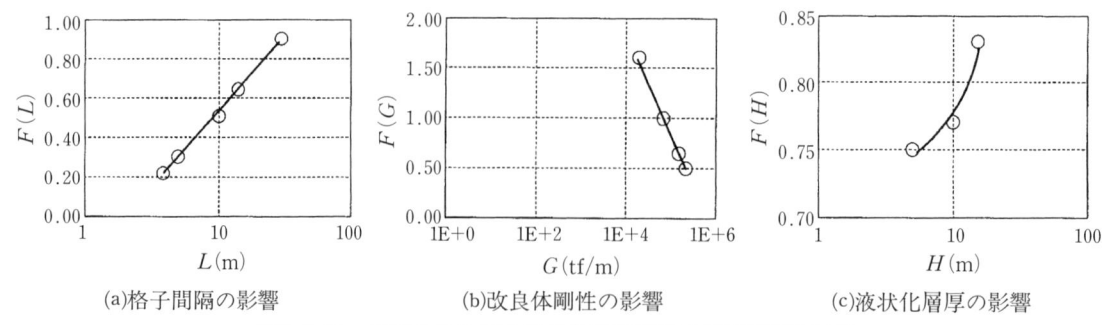

(a)格子間隔の影響　　(b)改良体剛性の影響　　(c)液状化層厚の影響

図4.7.11　格子内原地盤の液状化判定評価式用補正係数[4.7.45]

$$\tau d/\sigma z' = \gamma n \cdot \alpha_{max}/g \cdot \sigma z/\sigma z' \cdot \gamma_d \cdot F(L) \cdot F(G) \cdot F(H) \tag{4.7.6}$$

ここに，$\gamma_d = 1 - 0.033 \cdot z$，$z$：深さ（m）

の計算に適用し，地震による外力の影響を補正する．補正係数は，液状化層厚 H および格子間隔 L が大きくなると F_l 値は低下し，改良体のせん断剛性 G が大きくなると F_l 値は大きくなるような性質を備えており，上述のⅰ）およびⅱ）の特性に対応している．

3）ラップ配置された格子状形式改良地盤の設計

図4.7.12は，直接基礎を有する建物の液状化対策に格子状形式改良地盤を用いる場合の，改良地

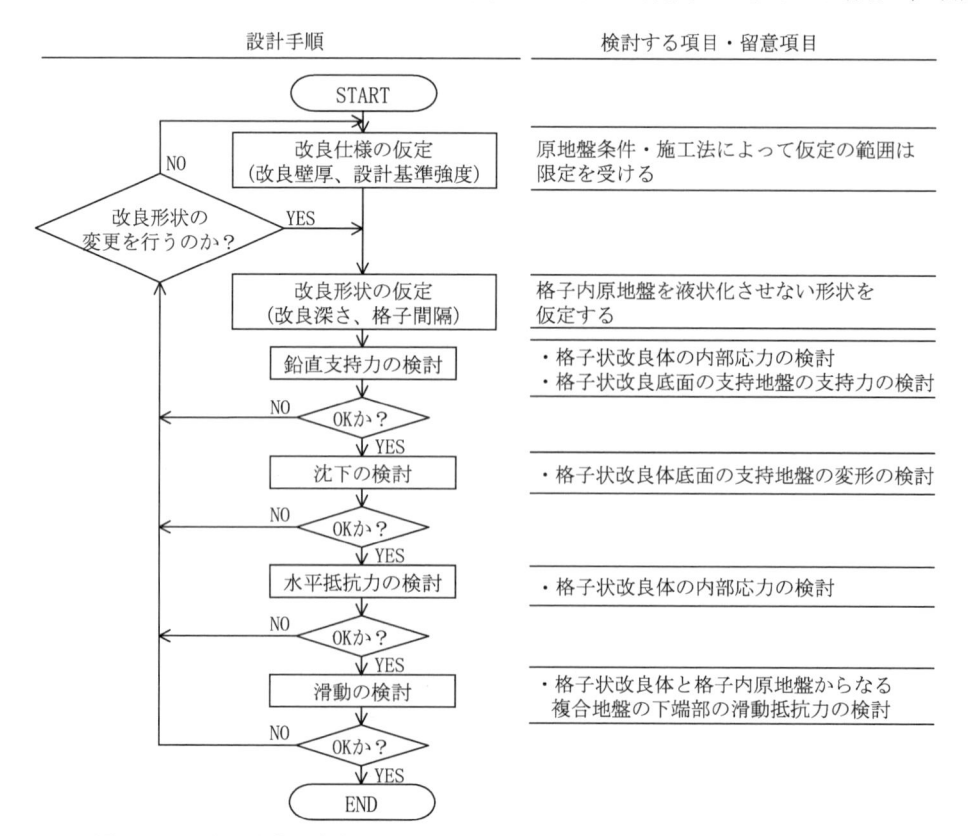

図4.7.12　直接基礎を有する建物に用いられる格子状形式改良地盤の設計手順

盤の設計手順の概要である．同図は，格子内原地盤を液状化させない場合を前提としている．この方法には，以下のような設計上の利点がある．

　i）格子内原地盤による改良地盤への側圧は，非液状化地盤としての値である．

　ii）格子状形式改良地盤全体のせん断剛性は，格子内の液状化していない原地盤と格子状形式改良体の複合地盤全体としてのせん断剛性である．液状化した状態よりせん断剛性は大きいので改良地盤の耐震性能は向上している．

　iii）改良地盤底面での支持地盤への接地圧は，非液状化原地盤と格子状形式改良体との混成体としての接地圧である．格子内原地盤も接地圧を負担するので，改良体への接地圧の集中度合いは低くなる．

　iv）改良地盤底面での改良地盤全体の滑動に対する抵抗力に，格子内非液状化原地盤のせん断抵抗力成分が期待できる．

　格子状形式改良地盤が一体挙動する場合，設計の基本的な考え方はブロック状形式改良地盤の設計に関する考え方と同一である．詳細については4.1節および参考文献を参照されたい．格子内原地盤を液状化させない場合を前提として，設計上の留意点を以下に略述する．

　i）格子間隔の設定方法に関しては本節の解説で前記している．

　ii）改良地盤底面における鉛直支持力および沈下量の算定方法に関しては，格子内原地盤部分の接地圧を期待する場合の方法と，安全側の設計判断として，液状化していなくても格子内原地盤の接地圧を期待せずに格子状形式改良地盤の改良体部分のみに接地圧を集中させる場合の方法とがある．格子状形式改良体部分に接地圧が集中すると仮定する場合，格子間隔よっては，支持地盤が砂質土においては近接基礎の干渉による鉛直支持力の変化[4.7.50]，地震力による接地圧の傾斜の扱いなどに留意する必要がある．4.1節での扱いや，これらの課題に関する研究事例[4.7.51]～[4.7.54]を参照されたい．

　iii）改良地盤の水平抵抗力は，改良地盤の滑動抵抗力あるいは格子壁の内部応力による破壊抵抗力のどちらか小さい方で決まる．格子壁の内部応力算定方法は，面内格子壁部分のみのせん断抵抗による水平抵抗力を期待する場合と，面外格子壁部分のせん断抵抗も併せて期待する場合とがある．これらの項目に関する研究[4.7.51],[4.7.53],[4.7.54],[4.7.68]が報告されているので参考にされたい．

　iv）格子状形式改良地盤底面での，改良地盤全体としての滑動抵抗力の算定方法に関しては，格子内原地盤のせん断抵抗を期待する場合と，期待しない場合とがある．格子状形式改良体が支持地盤に根入れされて施工されるのが通常の状態であるが，根入れ部分の受動抵抗を期待するかしないかは設計者の判断に委ねられる．

　直接基礎を有する建築物の液状化対策に格子状形式改良地盤を用いた施工事例に関して，改良地盤の静的な設計手順が報告[4.7.51]されている．建築物はラップ配置された格子状形式改良体のみで支持され，改良体下端面では格子内原地盤を含む改良地盤全体で支持するとしている．改良地盤（改良体と格子内原地盤）への地震時水平震度は0.1とし，すべて改良壁面内のみで支持される設計になっている．改良地盤側面への液状化時地震時土圧は値が小さいとして考慮されてない．格子間隔L_tは遠心模型実験の結果[4.7.35]を用いて，格子内原地盤が$F_l>1.0$となる間隔が設定されている．こ

うした設計手順での前提条件は三次元有限要素法で応力解析[4.7.53]され設計方法の妥当性が検討されている．設計方法の詳細は文献4.7.51)を参照されたい．このほかに，格子状形式改良地盤の実施事例の挙動に関する研究には複数の報告がある[4.7.24),4.7.25),4.7.52),4.7.54)〜4.7.59)]ので参照されたい．

　4）杭基礎の液状化対策に用いられた格子状形式改良地盤の設計

　図4.7.13は，杭基礎を有する建築物の液状化対策にラップ配置された格子状形式改良地盤を用いる場合の，改良地盤の設計手順の概略である．建築物の鉛直荷重は杭基礎が負担し，杭基礎の液状化対策として地盤改良により杭基礎の水平抵抗力の増加を図る場合を対象にしている．格子内原地盤に設置された杭の水平抵抗力算定は，格子内原地盤の液状化が抑止されているとして，原地盤の静的特性値を用いた地盤反力係数法による検討が基本である．格子状形式改良地盤の水平抵抗力および滑動抵抗力の検討の考え方は，直接基礎の液状化対策に用いた場合と同じである．杭の水平抵抗力を負担した格子状形式改良地盤の簡便な内部応力照査方法に関する研究報告は少ないが，杭の水平載荷試験[4.7.60),4.7.61)]および数値解析[4.7.62)]による検討の報告がある．

　改良地盤は液状化対象土層直下の非液状化土層に根入れされることが多い．格子内原地盤に設置された杭は改良地盤下端以深に突出して，杭基礎の支持層に着底している場合が普通である．地震時には，改良地盤全体が地震動により主として水平方向に変位するため，突出した杭は改良地盤下端付近で大きな曲げ変形を受ける．この現象に関して，1995年1月兵庫県南部地震を経験した実施事例のFEM地震応答シミュレーション解析[4.7.57)]や試設計用地震応答解析[4.7.62)〜4.7.65)]が報告されている．

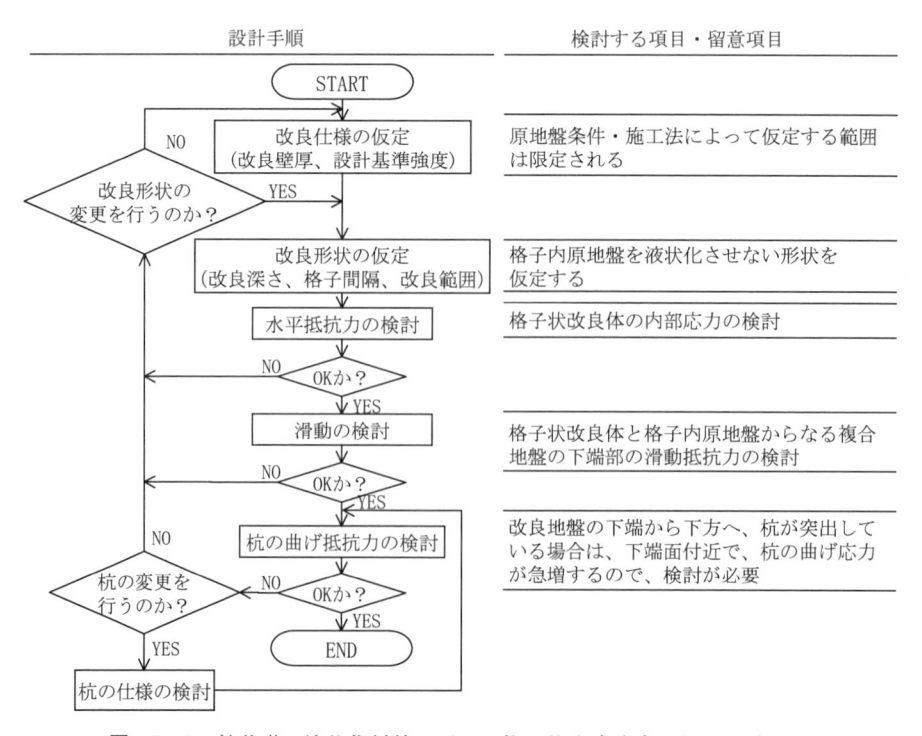

図4.7.13　杭基礎の液状化対策に用いる格子状形式改良地盤の設計手順

5）地震観測による液状化抑止機能の検証

　実験および有限要素法シミュレーション解析による格子状形式改良地盤の液状化抑止機能の検討のほかに，液状化対策として実際に施工された格子状形式改良地盤の地震観測において，格子内原地盤の間隙水圧測定結果や地震後の被害調査結果などから，格子状形式改良地盤の液状化抑止機能に関する報告[4.7.24)]がなされている．新潟県の信濃川の河川改修事業において，液状化の可能性のある砂地盤に河川堤防を施工するにあたり，基礎地盤の液状化対策として施工されたラップ幅20cmのラップ配置格子状形式改良地盤の格子内原地盤および周辺原地盤に地震計および間隙水圧計が設置された．1995年4月1日に新潟県北部の地震（マグニチュード6.0，震源深さ17km，観測地点の新潟市は震度4）観測結果[4.7.11),4.7.53)]によると，観測された地震波のレベルは小さいが，加速度は基盤部（GL－62m）で最大加速度29cm/sec^2，それに対する改良地盤部の応答倍率（GL－10.5mで1.4，GL－1.5mで1.9）は周辺原地盤（GL－10.5mで2.2，GL－1.5mで2.8）よりも小さい．周辺原地盤では過剰間隙水圧の上昇が観測されたが，格子内では上昇は見られなかった．

参考文献

4.7.1) 伊藤克彦・中島　豊・田中幸芳：液状化対策工事における実例，基礎工 VOL. 16, No. 10, pp.78-83, 1988.10

4.7.2) 建設省土木研究所耐震技術研究センター動土質研究室ほか：液状化対策工法設計・施工マニュアル（案），土木研究所共同研究報告書，第186号，1999.3

4.7.3) 山崎浩之：港湾，空港における液状化対策技術とセメント系固化材，セメント・コンクリート，No. 657, pp.41-48, 2001.11

4.7.4) 善　功企・山崎浩之・佐藤　泰：事前混合処理工法による処理土の強度・変形特性，港湾技術研究所報告，第29巻第2号，pp.85-118, 1990.6

4.7.5) 畑中宗憲・鈴木善雄：セメントにより改良された砂の繰返し変形特性，土木学会第42回年次学術講演会，第III部，pp.780-781, 1987.9

4.7.6) 中山晋吾・石田智昭・鈴木康嗣・上條直隆・間瀬辰也・薮内彰夫：深層混合処理工法による改良体の物性評価（その4）施工後2年経過時の物性，日本建築学会大会学術講演梗概集，構造I，pp.411-412, 2002.8

4.7.7) 吉田保夫・国生剛治・西　好一・沢田義浩・江刺靖行：セメント系地盤改良の耐震効果に関する研究―室内土質試験結果から見た改良効果―電力中央研究所報告，研究報告380051, 1981.4

4.7.8) 内田恵之助・塩井幸武・橋本文男・龍岡文夫：東京湾横断道路におけるセメント改良固化土，土と基礎，Vol. 41, No. 8, pp.23-28, 1993.8

4.7.9) 日本建築センター：改訂版 建築のための改良地盤の設計及び品質管理指針，p354-357, 2002.11

4.7.10) 古賀泰之・谷口栄一・中角　功・栗波啓治：深層混合処理工法による砂地盤の液状化対策に関する模型振動実験，土木学会第41回年次学術講演会講演集 第III部，pp.201-202, 1986.11

4.7.11) 地盤工学会：液状化対策，地盤工学・実務シリーズ18, pp.306-317, 2004.7

4.7.12) 藤原斉郁・堀越研一・末岡　徹：液状化地盤中の抗土圧構造物に作用する土圧，第34回地盤工学研究発表会，pp.1677-1678, 1999.7

4.7.13) 馬場崎亮一・鈴木吉夫・鈴木善雄：固化工法を用いた耐液状化基礎地盤改良工法（その7）格子状改良地盤に作用する外力に関する遠心模型振動実験，日本建築学会大会学術講演梗概集，構造I，pp.1569-1570, 1991.9

4.7.14) 佐藤　博・田中幸久・金谷　守・溜　幸生・中島卓夫・杉沢政敏：液状化対策を目的とした深層混合処理工法による改良地盤の挙動解析，第9回日本地震工学シンポジウム論文集，pp.925-930，1994.12

4.7.15) 馬場崎亮一・成川匡文・増田　彰・中村紀吉・岸野泰章・鈴木吉夫・清水孝昭：深層混合処理工法を用いた火力発電所建屋基礎地業の検討―その11　遠心模型振動実験による設計法の検証―，日本建築学会大会学術講演梗概集，構造Ⅰ，pp.671-672，1997.9

4.7.16) 鈴木吉夫・成川匡文・増田　彰・中村紀吉・岸野泰章・塩見忠彦・吉澤睦博：深層混合処理工法を用いた火力発電所建屋基礎地業の検討―その10　設計法の解析的研究―，日本建築学会大会学術講演梗概集，構造Ⅰ，pp.669-670，1997.9

4.7.17) 古関潤一・古賀泰之：液状化地盤の地震時土圧に関する模型振動実験，土木学会第46回年次学術講演会講演集　第Ⅲ部門，pp.224-225，1991.9

4.7.18) 松尾　修・古関潤一・西岡　成・鈴木吉夫・深田　久・久保寺家光：深層混合処理工法による盛土の液状化対策に関する模型振動実験―動的外力および滑動に対する考察―，第26回土質工学研究発表会講演集E-8，pp.1011-1012，1991.7

4.7.19) 古関潤一・鈴木吉夫・西岡　成・久保寺家光・深田　久：深層混合処理工法による盛土地盤の液状化対策に関する模型振動実験―改良体に作用する外力の検討―，土木学会第46回年次学術講演会講演集　第Ⅲ部門，pp.212-213，1991.9

4.7.20) 松尾　修・古関潤一・久保寺家光・鈴木吉夫・西岡　成・深田　久：固化工法による砂地盤の液状化対策，土質工学シンポジウム発表論文集「地盤の液状化対策に関するシンポジウム」，pp.243-250，1991.1

4.7.21) 鈴木吉夫・成川匡文・大島　豊・西村　功・内川裕一郎・岸野泰章・塩見忠彦・北原　武：深層混合処理工法を用いた火力発電所建屋基礎地業の検討―その12　3次元地震応答解析による合理化改良地盤の検討―，日本建築学会大会学術講演梗概集，構造Ⅰ，pp.561-562，1998.9

4.7.22) ㈶沿岸開発技術センター：沿岸開発技術ライブラリーNo.2；海上工事における深層混合処理工法技術マニュアル，1999.4

4.7.23) 成川匡文・大島　豊・石川　泰・上山　等・鈴木吉夫・奥村良介：大規模建物の直接基礎を支持する改良地盤の設計・施工の検討，「実務に見る地盤改良工法の技術的諸問題」シンポジウム論文集，pp.29-34，日本建築学会，1999.10

4.7.24) 佐久間満・鈴木和弘・山本登美男：信濃川下流堤防地震対策について，第11回土木学会新潟会研究調査発表会論文集，pp.171-176，1993.12

4.7.25) 古賀泰之・大野睦雄・黒田栄三・水野恭男・西林清茂・津吉秀一・杉山一徳：耐震地改良工法に関する共同研究報告書その6（建設省土木研究所S），土木研究所共同研究報告書No.68，pp.245，1992.3

4.7.26) 成川匡文・大島　豊・荻原みき・上山　等・鈴木吉夫・奥村良介：深層混合処理工法を用いた火力発電所建屋基礎，基礎工，Vol.28，No.9，pp.41-43，2000.9

4.7.27) 鈴木吉夫・成川匡文・荻原みき・枡田健次・石川　泰・上山　等・塩見忠彦：深層混合処理工法を用いた火力発電所建屋基礎地業の検討―その16　改良地盤の内部応力照査方法の詳細検討とその設計法―，日本建築学会大会学術講演梗概集，構造Ⅰ，pp.503-504，2000.9

4.7.28) 吉澤睦博・田中英朗・上条直隆・石田智昭・富井　隆・塩見忠彦：深層混合処理工法によるブロックラップ式改良地盤の地震応特性に関する研究，日本建築学会大会学術講演梗概集，構造Ⅰ，pp.417-418，2002.8

4.7.29) 増田　彰・成川匡文・中村紀吉・岸野泰章・鈴木吉夫・塩見忠彦：深層混合処理工法を用いた火力発電所建屋基礎地業の検討―その9　設計法―，日本建築学会大会学術講演梗概集，構造Ⅰ，pp.667-668，1997.9

4.7.30) 荻原みき・成川匡文・大島　豊・石川　泰・上山　等・塩見忠彦・北原武嗣：深層混合処理工法

を用いた火力発電所建屋基礎地業の検討 その13 スリット型部分未改良方式の解析検討, 日本建築学会学術講演梗概集, 構造Ⅰ, pp.797-798, 1999.9

4.7.31) 鈴木吉夫・成川匡文・大島 豊・荻原みき・石川 泰・上山 等・塩見忠彦：深層混合処理工法を用いた火力発電所建屋基礎地業の検討―その14 スリット型部分未改良方式の設計法―, 日本建築学会大会学術講演梗概集, 構造Ⅰ, pp.799-800, 1999.9

4.7.32) 松尾 修：格子状深層混合処理工法の液状化対策効果に関する数値解析, 第54回土木学会年次学術講演会講演概要集 第Ⅲ部門 No. A, pp.278-279, 1999.8

4.7.33) 足立有史・三原正哉・浦野和彦・渦岡良介：液状化対策としての格子状固化改良の改良効果に関する検討, 第35回地盤工学研究発表会概要集, pp.2297-2298, 2000.6

4.7.34) 古賀泰之・松尾 修・榎田 実・伊藤浩二・鈴木吉夫：深層混合処理工法による砂地盤の液状化対策に関する模型振動実験（その2）―格子状改良地盤の液状化抑制効果について―, 第23回土質工学研究発表会発表講演集 No.2-1, pp.1019-1020, 1988.6

4.7.35) 鈴木善雄・鈴木吉夫・馬場崎亮一：固化工法を用いた耐液状化基礎地盤改良工法（その4）格子状改良地盤の液状化抑制効果に関する遠心力模型振動実験, 日本建築学会大会学術講演梗概集, 構造Ⅰ, pp.1435-1436, 1989.10

4.7.36) 久保寺家光・古賀泰之・古関潤一：液状化対策としての深層混合処理工法の適用性に関する研究（動的遠心模型実験による効果の確認）, 土木学会第45回年次学術講演会講演集 第Ⅲ部門, pp.434-435, 1990.9

4.7.37) 馬場崎亮一・鈴木吉夫・鈴木善雄・藤井斉昭：固化工法を用いた耐液状化基礎地盤改良工法（その2）格子状改良地盤の液状化抑制効果に関する遠心模型振動実験, 第26回土質工学研究発表会講演集, pp.1007-1008, 1991.7

4.7.38) 松尾 修・古関潤一・深田 久・久保寺家光・鈴木吉夫・西岡 成：深層混合処理工法による砂地盤の液状化対策に関する模型振動実験（その3）―格子状改良による液状化抑止効果―, 第26回土質工学研究発表会講演集 E-8, pp.1009-1010, 1991.7

4.7.39) 馬場崎亮一・鈴木吉夫・入江 潤・阿久根政博・大沼 敏：深層混合処理工法を用いた格子状改良地盤による液状化対策（その2）, 日本建築学会大会学術講演梗概集 B, pp.593-594, 1998.9

4.7.40) 鈴木吉夫・馬場崎亮一・鈴木善雄・藤井斉昭：固化工法を用いた耐液状化基礎地盤改良工法（その1）積層せん断土槽による改良地盤の遠心模型振動実験, 第25回土質工学研究発表会講演集, pp.1035-1036, 1990.6

4.7.41) 石橋伸司・高橋英紀・北詰昌樹：DMMによる液状化対策工での格子幅の影響に関する実験的研究, 第40回地盤工学研究発表会, 1112, pp.2219-2220, 2005.7

4.7.42) 神原隆則・古賀泰之・谷口栄一：液状化対策としての深層混合処理工法に関する3次元応解析, 土木学会第42回年次学術講演会講演概要集第1部門, pp.1116-1117, 1987.9

4.7.43) 古屋 弘・佐藤 清・松田 隆：液状化対策工法としての格子状地盤改良の解析的検討, 第25回地震工学研究発表会論文集, pp.397-400, 1999.7

4.7.44) 花岡和弘・宮田 章：格子状地盤改良による液状化対策効果の解析的検討, 日本建築学会大会学術講演梗概集, 構造Ⅰ, pp.801-802, 1999.9

4.7.45) 馬場崎亮一・内田明彦・山下 清・塩見忠彦・吉澤睦博・鬼丸貞友・津國正一・田屋祐司：深層混合処理工法による格子状改良地盤における液状化防止のための格子間隔簡易算定法, 公開特許公報, 特開2001-355229, 2001.12.26

4.7.46) 小竹 望・北出圭介・青木一二三・米澤豊司・畑 英一・松雪光明：L2地震動に対する格子状固化改良による液状化対策工, 土木学会第58回年次学術講演会, Ⅲ-625, pp.1249-1250, 2003.9

4.6.47) 福武毅芳・大槻 明・藤川 智：液状化問題における二次元解析の適用限界と三次元解析の利点, 土質工学会「地盤破壊の三次元評価に関するシンポジウム発表論文集」, pp.229-236, 1995.3

4.7.48) 福武毅芳・大槻 明：三次元液状化解析による部分改良地盤の効果の予測, 土質工学会「地盤の

液状化対策に関するシンポジュウム発表論文集」，pp.205-210，1991.1

4.7.49) 宮本　誠・清田芳治・宮田　章：マルチ・サーフェース理論を用いた格子状改良地盤の三次元有効解析，第32回地盤工学研究発表会発表講演集，No.2-1，pp.1087-1088，1997.5

4.7.50) 寺師昌明・北詰昌樹：砂地盤の支持力に及ぼす複数基礎の干渉効果，港湾技術研究所報告，第26巻，2号，1987.6

4.7.51) 鈴木善雄・時任和哉・馬場崎亮一・鈴木吉夫：建築基礎の設計計算例　固化工法による耐液状化基礎地盤改良工法の適用事例，基礎工 VOL.17，No.9，pp.87-95，1989.9

4.7.52) 並河　努・馬場崎亮一・山下　清・山本光起：液状化対策を併用した格子状地盤改良による直接基礎工法の適用例，基礎工，Vol.28，No.9，pp.52-55，2000.9

4.7.53) 鈴木善雄・畑中宗憲・時任和哉：固化工法を用いた耐液状化基礎地盤改良工法，シラス地盤にたつ4階建てビルの設計例（その1），日本建築学会大会学術講演梗概集，構造Ⅰ，pp.991-992，1988.10

4.7.54) 西本晴男・近藤邦博：深層混合処理工法により改良した信濃川堤防基礎地盤の地震動記録，第13回土木学会新潟会研究調査発表会論文集，pp.255-259，1995.12

4.7.55) 河野隆史・木林長仁・福山国夫・鬼丸貞友・畑中宗憲・鈴木吉夫：埠頭に建つ高層建築の格子状地盤改良による地震時液状化対策，日本建築学会大会学術講演梗概集，構造Ⅰ，pp.1431-1432，1994.9

4.7.56) 鈴木吉夫・斉藤　聡・鬼丸貞友・木村　玄・内田明彦・奥村良介：阪神・淡路大震災その2　深層混合処理工法を用いた格子状地盤改良による液状化対策工，土と基礎，VOL.44，No.3，pp.46-48，1996.3

4.7.57) 鈴木吉夫・鬼丸貞友・内田明彦：兵庫県南部地震における格子状地盤改良効果の検討，日本建築学会大会学術講演梗概集，構造Ⅰ，pp.629-630，1996.9

4.7.58) 平井芳雄・山下　清・上田博之・藤永　弘・小西佳哉：建築基礎の耐震技術　液状化地盤における直接基礎の耐震補強例，土と基礎，VOL.45，No.3，pp.21-23，1997.3

4.7.59) 小川昭治・倉持正志・中野健二・大西智晴：深層混合処理工法の格子状改良による液状化防止と直接基礎の適用，日本建築学会大会学術講演梗概集，構造Ⅰ，pp.679-680，2000.9

4.7.60) 鈴木孝明・菅原忠弘・山田好美・野口　靜：深層混合によって改良された地盤の評価（その1）地盤改良の概要とソイルセメントの概要，日本建築学会学術講演梗概集，構造Ⅰ，pp.877-878，1995.8

4.7.61) 浜場政治・丸　隆宏・小林勝巳・大西靖和：深層混合によって改良された地盤の評価（その2）水平載荷試験とシミュレーション，日本建築学会学術講演梗概集，構造Ⅰ，pp.879-880，1995.8

4.7.62) 宮本　誠・宮本祐司・古山田耕司・吉松敏行：耐液状化改良地盤における杭応力の簡易算定法，日本建築学会大会学術講演梗概集，pp.677-678，2000.9

4.7.63) 時任和哉・鈴木善雄・鈴木吉夫・畑中宗憲・朝長　孝：固化工法を用いた耐液状化基礎地盤改良工法（その5）杭の高水平耐力化への適用，日本建築学会大会学術講演梗概集，構造Ⅰ，pp.1437-1438，1989.10

4.7.64) 塩見忠彦・西村　功・岸野泰章・青柳隆之・石川　泰・吉沢睦博：多本数杭に支持される構造物対策工法を考慮した動的設計法の研究（その2）CDM格子状改良＋杭工法の場合，日本建築学会大会学術講演梗概集，構造Ⅰ，pp.367-368，1998.9

4.7.65) 福武毅芳・玉置克己：地盤固化改良併用による杭基礎免震建物の成立性の検討，日本建築学会大会学術講演梗概集，構造Ⅰ，pp.407-408，1999.9

4.7.66) 馬場干児・平出　亜・和田健一：PS検層による深層混合処理改良地盤の品質管理，第29回土質工学研究発表会梗概集，pp.2153-2154，1994.6

4.7.67) 稲富隆昌・風間基樹・大塚幸治：深層混合処理工法による浮き型改良地盤の地震時挙動，港湾技術研究所報告，第25巻，第4号，pp.10-12，1986.12

4.7.68) 吉澤睦博：格子状改良地盤の力学特性を考慮した二次元有限要素法解析モデルの作成について，第34回地盤工学研究発表会，pp.231-232，1999.7

4.8節　杭基礎の水平抵抗力の増加

> 杭基礎の水平抵抗力を増すために深層混合処理工法を適用する場合は，構造計画上の留意点を考慮し，工法の特長を十分発揮できるよう計画・設計する．

　本節では軟弱地盤および地盤剛性が急変する地盤での杭の水平抵抗力増強対策について述べることとし，液状化地盤の場合は4.7節で扱う．杭基礎の地震時水平抵抗力は杭-地盤系の破壊機構から決まり，基礎指針では地盤の設計限界値として最大水平抵抗力を基本としている．杭基礎の設計では，この系の特性値として杭の曲げ剛性（K）と地盤の水平地盤反力係数（k_h）とが用いられ，杭頭に作用する上部建築物からの水平力（H）やモーメント（M）および杭周辺地盤の変位による地震時荷重に対して，杭基礎の水平抵抗力あるいは水平変位による設計用限界値の確保をしている．そのため，深層混合処理工法による地盤改良で杭の水平抵抗の増加を図るには，水平地盤反力係数（k_h）の増大および杭周辺地盤の水平変位の抑止が改良目標になる．改良地盤の構造としては図4.8.1に示すような着底型支持方式（全体改良）および浮き型支持方式（部分改良）がある．杭周面が改良体に密着するように周辺地盤を改良したうえで，改良地盤下端を地震応答が小さい比較的堅固な層に着底させる着底型として改良地盤全体の滑動およびせん断変形による水平変位を抑止するように改良地盤の設計を実施すれば，改良体の変形係数をベースにした非常に大きな水平地盤反力係数（k_{hI}）が利用でき，周辺原地盤変位による杭への地震時荷重も低減して，建築物からの地震時水平荷重に対する杭基礎の水平抵抗力を増加できる．杭周面の改良地盤を着底型ではなく，改良地盤下端面が軟弱土層中に留まっている浮き型にした場合は，改良地盤全体の水平変位量に応じて杭の水平抵抗力が決まる．

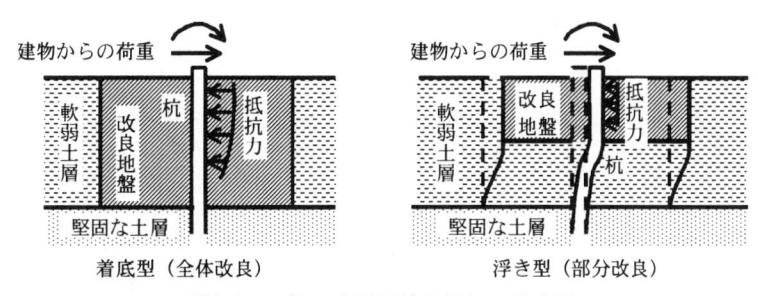

図4.8.1　杭の水平抵抗力増加の模式図

(1)　ブロック状形式改良地盤の場合

　軟弱な粘性土地盤において連続フーチング基礎を支持する杭基礎上部の周辺地盤を，幅はフーチング幅より幅広く，改良下端面は軟弱地盤中に留まっているラップ配置された浮き型の部分改良ブ

ロック状形式で改良し杭基礎の水平抵抗力増加を図った事例[4.8.1]~[4.8.3]がある．この事例では，水平載荷試験およびFEM地震応答解析などにより，杭基礎頭部の改良地盤をケーソン基礎と見なした設計法を開発し，実施している．また，偏土圧を受け橋脚が軟弱土層上にあって杭基礎で支持されるときに，偏土圧に抵抗するため軟弱土層中の杭基礎上部の周辺地盤を浮き型部分改良接円配置ブロック状改良で改良して杭基礎の水平抵抗力を増加する場合の設計法も開発され[4.8.4]ている．そして杭形式改良体の原位置載荷試験および施工対象をモデルにしたFEM静的応力解析・地震応答解析により，杭の設計に用いる改良地盤の水平地盤反力係数（k_h）を改良体の変形係数・原地盤の変形係数・改良率から評価する方法，部分ブロック状形式改良地盤の改良範囲（深さ方向改良厚さ，平面方向改良長さ）を杭の特性長（$1/\beta$，β＝杭の特性値）と改良地盤側面の受動土圧作用勾配から評価する方法が提案されている．その結果から，改良体の強度が高くなるほど杭の曲げモーメントおよびせん断力の最大値が改良地盤中から改良地盤の下の軟弱土層に移っていくこと，改良地盤の下の軟弱土層厚を薄く残す（事例では1m）浮き型支持方式は杭の曲げモーメント・せん断力を増大させるので避けるべきであることを示している．

　基礎免震建築物において杭頭部の周辺軟弱地盤を浮き型支持方式のラップ配置ブロック状形式で部分改良した場合には杭体の応力が50%程度低減でき水平抵抗力増大が図れることを，三次元FEM地震応答解析により検討した事例[4.8.5]がある．

　杭周面のブロック状形式改良地盤を着底型支持方式で設計した場合は改良地盤の応答水平変位が非常に小さくなるので，杭の水平抵抗力は杭の剛性（K）および改良地盤の弾性係数から決まる水平地盤反力係数（k_{h1}）だけで決まることになり，（k_{h1}）が大きいので小さなKで設計が成り立つことを利用した実施事例[4.8.6]も報告されている．

(2) 格子状形式改良地盤の場合

　ラップ配置格子状改良地盤を用いた場合も着底型および浮き型の支持方式の特徴に応じて，ラップ配置ブロック状形式改良地盤とほぼ同じ考え方で設計して良い．ただし，ブロック状形式改良地

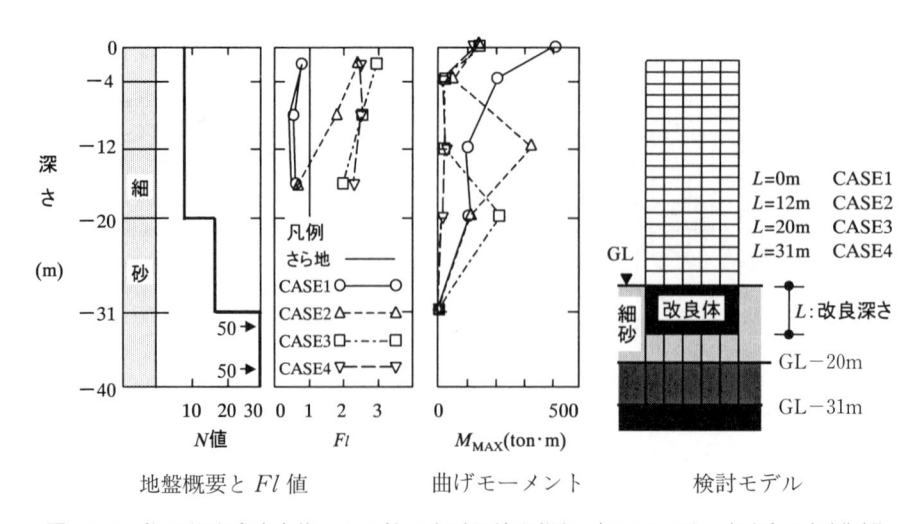

図4.8.2　格子状形式改良体による杭の水平抵抗力増加（FEM三次元解析）[4.8.7]に加筆・変更

盤の場合とは異なり，格子状形式改良地盤において杭が改良壁内に配置される場合には，水平地盤反力係数（k_{hl}）を確保できるように，格子壁の厚さと杭の直径・間隔の関係から杭の水平抵抗力を負担する格子状形式改良体の内部応力の検討が必要である．

図4.8.2は，杭基礎を有する建築物において，格子状形式改良体の格子壁交差部に杭を配置したラップ配置格子状形式改良地盤の改良深さ L をパラメータにしたFEM地震応答解析による試計算[4.8.7]である（CASE1は無改良，CASE2〜4は改良地盤の下端深さがGL－12・20・31m）．これによると，改良地盤の改良深さが深くなるほど，すなわち改良地盤下端が堅固な地層に近づき浮き型支持方式から着底型支持方式に近づくほど，杭頭の水平変位および杭の曲げモーメント最大値が減少するとしている．

図4.8.3は，着底型支持方式の格子状形式改良地盤の格子内原地盤に杭を配置した場合の，杭の水平抵抗力増加効果を水平載荷試験[4.8.8]で検証した事例である．FEM弾塑性シミュレーション解析による確認[4.8.9]も併せて行われている．試験は，格子状形式改良地盤の無い試験A，格子状形式改良地盤だけがある試験Bおよび格子状形式改良地盤とその上端面に捨てコンクリートを設置した試験Cの3種類が実施され，試験Cの水平抵抗力増加効果が確認されている．さらに，格子状形式改良地盤が施工された敷地でPS検層と常時微動測定が行われ，格子状形式改良地盤で改良された地盤全体の剛性評価の結果，地盤の一次固有周期が大幅に小さくなった[4.8.10]ことが報告されている．

杭の設置位置が改良壁内あるいは格子内原地盤内の事例を示したが，どちらに杭を配置する場合にでも，杭の設計に用いる水平地盤反力係数（k_{hl}）を簡便に求める方法が提案[4.8.11]されている．地

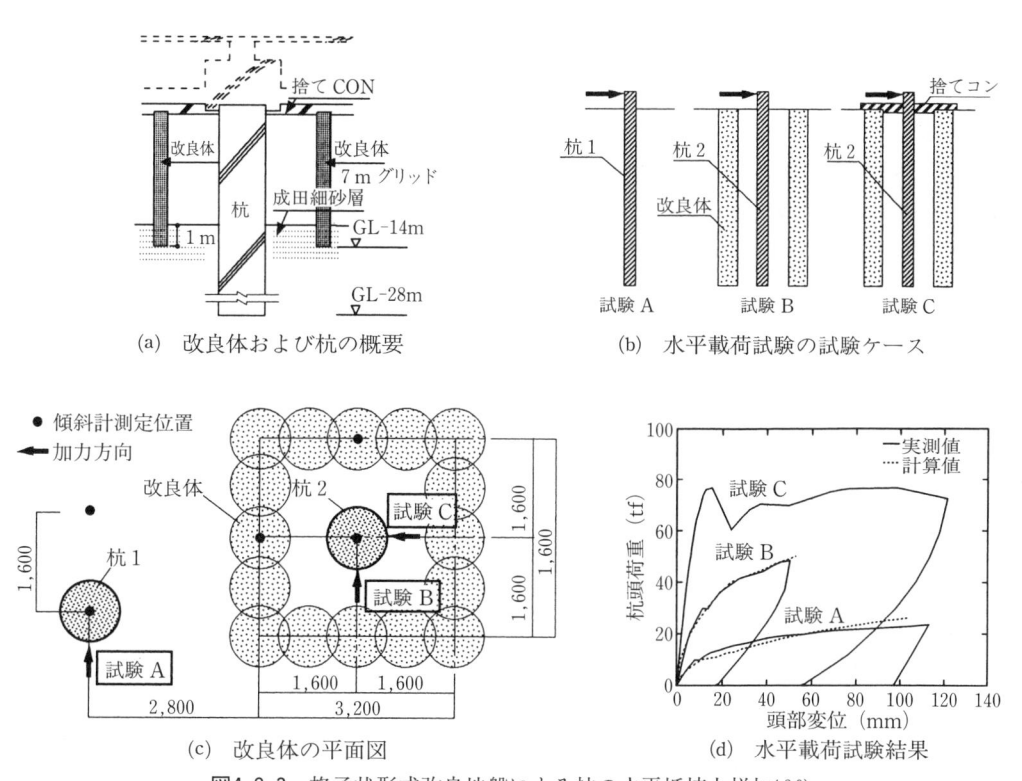

(a) 改良体および杭の概要

(b) 水平載荷試験の試験ケース

(c) 改良体の平面図

(d) 水平載荷試験結果

図4.8.3 格子状形式改良地盤による杭の水平抵抗力増加[4.8.9]

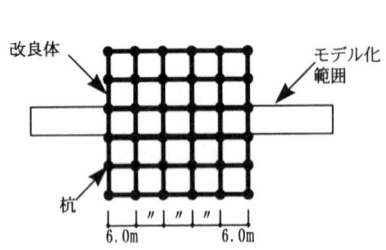

解析モデル（平面）の概要 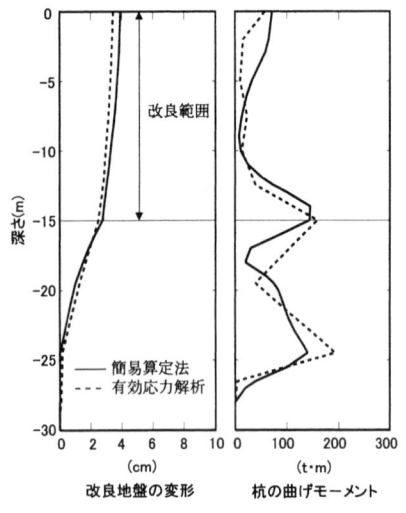 　　　　　解析結果（簡易計算法とFEMの比較）
図4.8.4　格子状形式改良地盤による杭の水平抵抗力の増加した効果の算定[4.8.11]

盤の初期せん断剛性を用いた水平地盤反力係数の値を基本とし，それに乗ずる補正係数を杭が格子交差部分に設置される場合と格子内原地盤に設置される場合とで変化させ，杭の設置位置に応じた水平地盤反力係数を設定している．また，原地盤および杭のせん断剛性には，せん断ひずみ依存性が考慮されている．詳細は，参考文献[4.8.11]を参照されたい．図4.8.4はそれを用いた試算事例であり，模擬地震波（最大振幅311cm/sec^2）を1/2にした入力地震波を用いている．解析結果は，杭の地震時応力算定の提案されている簡易計算法とFEM地震応答解析とが良好な対応を示している．

(3) 留意事項

水平地盤反力係数（k_h）として改良体の変形係数をベースとした値（k_{hI}）を用いるためには，杭と周面の改良体とを密着させる施工が必要であり，場所打ち杭の事例[4.8.6]が報告されている．杭と改良体の間に原地盤やその他の異物がある場合はk_{hI}を確保するのは困難である．こうした施工による杭の鉛直支持力に対する改良地盤からの寄与に関しては，設計者の判断に委ねられる．

また，改良地盤のせん断剛性は周辺原地盤に比べて非常に大きいので，杭周辺の改良地盤とその下部地盤とでは地盤のせん断剛性が大きく急変することになる．さらに，改良地盤全体が一体挙動するため，改良地盤とその下部地盤との相対変位によって，改良体を貫通して支持土層に達している杭に対し地盤急変部（改良地盤下端面）付近で杭の断面力が急増し，曲げモーメントが最大値となることもある[4.8.7),4.8.11]ので注意が必要である．

参 考 文 献

4.8.1) 河野真美・鈴木永之・和田宣史・坂手道明：軟弱地盤での地盤改良複合杭基礎とその載荷試験，橋梁と基礎，pp.21-27，2001.1

4.8.2) 緒方辰男・鈴木永之：東京外環道三郷地区試験杭概要，基礎工，Vol.28，No.5，2000.5

4.8.3) 前田良刀・徐　光黎・緒方辰男・平井　卓：地盤改良複合杭基礎の開発とその支持力特性，土木

4.8.4) 宮澤幸一・西川潤一：深層混合処理工法により形成した複合地盤における杭設計手法，土木学会論文集，No.799/III-72，pp.183-193，2005.9

4.8.5) 福武毅芳・玉置克之：地盤固化改良併用による杭基礎免震建物の検討，日本建築学会大会学術講演梗概集，構造I，pp.407-408，1999.9

4.8.6) 鈴木吉夫・馬場崎亮一・鈴木善雄：深層混合処理工法を用いた軟弱地盤の液状化対策とオープンカット，アーバンインウラ・テクノロジー推進会議技術研究発表論文集，VOL.4，1993.2

4.8.7) 時任和哉・鈴木善雄・鈴木吉夫・畑中宗憲・朝長　孝：固化工法を用いた耐液状化基礎地盤改良工法（その5）杭の高水平耐力化への適用，日本建築学会大会学術講演梗概集B構造1，pp.1437-1438，1989.10

4.8.8) 鈴木孝明・菅原忠弘・山田好美・野口　熙：深層混合によって改良された地盤の評価（その1）地盤改良の概要とソイルセメントの概要，日本建築学会大会学術講演梗概集，pp.877-878，1995.8

4.8.9) 浜場政治・丸　隆宏・小林勝巳・大西靖和：深層混合によって改良された地盤の評価（その2）水平載荷試験とシミュレーション，日本建築学会大会学術講演梗概集，pp.879-880，1995.8

4.8.10) 小林勝巳・鈴木敏夫：深層混合によって改良された地盤の評価（その3）改良後の地盤の動的特性について，日本建築学会大会学術講演梗概集，pp.881-882，1995.8

4.8.11) 宮本　誠・宮本祐司・古山田耕司・吉松敏行：耐液状化改良地盤における杭応力の簡易算定法，日本建築学会大会学術講演梗概集，pp.677-678，2000.9

4.9節　地震時挙動

> 改良地盤の地震時の設計においては，改良地盤の地震時挙動を把握し，構造計画上の留意点を考慮し，工法の特長を十分発揮できるよう計画・設計する．

　地盤改良の地震時の設計においては，改良地盤の地震時挙動を把握し，構造計画上の留意点を考慮して，計画・設計することが重要である．本節は，直接基礎を有する建築物が改良地盤に支持されている場合を対象に，改良形式を中心に，地震時挙動を述べる．

　深層混合処理工法による改良地盤は，改良形式の使い分けが出来るのが特徴のひとつである．改良地盤の地震時挙動は，改良対象となる軟弱土層に地震動を伝達する比較的堅固な土層の地震動の周期特性を除くと，改良地盤の下部および側方の地盤から改良地盤に伝達される地震動，上部建築物からの振動，改良体の材料特性（せん断剛性と密度）と改良地盤の構造特性から決まる改良地盤の振動特性によって決まる．改良地盤の構造的な特性としては図4.9.1に示すように，改良地盤の全体的せん断剛性を決める改良形式，アスペクト比 B/D（平面方向の長さ B/深さ方向の厚さ D）および改良地盤を支持する下部地盤との関係（比較的堅固な支持土層に着底している着底型支持方式あるいは軟弱な地盤中に留まっている浮き型支持方式）がある．

　軟弱地盤を改良した場合，改良体のせん断剛性，改良地盤の改良形式・アスペクト比・支持方式に依存して改良地盤の卓越周期は決まり，地震動の周期特性のうち卓越周期に近い成分が増幅して改良地盤を伝達し上部建築物のへの入力地震動となる．改良体のせん断剛性が一定の場合，改良地盤の水平方向外力に対するせん断剛性は，改良形式に依存している．配置の方法に関しては，ラッ

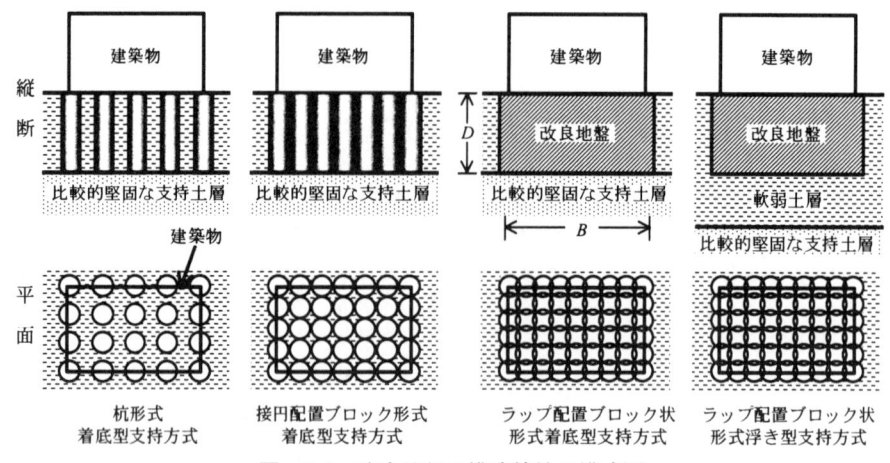

図4.9.1 改良地盤の構造特性の模式図

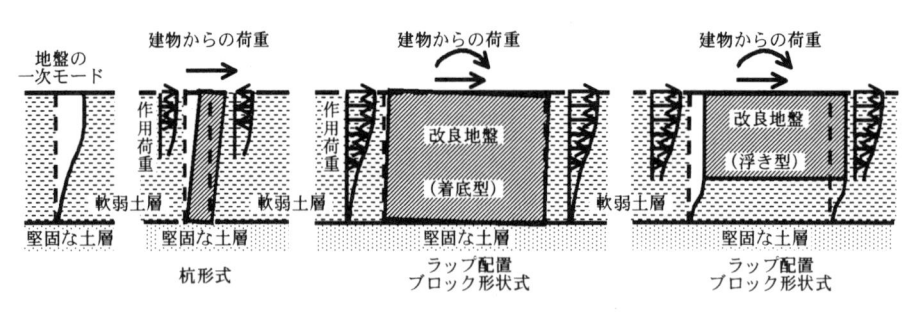

(a) 軟弱土層の振動系が一次モードの場合

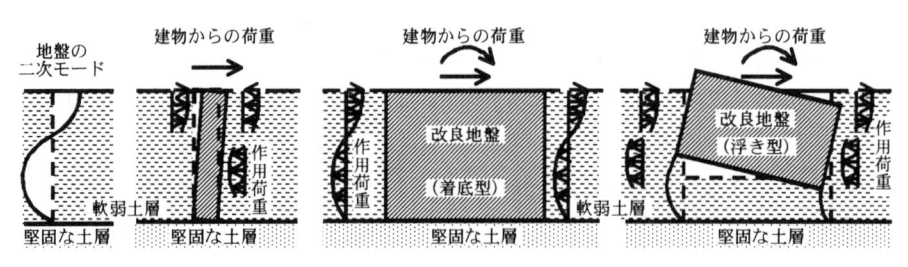

(b) 軟弱土層の振動系が二次モードの場合

図4.9.2 軟弱土層の振動モードと改良地盤の変位の模式図

プ配置＞接円配置＞杭配置の順番に，改良形式に関してはブロック状＞格子状＞杭の順番にせん断剛性が下がっていく．しかし，杭配置および杭形式ともに原地盤よりはせん断剛性は大きい．また改良地盤と下方の地盤との組合せに関しては，着底型支持方式＞浮き型支持方式の順番に，アスペクト比に関しては比が大＞小の順番に下がっていく．こうした要因が改良地盤の卓越周期に影響する．改良体のせん断剛性が大きいため，改良形式の要因によらず改良地盤の卓越周期は原地盤の卓越周期よりは短周期側であること，および図4.9.2に示すように周辺の軟弱土層の振動モードと改良地盤の構造特性との関連で，改良地盤から離れた原地盤の自由地盤としての地震応答よりも改良地盤の地震応答のほうが小さくなる[4.9.1]が，地震動および改良地盤の卓越周期と上部建築物の固有周

期の組合せによっては建築物の応答値が増幅することもあるので，改良地盤の構造特性の選択に留意する必要がある．

(1) ブロック状形式改良地盤の地震時挙動

ブロック状形式改良地盤は接地圧の小さい小規模建築物の独立フーチング基礎などに適した改良形式として接円配置ブロック状形式が利用され，接地圧の大きい大規模建築物にはラップ配置されたブロック状形式が利用されている．

1) 接円配置されたブロック状形式改良地盤の地震時挙動

接円配置されたブロック状形式改良地盤の平均せん断剛性は杭配置杭形式改良地盤よりも大きいが，地震時挙動は杭配置杭形式改良体と基本的には似ていると考えられる．兵庫県南部地震を経験した独立フーチング基礎を有するRC造4階建ての建築物を接円配置されたブロック状形式改良地盤（改良長3.5m，改良体2－9本/フーチング）で支持した施工事例について，FEM地震応答シミュレーション解析[4.9.4)]がなされ，改良地盤のある場合は原地盤のままの場合よりも建築物のベースシヤーが34％低減したとしている．接円配置ブロック状形式改良地盤のシミュレーション解析においては，改良体の接円部分の連結をモデル化する方法によって改良地盤平均せん断剛性が影響を受けるので，十分な考慮が必要である．

2) ラップ配置されたブロック状形式改良地盤の地震時挙動

ラップ配置されたブロック状形式改良地盤は，全体としてのせん断剛性が杭形式および接円配置されたブロック状形式に比べて非常に大きい．改良地盤のアスペクト比は1より大きく，着底型支持方式であることがほとんどである．改良地盤の地震時挙動は，改良地盤部では応答加速度の増幅が少ないこと，および，地震動の上下成分の影響を別にすると，ロッキング運動が抑止された動きとなり，支持層の地震動がそのまま支持層上面から改良地盤に伝達され，ほとんど増幅せずにほぼ同位相で改良地盤内を伝播し[4.9.5)]上部建築物の基礎に伝達される．

地震観測結果からも[4.9.1)]改良地盤は剛体的な一体挙動をし，その加速度および変位は着底している支持層上端面の加速度および変位とほぼ等しいとしている．一方，周辺地盤が軟弱地盤の場合，地震動の長周期成分が増幅されて地表面応答加速度は大きくなる．したがって，改良地盤の天端の応答加速度は周辺原地盤表面の応答加速度に比べて小さな値となる．アスペクト比が4程度の改良地盤の地震観測結果では[4.9.1)]，改良地盤天端の最大応答加速度が周辺原地盤表面の最大応答加速度の1/3程度になるとしている．FEM地震応答解析[4.9.1)]でも，改良地盤天端の応答加速度は周辺原地盤地表面応答加速度の66％～88％であるという報告がある．

大地震動時における改良体の内部応力は，応力集中により改良地盤の端部や上部建築物端部でせん断応力度や鉛直応力度が大きくなるものの，改良体の設計用一軸圧縮強さq_uが920kN/m²やせん断強さτが180kN/m²程度があれば，大地震動時においても十分強度の余裕があるとのFEM地震応答解析による報告[4.9.4)]がある．許容応力度としてq_uが1 200kN/m²，せん断強さが180kN/m²あれば大地震動時の改良地盤内応力は許容応力度以下であったとしているFEM地震応答解析結果[4.9.6),4.9.7)]もある．

大地震動時における，改良地盤底面付近のせん断応力度の最大値は，改良地盤のアスペクト比に

よらず，応力集中により底面の平均せん断応力度よりも大きくなるので，改良地盤底面のせん断応力度の照査は，その平均値に形状係数1.2を乗じてせん断応力の割増しをした数値を用いるとする提案[4.9.8]がなされている．

また，ラップ配置されたブロック状形式改良地盤では，図4.3.3の「改良体間原地盤」のように，原地盤が一部分未改良のまま菱形の平面形状を有して改良地盤内に存在する改良形式がある．この未改良部分は改良地盤全体に均等に分布しその体積が改良地盤全体積の2～3％程度の割合を占めている．未改良部分を囲む改良体の表面部分に生ずる応力集中に関して行われたFEM解析[4.9.9]によれば，大地震動時の改良地盤の応答挙動への影響はないが，菱形エッジ部の改良体のせん断応力度が，応力集中により改良体内部のせん断応力度の2倍程度に増大しているので注意が必要であるとしている．

大地震動時の改良地盤の設計において，改良地盤底面の鉛直反力分布のうち改良地盤の転倒モーメントに対応する部分は，改良地盤両端部で最大値・最小値を示し，中心部でゼロとなる正負の三角形分布の近似式が用いられ，鉛直支持力の検討などに利用される．しかし，FEM解析[4.9.8]によると改良地盤のアスペクト比の増加に伴い改良地盤両端部反力の集中も増加することに対して，反力の底辺長が$D^{1/3}$に比例する仮定し，図4.9.3に示すような反力分布形を用いて転倒モーメントから計算した反力最大・最小値はFEM値と整合が良好であるという提案がある．なお，この分布形から求めた最大・最小値に，$B < 8 \cdot D^{1/3}$の場合は1.8，$B \geq 8 \cdot D^{1/3}$の場合は1.5の係数を乗じて反力の最大・最小値とする．

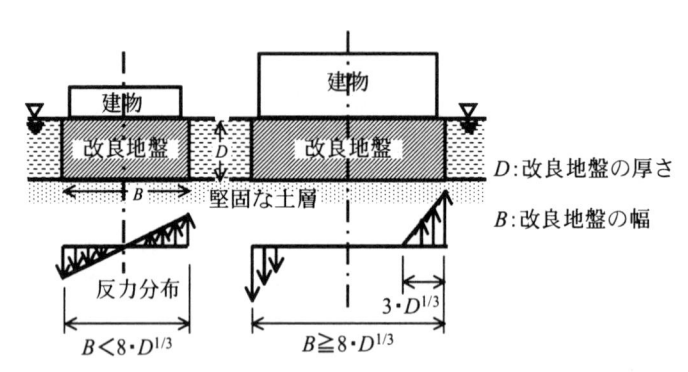

図4.9.3 改良地盤底面の反力分布（ラップ配置ブロック状形式）

改良地盤の地震動の増幅低減効果により，上部建築物への入力地震動の最大値は原地盤のままの場合よりも小さいので，建築物の応答も改良地盤に支持された場合のほうが小さいのが一般的である．施工された大規模建築物のFEM地震応答解析[4.9.5]では，大地震動時において，原地盤のままの場合の建築物のベースシヤー係数0.32は，改良地盤がある場合に0.25となり，約20％の低減との報告がある．しかし，地震動を除けば，改良地盤に支持された建築物の地震時応答挙動は，建築物の固有周期に代表される振動特性と改良地盤の地震時挙動によって決まる．着底型支持方式のラップ配置されたブロック状形式改良地盤には，その支持層の地震動特性がそのままほとんど変化せずに伝達されるが，上部建築物の動特性によっては建築物の応答が増幅することもあるので，注意が必

要である．

ラップ配置されたブロック状形式改良地盤底面が軟弱地盤に留まっている浮き型支持方式の改良地盤は，着底型支持方式の改良地盤とは異なる地震時挙動を示す．地震観測[4.9.1),4.9.10)]によれば，着底型支持方式のラップ配置されたブロック状形式改良地盤は支持層の地震動がそのまま伝達する地震時挙動であるのに対し，浮き型支持方式の場合はスウェイ運動に併せて改良地盤内に回転中心を持つロッキング運動がある．また，改良地盤の最大水平加速度の深さ方向分布は，改良地盤天端よりもむしろ下方部分のほうが大きい分布形状をしており，この分布を示す時刻の周辺原地盤の水平加速度分布は二次および三次の振動系をしていることから改良地盤に対して地震動の増幅を低減する作用を及ぼすため，改良地盤の最大水平加速度は周辺原地盤よりも小さくなって，地盤改良により増幅が低減する効果を持つことになり，その効果は地震時土圧にも現れる．

(2) 格子状形式改良地盤の地震時挙動

格子状形式改良地盤は，格子状形式改良体が接円配置かラップ配置かで，その地震時挙動は異なる．ラップ配置された格子状形式改良地盤の場合は，4.7節で扱っている格子状形式改良地盤の地震時挙動に関する記載がほぼそのまま成立する．また，地震観測結果[4.9.1)]によれば，格子状改良体の面外壁（地震力作用方向と直角方向）が改良地盤に作用する地震時水平外力を負担し，着底型支持方式の改良地盤では同じ支持方式のラップ配置されたブロック状形式改良地盤の地震時挙動とほぼ同様の挙動を示し，格子内の原地盤部分は格子状形式改良体部分と同一挙動をするので改良地盤全体は一体化して剛体的挙動をする．

大規模建築物を支持するラップ配置された格子状形式改良地盤のFEM地震応答解析[4.9.11)]の事例によると，大地震動時において改良体の内部応力は静的FEM応力解析で表現でき，内部応力は許容応力度以内であるとしている．また，地震力に対し格子状形式改良体の面外壁と面内壁のせん断力分担比率が85：15であるとの検討事例報告[4.9.12)]もある．

接円配置された格子状形式改良地盤の場合，ラップ配置された格子状形式改良地盤ほどの高い面外せん断剛性は期待できないが，接地圧の小さい小規模建築物で連続フーチング基礎を支持する改良地盤として普及している．基礎地盤に接円配置格子状形式改良地盤を施工した連続フーチン基礎を有するRC造3階建て住宅が，兵庫県南部地震を経験したが被害は確認されなかったとの報告がある[4.9.3)]．

接円配置格子状形式改良地盤の改良体部分は，ラップ配置の様な面外剛性・面内剛性および格子壁交差部の連結効果など格子内原地盤に対する格子状形式改良体による変形拘束効果が期待しにくいので，解析モデルの検討には配慮が必要である．

(3) 杭形式改良地盤の地震時挙動

杭形式改良地盤は基礎底面の接地圧が小さい建築物の支持力増加に利用されることが多い．改良地盤全体のせん断剛性は他の改良形式より小さいが，地震動の低減はある程度期待できる．図4.9.4は改良地盤の耐震性検討のため，地表面からGL−19mまでN値が0〜3程度の軟弱シルト土層，その下がN値10程度のシルト混じり砂質土層の地盤中に，杭配置杭形式改良地盤（直径30mϕ×深さ2mの改良地盤と，その中心部の9.4m角内にGL−23mまで40本の杭状の改良体を施工した改

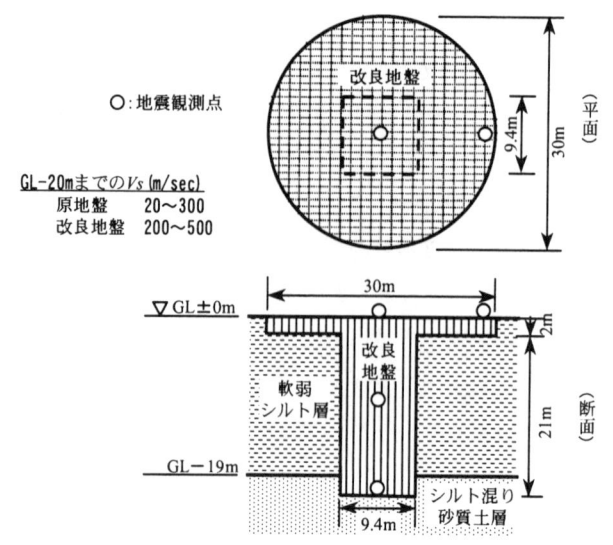

図4.9.4 杭式改良地盤の地震観測[4.9.2)を加筆・変更]

良地盤．改良杭の側面間隔は0.2m，改良体の一軸圧縮強さはおよそ1 000kN/m²）を着底型支持方式で施工し，地震観測をした改良地盤を示している．観測結果[4.9.2)]によると，着底土層の地震動は小さい地震ではあるが，改良体地表点の最大応答加速度は原地盤地表点のそれに比べて1/4～1/5になっていると報告している．

　杭形式改良地盤の地震時挙動は，杭基礎の地震時挙動と類似していると考えられるが，杭頭部での上部建築物の基礎の滑動により改良体との間に生ずるせん断力には上限がある．RC造4階建ての小規模建築物（べた基礎）の支持力増加として杭形式改良地盤（杭配置杭形式改良，改良長約4m，改良体心間隔1.5m，改良体径0.6m）が施工された事例では，兵庫県南部地震（1995年1月）を体験したが，建築物に被害は確認されていない[4.9.3)]．そして神戸海洋気象台観測波をベースにした入力地震動を用いてFEM地震応答シミュレーション解析[4.9.4)]がなされ，杭配置杭形式改良地盤の場合の建築物のベースシヤーが原地盤のままの場合よりも15％低減したと報告されている．

参考文献

4.9.1) 稲富隆昌・風間基樹・大塚幸治：深層混合処理工法による改良地盤の耐震設計について，港湾技研資料（運輸省港湾技術研究所），No.608，1988.3

4.9.2) 岩楯敏広・上島照幸・沢田義博・江刺靖行：セメント系地盤改良の耐震効果に関する研究（その1）―地震観測の数値シミュレーションと改良地盤の制震効果の数値解析による検討―，電力中央研究所報告，研究報告380052，1981.4

4.9.3) 榎並　昭・日比野信一・又吉直哉：セメント系固化材を地中で混合した改良地盤基礎の耐震効果，日本建築学会大会学術講演梗概集，構造Ⅰ，pp.1145-1146，1995.8

4.9.4) 岡部富雄・榎並　昭・日比野信一・松原善夫：セメント系固化材による改良地盤の地震応答性状，日本建築学会大会学術講演梗概集，構造Ⅰ，pp.819-820，1996.9

4.9.5) 古川　茂・森不可止・松井伸夫・井上貴仁・秋山竜二・戸田哲雄・田　正晃：セメント系地盤改

良工法の火力発電所建屋基礎地業への適用検討―その4　地震応答解析―，日本建築学会大会学術講演梗概集，構造Ⅰ，pp.661-662, 1996.9

4.9.6) 太田泰博・土方勝一郎・増田　彰・中村紀吉・鈴木善雄・鈴木吉夫・塩見忠彦・畑中宗憲：深層混合処理工法を用いた火力発電所建屋基礎地業の検討―その3　地震応答解析―，日本建築学会大会学術講演梗概集，構造Ⅰ，pp.1085-1086, 1995.8

4.9.7) 太田泰博・土方勝一郎・増田　彰・中村紀吉・鈴木善雄・鈴木吉夫・塩見忠彦・畑中宗憲：深層混合処理工法を用いた火力発電所建屋基礎地業の検討―その4　地震応答解析結果の分析―，日本建築学会大会学術講演梗概集，構造Ⅰ，pp.1087-1088, 1995.8

4.9.8) 鈴木吉夫・成川匡文・荻原みき・枡田健次・石川　泰・上山　等・塩見忠彦：深層混合処理工法を用いた火力発電所建屋基礎地業の検討―その16　改良地盤の内部応力照査方法の詳細検討とその設計法―，日本建築学会大会学術講演梗概集，構造Ⅰ，pp.503-504, 2000.9

4.9.9) 吉澤睦博・上条直隆・富井　隆・田中秀朗・石田智昭・塩見忠彦：深層混合処理工法によるブロックラップ式改良地盤の地震応答特性に関する研究，日本建築学会大会学術講演梗概集，構造Ⅰ，pp.417-418, 2002.8

4.9.10) 稲富隆昌・風間基樹：深層混合処理工法により地中構造物として改良された地盤の耐震特性，基礎工，pp.10-15, 1985.2

4.9.11) 鈴木吉夫・成川匡文・大島　豊・西村　功・内川裕一郎・岸野泰章・塩見忠彦・北原　武：深層混合処理工法を用いた火力発電所建屋基礎地業の検討―その12　3次元地震応答解析による合理化改良地盤の検討―，日本建築学会大会学術講演梗概集，構造Ⅰ，pp.561-562, 1998.9

4.9.12) 塩見忠彦・荻原みき・枡田健次・上山　等・熊谷俊雄・吉澤睦博：深層混合処理工法を用いた火力発電所建屋基礎地業の検討―その18　格子式改良方式の解析的検討―，日本建築学会大会学術講演梗概集，構造Ⅰ，pp.709-710, 2001.9

第5章 改良体の施工および品質管理

5.1節 基本事項

1. 改良地盤に要求した性能を確保するため,適切な施工機械および施工方法を用いて施工を行う.
2. 設計の要求する性能を確保するため,施工管理および品質検査を実施する.
3. 改良地盤に要求した性能が確保されていることを確認するため,管理結果を表示する.

1. 要求性能と品質
(1) 施工機械と施工方法

　固化材を用いた改良地盤の品質は,同一配合であっても地盤条件や施工条件,管理方法によって異なることがある.特に,深層混合処理工法は固化材と現地土を地中で攪拌混合するので,土質だけでなく,攪拌翼の形状や攪拌方式や攪拌の具合によって品質が異なり,施工品質と攪拌混合状況に関する既往の経験実績に応じて管理項目や管理値の詳細を決めることが必要である[5.1.1].

(2) 品質の支配条件

　攪拌の度合いは,(5.1.1)式で示した深さ1mあたりの羽根切り回数Nr(回)で評価することが多い.

$$Nr = R/P \cdot N_w \qquad (5.1.1)$$

　P:貫入速度(m/分), R:回転速度(回/分)
　N_w:攪拌に寄与する羽根枚数(半径分の翼の羽根を通常は1枚としてカウントする)

　羽根枚数N_wは,通常は半径分の翼の羽根を1枚として取り扱うが,形状や位置によって羽根の効果が異なることに注意しなければならない.適切な羽根切り回数Nrは,地盤条件や羽根の形状,練り返しの有無・回数によっても異なるが,$Nr=400$〜800回の範囲に設定される場合が多い.

　また,攪拌効果は,先端の自然地盤を掘削する先端翼の働きに強く依存しているので,先端翼による土のすき取り厚さ(1回転あたりの翼の掘進量)を少なくすることも重要である.攪拌翼をむやみに大きくして羽根切り回数を多くしても,すき取り厚が大きいと攪拌効果を高めることは難しい.

　深層混合処理工法の品質管理に際しては,羽根切り回数などの施工仕様とそれらの設定根拠を確認するとともに,地盤や施工の実況に応じた管理方法や管理値を設定することが必要である.

(3) 攪拌不良の原因と特徴

　一様な攪拌を目的とした場合であっても,攪拌方法や地盤によっては均質に攪拌できないことがある.攪拌状況を調査した事例〔写真5.1.1参照〕から判断すると,以下の特徴が挙げられる.

　① 改良体先端の攪拌不良

② 改良体水平切断面の中心部と外周部での攪拌状況の違い

③ 改良体最外周部のセメントミルクの殻と内部の攪拌不良

①は，攪拌状況が改良体先端付近とその上部で異なることが原因である．最先端部に到達できる攪拌翼は最先端の攪拌翼のみであり，その上部の羽根は最先端までの攪拌に寄与できない．このため，先端の攪拌方法を工夫することが必要であり，通常は先端で攪拌翼を所定の区間と所定の回数，反復させて練り返すことが多い．②は，水平方向の改良体の品質のばらつきに関するものである．固化材スラリーの吐出位置は，攪拌翼中心にあることが多く，攪拌機能が十分でない場合には，固化材スラリーが中央に集まって外周部に行き渡らず内部と外部で攪拌状況に違いが生ずることがある．③は，共回り現象などが発生して攪拌が十分でないときに生じうるものである．攪拌が不良な場合であっても最外周部は硬いセメントミルクの殻で覆われ，外観上は一体に固まっているように見られることもあるので，改良体の品質を確認する場合には内部の状態を把握しておくことが必要である．硬い殻に覆われる理由としては，攪拌軸が施工中に水平方向にぶれると，外周部に若干の隙間が生じ，この部分に吐出液が充満しやすいことなどが考えられる[5.1.2]．

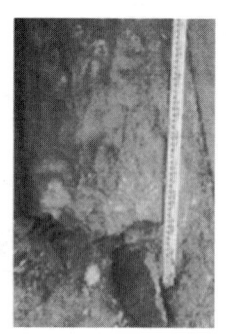

写真5.1.1 攪拌不良が生じた改良体の例
（先端や内部が硬化していない改良体の例）

2．品質管理と管理結果の表示

品質管理とは，設計で要求した改良体の品質を確保するために必要なすべての管理手段であり，地盤調査や設計にも関連するが，本章では，施工管理と品質検査に大別し，それぞれに必要な事項や留意点を述べている．また，管理の実効性を高めるうえでは，管理結果の表示が重要であることから，表示項目や表示方法についても基本的な考え方を示している．

(1) 施工の安定度の把握

改良体の良好な品質を確保するためには，改良体ごとに，地層の変化や地中障害物の存在を適切に把握して管理に反映させるとともに，改良範囲，固化材の配合量，攪拌精度および支持層への定着などに関する施工の安定性を，計器による管理データに基づいて判定することが重要である．このため，施工に先立って，深度計，電流計，回転計などの各計器のキャリブレーションを入念に行い，誤差などを把握しておく必要がある．施工の安定性を損なう要因としては，攪拌装置の回転数（回転能力）の不足，地中障害物による掘進不能，地盤が軟らかいための過大な掘進速度などがあげられる．コンクリートガラなどが大量に存在する場合には，施工位置，改良長，改良範囲などを設

計者などと協議し，必要な対策を講ずることが必要である．

(2) 支持地盤の把握

施工中は，深度方向の地盤の変化を把握して支持地盤の管理を実施しなければならない．深度方向の地層の変化に関しては，本施工に先立つ事前調査や試験施工によって，地層構成とトルクや電流値との関係などをあらかじめ把握しておくことが望ましい．局所的な地層の変化や均質な攪拌混合の障害となりやすい礫や玉石などの存在に関しても，施工中に把握して事前調査によって推定した成層状態の変化と比較検討し，設計で要求された品質の確保にとって支障ないことを確認しなければならない．改良体の支持力算定に関して，先端支持力や周面摩擦力は，同一のN値であっても土性によってかなり異なる場合がある．このため，層厚や地盤構成の変化についても施工段階でできるだけ把握し，設計で想定した状態と対比することが必要である．

支持地盤の管理は，オーガーの電流値またはトルクなどを用いる場合が多い．改良体の先端を支持層に定着させようとする場合には，支持層の管理が特に重要である．攪拌翼のかわりにスパイラルオーガーなどの試料採取用機器を施工機械のロッド先端に取り付ければ，地中深くから土を採取することも可能である〔写真5.1.2参照〕．施工段階で土質確認を行うことは非常に重要である．

写真5.1.2 オーガーを利用した試料採取と土質確認の例

(3) 品 質 検 査

品質検査における検査指標の基本は，コアの一軸圧縮強さである．検査では，改良体からコアを適切な数量採取して強度確認を行うことになるが，設計で想定した品質のばらつきを考慮して検査方法を適切に設定しなければならない．結果の評価に際しては，コア強度と設計基準強度との比較だけでなく，検査用改良体の施工管理結果と当初設定した施工条件，地盤条件の関係について検討することも重要である．

(4) トラブルの要因

深層混合処理工法におけるトラブルに関しては，①硬質土層における貫入不良，②障害物による施工不良，③固化材スラリーのパイプ内の硬化，④攪拌混合性能の把握不足による品質低下，⑤作業中断による品質低下，⑥近接施工による既設構造物への影響，⑦海上工事における水質汚濁，などが指摘されており[5.1.3)]，過去のトラブル事例などを教訓とした管理が必要である．

施工機械の能力（貫入力，回転力など）や制御精度が十分であればよいが，地盤の状況によって

表5.1.1 深層混合処理工法の要求品質と品質管理方法[5.1.4]

区分	管理目的	要求品質	管理対象	管理項目	管理方法 手法	頻度	信頼性 高/中/低	管理値	記録方法	計器目視	自動/手動	必要性	管理分担 監理者/管理者/専業者
寸法・形状	位置の確保	コラム芯位置	コラム芯位置 コラム芯セット	コラム芯位置 芯セットの位置	トランシットで測量 芯にヘッドを合わせる	全数 全数	高	計画位置 10cm以内	コラム状図	芯棒 目視	手動 手動	A B	◎ ○ / ◎ ○ / ○ ○
	設計寸法・形状の確保	コラム径	撹拌翼 施工径	撹拌翼の径 固化体径	スケールで測定 コラム頭部をスケールで確認	10日に1回 随時	高	±10mm以内 設計径-10mm以上	チェックシート チェックシート	スケール スケール	手動 手動	A B	◎ / ◎ / ○
		コラム長	掘削深度 施工機リーダー	ヘッド先端深度 鉛直度	深度計 リーダーの角度のチェック	全数 全数	高	1/100以内	チャート、磁気記録 目視	深度計 角度計	自動 手動	A A	◎ ◎ / ◎ ◎ / ○ ○
改良地盤の品質			地盤	土質 地下水位の水質 周辺の地盤環境	土質調査報告書 土質調査報告書	1現場1か所以上 1現場1か所以上			報告書 報告書	目視 目視		A A B	◎ ◎ ◎ / ◎ ◎
	改良体の強度	改良体の強度	固化材	納品伝票	目視	納入ごと	高	写真管理	納品伝票	目視	手動	A	◎ / ◎ / ○
	設計基準強度の確保		固化材液	比重 濃度	比重計 重量測定、袋数	1日1〜2回 バッチごと	高	規定の99%以上 ±2%以上	チェックシート チェックシート	比重計 重量計	手動 手動	A A	◎ / ◎ / ○
			添加量	添加量	流量計、速度計より計算	全数	高	規定値以上	磁気記録	パソコン	自動	A	◎ / ◎ / ○
				単位吐出量 総吐出量 貫入速度	流量計 流量計 速度計	全数 全数 全数	高 高 高	規定値以上 規定値以上 規定値以下	チャート、磁気記録 チャート、磁気記録 チャート、磁気記録	流量計 流量計 速度計	自動 自動 自動	A B A	◎ / ◎ / ○
			撹拌状況 (撹拌混合度)	撹拌回転数 軸回転数 共周り防止機能 引き上げ速度	軸回転数と速度計より計算 モーターの設定値 目視 速度計	全数 現場搬入時 ヘッド交換時 全数	高 高 高 高	規定値以下 規定値以下	チャート 磁気記録 チャート チャート	パソコン 目視 速度計 速度計	自動 手動 自動 自動	A A A A	◎ / ◎ / ○
			強度確認	対象土質 対象コラム群 採取状況 採取位置 試験数 平均強度	土質柱状図 土質断面図 コア採取率判定 頭部コア、コアボーリング 試験方法、養生方法、試験機関 判定値を満足	対象コラム群ごと 現場ごと コアボーリング 仕様書による 仕様書による	高 高 高 高 高 高		チェックシート チェックシート チェックシート チェックシート 報告書 報告書	目視 目視 目視 目視 試験器	手動 手動 手動 手動 手動	A A A A A A	◎ ◎ ◎ ◎ ◎ ◎ / ◎ ◎ ◎ ◎ ◎ ◎ / ○ ○ ○ ○ ○ ○
	地盤環境	土壌環境基準	化学的性質	有害性の調査	溶出試験	必要に応じて	高	基準値以内	報告書	試験		B	◎ / ◎ / ○
地盤支持力	支持力の確保	周面摩擦力	掘削地層	対象土質	土質柱状図	対象コラム群ごと	高		チェックシート	目視	手動	A	◎ / ◎ / ○
		先端支持力	撹拌状況	先端翼位置 繰り返し回数	深度計 深度計	全数 全数	高 高	所定深度、支持層確認	チャート、磁気記録 チャート、磁気記録	深度計 深度計	自動 自動	A A	◎ / ◎ / ○
			土質	支持層確認	電流計、トルク計、柱状図など	全数	高	規定値以上	チェックシート	目視	手動	A	◎ / ◎ / ○
		許容支持力	鉛直・水平支持力	許容支持力	載荷試験	0〜数本	高	規定値以上	報告書	試験		B	◎ / ◎ / ○

重要性 A：必ず実施　B：必要に応じて実施

管理分担 ◎：承認者　○：担当者

表5.1.2　品質管理における検討対象と留意点

検討対象	留　　意　　点
管理者	品質管理においては，管理者と実際に調査・試験を関わる技術者や作業員の関係や管理に対する意識や考え方が重要である．管理者は，第三者性を有していることが基本であるが，管理に関与するすべての関係者の役割なども把握しておくことが必要である．具体的には，管理装置の計測，サンプリング，コア試験体の成形や養生，強度試験，試験結果の評価・考察など，管理の様々な過程で誰がどのような役割を果たしているのかを十分把握しておくことが重要である．
管理対象	品質管理の対象は，設計上の要求品質に直結する指標が基本である．改良体の場合は，コア強度と設計基準強度の関係が重要になっていることから，コア試験体の強度が管理対象となることが多い．コア強度のほか，改良体の寸法や形状，改良体の連続性も管理対象になる．品質検査に直結する検査指標だけでなく，地盤調査結果や施工管理データとの対比も管理の確実性を高めるうえで有用である．
管理手法	管理手法には，管理対象となる試料などの作成方法，調査方法，施工管理などにおける自動計測などがある．管理の確実性や信頼性を考える場合，調査方法の実績や普及度が重要であり，一般的な計器を用いた単純な測定と特殊な装置を用いた高度な計測との違い，計器による自動計測管理と目視確認との違いなどに関する配慮が必要である．強度確認における試験体の作成方法（切り取ったコア試験体とモールドコアの関係）も重要である．
管理時期	管理時期は，改良効果の発現時期などにも密接に係わっている．改良体の強度確認は，材齢28日が基本であるが，早期材齢の強度試験結果で確認することが少なくない．早期材齢の試験結果を利用するためには，土質の違いや材齢なども考慮した強度の比較を行い，28日材齢と早期材齢との比を定めることが必要である．改良体の強度は同一材齢であっても，強度試験を実施するまでの材齢だけでなく，試料を採取する方法や採取する時点の材齢とその後の養生方法などの関係についても十分考慮する必要がある．採取時期や採取後の養生方法の影響については明確でない部分が少なくない．改良規模が小さい場合には，モールドに充填したままそのまま気中養生することも皆無でないが，養生条件についても配慮も必要である．基準となる28日材齢の強度に関しても，早期材齢で切り取って標準養生（恒温恒湿）した強度とほぼ28日現地養生してボーリングなどにより切り取った直後の強度の関係などについて明らかでない場合があるので，養生方法や切り取るまでの材齢の関係などについても明確にしたうえで早期強度から28日強度を推定することが必要である．
管理位置	全ての改良体の施工状況を自動計測された施工管理結果などから把握し，その結果に基づいてコア強度試験を実施する改良体を適切に選定することが必要である．強度試験の対象となる改良体の位置の選定は，地盤や施工によって品質にばらつきが生じる改良体の品質管理にとって重要である．強度検査用の改良体の選定を，何時（施工前か施工後），誰（施工者，設計者，管理者など）が設定したのかといったことも管理結果の信頼性を考えるうえで重要である．ボーリングコアによるコア採取率は，強度試験の試料を採取位置の信頼性に密接に係わっており，コア採取率が十分でない場合は無作為な採取が困難になり，強度確認の信頼性は乏しい．
管理数量	確実な方法で全改良体の検査・確認を行うことは管理の信頼性を高めるうえで重要であるが，コストや時間の関係から，必要最低限の全数管理と施工範囲を代表する抜き取り検査など分けて実施することが一般的である．全数管理は，通常の施工管理であり，この管理状況から抜き取り検査を実施する改良体の数量と各改良体から抜き取って強度試験を実施するコア試験体の数量を決めなければならない．この管理数量は，施工に先立っておおよその目安を決めておくことが望ましいが，施工管理の状況やボーリングコアの状況に応じて適切な数量を設定することが必要である．

は回転数が低下し，羽根切り回数の減少による攪拌不良などもありうる．天候や地中障害物との接触などにより作業効率が低下すると，当初の作業工程の確保を図るため貫入速度を増して施工時間の短縮を図ることもありうるが，貫入速度に応じた吐出量と回転数が必要であり，吐出量と回転数，貫入速度のバランスが重要である．

固化材スラリーの作液タンクの容量によっては施工中にバッチ交換などが必要な場合もあるが，注入管に気泡が入ったため，吐出量（吐出速度）が低下した場合もある．また，植物の根や不純物などが多く含まれていると固化しない場合もあり，注意を要する．

(5) 管理結果の表示

表5.1.1[5.1.4)]は，要求品質と管理対象の関係と管理値も目安などをとりまとめたものである．個々の管理に際しては，上記の内容や地盤条件・構造物の用途・目的・管理の重要性などを考慮して，管理方法や管理値を適切に設定することが必要である．

また，品質管理の確実性を高めるには，管理結果の表示が重要であり，表5.1.1に対応する表示が有用である．表5.1.2には，品質管理の基本的な考え方と留意事項を整理している．

(6) 設計で要求した品質と管理結果の対比

設計で要求した品質が実現できるように管理することが基本であるが，改良体の品質は地盤や施工によって影響を受ける．施工中の掘進抵抗から推定される地盤状況が設計で想定した地盤条件と異なる場合や地中障害物の存在による施工中のトラブルなどによって品質が予測と異なる場合もある．強度確認の結果，目標とした強度が得られていない場合もありうる．品質検査で実際に確認したコア強度の変動係数などが，当初想定した値と異なる場合もある．このような場合は，設計者と協議して，設計の要求性能を満足しているかどうか調べる必要がある．

参 考 文 献

5.1.1) 編集協力：国土総合政策技術研究所／(独)建築研究所，日本建築センター：建築物のための地盤改良の設計及び品質管理指針（改訂版），2002

5.1.2) 田村昌仁・井上芳夫・小堀隆治・渡辺一弘・藤井　衛・日比野信一・小川能克・牧原依夫・阿部秋男：深層混合処理工法による改良体の品質評価法，日本建築学会構造系論文集　No.550　P.79-86　2001.12

5.1.3) (社)土質工学会：地盤改良のトラブルとその対策，1992

5.1.4) 国土交通省総合技術開発プロジェクト，建設事業の品質管理体系の開発，最終報告書，2000

5.2節　施工および施工管理

> 1．改良体に要求される品質を確保するため，適切な攪拌機能を有し，施工の安定性が確認できる装置を備えた施工機械を用いる．
> 2．地盤条件や施工機械の特性に応じた適切な施工順序を定め，施工状況や管理結果に基づく適切な施工方法を採用する．
> 3．所定の改良範囲に設計で要求する改良体を築造するため，改良体の品質に係わる管理対象および管理項目を適切に選定し，施工の安定性が把握できる管理方法を採用する．

1. 施工機械

　攪拌機能は，同一工法であっても攪拌翼の寸法・形状や攪拌方法に左右されうるので，攪拌混合度の評価に際して注意が必要である．また，十分な攪拌混合性能を有しており，品質のばらつきが小さいことが既往の資料により推定できるような工法であっても，その前提は所定の施工仕様が確保でき，施工が安定していることである．したがって，品質に影響を及ぼす管理項目を施工中にデータとして記録・保存し，施工の安定性を確認できる機械を用いることが重要である．

　攪拌不良の原因には，地中障害物の存在のほか，粘着性の高い土を攪拌した場合に攪拌翼周囲の土が翼と同じ方向に同時に回転して土を攪拌できない現象（これを共回り現象という）もあげられる．共回り現象は，ローム地盤や粘土地盤（特に，凝灰質粘土）で生じやすく，攪拌翼や攪拌方法に工夫を要し，工法・施工機械ごとに適切な対策を講じなければならない．

　共回り現象を防止するためには，先端の攪拌回転翼と同じ方向の土の回転移動を防止することが基本であり，固定翼や半固定翼を設ける方法，逆転翼を設ける方法など対策がある．ただし，どのような方法を採用する場合でも，最先端の翼とその直上の翼との間隔が広すぎると，最先端部における共回りの防止効果が十分期待できないので要注意である．

2. 施工方法

(1) 施工順序

　固化材スラリーは，攪拌翼が改良底にはじめて達するまでの間にすべて吐出することが多いが，工法によっては引上げ段階でも吐出することがある．改良体の先端部（改良底）に関しては，攪拌性を高めるため，通常は先端部の練返しが必要である．固化材スラリーの吐出開始位置に関しては，設計上の改良体の頭部位置より若干上部より吐出を開始することが多い．攪拌翼の上下反復回数は通常，一往復が多いが，地盤や工法によっては複数回反復する場合もある．

(2) 施工の安定性の確保

　地表付近に廃棄物や礫，玉石などの地中障害物が埋まっている場合は，設定した貫入速度を維持できない場合や一時停止を招くことがある．不安定な施工となった場合の措置に関しては，あらかじめ施工要領やマニュアルなどに対応方法を整理しておくことが重要である．不安定な施工となった改良体が存在していると，改良体の強度確認のための調査位置の設定にも影響を及ぼすので，施工の中断などがあった場合は，その状況や原因などを施工報告書に詳細に記録しておくことが必要である．

3. 施工管理

　深層混合処理工法の場合，施工中の仕上りを直接目視確認できないため，計器による施工管理が重要である．主な管理項目は，①寸法・形状，②固化材，③攪拌混合度，④支持地盤，⑤頭部処理，⑥周辺環境，である．周辺環境への影響としては，①地盤変状，②水質調査，③騒音，④振動，⑤地盤環境などがあり，これらに関しては6章でまとめている．また，環境問題に関しては，六価クロムの問題が取り上げられており，環境に配慮した固化材の選定などが必要である．

　また，施工管理においては，すべての改良体を対象として施工の安定性が確保できたかどうかを確認することが必要であり，その結果を施工後の品質検査に反映できるようにしなければならない．

施工計画書などで定めた標準的な施工仕様（貫入速度ほか）が確保できていない改良体は，所定の施工仕様が確保できている改良体とは，別途の扱いが必要である．このような改良体に関しては，強度や連続性を個別に確認することが重要である．また，改良地盤全体の平均強度やばらつきの評価をする際に，ほかの標準的な施工仕様が確保できた改良体と同列に扱わないなどの配慮も必要である．

主な施工管理項目と計測方法および管理値の目安は，表5.1.1に示しているが，文献5.1.1)に詳細が示されている．施工中は，地盤条件や改良体の寸法・形状に応じて適切な管理値を設定して，改良体ごとに施工管理を行う．管理内容は，計器によるものが多いため，施工前にキャリブレーションを実施し，管理機器の作動性を確認しなければならない．

施工管理状況は，工程ごとに計測して記録することが必要である．特に，固化材の供給と撹拌混合状況など，品質と直結する重要な管理項目に関しては，原則として写真5.2.1に示すように自動計測することとし，経過時間との関係を正確に記録・保存することが重要である．

施工誤差は，本体への据付けの精度に影響されるところが大きいので，軟弱地盤では機械本体の下に鉄板を敷いたり，表層改良を施して養生し，施工機械の安定性を確保しなければならない．

以下，施工管理における留意事項などを述べる．

ａ．寸法・形状の管理

寸法・形状の管理項目は，撹拌翼の径，改良径，改良長などである〔写真5.2.2〕．

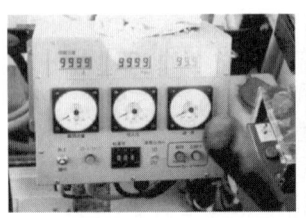

写真5.2.1　自動計測による管理状況

写真5.2.2　撹拌径の管理
（左；撹拌翼の径，右；改良後の仕上がり径）

ｂ．固化材の管理

固化材の管理とは，配合管理で決められた固化材の配合量と水/固化材比を保持するための管理であり，固化材の安定した供給が重要となる．現時点では，固化材の配合量を満足させるために所定の水/固化材比のスラリーを所定の吐出量で注入することにより管理する場合が多い．単位深さあたりのスラリー量は，スラリーの吐出量（l/min）とロッドの昇降速度により管理する．

スラリーはプラントでバッチごとに作液する場合が多いが，所定の水／固化材比が確保できるよう1バッチに投入される固化材の重量と水の重量を設定する．バッチごとに自動計測管理するとともに，スラリー比重により確認することが必要である〔写真5.2.3〕．

　　c．攪拌混合度の管理

　攪拌混合度は，羽根切り回数（改良体単位長さあたりの攪拌回数）などで評価されることが多いが，回数管理だけでなく，攪拌混合状況が施工にどのように反映されるのか把握することも必要である．写真5.2.4は，地表で目視確認できる施工状況を示したものである．固化材スラリーが地表に溢れ出している場合もあるが，このような状況は固化材と土との攪拌が十分でない可能性が高いので注意が必要である．

比重計による固化材液の管理

写真5.2.3　計器による品質管理

施工現場では地表部分の攪拌状況が目視確認できる．左端および中央のように攪拌された改良体が地表で盛り上がることもあるが，右端のように固化材液を地表に溢れ出る場合がある．この場合は，攪拌不良の可能性も考えられる．

写真5.2.4　施工現場で目視確認できる改良体の攪拌状況の例

　　d．支持地盤の管理

　施工中は，深度方向の地盤状況の変化を把握できるよう支持地盤の管理を実施しなければならない．局所的な地層の変化や均質な攪拌混合の障害となりやすい礫や玉石などの存在を施工中に把握して，事前調査によって推定した成層状態の変化と比較検討し，設計で要求された品質の確保にとって支障ないことを確認することが重要である．この管理は，掘削中のオーガーの電流値またはトルクなどを用いる場合が多い．改良体の先端を支持層に定着させようとする場合には，支持力性能を確保するうえで，支持層の管理が特に重要となる．

　　e．頭部処理の管理

　施工後に改良体頭部の位置を所定の仕上がり天端に揃えるため，バックホーなどで頭部を切り取って処理することがある．この際，改良体が破損しないよう注意しなければならない．施工中の改良体頭部は，スラリー注入のため盛り上がることがあるが，その量は土質によって一定せず，逆に砂質土や埋土では頭部が沈降する場合もある．強度発現が低い早期材齢のうちにバックホーなどにより頭部の仕上がり状況を確認するとよい．

5.3節 品質検査と管理結果の表示

> 1．改良体の強度および連続性が把握できる検査指標を設定し，改良体に対する要求性能が把握できる品質検査方法を用いる．
> 2．施工管理および品質検査の結果は，適切な方法で表示し，必要な期間，保存する．

1．品質検査における検査指標と要求性能

(1) 品質検査

改良体の設計基準強度は，通常，コアの一軸圧縮強さに基づいて設定されており，採取したコア強度が検査指標となる．検査における合否は，コア強度の平均値やばらつきの大きさなどで評価することになるので，設計で想定したばらつきや検査の数量などを考慮して，検査における判定基準

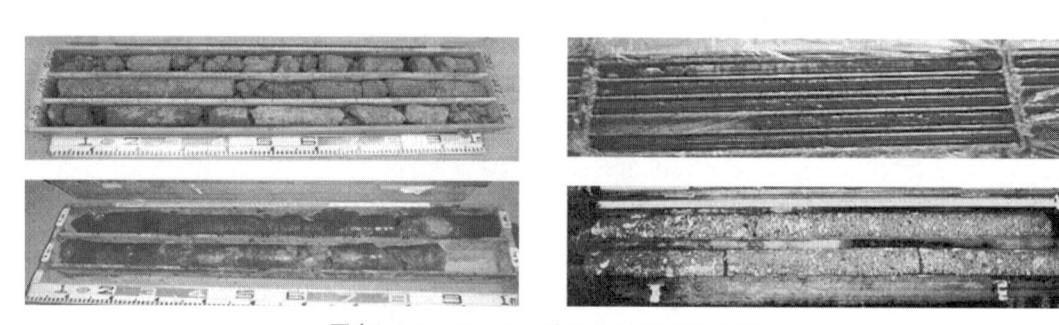

写真5.3.1 ボーリングコアの採取状況の例

表5.3.1 コア採取率の考え方（深層混合処理工法の場合）[5.1.1]

コア採取率	粘土，ローム	砂
ボーリングコア1mごと	85％以上	90％以上
ボーリングコア全長	90％以上	95％以上

コア採取率＝コア採取長（未硬化部分を除く）/掘進長（％）

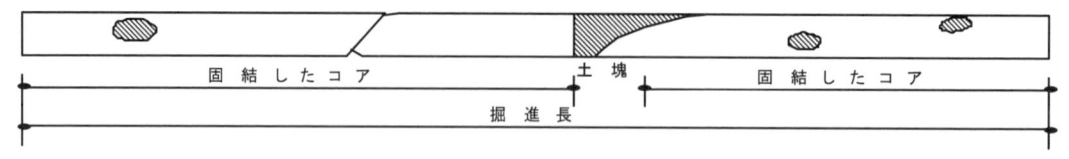

土塊と攪拌混合によって固まったコアは，目視だけでは明確に判別できないこともあるので，指圧や水洗いのほか，フェノールフタレインの塗布による判定（アルカリによる赤色反応が認められれば攪拌部分とみなす判定）も有効である．また，土塊は，採取した土に部分的に混入している場合が多いので，採取した部分をコアとみなすか土塊とみなすのか，土塊の混入している割合などを考慮して適切に区別しなければならない．採取した円柱状試料の円形断面に占める土塊（空隙部を含む）の割合が50％以上となっている場合は，その部分を土塊とみなし，混入割合が50％未満の場合は土塊が含まれていてもコア部分として扱うことができる．ただし，コアとみなしうる場合であっても土塊を多く含んでいる部分が連続していると，コア試験体の採取が難しくなるので，採取した部分だけでなく改良体全体についても土塊の含有状況を詳細に確認することが必要である．

コア採取率は，上記の目安値を満足しない場合は，土質区分やコアの硬化状態，採取方法などを詳細に調査し，コア強度試験の適用性や信頼性に関する検討が必要である．

を設定することが重要である.

　改良体の強度や連続性が把握できる調査・試験方法の基本は，ボーリングコアから切り取ったコアの一軸圧縮試験とボーリングコア全長の観察である．ボーリングコアを用いた連続性の評価方法としては，コア採取率による手法がある．コア採取率 R_c は，(5.3.1)式に示すように，掘削したボーリングコアの全長に対する硬化した採取コアの割合を意味する．コアが採取できても未硬化な部分は採取コアに含めることができないので，指圧や水洗いなどによって確実に硬化しているか否かを確かめることが必要である〔写真5.3.1，表5.3.1〕．

$$R_c = L_c/L \times 100 \tag{5.3.1}$$

　　R_c：コア採取率（%），L_c：硬化した採取コアの長さ

　　L：掘進長さ（1mごと，コア全長を対象とすることが多い）

　改良体の連続性に関しては，ボーリングコアの観察のほか，インテグリティ試験や電気比抵抗試験がある[5.1.1]．前者のインテグリティ試験は，既存杭を再利用する場合や杭の品質管理さらには被災した杭の損傷度を評価する場合に利用されている調査法であるが，硬化した改良体に対して適用することも可能である．この試験では，コラムの頭部を軽打して，波動が改良体先端から反射する状況から改良体の健全性のおおよそを推定することができる．簡便迅速であるため，全数調査も可能である．これまでの調査結果によると，反射が認められない場合は未硬化部分を多く含んだ品質不良であった事例[5.1.2]も含まれている〔写真5.3.2，図5.3.1〕．

　後者の電気比抵抗試験は，施工直後の未硬化段階で実施する試験であり，比抵抗コーンをまだ固まっていない改良体に押し込みながら比抵抗の深度分布を求める手法である．施工直後の比抵抗の

写真5.3.2　インテグリティ試験の実施状況

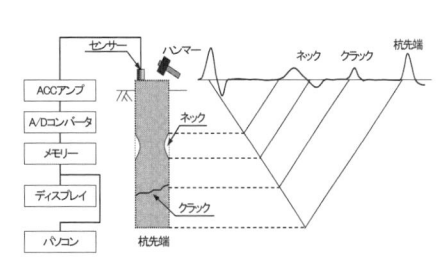

図5.3.1　インテグリティ試験の概要

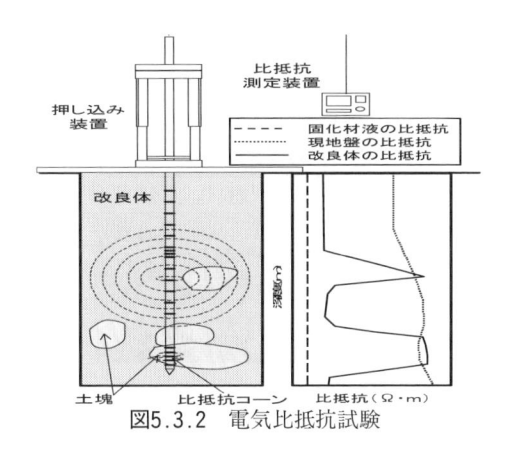

写真5.3.3　電気比抵抗試験

図5.3.2　電気比抵抗試験

変動が大きいと，攪拌が不十分なおそれがある〔写真5.3.3，図5.3.2〕．

(2) コア試験体の採取

一軸圧縮試験に供するコア試験体は，改良体から無作為に採取しなければならない．無作為な採取を行ううえで留意すべき事項を下記に示す．

① コア採取の対象となる改良体は，施工後に選定する

地中障害物との接触などにより施工が一時中断したような改良体，管理値を満足していない改良体，管理値を満足しているものの管理結果が著しくばらついている改良体や施工仕様と実際が大きく異なる改良体は，標準的な品質検査用の改良体として扱うことは不適切であり，これらの改良体の施工状況や地盤状況を考慮して個々に品質に支障ないことを確かめることが必要である．

② 採取したコアから無作為に供試体をサンプリングすること

採取したコアからコア供試体をサンプリングする際，コア中に未硬化部分が含まれると，コア試験体の採取が困難となる．このため，オールコアサンプリングの目視観察により得られるコア採取率〔表5.3.1参照〕による評価が必要となる．無作為な採取を可能とするコア採取率は，全長に対して砂質土層95％以上，粘性土層90％以上，1mあたりのコア採取率としては砂質土層90％以上，粘性土層85％以上とすることが多い．

頭部コアをコアドリルマシンなどで採取する場合もコアの採取状況を無視すると信頼した結果を得ることができないので，強度の数値だけでなく採取状況を写真などで記録しておくことが必要である．写真5.3.4は，コアドリルマシンによる採取状況を示す．頭部コアの場合も，ボーリングコアと同様，指圧や水洗いなどにより固結部分の割合を確認することが重要である．礫などが混入している場合や攪拌不良の場合を除くと，写真5.3.4(a)に示すように，頭部50cm程度のコア抜きした試料にはひび割れや欠損が生ずることはほとんどない．

なお，コア試験体の作成に関しては，成形位置の選定が重要である〔写真5.3.5参照〕．できるだけ多くの試験体を採取して，硬化した部分から特に選り好んだ採取が可能となる余地を残さない配慮が必要である．文献5.1.1)では，1mにつき3個程度を採取することを標準としている．強度試験自体は，検査の信頼性を高めるため，第三者機関で実施することが多いが，試験体の成形などについても強度試験と同様，第三者機関で実施することが望ましい．

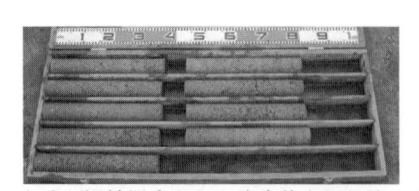

(a) 十分に攪拌混合された改良体を切り取った場合

(b) 攪拌混合度が乏しい改良体を切り取った場合

写真5.3.4 コアドリルマシンによるコアの採取状況

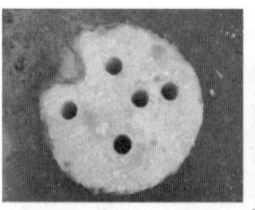

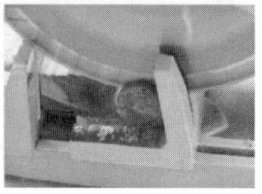

写真5.3.5 コアの採取および成形状況

(3) コア供試体による一軸圧縮強さ

　品質検査に用いるコア強度の材齢は28日を基本とするが，7日などの早期材齢の強度を用いて判定することも可能である．早期材齢の強度を用いる場合には，強度に及ぼす材齢や養生条件の関係を適切に評価できるデータに基づき，所定の材齢の強度を推定しなければならない．コアの採取位置は，改良体の平面方向および深度方向の強度のばらつきを調査して決定しなければならない．この調査は，工法ごと，土質ごとに行うことが重要である．

(4) 検査対象の改良体群および地層の設定

　品質検査は，1建物ごとに実施し，検査対象の改良体群や地層ごとに判定することが基本である．

　ａ．検査の対象となる改良体群

　検査の対象となる改良体群は，同一の検査結果を適用する改良体群である．ほぼ同一の地盤条件でなければならないが，施工が不安定な改良体については，管理データや必要に応じて実施する調査・試験により，別途改良効果の確認を行うことが必要である．

　ｂ．検査の対象となる地層

　改良体の強度は，土質によって異なるので，地層ごとに強度を確認することが基本であるが，配合量を設定するための対象となった設計対象層（一般には最弱層）に対する強度確認が特に重要である．設計対象層が頭部に存在する場合は，コアドリルマシンで頭部コアを採取してコア試験体を得ることができるが，深部の場合は，深部から直接コアを採取しなければならない．ただし，改良体頭部は，頭部の仕上げ段階で攪拌が繰り返され，固化材量と攪拌回数が共に過大で高強度になることも少なくないので，頭部コアの採取位置における施工状況が検査用改良体として適切か否かを施工管理データから確認しておくことが必要である．

(5) 調査個所数および検査数量

　調査個所数および検査数量は，検査指標，建物規模，改良規模，地盤条件，改良体の数量，施工の安定性などを考慮して決定することが重要である．文献5.1.1)には，設計対象層が頭部にある場合，深部にある場合のそれぞれに対して，標準的な検査数の目安が示されている．改良体100本ごとにコアボーリング1本以上，頭部コアは50本ごとに1か所（1か所につき3個以上）が標準である．

(6) 品質検査における合否判定

　コア強度などの検査指標を定めて必要な検査数量を採取した後は，検査結果に基づき合否判定を行うことになる．合否判定の方法は，実際に確認した強度と適切に定めた合格判定値の大小で比較することが多い．コア強度を指標とした場合，合格判定値は，検査数量や検査精度などによって適切に定めることが必要である．文献5.1.1)には，コア強度を指標とし，コア試験体の数量を考慮した合格判定値が示されており，これを参考にすることができる．

(7) モールドコアによる強度確認

　建築基準法の改正により，深層混合処理工法などのセメント系固化材を使用した改良体に関しては，国土交通省告示第1113号第3で改良体の許容応力度を定める方法が規定された．この規定は，改良体の設計基準強度 F_c に対して，長期および短期の許容応力度をそれぞれ $F_c/3$，$F_c/1.5$ とするものであり，地盤改良の法令上の位置付けが明確になったが，その一方で，原則，改良体から切り

取った試験体（ドリルコア）を用いた28日材齢の強度確認の必要性が明確になった．この規定は，許容応力度計算を要するすべての建築物に対して適用されることから，施工後のコア強度確認は法令上も求められていることに注意を要する．

改良体の強度を確認する方法の基本は，硬化した部分から試験体を切り取って強度試験することであるが，実務では工程や費用の関係から施工後に硬化した改良体から直接切り取ることが難しい場合が多く，まだ固まらない状態で採集した試料を用いた確認も少なくない．このため，施工直後のまだ固まっていない状態の改良体に試料採取装置を所定の深度に挿入して試料を適量採取して地上に取り出し，強度試験の試験体作成用のモールドに充填して，試験体を作成することがある（写真5.3.6）．この方法は，経済性に優れる手法であるが，以下の課題が挙げられる．

① ボーリングマシンで深度から改良体の全長にわたって採取するボーリングコアの場合は，コア採取率が把握できるが，モールドコアの場合は連続性が評価できないので，別途，連続性が確認できる検査が必要である．

② モールドコアの場合，詰め方によって密度や性状の変化が少ない場合を除くと，充填方法が重要である．砂質系の場合は，試験体が密実になって強度を過大評価するおそれがある．

③ 撹拌が不十分な場合，モールドコアの強度の変化やばらつきは，ドリルコアより大きい傾向にある．撹拌が不十分な改良体からドリルコアを得ようとすると，試料内の未固化部分が崩れやすいために所定の寸法の試験体が得られず，確実に固結した部分から試験体を採取せざるを得ないので強度を過大評価するおそれがあるが，モールドコアでは未固化部分が試料に含まれていてもモールドの中で固まるので所定の形状の試験体の作成が可能であり，試験体の強度が低くなる可能性がある．

④ モールドコアによる検査については，充填方法，養生方法，28日材齢の強度推定法などが明確でなく，採取深度の影響なども考慮して合否判定方法を明確にする必要がある．

室内配合試験における撹拌混合直後の試料は，一般に十分に軟らかい．このため，モールドに3層程度に分けて充填し，自己充填方式（モールドの底部を数回机などに軽打して気泡などを追い出し密実に詰める）の採用も可能である．しかし，撹拌開始後の経過時間や気温の関係により，現場で採取する試料は室内に比較してかなり硬いことが多く，自己充填方式が採用できない場合も少なくない．特に，配合量を設定する際に対象とした地層が地表面付近に存在しない場合は，試料を地中深くから採取することが必要である．ただし，この場合は，撹拌開始してから数十分以上の時間を要することが多く，撹拌直後の軟らかい状態の試料の採取が困難であり，硬化が始まっている可能性もある．夏場の高い気温のもとでは，モールドに充填するまでの段階でかなり固まっていることがあり，注意が必要である．

写真5.3.7には，モールドへの充填方法を例示しているが，①団子状に捏ねる，②ひも状，棒状に捏ねる，③鉄棒などで突き固める，④モールドに充填した後，荷重を与えて圧縮する，などがある．充填する段階で硬化がはじまり試料が硬くなっていると，モールドコアは，ドリルコアと比較して強度増加や強度低下を招くおそれがある．砂質土系の場合は，充填によって密度が高まると，モールドコアの強度がドリルコアの強度より大きくなりやすい．一方，粘性土系の場合は，無理矢理に

充填することによって硬化し始めた部分がつぶされ，モールドコアの強度が低下するおそれがある．モールドコアを用いた強度確認を行う場合は，設計対象層の深度と試料採取深度の関係を明確にするとともに，充填方法の影響を事前に確かめておくことが必要である．

最近では，特殊な試料採取装置を固まらない段階の改良体全長に対して挿入し，全長の攪拌状況を調べる方法も開発されつつある．施工後に攪拌不良な部分が確認できても対処が難しいので，未硬化な状態で攪拌混合状況を確かめられる合理的な管理方法の開発が今後重要である．

採取直後　　　　　　　　　　モールド脱型時

写真5.3.6　モールドコア

施工直後の試料の状況は，土質や水セメント比，攪拌開始から採取までの時間によっても異なる．団子状に練って詰める方法，棒状に捏ねて詰める方法，鉄棒で押込む方法など様々．柔らかい場合は，自己充填方式も可能．密に詰めすぎると強度増加のおそれや固化状態で無理に詰めると強度低下を招くおそれもある．

写真5.3.7　モールドコアの充填方法の例

2．管理結果の表示

(1)　管理結果の表示方法

施工管理や品質検査の結果は，適切な方法で記録し，表示することが重要である．通常は，施工報告書で管理結果を併せて示すことが多いと考えられるが，結果の表示方法に関しては全数の施工記録を詳細に添付する場合や最終的な合否判定の結果を簡潔に示す場合などさまざまである．表示に関しては，表5.1.1，表5.1.2に示した留意点などを考慮し，強度試験結果の数値だけでなく，採取位置・深度や調査時期，養生方法などについても記述しておくことが必要である．

最近では，これらのさまざまな情報をデータベース化して必要に応じて適切な情報が表示できる管理技術も開発されつつあり，改良長，単位長さごとの施工時のトルク・推力および羽根切り回数などの各管理項目の施工時の変化/ばらつきを施工段階で瞬時に把握することも可能である．図5.3.3は，深度方向のトルクの計測値の変化やばらつきを色で示したものであるが，このような管理結果の可視化は，地盤条件が複雑な場合，支持層に確実に定着したい場合，地中障害物が存在し施工の中断が生じやすいような場合，などに有効である[5.3.1]．

改良体番号 →　深度（m）↓

	10	11	12	13	14	15	16	17	18
0.2									
0.4									190.0
0.6	160.0	160.0	175.0	165.0	170.0	170.0	160.0	175.0	190.0
0.8	155.0	165.0	160.0	150.0	175.0	170.0	160.0	180.0	185.0
1.0	160.0	155.0	150.0	160.0	170.0	170.0	160.0	175.0	180.0
1.2	165.0	160.0	155.0	170.0	175.0	165.0	160.0	165.0	180.0
1.4	155.0	160.0	165.0	165.0	170.0	170.0	160.0	165.0	175.0
1.6	145.0	145.0	150.0	145.0	155.0	165.0	165.0	150.0	175.0
1.8	135.0	135.0	130.0	140.0	145.0	140.0	160.0	150.0	155.0
2.0	115.0	125.0	125.0	125.0	125.0	130.0	155.0	160.0	160.0
2.2	105.0	110.0	115.0	110.0	135.0	120.0	150.0	160.0	155.0
2.4	110.0	95.0	120.0	115.0	130.0	120.0	145.0	155.0	160.0
2.6	120.0	105.0	120.0	115.0	155.0	145.0	155.0	150.0	160.0
2.8	120.0	115.0	135.0	130.0	165.0	145.0	150.0	155.0	160.0
3.0	115.0	140.0	130.0	145.0	180.0	155.0	145.0	150.0	155.0
3.2	135.0	140.0	145.0	155.0	170.0	155.0	150.0	160.0	155.0
3.4	145.0	150.0	155.0	155.0	175.0	160.0	155.0	155.0	165.0
3.6	150.0	150.0	155.0	160.0	175.0	160.0	150.0	160.0	155.0
3.8	160.0	160.0	165.0	150.0	170.0	165.0	150.0	150.0	165.0
4.0	155.0	150.0	155.0	160.0	160.0	155.0	150.0	160.0	155.0
4.2	150.0	165.0	155.0	160.0	165.0	150.0	145.0	160.0	160.0
4.4	160.0	160.0	155.0	155.0	160.0	170.0	155.0	155.0	160.0
4.6	150.0	150.0	155.0	155.0	160.0	150.0	155.0	165.0	165.0
4.8	150.0	160.0	155.0	160.0	175.0	155.0	155.0	150.0	155.0
5.0	250.0	233.3	250.0	248.3	340.0	396.4	245.0	261.7	261.7

(a)　攪拌回数の深度方向分布

改良体番号 →　深度（m）↓

	01	02	03	04	05	06	07	08	09	10	11	12	13
0.2	1.6	1.8	1.3	1.2	1.5	2.3	1.1	1.8	1.6	2.2	2.2	7.8	2.2
0.4	7.1	7.4	3.5	3.9	7.1	8.9	3.7	7.1	7.0	4.3	3.6	9.2	7.4
0.6	9.3	9.3	8.9	8.7	9.0	9.4	8.6	9.3	9.5	9.0	6.6	9.2	8.7
0.8	9.5	9.4	9.3	8.7	9.3	8.9	9.2	9.2	9.1	8.8	8.7	9.0	8.8
1.0	9.6	9.2	9.1	8.9	9.2	8.6	9.1	9.2	8.9	8.6	8.8	8.8	8.7
1.2	9.5	9.1	9.1	9.3	8.9	8.9	7.4	9.8	9.0	8.7	8.3	7.5	8.5
1.4	9.4	8.9	8.5	9.1	8.9	8.8	3.9	9.4	9.1	8.5	8.3	3.8	8.4
1.6	9.4	9.1	8.9	9.0	8.6	8.4	2.3	8.9	9.0	8.6	7.1	4.0	8.0
1.8	9.3	9.3	9.0	8.8	8.4	8.7	3.9	8.9	9.0	8.5	8.6	7.2	8.4
2.0	9.4	9.1	9.0	9.4	8.6	9.1	8.5	8.9	9.2	9.1	9.0	8.9	8.7
2.2	9.2	9.0	9.2	9.5	9.0	9.4	9.0	8.9	9.1	9.0	9.2	8.8	8.8
2.4	9.1	9.3	9.4	9.2	8.9	9.1	9.0	9.2	9.1	9.4	9.2	8.8	9.1
2.6	9.5	9.1	9.4	9.8	9.3	9.1	9.1	9.2	8.9	10.3	8.8	9.1	8.9
2.8	9.6	9.4	9.6	9.7	9.1	9.1	8.9	9.3	5.8	9.1	8.8	9.0	8.7
3.0	10.0	8.8	9.7	9.5	9.3	9.1	8.7	9.5	9.1	8.7	9.1	9.0	9.0
3.2	9.8	8.9	9.5	9.6	9.0	9.1	9.0	9.6	8.9	9.4	8.9	9.1	9.3
3.4	10.7	9.5	9.0	9.6	8.9	8.8	9.1	9.9	9.2	10.4	9.2	8.9	9.5
3.6	11.6	11.8	9.5	9.3	9.5	9.0	10.0	9.8	9.4		9.5	6.8	9.1
3.8	11.2	14.6	10.4	11.8	12.6	11.7	10.3	10.5	12.8		9.2	9.0	8.8
4.0	18.5		13.3	14.1	17.7	9.9	8.6				9.1	9.6	8.4
4.2						10.9	10.9				8.4	9.1	9.8
4.4						11.8					10.1	8.9	8.4
4.5						14.0						10.8	10.6

	14	15	16	17	18	19	20	21	22	23	24	25	26
0.2	1.3	2.1	2.3	1.4	2.8	1.9	1.4	1.2	2.2	1.6	1.5	8.2	2.2
0.4	3.7	8.6	7.1	3.5	7.3	6.9	1.9	4.3	8.9	3.4	1.8	8.2	3.7
0.6	7.2	9.0	8.9	6.9	9.3	9.0	3.9	9.5	9.1	9.3	3.9	8.7	6.7
0.8	9.1	9.2	8.7	9.2	9.4	8.8	9.1	9.2	9.1	9.3	9.0	9.6	8.8
1.0	9.3	8.9	8.8	7.4	9.0	7.2	8.8	9.1	9.1	9.5	9.3	9.7	9.3
1.2	9.2	8.5	8.4	3.9	9.0	4.1	8.9	9.4	8.7	10.0	10.4	9.5	8.9
1.4	9.0	8.7	6.9	3.9	9.3	2.6	9.1	9.2	8.9	8.9	9.5	8.9	7.2
1.6	9.2	8.6	4.2	8.3	9.2	4.2	8.9	9.0	8.9	8.4	8.7	8.7	2.6
1.8	9.2	8.4	7.2	8.8	9.2	7.3	8.8	9.1	8.9	8.6	8.9	8.4	4.4
2.0	9.1	9.0	8.6	9.4	9.2	9.0	8.9	9.2	9.0	9.2	9.2	9.3	9.0
2.2	9.5	9.0	8.7	7.6	9.4	9.0	9.0	9.3	9.0	7.6	9.2	8.7	8.9
2.4	9.2	9.1	9.0	9.1	9.1	9.2	9.2	9.4	8.9	9.1	9.2	8.8	9.1
2.6	9.3	8.9	8.9	9.7	8.8	9.6	9.3	9.4	9.0	10.2	9.1	9.6	8.9
2.8	9.3	9.0	8.6	9.3	9.2	9.2	9.4	9.1	8.8	10.8	8.9	10.5	9.3
3.0	9.2	9.1	9.0	9.3	9.1	9.3	9.2	9.2	9.2	8.8	9.1	9.2	9.1
3.2	9.1	8.9	9.3	9.6	9.1	10.0	8.6	9.9	10.0	9.7	9.4	8.8	8.6
3.4	9.3	10.4	9.1	9.8	9.8	9.6	10.1	11.5	12.2	9.7	9.7	8.6	8.5
3.6	9.0	10.9	7.2	9.3	11.6	10.8	11.4	11.1	13.9	11.0	10.0	10.1	10.2
3.8	10.3	16.6	10.1	9.8		13.4	8.6	14.2					13.8
4.0	9.5		11.4	12.4			9.2						
4.2	10.5		14.1				9.3						
4.4	12.0						8.4						
4.5							10.1						

(b)　トルクの深度方向分布

図5.3.3　攪拌回数およびトルクの深度方向分布の表示例[5.3.3]

施工の安定性は，施工段階で管理のレベルにも左右され，紙に印字された施工データを施工後に細かく分析することは容易でないので，図示したような施工情報を可視化しておくことも有用である．

(2) 管理結果の保存

施工管理や品質検査の結果は，必要な期間，保存することが重要である．管理結果を保管しておくと，増改築だけでなく建替などの際にも有用な情報になるので，建築主が保存しやすい状態で管理結果を整理しておくことが重要である．

改良地盤またはその周辺に新たな基礎を設計施工するためには，既存の改良地盤に関する多くの情報が必要である．また，改良地盤上の建築物を解体撤去して新たに建築する際，敷地の状況によっては既存の改良体を再利用した方が合理的な場合もあるので，設計段階だけではなく施工段階における改良体の配置や品質結果の結果などを確実に保存しておくことが望ましい．深層混合処理工法の場合，地中障害物との接触などのため，施工段階で施工位置や改良長の変更がなされることも少なくないので，施工管理結果の記録保存は重要である．改良体の撤去が容易でないことを考えると，地盤環境問題の観点から見た改良地盤の対策や改良地盤の耐久性などの検討が重要である．

参 考 文 献

5.3.1) 田村昌仁・佐藤秀人・水谷羊介・川村政史・国府田誠・刑部　徹；基礎工事における3次元品質管理の考え方，土と基礎，pp.18-20，2005.4

第6章　環境への配慮

6.1節　基本事項

> 設計および施工に際して，地盤変状・騒音・振動・粉塵・臭気の影響，土壌・地下水への影響および建設発生土などの項目について検討を行い，環境の保全と周辺環境に影響を及ぼさないよう対策を講じる．

　杭工事や地業工事と同様に，地盤改良工事においても，地盤変状，騒音，振動等による周辺環境への影響は避けられないが，本編で対象とする深層混合処理工法で施工する場合，検討すべき項目として，地盤変状・騒音・振動・粉塵・臭気の影響，土壌・地下水への影響および建設発生土などが挙げられる．

(1) 地盤変状

　深層混合処理工法における地盤変状は，改良体の築造に伴う固化材の注入による地盤内の体積増加，撹拌翼の貫入による影響，そして撹拌による側方土圧の増加に起因するところが大きい．

(2) 騒音・振動

　工事作業中の機械の稼動に伴い騒音・振動が生ずるが，そのレベルは他工法に比較してかなり低い．

(3) 粉塵・臭気

　材料にセメントおよびセメント系固化材を用いるため，工事作業中に粉塵が発生する場合がある．また，一部の土質において，固化材と土中の成分が化学反応を起こし，悪臭が生ずる場合がある．

(4) 土壌・地下水への影響

　セメントおよびセメント系固化材には，微量ながら六価クロム Cr (VI) が含まれており，固化材と改良対象土の種類によっては改良体からの六価クロム溶出が環境基準を超過する場合がある．これを未然に防止するため，国土交通省より通達[6.1.1)]が出されている．

　また，固化材中の主成分 CaO や混和材・混和剤などに含まれている成分は地下水や河川などの水系に影響を及ぼす場合がある．

(5) 建設発生土

　建設発生土は廃棄処分にせずにリサイクルすることが求められている．固化材スラリーを用いる深層混合処理工法で発生するセメントや固化材，ベントナイトなどを含む土は，通常，産業廃棄物の「汚泥」と見なされるので，取扱いに注意が必要である．

　また，掘削などによって発生する建設発生土は，建設廃棄物処理マニュアルにおいても廃棄物と定義されていないが，コンクリートガラ，産業廃棄物が混入していれば，全体を産業廃棄物と見な

表6.1.1　環境保全項目に対する規制・基準例

項　　目	具体的な現象・影響	規制・基準値
地盤の変状	隣接構造物への荷重負荷 周辺地盤の変状	既設構造物の許容耐力設計 隣接既設構造物などの許容変位，不等沈下
騒　　音	施工機械による騒音	騒音規制法
振　　動	施工時の振動	振動規制法
粉　　塵	固化材使用時の粉塵	作業環境基準（日本産業衛生学会など）
臭　　気	化学反応による悪臭	悪臭防止法
土壌・水質	有害物質の溶出 （セメントのCr（VI），pHなど）	土壌・地下水汚染に係る環境基準 水質基準，排水基準
建設発生土	置換排出土，余剰スライム	廃棄物の処理及び清掃に関する法律 建設工事に係る資材の再資源化などに関する法律

されることがある．また，それらが混入しなくても，含水比の高い砂質土や軟弱粘性土は残土受入れ場所によっては汚泥とみなされ，土質改良を要求されることがあるので注意が必要である[6.1.2)]．

各環境保全項目に対する規制・基準として，表6.1.1に示すようなものがある．施工にあたっては，これら規制・基準を守るべく対策を講ずる必要がある．

参考文献

6.1.1) 建設省技調発第48号：「セメント及びセメント系固化材の地盤改良への使用及び改良土の再利用に関する当面の措置について」，2000.3.24

6.1.2) 日本建築学会：SI単位版「建設工事標準仕様書・同解説 JASS 3 土工事および山留め工事 JASS 4 地業および基礎スラブ工事」，2003.6

6.2節　地盤変状

> 地盤変状に関して，以下に示すような場合には，周辺に及ぼす影響を事前に検討し，その対策を講ずる．
> (1) 改良体の間隔が小さい場合，または改良率が高い場合
> (2) 近接する構造物の変形量および荷重負荷に制限がある場合

地盤変状で特に注意しなければならないのは，「側方変形」であり，固化材スラリーの注入量，改良体の打設パターンなどが影響すると報告されている[6.2.1)]．

地盤別では，沖積粘土地盤のような飽和粘性土地盤は体積変化しにくいため，地盤変状は大きくなる．

図6.2.1は，直径1mの改良体20本を接円させて列状に，3列打設したときの地中水平変位の実測値である．図より，スラリー系（固化材をスラリーにして注入する）の地中変位は，粉体系（固化

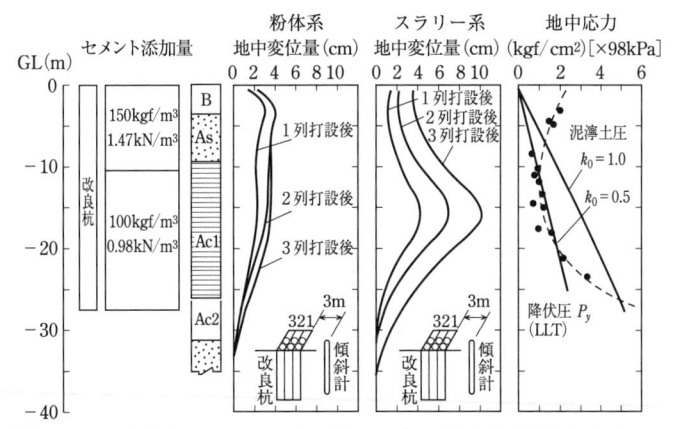

図6.2.1 粉体系とスラリー系の違いによる地中水平変位の比較[6.2.1)]

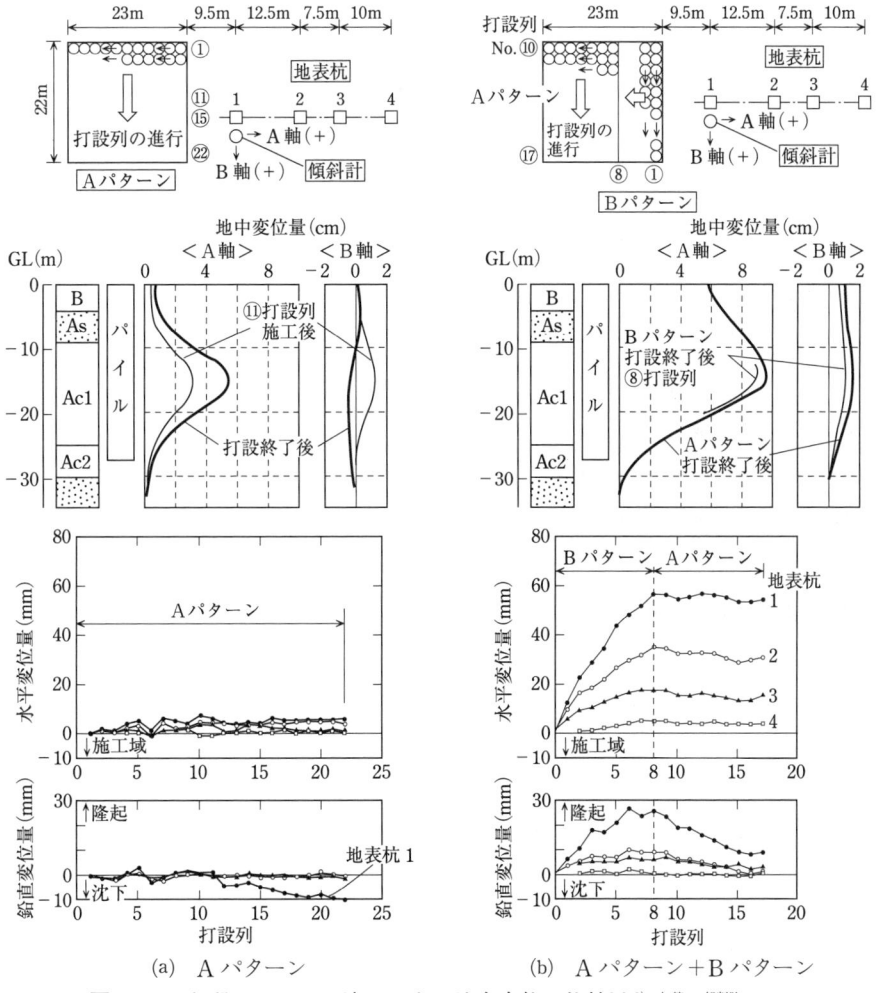

図6.2.2 打設パターンの違いによる地中変位の比較[6.2.2)に加筆・一部削除]

(a) Aパターン
(b) Aパターン＋Bパターン

材を粉体のまま注入する）よりかなり大きい．この場合，スラリーの固化材と水の質量比は1：1（W/C＝1）で，体積比はおよそ1：3である．すなわち，スラリー系の注入体積（固化材＋水）は，粉体で注入した固化材体積のおよそ4倍であり，この注入体積の違いが両者の地中変位の差になっている．

図6.2.2は，スラリー系において，改良体の打設順序・方向を変えた場合の地表変位・地中水平変位の違いを示した報告[6.2.2)]である．ここでは，直径1mの改良体23本を接円させて列状に22列を，地表測点方向に対して平行に遠ざかる方向に打設する場合（図a）と地表杭測線方向に直角に打設するが打設列の進行は遠ざかる場合（図中のBパターン①〜⑧）とAパターンの組合せ（図b）について，地表変位と地中変位分布を計測している．地表変位はAパターンでは，地表の水平変位は10mm以内であり，鉛直変位は改良体に最も近い測点で，打設列の通過後に沈下が生じた以外は変位は認められなかった．Bパターンでは，地表の水平変位量は直線的に増加し，打設に伴う変位の累積が顕著である．地中変位はBパターンとAパターンはほぼ同じ深度で最大となるが，その値は約2倍となっている．また，Bパターンで8列打設後，Aパターンの打設に変更すると変位の増加が停止しており，打設順序により変位に違いがあることが判る．

図6.2.1および図6.2.2は，接円配置によるブロック状形式で，改良率が極めて高い場合の実測例であるが，いずれにしても，改良範囲に近接して構造物や地中埋設物がある場合には十分な注意が必要である．

地盤変状を抑制する対策として，以下に示す方法などがある．

a．固化材使用量および水/固化材比の低減
　・高性能固化材を使用して，固化材添加量を少なくする．
　・スラリー式では，水/固化材比を低くし，（水＋固化材）添加量を少なくする．
b．改良体の打設方法の変更
　　対象点の軸から平行に遠ざかる方向に改良体を打設する．
c．変位抑制構造物（鋼矢板や連続壁など）の設置
　　施工区域と周辺区域または隣接構造物との間に設置した鋼矢板〔表6.2.1：矢板設置〕や連続壁などの剛性および縁切り効果により，地盤変状を抑制する方法である．

表6.2.1　地盤変位対策例[6.2.5)]に加筆

工作物	概念図	備考
矢板設置	改良域／矢板	施工例少ない
変位吸収溝	改良域／変位吸収溝	素掘り・2重矢板・ベントナイト溶液充填等

d．変位吸収溝・孔の設置

施工区域と周辺区域または隣接構造物との間に，空溝または空孔を設置（溝または孔に可塑材を注入する場合もある）〔表6.2.1：変位吸収溝〕し，施工区域から伝播する地盤変状および圧力増加を空溝または空孔の変形で吸収する方法である[6.2.3]．

e．変位抑制型（排土型）施工法の使用

注入する固化材スラリーに相当する地盤中の土量を強制的に地上に排出しながら施工する工法である[6.2.4]．この工法では，排出土が大量に発生するので，その処理が別途必要となる．

対象地域の地盤特性，隣接構造物の種類，遵守すべき規制・基準値などを考慮して，適切な対策を選択する．

参考文献

6.2.1) 平出　亜・馬場干児：セメント系深層混合処理工法の施工に伴う周辺地盤の変位についての一考察（その1），第31回地盤工学研究発表会，pp.151～152，1996
6.2.2) 下間　充・柿原芳彦・平出　亜：セメント系深層混合処理工法の施工に伴う周辺地盤の変位についての一考察（その2）―変位の発生範囲，打設順序と変位の関係について―，第31回地盤工学研究発表会，pp.153～154，1996
6.2.3) 上野孝之・柴田健司・西林清茂：地盤改良工事における環境対策の事例―主として深層攪拌混合工法―，基礎工，Vol.20，No.11，pp.64-69，1992
6.2.4) 上村一義・上　周史・酒井成之：変位低減型深層混合処理工法（LODIC工法）における施工事例，基礎工，Vol.27，No.3，pp.42-46，1999
6.2.5) 水野恭男・須藤文夫・河野憲二・遠藤　茂：深層混合処理工法の施工に伴う周辺地盤変位とその対策，第3回施工体験発表会講演概要，pp.5～12，㈳土木学会，1986

6.3節　騒音・振動

> 改良工事中の騒音・振動については，周辺に及ぼす影響を事前に検討し，必要に応じて対策を講ずる．

深層混合処理工法は，杭工事などに比較して工事中の騒音・振動は少ない．以下にそれらの実測値の一例を示す．

(1) 騒音

図6.3.1は，杭打ち工事および各種地盤改良工法における騒音レベルの実測値である．図によれば，深層混合処理工法の騒音レベルは，音源から5m程度以内で特定建設作業の基準値85dBを上回っているが，杭工事やSCP工法に比べればかなり低い．しかし，敷地境界において基準値を超える場合や特に静寂が求められている地域で工事する場合には，低騒音型の施工機械や防音シートなどを使用して，騒音を低減する必要がある．

(2) 振動

図6.3.2は，杭打ち工事および各種地盤改良工法における振動レベルの実測値である．深層混合処

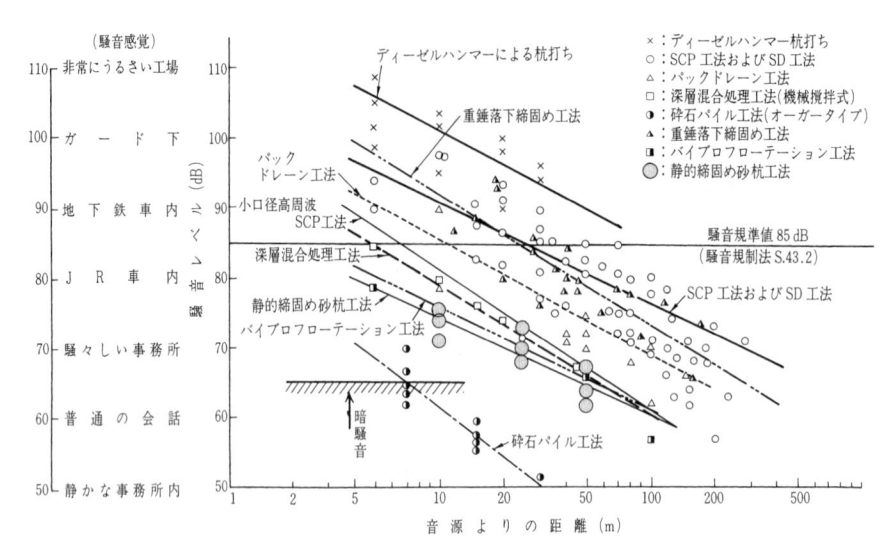

図6.3.1 騒音レベルの距離減衰[6.3.1]

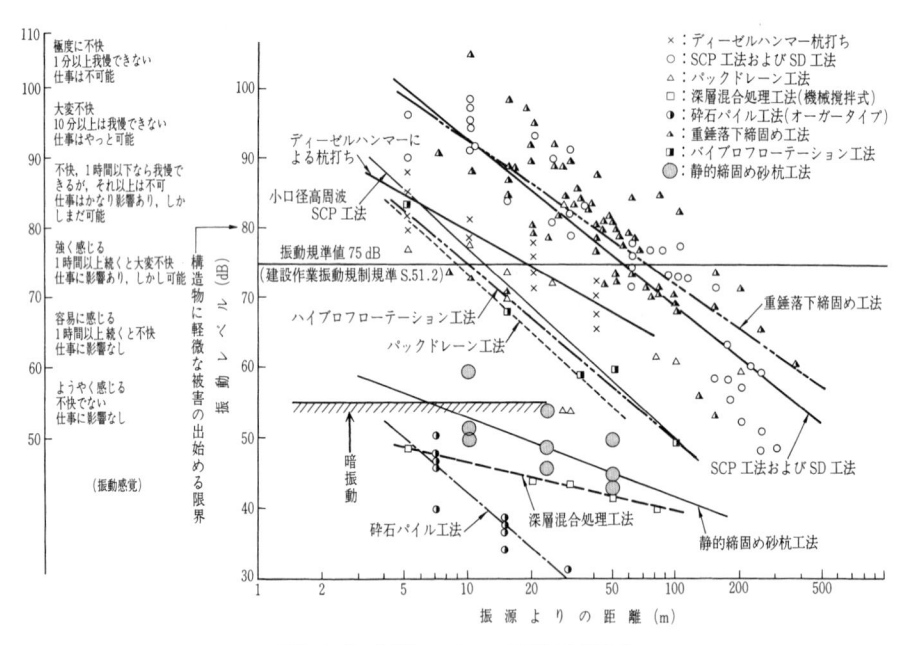

図6.3.2 振動レベルの距離減衰[6.3.1]

理工法の振動レベルは，特定建設作業の基準値75dBをかなり下回っており，周辺への影響は極めて少ないが，対策を必要とする場合は，低振動対応型施工機械の使用や空溝，振動吸収孔，矢板，地中壁体などの設置が挙げられる[6.3.1]．

参考文献
6.3.1) 末松直幹・野津光夫：各種構造物の実例にみる地盤改良工法の選定と設計　4.地盤改良に関す

る最近の話題　4.1地盤改良による振動, 騒音, 地盤変状の実例と対策, 土と基礎, Vol. 46, No. 8, pp.49～54, 1998

6.4節　粉塵・臭気

> 改良工事中の固化材の扱いにおいては, 粉塵の飛散が生じないよう必要に応じて対策を講ずる.
> また, 固化材と土中の成分が化学反応によって臭気の発生が予想される場合には, 悪臭防止対策を講ずる.

(1)　粉　　塵[6.4.1]

深層混合処理工法による地盤改良工事では, セメントローリー車により固化材をサイロに納入し, 混合機によってスラリーを作液するが, 固化材受入れ時および混合・攪拌する時に粉塵が発生する. また, 袋やフレコン（フレキシブルコンテナバッグ）で搬入し, スラリー作液する場合においても投入・混合・攪拌する時に粉塵が発生する.

固化材は強アルカリ性なので, 呼気吸入や皮膚に接触しないように注意する必要がある.

(2)　臭　　気[6.4.1]

ヘドロや有機物の腐敗・分解物を含む土中では, 硫化水素や窒素化合物が含まれている場合がある. 硫化水素を含む土は酸性雰囲気であるので, 固化材と混練すると, 固化材中のアルカリ成分により中和されて, 硫化水素臭が減少する.

一方, 窒素化合物を含む土では, 固化材中のアルカリ成分と窒素化合物が反応して, アンモニア臭の刺激臭が発生する場合があるが, 固化後の臭気は固化体に封じ込められて, ほとんど臭わない.

深層混合処理工法は, 地盤中で土と固化材を混練して改良体を築造するので, 地上では臭気はほとんど感じない. しかし, 山留め工事のように, 掘削して改良体が暴露されると, 臭気が感知されることがある.

臭気対策として, 以下の方法がある.
1）改良体の表面を暴露させない.
2）暴露した表面を被覆する.
3）中和剤, 消・脱臭材を用いる.

ヘドロが堆積した河川をセメント系固化材で改良した工事で, アンモニア系の悪臭が問題となり, その時の調査結果と対策が報告[6.4.2]されている. この工事では, 河川断面を改修するために改良地盤をすき取った際に, アンモニアや硫化メチルが発生し, アンモニアが敷地境界の規制値（1 ppm）を上回る箇所もあったが, 翌日には臭気はほとんど感じられない程度であった. そこで, すき取り直後の臭気濃度の1/10を目標値とし, 中和剤（塩酸, 塩化第一鉄）, 酸化剤（過酸化水素水, 次亜塩素酸ナトリウム）を露出面に散布する検討を行った. その結果, 施工性と費用対策効果の点から, 塩化第一鉄よる消臭が最適であると報告されている. また, 室内消臭試験[6.4.3]において, 気泡による被覆効果が認められているが, 消泡すると効果が急減すると報告されている.

参 考 文 献

6.4.1) ㈳セメント協会：セメント系固化材による地盤改良マニュアル第3版，p.221
6.4.2) 中村一平・上松英司・河本文良・辻野博史・後藤年芳・鈴木教泰：セメント系固化材による改良ヘドロの特性と臭気対策，材料，Vol.49，No.3，pp.344-347，2000
6.4.3) 漆原知則・峠　和男・誓山　真：消臭剤散布および気泡散布による固化へどろの臭気対策試験，第32回地盤工学研究発表会，pp.105-106，1997

6.5節　土壌・地下水への影響

> 1．固化材を用いた改良工事においては，土壌などへの環境に関して関連諸基準の適用が課せられることに留意する．
> 2．周辺環境に及ぼす評価にあたっては，各種試験方法が規定されていることから，それらに基づいた試験によることとする．
> 3．固化材に含んでいる微量な成分とそれらの影響に対して留意する．
> 4．土質および固化材の種類によっては，改良土からの六価クロム溶出量が環境基準値を超える場合があることから，固化材料の選定や添加量の設定にあたっては注意が必要である．
> 5．固化材が水と接触すると，強いアルカリ性を呈するので，その取扱いには注意を要する．また，化学混和剤を併用する場合，地下水などに溶出する混和剤成分に留意する．

1．環境基準

環境基本法において，環境基準は大気の汚染，水質の汚濁，土壌の汚染および騒音に係る環境上の条件について，それぞれ，人の健康を保護し，生活環境を保全するうえで維持されることが望ましい基準として具体的な評価法などが定められており，以下にその概要を示す．

(1)「土壌の汚染に係る環境基準」

この基準は，地下水および周辺地盤への影響を評価する基準である．固化材にはCr(VI)他など微量の重金属類を含んでいるので，固化体およびそれらに接する土や地下水は「土壌の汚染に係る環境基準」に照らして評価される．

(2)「排水基準」

工事中に発生する洗い水や処理水などを公共水域に排出する場合に対する基準で，水質汚濁防止法の「排水基準」を満たさなければならない．また，自治体においては，排水基準より厳しい基準値を設定している場合がある．

(3)「金属等を含む産業廃棄物に係る判定基準」

産業廃棄物の「汚泥」に該当する泥土に対する基準で，工事中に発生する土が建設汚泥として扱われる場合〔図6.6.1参照〕は，「金属等を含む産業廃棄物に係る判定基準」により評価される．

(4)　各基準における物質種類と基準値

建設材料およびそれを用いる工事において，関わりが多いと思われる基準における重金属などの基準値を表6.5.1に示す．

表6.5.1　重金属などと基準値の一覧

項　目	排水基準 （mg/l 以下）	金属等を含む産業廃棄物に係る判定基準[*1]（mg/l 以下）	土壌の汚染に係る環境基準（mg/l 以下）
ホ　ウ　素	10		1
フ　ッ　素	8		0.8
六価クロム	0.5	1.5	0.05
銅		―	（125mg/土 kg 未満）[*2]
砒（ひ）素	0.1	0.3	0.01（15mg/土 kg 未満）[*3]
セ　レ　ン	0.1	0.3	0.01
カドミウム	0.1	0.3	0.01
総　水　銀	0.005	0.005	0.0005
アルキル水銀	検出されないこと	不検出	検出されないこと
鉛	0.1	0.3	0.01
シ　ア　ン	1	1	検出されないこと

［注］＊1：埋立処分する場合の判定基準
　　　＊2：含有量基準：銅"農用地（田に限る）において，土壌1kgにつき125mg未満であること."
　　　＊3：溶出量と含有量基準：砒（ひ）素"検液1リットルにつき0.01mg以下であり，かつ，農用地（田に限る）においては，土壌1kgにつき15mg未満であること."

2．評価試験法

(1)　「土壌の汚染に係る環境基準について」に規定されている試験方法

　一般には，環境庁告示第46号法と呼ばれており，土壌を対象にした試験である．カドミウム，全シアン，鉛，六価クロム，砒素，総水銀，アルキル水銀，PCBおよびセレンについては，以下の手順で試験は行われる．

① 採取土壌を風乾し，中小礫，木片などを除き，土塊，団粒を粗砕した後，非金属製の2mm目のふるいを通過したものを試料とする．

② 試料と溶媒（純水に塩酸を加えて，初期pH5.8～6.3に調整）とを重量体積比10％で混合して500ml以上になるようにしたものを試料液とする．

③ 試料液を振とう機（毎分200回，振とう幅4～5cm）を用いて6時間振とうする．

④ 振とう後，10～30分程度静置し，毎分約3 000回転で20分間遠心分離した後の上澄み液を孔径0.45μmのメンブランフィルターでろ過して検液を得る．

⑤ 検液の汚染物質濃度は物質ごとに定める方法で測定する．また，六価クロムはJIS K 0102の65.2に定める方法による．

(2)　「水質汚濁防止法施行規則第九条の四の規定に基づく環境大臣が定める測定方法」

　公共用水域に排出される水を対象にした試験で，検液の汚染物質濃度は物質ごとに定める方法で測定する．また，六価クロムはJIS K 0102の65.2に定める方法による．

(3)　「地下水の水質汚濁に係る環境基準について」

　環境庁告示第10号による地下水の水質を対象とした試験で，検液の汚染物質濃度は物質ごとに定

める方法で測定する．また，六価クロムは JIS K 0102の65.2に定める方法による．

(4) 「産業廃棄物に含まれる金属等の検定方法」

一般には，環境庁告示第13号法と呼ばれており，廃棄物を対象にした溶出試験である．燃え殻，汚泥および煤塵以外の産業廃棄物については，以下の手順で試験は行われる．

① 粒径5mm以下のものは有姿のまま，それ以外は粉砕した後，ふるいで0.5～5mmにしたものを試料として用いる．
② 試料と溶媒（純水に塩酸を加えて，初期pH5.8～6.3に調整）とを重量体積比10％で混合して500ml以上になるようにしたものを試料液とする．
③ 試料液を振とう機（毎分200回，振とう幅4～5cm）を用いて6時間振とうする．
④ 六価クロムを含む場合は，孔径1μmのグラスファイバーフィルターでろ過して検液を得る．
⑤ 検液の汚染物質濃度は物質ごとに定める方法で測定する．また，六価クロムは JIS K 0102の65.2に定める方法による．

(5) 建設省通達「セメント及びセメント系固化材の地盤材料への利用及び改良土の再利用に関する当面の措置」で規定されている試験方法

建設省（現国土交通省）はセメントおよびセメント系固化材を使用した改良土から，条件によっては六価クロムが土壌環境基準を超える濃度で溶出するおそれがあるとして，材料の選定および品質管理に関する通達を出している．その通達では，試験方法として1～6までが定められており，測定する物質は六価クロムのみである．試験方法1～3〔6.5.2参照〕は新たに改良工事を行う場合，試験方法4～6は改良土を再利用する場合に適用されるものである．

試験方法1，2，4，5は環境庁告示第46号法に基づいて行われるが，試験方法3，6はタンクリーチング試験〔6.5.2参照〕が用いられている．検液の六価クロム濃度は JIS K 0102の65.2に定める方法で測定する．

表6.5.2 各種試験内容の比較

	環境庁告示46号試験	環境庁告示13号試験	タンクリーチング試験（建設省通達）
試　　料	風乾後，2mm以下に分級	0.5～5mm	塊　状
溶　　媒	純水＋HCl pH5.8～6.3に調整	純水＋HCl pH5.8～6.3に調整	純　水 pH5.8～6.3に調整
液　固　比	溶媒体積/試料質量＝10	溶媒体積/試料質量＝10	溶媒体積/試料乾燥質量＝10
試　料　量	50g以上	50g以上	400g程度
溶　出　時　間	6時間	6時間	28日
溶　出　状　態	水平振とう（約200回/分）振とう幅4～5cm	水平振とう（約200回/分）振とう幅4～5cm	静　置
検液の作製	毎分約3 000回転で20分間遠心分離した後，0.45μmのメンブランフィルターでろ過	1μmのガラス繊維ろ紙でろ過	採取液を0.45μmのメンブランフィルターでろ過

表6.5.2に環境庁告示第46号試験，環境庁告示第13号試験および建設省通達におけるタンクリーチング試験の比較を示す．

3．固化材の微量成分とその影響

ポルトランドセメントは，天然鉱物（石灰石，珪石，粘土が主原料）を高温焼成して作られるので，鉱物中の元素の多くはそのままセメント中に含まれる．表6.5.3は，自然土およびセメント中に含まれる微量成分の含有量であるが，セメント中の含有量は自然土とほぼ同程度である．一方，セメントからの溶出量は，クロム以外の成分は環境基準と同程度かそれ以下である．セメントから溶出するクロムはほとんど六価クロムであり，環境基準値0.05mg/l（溶出量）に比べて多いが，この溶出量はセメントが固化していない状態での値である．改良体は，セメントおよびセメント系固化材の水和反応により土とともに固化して供用されるものであるから，表6.5.3の値は供用状態での溶出量とは異なるものである．

表6.5.3 セメント中の微量成分[6.5.1)]

微量成分	土中含有量 (mg/kg)	セメント	
		含有量 (mg/kg)	溶出量 (mg/l)
砒　素	0.1〜40	3〜22	0.002
カドミウム	0.01〜2	1.6〜3.3	<0.0001
ク ロ ム	5〜1 500	53〜114	0.448〜1.230
鉛	2〜300	16〜66	0.003〜0.013

工事後の洗い水中には微量成分が溶出し，残存している可能性があり，そのレベルは条件により異なるため，排水する場合には，排水基準以下であることを確認する必要がある．

4．改良体からの六価クロム溶出

国土交通省ほかの調査では，固化材では普通ポルトランドセメント，土質では火山灰質粘性土による改良土からの六価クロム溶出量が環境基準値を超える割合が他の固化材や土質の場合より高いと報告されている．

改良土は，土と固化材が水和反応により，密な水和物組織を形成して硬化体となるものである．この水和物組織が十分に形成されている場合には，固化材中の六価クロムは水和物組織に固定されるため，改良土からの六価クロムの溶出はほとんどない．しかし，火山灰質粘性土などでは，土の鉱物特性や対象土中に含まれる成分により，水和反応が阻害されて水和物組織が十分形成されずに，改良土からの六価クロム溶出量が環境基準値を超える場合がある．

(1) 施工前の配合試験時の六価クロム溶出特性

国土交通省は施工前の配合試験時に作成した供試体による六価クロム溶出試験の調査結果を報告している．六価クロム溶出量が環境基準を超えた試料の土質別の割合では，火山灰質土などの溶出量が基準超過する割合がかなり多いので注意が必要である．

六価クロム溶出が懸念される場合には，六価クロム溶出抑制用の固化材（特殊土用固化材）が有効である．

(2) 施工後の六価クロム溶出特性

　国土交通省が行った工事現場でサンプリングした試料の調査結果[6.5.2)]によると，通達が出された後の工事では，環境基準値を超えるものはまったくなかった．通達が出される以前に行われた工事では，表層改良工事において環境基準値を超えるものがあったが，深層改良工事ではすべて環境基準値以下であった．サンプリングした改良土の溶出量が環境基準値を超える現場で，改良区域直近より採取した試料からの溶出量は環境基準以下である．すなわち，周辺地盤への溶出・拡散は認められていないと報告されている．

　セメント協会[6.5.3)]および古賀ら[6.5.4)]の調査は通達が出される以前に施工された工事現場の調査であるが，改良土および周辺地盤の溶出量は環境基準以下であった．

(3) 国土交通省通達による六価クロムに関する品質管理

　国土交通省はセメントおよびセメント系固化材を用いた地盤改良工事における六価クロムの溶出を防止すべく，固化材料の選定および品質管理に関する通達を出している．他省庁や自治体も六価クロム溶出防止に関する指導がなされている．

　国土交通省の通達（2000年3月24日）[6.5.5)]では，新たに改良工事を行う場合，3段階の六価クロム溶出試験（試験方法1～3）が定められている．

　1）試験方法1

　　室内配合試験時の強度試験などに使用した供試体（材齢7日）から確保した試料で，環境庁告示46号溶出試験を行い，六価クロム溶出量が環境基準以下になる材料および配合を選定する．環境基準を満たす固化材および配合が求まらない場合は，地盤改良工法の検討をやり直す．

　2）試験方法2

　　試験方法1で求められた材料および配合で施工を行い，現場密度の確認あるいは一軸圧縮強さなどの品質管理に用いた，もしくは同時に採取した試料（材齢28日を基本とする）から確保した試料で，環境庁告示46号溶出試験を行い，六価クロム溶出量を確認する．試験方法2に供する試料の個数は，改良土量あるいは改良体本数により定められている．

　3）試験方法3

　　改良規模が大きい工事では，施工後の現場密度の確認あるいは一軸圧縮強さなどの品質管理の際の各採取地点において，できるだけ乱れの少ない試料を確保し，乾燥させないよう保管する．

　　試験方法2で最も溶出量が大きかった箇所の試料を用いて，タンクリーチング試験（表6.5.2参照）を行う．

　タンクリーチング試験の試料はできるだけ塊状のものを用いるが，通達では特に形状寸法は規定されておらず，以下のように記述されている．ⅰ）一塊の固形物として確保できる場合は，固形物のまま，ⅱ）数個の塊に分割した場合は，分割した塊の状態まま，ⅲ）形状の保持が困難な粒状の状態で確保されるものについては，粒状のまま．

　この試験は次のような手順で行われる．

　① 溶媒水は純水とし，初期pH5.8～6.3に調整する．

② 非金属製容器に試料400g程度を置く．その後，所定量の溶媒水（固液比 1：10，試料の乾燥重量の10倍体積の溶媒水 4 l 程度）を充填し，試料がすべて没するように水浸させる．
③ 容器を密封後，所定期間まで20℃の恒温室内に静置する．
④ 水浸28日後，溶媒水を軽く攪拌した後に採取し，孔径0.45μmのメンブランフィルターでろ過して検液を得る．

通達が出された後の調査結果を基に，同通達の一部が見直され（2001年 4 月20日）[6.5.6]，当該土質が火山灰質粘性土以外の場合は，試験方法 1 だけを行えばよいことに変更され，現状では，図6.5.1 のような流れとなっている．

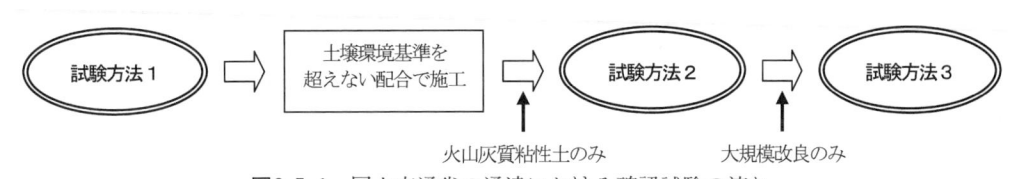

図6.5.1 国土交通省の通達における確認試験の流れ

5．pHとその他の成分

(1) pH

4.2節の「固化のメカニズム」で解説したように，固化材による改良ではセメントの水和反応の過程で水酸化カルシウムが生成され，これが水分中で解離（$Ca(OH)_2 \rightarrow Ca^{2+} + 2OH^-$）するため，改良体はアルカリ性（pHは高くなる）を示す．ただし，改良体の表面では空気中の炭酸ガスによる炭酸化や降雨などによるアルカリ成分の溶脱により次第に中和され，周辺地盤へ浸透したアルカリ成分は土の緩衝作用によって拡散が抑制される．図6.5.2は深層改良された改良地盤における施工 2 年後の pH 測定結果である．図中の●(未改良地区)は改良体表面より30cm 離れた土の pH であるが，

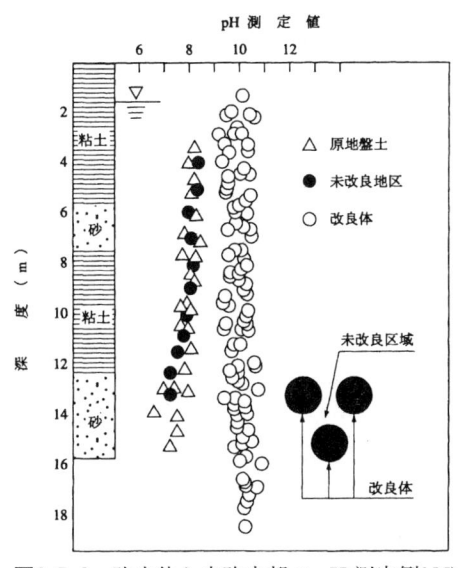

図6.5.2 改良体と未改良部の pH 測定例[6.5.7]

施工前のpH（図中の△）とほとんど同じ値である．したがって，深層混合処理工法で築造された改良体の高pHが周辺地盤や地下水に及ぼす影響は極めて少ないと思われる．

　固化材を用いた地盤改良でpHが問題になるのは，工事中の混練土およびそれからの漏水，洗い水などの取扱いである．

　固化材混じりの水は強アルカリ性なので，酸による中和処理が一般的である．処理した水を河川などの公共用水域に排出する場合は，排水基準（水質汚濁防止法排水基準ではpH5.8以上8.6以下）を満たさなければならない．

(2) その他の成分

　改良体の強度発現時間を調整したり，施工時の混練性を改善するために，化学混和剤が使用されることがあるが，これら化学混和剤の成分の多くは有機化合物である．有機化合物を含んだ洗い水などが地下水や公共用水域に排出すると，生物化学的酸素要求量（BOD）や浮遊物質量が増加することがあるので，混和剤を使用する場合は，製品安全データシート（MSDS）などで製品の内容・成分を確認することが望ましい．

　このような場合，凝集剤による沈降分離やフィルターによる濾過などの対策をとる必要がある．

参考文献

6.5.1) ㈳土木学会：土木学会コンクリートライブラリー111，「コンクリートからの微量成分溶出に関する現状と課題」
6.5.2) 国土交通省セメント系固化処理土検討委員会：セメント系固化処理土に関する検討　最終報告書（案）
6.5.3) 髙橋　茂：セメントに含まれる微量成分の環境への影響，セメント・コンクリート No.640，2000
6.5.4) 古賀浩史・三浦哲彦：佐賀沖積粘土のセメント系地盤改良における六価クロム検定の結果と考察，土と基礎，Vol.51, No.4，pp.35-37，2003
6.5.5) 建設省技調発第48号：「セメント及びセメント系固化材の地盤改良への使用及び改良土の再利用に関する当面の措置について」，2000.3.24
6.5.6) 国土交通省官技第16号：「セメント及びセメント系固化材を使用した改良土の六価クロム溶出試験要領（案）」の一部変更について，2001.4.20
6.5.7) DJM工法研究会：DJM工法技術マニュアル，1993

6.6節　建設発生土と建設汚泥

> 改良工事においては，「建設発生土」および「建設汚泥」の発生抑制に努めるとに，その再利用にも努める．

　建設工事で発生する土のうち，図6.6.1に示すように，泥状および泥水の「建設汚泥」は産業廃棄物の「汚泥」に該当し，その取扱いは「廃棄物の処理及び清掃に関する法律」で規制される．それ以外の「建設発生土」は建設副産物として扱われる．工事においては，「建設発生土」および「建設

汚泥」の発生量の抑制に努め，発生後は再生利用することが求められる．

「建設工事に係る資材の再資源化等に関する法律（略称：建設リサイクル法）」では，建設発生土は指定副産物に定められており，その全部または一部を再生資源として利用することを促進することが求められている．

建設発生土利用技術マニュアル[6.6.1)]では，建設汚泥は港湾・河川の浚渫工事以外で発生する泥状および泥水のもので，以下の状態にあるものと定義されている．

「標準仕様ダンプに山積みできず，また，その上を人が歩けない状態をいい，この状態を土の強度を示す指標でいえば，コーン指数がおおむね200kN/m^2以下，または一軸圧縮強さがおおむね50kN/m^2以下である」

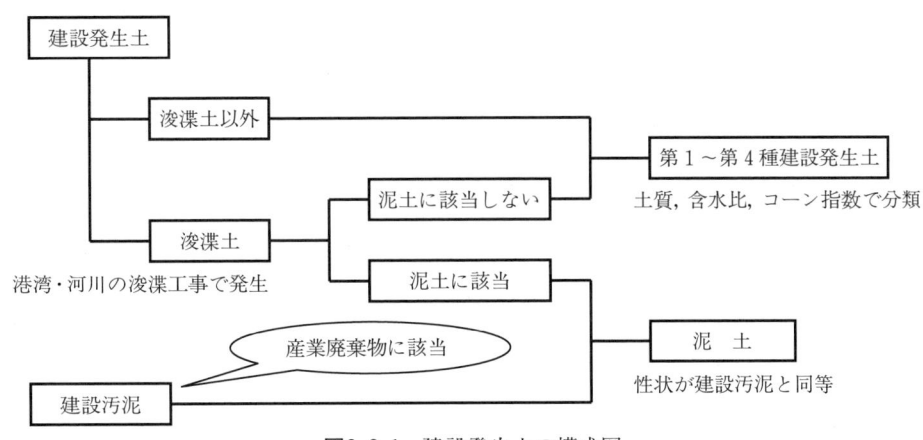

図6.6.1　建設発生土の構成図

建設汚泥は産業廃棄物扱いになるので，その再生利用の形態は表6.6.1のように限られている．

「有用物」，「自ら利用」は，発生現場において，建設汚泥を利用できる性状に改質して利用または有価物として売却することで，許可は不要である．しかし，発生場所と利用場所との関係や，発生工事と利用工事の発注者が異なる場合には，発注者の承諾や都道府県の所管部署への連絡が必要になる場合がある．

建設汚泥を発生現場より移動して，再生利用する場合などは「指定制度」や「再生利用認定制度」を利用することになる．

建設発生土および建設汚泥はその性状により土質区分（第1～4種，泥土）され，区分に応じて再利用用途がおよそ定まる[6.6.1)]が，土質を改質することによって区分をグレードアップし，再利用用途を多様化させることができる．土質を改質する技術には，乾燥，脱水，固化処理などがあり，性状や再利用用途などを考慮して選択する．また，狭空間の埋め戻しに多用されている流動化処理工法や気泡混合土工法では，使用時の性状は泥状であっても，固化後に所定仕様を満足することで，建設発生土および建設汚泥が再利用されている．

建設発生土および建設汚泥は発生現場でリサイクルすることが望ましいが，建設発生土および建設汚泥の発生場所，土量，性状，再利用用途などによっては，専用の定置式リサイクルシステムの利用が有効である．

表6.6.1 建設汚泥の再生利用方法[6.6.2]

建設汚泥再生利用方法	制度等の概要	許可の要否 業	許可の要否 施設	品質管理等
①有用物	現場内で建設汚泥を利用用途に応じた品質以上となるように処理し，利用者へ売却するもの．	不要	不要	コーン指数試験 JGS0716 1日の処理量が200m³を超える場合，200m³に1回，200m³以下の場合，1日に1回試験実施．
②自ら利用	現場内で建設汚泥を他人に有償売却できる性状のものとし，利用するもの．	不要	不要	
③指定制度 1．個別指定	指定を受けようとするものの申請により都道府県知事等が審査し，指定するもので，廃棄物の種類，発生場所，再生利用の場所および用途が指定される．	不要	要	
2．一般指定	都道府県等内で同一形態の取引が多数存在する場合等について指定を受けようとする者の申請によらず，都道府県知事等が産業廃棄物を指定し，その収集，運搬，処理を行うものを一般的に指定することにより再生利用が可能になる制度．	不要	要	
④再生利用認定制度	環境大臣による認定制度で，現在ではスーパー堤防での利用に限られる．	不要	不要	

1) 原位置でのリサイクル

　発生現場において，土質改質処理を施し，再利用するシステムである．土質改質処理には移動式プラントが適しているが，大量処理には向かない．発生場所内での利用であるから，産業廃棄物扱いとなる建設汚泥には有利である．

　余剰泥土が多く発生する水固化材比の大きい固化材スラリーを用いる場合や泥水を併用する工法において，ふるいと遠心脱水装置で余剰液と土砂に分離し，余剰液は固化材スラリーの混練水に再使用，土砂は埋土などに再利用する技術も開発されている．

2) 定置式リサイクルシステム

　発生現場より建設発生土および建設汚泥を集積・運搬し，土質改質などの処理をする専用システムで，大量の処理に適している．また，高品質かつ高度な土質改質も可能で，幅広い用途に再利用できる．

参考文献

6.6.1) ㈶先端建設技術センター：建設発生土利用技術マニュアル
6.6.2) ㈳セメント協会：セメント系固化材による地盤改良マニュアル第3版, p.181

第7章 設 計 例

設計例の概要

本設計例では，第1章〜第4章に基づいて，おのおのの設計例ごとに具体的な計算過程を詳述している．改良地盤の適用形態は，2.4節に記述されている4例（支持層が浅い場合，支持層が深い場合，支持層が傾斜している場合，偏土圧を受ける場合）を対象としており，設計例ごとに特有の考え方を解説している．

7.1節は，支持層が浅い洪積台地において塔状比の大きな建物への適用を取り上げており，主に地震時の接地圧分布に留意した計算過程を詳述している．7.2節は，支持層が深い沖積地盤上において比較的軽量な建物への適用を取り上げており，主に圧密沈下に配慮した計算過程を詳述している．7.3節は，支持層の傾斜にともない改良長さが異なる適用を取り上げており，主に改良長さの違いを考慮した水平力の分担などの計算過程を詳述している．そして，7.4節では偏土圧の影響を受ける建物への適用を取り上げており，主に改良地盤全体の滑動や原地盤の抜出しなどに対する安定の計算

各設計例の概要

節	適用形態	地盤概要		建物概要	基礎概要	検討事項
7.1	支持層が浅い場合	$0 \sim -5m$ $-5m\sim$	ローム（N値1〜3） 砂礫（N値50以上）	地上9階建て 延床面積2 724.3m² 鉄筋コンクリート造 店舗＋共同住宅	べた基礎	鉛直支持力 水平抵抗力 すべり抵抗 即時沈下
7.2	支持層が深い場合	$0 \sim -5m$ $-5 \sim -10m$ $-10 \sim -19m$ $-19 \sim -23m$ $-23 \sim -38m$ $-38m\sim$	粘土（N値2） 細砂（N値14〜21） 粘土（N値1〜3） 細砂（N値13〜20） 粘土（N値2〜4） 細砂（N値35以上）	地上4階建て 延床面積8 302.0m² 鉄骨造 事務所	独立フーチング基礎	液状化判定 鉛直支持力 水平抵抗力 すべり抵抗 即時沈下 圧密沈下
7.3	支持層が傾斜している場合	＜北側＞ $0 \sim -7m$ $-7m\sim$ ＜南側＞ $0 \sim -1m$ $-1m\sim$	粘土（N値2〜5） 泥岩（N値60以上） 粘土 泥岩（N値60以上）	地上4階建て 延床面積4 500.0m² 鉄骨造 配送センター	独立フーチング基礎	直接基礎の検討 鉛直支持力 即時沈下 水平力の分担 水平抵抗力 すべり抵抗
7.4	偏土圧を受ける場合	$0 \sim -5m$ $-5m\sim$	ローム（N値2〜5） 砂礫（N値37以上）	地上6階建て 延床面積2 902.2m² 鉄筋コンクリート造 保養施設	連続フーチング基礎	擁壁作用偏土圧 鉛直支持力 水平抵抗力 滑動抵抗 すべり抵抗 即時沈下

過程を詳述している．各設計例の概要を以下に示す．

7.1節　支持層が浅い場合
7.1.1　敷地・建物概要

建設場所　関東地方
用　　途　店舗＋共同住宅
敷地面積　450.6m²
建築面積　302.7m²
延床面積　2 724.3m²
階　　数　地上9階，地下なし
高　　さ　最高高さ25.65m，軒高25.15m
構造種別　鉄筋コンクリート造
構造形式　上部構造　ラーメン構造
　　　　　基礎構造　直接基礎　べた基礎
　　　　　　　　　　地盤改良　深層混合処理工法

　図7.1.1に配置図およびボーリング位置図を，図7.1.2に1階平面図を，図7.1.3にY1通り軸組図を示す．

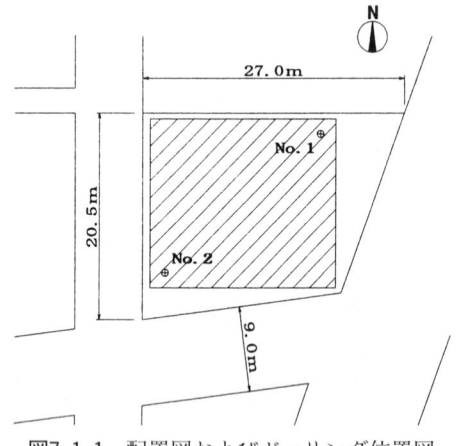

図7.1.1　配置図およびボーリング位置図

7.1.2　地盤概要

　図7.1.4，図7.1.5に示すボーリング結果によれば，地層構成はG.L.−0.30m〜−0.50mまで盛土であり，G.L.−5.35m〜−5.50mまでN値1〜3の関東ロームが分布し，それ以深はN値50程度の砂礫層が堆積している．孔内水位はG.L.−4.7m付近で確認されている．また，ローム層での物理・力学試験の結果を表7.1.1に示す．

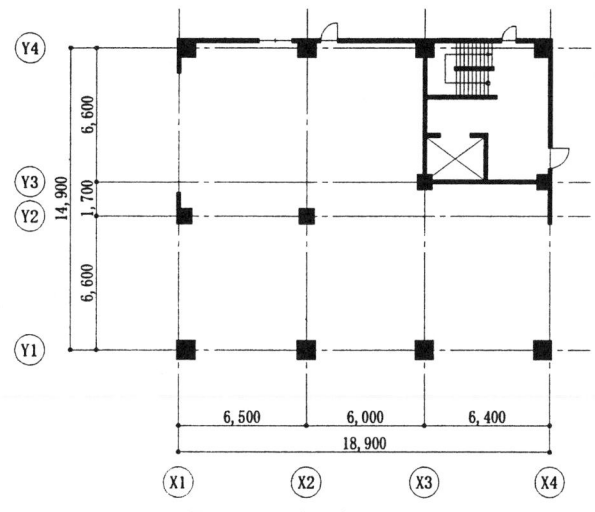

図7.1.2　1階平面図

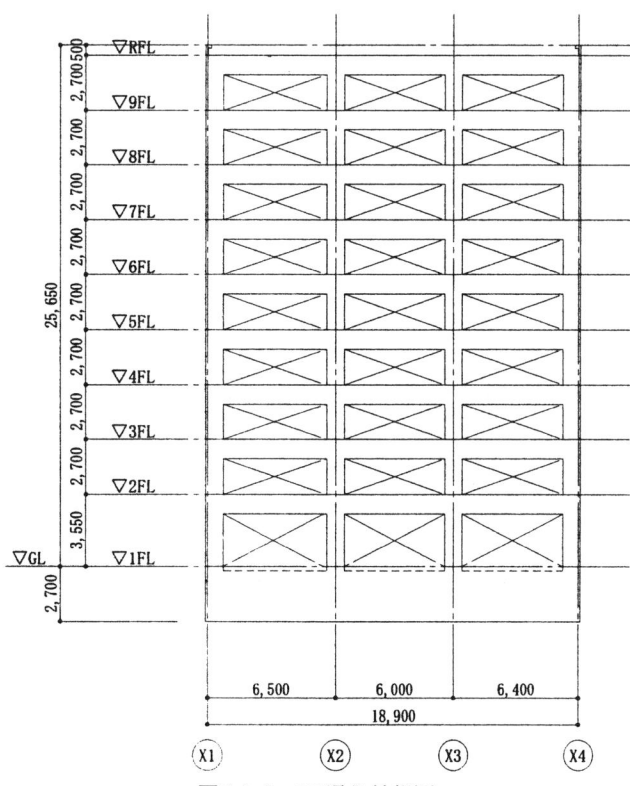

図7.1.3　Y1通り軸組図

表7.1.1 土質試験結果一覧

		ボーリングNo.	No.1	No.2
深 度		(m)	3.50〜4.50	3.50〜4.50
粒度分布	礫分（2mm以上）	(%)	1	2
	砂分（75μm〜2mm）	(%)	15	13
	シルト分（5〜75μm）	(%)	51	45
	粘土分（5μm未満）	(%)	33	40
コンシステンシー	液性限界 W_L	(%)	176.1	156.5
	塑性限界 W_P	(%)	89.7	89.1
	塑性指数 I_p		86.4	67.4
土粒子の密度	ρ_s	(t/m³)	2.81	2.87
自然状態	湿潤単位体積重量 γ_t	(kN/m³)	12.8	12.9
	含水比 w_n	(%)	135.9	140.6
	間隙比 e		4.08	4.25
	飽和度 S_r	(%)	93.6	94.9
一軸圧縮試験	一軸圧縮強さ q_u	(kN/m²)	63.7	65.2
	変形係数 E_{50}	(kN/m²)	2 330	2 670
圧密試験	圧密降伏応力 p_c	(kN/m²)	326	—
	圧縮指数 C_c		2.00	—

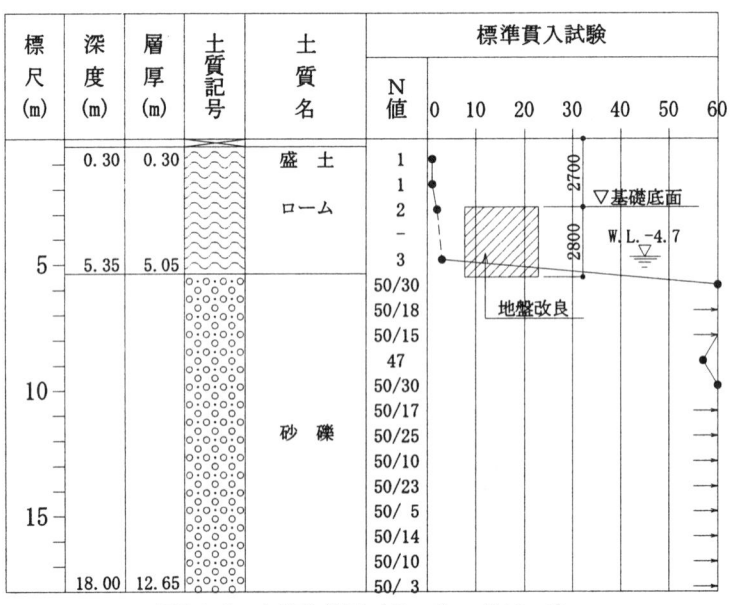

図7.1.4 土質柱状図（ボーリングNo.1）

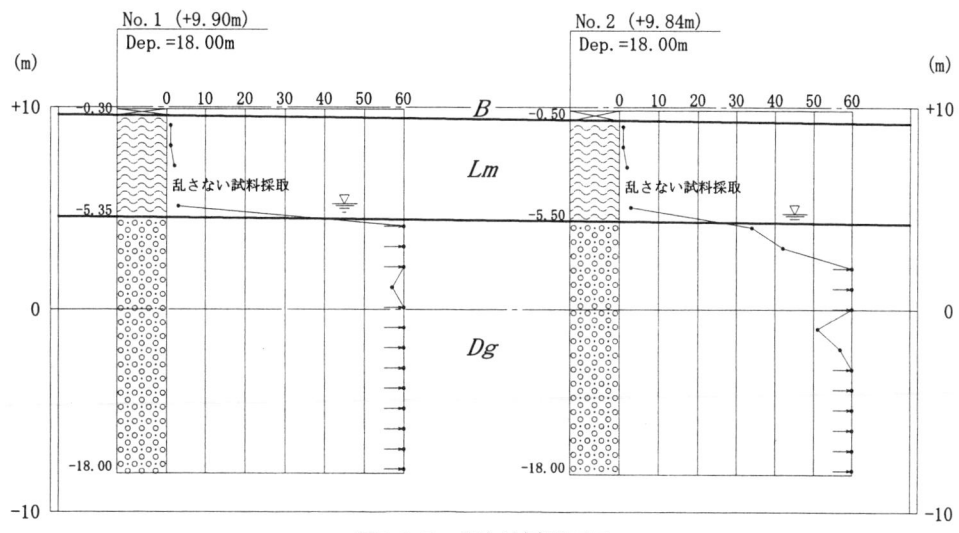

図7.1.5 想定地層断面図

7.1.3 基礎構造の計画

(1) 基礎の選定

　計画建物は，首都圏郊外の既成市街地に建設される9階建て鉄筋コンクリート造の店舗併用共同住宅（賃貸）であり，低廉なコストが求められている．

　敷地地盤は，敷地内で行っている地盤調査結果から，図7.1.4および図7.1.5に示すとおり，洪積台地でローム層の下位には N 値50程度以上の砂礫層が存在しているが，基礎底面が位置する深さはローム層のほぼ中央で N 値も比較的小さい．

　このような設計条件に基づいて，計画建物の支持形式の検討を行う．

・ロ ーム層を支持層とする場合

　計画建物は，接地圧がおおむね140kN/m²と比較的重いことから支持力不足となり，当該地層を支持層とすることには無理がある．

・ラップルコンクリートによる場合

　G.L.−5.5m付近の砂礫層を下部支持地盤として，基礎底面位置から当該地層上端までの深さ約2.8mをラップルコンクリートに置換する支持形式である．支持力，沈下に関しては問題ないが，砂礫層までの掘削にともなう仮設山留めや掘削残土量の増大など，施工性・経済性に問題が多い．

・地盤改良（深層混合処理工法）による場合

　ラップルコンクリートによる置換の深さと同等の約2.8mを地盤改良する支持形式である．ラップルコンクリートに対比すれば，深層混合処理工法はG.L.からの施工が可能であり，仮設山留めの必要もなく，発生残土も極めて少ないことから経済的である．支持力，沈下に関しても問題ない．

　以上の結果から，計画建物の支持形式は地盤改良を併用した直接基礎とする．

(2) 設計方針

　計画建物の基礎形式は，接地圧が比較的大きいことからべた基礎を想定する．ただし，地上9階建ての建物であることから，地震時の転倒モーメントの影響により局部的に大きな接地圧となるこ

とに留意し，損傷限界状態において基礎底面の浮き上がりは許容しないこととする．これについては4.3節に基づいて検討する．

(3) 荷重の設定

建物全体の固定荷重および積載荷重を表7.1.2に示す．なお，基礎部分の荷重には耐圧版重量も含まれている．接地圧は約140kN/m²である．

表7.1.2 建物全体の固定荷重および積載荷重

	固定荷重 (kN)	積載荷重 (kN)		合　計 (kN)	
		常　時	地震時	常　時	地震時
上部構造のベースシヤー	28 334	3 354	1 342	31 688	29 676
基　　礎	9 679	746	298	10 425	9 977
合　　計	―	―	―	42 113	39 653

(耐圧版重量を含む)

損傷限界状態検討用荷重および終局限界状態検討用荷重として地震荷重を想定した．また，地震力は建築基準法施行令に従い表7.1.3のように設定した．

表7.1.3 地震時水平力の算定条件

地域係数	$Z=1.00$
地盤種別	第2種地盤 ($T_c=0.60$秒)
設計用一次固有周期	$T=0.503$秒（略算）
振動特性係数	$R_t=1.0$
標準せん断係数	中地震動時 $C_0=0.2$ 大地震動時 $C_0=1.0$　$D_s \times F_{es}=0.40 \times 1.00=0.40$
地下震度	中地震動時 $k_{base}=0.1$ 大地震動時 $k_{base}=0.3$

中地震動を想定した損傷限界状態検討用の基礎への作用水平力は，1階のせん断力係数を0.2，地下部分の地震震度を基礎指針(3.5.3)式より $k_{base}=0.1$ とした．大地震動を想定した終局限界状態検討用の基礎への作用水平力は，地上部に作用する地震荷重に対する構造特性係数 $D_s=0.4$，形状係数 $F_{es}=1.00$ とし，また，地下部分の地震震度は損傷限界状態の k_{base} の式中における0.1を0.3とし，0.3

表7.1.4 上部構造および基礎の地震時水平力

	中地震動時 (kN) （損傷限界状態）	大地震動時 (kN) （終局限界状態）
上部構造のベースシヤー	5 935	11 870
基　　礎	998	2 994
合　　計	6 933	14 864

(耐圧版重量を含む)

と設定した．上部構造および基礎の地震時水平力を表7.1.4に示す．

(4) 基礎形式と改良範囲

a．基礎形式

本建物は9階建てで，接地圧は約140kN/m²と比較的重いことから，基礎形式はべた基礎とする．

b．改良範囲

改良深さは，ローム層の支持力増加を目的として，耐圧版直下からG.L.−5.5mの砂礫層中までの改良長さ2.8mとする．改良体の配置は，べた基礎直下へ全面的にブロック状形式による接円配置とする．

7.1.4 基礎の目標性能

改良地盤は，建物の終局・損傷・使用限界状態において，建物の各限界状態検討時での荷重に対し，4.1節の要求性能を満足するように設計する．また，鉛直支持力，水平抵抗力，すべり抵抗，沈下に対する限界値を表7.1.5〜表7.1.8に示す．

表7.1.5 鉛直支持力に関する限界値

限界状態	限界値
終局限界状態	・改良体圧縮応力度が改良体の設計基準強度 ・基礎底面荷重が改良地盤の極限鉛直支持力
損傷限界状態	・改良体圧縮応力度が設計基準強度の2/3 ・基礎底面荷重が改良地盤の極限鉛直支持力の2/3
使用限界状態	・改良体圧縮応力度が設計基準強度の1/3 ・基礎底面荷重が改良地盤の極限鉛直支持力の1/3

表7.1.6 水平抵抗力に関する限界値

限界状態	限界値
終局限界状態	・改良体を転倒させない ・改良体応力度が極限せん断応力度 ・改良体底面の滑動力が滑動抵抗力
損傷限界状態	・圧縮：改良体設計基準強度の2/3 ・引張り：圧縮応力度の20％かつ200kN/m² ・せん断：極限せん断応力度の2/3

表7.1.7 すべり抵抗に関する限界値

限界状態	限界値
使用限界状態	極限抵抗モーメントの1/1.2

表7.1.8 沈下に関する限界値

限界状態	限界値
損傷限界状態	・基礎の接地圧が改良地盤の極限鉛直支持力の2/3
使用限界状態	・総沈下量は25mm（最大値） ・変形角は1.0×10^{-3}rad

［注］ 総沈下量はRC造，RCW造に対する目安を参考とする．

7.1.5 設計用軸力

基礎設計用軸力を図7.1.6に示す．

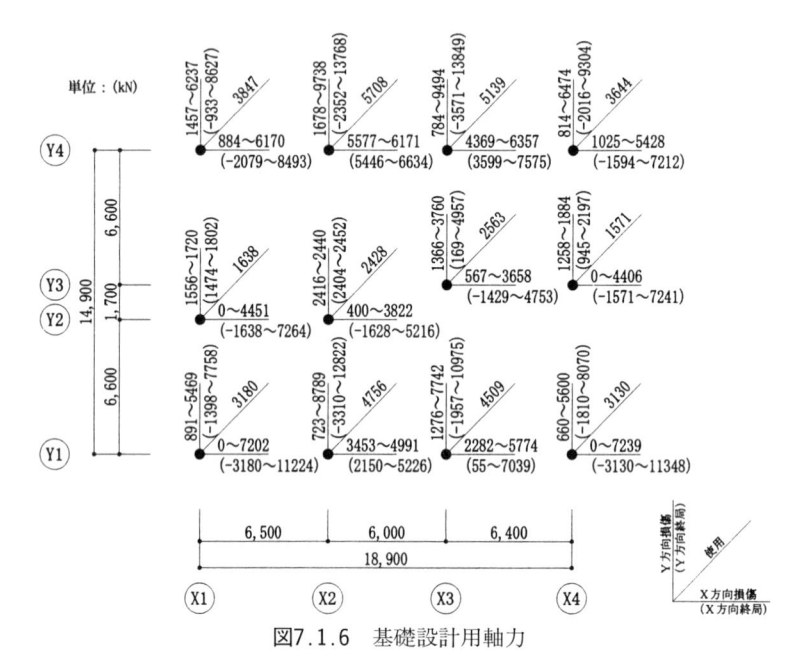

図7.1.6 基礎設計用軸力

7.1.6 改良仕様の仮定

(1) 改良地盤の諸元

　a．改良形式　　　ブロック状形式（接円配置）

　b．改良体の直径　1.2m（改良体1本の面積 $A_p=1.2^2\times\pi/4=1.131\text{m}^2$）

　c．改良体の間隔　1.2m

　d．改良体の長さ　2.8m（改良体の先端位置は，改良地盤の下部地盤として支持力が期待できるG.L.−5.5mとし，改良体頭部はG.L.−2.7mとする．）

　e．改良体の設計基準強度　4.1節，センター指針および実績データに基づいて，ローム層における改良体の設計基準強度を $F_c=1\,000\text{kN/m}^2$ と設定する．

　f．不良率　　4.1節より，10%とする．

　g．想定現場平均コア強度の設定

　　（4.1.1)式に準じて設定する．

$\bar{q}_{ud} = F_c + m \cdot \sigma_d = F_c/(1 - m \cdot V_d) = 1\,000/(1 - 1.3 \times 0.3) = 1\,640 \text{kN/m}^2$

ここで $\bar{q}_{ud}$：想定現場平均コア強度（材齢28日）（kN/m²）

m：不良率より決まる定数（不良率10％のとき，$m=1.3$）

σ_d：想定標準偏差（$= V_d \cdot \bar{q}_{ud} = 0.3\bar{q}_{ud}$）

V_d：十分な施工実績のある工法によって施工することを想定した変動係数（$=0.3$）

h．改良体頭部とフーチングの取合い

改良体頭部には敷砂利50mm，捨てコンクリート50mmを設ける．しかし，その重量は軽量であることから無視する．

(2) 各限界状態における改良体応力度の限界値

a．圧縮応力度の限界値（F_s：安全係数　使用限界：1／3，損傷限界：1／1.5，終局限界：1）

使用限界：$f_c = F_s \cdot F_c = 333 \text{kN/m}^2$，損傷限界：$f_c = 666 \text{kN/m}^2$，終局限界：$f_c = 1\,000 \text{kN/m}^2$

b．せん断応力度の限界値

使用限界状態：$f_\tau = F_s \cdot F_\tau$，損傷限界状態：$f_\tau = F_s \cdot F_\tau$

終局限界状態：$f_\tau = F_\tau = \min\{0.3F_c + (Q_p/A_p)\tan\phi_p, 0.5F_c\}$

ここで，F_τ：極限せん断応力度（kN/m²）

Q_p：改良体に作用する水平力（kN）

ϕ_p：改良体の内部摩擦角（度）

c．引張応力度の限界値

使用限界状態：$f_t = 0$（許容しない）

損傷限界状態：$f_t = -0.2 \cdot f_c = -0.2 \times 666 = -133 \text{kN/m}^2$

7.1.7　鉛直支持力の検討

(1) 改良地盤の設定

a．改良地盤の寸法　　　$B_b = 16.8$m（14列），$L_b = 19.2$m（16列）

b．基礎スラブ面積　　　$A_f = 16.8 \times 19.2 = 322.6 \text{m}^2$

c．改良地盤の面積　　　$A_b = 16.8 \times 19.2 = 322.6 \text{m}^2$

d．改　良　率　　　　　$a_p = 1.131 \times 14 \times 16/322.6 = 0.785$

e．応力集中係数　　　　$\mu_p = 1/a_p = 1/0.785 = 1.27$

f．改良地盤の鉛直支持力度の限界値 q_a

$q_a = \min(q_{a1}, q_{a2})$

$q_{a1} = F_s\{q_d \cdot A_b + \sum(\tau_{di} \cdot h_i)L_s\}/A_f$

$q_{a2} = F_s(n \cdot R_u)/A_f$

① 下部地盤における極限鉛直支持力度 q_d

$q_d = i_c \alpha c N_c + i_\gamma \beta \gamma_1 B_b \eta N_\gamma + i_q \gamma_2 D'_f N_q$

下部地盤の土質：砂礫，N値$=30$（安全を考慮），$\phi = \sqrt{20N} + 15 = 39°$，$c = 0$

下部地盤の有効単位体積重量：$\gamma_1 = 18 - 9.8 = 8.2 \text{kN/m}^3$

下部地盤より上方にある土の平均単位体積重量：$\gamma_2=(12.8\times4.7+3.0\times0.65+8.2\times0.15)/5.5=11.5\text{kN/m}^3$

形状係数：$\alpha=1.0+0.2B_b/L_b=1.18$, $\beta=0.5-0.2B_b/L_b=0.33$

荷重の傾斜に対する補正係数：i_c, i_γ, i_q は，改良地盤厚さが厚く基礎と一体となって挙動するおそれがないことから基礎底面で改良地盤に作用する荷重の傾斜角は 0 とする．よって，$i_c=i_\gamma=i_q=1.0$ となる．

支持力係数：$\phi=39°$ より，$N_c=67.9$, $N_\gamma=77.3$, $N_q=56.0$

改良地盤の短辺長：$B_b=16.8\text{m}$

基礎の寸法効果：終局・損傷限界状態検討用　$\eta=1.0$
　　　　　　　　使用限界状態検討用　　　　　$\eta=(B_b/B_0)^{-1/3}=(16.8/1)^{-1/3}=0.39$

地盤面から下部地盤までの深さ：$D'_f=5.5\text{m}$

終局・損傷限界状態検討用の極限鉛直支持力度

$$q_d=0+1.0\times0.33\times8.2\times16.8\times1.0\times77.3+1.0\times11.5\times5.5\times56.0=7\,056\text{kN/m}^2$$

使用限界状態検討用の極限鉛直支持力度

$$q_d=0+1.0\times0.33\times8.2\times16.8\times0.39\times77.3+1.0\times11.5\times5.5\times56.0=4\,912\text{kN/m}^2$$

② 複合地盤としての鉛直支持力機構より求まる鉛直支持力度の限界値 q_{a1}

$A_b=A_f=16.8\times19.2=322.6\text{m}^2$

τ_{di}：改良地盤周面に作用する極限周面摩擦力度（安全を考慮し，$\tau_{di}=0$）

使用限界状態における鉛直支持力度：$q_{a1}=1/3\times\{(4\,912\times322.6)/322.6\}=1\,637\text{kN/m}^2$

損傷限界状態における鉛直支持力度：$q_{a1}=1/1.5\times\{(7\,056\times322.6)/322.6\}=4\,704\text{kN/m}^2$

終局限界状態における鉛直支持力度：$q_{a1}=1/1\times\{(7\,056\times322.6)/322.6\}=7\,056\text{kN/m}^2$

③ 改良体単体の鉛直支持力機構より求まる鉛直支持力度の限界値 q_{a2}

改良体の極限鉛直支持力 R_u

$$R_u=R_{pu}+\phi\cdot\sum(\tau_{di}\cdot h_i)=2\,205\text{kN/本}$$

ここで，R_{pu}：改良体先端部における極限鉛直支持力

$$R_{pu}=75\cdot\bar{N}\cdot A_p=75\times26\times1.131=2\,205\text{kN}$$

$\bar{N}$：改良体先端から下に $1d$，上に $1d$ の範囲の平均 N 値

$$\bar{N}=(3+34+42)/3=26$$

$\phi\cdot\sum(\tau_{di}\cdot h_i)$：改良体の極限周面摩擦力度（安全を考慮し，$\tau_{di}=0\text{kN/m}^2$）

また，改良体本数 $n=14\times16=224$ 本であることから

使用限界状態における鉛直支持力度：$q_{a2}=1/3\times(224\times2\,205)/322.6=510\text{kN/m}^2$

損傷限界状態における鉛直支持力度：$q_{a2}=1/1.5\times(224\times2\,205)/322.6=1\,020\text{kN/m}^2$

終局限界状態における鉛直支持力度：$q_{a2}=1/1\times(224\times2\,205)/322.6=1\,530\text{kN/m}^2$

④ ②および③より改良地盤の鉛直支持力度 q_a

使用限界状態における鉛直支持力度：$q_a=\min(1\,637, 510)=510\text{kN/m}^2$

損傷限界状態における鉛直支持力度：$q_a=\min(4\,704, 1\,020)=1\,020\text{kN/m}^2$

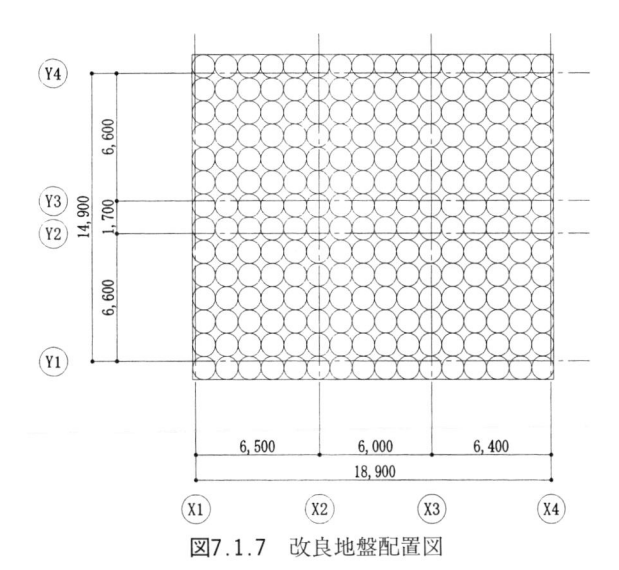

図7.1.7 改良地盤配置図

終局限界状態における鉛直支持力度：$q_a = \min(7\,056, 1\,530) = 1\,530 \text{kN/m}^2$

鉛直支持力の検討結果に基づき図7.1.7に示すように改良体の配置を設定する．

(2) 使用限界状態における改良地盤の検討

　a．改良体頭部に生ずる圧縮応力度 q_p の検討

　　基礎底面における接地圧 σ_e

$$\sigma_e = \sum W / A_f = 42\,113 / 322.6 = 131 \text{kN/m}^2$$

$$q_p = \mu_p \cdot \sigma_e = 1.27 \times 131 = 166 \text{kN/m}^2 < f_c = 333 \text{kN/m}^2 \quad 可$$

　b．改良地盤の鉛直支持力度の確認 q_a

$$\sigma_e = 131 \text{kN/m}^2 < q_a = 510 \text{kN/m}^2 \quad 可$$

(3) 損傷限界状態における改良地盤の検討

　　X，Y両方向の基礎端部の接地圧に対して検討する．

　a．改良体頭部に生ずる圧縮応力度 q_p の検討

　　X方向に対する検討

　　基礎底面における接地圧 σ_e

$$\sigma_{e\max}, \sigma_{e\min} = \sum W / A_f \pm 6 \cdot M_{OT} / (B_f \cdot L_f^2)$$

$$= 131 \pm 6 \times 117\,532 / (16.8 \times 19.2^2) = 245 \text{kN/m}^2, 17 \text{kN/m}^2$$

　　ここで，M_{OT}：建物の転倒モーメント（kNm）

　　　　　建物の転倒モーメントは，各階の層せん断力および基礎部分の水平力に，それぞれの階高 h および根入れ深さの1/2を乗じた値とする．

$$M_{OT} = (1\,171 + 2\,086 + 2\,869 + 3\,558 + 4\,171 + 4\,707 + 5\,170 + 5\,561) \times 2.70$$
$$+ 5\,935 \times (3.55 + 2.70) + 998 \times 2.70 / 2 = 117\,532 \text{kNm}$$

$$q_p = \mu_p \cdot \sigma_{e\max} = 1.27 \times 245 = 311 \text{kN/m}^2 < f_c = 666 \text{kN/m}^2 \quad 可$$

　　Y方向に対する検討

$\sigma_{emax}, \sigma_{emin} = 131 \pm 6 \times 117\,532/(19.2 \times 16.8^2) = 261\,\text{kN/m}^2,\quad 1\,\text{kN/m}^2$

$q_p = \mu_p \cdot \sigma_{emax} = 1.27 \times 261 = 331\,\text{kN/m}^2 < f_c = 666\,\text{kN/m}^2$ 　　可

　b．改良地盤の鉛直支持力度の確認 q_a

　　X方向に対する検討　　$\sigma_e = 245\,\text{kN/m}^2 < q_a = 1\,020\,\text{kN/m}^2$　　可

　　Y方向に対する検討　　$\sigma_e = 261\,\text{kN/m}^2 < q_a = 1\,020\,\text{kN/m}^2$　　可

(4) 終局限界状態における改良地盤の検討

　有効幅 B' における等分布の接地圧に対して検討する．

　a．改良体頭部に生ずる圧縮応力度 q_p の検討

　　X方向に対する検討

$$\sigma_e = \sum W/(B_f \cdot B') = 42\,113/(16.8 \times 7.98) = 314\,\text{kN/m}^2$$

$$B' = L_f - 2e = 19.2 - 2 \times 5.61 = 7.98\,\text{m}$$

$$e = M_{oT}/\sum W = 236\,412/42\,113 = 5.61\,\text{m}$$

ここで，M_{oT}：終局限界における建物の転倒モーメント（kNm）

$$M_{oT} = 0.4/0.2 \times \{(1\,171 + 2\,086 + 2\,869 + 3\,558 + 4\,171 + 4\,707 + 5\,170 + 5\,561) \\ \times 2.70 + 5\,935 \times (3.55 + 2.70)\} + 2\,994 \times 2.70/2 = 236\,412\,\text{kNm}$$

　　　　　B'：偏心を考慮した基礎の有効幅（m）

　　　　　e：荷重の偏心量（m）

$q_p = \mu_p \cdot \sigma_e = 1.27 \times 314 = 399\,\text{kN/m}^2 < f_c = 1\,000\,\text{kN/m}^2$　　可

　　Y方向に対する検討

$$\sigma_e = \sum W/(B' \cdot L_f) = 42\,113/(5.58 \times 19.2) = 393\,\text{kN/m}^2$$

$$B' = B_f - 2e = 16.8 - 2 \times 5.61 = 5.58\,\text{m}$$

$q_p = \mu_p \cdot \sigma_e = 1.27 \times 393 = 499\,\text{kN/m}^2 < f_c = 1\,000\,\text{kN/m}^2$　　可

　b．改良地盤の極限鉛直支持力度の確認 q_a

　　X方向に対する検討　　$\sigma_e = 314\,\text{kN/m}^2 < q_a = 1\,530\,\text{kN/m}^2$　　可

　　Y方向に対する検討　　$\sigma_e = 393\,\text{kN/m}^2 < q_a = 1\,530\,\text{kN/m}^2$　　可

7.1.8　水平抵抗力の検討1（損傷限界状態）

改良体の配置が接円配置であることから，改良体1本あたりで水平抵抗力の検討を行う．

(1) 水平力の分担

改良体1本が負担する水平力 Q_p は，そこに作用する中地震動時の基礎設計用軸力 N_s に比例して負担させる．すなわち，中地震動時の最大接地圧 σ_{emax} と常時接地圧 σ_e の比を乗じて求める．

$$Q_p = \sum Q_p/n \times \sigma_{emax}/\sigma_e = 6\,933/224 \times 261/131 = 62\,\text{kN/本}$$

　　ここで，$\sum Q_p$：改良地盤上端に作用する建物全水平力（＝6 933 kN）

　　　　　n：改良体の本数（＝14×16＝224本）

(2) 改良地盤の水平支持力

　a．原地盤の水平方向地盤反力係数 k_h

① 改良幅 b_1 のときの k_h

$$k_h=(1/30)\cdot\alpha\cdot E_s\cdot(b_1/30)^{-3/4}\times10^2=(1/30)\times4\times2\,330\times(120/30)^{-3/4}\times10^2=10\,980\text{kN/m}^3$$

② 全改良幅 B_1 のときの k_h

$$k_h=(1/30)\times4\times2\,330\times(1\,920/30)^{-3/4}\times10^2=1\,370\text{kN/m}^3$$

③ 群杭効果を考慮した水平方向地盤反力係数 k'_h

$$k'_h=\mu_{12}\cdot k_h=0.24\times10\,980=2\,635\text{kN/m}^3$$

ここで，μ_{12}：X，Y 両方向の改良体の配置に対して群杭効果を考慮した係数

$$\mu_{12}=\mu_1\cdot\mu_2=0.60\times0.40=0.24$$

μ_1：加力直角方向に対する群杭効果

$$\mu_1=\max(\mu'_1,\mu''_1)=\max(0.60,0.12)=0.60$$

$$\mu'_1=1-0.2(3-R_1)=0.60\,(R_1=1),\ \mu''_1=1\,370/10\,980=0.12$$

μ_2：加力方向に対する群杭効果

$$\mu_2=1-0.3(3-R_2)=0.40\,(R_2=1)$$

d．曲げモーメント M_d の算定

$$M_d=\max(M_{\max},M_0)=\max(18.0,20.6)=20.6\text{kNm}$$

$$M_{\max}=(Q_p/2\beta)\cdot R_{M\max}=\{62/(2\times0.46)\}\times0.267=18.0\text{kNm}$$

$$M_0=(Q_p/2\beta)\cdot R_{M0}=\{62/(2\times0.46)\}\times0.305=20.6\text{kNm}$$

$$\beta=\{k'_h\cdot b_1/(4E_p\cdot I_p)\}^{1/4}=\{2\,635\times1.2/(4\times180\,000\times0.102)\}^{1/4}=0.46\text{m}^{-1}$$

$$E_p=180F_c=180\times1\,000=180\,000\text{kN/m}^2$$

$$I_p=\pi d^4/64=0.102\text{m}^4\,(d=1.2\text{m})$$

$$Z=\beta\cdot L=0.46\times2.8=1.3\,(L=2.8\text{m})$$

表4.5.1より，$Z=1.3$ のとき $R_{M\max}=0.267$，$R_{M0}=0.305$

c．曲げモーメントによる縁応力度 $\sigma_{\max}$，$\sigma_{\min}$ の検討

$$\sigma_{\max}=\mu_p\cdot\sigma_e+M_d/(2I_p/b_2)=1.27\times261+20.6/(2\times0.102/1.2)$$

$$=453\text{kN/m}^2\leq f_c=666\text{kN/m}^2\quad\text{可}$$

$$\sigma_{\min}=\mu_p\cdot\sigma_e-M_d/(2I_p/b_2)=1.27\times261-20.6/(2\times0.102/1.2)$$

$$=210\text{kN/m}^2>f_t=-133\text{kN/m}^2\quad\text{可}$$

d．せん断応力度 $\tau_{\max}$ の検討

$$f_\tau=2/3\cdot\min(F_{\tau1},F_{\tau2})=2/3\times\min(331,500)=220\text{kN/m}^2$$

$$F_{\tau1}=0.3\times1\,000+(62/1.131)\times\tan30°=331\text{kN/m}^2$$

$$F_{\tau2}=0.5\times1\,000=500\text{kN/m}^2$$

$$\tau_{\max}=\chi\cdot\bar{\tau}=\chi\cdot(Q_p/A_p)=4/3\times(62/1.131)=73\text{kN/m}^2<f_\tau=220\text{kN/m}^2\quad\text{可}$$

7.1.9 水平抵抗力の検討2（終局限界状態）

大地震動時における上部構造からの鉛直荷重と水平荷重が改良体頭部に作用している状態で，改良体の転倒，せん断および改良地盤底面における滑動に対する安定検討を行う．この場合，図

4.1.3 〔SUB2(B)〕の検討フローに示す繰返し計算によって，転倒・せん断・滑動を満足する限界水平力を決定する．検討は改良体の配置がブロック状形式の接円配置であることから，改良体1本あたりで行う．X，Y方向とも有効幅 B' 内にある改良体で抵抗するものとして検討を行う．ここでは，有効幅 B' が小さく接地圧が大きな Y 方向について検討を行う．

(1) 外力の設定

改良体1本あたりの限界水平力 Q_u の算定

以下(2)～(6)の繰返し計算の結果により得られた改良体1本の頭部に作用する限界水平力

$\qquad Q_u = 191.0 \text{kN/本}$

(2) 仮想底面深度 L_y の算定

$\qquad L_y = 2Q_u/(P_{u1}+P_{u2}) = (2 \times 191.0)/(42.1+52.2) = 4.05 \rightarrow 2.8\text{m}$

$\qquad P_{u1} = (7D_f/3b_1+2) \cdot c \cdot b_1 \cdot \mu_{1a} \cdot \mu_2 + 2c \cdot b'_2 = 42.1\text{kN/m}$

$\qquad P_{u2} = 9c \cdot b_1 \cdot \mu_{1a} \cdot \mu_2 + 2c \cdot b'_2 = 52.2\text{kN/m}$

ここで，D_f：フーチング底面深度 （＝2.7m）

$\qquad c$：周辺地盤の粘着力 （＝$q_u/2 = 63.7/2 = 31.8\text{kN/m}^2$）

$\qquad \mu_{1a}$：水平地盤反力に対する低減係数 （＝0.38, 4.5節参照）

$\qquad b'_2$：改良体の側面摩擦力を考慮する範囲 （＝0）

(3) 仮想底面における限界モーメント M_{re} の算定

a．仮想底面に作用する鉛直荷重 N_{se} の算定

$\qquad N_{se} = N_{ud} + W = N_{ud} + \gamma_p \cdot A \cdot L_y = 566 + 10.3 \times 1.131 \times 2.8 = 598.6\text{kN}$

ここで，N_{ud}：改良体頭部に作用する軸力 （＝$393\text{kN/m}^2 \times 1.2^2 = 566\text{kN/本}$）

$\qquad \gamma_p$：改良体の有効単位体積重量

$\qquad \gamma_p = (12.8 \times 2.0 + 3.0 \times 0.65 + 8.2 \times 0.15)/2.8 = 10.3\text{kN/m}^3$

b．仮想底面位置における底面反力の最大値 P_v の算定

$\qquad P_v = \min(P_{v1}, P_{v2}) = \min(3\,770, 1\,000) = 1\,000\text{kN/m}^2$

$\qquad P_{v1} = q_d + (\psi/A) \cdot \tau_i \cdot (L - L_y) = 3\,770 + (3.770/1.131) \times 31.8 \times (2.8 - 2.8) = 3\,770\text{kN/m}^2$

$\qquad P_{v2} = a_p \cdot F_c = 1.0 \times 1\,000 = 1\,000\text{kN/m}^2$

$\qquad q_d = i_c \alpha c N_c + i_\gamma \beta \gamma_1 B_b \eta N_\gamma + i_q \gamma_2 D'_f N_q$

$\qquad \quad = 0 + 1.0 \times 0.3 \times 8.2 \times 1.2 \times 1 \times 77.3 + 1.0 \times 11.5 \times 5.5 \times 56.0 = 3\,770\text{kN/m}^2$

c．仮想底面における限界モーメント M_{re} の算定

$\qquad M_{re} = N_{se} \cdot e_L = 598.6 \times 0.24 = 143.7\text{kNm}$

$\qquad e_L = b_1 \cdot \sin^3\alpha/3(\alpha - \cos\alpha\sin\alpha) = (1.2 \times 1.00^3)/(3 \times 1.67) = 0.24\text{m}$

ここで，α：$A' = b_1^2(\alpha - \cos\alpha\sin\alpha)/4$ より求まる （＝1.62rad）

$\qquad A'$：有効面積（m²）（＝$N_{se}/P_v = 598.6/1\,000 = 0.60\text{m}^2$）

(4) 改良体の転倒に対する安定検討

a．頭部拘束モーメントの限界値 M_{0a} の算定

$\qquad M_{0a} = \min(M_{0a1}, M_{0a2}) = \min(85.1, 84.8) = 84.8\text{kNm}$

$$M_{0a1}=N_s/A\cdot Z=(566/1.13)\times 0.17=85.1\text{kNm}$$
$$M_{0a2}=(F_c-N_s/A)\cdot Z=(1\,000-566/1.13)\times 0.17=84.8\text{kNm}$$

b．頭部拘束モーメント M_0 の算定

$$M_0=Q_u\cdot L_y-(2P_{u1}+P_{u2})/6\cdot L_y^2-M_\tau-M_{re}$$
$$=191.0\times 2.8-(2\times 42.1+52.2)/6\times 2.8^2-128.2-143.7=84.7\text{kNm}$$
$$M_\tau=\tau_i\cdot b_2^2\cdot L_y=31.8\times 1.2^2\times 2.8=128.2\text{kNm}$$

c．転倒に対する検討

$$M_0=\leqq M_{0a}\quad 可$$

(5) せん断に対する検討

a．最大せん断応力度

$$\tau_{max}=\kappa\cdot(Q_u/A)=4/3\times 191.0/1.13=225\text{kN/m}^2$$

b．極限せん断応力度

$$F_\tau=\min(0.3\cdot F_c+\sigma_n\cdot\tan\phi,\,0.5\cdot F_c)=\min(398,500)=398\text{kN/m}^2$$

c．せん断に対する検討

$$\tau_{max}\leqq F_\tau\quad 可$$

(6) 改良体底面における滑動の検討

a．改良体底面に作用する滑動力

$$\tau_c=Q_{ue}/A'=59.0/0.75=78.7\text{kN/m}^2$$
$$Q_{ue}=Q_u-(P_{u1}+P_{u2})\cdot L_y/2=191.0-(42.1+52.2)\times 2.8/2=59.0\text{kN}$$
$$A'=b_1\cdot b_L=b_1^2/2\cdot(1-\cos\alpha)=1.2^2/2\times(1-\cos 1.62)=0.75\text{m}^2$$

b．改良体底面における滑動抵抗力

$$\tau_{ue}=c+P_v\cdot\tan\phi=0+1\,000\times\tan 39°=809.8\text{kN/m}^2$$

c．滑動に対する検討

$$\tau_c\leqq\tau_{ue}\quad 可$$

(7) 建物全体の検討

$$\sum Q=n\cdot Q_u=80\times 191.0=15\,280\text{kN}>Q_{ud}=14\,864\text{kN}\quad 可$$

ここで，n：有効幅内にある改良体本数（＝80本）

加力方向の基礎の有効幅 B'（＝5.58m）/改良体幅（＝1.2m）≒5列

加力直角方向の基礎幅 L_f（＝19.2m）/改良体幅（＝1.2m）＝16列

よって，Y方向加力時に水平力を分担する改良体本数は，$n=5\times 16=80$本

Q_{ud}：大地震動時において改良地盤に作用する地震時水平力（＝14 864kN）

7.1.10 すべり抵抗に対する検討

常時荷重に対して，改良体を含む地盤全体の局部すべりおよび全体すべりを改良体の残留強度を使用して検討する．すべり抵抗に対する検討は，改良地盤幅が小さいほど不利になることから，Y方向に対して行う．局部すべり，全体すべりの検討図を図7.1.8に示す．計算方法については，局部す

べりは簡易ビショップ法，全体すべりは修正フェレニウス法を用いて行う．

(1) 改良地盤の残留強度 c，ϕ の設定

$$c = a_p \cdot F_{\tau s0} + \varkappa(1-a_p)c_0 = 0 + 1 \times (1-0.785) \times 31.8 = 6.8 \text{kN/m}^2$$

$$\phi = \tan^{-1}\{a_p \cdot \mu_p \cdot \tan\phi_p + (1-a_p) \cdot \mu_s \cdot \tan\phi_0\} = 33.6°$$

ここで，μ_p：改良体の応力集中係数 $(=n/\{1+(n-1)a_p\}=1.21)$

μ_s：原地盤の応力低減係数 $(=1/\{1+(n-1)a_p\}=0.24)$

n：応力分担比 $(=5)$

(2) 周辺地盤および支持地盤の c，ϕ の設定

$$c = \alpha \cdot c_0$$

$$\phi = \phi_0$$

ここで，α：形状係数 $(=1.0+0.2\times16.8/19.2=1.18)$

ϕ：原地盤の内部摩擦角（度）

a．周辺地盤の c，ϕ

(G.L.±0〜−0.30m，盛土) 　　　$c=0$，$\phi=0$

(G.L.−0.30m〜−5.35m，ローム) 　$c=1.18\times31.8=37.5\text{kN/m}^2$，$\phi=0$

(G.L.−5.35m〜−5.50m，砂礫) 　　$c=0$，$\phi=39°$

b．支持地盤の c，ϕ

(G.L.−5.50m 以深，砂礫) 　　　　$c=0$，$\phi=39°$

(3) 局部すべりに対する検討

簡易ビショップ法による収斂計算の結果，極限抵抗モーメント M_{ru}，滑動モーメント M_d，滑動半径 R は以下のようになる．

$$F_s \cdot M_{ru} = 1/1.2 \times 2\,361 = 1\,967\text{kNm} > M_d = 966\text{kNm} \quad (R=5.5\text{m}) \qquad 可$$

(4) 全体すべりに対する検討

修正フェレニウス法による収斂計算の結果，極限抵抗モーメント M_{ru}，滑動モーメント M_d，滑動半径 R は以下のようになる．

$$F_s \cdot M_{ru} = 1/1.2 \times 20\,836 = 17\,363\text{kNm} > M_d = 7\,190\text{kNm} \quad (R=16.5\text{m}) \qquad 可$$

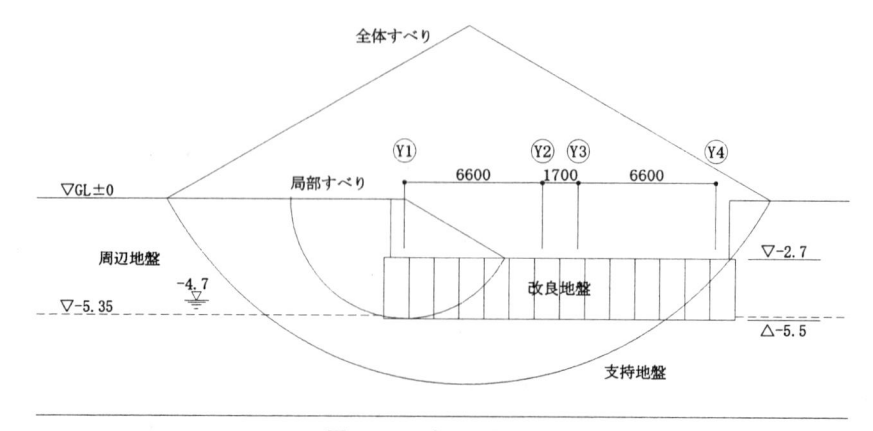

図7.1.8　すべり検討図

7.1.11 沈下の検討

(1) 使用限界状態における沈下の検討

使用限界状態における沈下は，改良地盤の支持層が密な砂礫層であることから，即時沈下のみの検討を行う．即時沈下量は，常時荷重時の改良地盤（G.L.-2.7m〜-5.5m）の圧縮沈下量と改良地盤下部の砂礫層の沈下量との合計とし，基礎梁の剛性を考慮しないで求める．

a．改良地盤の即時沈下量 S_{eq}

$$S_{eq} = q/E_{eq} \cdot L = (131/141\,778) \times 2.8 = 2.6 \times 10^{-3} \text{m}$$

ここで，q：基礎スラブ底面下における平均接地圧（$=131\text{kN/m}^2$）

E_{eq}：改良地盤の等価変形係数（kN/m^2）

$$E_{eq} = E_q + (E_p - E_q) \cdot \sum A_p / A_b$$

E_q：改良体間原地盤の変形係数（$=2\,330\text{kN/m}^2$）

E_p：改良体の弾性係数（$=180\,000\text{kN/m}^2$）

$\sum A_p$：改良地盤内にある改良体面積（$=0.785 \times 16.8 \times 19.2 = 253.2\text{m}^2$）

A_b：改良地盤面積（$=16.8 \times 19.2 = 322.6\text{m}^2$）

L：改良長（$=2.8$m）

よって，$E_{eq} = 2\,330 + (180\,000 - 2\,330) \times 253.2/322.6 = 141\,778\text{kN/m}^2$

b．改良地盤下部の砂礫層（G.L.-5.5m 以深）の即時沈下量 S_E

砂礫層の即時沈下量 S_E は，基礎底面より建物の短辺方向幅にあたる深さ20m付近までの地盤を考慮し，それ以深については沈下しないものとして算定する．沈下量の算定にあたっては，基礎指針(5.3.2)式より，改良地盤矩形底面の1/4の面積による即時沈下量 ΔS_E を求め，その値を4倍する．

$$S_E = 4 \cdot \Delta S_E = 4 \times 2.1 \times 10^{-3} = 8.4 \times 10^{-3} \text{m}$$

$$\Delta S_E = q \cdot B_b \cdot I_s / E_s = 131 \times 8.4 \times 0.273/140\,000 = 2.1 \times 10^{-3} \text{m}$$

ここで，S_E：即時沈下量（m）

I_s：沈下係数

$$I_s = (1 - \nu_s^2)F_1 + (1 - \nu_s - 2\nu_s^2)F_2 = 0.273$$

$F_1 = 0.2559$, $F_2 = 0.0770$

B_b：改良地盤の短辺長さ（$=16.8/2 = 8.4$m）

L_b：改良地盤の長辺長さ（$=19.2/2 = 9.6$m）

E_s：地盤の変形係数（$=2\,800 \cdot N = 2\,800 \times 50 = 140\,000\text{kN/m}^2$）

ν_s：地盤のポアソン比（$=0.3$）

c．基礎の即時沈下量

基礎の即時沈下量は上記a，bの合計により求められる．

$$S = S_{eq} + S_E = 2.6 + 8.4 = 11.0 \times 10^{-3} \text{m （基礎底面中央部）}$$

$$S = S_{eq} + S_E = 2.6 + 2.1 = 4.7 \times 10^{-3} \text{m （基礎底面隅角部）}$$

(2) 使用限界状態における沈下の評価

沈下計算の結果より，

a．総沈下量は $S_{max}=11.0$ mm であり，限界値（最大値25mm）以下である．

b．基礎の変形角は，対角線の距離25.51mに対して $\theta_{max}=(11.0-4.7)/(25\,510/2)=0.49\times10^{-3}$ rad であり，限界値（1.0×10^{-3} rad）以下となっている．

(3) 損傷限界状態における沈下の検討および評価

中地震時において基礎底面に作用する最大接地圧が，限界値を上回らないことを7.1.7項において確認している．

参考文献

7.1.1) 日本建築学会：建築基礎構造設計指針，2001.10

7.2節　支持層が深い場合

7.2.1　敷地・建物概要

建設場所　関東地方

用　途　事務所

敷地面積　4 080.0m²

建築面積　2 075.5m²

延床面積　8 302.0m²

階　数　地上4階，地下なし

高　さ　最高高さ17.6m，軒高16.7m

構造種別　鉄骨造

構造形式　上部構造　ラーメン構造

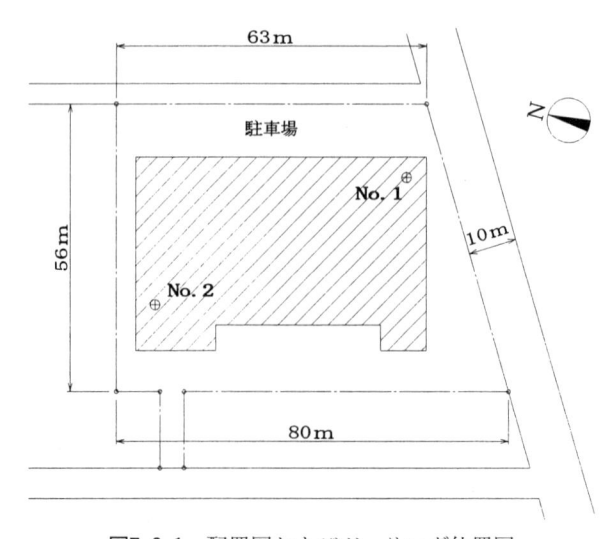

図7.2.1　配置図およびボーリング位置図

図7.2.2 基準階平面図

図7.2.3 Y4通り軸組図

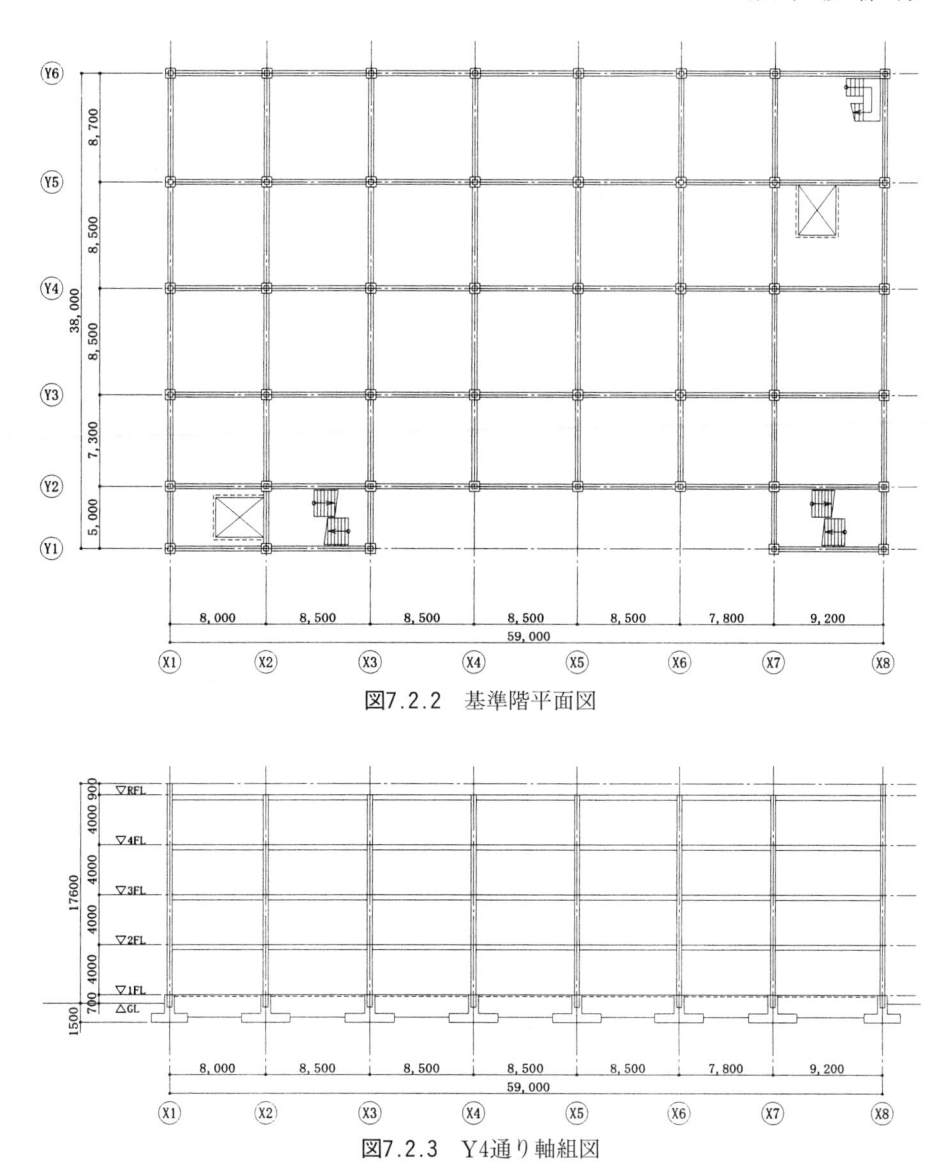

基礎構造　直接基礎　独立フーチング基礎
地盤改良　深層混合処理工法

　図7.2.1に配置図およびボーリング位置図を，図7.2.2に基準階平面図を，図7.2.3にY4通り軸組図を示す．

7.2.2 地盤概要

　図7.2.4および図7.2.5に示すように本敷地のボーリング結果による地層構成は，G.L.$-$2.5m付近までが盛土層(B層)で覆われており，G.L.$-$4.7m付近までN値2程度の上部沖積粘土層($Ac1$層)，G.L.$-$10.0m付近までN値14～21の上部沖積細砂層($As1$層)，G.L.$-$19.2m付近までN値1～4程度の下部沖積粘土層($Ac2$層)，G.L.$-$22.8m付近までN値13～20の下部沖積細砂層($As2$層)

と，粘土・細砂層が互層状に堆積している．それ以深は，洪積層である粘土層（$Dc1$層）がG.L.$-$37.5m付近まで，その下部がN値50程度を超える細砂層・固結シルト層となっている．無水掘りによる孔内水位はG.L.$-$0.90m付近にあり，沖積細砂層は飽和した状態といえる．また，上部細砂層（$As1$層）で細粒分含有率試験を，下部沖積粘土層（$Ac2$層）と洪積粘土層（$Dc1$層）のおのおの2箇所で物理・力学試験等を実施しており，その結果は表7.2.1に示すとおりである．

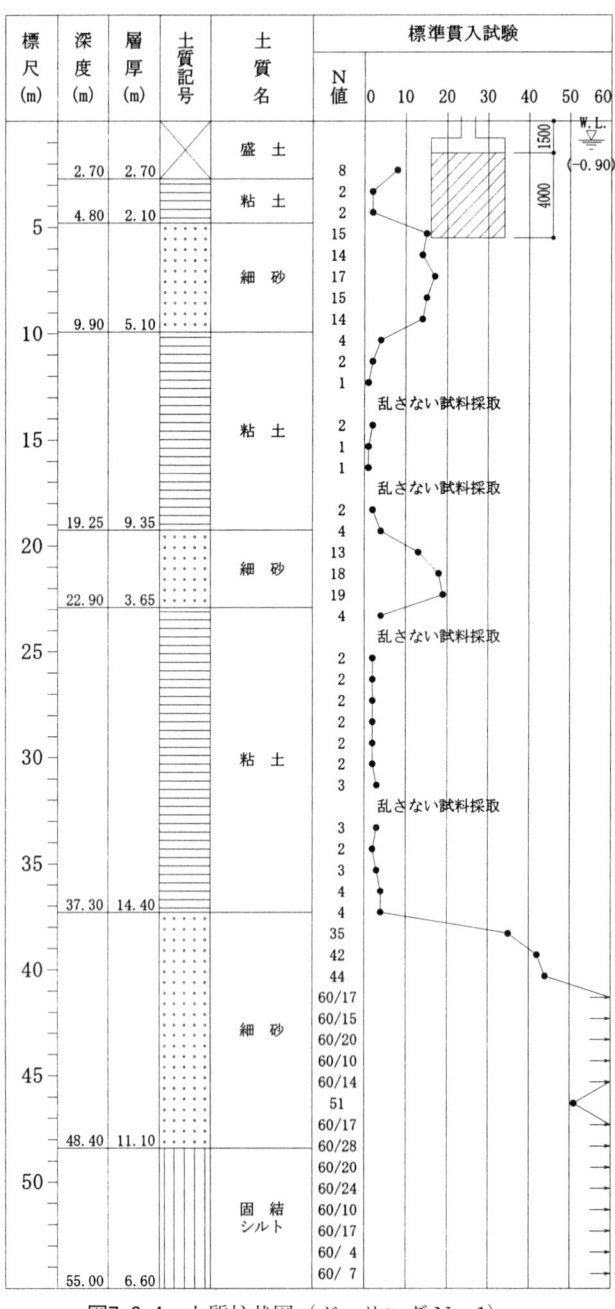

図7.2.4 土質柱状図（ボーリング No.1）

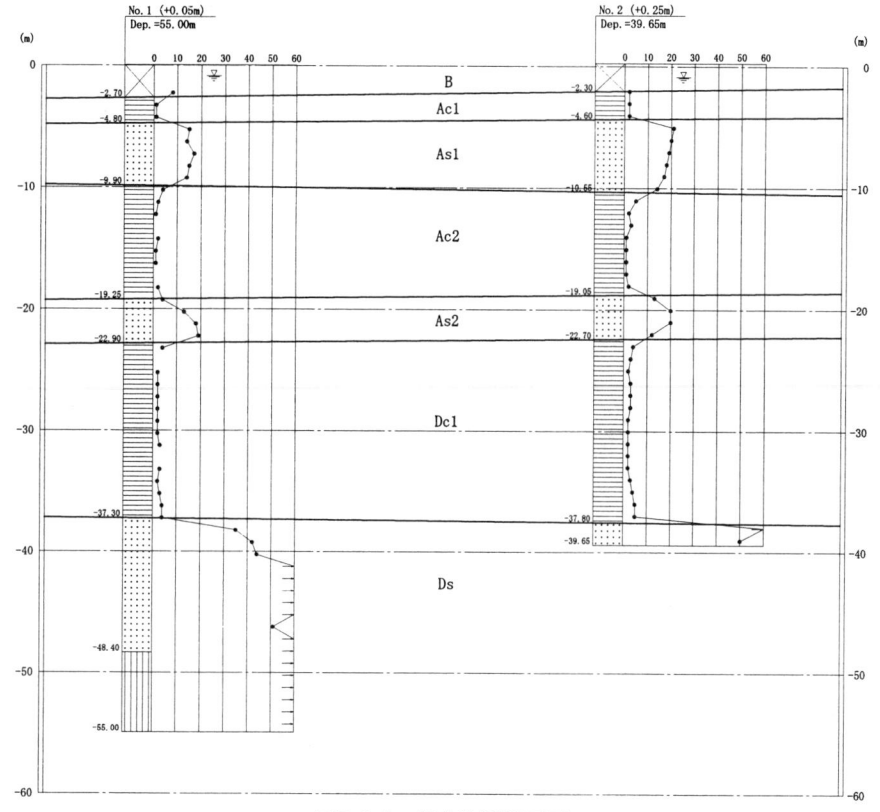

図7.2.5 想定地層断面図

7.2.3 基礎構造の計画

(1) 設計方針

　本敷地の地盤構成は，図7.2.4および図7.2.5に示すように地層層序は一様でほぼ水平成層状態にあるものの，盛土層の直下に堆積する上部沖積粘土層は軟らかく，その下部には地震時の液状化が懸念される上部沖積細砂層，さらには，圧密沈下が懸念される下部沖積粘土層が堆積している．

　このような場合，一般的な杭基礎を想定すれば，G.L.－38m付近への支持杭となるが，以下のような事項から判断して，上部沖積粘土層に対してセメント系固化材を用いた深層混合処理工法による地盤改良を行い，直接基礎とすることとした．

・建物の平均接地圧は約40kN/m²と軽量ではあるが，上部沖積粘土層を支持地盤とする直接基礎では支持力が不足する．

・上部沖積細砂層は，比較的 N 値が高く液状化発生の可能性は低いと考えられることから，改良地盤の下部地盤として十分な支持層となり得る．

・下部沖積粘土層の圧密沈下による不同沈下は，地層層序や土質試験の結果からして，その度合いは小さいことが予想される．

(2) 荷重の設定

　建物全体の固定荷重および積載荷重を表7.2.2に示す．なお，基礎の固定荷重にはフーチング重量

表7.2.1 土質試験結果一覧

ボーリングNo.1		深度 (m)	5.15~5.45	6.15~6.45	7.15~7.45	8.15~8.45	9.15~9.45	13.00~13.85	17.00~17.79	24.00~24.80	32.00~32.80
粒度分布	礫分（2mm以上）	(%)	0	0	0	0	0	0	0	0	0
	砂分（75μm~2mm）	(%)	65	65	86	85	80	18	6	4	9
	シルト分（5~75μm）	(%)	27	19	10	12	16	45	42	31	36
	粘土分（5μm未満）	(%)	8	16	4	3	4	37	52	65	55
コンシステンシー	液性限界 W_L	(%)						59.1	69.2	111.4	110.6
	塑性限界 W_P	(%)						27.5	29.7	36.8	38.9
	塑性指数 I_P							31.6	39.5	74.6	71.7
土粒子の密度	ρ_s	(t/m³)	2.69	2.68	2.68	2.69	2.70	2.68	2.67	2.67	2.65
自然状態	湿潤単位体積重量 γ_t	(kN/m³)						16.5	15.8	14.8	14.6
	含水比 w_n	(%)	26.1	17.2	22.9	23.6	30.6	52.4	62.4	79.6	87.7
	間隙比 e							1.43	1.69	2.18	2.34
	飽和度 S_r	(%)						98.3	98.5	97.6	99.2
三軸圧縮試験	試験条件							UU	UU	UU	UU
	全応力 c	(kN/m²)						65	66	181	211
	全応力 ϕ	(度)						0	0	0	0
圧密試験	圧密降伏応力 p_c	(kN/m²)						155	169	389	628
	圧縮指数 C_c							0.49	0.71	1.37	1.58

ボーリングNo.2		深度 (m)	5.15~5.45	6.15~6.45	7.15~7.45	8.15~8.45	9.15~9.45	10.15~10.45
粒度分布	礫分（2mm以上）	(%)	0	0	0	0	0	
	砂分（75μm~2mm）	(%)	42	65	82	82	82	81
	シルト分（5~75μm）	(%)	34	25	13	13	13	14
	粘土分（5μm未満）	(%)	24	10	5	5	5	5

表7.2.2 建物全体の固定荷重および積載荷重

	固定荷重 (kN)	積載荷重 (kN)		合計 (kN)	
		常時	地震時	常時	地震時
上部構造のベースシヤー	55 113	13 962	6 347	69 075	61 460
基礎	9 612	0	0	9 612	9 612
合計	―	―	―	78 687	71 072

は含んでいない．

地震力は，建築基準法施行令に従い表7.2.3のように設定した．

中地震動を想定した損傷限界状態検討用の基礎への作用水平力は，1階のせん断力係数を0.2，地下部分の地震震度を基礎指針(3.5.3)式より $k_{base}=0.1$ とした．大地震動を想定した終局限界状態検討用の基礎への作用水平力は，地上部に作用する地震荷重に対する構造特性係数 $D_s=0.3$，地下部分の地震震度は $k_{base}=0.3$ と設定した．建物および基礎の地震時水平力を表7.2.4に示す．

表7.2.3 地震時水平力の算定条件

地域係数	$Z=1.00$
地盤種別	第3種地盤（$T_c=0.80$秒）
設計用一次固有周期	$T=0.494$秒（略算）
振動特性係数	$R_t=1.0$
標準せん断係数	中地震動時 $C_0=0.2$ 大地震動時 $C_0=1.0$　$D_s \times F_{es}=0.30 \times 1.00=0.30$
地下震度	中地震動時 $k_{base}=0.1$ 大地震動時 $k_{base}=0.3$

表7.2.4 建物および基礎の地震時水平力

	中地震動時（kN） （損傷限界状態）	大地震動時（kN） （終局限界状態）
上部構造のベースシヤー	12 292	18 438
基　　　礎	961	2 884
合　　　計	13 253	21 322

（フーチング重量を除く）

(3) 敷地地盤の評価

　a．液状化の検討

　G.L.－5m～－10m付近に分布する上部沖積細砂層に対して，基礎指針4.5節に基づき液状化判定を行う．なお，下部沖積細砂層は堆積する深度がG.L.－20m程度以深にあり，液状化の可能性が低いと考えられることから，判定の対象から除外する．ボーリングNo.1について液状化判定結果を表7.2.5に，液状化時の地表変位を表7.2.6に，そしてボーリングNo.1，No.2の安全率 F_l の分布を図7.2.6に示す．損傷限界状態では，検討対象層のすべての深度において F_l 値は1を上回り，地表変位もないことから液状化の可能性はない．終局限界状態では，ボーリングNo.1にてG.L.－9.3m，ボーリングNo.2にてG.L.－10.3mでそれぞれ F_l 値が1を下回るが，地表変位による液状化の程度は基礎指針表4.5.1より「軽微」となる．

表7.2.5 原地盤の液状化判定結果（ボーリング No.1）

深度 (m)	N値	細粒分 含有率 F_c (%)	全応力 σ_z (kN/m²)	有効応力 σ'_z (kN/m²)	低減 係数 γ_d	補正 N値 N_a	液状化 抵抗比 τ_l/σ'_z	損傷限界状態		終局限界状態	
								繰返しせん断 応力比 τ_d/σ'_z	安全率 F_l	繰返しせん断 応力比 τ_d/σ'_z	安全率 F_l
5.3	15	35	90	47	0.920	31.2	0.600	0.234	2.56	0.410	1.46
6.3	14	35	107	54	0.905	28.3	0.600	0.237	2.53	0.416	1.44
7.3	17	14	124	61	0.891	28.3	0.600	0.239	2.51	0.418	1.44
8.3	15	15	141	69	0.876	24.9	0.457	0.239	1.91	0.418	1.09
9.3	14	20	158	76	0.860	23.9	0.389	0.238	1.63	0.417	0.93

表7.2.6　液状化時の地表変位の推定（ボーリング No.1）

深度 (m)	損傷限界状態		終局限界状態	
	繰返しせん断ひずみ，および体積ひずみ $\gamma_{cy}, \varepsilon_v$(%)	水平変位残留沈下 (mm)	繰返しせん断ひずみ，および体積ひずみ $\gamma_{cy}, \varepsilon_v$(%)	水平変位残留沈下 (mm)
5.3	0.0	0	0.0	0
6.3	0.0	0	0.0	0
7.3	0.0	0	0.0	0
8.3	0.0	0	0.0	0
9.3	0.0	0	0.6	6
合計		0		6
液状化の程度	なし		軽微	

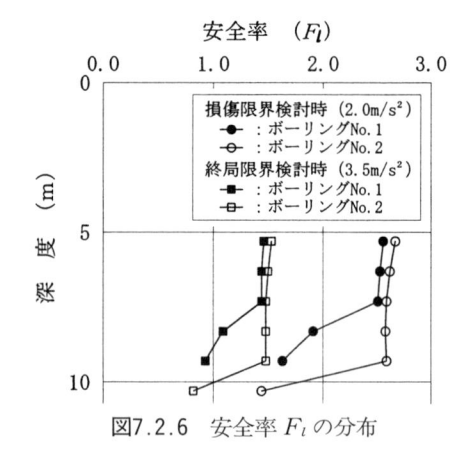

図7.2.6　安全率 F_l の分布

b．圧密特性

下部沖積粘土層（$Ac2$層：G.L.-9.90m～-19.25m）および洪積粘土層（$Dc1$層：G.L.-22.90m～-37.30m）において，計4箇所で圧密試験を行っている．その結果を有効上載圧と合わせて図7.2.7に示す．これによれば，下部沖積粘土層は $\sigma_z' < p_c$ で過圧密状態となっている．

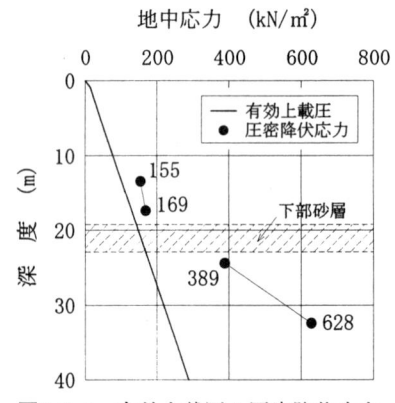

図7.2.7　有効上載圧と圧密降伏応力

(4) 基礎形式と改良範囲

a．基礎形式

上部構造はラーメン構造であり，改良地盤の下部地盤となる上部沖積細砂層は十分な鉛直支持力が期待できることから，基礎形式は独立フーチング基礎とする．

b．改良範囲

上部沖積粘土層の支持力増加を目的とした地盤改良は，フーチング直下からG.L.-5.5mの上部沖積細砂層中までとし，その改良長は4.0m，改良体配置は独立フーチング直下を杭形式で接円配置とする．

7.2.4 基礎の目標性能

各限界状態における改良体および改良地盤の要求性能は4.1節によるものとする．また，検討項目とその限界値について，表7.2.7～表7.2.11に示す．

表7.2.7 液状化に関する限界値

限界状態	限界値
終局限界状態	液状化の程度が「軽微」
損傷限界状態	液状化させない

表7.2.8 鉛直支持力に関する限界値

限界状態	限界値
終局限界状態	・改良体圧縮応力度が改良体の設計基準強度 ・基礎底面荷重が改良地盤の極限鉛直支持力
損傷限界状態	・改良体圧縮応力度が設計基準強度の2/3 ・基礎底面荷重が改良地盤の極限鉛直支持力の2/3
使用限界状態	・改良体圧縮応力度が設計基準強度の1/3 ・基礎底面荷重が改良地盤の極限鉛直支持力の1/3

表7.2.9 水平抵抗力に関する限界値

限界状態	限界値
終局限界状態	・改良体を転倒させない ・改良体応力度が極限せん断応力度 ・改良体底面の滑動力が滑動抵抗力
損傷限界状態	・圧縮：改良体設計基準強度の2/3 ・引張：圧縮応力度の20%かつ200kN/m² ・せん断：極限せん断応力度の2/3

表7.2.10 すべり破壊に関する限界値

限界状態	限界値
使用限界状態	極限抵抗モーメントの1/1.2

表7.2.11 沈下に関する限界値

限界状態	限界値
損傷限界状態	・基礎の接地圧が改良地盤の極限鉛直支持力の2/3
使用限界状態	・総沈下量は100mm（最大値） ・変形角は2.0×10^{-3}rad

［注］ 総沈下量はRC造，RCW造に対する目安を参考とする．

7.2.5 設計用軸力

基礎設計用軸力（フーチング重量は含まず）を図7.2.8に示す．

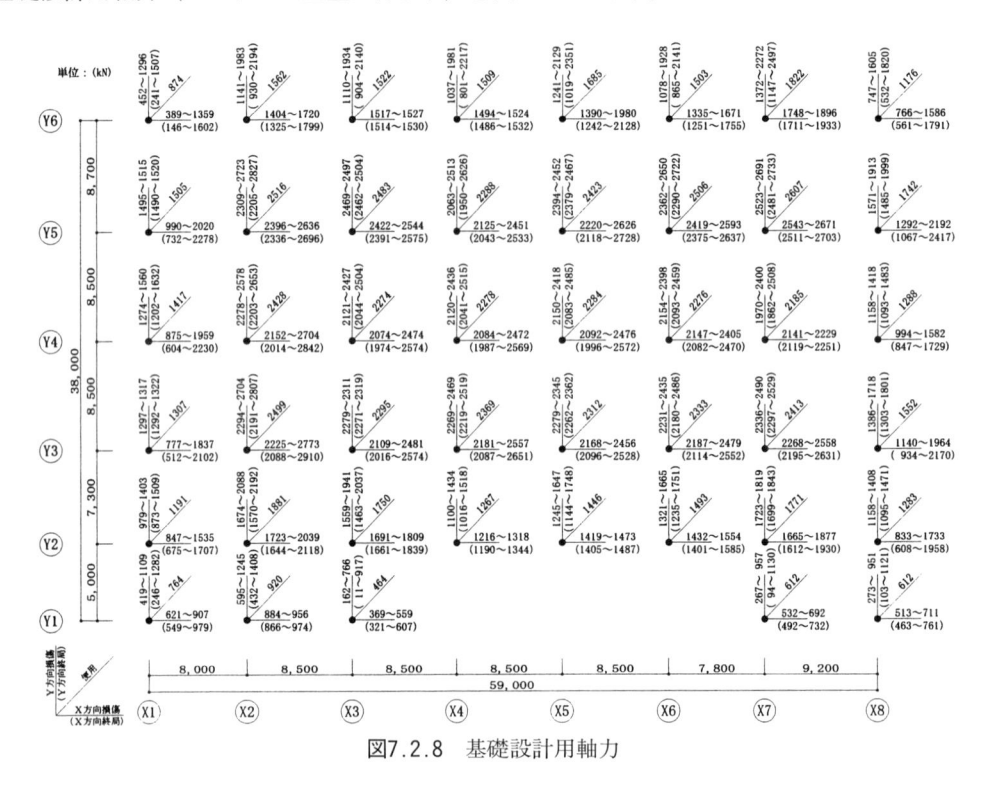

図7.2.8 基礎設計用軸力

7.2.6 改良仕様の仮定

(1) 改良地盤の諸元

   a．改良形式　杭形式（接円配置）

   b．改良体の直径　1.2m

   c．改良体の長さ　4.0m（改良体頭部：G.L.－1.5m，改良体先端：G.L.－5.5m）

   d．改良体の設計基準強度 $F_c=1\,000\mathrm{kN/m^2}$

     不良率，想定現場平均コア強度の設定および改良体頭部とフーチングの取合いについては，7.1.6を参考とする．

(2) 各限界状態における改良体応力度の限界値

   a．改良体の圧縮応力度の限界値

     使用限界状態：$f_c=333\mathrm{kN/m^2}$，損傷限界状態：$f_c=666\mathrm{kN/m^2}$，終局限界状態：$f_c=1\,000\mathrm{kN/m^2}$

   b．改良体のせん断応力度の限界値

     使用限界状態：$f_\tau=1/3\cdot F_\tau$，損傷限界状態：$f_\tau=2/3\cdot F_\tau$，終局限界状態：$f_\tau=F_\tau$

   c．引張応力度の限界値　使用限界：許容しない，損傷限界：$f_t=-0.2\times 666=-133\mathrm{kN/m^2}$

7.2.7 鉛直支持力の検討

(1) 改良地盤の設定

各柱位置における改良地盤設定のため，数種の改良地盤について鉛直支持力の限界値を4.3節に基

表7.2.12 改良地盤の諸元一覧

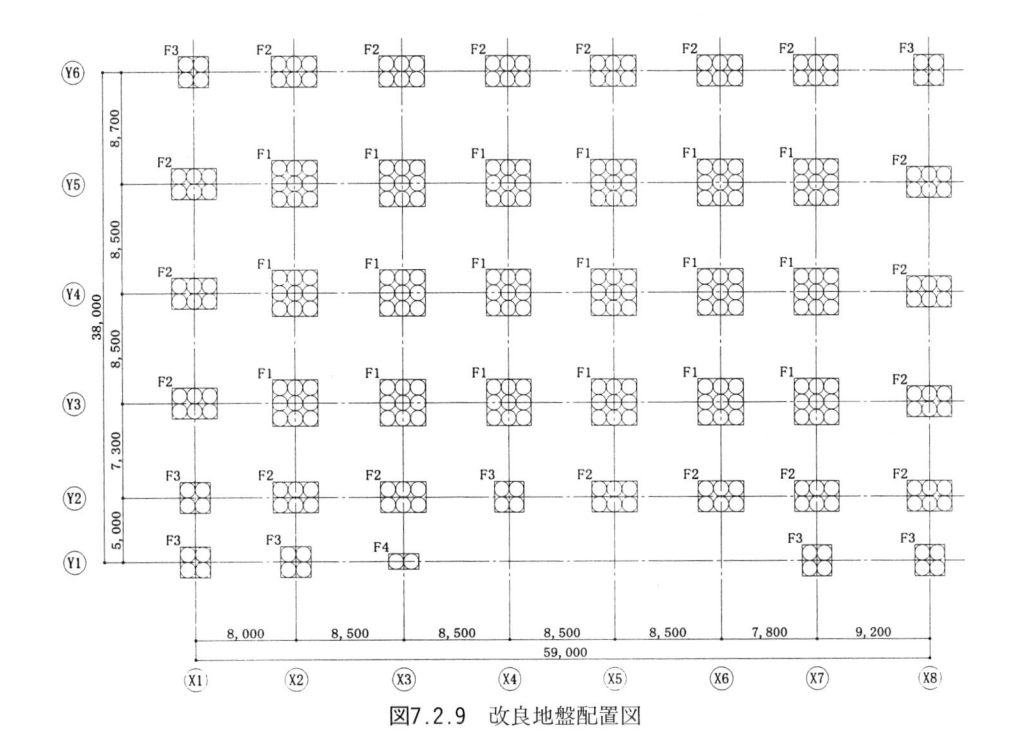

改良体本数(本)	改良地盤の寸法(フーチング寸法)		フーチング面積	改良体面積	改良率	応力集中係数	改良地盤の鉛直支持力の限界値				フーチングNo.
	B_b(m)	L_b(m)	A_f(m²)	ΣA_p(m²)	a_p	μ_p	限界状態	q_{a1} (kN/m²)	q_{a2} (kN/m²)	q_a (kN/m²)	
2	1.2	2.4	2.88	2.26	0.785	1.27	使用限界	353	275	275	F4
							損傷限界	707	550	550	
							終局限界	1 061	825	825	
4	2.4	2.4	5.76	4.52	0.785	1.27	使用限界	356	275	275	F3
							損傷限界	729	550	550	
							終局限界	1 093	825	825	
6	2.4	3.6	8.64	6.79	0.785	1.27	使用限界	362	275	275	F2
							損傷限界	744	550	550	
							終局限界	1 116	825	825	
9	3.6	3.6	12.96	10.18	0.785	1.27	使用限界	364	275	275	F1
							損傷限界	761	550	550	
							終局限界	1 142	825	825	

図7.2.9 改良地盤配置図

づいて算定する．その結果一覧を表7.2.12に示す．

表7.2.12および各柱に作用する基礎設計用軸力に基づき図7.2.9に示すように改良地盤の配置を設定する．

(2) 使用限界状態における改良地盤の検討

各フーチングに作用する基礎設計用最大軸力に対して検討する．

a．改良体頭部に生ずる圧縮応力度 q_p の確認

F1（X7-Y5）フーチングに対する検討

フーチング底面における接地圧 σ_e

$$\sigma_e = (N_L + W_f)/A_f = (2\,607 + 389)/12.96 = 231 \text{kN/m}^2$$
$$q_p = \mu_p \cdot \sigma_e = 1.27 \times 231 = 293 \text{kN/m}^2 < f_c = 333 \text{kN/m}^2 \quad 可$$

b．改良地盤の鉛直支持力度の確認 q_a

F1（X7-Y5）フーチングに対する検討

$$\sigma_e = 231 \text{kN/m}^2 < q_a = 275 \text{kN/m}^2 \quad 可$$

その他のフーチングについても同様に検討した結果を表7.2.13に示す．

表7.2.13 改良地盤の検討結果（使用限界状態）

No.	フーチング寸法		柱軸力 N_L (kN)	基礎自重 W_f (kN)	接地圧 σ_e (kN/m²)	圧縮応力度		鉛直支持力度	
	B_b (m)	L_b (m)				q_p (kN/m²)	< f_c (kN/m²)	σ_e (kN/m²)	< q_a (kN/m²)
F1	3.60	3.60	2 607	389	231	293	< 333	231	< 275
F2	2.40	3.60	1 881	259	248	315	< 333	248	< 275
F3	2.40	2.40	1 267	173	250	318	< 333	250	< 275
F4	1.20	2.40	464	86	191	243	< 333	191	< 275

(3) 損傷限界状態における改良地盤の検討

各フーチングに作用するX，Y両方向の基礎設計用最大軸力に対して使用限界状態と同様に，改良体の圧縮応力度および改良地盤の鉛直支持力について検討した結果を表7.2.14に示す．

表7.2.14 改良地盤の検討結果（損傷限界状態）

No.	フーチング寸法		柱軸力 N_s (kN)	基礎自重 W_f (kN)	接地圧 σ_e (kN/m²)	圧縮応力度		鉛直支持力度	
	B_b (m)	L_b (m)				q_p (kN/m²)	< f_c (kN/m²)	σ_e (kN/m²)	< q_a (kN/m²)
F1	3.60	3.60	2 773	389	244	310	< 666	244	< 550
F2	2.40	3.60	2 272	259	293	372	< 666	293	< 550
F3	2.40	2.40	1 605	173	309	392	< 666	309	< 550
F4	1.20	2.40	766	86	296	376	< 666	296	< 550

(4) 終局限界状態における改良地盤の検討

各フーチングに作用するX,Y両方向の基礎設計用最大軸力に対して使用限界状態と同様に，改良体の圧縮応力度および改良地盤の鉛直支持力について検討した結果を表7.2.15に示す．

表7.2.15 改良地盤の検討結果（終局限界状態）

No.	フーチング寸法		柱軸力	基礎自重	接地圧	圧縮応力度			鉛直支持力度		
	B_b (m)	L_b (m)	N_d (kN)	W_f (kN)	σ_e (kN/m²)	q_p (kN/m²)	<	f_c (kN/m²)	σ_e (kN/m²)	<	q_a (kN/m²)
F1	3.60	3.60	2 910	389	255	324	<	1 000	255	<	825
F2	2.40	3.60	2 497	259	319	405	<	1 000	319	<	825
F3	2.40	2.40	1 820	173	346	439	<	1 000	346	<	825
F4	1.20	2.40	917	86	348	442	<	1 000	348	<	825

7.2.8 水平抵抗力の検討1（損傷限界状態）

(1) 水平力の分担

各柱位置での改良地盤が負担する水平力 Q_p は，そこに作用する中地震動時の基礎設計用軸力 N_s に比例して負担させる．改良体の検討は，改良体の配置が杭形式の接円配置であることから，改良体1本に対して水平抵抗力の検討を行う．

$$Q_p = Q_s \cdot (N_s / \Sigma N_s) + 0.1 W_f \text{ (kN)}$$

改良体1本の負担水平力 Q_{p1} は，X,Y両方向の Q_p のうち大きい方の値を改良体本数 n で除した値とする．各改良地盤において改良体1本に作用する設計用最大水平力を表7.2.16に示す．

表7.2.16 設計用最大水平力

		F1	F2	F3	F4
Q_p	(kN)	506	409	288	138
n	(本)	9	6	4	2
Q_{p1}	(kN/本)	57	69	72	69

(2) 改良地盤の水平抵抗力

F1（X2-Y3）フーチングに対する検討

「改良体間隔 d/改良体幅 b」が小さいので群杭効果を考慮して水平方向地盤反力係数を求める．

　a．群杭効果を考慮した水平方向地盤反力係数 k'_h

$$k_h = (1/30) \cdot \alpha \cdot E_s \cdot (b_1/30)^{-3/4} \times 10^2 = (1/30) \times 4 \times 1 400 \times (120/30)^{-3/4} \times 10^2$$

$$= 6 600 \text{kN/m}^3$$

$$E_s = 7N \times 10^2 = 1 400 \text{kN/m}^2 \ (N = 2)$$

$$k'_h = \mu_{12} \cdot k_h = 0.24 \times 6 600 = 1 584 \text{kN/m}^3$$

　b．曲げモーメント M_d の算定

$M_d = \max(M_{max}, M_0) = \max(26.9, 19.2) = 26.9 \text{kNm}$

$M_{max} = \{57/(2 \times 0.40)\} \times 0.377 = 26.9 \text{kNm}$

$M_0 = \{57/(2 \times 0.40)\} \times 0.270 = 19.2 \text{kNm}$

$\beta = \{k_h' \cdot b_1/(4E_p \cdot I_p)\}^{1/4} = \{1\,584 \times 1.2/(4 \times 180\,000 \times 0.102)\}^{1/4} = 0.40 \text{m}^{-1}$

$Z = \beta \cdot L = 0.40 \times 4.0 = 1.6 \ (L = 4.0 \text{m})$

表4.5.1より,$Z = 1.6$のとき $R_{Mmax} = 0.377$,$R_{M0} = 0.270$

c.曲げモーメントによる縁応力度 σ_{max},σ_{min} の検討

$\sigma_{max} = (244/0.785) + 26.9/(2 \times 0.102/1.2) = 469 \text{kN/m}^2 < f_c = 666 \text{kN/m}^2$　可

$\sigma_{min} = (244/0.785) - 26.9/(2 \times 0.102/1.2) = 153 \text{kN/m}^2 > f_t = -133 \text{kN/m}^2$　可

d.せん断応力度 τ_{max} の検討

$f_\tau = 2/3 \cdot \min(F_{\tau 1}, F_{\tau 2}) = 2/3 \times \min(329, 500) = 219 \text{kN/m}^2$

$\tau_{max} = 4/3 \times (57/1.131) = 67 \text{kN/m}^2 < f_\tau = 219 \text{kN/m}^2$　可

その他のフーチングの曲げモーメントによる縁応力度,せん断応力度についても同様に検討した結果を表7.2.17に示す.

表7.2.17　損傷限界状態における水平抵抗力

No.	群杭効果に関する係数			k_h' (kN/m³)	I_p (m⁴)	M_{max} (kNm)	M_0 (kNm)	M_d (kNm)	曲げによる縁応力度 (kN/m²)		最大せん断応力度
									圧縮側 $\sigma_{max} < f_c$	引張側 $\sigma_{min} < f_t$	$\tau_{max} < f_\tau$ (kN/m²)
	μ_1	μ_2	μ_{12}								
F1	0.60	0.40	0.24	1 584	0.102	26.9	19.2	26.9	469 < 666	153 > -133	67 < 219
F2	0.60	0.40	0.24	1 584	0.102	32.5	23.3	32.5	565 < 666	182 > -133	81 < 223
F3	0.60	0.40	0.24	1 584	0.102	33.9	24.3	33.9	593 < 666	194 > -133	85 < 224
F4	0.60	0.40	0.24	1 584	0.102	32.5	23.3	32.5	568 < 666	186 > -133	81 < 223

7.2.9　水平抵抗力の検討2（終局限界状態）

F1（X2-Y3）フーチングに対する検討

改良体の配置が杭形式の接円配置であることから,改良体1本あたりで水平抵抗力の検討を行う.

(1) 外力の設定

以下(2)〜(6)の繰返し計算の結果により得られた改良体1本の頭部に作用する限界水平力

$Q_{u1} = 106.3 \text{kN/本}$

(2) 仮想底面深度 L_y の算定

$L_y = \{2Q_{u1}/(P_{u1} + P_{u2}) = (2 \times 106.3)/(16.2 + 29.7) = 4.63 \text{m} \rightarrow 4.0 \text{m}$（改良長）

$P_{u1} = \{7 \times 1.5/(3 \times 1.2) + 2\} \times 12.5 \times 1.2 \times 0.55 \times 0.4 + 0 = 16.2 \text{kN/m}$

$P_{u2} = 9 \times 12.5 \times 1.2 \times 0.55 \times 0.4 + 0 = 29.7 \text{kN/m}$

(3) 仮想底面における限界モーメント M_{re} の算定

$N_{se} = N_{ud} + \gamma_p \cdot A \cdot L_y = 367 + 7.2 \times 1.13 \times 4.0 = 399.5 \text{kN}$

$P_v = \min(P_{v1}, P_{v2}) = \min(1\,045, 1\,000) = 1\,000 \text{kN/m}^2$

$$M_{re} = N_{se} \cdot e_L = 399.5 \times 0.332 = 132.6 \text{kNm}$$

(4) 改良体の転倒に対する安定検討

$$M_{0a} = \min(M_{0a1}, M_{0a2}) = \min(55.2, 114.8) = 55.2 \text{kNm}$$

$$M_{0a1} = N_s/A \cdot Z = (367/1.13) \times 0.17 = 55.2 \text{kNm}$$

$$M_{0a2} = (F_c - N_s/A) \cdot Z = (1\,000 - 367/1.13) \times 0.17 = 114.8 \text{kNm}$$

$$M_0 = Q_{u1} \cdot L_y - (2P_{u1} + P_{u2})/6 \cdot L_y^2 - M_\tau - M_{re}$$
$$= 106.3 \times 4.0 - (2 \times 16.2 + 29.7)/6 \times 4.0^2 - 72.0 - 132.6 = 55.0 \text{kNm} \leq M_{0a} \quad 可$$

(5) せん断に対する検討

$$\tau_{\max} = \chi \cdot (Q_{u1}/A) = 4/3 \times 106.3/1.13 = 125 \text{kN/m}^2 \leq F_\tau = 354 \text{kN/m}^2 \quad 可$$

(6) 改良地盤底面における滑動の検討

仮想底面深度($L_y = 4.0$m)が改良体の底面深度と一致していることから,改良体底面における滑動抵抗に対して検討を行うものとする.

$$\tau_c = Q_{ue}/A' = 14.5/0.55 = 26.4 \text{kN/m}^2$$

$$\tau_{ue} = c + P_v \cdot \tan\phi = 0 + 1\,000 \times \tan 31° = 600 \text{kN/m}^2 \geq \tau_c \quad 可$$

表7.2.18 終局限界状態における改良地盤の水平抵抗力

検 討 項 目			F1	F2	F3	F4
(1) 外力の仮定	Q_{u1}	(kN/本)	106.3	112.1	122.3	122.5
(2) 仮想底面深度	L_y	(m)	4.0	4.0	4.0	4.0
(3) 仮想底面に作用する鉛直荷重	N_{se}	(kN)	399.5	491.6	530.6	534.6
仮想底面における底面反力最大値	P_v	(kN/m²)	1 000	1 000	1 000	1 000
仮想底面における限界モーメント	M_{re}	(kNm)	132.6	141.8	143.7	143.7
(4) 頭部拘束モーメントの限界値	M_{0a}	(kNm)	55.2	68.9	74.7	75.3
頭部拘束モーメント	M_0	(kNm)	55.0	68.8	74.7	75.3
転倒に対する検討			$M_0 \fallingdotseq M_{0a}$	$M_0 \fallingdotseq M_{0a}$	$M_0 \fallingdotseq M_{0a}$	$M_0 \fallingdotseq M_{0a}$
(5) 最大せん断応力度	$\tau_{\max}$	(kN/m²)	125	132	144	144
極限せん断応力度	F_τ	(kN/m²)	354	357	362	362
せん断に対する検討			$F_\tau > \tau_{\max}$	$F_\tau > \tau_{\max}$	$F_\tau > \tau_{\max}$	$F_\tau > \tau_{\max}$
(6) 改良体底面に生ずる滑動力	τ_c	(kN/m²)	26.4	31.4	17.7	17.8
改良体底面における滑動抵抗力	τ_{ue}	(kN/m²)	600	600	600	600
滑動に対する検討			$\tau_{ue} > \tau_c$	$\tau_{ue} > \tau_c$	$\tau_{ue} > \tau_c$	$\tau_{ue} > \tau_c$

その他のフーチングについても同様に検討した結果を表7.2.18に示す.

(7) 建物全体の検討

$$\sum Q = \sum (Q_{ui} \cdot n_i) = (106.3 \times 9 \times 18) + (112.1 \times 6 \times 18) + (122.3 \times 4 \times 8) + (122.5 \times 2 \times 1)$$
$$= 33\,486 \text{kN} > Q_{ud} = 25\,262 \text{kN} \quad 可$$

ここで,n_i:各フーチングにおける改良体本数(F1:9本,F2:6本,F3:4本,F4:2本)

$$Q_{ud} = Q_{un} + k_{base} \cdot \sum W_f = 21\,322 + 0.3 \times 13\,134 = 25\,262 \text{kN}$$

$$\sum W_f = (389 \times 18) + (259 \times 18) + (173 \times 8) + (86 \times 1) = 13\,134 \text{kN}$$

7.2.10 すべり抵抗に対する検討

F1（X7-Y5）フーチングに対する検討

(1) 改良地盤の残留強度 c, ϕ の設定

$$c = a_p \cdot F_{\tau s0} + \chi(1-a_p)c_0 = = 2.7 \text{kN/m}^2$$

$$\phi = \tan^{-1}\{a_p \cdot \mu_p \cdot \tan\phi_p + (1-a_p) \cdot \mu_s \cdot \tan\phi_0\} = 33.6°$$

(2) 周辺地盤および支持地盤の c, ϕ の設定

a．周辺地盤（G.L.±0m～−4.8m） $c = \alpha \cdot c_0 = 1.2 \times 12.5 = 15 \text{kN/m}^2$, $\phi = \phi_0 = 0$

b．支持地盤（G.L.−4.8m～−9.9m） $c = 0$, $\phi = 15 + \sqrt{20N} = 31°$（$N$ 値：14）

（G.L.−9.9m～−15m 付近） $c = 65 \text{kN/m}^2$, $\phi = \phi_0 = 0$

(3) 局部すべりに対する検討

$$F_s \cdot M_{ru} = 1/1.2 \times 336 = 280 \text{kNm} > M_d = 250 \text{kNm} \quad (R = 7.5\text{m}) \quad 可$$

表7.2.19 すべり抵抗に対する検討結果

検討項目			F1	F2	F3	F4
局部すべりに対する検討			安全係数：$F_s = 1/1.2$			
限界値	$F_s \cdot M_{ru}$	(kNm)	280	1 315	1 070	1 387
応答値	M_d	(kNm)	250	1 160	850	833
滑動半径	R	(m)	7.5	12.0	10.5	8.0
全体すべりに対する検討			安全係数：$F_s = 1/1.2$			
限界値	$F_s \cdot M_{ru}$	(kNm)	74 880			
応答値	M_d	(kNm)	22 107			
滑動半径	R	(m)	54.5			

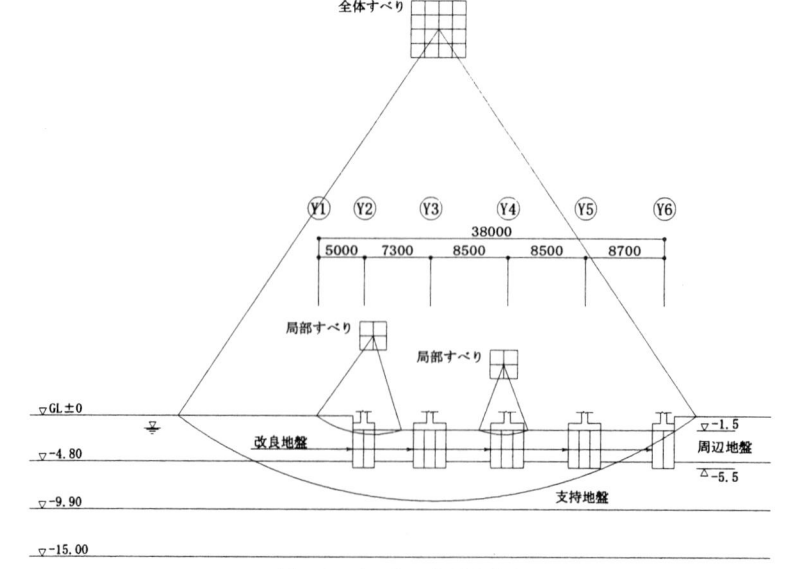

図7.2.10 すべり検討図

(4) 全体すべりに対する検討

全体すべりについてはX4通りについて検討する．

$$F_s \cdot M_{ru} = 1/1.2 \times 89\,856 = 74\,880 \text{kNm} > M_d = 22\,107 \text{kNm} \quad (R=54.5\text{m}) \quad 可$$

局部すべり，全体すべりの検討結果を表7.2.19，検討図を図7.2.10に示す

7.2.11 沈下の検討

(1) 使用限界状態における沈下の検討

常時荷重時における沈下量を求める．また，基礎梁のみの剛性を考慮して簡便な格子梁モデルによる方法によって沈下量を求めることとする．

　ａ．即時沈下量の算定

　　即時沈下量は，常時荷重時における改良地盤（G.L.−1.5m〜−5.5m）の圧縮沈下量と改良地盤下部の沖積細砂層における沈下量を合計して求める．計算方法については，7.1.11を参考とする．

　ｂ．圧密沈下量の算定

　　下部沖積粘土層（G.L.−9.9m〜−19.25m）および洪積粘土層（G.L.−22.9m〜−37.3m）について，図7.2.11に示すように以下の条件に基づき常時荷重による圧密沈下量の算定を行う．

　① 荷重の仮想作用面

　　荷重の仮想作用面は，G.L.−9.9m（下部沖積粘土層上端）とする．

　② 荷重の仮想作用面に生ずる増加応力度 q_e

　　仮想作用面に生ずる増加応力度は，建物全重量から排土重量の3/4を差し引いた値を有効重量とし，その有効重量はそのまま改良地盤の下端まで伝達され，その位置から仮想作用面まで1：2の角度をもって拡散し，下部沖積粘土層上端に一様に作用するものとする．

　　　排土重量の3/4：$W_s = 437.8 \times (17.0 \times 0.9 + 7.2 \times 0.6) \times 3/4 = 6\,442$kN

　　　$q_e = (78\,687 + 13\,134 - 6\,442)/(44.8 \times 65.8 - 5.0 \times 26.5) = 30.3$kN/m²

　③ 圧密沈下量は，計算対象である粘土層を深度方向に4分割する．

　　Ⅰ層：層厚5.10m（G.L.−9.9m〜−15.0m），Ⅱ層：層厚4.25m（G.L.−15.0m〜−19.25m），Ⅲ層：層厚7.2m（G.L.−22.9m〜−30.1m），Ⅳ層：層厚7.2m（G.L.−30.1m〜−37.3m）として，各層の中央深度における値として計算する．

　④ 計算する地点は，図7.2.11に示すNo.1〜No.45とする．

　⑤ 建物建設前後の地中応力 σ'_{1z}，σ'_{2z}

　　・σ'_{1z} は，基礎指針(5.3.9)式により算定する．その結果を以下に示す．

　　Ⅰ層：$\sigma'_{1z} = 17.0 \times 0.9 + 7.2 \times 9.0 + 7.0 \times 5.10/2 = 98$kN/m²，Ⅱ層：$\sigma'_{1z} = 129$kN/m²

　　Ⅲ層：$\sigma'_{1z} = 195$kN/m²，Ⅳ層：$\sigma'_{1z} = 233$kN/m²

　　・建物荷重による応力増分 $\Delta\sigma_z$

　　　各フーチング中央直下の建物荷重による応力増分 $\Delta\sigma_z$ は，基礎指針(5.3.12)式と長方形分割法を用いて求める．

　　・σ'_{2z} は，次式により算定する．

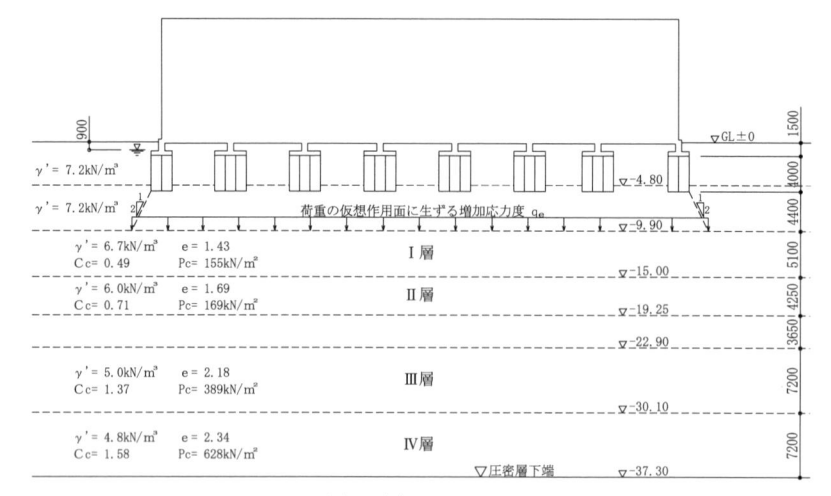

(a) 地盤モデル

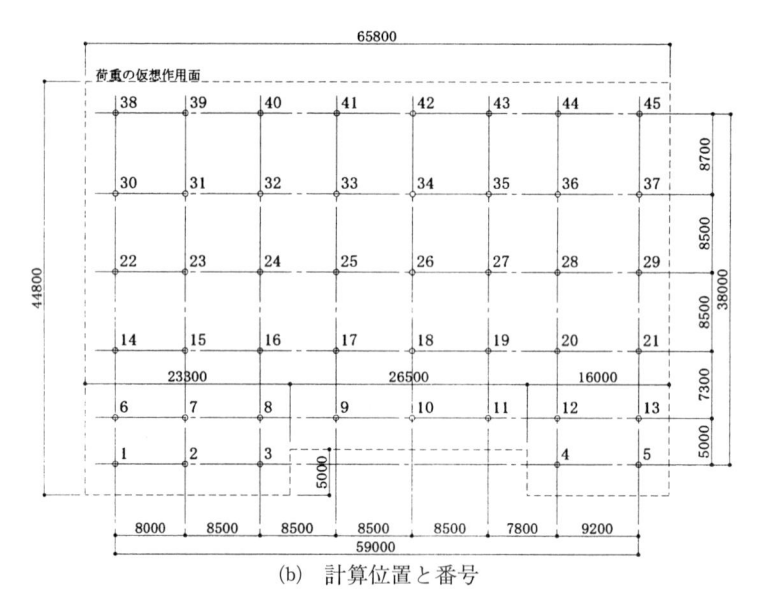

(b) 計算位置と番号

図7.2.11 圧密沈下量検討図

$$\sigma'_{2z} = \sigma'_{1z} + \Delta\sigma_z$$

⑥ 圧密沈下量の算定は，圧密試験によって求められた e-$\log\sigma$ 曲線から設計用 e-$\log\sigma$ 曲線を設定し，Ⅰ層～Ⅳ層について基礎指針(5.3.16)式により算定する．

c．基礎梁剛性を考慮した沈下量

基礎指針図5.3.6の格子梁モデルによって，基礎指針図5.3.7のフローに従い計算を行う．なお，各基礎下の地盤ばねの初期値 k_i は，常時の鉛直荷重 P_i を，(1)項で求めた即時沈下量と圧密沈下量の合計の沈下量 S_i で除して求めたもの（$k_i = P_i/S_i$）とする．ここでは，即時沈下による荷重の再配分効果は考慮していない．基礎の沈下量の検討結果を表7.2.20に示す．

(2) 使用限界状態における沈下の評価

基礎梁剛性を考慮した沈下量に対する評価を以下に示す．

表7.2.20 基礎の沈下量検討結果一覧（基礎梁考慮）

計算地点 沈下量 S （mm）	No. 38 61.4	No. 39 67.3	No. 40 72.2	No. 41 74.8	No. 42 75.4	No. 43 73.8	No. 44 70.5	No. 45 64.7
計算地点 沈下量 S （mm）	No. 30 66.8	No. 31 72.7	No. 32 77.4	No. 33 79.8	No. 34 80.0	No. 35 78.2	No. 36 74.5	No. 37 68.5
計算地点 沈下量 S （mm）	No. 22 69.4	No. 23 75.2	No. 24 79.8	No. 25 82.0	No. 26 81.9	No. 27 79.7	No. 28 75.7	No. 29 69.3
計算地点 沈下量 S （mm）	No. 14 67.7	No. 15 73.5	No. 16 78.1	No. 17 80.2	No. 18 79.8	No. 19 77.1	No. 20 72.7	No. 21 65.9
計算地点 沈下量 S （mm）	No. 6 63.4	No. 7 69.1	No. 8 73.9	No. 9 76.3	No. 10 75.7	No. 11 72.5	No. 12 67.5	No. 13 60.3
計算地点 沈下量 S （mm）	No. 1 59.7	No. 2 65.5	No. 3 70.5				No. 4 63.2	No. 5 55.8

a．総沈下量は，建物中央付近（計算地点 No. 25：X4-Y4）において $S_{max}=82.0$ mm であり，限界値（最大100mm）以下となっている．

b．基礎梁の最大変形角は，X8通りの Y1～Y2間（計算地点 No. 5, No. 13間）において $\theta_{max}=4.5/5\,000=0.90\times10^{-3}$ rad であり，限界値の 2.0×10^{-3} rad 以下となっている．

(3) 損傷限界状態における沈下の検討および評価

中地震時において基礎底面に作用する最大接地圧が，限界値を上回らないことを7.2.7項において確認している．

参考文献
7.2.1) 日本建築学会：建築基礎構造設計指針，2001.10

7.3節 支持層が傾斜している場合
7.3.1 敷地・建物概要

建設場所　中国地方
用　　途　配送センター
敷地面積　3 394.4m²
建築面積　1 125.0m²
延床面積　4 500.0m²
階　　数　地上4階，地下なし
高　　さ　最高高さ23.15m，軒高22.45m
構造種別　鉄骨造
構造形式　上部構造　ラーメン構造
　　　　　基礎構造　直接基礎　独立フーチング基礎

一部，地盤改良　深層混合処理工法

　図7.3.1に配置図およびボーリング位置図を，図7.3.2に基準階平面図を，図7.3.3にY2通り軸組図を示す．

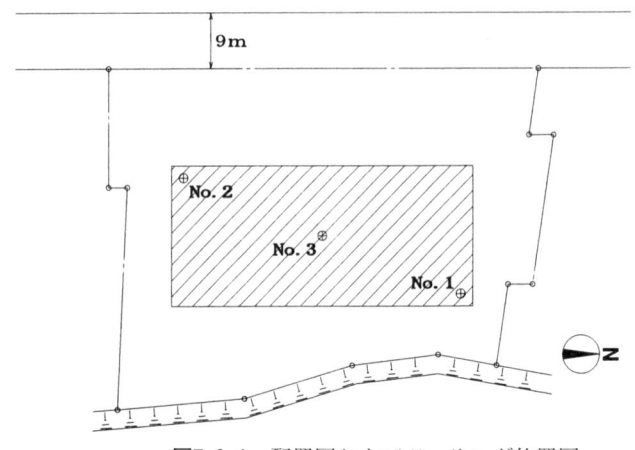

図7.3.1　配置図およびボーリング位置図

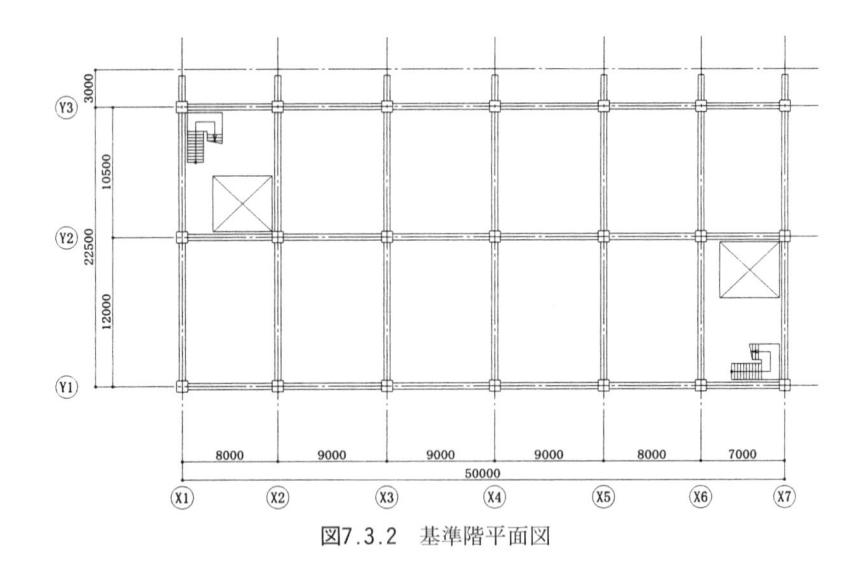

図7.3.2　基準階平面図

7.3.2　地盤概要

　図7.3.4および図7.3.5に代表位置の土質柱状図，図7.3.6に南北方向の想定地層断面図，表7.3.1に土質試験結果を示す．本敷地は，丘陵地の造成地に該当することから，建物端部（南側X1-Y3付近）の調査地点では，G.L.−0.8mから凝灰質泥岩が出現するのに対し，建物中央部ではN値2程度の粘土層下部のG.L.−3.6mから，さらには，もう一方の建物端部の調査地点（北側X7-Y1付近）では，G.L.−7.0mから凝灰質泥岩が出現する．凝灰質泥岩のN値は60以上であり，東西方向における凝灰質泥岩の傾斜はほとんどないが，南北方向にかけてはほぼ一様に傾斜している．

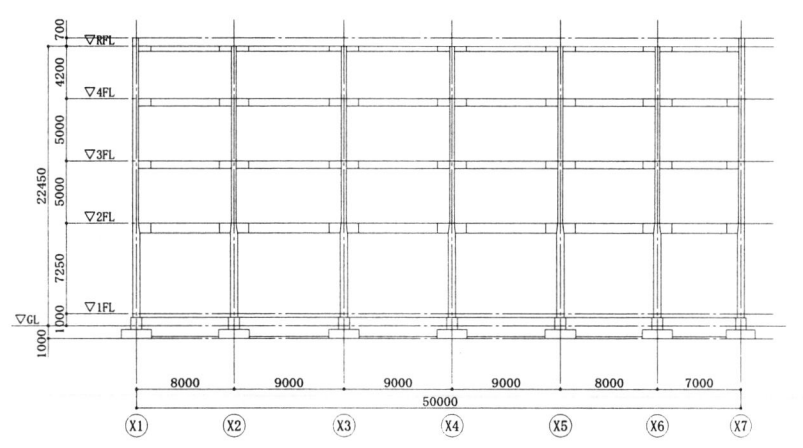

図7.3.3　Y2通り軸組図

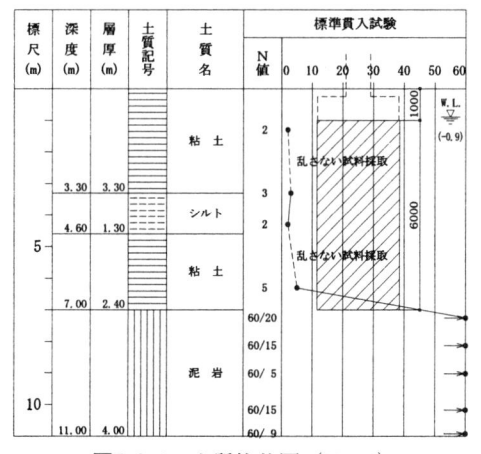

図7.3.4　土質柱状図（No.1）

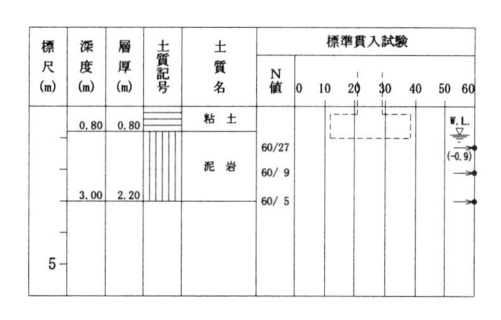

図7.3.5　土質柱状図（No.2）

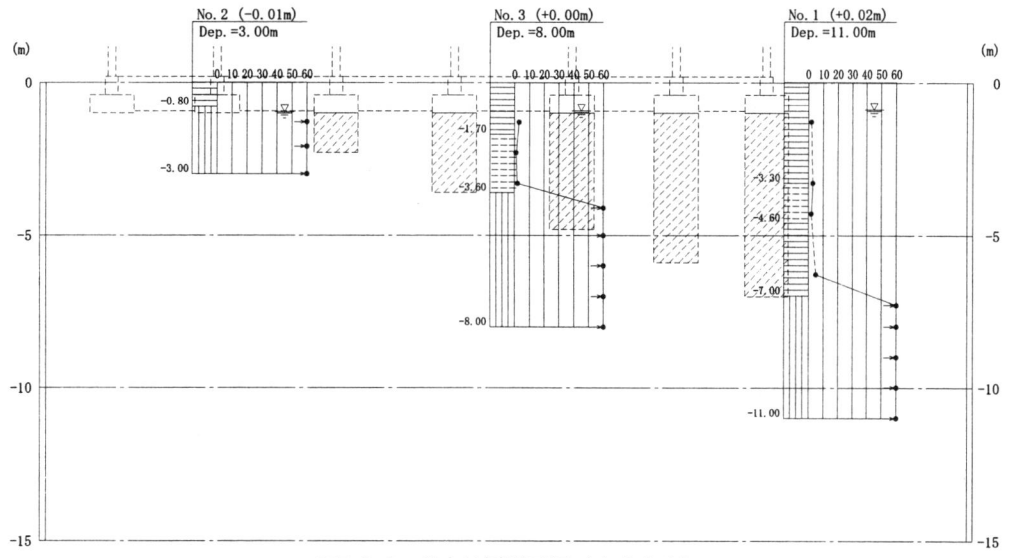

図7.3.6　想定地層断面図（南北方向）

表7.3.1 土質試験結果一覧

ボーリングNo.1		深度 (m)	2.15~2.80	5.15~5.85	7.75~8.05
粒度分布	礫分（2mm以上）	(%)	0	0	―
	砂分（75μm~2mm）	(%)	2	7	―
	シルト分（5~75μm）	(%)	55	51	―
	粘土分（5μm未満）	(%)	43	42	―
コンシステンシー	液性限界 w_L	(%)	76.5	80.2	―
	塑性限界 w_p	(%)	37.3	32.8	―
	塑性指数 I_p		39.2	47.4	―
土粒子の密度	ρ_s	(t/m³)	2.65	2.68	―
自然状態	湿潤単位体積重量 γ_t	(kN/m³)	15.5	16.1	18.3
	含水比 w_n	(%)	67.2	57.6	―
	間隙比 e		1.80	1.57	―
	飽和度 S_r	(%)	98.7	98.1	―
一軸圧縮試験	一軸圧縮強さ q_u	(kN/m²)	48.3	83.2	3 770
	変形係数 E_{50}	(MN/m²)	3.42	4.37	246
圧密試験	圧密降伏応力 p_c	(kN/m²)	97	129	―
	圧縮指数 C_c		0.39	0.60	―

7.3.3 基礎構造の計画

(1) 設計方針

　計画建物の建設地は西日本の中核都市近郊にあり，緩やかな丘陵地を造成したものである．敷地内における地盤調査結果は前項で示したように，地表はほぼ平坦であるが，硬質層である凝灰質泥岩は南北方向に一様な傾斜を持って分布している．本計画では，以下に示す事項から判断して，一部に深層混合処理工法による地盤改良を行い，直接基礎とすることとした．

・建物の接地圧は約60kN/m²と比較的軽量であることから，建物全体について，表層付近の粘土層または泥岩層を支持地盤とする直接基礎が考えられる．しかし，粘土層の N 値等から支持力不足が懸念され，さらに，泥岩に直接支持される部分との沈下差による不同沈下が懸念される．

・このような場合，泥岩層を支持地盤とする範囲（X1~X2通り間）は直接基礎で問題ないものの，それ以外の範囲の粘土層部分については，泥岩層を下部支持地盤とするラップルコンクリートに置換する工法が想定される．しかし，泥岩層までの掘削にともなう仮設計画等（山留め，地下水処理，残土処理等）を考慮した場合，施工性や経済性に問題が多い．

・上記のラップルコンクリート部分に替えて地盤改良を採用した場合，一様に傾斜した泥岩層を支持地盤とする施工が可能であり，鉛直支持力や水平抵抗力も十分に確保でき，経済性においても有利性がある．

(2) 荷重の設定

建物全体の固定荷重および積載荷重を表7.3.2に示す．荷重はフーチング重量を除いた値を示している．また，本建物は地震荷重が支配的であることから，それによる地震力は建築基準法施行令に従い表7.3.3のように設定した．

表7.3.2 建物全体の固定荷重および積載荷重

	固定荷重 (kN)	積載荷重 (kN)		合　計 (kN)	
		常　時	地震時	常　時	地震時
上部構造のベースシヤー	26 103	21 089	13 375	47 192	39 478
基　　礎	11 451	5 948	3 751	17 399	15 202
合　　計	―	―	―	64 591	54 680

表7.3.3 地震時水平力の算定条件

地域係数	$Z=1.00$
地盤種別	第2種地盤（$T_c=0.60$秒）
設計用一次固有周期	$T=0.67$秒（略算）
振動特性係数	$R_t=1.0$
標準せん断係数	中地震動時　$C_0=0.2$ 大地震動時　$C_0=1.0$　$D_s \times F_{es}=0.30 \times 1.00=0.30$
地下震度	中地震動時　$k_{base}=0.1$ 大地震動時　$k_{base}=0.3$

損傷限界状態検討用の基礎への作用水平力は，1階のせん断力係数を0.2，地下部分の地震震度を$k_{base}=0.1$とした．終局限界状態検討用の基礎への作用水平力は，地上部に作用する地震荷重に対する構造特性係数$D_s=0.3$，形状係数$F_{es}=1.00$とし，また，地下部分の地震震度は$k_{base}=0.3$と設定した．建物および基礎の地震時水平力を表7.3.4に示す．

表7.3.4 建物および基礎の地震時水平力

	中地震動時 (kN) （損傷限界状態）	大地震動時 (kN) （終局限界状態）
上部構造のベースシヤー	7 896	11 844
基　　礎	1 520	4 560
合　　計	9 416	16 404

（フーチング重量を除く）

(3) 基礎形式と改良範囲

　a．基礎形式

上部構造はラーメン構造であり，接地圧は約60kN/m²と比較的軽いこと，直接支持地盤および改

良地盤の下部地盤である凝灰質泥岩は十分な鉛直支持力が期待できることから，基礎形式は，独立フーチング基礎とする．

b．改良範囲

粘土層の支持力増加を目的とした地盤改良は，図7.3.6に示すように，Y1〜Y3通りともX3〜X7通りの範囲において，フーチング直下から凝灰質泥岩までとし，その改良長を1.3m〜6.0mと設定する．改良体の配置は，改良地盤の水平剛性を高める目的から，独立フーチング直下をラップ配置による杭形式とする．

7.3.4 基礎の目標性能

(1) 鉛直支持力に関する限界値

直接基礎部分の鉛直支持力は，基礎に作用する水平力の影響を考慮して，極限支持力および降伏支持力を算定し，表7.3.5の限界値を満足することを確認する．改良地盤部分の鉛直支持力に関する限界値を併せて表7.3.5に示す．

表7.3.5 鉛直支持力に関する限界値

限界状態	直接基礎部分	改良地盤部分
終局限界状態	・基礎底面荷重が支持地盤の極限支持力	・改良体圧縮応力度が改良体の設計基準強度 ・基礎底面荷重が改良地盤の極限鉛直支持力
損傷限界状態	・基礎底面荷重が支持地盤の降伏支持力	・改良体圧縮応力度が改良体の設計基準強度の2/3 ・基礎底面荷重が改良地盤の極限鉛直支持力の2/3
使用限界状態	・基礎底面荷重が支持地盤の降伏支持力	・改良体圧縮応力度が改良体の設計基準強度の1/3 ・基礎底面荷重が改良地盤の極限鉛直支持力の1/3

(2) 水平抵抗力に関する限界値

終局限界および損傷限界状態の検討において，表7.3.6に示す限界値を満足することを確認する．

表7.3.6 水平抵抗力に関する限界値

限界状態	直接基礎部分	改良地盤部分
終局限界状態	・基礎が滑動しない	・改良体を転倒させない ・改良体応力度が極限せん断応力度 ・改良体底面の滑動力が滑動抵抗力
損傷限界状態	・基礎が滑動しない	・圧縮：改良体設計基準強度の2/3 ・引張：圧縮応力度の20%かつ200kN/m² ・せん断：極限せん断応力度の2/3

(3) すべり抵抗に関する限界値

すべり抵抗に関する限界値を表7.3.7に示す．

(4) 沈下に関する限界値

沈下に関する限界値を表7.3.8に示す．

表7.3.7 すべり抵抗に関する限界値

限界状態	限 界 値
使用限界状態	極限抵抗モーメントの1/1.2

表7.3.8 沈下に関する限界値

限界状態	限 界 値
損傷限界状態	・基礎の接地圧が改良地盤の極限鉛直支持力の2/3
使用限界状態	・総沈下量は25mm（最大値） ・変形角は1.0×10⁻³rad

［注］ 総沈下量はRC造，RCW造に対する目安を参考とする．

7.3.5 設計用軸力

基礎設計用軸力を図7.3.7に示す．フーチング重量は含んでいない．

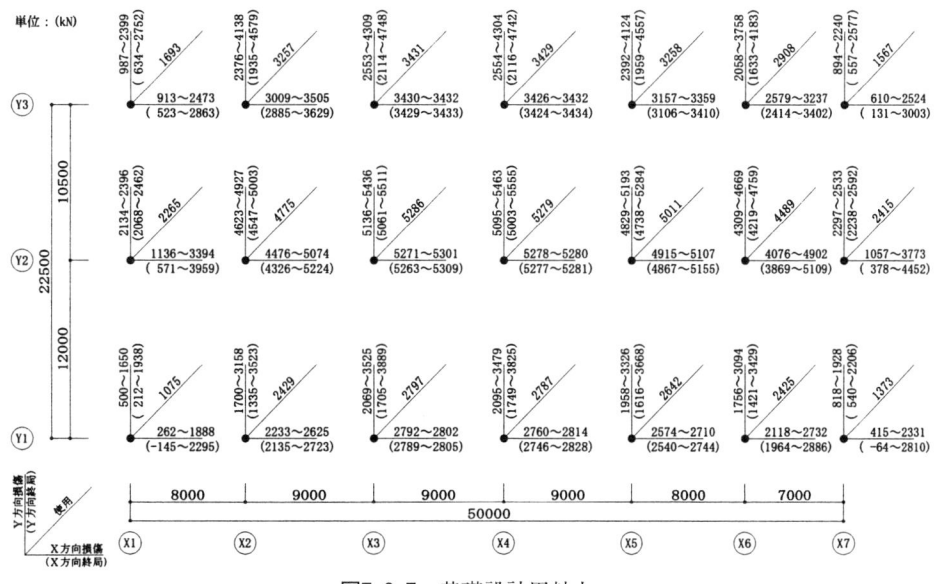

図7.3.7 基礎設計用軸力

7.3.6 鉛直支持力の検討

(1) 直接基礎部分の検討

支持地盤は泥岩とし，基礎底面はG.L.−1.0mとする．

a．終局限界検討用支持力度の算定

地盤の鉛直支持力は基礎指針(5.2.1)式により算定する．なお，支持地盤が泥岩（粘性土）であることから，式の第2項は考慮しない．

$$q_u = i_c \alpha c N_c + i_\gamma \beta \gamma_1 B \eta N_\gamma + i_q \gamma_2 D_f N_q$$

ここで、　　　c：地盤の粘着強さ

支持地盤である泥岩は一般的に堆積軟岩として扱われており、採取位置によって一軸圧縮強さに大きなばらつきがあることから、ここでは q_u 値に 0.5 を乗じて、粘着強さはその値の 1/2 と仮定し、数値を安全側に低減して設定した。

$$q_u = 0.5 \times 3770 = 1885 \mathrm{kN/m^2},\quad c = q_u/2 = 942 \to 900 \mathrm{kN/m^2}$$

N_c, N_q：支持力係数（基礎指針表5.2.1　$\phi = 0$ より、$N_c = 5.1$、$N_q = 1.0$）

α：基礎の形状係数（基礎指針表5.2.2　正方形より、$\alpha = 1.2$）

γ_2：土の単位体積重量　$\gamma_2 = (15.5 \times 0.9 + 5.7 \times 0.1)/1.0 = 14.5 \mathrm{kN/m^3}$

i_c, i_q：荷重の傾斜による補正係数

傾斜角　$\theta = \tan^{-1}(H/V) = \tan^{-1}(16404/54680) = 16.7°$

補正係数　$i_c = i_q = (1 - \theta/90)^2 = 0.66$

D_f：基礎の根入れ深さ（=1.0m）

$$q_u = 0.66 \times 1.2 \times 900 \times 5.1 + 0 + 0.66 \times 14.5 \times 1.0 \times 1.0 = 3645 \mathrm{kN/m^2}$$

極限支持力度は、改良地盤の支持力とのバランスを考慮して、$q_u = 900 \mathrm{kN/m^2}$ と設定する。

b．損傷限界検討用支持力度の算定

損傷限界検討用支持力度は極限鉛直支持力度の 2/3 と仮定して算定する。なお、終局限界状態と同様に算定式の第2項は考慮しない。

$$q_y = 2/3 q_u = 2/3(i_c \alpha c N_c + i_\gamma \beta \gamma_1 B \eta N_\gamma + i_q \gamma_2 D_f N_q)$$

荷重の傾斜による補正係数

傾斜角　$\theta = \tan^{-1}(9416/54680) = 9.8°$

補正係数　$i_c = i_q = (1 - \theta/90)^2 = 0.79$

$$q_y = 2/3 \times (0.79 \times 1.2 \times 900 \times 5.1 + 0 + 0.79 \times 14.5 \times 1.0 \times 1.0) = 2909 \mathrm{kN/m^2}$$

降伏支持力度は、極限支持力度 $900\mathrm{kN/m^2}$ の 2/3 程度と考えて、$q_y = 600\mathrm{kN/m^2}$ と設定する。

c．基礎形状と検討用支持力の設定

算定した支持力度に基礎の面積を乗じた限界鉛直支持力を表7.3.9に示す。なお、フーチングの大きさを検討するための接地圧は、過大な沈下量が発生しないように $300\mathrm{kN/m^2}$ と設定する。

表7.3.9　基礎形状と各限界状態検討用鉛直支持力

基礎符号	基礎寸法 $D_x \times D_y$ (m)	限界鉛直支持力（kN）		フーチング大きさ検討用の接地圧 ($300\mathrm{kN/m^2}$)
		終局限界状態 ($900\mathrm{kN/m^2}$)	損傷・使用限界状態 ($600\mathrm{kN/m^2}$)	
F11	4.5×4.5	18 200	12 100	6 000
F12	3.6×3.6	11 600	7 700	3 800
F13	2.7×2.7	6 500	4 300	2 100

d．直接基礎の鉛直支持力に対する検討

すべての基礎において，基礎設計用軸力（フーチング重量を含む）＜限界鉛直支持力であり，表7.3.5に示す終局・損傷・使用限界状態の鉛直支持力に対する限界値を満足することを確認した．基礎フーチングの配置図を図7.3.8に示す．

(2) 改良地盤部分の検討

 a．改良仕様の仮定

  改良地盤の支持力を算定するにあたり，改良仕様を以下のように仮定する．

 ① 改良形式   杭形式（ラップ配置）
 ② 改良体の直径   1.0m
 ③ 改良体の間隔   0.9m（ラップ幅0.1m）
 ④ 改良体の長さ   1.3m～6.0m（改良体の先端位置：泥岩，G.L.－2.3m～－7.0m）
 ⑤ 改良体の設計基準強度 $F_c=1\,200\text{kN/m}^2$

 不良率，想定現場平均コア強度の設定，改良体頭部とフーチングの取合いおよび改良体応力度の限界値については，7.1節に準ずる．

 b．改良地盤の鉛直支持力の限界値

 各柱位置における改良地盤設定のため，数種の改良地盤について鉛直支持力を4.3節に基づいて算定する．改良体9本配置のF3フーチングについての算定を以下に示す．

 ① 改良地盤の寸法 $B_b=L_b=2.8\text{m}$（3列×3列：改良体9本配置）
 ② 基礎スラブ面積 $A_f=2.7\times2.7=7.29\text{m}^2$
 ③ 改良体の面積 $A_p=9\times(1.0^2\times\pi/4-0.059)=6.54\text{m}^2$
 ④ 改良率 $a_p=6.53/(2.7\times2.7)=0.897$
 ⑤ 応力集中係数 $\mu_p=1/a_p=1/0.897=1.11$
 ⑥ 改良地盤の鉛直支持力度の限界値 q_a

表7.3.10 改良地盤の諸元一覧

改良体本数（本）	改良地盤の寸法（フーチング寸法）		フーチング面積 $A_f(\text{m}^2)$	改良体面積 $\Sigma A_p(\text{m}^2)$	改良率 a_p	応力集中係数 μ_p	改良地盤の鉛直支持力度の限界値				フーチングNo.
	$B_b(\text{m})$	$L_b(\text{m})$					限界状態	q_{a1} (kN/m²)	q_{a2} (kN/m²)	q_a (kN/m²)	
9	2.8 (2.7)	2.8 (2.7)	7.29	6.54	0.897	1.11	使用限界	1 982	1 614	1 614	F3
							損傷限界	3 964	3 229	3 229	
							終局限界	5 946	4 844	4 844	
16	3.7 (3.6)	3.7 (3.6)	12.96	11.63	0.897	1.11	使用限界	1 946	1 615	1 615	F2
							損傷限界	3 893	3 230	3 230	
							終局限界	5 840	4 845	4 845	
25	4.6 (4.5)	4.6 (4.5)	20.25	18.16	0.897	1.11	使用限界	1 925	1 614	1 614	F1
							損傷限界	3 851	3 228	3 228	
							終局限界	5 777	4 842	4 842	

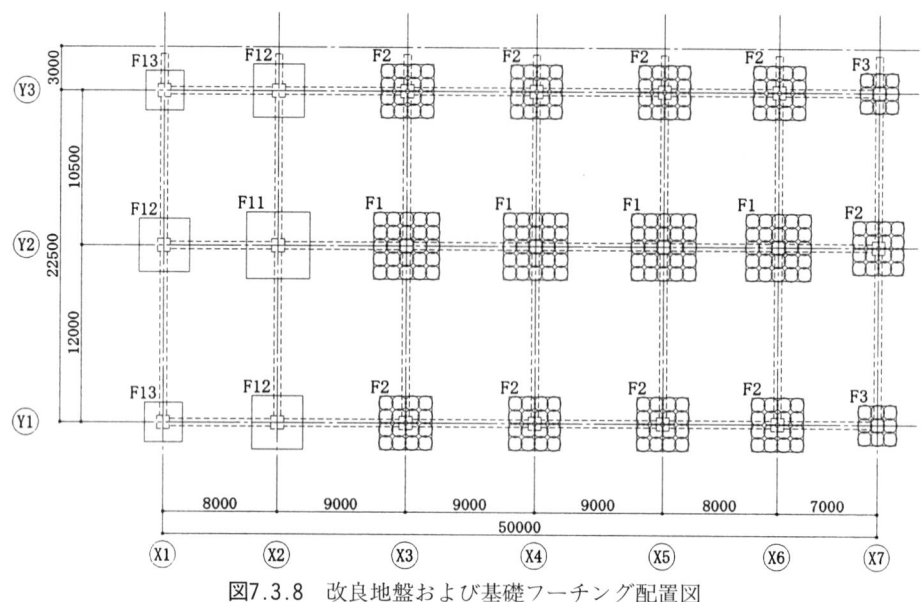

図7.3.8 改良地盤および基礎フーチング配置図

$$q_a = \min(q_{a1}, q_{a2})$$

使用限界状態の鉛直支持力度：$q_a = \min(1\,982, 1\,614) = 1\,614\text{kN/m}^2$

損傷限界状態の鉛直支持力度：$q_a = \min(3\,964, 3\,229) = 3\,229\text{kN/m}^2$

終局限界状態の鉛直支持力度：$q_a = \min(5\,946, 4\,844) = 4\,844\text{kN/m}^2$

その他の改良地盤についても同様に算定する．その結果一覧を表7.3.10に示す．

表7.3.9，表7.3.10および各柱に作用する基礎設計用軸力（基礎重量を含む）に基づき図7.3.8に示すように改良地盤部分および直接基礎部分のフーチングの配置を設定する．

c．使用限界状態における改良地盤の検討

各フーチングに作用する基礎設計用最大軸力に対して，改良体の圧縮応力度および改良地盤の鉛直支持力度について検討する．

F1(X3-Y2) フーチングに対する検討

$$\sigma_e = (N_L + W_f)/A_f = (5\,286 + 405)/20.25 = 281\text{kN/m}^2 < q_a = 1\,614\text{kN/m}^2 \quad 可$$

$$q_p = \mu_p \cdot \sigma_e = 1.11 \times 281 = 312\text{kN/m}^2 < f_c = 400\text{kN/m}^2 \quad 可$$

その他のフーチングについても同様に検討した結果を表7.3.11に示す．

表7.3.11 改良地盤の検討結果（使用限界状態）

No	フーチング寸法		柱軸力 N_L (kN)	基礎自重 W_f (kN)	接地圧 σ_e (kN/m²)	圧縮応力度		鉛直支持力度	
	B_b (m)	L_b (m)				q_p (kN/m²)	$< f_c$ (kN/m²)	σ_e (kN/m²)	$< q_a$ (kN/m²)
F1	4.50	4.50	5 286	405	281	312	< 400	281	< 1 614
F2	3.60	3.60	3 431	259	285	316	< 400	285	< 1 615
F3	2.70	2.70	1 567	146	235	261	< 400	235	< 1 614

d．損傷限界状態における改良地盤の検討

F1(X4-Y2) フーチングに対する検討

X, Y両方向の基礎設計用最大軸力に対して使用限界状態と同様に，改良体の圧縮応力度および改良地盤の鉛直支持力度について検討する．

$$\sigma_e=(5\,463+405)/20.25=290\mathrm{kN/m^2}<q_a=3\,229\mathrm{kN/m^2} \quad 可$$

$$q_p=1.11\times290=322\mathrm{kN/m^2}<f_c=800\mathrm{kN/m^2} \quad 可$$

その他のフーチングについても同様に検討した結果を表7.3.12に示す．

表7.3.12 改良地盤の検討結果（損傷限界状態）

No	フーチング寸法		柱軸力	基礎自重	接地圧	圧縮応力度		鉛直支持力度	
	B_b (m)	L_b (m)	N_S (kN)	W_f (kN)	σ_e (kN/m²)	q_p (kN/m²)	$<\quad f_c$ (kN/m²)	σ_e (kN/m²)	$<\quad q_a$ (kN/m²)
F1	4.50	4.50	5 463	405	290	322	< 800	290	< 3 229
F2	3.60	3.60	4 309	259	352	391	< 800	352	< 3 230
F3	2.70	2.70	2 524	146	366	406	< 800	366	< 3 228

e．終局限界状態における改良地盤の検討

F1(X4-Y2) フーチングに対する検討

X, Y両方向の基礎設計用最大軸力に対して使用限界状態と同様に，改良体の圧縮応力度および改良地盤の鉛直支持力度について検討する．

$$\sigma_e=(5\,555+405)/20.25=294\mathrm{kN/m^2}<q_a=4\,844\mathrm{kN/m^2} \quad 可$$

$$q_p=1.11\times294=326\mathrm{kN/m^2}<f_c=1\,200\mathrm{kN/m^2} \quad 可$$

その他のフーチングについても同様に検討した結果を表7.3.13に示す．

表7.3.13 改良地盤の検討結果（終局限界状態）

No	フーチング寸法		柱軸力	基礎自重	接地圧	圧縮応力度		鉛直支持力度	
	B_b (m)	L_b (m)	N_d (kN)	W_f (kN)	σ_e (kN/m²)	q_p (kN/m²)	$<\quad f_c$ (kN/m²)	σ_e (kN/m²)	$<\quad q_a$ (kN/m²)
F1	4.50	4.50	5 555	405	294	326	< 1 200	294	< 4 844
F2	3.60	3.60	4 748	259	386	428	< 1 200	386	< 4 845
F3	2.70	2.70	3 003	146	432	480	< 1 200	432	< 4 842

7.3.7 沈下の検討

(1) 使用限界状態における沈下の検討および評価

常時荷重時における沈下量を求める．改良地盤および直接基礎の支持地盤は泥岩で構成されており，圧密沈下は生じないことから即時沈下のみを検討する．計算は，基礎梁のみの剛性を考慮し，基礎は支点ばねに置換した格子梁モデル（基礎指針図5.3.6）により行う．

直接基礎部分の沈下量は，支持地盤である泥岩層を一様な半無限弾性体と仮定し，弾性理論の地中応力から，Hookeの法則によって鉛直ひずみを求める手法により行う．沈下量の算定は，基礎指針(5.3.1)式より，基礎底面の1／4の面積による即時沈下量 ΔS_E を求め，その値を4倍する．

　改良地盤の沈下量は，改良地盤ごとの改良長(1.3m～6.0m)を考慮した圧縮沈下量と，改良地盤下部の泥岩層の沈下量を合計して求める．泥岩層の沈下量は，改良先端位置に全荷重が作用するとして，直接基礎と同様に扱い評価することとした．泥岩層の変形係数は土質試験結果より246MN/m²($=246×10^3$kN/m²) とした．

　沈下計算は，基礎指針図5.3.7の計算フローによる繰返し計算を行って算定した．なお，各基礎下の地盤ばねの初期値 K_i は，常時荷重 P_i を沈下量 S_i で除して求めたもの ($K_i=P_i/S_i$) とした．沈下計算結果を図7.3.9に示す．

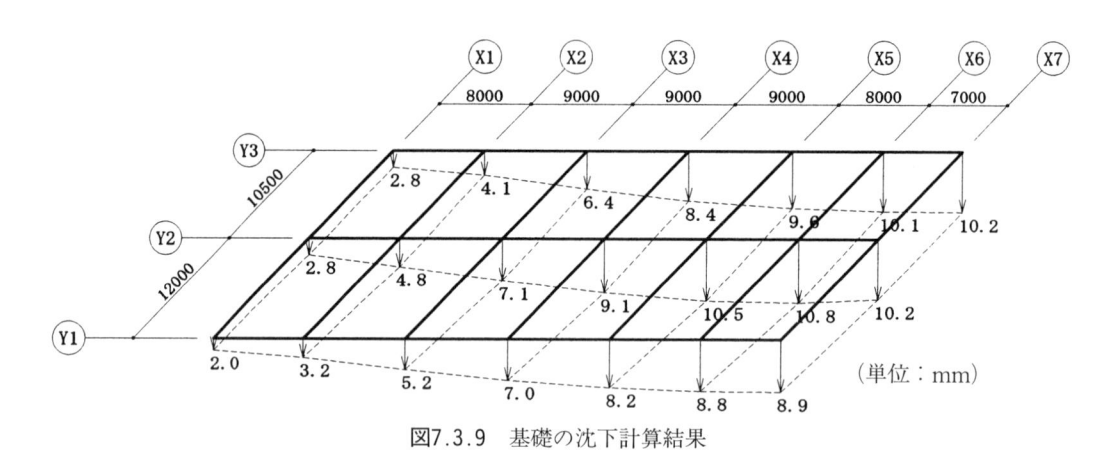

図7.3.9　基礎の沈下計算結果

　不同沈下による基礎梁の最大変形角は，直接基礎部分と改良地盤部分との境界部(Y2およびY3通りのX2～X3間)における $\theta_{max}=2.3/9\,000=0.26×10^{-3}$rad であり，限界値の $1.0×10^{-3}$rad 以下であることを確認した．総沈下量についても $S_{max}=10.8$mm (X6-Y2) であり，限界値の25mm以下であることを確認した．

(2)　損傷限界状態における沈下の検討および評価

　中地震時において基礎底面に作用する最大接地圧が，直接基礎部分は降伏支持力に達していないこと，改良地盤部分は限界値を上回らないことを7.3.6項において確認している．

7.3.8　水平力の分担

　それぞれに改良長さの異なる改良地盤部分と直接基礎部分の地震時水平力の分担を算定する．さらに，Y方向に対しては，建物重心位置と基礎の剛心位置との偏心による基礎全体のねじれが懸念されることから，それらについても検討を行う．

(1)　計算モデル

　水平力の分担に対する検討モデルを図7.3.10に示す．

　直接基礎部分は基礎フーチング底面の地盤水平剛性を水平ばね K_h として，改良地盤基礎部分は

改良地盤下部支持地盤の水平ばね K_h と改良体のせん断変形から与えられる水平ばね K_c とを直列ばね K_{hc} としてモデル化した．なお，1階部分は剛床仮定が成り立つことから，基礎の水平変位は同じと仮定する．

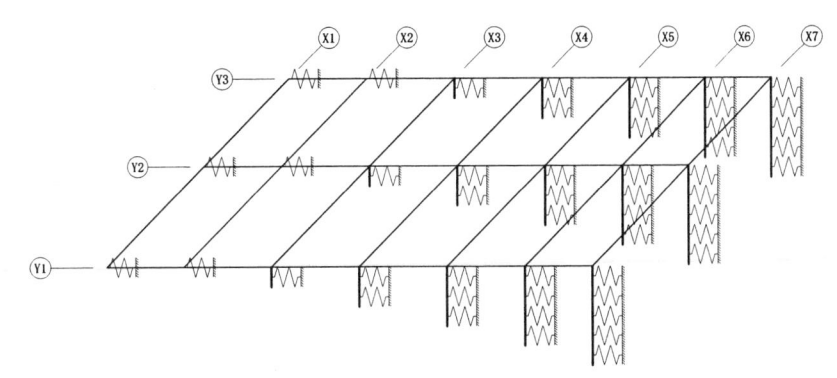

図7.3.10 水平力に対する計算モデル

(2) 水平抵抗ばねの設定

　a．直接基礎部分の水平ばね

　直接基礎部分の水平ばね K_h は，半無限弾性体上の円形基礎を仮定し，泥岩であることから一様な荷重分布とした場合の(7.3.1)式を用いて算定する．直接基礎部分の水平ばね Q-δ 関係の模式図を図7.3.11に，水平ばねの値を表7.3.14に示す．

$$K_h = 2\pi r G/(2-\nu) \tag{7.3.1}[2]$$

　　　ここで，　r：基礎の半径（m）　$r=(A_f/\pi)^{1/2}$
　　　　　　　G：せん断弾性係数（kN/m²）

$$G = E/\{2(1+\nu)\} = 246\,000/\{2\times(1+0.3)\} = 94\,615\,\text{kN/m}^2$$

　滑動抵抗力の最大値 Q_{max} は，地震時の軸力変動の影響は少ないものと仮定し，基礎形状ごとに使用限界状態時の総鉛直力（軸力＋フーチング重量）の平均値を求め，その平均値に底面の摩擦係数 $\mu=0.5$ を乗じて，数値を安全側に低減して算定した．

　　　F11基礎　　$Q_{max} = (4\,775+405)\times 0.5 = 2\,590$　　　　　　　→　　2 500 kN
　　　F12基礎　　$Q_{max} = \{(2\,429+2\,265+3\,257)/3+259\}\times 0.5 = 1\,455$　→　　1 400 kN
　　　F13基礎　　$Q_{max} = \{(1\,075+1\,693)/2+146\}\times 0.5 = 765$　　　→　　　750 kN

　b．改良地盤部分の水平ばね

　改良地盤部分に用いる水平ばねは，改良地盤先端の支持地盤の水平ばね K_h と，改良体のせん断変形から与えられる水平ばね K_c を直列ばねとして初期値 K_{hc} を算定した．

　本計画における改良体の細長比（改良長 L_c/改良幅 B_b）は0.3～2.1と小さく，その破壊形態はせん断卓越型となることが想定されるため，改良体の曲げ変形による地盤反力は考慮せず，改良体の変形係数から改良体の水平ばねを直接求めることとした．算定方法を以下に示す．また，図4.1.3〔SUB2(B)〕の検討フローに従い算定した値 Q_u を限界水平力 Q_{max} とするバイリニアモデルとした．

$$K_{hc}=1/(1/K_h+1/K_c)$$

ここで，K_c：改良体のせん断変形から求められる水平ばね

$$K_c=G_p A_p/L_c$$
$$G_p=E_p/\{2(1+\nu)\}=216\,000/(2\times1.26)=85\,714\,\mathrm{kN/m^2}$$

G_p：改良体のせん断弾性係数（$\mathrm{kN/m^2}$）

A_p：基礎フーチング底面下にある改良体の実断面積（$\mathrm{m^2}$）

E_p：改良体の変形係数（$=180F_c=216\,000\,\mathrm{kN/m^2}$）

ν：改良体のポアソン比（図4.2.13より，$\nu=0.26$）

改良地盤部分における水平ばねの Q-δ 関係の模式図を図7.3.12に，改良地盤ごとの水平ばねの数値を表7.3.15に示す．

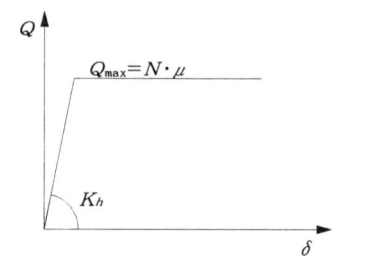

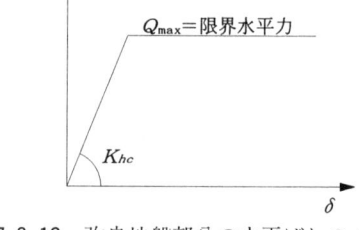

図7.3.11 直接基礎部分の水平ばねの Q-δ 関係　　図7.3.12 改良地盤部分の水平ばねの Q-δ 関係

表7.3.14 直接基礎部分の水平ばね

No	B_f(m)	r(m)	K_h(kN/m)	Q_{max}(kN)
F11	4.5	2.539	887 827	2 500
F12	3.6	2.031	710 262	1 400
F13	2.7	1.523	532 696	750

表7.3.15 改良地盤部分の水平ばね

No	A_p(m²)	L_c(m)	K_h(kN/m)	K_c(kN/m)	K_{hc}(kN/m)	Q_{max}(kN)
F1	18.16	1.3～4.9	887 827	317 741～1 197 639	233 997～509 860	2 699
F2	11.63	1.3～6.0	710 262	166 073～766 489	134 601～368 653	1 727
F3	6.54	6.0	532 696	93 416	79 478	971

(3) 基礎部分のねじれに対する検討

X方向は，建物の重心位置と基礎の剛心位置との偏心距離が小さくねじれの影響はほとんどないが，Y方向はそれらの偏心距離が大きく基礎全体のねじれが懸念される．そのため，Y方向については基礎部分のねじれを考慮した検討を行う．

具体的な評価法として，損傷限界状態では，本会編「鉄筋コンクリート構造計算規準・同解説」[3]のねじれ補正係数を考慮する手法により評価し，終局限界状態では，上部構造における保有水平耐

力の設定の考え方に準じて，基礎部分の耐力を高める手法により評価する．

(4) 損傷限界状態の負担水平力

損傷限界状態検討用の地震時水平力9 993kN（フーチング重量の水平力を含む）に，ねじれ補正を行った結果の基礎の負担水平力を図7.3.13に示す．なお，補正係数はX7通りからX3通り方向に対して2.10～1.03となっている．

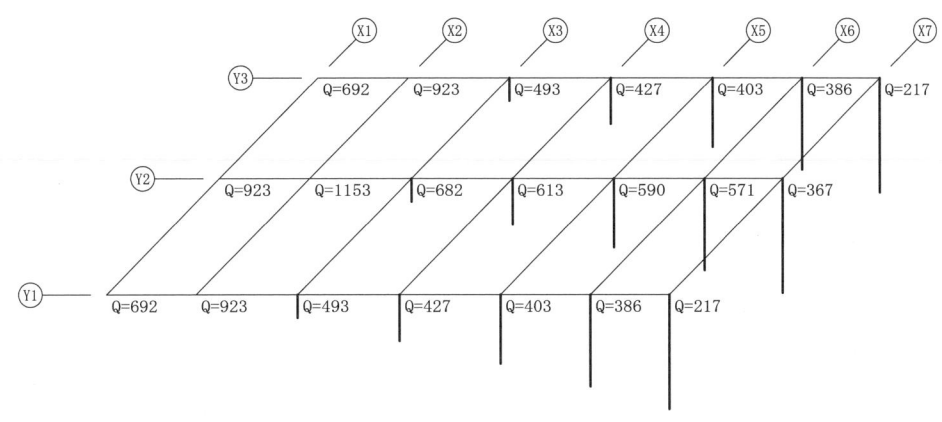

図7.3.13 損傷限界状態検討用の基礎の負担水平力

(5) 終局限界状態の負担水平力

終局限界状態検討用の地震時水平力18 126kN（フーチング重量の水平力を含む）に，損傷限界状態時の偏心率から求まる形状係数 F_e 値による地震時水平力の割増し係数1.5（最大値）を考慮する．即ち，偏心の影響を考慮した終局限界状態検討用の地震時水平力 $\sum Q_u$ は，18 126×1.5＝27 189kNとなる．そして，図7.3.11および図7.3.12の考え方に基づいて，各基礎の負担水平力を算定した結果を図7.3.14に示す．

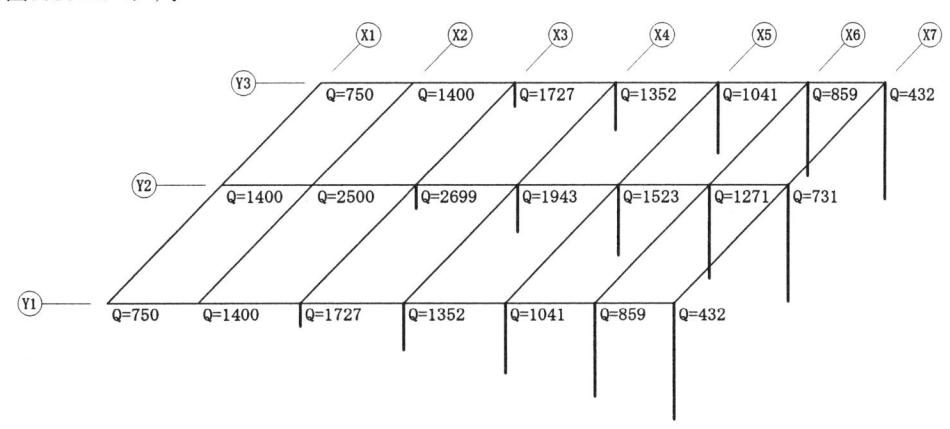

図7.3.14 終局限界状態検討用の基礎の負担水平力

7.3.9 水平抵抗力の検討1（損傷限界状態）

(1) 直接基礎部分の水平抵抗力

前項で与えられたせん断力 Q が，直接基礎の滑動抵抗力 Q_{max} 以下であることを確認する．

F11フーチングに対する検討

フーチング底面におけるせん断力は図7.3.13より1 153kN であるから,

$Q=1\,153\text{kN}<Q_{\max}=2\,500\text{kN}$ 可

表7.3.16 中地震動時における直接基礎部分の水平抵抗力

No	面積 A_f (m²)	Q (kN)	<	$Q_{\max}$ (kN)
F11	20.25	1 153	<	2 500
F12	12.96	923	<	1 400
F13	7.29	692	<	750

その他のフーチングについても同様に検討した結果を表7.3.16に示す．

(2) 改良地盤部分の水平抵抗力

曲げ圧縮による応力が支配的となる Y2およびY3通りの各フーチングについて検討する．

F1(X3-Y2) フーチングに対する検討

a．原地盤の水平方向地盤反力係数 k_h

① 改良幅 b_1 のときの k_h

$k_h=(1/30)\times 4\times 3\,420\times (460/30)^{-3/4}\times 10^2=5\,885\text{kN/m}^3$

② 群杭効果を考慮した水平方向地盤反力係数 k_h'

$k_h'=\mu_{12}\cdot k_h=0.62\times 5\,885=3\,649\text{kN/m}^3$

$\mu_{12}=\mu_1\cdot\mu_2=0.79\times 0.78=0.62$

b．曲げモーメント M_d の算定

$M_d=\max(M_{\max}, M_0)=\max(75, 516)=516\text{kNm}$

$M_{\max}=(Q_p/2\beta)\cdot R_{M\max}=\{682/(2\times 0.16)\}\times 0.035=75\text{kNm}$

$M_0=(Q_p/2\beta)\cdot R_{M0}=\{682/(2\times 0.16)\}\times 0.242=516\text{kNm}$

$\beta=\{k_h'\cdot b_1/(4E_p\cdot I_p)\}^{1/4}=\{3\,649\times 4.6/(4\times 216\,000\times 27.44)\}^{1/4}=0.16\text{m}^{-1}$

$Z=\beta\cdot L_c=0.16\times 1.3=0.2$ より，$R_{M\max}=0.035$, $R_{M0}=0.242$

ここで，I_p：改良体の断面二次モーメント（$=b_1'\cdot b_2'^3/12=27.44\text{m}^4$）

$b_1'=\alpha\cdot b_1=4.26\text{m}$, $b_2'=\alpha\cdot b_2=4.26\text{m}$

改良体の断面二次モーメントは，図7.3.15に示すように2辺を同比率で縮小し，円形の改良体の断面積を矩形変換した寸法を用いて算出する．ただし，改

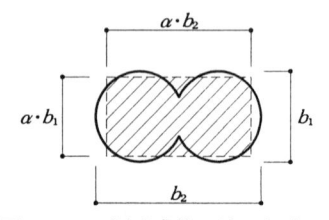

図7.3.15 矩形変換寸法の概念図

良体の実面積は欠損面積を考慮した値とする．

c．曲げモーメントによる縁応力度 σ の検討

$\sigma_{max}=5\,841/18.16+510/(2\times27.44/4.6)=365\mathrm{kN/m^2}\leqq f_c=800\mathrm{kN/m^2}$　　可

$\sigma_{min}=5\,841/18.16-510/(2\times27.44/4.6)=279\mathrm{kN/m^2}\geqq f_t=-160\mathrm{kN/m^2}$　　可

d．せん断応力度 τ_{max} の検討

$f_\tau=2/3\cdot\min(F_{\tau 1}, F_{\tau 2})=2/3\times\min(381, 600)=254\mathrm{kN/m^2}$

$\tau_{max}=3.0\times(675/18.16)=112\mathrm{kN/m^2}\leqq f_\tau=254\mathrm{kN/m^2}$　　可

その他のフーチングの曲げモーメントによる縁応力度，せん断応力度についても同様に検討した結果を表7.3.17に示す．

損傷限界状態において，直接基礎部分および改良地盤部分の水平抵抗力は，表7.3.6に示した限界

表7.3.17　損傷限界状態における改良地盤部分の水平抵抗力

検討位置	No	W_p (kN)	Q_p (kN)	L_c (m)	k_h' (kN/m³)	I_p (m⁴)	M_d (kNm)	曲げによる縁応力度 (kN/m²)		最大せん断応力度 (kN/m²)
								圧縮側 $\sigma_{max}<f_c$	引張側 $\sigma_{min}<f_t$	$\tau_{max}<f_t$
X3-Y2	F1	5 841	682	1.3	3 649	27.44	516	365＜800	279＞－160	113＜254
X4-Y2	F1	5 868	613	2.6	3 649	27.44	464	362＜800	284＞－160	101＜253
X5-Y2	F1	5 598	590	3.8	3 472	27.44	518	351＜800	265＞－160	97＜252
X6-Y2	F1	5 307	571	4.9	2 825	27.44	594	342＜800	242＞－160	94＜251
X7-Y2	F2	4 032	367	6.0	4 504	11.27	293	395＜800	299＞－160	95＜252
X3-Y3	F2	4 568	493	1.3	5 890	11.27	271	437＜800	349＞－160	127＜256
X4-Y3	F2	4 563	427	2.6	5 890	11.27	273	437＜800	347＞－160	110＜254
X5-Y3	F2	4 383	403	3.8	5 474	11.27	318	429＜800	325＞－160	104＜253
X6-Y3	F2	4 017	386	4.9	5 127	11.27	312	396＜800	294＞－160	100＜253
X7-Y3	F3	2 670	217	6.0	7 259	3.58	158	470＜800	346＞－160	100＜253

値以下であることを確認した．

7.3.10　水平抵抗力の検討2（終局限界状態）

(1)　直接基礎部分の水平抵抗力

F11フーチングに対する検討

フーチング底面におけるせん断力は図7.3.14より2 500kN であるから

$Q=2\,500\mathrm{kN}\leqq Q_{max}=2\,500\mathrm{kN}$　　可

その他のフーチングについても同様に検討した結果を表7.3.18に示す．

表7.3.18 大地震動時における直接基礎部分の水平抵抗力

No	面積 A_f (m²)	Q (kN)	$\leqq$	Q_{max} (kN)
F11	20.25	2 500	$\leqq$	2 500
F12	12.96	1 400	$\leqq$	1 400
F13	7.29	750	$\leqq$	750

(2) 改良地盤部分の水平抵抗力

損傷限界状態と同様，Y2およびY3通りの各フーチングについて検討する．

F1(X3-Y2) フーチングに対する検討

　a．外力の設定

　　　　$Q_u=2\,699$kN（b．～f．の繰返し計算の結果により得られた限界水平力）

　b．仮想底面深度 L_y の算定

$$L_y=2Q_u(P_{u1}+P_{u2})=(2\times2\,699)/(142+180)=16.7\text{m} \to 1.3\text{m}（改良長）$$

$$P_{u1}=(7D_f/3b_1+2)\cdot c\cdot b_1\cdot\mu_1\cdot\mu_2+2c\cdot b_2'=142\text{kN/m}$$

$$P_{u2}=\{7(L_y+D_f)/3b_1+2\}\cdot c\cdot b_1\cdot\mu_1\cdot\mu_2+2c\cdot b_2'=180\text{kN/m}$$

　c．仮想底面における限界モーメント M_{re} の算定

　　① 仮想底面に作用する鉛直荷重 N_{se} の算定

$$N_{se}=N_{ud}+W=5\,916+150=6\,066\text{kN}$$

　　② 仮想底面位置における底面反力の最大値 P_v の算定

$$P_v=P_{v2}=a_p\cdot F_c=0.897\times1\,200=1\,076\text{kN/m}^2$$

　　③ 仮想底面における限界モーメント M_{re} の算定

$$M_{re}=N_{se}\cdot e_L=6\,066\times1.68=10\,190\text{kNm}$$

$$e_L=(b_2-b_L)/2=(4.6-1.23)=1.68\text{m}$$

$$b_L=A'/b_1=5.64/4.6=1.23\text{m}\,(A'=N_{se}/P_v=6\,066/1\,076=5.64\text{m}^2)$$

　d．改良体の転倒に対する安定検討

　　① 頭部拘束モーメントの限界値 M_{0a} の算定

$$M_{0a}=\min(M_{0a1},M_{0a2})=\min(4\,196,11\,260)=4\,196\text{kNm}$$

$$M_{0a1}=N_s\cdot Z/A=5\,916\times12.88/18.16=4\,196\text{kNm}$$

$$M_{0a2}=(F_c-N_s/A)\cdot Z=(1\,200-5\,916/18.16)\times12.88=11\,260\text{kNm}$$

$$Z=b_1\cdot b_2^2/6=4.26\times4.26^2/6=12.88\text{m}^3（図7.3.15参照）$$

　　② 頭部拘束モーメント M_0 の算定

$$M_0=Q_u\cdot L_y-(2P_{u1}+P_{u2})6\cdot L_y^2-M_\tau-M_{re}$$

$$=2\,699\times1.3-(2\times142+180)/6\times1.3^2-991-10\,190=-7\,803\text{kNm} \to 0$$

　　③ 転倒に対する検討

　　　　$M_0\leqq M_{0a}$　　　可

　e．せん断に対する検討

$\tau_{max} = \varkappa \cdot (Q_u/A) = 3.0 \times (2\,699/18.16) = 446 \text{kN/m}^2$

$F_\tau = \min(0.3 \cdot F_c + \sigma_n \cdot \tan\phi, 0.5 \cdot F_c) = \min(446, 600) = 446 \text{kN/m}^2 \geq \tau_{max}$　　　可

f．改良地盤底面における滑動の検討

$\tau_c = Q_{ue}/A' = 2\,490/5.64 = 441 \text{kN/m}^2$

$\tau_{ue} = c + P_v \cdot \tan\phi = 900 + 1\,076 \times \tan 0° = 900 \text{kN/m}^2 \geq \tau_c$　　　可

g．照　　査

フーチング底面におけるせん断力は図7.3.14より2 699kNであるから，

$Q_u = 2\,699 \text{kN} \geq 2\,699 \text{kN}$　　　可

その他のフーチングについても同様に検討した結果を表7.3.19に示す．

表7.3.19　終局限界状態における改良地盤部分の水平抵抗力

検　討　項　目			X3-Y2	X4-Y2	X5-Y2	X6-Y2	X7-Y2
基礎符号			F1	F1	F1	F1	F2
フーチング底面に作用する水平力 Q		(kN)	2 699	1 943	1 523	1 271	731
(1) 外力の仮定	Q_u	(kN)	2 699	2 699	2 699	2 699	1 727
(2) 仮想底面深度	L_y	(m)	1.3	2.6	3.8	4.9	6.0
(3)①頭部拘束モーメントの限界値	M_{oa}	(kNm)	4 196	4 227	4 035	3 911	2 677
②頭部拘束モーメント	M_0	(kNm)	0	0	0	0	0
③転倒に対する検討			$M_{oa}>M_o$	$M_{oa}>M_o$	$M_{oa}>M_o$	$M_{oa}>M_o$	$M_{oa}>M_o$
(4)①最大せん断応力度	τ_{max}	(kN/m²)	446	446	446	446	446
②極限せん断応力度	F_τ	(kN/m²)	446	446	446	446	446
③せん断に対する検討			$F_\tau=\tau_{max}$	$F_\tau=\tau_{max}$	$F_\tau=\tau_{max}$	$F_\tau=\tau_{max}$	$F_\tau=\tau_{max}$
(5)①改良体底面に生ずる滑動力	τ_c	(kN/m²)	441	383	342	307	34
②改良体底面における滑動抵抗力	τ_{ue}	(kN/m²)	900	900	900	900	900
③滑動に対する検討			$\tau_{ue}>\tau_c$	$\tau_{ue}>\tau_c$	$\tau_{ue}>\tau_c$	$\tau_{ue}>\tau_c$	$\tau_{ue}>\tau_c$
検　討　項　目			X3-Y3	X4-Y3	X5-Y3	X6-Y3	X7-Y3
基礎符号			F2	F2	F2	F2	F3
フーチング底面に作用する水平力 Q		(kN)	1 727	1 352	1 041	859	432
(1) 外力の仮定	Q_u	(kN)	1 727	1 727	1 727	1 727	971
(2) 仮想底面深度	L_y	(m)	1.3	2.6	3.8	4.9	3.9
(3)①頭部拘束モーメントの限界値	M_{oa}	(kNm)	2 846	2 842	2 737	2 524	1 348
②頭部拘束モーメント	M_0	(kNm)	0	0	0	0	0
③転倒に対する検討			$M_{oa}>M_o$	$M_{oa}>M_o$	$M_{oa}>M_o$	$M_{oa}>M_o$	$M_{oa}>M_o$
(4)①最大せん断応力度	τ_{max}	(kN/m²)	446	446	446	446	446
②極限せん断応力度	F_τ	(kN/m²)	446	446	446	446	446
③せん断に対する検討			$F_\tau=\tau_{max}$	$F_\tau=\tau_{max}$	$F_\tau=\tau_{max}$	$F_\tau=\tau_{max}$	$F_\tau=\tau_{max}$
(5)①改良体底面に生ずる滑動力	τ_c	(kN/m²)	310	236	163	85	$L>L_y$ 検討不要
②改良体底面における滑動抵抗力	τ_{ue}	(kN/m²)	900	900	900	900	
③滑動に対する検討			$\tau_{ue}>\tau_c$	$\tau_{ue}>\tau_c$	$\tau_{ue}>\tau_c$	$\tau_{ue}>\tau_c$	

終局限界状態において，直接基礎部分および改良地盤部分の水平抵抗力は，表7.3.6に示した限界値以下であることを確認した．

7.3.11 すべり抵抗に対する検討

(1) 局部すべりに対する安全率

簡易ビショップ法による計算の結果，抵抗モーメント M_{ru}，滑動モーメント M_d，滑動半径 R は以下のようになる．

$$F_s \cdot M_{ru} = 1/1.2 \times 407 = 339 \text{kNm} > M_d = 60 \text{kNm} \quad (R = 3.2\text{m}) \qquad 可$$

(2) 全体すべりに対する安全率

修正フェレニウス法による計算の結果，抵抗モーメント M_{ru}，滑動モーメント M_d，滑動半径 R は以下のようになる．

$$F_s \cdot M_{ru} = 1/1.2 \times 126\,259 = 105\,215 \text{kNm} > M_d = 33\,660 \text{kNm} \quad (R = 96.5\text{m}) \qquad 可$$

参 考 文 献

7.3.1) 日本建築学会：建築基礎構造設計指針，2001.10
7.3.2) 柴田明徳：最新 耐震構造解析，p.240，森北出版，1993
7.3.3) 日本建築学会：鉄筋コンクリート構造計算規準・同解説，pp.519〜520，1999

7.4節 偏土圧を受ける場合

7.4.1 敷地・建物概要

建設場所　信越地方

用　　途　保養施設

敷地面積　1 143m²

建築面積　483.7m²

延床面積　2 902.2m²

階　　数　地上6階，地下なし

高　　さ　最高高さ18.30m，軒高17.70m

構造種別　鉄筋コンクリート造

構造形式　上部構造　耐震壁付きラーメン構造

　　　　　基礎構造　直接基礎　布基礎

　　　　　　　　　　地盤改良　深層混合処理工法

図7.4.1に配置図およびボーリング位置図を，図7.4.2に基準階平面図を，図7.4.3にY1通り軸組図を，図7.4.4にX4通り軸組図を示す．

第7章 設計例 －217－

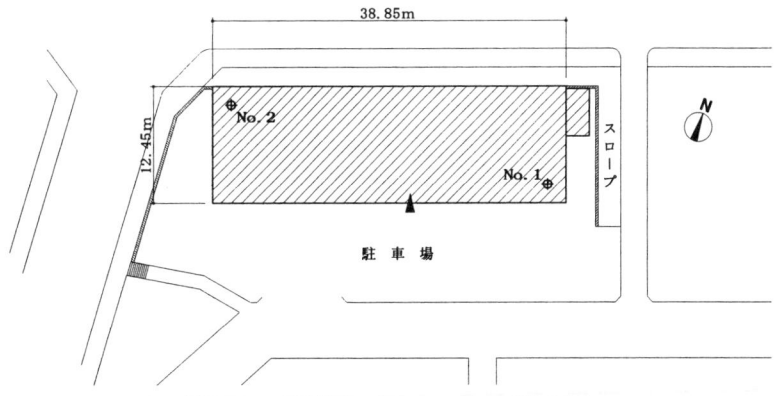

図7.4.1 配置図およびボーリング位置図

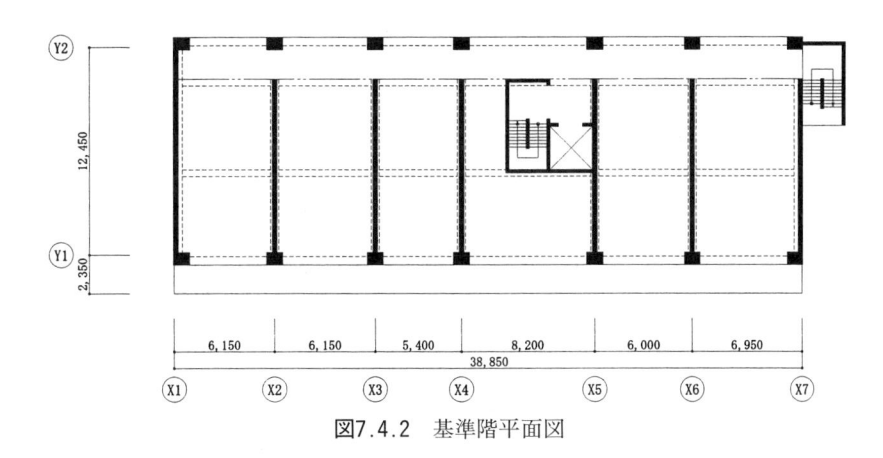

図7.4.2 基準階平面図

図7.4.3 Y1通り軸組図

図7.4.4 X4通り軸組図

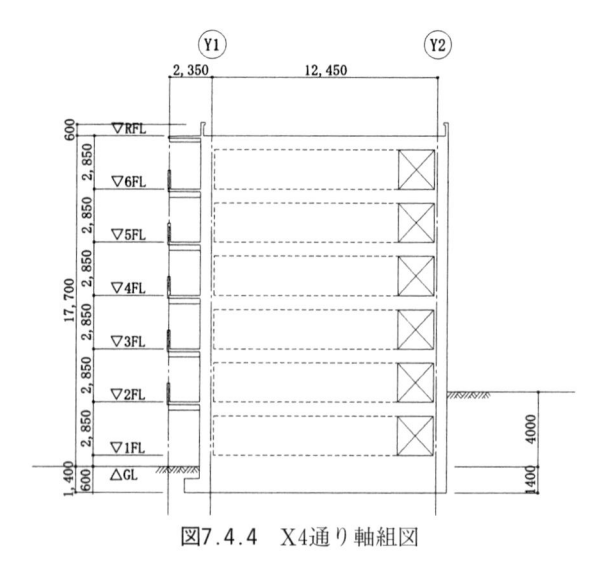

7.4.2 地盤概要

　図7.4.5に想定地層断面図を，図7.4.6にボーリング柱状図を示す．本敷地は切土斜面であり，敷地内は平坦となっているが，北側は敷地内の地表面より4m高くなっている．

　地盤構成は G.L.−5.35m付近までN値2～5のローム層（L_m層）と粘土層（D_c層），それ以深はN値37～60の上部砂礫層（D_g1層），N値11～43の粘土混じり砂層（D_s層）と続く．さらに下部砂礫層（D_g2層）は深さ方向の相対密度が，おおむね中位から密な状態に堆積している．無水掘りによる孔内水位は G.L.−10.30m付近で観測されている．また，ローム層と粘土層の土質試験結果を表7.4.1に示す．

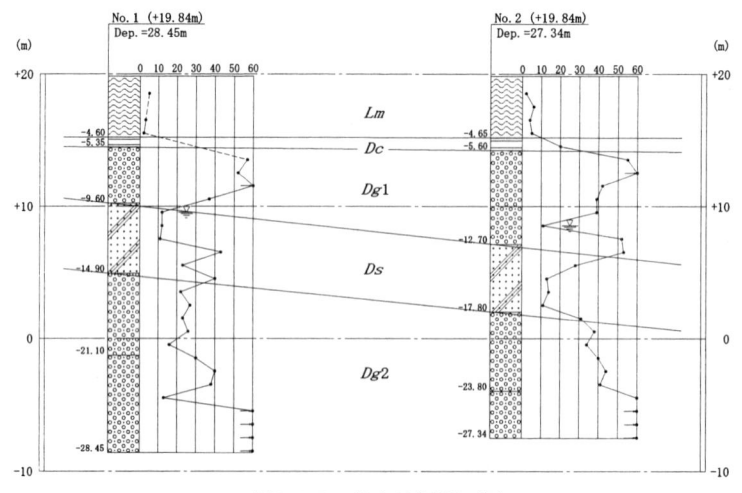

図7.4.5 想定地層断面図

7.4.3 基礎構造の計画

(1) 設計方針

本建物は，信越地方の丘陵地に建設される6階建て鉄筋コンクリート造の保養施設である．建物北側の地表面とは4mの高低差があり，常時および地震時に作用する土圧は建物そのもので抵抗させる形式としている．

地盤条件は図7.4.5および図7.4.6に示すように，基礎底面が位置する深さはローム層であり，偏土圧の影響を考慮した基礎計画が求められる．本計画では，以下に示す事項から判断して，深層混合処理工法による地盤改良を行い，直接基礎とすることとした．

a．建物の接地圧は約110kN/m²で，さらに常時の偏土圧による水平力および転倒モーメントが作用することから，傾斜荷重を考慮した場合，ローム層では支持力不足や滑動に対する十分な抵抗が期待できない．

b．このような場合，一般的には上部砂礫層（D_g1層）への支持杭も想定されるが，杭長が著しく短くなり，杭としての性能上好ましくない．

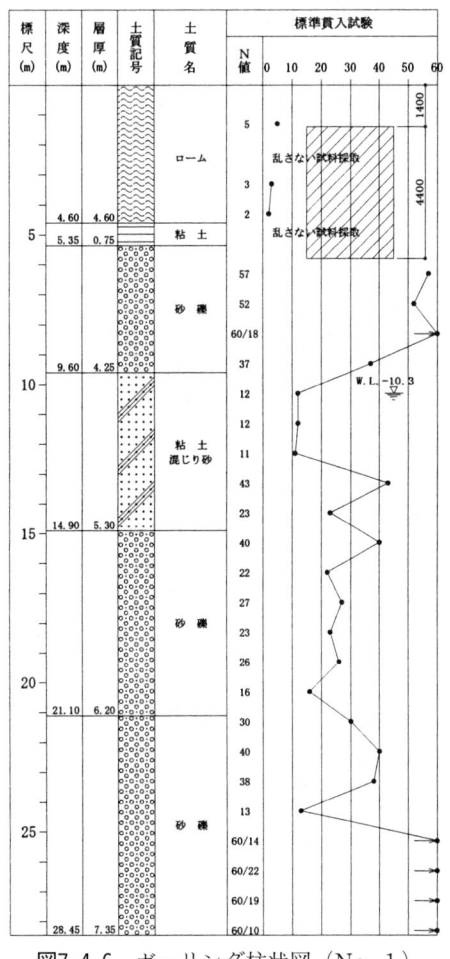

図7.4.6　ボーリング柱状図（No. 1）

表7.4.1 物理・力学試験結果

ボーリング No.1		深度 (m)	2.00~2.90	4.50~5.35
粒度分布	礫　分（2mm以上） (%)		0	0
	砂　分（75μm～2mm） (%)		12	3
	シルト分（5～75μm） (%)		52	46
	粘土分（5μm未満） (%)		36	51
コンシステンシー	液性限界	w_L (%)	160.4	60.6
	塑性限界	w_p (%)	85.4	30.3
	塑性指数	I_p	75.0	30.3
土粒子の密度		ρ_s (t/m³)	2.78	2.77
自然状態	湿潤単位体積重量	γ_t (kN/m³)	13.1	18.7
	含　水　比	w_n (%)	119.5	34.3
	間　隙　比	e	3.57	0.95
	飽　和　度	S_r (%)	93.1	99.8
一軸圧縮試験	一軸圧縮強さ	q_u (kN/m²)	178	215
	変形係数	E_{50} (MN/m²)	15.6	18.4
圧密試験	圧密降伏応力	p_c (kN/m²)	—	668
	圧縮指数	C_c		0.41

　c．上部砂礫層（D_g1層）を支持地盤とした地盤改良を行うことにより，鉛直支持力や水平抵抗力が十分に確保でき，施工性，経済性においても問題が少ない．

(2) 荷重の設定

　使用限界状態の検討では，常時作用する建物荷重と建物に直接作用する土圧を考慮する．損傷限界状態の検討では，中地震動時の建物荷重と地震時土圧を，終局限界状態の検討では，大地震動時の建物荷重と地震時土圧を考慮する．

　a．建物の荷重

　建物全体の固定荷重および積載荷重を表7.4.2に示す．なお，荷重はフーチング重量を除いた値を示している．

　損傷限界状態検討用荷重および終局限界状態検討用荷重として地震荷重を想定した．また，地震

表7.4.2 建物全体の固定荷重および積載荷重

	固定荷重 (kN)	積載荷重 (kN)		合　計 (kN)	
		常　時	地震時	常　時	地震時
上部構造のベースシヤー	40 482	3 113	1 951	43 595	42 433
基　　礎	8 865	870	290	9 735	9 155
合　　計	—	—	—	53 330	51 588

（フーチング重量を除く）

力は建築基準法施行令に従い表7.4.3のように設定した．

損傷限界状態検討用の基礎への作用水平力は，1階のせん断力係数を0.2，地下部分の地震震度をk_{base}＝0.1とした．終局限界状態検討用の基礎への作用水平力は，地上部に作用する地震荷重に対する構造特性係数D_s＝0.4とし，地下部分の地震震度はk_{base}＝0.3と設定した．建物および基礎の地震時水平力を表7.4.4に示す．

表7.4.3　地震時水平力の算定条件

地域係数	Z＝1.00
地盤種別	第2種地盤（T_c＝0.60秒）
設計用一次固有周期	T＝0.36秒（略算）
振動特性係数	R_t＝1.0
標準せん断係数	中地震動時 C_0＝0.2 大地震動時 C_0＝1.0　$D_s \times F_{es}$＝0.40×1.00＝0.40
地下震度	中地震動時 k_{base}＝0.1 大地震動時 k_{base}＝0.3

表7.4.4　建物および基礎の地震時水平力

	中地震動時（kN） （損傷限界状態）	大地震動時（kN） （終局限界状態）
上部構造のベースシヤー	8 487	16 974
基　　　礎	915	2 745
合　　　計	9 402	19 719

（フーチング重量を除く）

b．土圧による水平力と転倒モーメント

偏土圧が作用する高さはH＝4m，長さは建物の長辺方向の寸法と同じ38.85m である．建物基礎の鉛直支持力の算定においては，常時および地震時の土圧の影響を考慮する．常時作用する土圧は静止土圧とし，静止土圧係数K_0＝0.5として算定する．

地震時においては，物部・岡部式の地震時主働土圧（基礎指針(3.4.22)式）と地震時増分土圧の影響を考慮して静止土圧を割り増した値のうち大きな方を採用する．

基礎指針では，地震時主働土圧を算定するときの水平震度k_hを中地震動時0.2，大地震動時0.25としている．ただし，本計画のように土圧が直接建物へ作用する地震時増分土圧については特に明記されていないことから，文献7.4.1)の動的相互作用解析結果等を参考に，地震時土圧増分を中地震動時においては静止土圧係数の0.1倍，大地震動時においては静止土圧係数の0.4倍として設定した．

基礎指針表3.4.2より，裏込め土は粘土を多量に含む砂質土と設定し，単位体積重量γ＝17.5kN/m³，内部摩擦角ϕ＝24°とする．さらに地表面の載荷重q＝10kN/m²を考慮して土圧を算定する．なお，常水面は偏土圧の作用する高さHの範囲内に存在しないことから，水圧は考慮しないものとする．

① 常時に作用する土圧

$$P = 0.5 K_0 \cdot \gamma \cdot H^2 + K_0 \cdot q \cdot H = 0.5 \times 0.5 \times 17.5 \times 4^2 + 0.5 \times 10 \times 4 = 90 \text{kN/m}$$

したがって，建物に作用する全土圧は，

$$\sum P = 90 \times 38.85 = 3\,497 \text{kN}$$

常時作用する土圧によって建物底面に生ずる転倒モーメントは，

$$M = 0.5 K_0 \cdot \gamma \cdot H^2 \times (H/3 + 1.4) + K_0 \cdot q \cdot H \times (H/2 + 1.4)$$
$$= 0.5 \times 0.5 \times 17.5 \times 4^2 \times 2.73 + 0.5 \times 10 \times 4 \times 3.4 = 259 \text{kNm/m}$$

したがって，土圧によって生ずる転倒モーメントの合計は，

$$\sum M = 259 \times 38.85 = 10\,062 \text{kNm}$$

② 地震時に作用する土圧

地震時主働土圧係数 K_{EA} 基礎指針(3.4.22)式

$$K_{EA} = \frac{\cos^2(\phi - \theta - \theta_k)}{\cos\theta_k \cdot \cos^2\theta \cdot \cos(\delta + \theta + \theta_k) \left\{ 1 + \sqrt{\frac{\sin(\phi + \delta) \cdot \sin(\phi - \alpha - \theta_k)}{\cos(\theta - \alpha) \cdot \cos(\delta + \theta + \theta_k)}} \right\}^2}$$

ただし，$\phi = 24°$，$\theta = 0°$（建物外壁と鉛直面のなす角），$\alpha = 0°$（地表面傾斜角）

$\theta_k = \tan^{-1}(k_h)$ とする．これより，

中地震動時　　$k_h = 0.2$，$K_{EA} = 0.58$

大地震動時　　$k_h = 0.25$，$K_{EA} = 0.64$

一方，地震時増分土圧は中地震動時において静止土圧係数の0.1倍，大地震動時において0.4倍であるから，地震時増分土圧を考慮した地震時の土圧係数は，中地震動時において0.55，大地震動時において0.7である．よって，中地震動時に作用する土圧は物部・岡部による地震時主働土圧係数を，大地震動時に作用する土圧の土圧係数には地震時増分土圧を考慮して，静止土圧を割り増した値を採用する．

中地震動時　　土圧係数　$K_E = 0.58$

　　　　　　　土圧合計　$\sum P = 3\,497 \times (0.58/0.5) = 4\,057 \text{kN}$

　　　　　　　土圧による転倒モーメント　$\sum M = 10\,062 \times 1.16 = 11\,672 \text{kNm}$

大地震動時　　土圧係数　$K_E = 0.7$

　　　　　　　土圧合計　$\sum P = 3\,497 \times (0.7/0.5) = 4\,896 \text{kN}$

　　　　　　　土圧による転倒モーメント　$\sum M = 10\,062 \times 1.4 = 14\,087 \text{kNm}$

以上の結果を一覧にして表7.4.5に示す．

表7.4.5　土圧による水平力と転倒モーメント

	土圧係数	水平力（kN）	転倒モーメント（kNm）
常　　時	0.5	3 497	10 062
中地震動時	0.58	4 057	11 672
大地震動時	0.7	4 896	14 087

(3) 基礎形式と改良範囲
　a．基礎形式
　偏土圧による水平力と転倒モーメントが作用することから，基礎形式は，耐震壁直下（土圧作用方向）に布基礎とする．
　b．改良範囲
　ローム層の支持力の増大を目的とした地盤改良は，フーチング直下から砂礫層までとし，その改良長を4.4mと設定する．また，改良地盤はその利用目的より十分な水平抵抗力・水平剛性を期待していることから，フーチング直下をラップ配置によるブロック形式とする．

7.4.4　基礎の目標性能
　各限界状態に対応する改良体および改良地盤の要求性能は4.1節による．そして，検討項目としては，鉛直支持力，基礎の滑動抵抗，水平抵抗力，改良地盤の安定，すべり抵抗，沈下とし，それらに対する限界値を表7.4.6～表7.4.11に示す．

表7.4.6　鉛直支持力に対する限界値

限界状態	限　界　値
終局限界状態	・改良体圧縮応力度が改良体の設計基準強度 ・最大接地圧が改良地盤の極限鉛直支持力
損傷限界状態	・改良体圧縮応力度が改良体の設計基準強度の2／3 ・最大接地圧が改良地盤の極限鉛直支持力の2／3
使用限界状態	・改良体圧縮応力度が改良体の設計基準強度の1／3 ・最大接地圧が改良地盤の極限鉛直支持力の1／3

表7.4.7　基礎の滑動抵抗に対する限界値

限界状態	限　界　値
終局限界状態	・極限滑動抵抗力
損傷限界状態	・極限滑動抵抗力の1／1.2
使用限界状態	・極限滑動抵抗力の1／1.5

表7.4.8　水平抵抗力に対する限界値

限界状態	限　界　値
終局限界状態	・改良体を転倒させない ・改良体応力度が極限せん断応力度 ・改良体底面の滑動力が滑動抵抗力
損傷限界状態	・圧縮：改良体設計基準強度の2／3 ・引張り：圧縮応力度の20％かつ200kN/m² ・せん断：極限せん断応力度の2／3
使用限界状態	・圧縮：改良体設計基準強度の1／3 ・引張り：許容しない ・せん断：極限せん断応力度の1／3

表7.4.9 改良地盤の安定に対する限界値

限界状態	限　界　値
終局限界状態	・極限滑動抵抗力 ・改良体底面荷重が下部地盤の極限鉛直支持力 ・極限抜出し抵抗力
損傷限界状態	・極限滑動抵抗力の1/1.2 ・改良体底面荷重が下部地盤の極限鉛直支持力の2/3 ・極限抜出し抵抗力の1/1.2
使用限界状態	・極限滑動抵抗力の1/1.5 ・改良体底面荷重が下部地盤の極限鉛直支持力の1/3 ・極限抜出し抵抗力の1/1.5

表7.4.10 すべり抵抗に対する限界値

限界状態	限　界　値
終局限界状態	・全体すべりに対して極限抵抗モーメント（ピーク強度使用）
損傷限界状態	・全体すべりに対して極限抵抗モーメントの1/1.2（ピーク強度使用）
使用限界状態	・全体すべりに対して極限抵抗モーメントの1/1.5（ピーク強度使用） ・局部すべりに対して極限抵抗モーメントの1/1.2（残留強度使用） ・全体すべりに対して極限抵抗モーメントの1/1.2（残留強度使用）

表7.4.11 沈下に対する限界値

限界状態	限　界　値
損傷限界状態	・基礎の接地圧が改良地盤の極限鉛直支持力の2/3
使用限界状態	・総沈下量は25mm ・変形角は1.0×10^{-3}rad

総沈下量はRC造，RCW造に対する目安を参考とする．

7.4.5　設計用軸力

基礎設計用軸力（フーチング重量は含まず）を図7.4.7に示す．なお，これらの値には土圧による影響と考慮していない．

7.4.6　改良仕様の仮定

(1) 改良地盤の緒元
　a．改良形式　　　ブロック形式（ラップ配置）
　b．改良体の直径　　1.3m（改良体間隔：1.1m）
　c．改良体の長さ　　4.4m（改良体頭部：G.L.−1.4m，改良体の先端位置：G.L.−5.8m）
　d．改良体の設計基準強度　$F_c=900\text{kN/m}^2$

不良率，想定現場平均コア強度の設定および改良体頭部とフーチングの取合いについては，7.1.6を参考とする．

第 7 章 設 計 例 —225—

図7.4.7 基礎設計用軸力

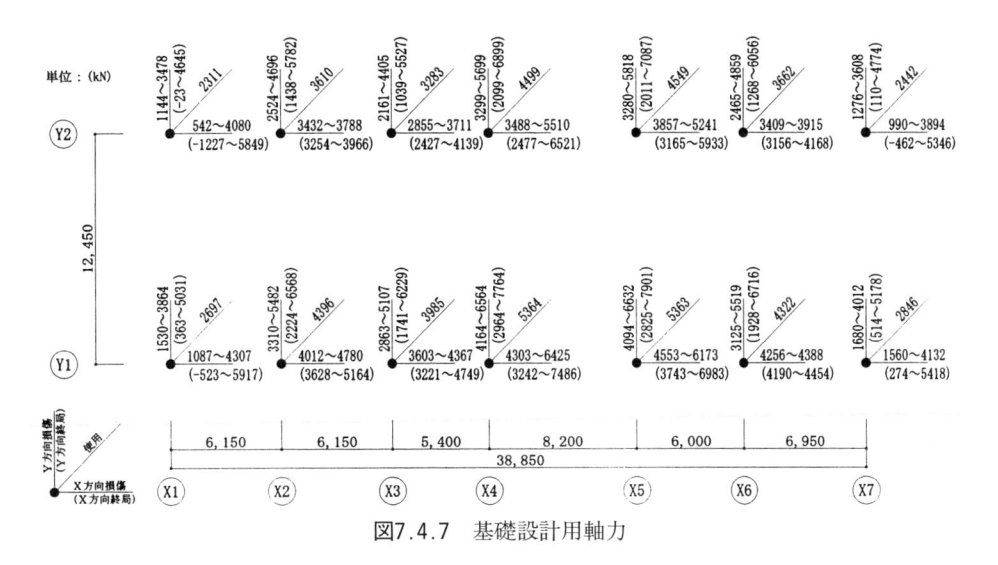

(2) 各限界状態における改良体応力度の限界値

各限界状態における改良体応力度の限界値は，7.1節に準ずる．

7.4.7 鉛直支持力の検討

(1) 改良地盤の鉛直支持力の算定

改良地盤配置図を図7.4.8に示す．改良地盤の寸法は，耐震壁を包絡できる長さ（$L_b=14.5$m）とし，4.3節に基づき損傷・終局限界状態時において過大な接地圧が生じない基礎幅（$B_b=3.5$m）とする．その寸法における鉛直支持力を算定する．

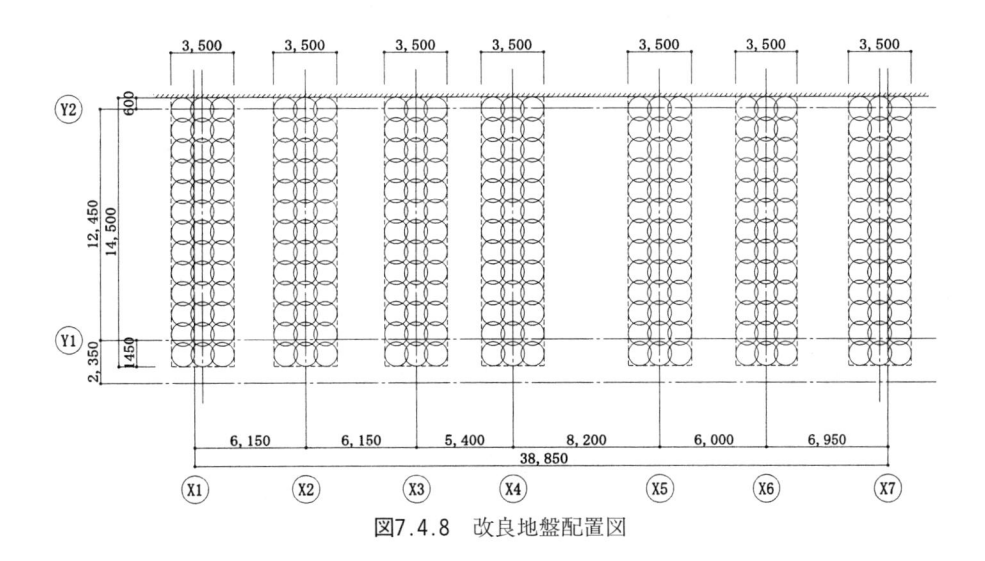

図7.4.8 改良地盤配置図

a．改良地盤の寸法　　$B_b=3.5$m，$L_b=14.5$m
b．基礎スラブ面積　　$A_f=3.5\times14.5=50.75$m²（改良地盤の面積 $A_b=50.75$m²）

c．改良体の面積　　　　$A_p = 39 \times 1.3^2 \times \pi/4 - 62 \times 0.094 = 45.93 \text{m}^2$（欠損面積を考慮）

d．改良率　　　　　　　$a_p = 45.93/50.75 = 0.905$（応力集中係数 $\mu_p = 1/0.905 = 1.10$）

e．改良地盤の鉛直支持力度の限界値 q_a

　　使用限界状態における限界値：$q_a = \min(q_{a1}, q_{a2}) = \min = (2\,056, 678) = 678 \text{kN/m}^2$

　　損傷限界状態における限界値：$q_a = \min(4\,638, 1\,357) = 1\,357 \text{kN/m}^2$

　　終局限界状態における限界値：$q_a = \min(6\,957, 2\,036) = 2\,036 \text{kN/m}^2$

(2)　使用限界状態における改良地盤の検討

 a．改良体頭部に生ずる圧縮応力度 q_p の検討

　フーチング底面における接地圧 σ_e は，土圧による転倒モーメントを考慮した接地圧分布とする．表7.4.5に示した土圧による基礎全体の転倒モーメントは，X方向のスパン比に応じて各フーチングに負担させる．ここでは，基礎設計用の最大軸力および転倒モーメントが作用するX5通りの検討結果を以下に示す．

$$\sigma_{emax}, \sigma_{emin} = (N_L + W_f)/A_f \pm M/Z$$

$$= (9\,912 + 1\,421)/50.75 \pm 1\,839/122.6 = 238\,208\text{kN/m}^2$$

$$M = 10\,062 \times 7.10/38.85 = 1\,839 \text{kNm}, \quad Z = B \cdot L^2/6 = 3.5 \times 14.5^2/6 = 122.6\text{m}^3$$

$$q_p = \mu_p \cdot \sigma_{emax} = 1.10 \times 238 = 262 \text{kN/m}^2 < f_c = 300 \text{kN/m}^2 \quad 可$$

 b．改良地盤の鉛直支持力度の確認 q_a

$$\sigma_e = 238 \text{kN/m}^2 < q_a = 678 \text{kN/m}^2 \quad 可$$

その他のフーチングの接地圧分布を表7.4.12に示す．

(3)　損傷限界状態における改良地盤の検討

　フーチング底面における接地圧 σ_e は，建物と土圧による転倒モーメントを考慮した接地圧分布とする．基礎設計用の最大軸力および転倒モーメントが作用するX5通りの検討結果を以下に示す．なお，接地圧は土圧が作用するY方向が支配的となることからX方向の検討は省略する．

$$\sigma_{emax}, \sigma_{emin} = (N_s + W_f)/A_f \pm (M_{OT} + M)/Z$$

$$= (9\,912 + 1\,421)/50.75 \pm (21\,838 + 2\,133)/122.6 = 419, 28 \text{kN/m}^2$$

$$M_{OT} = \sum M_{OT} \cdot (N_s/\sum N_s) + k_{base} \cdot W_f \cdot D_f/2$$

$$= 116\,875 \times 0.186 + 0.1 \times 1\,421 \times 1.4/2 = 21\,838 \text{kNm}$$

$$\sum M_{OT} = (2\,464 + 4\,134 + 5\,542 + 6\,725 + 7\,701) \times 2.85 + 8\,487 \times 4.85 = 116\,875 \text{kNm}$$

$$M = 11\,672 \times 7.10/38.85 = 2\,133 \text{kNm}$$

$$q_p = \mu_p \cdot \sigma_e = 1.10 \times 419 = 461 \text{kN/m}^2 < f_c = 600 \text{kN/m}^2 \quad 可$$

$$\sigma_e = 419 \text{kN/m}^2 < q_a = 1\,357 \text{kN/m}^2 \quad 可$$

その他のフーチングの接地圧分布を表7.4.12に示す．

(4)　終局限界状態における改良地盤の検討

　基礎設計用の最大軸力および転倒モーメントが作用するX5通りの検討結果を以下に示す．なお，損傷限界状態と同様に，X方向の検討については省略する．

$$\sigma_e = (N_d + W_f)/(B_f \cdot B') = (9\,912 + 1\,421)/(3.50 \times 6.32) = 512 \text{kN/m}^2$$

$B' = L_f - 2e = 14.50 - 2 \times 4.09 = 6.32$m

$e = (M_{OT} + M)/(N_d + W_f) = (43\,776 + 2\,574)/(9\,912 + 1\,421) = 4.09$m

$M_{OT} = 233\,750 \times 0.186 + 0.3 \times 1\,421 \times 1.4/2 = 43\,776$kNm

$\sum M_{OT} = 116\,875 \times (D_s/C_0) = 233\,750$kNm

$M = 14\,087 \times 7.10/38.85 = 2\,574$kNm

$q_q = \mu_p \cdot \sigma_e = 1.10 \times 512 = 563$kN/m² $< f_c = 900$kN/m²　　可

$\sigma_e = 512$kN/m² $< q_a = 2\,036$kN/m²　　可

その他のフーチングの接地圧分布を表7.4.12に示す．

表7.4.12　各フーチングにおける接地圧分布

通り	N (kN)	W_f (kN)	使用限界状態			損傷限界状態				終局限界状態			
			M	$\sigma_{e\,max}$	$\sigma_{e\,min}$	M_{OT}	M	$\sigma_{e\,max}$	$\sigma_{e\,min}$	M_{OT}	M	B'	σ_e
X1	5 008	1 421	796	133	121	11 086	924	225	29	22 271	1 115	7.22	254
X2	8 006	1 421	1 593	199	173	17 631	1 848	345	27	35 361	2 230	6.52	413
X3	7 268	1 421	1 496	183	159	15 994	1 735	316	26	32 088	2 094	6.64	374
X4	9 863	1 421	1 761	236	208	21 721	2 043	416	28	43 542	2 466	6.34	509
X5	9 912	1 421	1 839	238	208	21 838	2 133	419	28	43 776	2 574	6.32	512
X6	7 984	1 421	1 677	199	171	17 631	1 945	345	25	35 361	2 348	6.48	415
X7	5 288	1 421	900	139	125	11 670	1 044	236	28	23 440	1 260	7.14	268
	53 329	9 947	10 062			117 571	11 672			235 839	14 087		

7.4.8　基礎の滑動抵抗に対する検討

　本建物は偏土圧を受けていることから，基礎底面と改良地盤頭部の滑動が十分安全であることを確認する．基礎底面に作用する鉛直力 V と水平力 H は以下のとおりである．なお，鉛直力には建物重量の他に基礎自重を加算して算定し，水平力には建物および基礎の地震時水平力のほかに建物に作用する土圧を加算して算定する．

(1) 使用限界状態の検討

　　$V = \sum(N + W_f) = 53\,330 + 7 \times 1\,421 = 63\,277$kN,　$H = 3\,497$kN

　　$H/V = 3\,497/63\,277 = 0.06$

(2) 損傷限界状態の検討

　　$V = 51\,588 + 7 \times 1\,421 = 61\,535$kN,　$H = 9\,402 + 7 \times 1\,421 \times 0.1 + 4\,057 = 14\,454$kN

　　$H/V = 14\,454/61\,535 = 0.23$

(3) 終局限界状態の検討

　　$V = 61\,535$kN,　$H = 19\,719 + 7 \times 1\,421 \times 0.3 + 4\,896 = 27\,599$kN

　　$H/V = 27\,599/61\,535 = 0.45$

　以上より，使用限界状態時の H/V は0.06，損傷限界状態では0.23，終局限界状態では0.45であ

る．基礎指針5.4節によれば，直接基礎の摩擦係数 μ は0.4〜0.6の範囲にあることが記述されており，本建物の基礎の摩擦係数 μ を0.5とすれば，基礎底面の滑動に対する余裕度（$\mu/(H/V)$）は，使用限界状態において8.3，損傷限界状態において2.1，終局限界状態において1.1であり，表7.4.7に示した限界値を満足する．

7.4.9 水平抵抗力の検討1（使用・損傷限界状態）

水平抵抗力の検討は，改良地盤の剛性がX方向とY方向において異なることから，両方向に対して行う．X方向は，改良地盤の剛性がY方向に比べて小さいことから曲げモーメントによる縁応力度の検討を行う．偏土圧の影響で大きな水平力が作用するY方向については，水平加力方向の細長比（＝改良長/改良体幅）が1以下の横長断面であることから曲げ応力度の検討は省略し，せん断応力度に対する検討を行う．なお，X方向の使用限界状態については，偏土圧が作用していないことから検討は省略する．

(1) X方向に対する検討

　a．水平力の分担

損傷限界状態において各フーチングでの改良地盤が負担する水平力 Q_p は，そこに作用する中地震動時の基礎設計用軸力に比例して負担させる．算定式は下式による．X方向における改良地盤の負担水平力を表7.4.13に示す．

$$Q_p = Q_s \cdot (N_s/\Sigma N_s) + k_{base} \cdot W_f \quad (Q_s = 9\,402\text{kN},\ k_{base} = 0.1)$$

表7.4.13　X方向における改良地盤の負担水平力

通り	荷重条件			右加力時			左加力時		
	N_L (kN)	N_{ex} (kN)	W_f (kN)	N_s (kN)	σ_{ex} (kN/m²)	Q_p (kN)	N_s (kN)	σ_{ex} (kN/m²)	Q_p (kN)
X1	5 008	−3 379	1 421	8 387	193	1 621	1 629	60	429
X2	8 006	562	1 421	7 444	175	1 454	8 568	197	1 653
X3	7 268	−810	1 421	8 078	187	1 566	6 458	155	1 281
X4	9 863	2 072	1 421	7 791	182	1 516	11 935	263	2 246
X5	9 912	−1 502	1 421	11 414	253	2 154	8 410	194	1 625
X6	7 984	319	1 421	7 665	179	1 493	8 303	192	1 606
X7	5 288	2 738	1 421	2 550	78	592	8 026	186	1 557
計	53 329	0	9 947	53 329		10 397	53 329		10 397

　b．損傷限界状態における改良地盤の水平抵抗力

損傷限界状態における水平抵抗力の検討は，最大水平力（$Q_{pmax} = 2\,246$kN）が作用する左加力時のX4通りに対して検討する．

　① 群杭効果を考慮した水平方向地盤反力係数 k'_h

$$k_h = (1/30) \times 4 \times 15.6 \times 10^3 \times (1\,450/30)^{-3/4} \times 10^2 = 11\,347\text{kN/m}^3$$

$k'_h = \mu_2 \cdot k_h = 0.56 \times 11\,347 = 6\,354 \text{kN/m}^3$

② 曲げモーメント M_d の算定

$\beta = \{6\,354 \times 14.5/(4 \times 162\,000 \times 42.4)\}^{1/4} = 0.24 \text{m}^{-1}$

$M_d = \max(M_{max}, M_0) = \max(861, 1\,549) = 1\,549 \text{kNm}$

$Z = \beta \cdot L = 0.24 \times 4.4 = 1.1$ より，$R_{Mmax} = 0.184$，$R_{M0} = 0.331$

$M_{max} = \{2\,246/(2 \times 0.24)\} \times 0.184 = 861 \text{kNm}$

$M_0 = \{2\,246/(2 \times 0.24)\} \times 0.331 = 1\,549 \text{kNm}$

③ 曲げモーメントによる縁応力度 σ の検討

$\sigma_{max} = 263/0.905 + 1\,549/(2 \times 42.4/3.33) = 351 \text{kN/m}^2 \leq f_c = 600 \text{kN/m}^2$ 可

$\sigma_{min} = 263/0.905 - 1\,549/(2 \times 42.4/3.33) = 230 \text{kN/m}^2 \geq f_t = -120 \text{kN/m}^2$ 可

(2) Y方向に対する検討

a．水平力の分担

各フーチングで改良地盤が負担する水平力 Q_p を表7.4.14に示す．建物の地震時水平力は地震時の鉛直荷重比に応じて，土圧による水平力はスパン比に応じて負担させる．

表7.4.14　Y方向における改良地盤の負担水平力

通り	使用限界状態（土圧のみ）			損傷限界状態（建物慣性力 Q_1＋基礎部分＋土圧）					
	負担幅 (m)	土圧 負担比	Q_p (kN)	N_s (kN)	鉛直 荷重比	Q_1 (kN)	$0.1W_f$ (kN)	土圧 (kN)	Q_p (kN)
X1	3.075	0.079	277	5\,008	0.094	884	142	321	1\,347
X2	6.150	0.158	554	8\,006	0.150	1\,410	142	642	2\,195
X3	5.775	0.149	520	7\,268	0.136	1\,279	142	603	2\,024
X4	6.800	0.175	612	9\,863	0.185	1\,739	142	710	2\,591
X5	7.100	0.183	639	9\,912	0.186	1\,749	142	741	2\,632
X6	6.475	0.167	583	7\,984	0.150	1\,410	142	676	2\,228
X7	3.475	0.089	313	5\,288	0.099	931	142	363	1\,436
計	38.85	1.000	3\,497	53\,329	1.000	9\,402	994	4\,057	14\,453

b．使用限界状態における改良地盤の水平抵抗力

使用限界状態におけるせん断応力度 τ_{max} の検討は，最大水平力（$Q_{pmax} = 639 \text{kN}$）が作用するX5通りに対して検討する．

$f_\tau = 1/3 \times \min(278, 450) = 93 \text{kN/m}^2$

$\tau_{max} = 2.5 \times (639/45.93) = 35 \text{kN/m}^2 \leq f_\tau = 93 \text{kN/m}^2$ 可

c．損傷限界状態における改良地盤の水平抵抗力

損傷限界状態におけるせん断応力度 τ_{max} の検討は，最大水平力（$Q_{pmax} = 2\,632 \text{kN}$）が作用するX5通りに対して検討する．

$f_\tau = 2/3 \times \min(303, 450) = 202 \text{kN/m}^2$

$$\tau_{max} = 2.5 \times (2\,632/45.93) = 143 \text{kN/m}^2 \leq f_\tau = 202 \text{kN/m}^2 \quad 可$$

7.4.10 水平抵抗力の検討2 (終局限界状態)

改良地盤の剛性がX方向とY方向において異なることから,両方向に対して検討を行う.改良形式がラップ配置によるブロック形式であることから,図4.1.3のSUB2(B)に基づいて,1つのブロック($B_b=3.5$m, $L_b=14.5$m) あたりの限界水平力 Q_u を算定する.

(1) X方向に対する検討

　a. 外力の設定

$$Q_u = 6\,450 \text{kN}（b.～f.の繰返し計算の結果により得られた限界水平力）$$

　b. 仮想底面深度 L_y の算定

$$L_y = 2Q_u/(P_{u1}+P_{u2}) = (2\times 6\,450)/(788+1\,039) = 7.06\text{m} \rightarrow 4.4\text{m}（改良長）$$

　c. 仮想底面における限界モーメント M_{re} の算定

$$N_{se} = N_{ud} + W = N_{ud} + \gamma_p \cdot A \cdot L_y = (14\,007+1\,421) + 13.1\times 50.75\times 2.3 = 18\,353\text{kN}$$

$$P_v = P_{v2} = a_p \cdot F_c = 0.905\times 900 = 814.5\text{kN/m}^2$$

$$M_{re} = N_{se} \cdot e_L = 18\,353\times 0.97 = 17\,802\text{kNm}$$

$$e_L = (b_2-b_L)/2 = (3.5-1.55)/2 = 0.97\text{m}$$

$$b_L = A'/b_1 = 22.53/14.5 = 1.55\text{m}\ (A' = N_{se}/P_v = 18\,353/814.5 = 22.53\text{m}^2)$$

　d. 改良体の転倒に対する安定検討

$$M_{0a} = \min(M_{0a1}, M_{0a2}) = \min(7\,752, 15\,198) = 7\,752\text{kNm}$$

$$M_{0a1} = N_s \cdot Z/A = 15\,428\times 25.5/50.75 = 7\,752\text{kNm}$$

$$M_{0a2} = (F_c - N_s/A)\cdot Z = (900-15\,428/50.75)\times 25.5 = 15\,198\text{kNm}$$

$$Z = b_1 \cdot b_2^2/6 = 13.79\times 3.33^2/6 = 25.5\text{m}^3\ (図7.3.15参照)$$

$$M_0 = Q_u \cdot L_y - (2P_{u1}+P_{u2})/6 \cdot L_y^2 - M_\tau + M$$

$$= 6\,450\times 4.4 - 2\,615/6\times 4.4^2 - 22\,262 - 17\,802$$

$$= -20\,122\text{kNm} \rightarrow 0 \leq M_{re} = 7\,752\text{kNm} \quad 可$$

　e. せん断に対する検討

$$\tau_{max} = \chi \cdot (Q_u/A_p) = 2.5\times(6\,450/45.93) = 351\text{kN/m}^2 \leq F_\tau = 351\text{kN/m}^2 \quad 可$$

　f. 改良地盤底面における滑動の検討

$$\tau_c = Q_{ue}/A' = 2\,431/22.47 = 108\text{kN/m}^2$$

$$\tau_{ue} = c + P_v \cdot \tan\phi = 0 + 814.5\times \tan 39° = 659\text{kN/m}^2 \geq \tau_c \quad 可$$

　g. 建物全体の検討

$$\sum Q = n\cdot Q_u = 7\times 6\,450 = 45\,150\text{kN} > \sum Q_{ud} = 19\,719+2\,984 = 22\,703\text{kN} \quad 可$$

(2) Y方向に対する検討

　a. 外力の設定

$$Q_u = 6\,450\text{kN}$$

　b. 仮想底面深度 L_y の算定

$L_y = 2Q_u/(P_{u1}+P_{u2}) = (2 \times 6\,450)/(2\,835 + 3\,258) = 2.12 \text{m}$

c．仮想底面における限界モーメント M_{re} の算定

$N_{se} = N_{ud} + \gamma_p \cdot A \cdot L_y = (9\,912 + 1\,421) + 13.1 \times 50.75 \times 2.12 = 12\,742 \text{kN}$

$P_v = a_p \cdot F_c = 0.905 \times 900 = 814.5 \text{kN/m}^2$

$M_{re} = N_{se} \cdot e_L = 12\,742 \times 5.01 = 63\,837 \text{kNm}$

d．改良体の転倒に対する安定検討

上部構造による拘束を無視するため，頭部拘束モーメントの限界値 M_{0a} は算定不要

$M_0 = 6\,450 \times 2.12 - 8\,928/6 \times 2.12^2 - 29\,406 + 46\,350$

$\qquad = 23\,930 \text{kNm} \leqq M_{re} = 63\,837 \text{kNm}$ 　　可

e．せん断に対する検討

$\tau_{max} = \chi \cdot (Q_u/A_p) = 2.5 \times (6\,450/45.93) = 351 \text{kN/m}^2 \leqq F_\tau = 351 \text{kN/m}^2$ 　　可

f．改良地盤底面における滑動の検討

$L > L_y$ より検討不要

g．建物全体の検討

$\sum Q = 7 \times 6\,450 = 45\,150 \text{kN} > \sum Q_{ud} = 19\,719 + 2\,984 + 4\,896 = 27\,599 \text{kN}$ 　　可

7.4.11　改良地盤の安定に対する検討

偏土圧が作用するY方向に対して検討を行う．改良地盤に作用する設計外力は4.6節に準ずる．検討対象範囲が建物全体であることから，改良地盤に作用する主働土圧 P_A の作用幅は，建物の長辺幅と同様の38.85mである．一方，抵抗成分となる受働土圧 P_P と改良地盤底面における極限滑動抵抗力 H_{ru} の作用幅は，改良地盤の短辺幅の合計 $\sum b_1 (= 7 \times 3.5 = 24.5 \text{m})$ である．なお，地下水位がG.L.−10.3m付近で観測されていることから，主働側と受働側との水位差による影響は考慮しない．

(1) 改良地盤底面における滑動の検討

改良地盤底面において滑動しないことを確認する．地下部分（改良地盤および周辺地盤）の水平震度は現時点では知見がないこと，本敷地が洪積台地であることから，地震時主働土圧を算定するときの水平震度 k_h（中地震動時0.2，大地震動時0.25）の1/2の値を目安とする．滑動に対する検討結果を表7.4.15に示す．

(2) 改良体および下部地盤の検討

偏土圧の影響を受ける改良地盤を完全な剛体と仮定して，荷重が集中する改良地盤前面の地盤反力を検討する．その際，抵抗側となる外力には鉛直荷重，受働土圧の他に改良地盤背面の摩擦力がある．改良体および下部地盤に対する検討結果を表7.4.16に示す．

合力の作用位置：$X = M/\sum W = M/(W_1 + W_2)$，偏心量：$e = b_2/2 - X$

改良地盤底面の地盤反力：σ_{max}, σ_{min}

$e \leqq b_2/6$ のとき， $\sigma_{max}, \sigma_{min} = \sum W/(b_2 \cdot \sum b_1) \cdot (1 \pm 6e/b_2)$

$e > b_2/6$ のとき， $\sigma_{max} = 2\sum W/(3X \cdot \sum b_1)$, $\sigma_{min} = 0$

表7.4.15 滑動に対する検討結果一覧

		使用限界状態	損傷限界状態	終局限界状態
水平震度 k		0.0	0.2	0.25
鉛直荷重 W_1	(kN)	63 277	61 535	61 535
水平力 Q_1	(kN)	3 497	14 454	27 599
地下震度 k_h		0.0	0.1	0.125
改良地盤有効重量 W_2	(kN)	22 912	22 912	22 912
主働土圧合力 P_A	(kN)	2 502	2 962	3 092
受働土圧合力 P_P	(kN)	27 921	27 921	27 921
下部地盤の摩擦係数 $\mu=\tan\phi$		0.60	0.60	0.60
安全係数 F_s		1/1.5	1/1.2	1
限界値 $F_s \cdot H_{ru}$		53 089	65 491	78 589
応答値 $S_d = Q_1 + P_A + k_h \cdot W_2$		5 999	19 707	33 555

[注] 極限滑動抵抗力 $H_{ru} = P_P + \mu(W_1 + W_2)$

表7.4.16 改良体および下部地盤に対する検討結果一覧

		使用限界状態	損傷限界状態	終局限界状態
地下震度 k_h		0.0	0.1	0.125
$W_1 \cdot x_1$	(kNm)	458 758	328 597	210 450
$W_2 \cdot x_2$	(kNm)	166 112	166 112	166 112
M_1	(kNm)	10 062	129 243	249 926
$P_A \cdot y_a$	(kNm)	9 683	11 463	11 966
$P_p \cdot y_p$	(kNm)	58 355	58 355	58 355
$b_2 \cdot \sum \tau_i \cdot h_i$	(kNm)	145 795	145 795	145 795
$Q_1 \cdot H$	(kNm)	15 387	63 598	121 436
$k_h \cdot W_2 \cdot y_2$	(kNm)	0	5 041	6 301
M	(kNm)	793 888	489 514	191 083
$X = M/\sum W$	(m)	9.21	5.80	2.26
e	(m)	−1.96	1.45	4.99
$\sigma_{\max}$	(kN/m²)	前面偏心なし	380	763
$\sigma_{\min}$	(kN/m²)	—	95	0
q_a	(kN/m²)	—	1 357	2 036
判定		—	OK	OK
$a_p \cdot f_c$	(kN/m²)	—	543	814
判定		—	OK	OK

[注] 改良地盤前面下端回りのモーメント
$M = (W_1 \cdot x_1 + W_2 \cdot x_2 + P_p \cdot y_p + b_2 \cdot \sum \tau_i \cdot h_i) - (M_1 + Q_1 \cdot H + P_A \cdot y_a + k_h \cdot W_2 \cdot y_2)$

(3) 改良体間原地盤の抜出しの検討

抜出しの検討は，改良体間隔が最大となるX4からX5通り間（$L=8.2-3.5=4.7$m）に対して行う．抜出しに対する検討は，改良地盤上面から深さH_iを変化させて最小となる値を求める．抜出しに対する検討結果を表7.4.17に示す．

$$応答値（抜出し力）\quad S_d = P'_a + k_h \cdot \gamma_2 \cdot b_2 \cdot H_i \cdot L$$

$$極限抜出し抵抗力\quad S_{ru} = 2(L+H_i)c_u \cdot b_2 + P'_p$$

記号　H_i：改良地盤上面より検討断面までの深さ（m）
　　　P'_a：改良地盤上面より検討断面までの主働土圧（kN）
　　　P'_p：改良地盤上面より検討断面までの受働土圧（kN）
　　　c_u：改良体間原地盤の平均せん断強度（kN/m²）

表7.4.17　抜出しに対する検討結果一覧

(a) 使用限界状態

Z (m)	H_i (m)	c_u (kN/m²)	k_h	γ_2 (kN/m³)	P'_a (kN)	P'_p (kN)	安全係数 F_s	$F_s \cdot H_{ru}$ (kN)	S_d (kN)
2.4	1.0	89	0.0	13.1	651	1 174	1/1.5	10 591	651
3.4	2.0	89	0.0	13.1	651	2 218	1/1.5	13 007	651
4.4	3.0	89	0.0	13.1	651	3 323	1/1.5	15 465	651
5.4	4.0	91	0.0	14.2	659	4 652	1/1.5	18 407	659

(b) 損傷限界状態

Z (m)	H_i (m)	c_u (kN/m²)	k_h	γ_2 (kN/m³)	P'_a (kN)	P'_p (kN)	安全係数 F_s	$F_s \cdot H_{ru}$ (kN)	S_d (kN)
2.4	1.0	89	0.1	13.1	758	1 174	1/1.2	13 238	847
3.4	2.0	89	0.1	13.1	758	2 218	1/1.2	16 259	937
4.4	3.0	89	0.1	13.1	758	3 323	1/1.2	19 331	1 026
5.4	4.0	91	0.1	14.2	767	4 652	1/1.2	23 009	1 154

(c) 終局限界状態

Z (m)	H_i (m)	c_u (kN/m²)	k_h	γ_2 (kN/m³)	P'_a (kN)	P'_p (kN)	安全係数 F_s	$F_s \cdot H_{ru}$ (kN)	S_d (kN)
2.4	1.0	89	0.125	13.1	870	1 174	1	15 886	982
3.4	2.0	89	0.125	13.1	870	2 218	1	19 511	1 093
4.4	3.0	89	0.125	13.1	870	3 323	1	23 197	1 205
5.4	4.0	91	0.125	14.2	880	4 652	1	27 611	1 364

7.4.12　すべり抵抗に対する検討

改良地盤に作用する偏心荷重等を考慮し，使用限界状態において改良体の残留強度を用いた局部および全体すべりを検討する．また，背面地盤の影響を考慮した全体すべりの検討は，改良体のピー

ク強度を用いて使用・損傷・終局限界状態のすべてに対して行う．建物からの水平力は基礎底面に作用させ，改良地盤および周辺地盤には地震時慣性力を作用させないが，背面地盤に対しては損傷および終局限界状態において地震時主働土圧を算定するときと同様に水平震度 k_h（中地震動時0.2，大地震動時0.25）を考慮する．すべり抵抗の検討は最大水平力が作用する X5通りに対して行う．

すべり検討図を図7.4.9に，すべり抵抗に対する検討結果一覧を表7.4.18に示す．

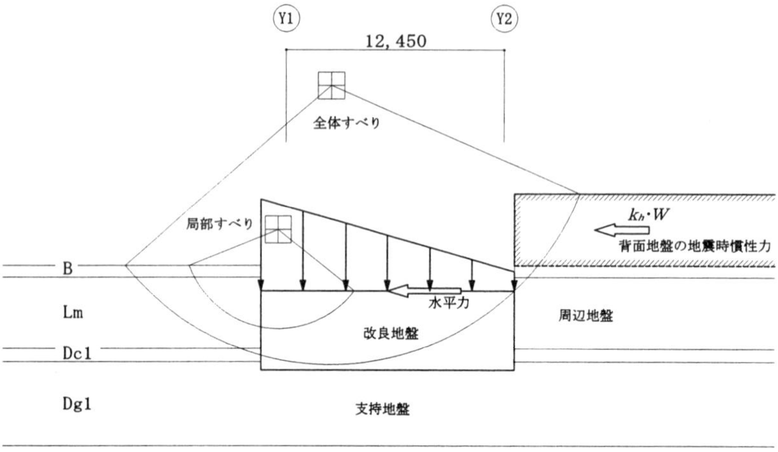

図7.4.9 すべり検討図

表7.4.18 すべり抵抗に対する検討結果一覧

限界状態	局部すべり	全体すべり	
	改良体の残留強度を使用 $F_s \cdot M_{ru} > M_d$	改良体のピーク強度を使用 $F_s \cdot M_{ru} > M_d$	改良体の残留強度を使用 $F_s \cdot M_{ru} > M_d$
使用限界状態	2 044＞1 762	41 177＞13 586	12 078＞8 020
損傷限界状態	—	67 831＞28 786	—
終局限界状態	—	81 325＞37 874	—

7.4.13 沈下の検討

(1) 使用限界状態における沈下の検討

使用限界状態における即時沈下量は，常時荷重時における改良地盤（G.L.−1.4m〜−5.8m）の沈下量と改良地盤下部の砂礫層の沈下量との合計として求める．なお，下部地盤である砂礫層の即時沈下量は，基礎底より建物の短辺方向幅に相当する深さ15m付近までの地盤を考慮し，それ以深については沈下しないものとして算定する．

(2) 沈下の算定方法

沈下の算定方法は，指針(5.3.2)式および基礎梁を考慮した格子梁モデルによって指針5.3.7のフローに従って算定する．

(3) 使用限界状態における沈下の評価

総沈下量は，Y1-X5地点において $S_{max}=16.7$ mm であり限界値（25mm）以下となっている．また，基礎梁の変形角の最大値は，Y1通りにおける X6～X7間で $\theta_{max}=(14.7-10.8)/6\,500=0.60\times10^{-3}$ rad であり限界値（1.0×10^{-3} rad）以下となっている．

(4) 損傷限界状態における沈下の検討および評価

中地震時において基礎底面に作用する最大接地圧が，限界値を上回らないことを7.4.7項において確認している．

参 考 文 献

7.4.1) 青木雅路：傾斜地での偏土圧と支持力の評価，建築技術，2000年2月号，pp.126-135

付録1　深層混合処理工法の実施事例

付1.1　異種基礎に適用した実施事例

　本事例は，丘陵地に建設された高層建物において，直接基礎と杭基礎の異種基礎に，さらに深層混合処理工法による地盤改良を適用した実施事例であり，ここでは主に改良地盤の動特性に視点をおいて紹介する．

1.1.1　建物概要

　本建物は，地上16階建て鉄骨造の大学研究施設を中央にして，両翼に5階建て鉄骨鉄筋コンクリート造の教室棟が弧状に連なる複合建築物である．地下部分はそれらの建物の直下に加え，地下駐車場部分を前面に抱えた半円状の平面形を有する一体の地下階を構成している．平面および断面概要を付図1.1.1，付図1.1.2に示す．

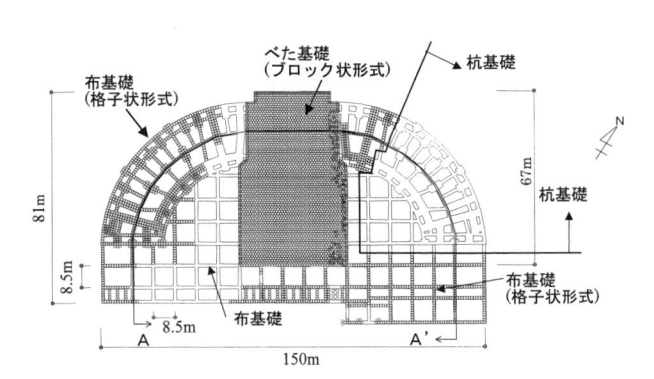

付図1.1.1　基礎平面概要と地盤改良範囲

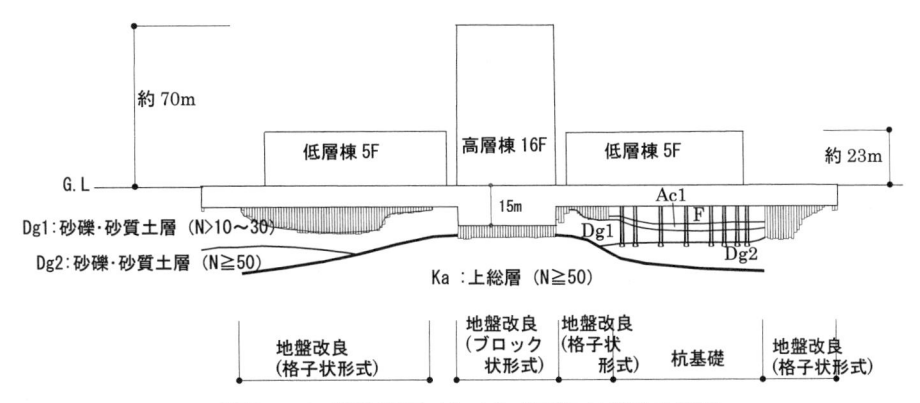

付図1.1.2　建物断面（A-A'）概要と地盤改良範囲

1.1.2 地盤概要

敷地は、多摩丘陵の起伏に富んだ原地盤を切土・盛土によって平坦に造成したものである．敷地における基盤は、固結シルト・細紗の互層よりなる第三紀層の上総層群（Ka）で、敷地東側では一部、開析谷に位置している．基盤上部には、第四紀更新世に堆積した砂礫・砂質土層（Dg1, Dg2）が覆っており、開析谷部では厚い埋土（F）と沖積粘性土層（Ac1）が表層部に分布している．地盤概要を地盤改良範囲と合わせて付図1.1.2に示す．

1.1.3 基礎の設計概要

建物中央の高層棟地下部分は、SRC一部RC造の地下2階建てで、基礎底面はG.L-15mであり、接地圧も大きいことから基盤層を支持層とするべた基礎としている．しかし、支持層とする基盤層上端と基礎底面の間に厚さ4〜6mのDg1層（N値10前後）が介在することから、この地層に対して、深層混合処理工法によるブロック状形式による地盤改良を行い、支持力の増加を図っている．

西翼の低層棟部分は、基礎底面において一部基盤層やその上部の洪積砂礫層（N値30〜50）が出現することから、それらの部分においては布基礎形式の直接基礎とし、基礎底面直下がN値10前後の砂層部分においては格子状形式で地盤改良（改良深さ2m〜11m程度）を行い、支持力増加を図った直接基礎としている．格子状形式（ラップ配置）は、支持地盤全体としての水平剛性の増加を図ることも意図している．

また、東翼の低層棟部分は開析谷部にあたり、F層およびAc1層が約15m堆積していることから、下位層のDg2層（N値50以上）までの場所打ちコンクリート拡底杭と、格子状形式で地盤改良（改良深さ2m〜12m程度）を施した布基礎を併用している．

このように基礎全体として異種基礎となっていることから、各基礎の沈下や水平抵抗力の相違を考慮した検討により、常時および地震動時の安全性と上部構造への影響について検討している．

1.1.4 地盤改良の概要

(1) 地盤改良の仕様

高層棟の改良形式は、要求される接地圧、基礎形式からブロック状形式（接円配置）としており、改良体の直径は施工性などを考慮して1 000mmとしている．低層棟の改良形式は、その接地圧や基礎形式から格子状形式で改良体の直径を1 200mmとするラップ配置（ラップ幅200mm）としている．これは前述のとおり、支持地盤全体としての水平剛性の増加を図ることを意図している．

(2) 地盤改良の設計

地盤改良の設計は許容応力度設計とし、常時荷重に対して長期許容応力以下、大地震動時荷重に対して短期許容応力以下としている．ここで、大地震動時荷重に対して短期許容応力以下とした理由は、①建物が高層建築物である、②異種基礎である、③丘陵地での入力地震動の増幅などを考慮したことによる．改良体に生ずる応力は、センター指針に基づき算定しており、常時および大地震動時の鉛直支持力・水平抵抗力における応答値が、いずれも限界値以下であることを確認している．

(3) 施工・品質管理

改良工事着工前に現地より採取した改良対象土を用いて行った配合試験の結果に基づき，水・固化材比 $W/C=60～80\%$，固化材添加量200kg/m³と設定している．

改良工事完了後，現地の改良体から採取したコア供試体による材齢28日の一軸圧縮強さは高層棟で1 690～6 850kN/m²（平均値4 750kN/m²，標準偏差1 060kN/m²，変動係数22%），低層棟で2 180～7 610kN/m²（平均値5 680kN/m²，標準偏差1 350kN/m²，変動係数24%）の結果を得ている．これらは，設計基準強度および配合試験において設定した変動係数 $V=25\%$ をともに満足している．

1.1.5 改良地盤の動特性評価

改良前後において地盤の動特性の変化を調べるため，以下の測定を行った．測定は，高層棟の基礎底面レベルの10cm上まで根切りした時点（改良前）と，改良工事が完了した時点とした．測定位置図を付図1.1.3に示す．工事上の都合で，測定位置（No.2とNo.2'）が西側へ10m程度移動しているが，両地点の地盤構成はおおむね同一とみなせる．

(1) 測定概要

a．PS検層：No.2（改良前）およびNo.2'（改良後）において，基礎底面－15mの深度まで1m毎に板叩き法によって測定している．

b．弾性波探査：側線①（改良前）および側線②（改良後）において，南北軸方向に46mとし，S波屈折法で測定している．

c．常時微動測定：地表およびG.L－15m付近（基盤）の上総層群内の2測点とし，10秒計による速度測定としている．

なお，低層棟直下についても付図1.1.3に示すように同様の測定を試みているが，その結果については後述する．

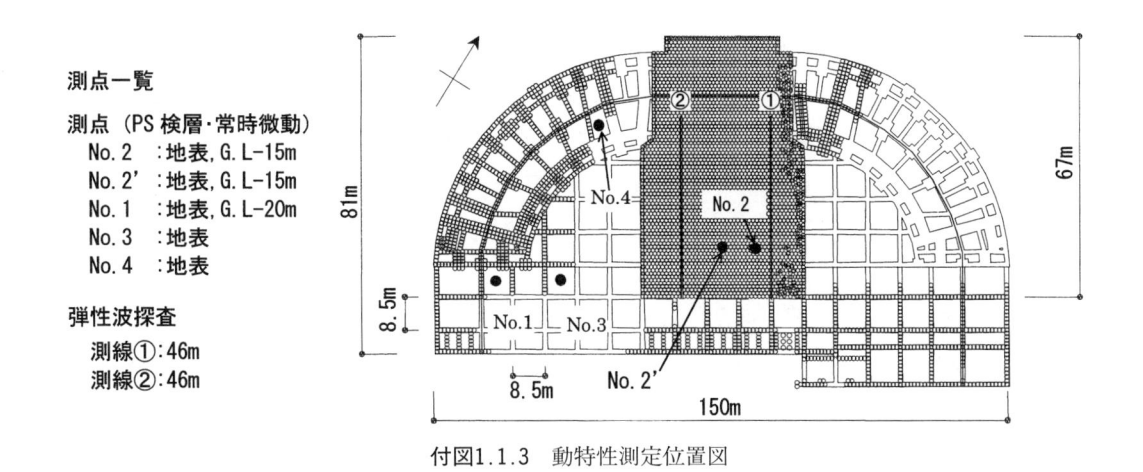

付図1.1.3 動特性測定位置図

(2) 測定結果

a．PS検層：付図1.1.4に改良前後の V_s および V_p 値を示す．No.2とNo.2'の地盤層序が出現

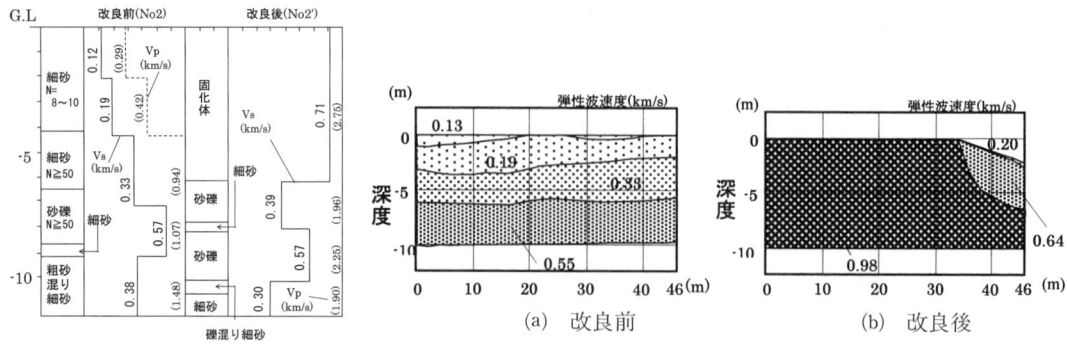

付図1.1.4 改良前後のPS検層結果

付図1.1.5 改良前後の弾性波探査結果

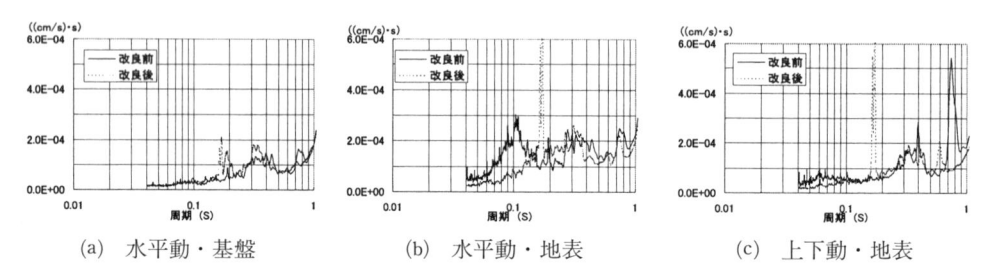

(a) 水平動・基盤　　(b) 水平動・地表　　(c) 上下動・地表

付図1.1.6 改良前後のフーリエスペクトル

深度で多少の違いはあるが，改良対象層である基礎底面より－4m超の砂質土層（N値10前後）の改良前のVs値は，表層部2mでは120m/s，その下位2mでは190m/sであったが，改良後は改良深度である基礎底面－6mまで710m/sと大幅に改善されている．

b．弾性波探査：付図1.1.5に弾性波探査結果を示す．改良後の測定時期に北側部分で約2mの段差部の掘削が行われたため，この部分の形状は変化しているが，PS検層と同様，改良地盤のVs値は大幅に改善されている．改良後のVs値は980m/sとPS検層結果に比べて大きな値となり，層構成も単純な一層地盤と判定できる．

c．常時微動測定：付図1.1.6(b)より，改良前後で周期約0.1秒付近の卓越周期がなくなることが観察されており，基盤層のスペクトルにほぼ近似する傾向を示すことからも，常時微動でも改良効果は確認できている．なお，改良後のスペクトルでは0.18秒付近に大きなピークが観察されているが，付図1.1.6(a)，(c)にも同様のピークが現れており，これは近隣の幹線道路の交通事情によるものと判断している．

(3) 評価のまとめ

深層混合処理工法によって，N値10前後の砂質土層を全面的に改良することにより，Vs値が3.7倍以上に改善され，工学的基盤とみなせる400m/sを上回ることが確認された．弾性波探査や常時微動測定においても改良効果が同様に確認されている．一方，格子状形式による改良部分に関しても同様の測定を試みたが，設計時の予想より基盤の出現部分が広く，測定箇所で完全な格子状形式とならなかったうえ，格子の大きさに比べて改良深度が浅かったことから，格子内外で測定した常時微動測定などでは改良効果を把握することができていない．

深層混合処理工法による改良地盤の動特性に関しては，未だ十分な資料などは整備されているとは云えない．ここでは，参考事例として取り上げた．

参考文献

付1.1.1) 内山晴夫・梅野 岳・青木 功・又吉直哉：深層混合処理工法による改良地盤の動特性評価，日本建築学会大会学術講演梗概集，pp.451〜452，2002.8

付1.1.2) 内山晴夫・青木 功・又吉直哉：固結工法の最近の動向・事例，「固結工法による地盤改良を用いた構造物基礎講習会」講演資料，地盤工学会，pp.49〜57，2002.10

付1.2 支持層が深い場合の実施事例

本事例は，軟弱層が厚く堆積する沖積低地において，直接基礎の建物に，鉛直支持力・水平抵抗力の増加および沈下量の低減を目的として，深層混合処理工法による地盤改良を適用した実施事例である．

1.2.1 建物概要

本建物は，鉄筋コンクリート造ラーメン構造，地上3階，地下なし（最高高さ10.35m，建築面積340m²，延床面積1 020m²）の集合住宅である．平面形状は14.85m×22.85mと整形な形状であり，基礎形式として採用した布基礎直下に深層混合処理工法による地盤改良を施している．4通り軸組図を付図1.2.1に，1階平面図を付図1.2.2に示す．

1.2.2 地盤概要

付図1.2.3に土質柱状図，有効上載圧と圧密降伏応力の関係を示す．当該地の地盤は，地表よりG.L－3m付近までシルト主体の盛土，G.L－8m付近までN値0〜1程度の砂質土とシルトの互層であり，その直下にN値0のシルト層がG.L－20m付近まで厚く堆積している．それ以深はG.L－30m付近までN値1〜4のシルト層であり，緩い〜中位の砂質土層へと続くが，N値50以上の堅固な層はG.L－63mまでは認められない．土質試験は，圧密沈下が懸念される沖積シルト層の4か所において圧密試験を実施しており，付図2.2.3に示すように，G.L－20m以浅でも若干の過圧密状態にあり，当該地域の広域圧密沈下はほぼ終息しているものと考えられる．しかし，建物荷重を考慮した場合，G.L－15m付近までの沖積シルト層は圧密未了状態である．

1.2.3 基礎構造の設計概要

基礎工法の選定にあたっては，G.L－63mの砂層を支持層とする支持杭，G.L－35m付近を杭先端とする摩擦杭などを検討し，以下に示す理由から判断して，地盤改良を併用して直接基礎を採用することとした．

・本建物はラーメン構造であるが，壁量が多いことから剛性が高く，建物の接地圧は53kN/m²と比較的軽量である．さらに，平面形状が整形で平面的な重量バランスも図られている．

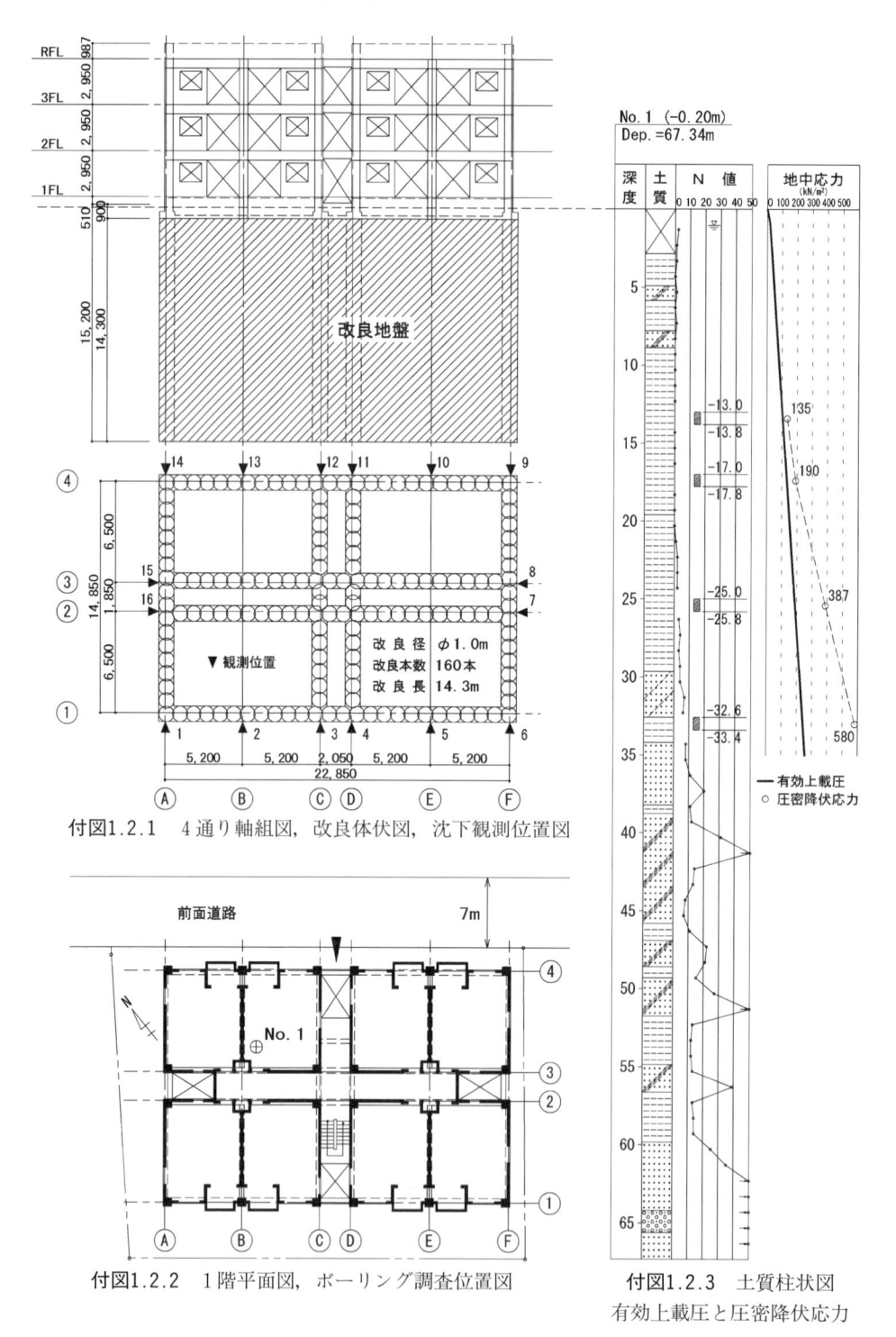

— 242 — 建築基礎のための地盤改良設計指針案

付図1.2.1 4通り軸組図，改良体伏図，沈下観測位置図

付図1.2.2 1階平面図，ボーリング調査位置図

付図1.2.3 土質柱状図
有効上載圧と圧密降伏応力

- 当該地の広域地盤沈下はほぼ終息していることから，沈下が生じても付図1.2.3に示す有効上載圧と圧密降伏応力の関係から，改良体先端深度を G.L－15m 付近とすることによって，その量は小さいものと想定できる．
- 改良体をラップ配置で壁状形式にすることにより，基礎の剛性を高めることができるため，基礎梁の変形を抑制することが期待できる．
- 敷地が狭隘で隣接地に既存建物が存在することから，それらに対する影響を考慮して，騒音・振動および地盤変状を抑制した工事が要求される．また，杭基礎と比較して発生残土が少ないことから，残土搬出などに要する運搬車輌数が削減できる．
- 概算での基礎工事費は，支持杭に対して，摩擦杭の場合85％程度，地盤改良の場合75％程度であり，経済的に有利性が認められる．

1.2.4　地盤改良の設計概要

　地盤改良の設計は，センター指針に基づき，常時および中地震動時に対して許容応力度設計を行い，その安全性の確認をしている．改良地盤の仕様および検討結果を付表1.2.1に示す．また，沈下の検討では，G.L－15m～－36m に堆積する沖積シルト層の圧密沈下を対象とし，基礎梁のみの剛性を考慮した格子梁モデルにより沈下量を予測した．沈下量の予測結果を図1.2.4に示す．沈下量の応答値は $S=28～30$ mm，変形角は $0.35×10^{-3}$ rad であり，それらの値が，総沈下量50mm（最大値），

付表1.2.1　改良地盤の仕様および検討結果一覧

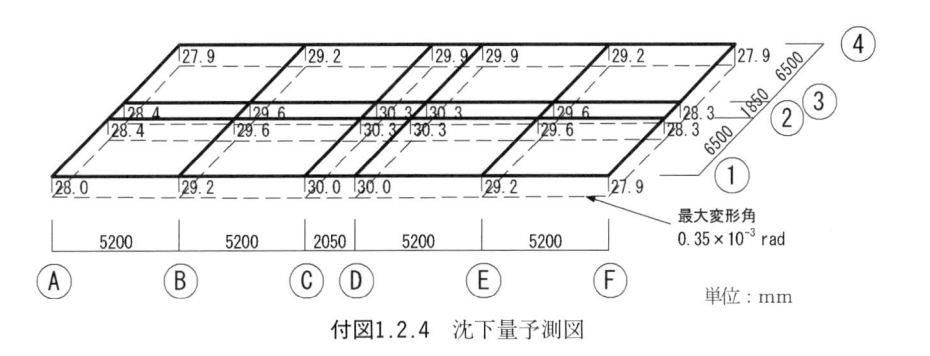

改良体径			(mm)	1 000
設計基準強度			(kN/m²)	800
ラップ幅			(mm)	100
改良率				0.840
応答値/ 限界値 (kN/m²)	常　時	改良地盤の支持力度	σ_e/q_a	176/188
		改良体の圧縮応力度	q_p/f_c	210/266
	中地震動時	改良地盤の支持力度	σ_e/q_a	196/452
		改良体の圧縮応力度	q_p/f_c	233/533
		最大せん断応力度	τ_{max}/f_τ	140/178

付図1.2.4　沈下量予測図

変形角$1.0×10^{-3}$rad と設定した限界値以下であることを確認している．

1.2.5 施工・品質管理

改良工事着工前に現地より採取した改良対象土を用いて行った配合試験の結果に基づき，水・固化材比 $W/C=60\%$，固化材添加量300kg/m³と設定した．

改良工事完了後，現地の改良体から採取したコア供試体30個による材齢28日の一軸圧縮強さは$q_{uf}=3\,250～9\,470$kN/m²（平均値$6\,765$kN/m²，標準偏差$1\,487$kN/m²，変動係数22%）となる結果を得ている．これは，設計基準強度および配合試験において設定した変動係数 $V=25\%$ をともに満足する結果となっている．

1.2.6 沈下観測

(1) 沈下観測計画

沈下観測は，本建物に隣接した既存建物（支持杭で支持された RC 造建物）を基準とし，その基準との相対的な沈下量を光学レベルにより計測している．観測位置は，付図1.2.2に示す建物外周の16か所とし，観測時期は，1階躯体のコンクリート打設直後を初回として，竣工後28か月までの計9回にわたり実施している．

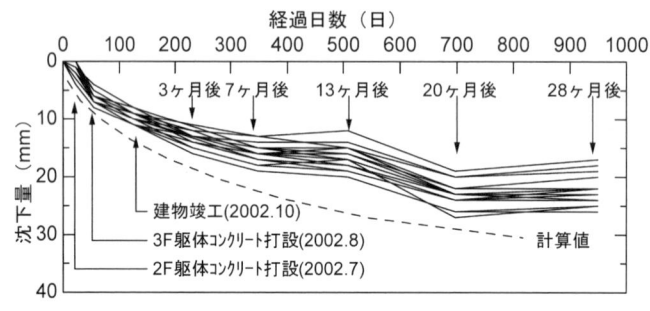

付図1.2.5 沈下量の経時変化

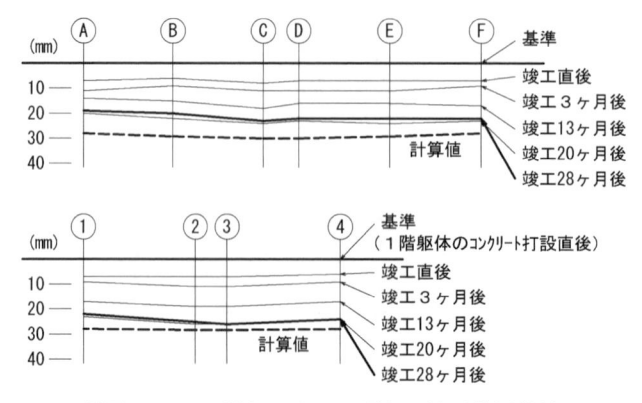

付図1.2.6 1通りおよびF通りの沈下計測結果

(2) 沈下観測結果の評価

沈下量の経時変化を付図1.2.5に，1通りおよびF通りの沈下量分布を付図1.2.6に示す．

付図1.2.5より，沈下量は竣工後20か月までは微増しているが，それ以降は横這い傾向を示しており，沈下はほぼ終息している．竣工28か月後の最大沈下量は $S=26$ mm，変形角は 0.46×10^{-3} rad であり，予測値とほぼ同等である．建物外観などに対する目視観察によれば，沈下によって壁面などにおけるひび割れの発生もなく，居住性においても問題は発生していない．

1.2.7 まとめ

本実施事例は，厚く堆積する軟弱層においても，十分かつ慎重な調査・計画・設計を行うことによって，深層混合処理工法による地盤改良を併用した直接基礎も適用可能であることを紹介したものである．

参 考 文 献

付1.2.1） 又吉直哉・溝口栄二郎：沖積低地に築造された改良地盤上に直接基礎で支持させた集合住宅の沈下観測，日本建築学会大会学術講演梗概集，pp.595～596，2005.9

付1.2.2） 又吉直哉：厚い軟弱粘性土中に施工した柱状改良地盤上集合住宅，建築技術「アイディアを生かした基礎の計画・設計例」，pp.136～137，2004.9

付録2　その他の固化工法

付2.1　噴射攪拌式深層混合処理工法

2.1.1　噴射攪拌式深層混合処理工法（付写真2.1.1参照）

　本編が適用対象としている機械攪拌式深層混合処理工法に対して，この工法と同様の改良体を地盤中に造成する噴射攪拌式深層混合処理工法が実用化されているので，工法の概要と適用実績を紹介する．

付写真2.1.1　改良体の一例

2.1.2　工法概要

1）工法の特徴

　噴射攪拌式深層混合処理工法は，高圧（20～70MPa）高速（約300m/s）で噴射された水の噴流エネルギーを利用して地盤を切削し，生じた空間に固化材を充填，または混合攪拌して柱状の改良体を造成する地盤改良工法が噴射攪拌式深層混合処理工法で，実用化は1970年とされている．
　工法の特長は次の7点が挙げられる．
　①小さい穴より確実な造成，②幅広い改良径，③相互の密着性，④埋設物への接近性，⑤改良目的に合わせた適切な改良強度を得る技術を保有，⑥経済的かつ安価な材料，⑦汎用性に富んだ機構およびコンパクトな設備．
　③は地中の近接物が凹凸を持つ形状であっても形状通りの近接物に密着する地盤改良体が造成できること，④は使用する噴射圧力ではコンクリートや鉄はまったく損傷を受けないので，改良芯となる小さな孔が削孔できれば施工範囲に埋設管などがあってもそれを包含する形の改良ができること，⑦は狭い場所でも小さい穴をあければボーリングマシン程度のコンパクトな機械で施工できるため，施工空間の高さや幅の制限を受けるところでも施工が可能で，大深度にも適応し，任意の深さで必要な領域だけを施工対象としていることである．この③④⑦の特長は，機械攪拌式深層混合

処理工法に無い本工法がもつ大きな長所となっている．

一方，①は小さな穴をあければ施工が確実にできる点だが，計画した改良範囲に地中障害があると③に示したように地中障害の前面に密着した改良はできるものの地中障害背面の切削ができないため背面には未改良領域が残ることになる．この点機械的攪拌翼の範囲を確実に改良する機械攪拌式深層混合処理工法は地中障害が除去できれば改良でき，除去できなければ改良できないため，施工の確実性では問題もあるが，地盤改良体の造成形状の信頼性は機械攪拌式深層混合処理工法が優位と言える．

また，②の改良径は噴流仕様で設定されるが，水平噴射による地盤切削では，切削距離が地盤の土性・強度に影響される．したがって，地盤強度に応じて改良体の造成径が変わり一定しないことになる．機械的攪拌翼の範囲を確実に改良する機械攪拌式深層混合処理工法は地盤強度に関係なく計画通りの形状の改良体を造成できる．形状の連続性が設計上のポイントになる場合は，機械攪拌式深層混合処理工法が優位と言える．

以上のことより，両工法とも造成体の形状を直接確認するのは難しいが，機械的攪拌翼の大きさで最小造成径を確認できることから，品質管理の上からは機械攪拌式深層混合処理工法が優位となっている．主な技術基準である文献付2.1.1)は，噴射攪拌工法については品質管理手法の具体化が必要であるとして指針の適用工法に機械攪拌式深層混合処理工法を限定して作成していることから，これまでの採用実績は機械攪拌式深層混合処理工法が圧倒的に多いのが現状である．

本編も文献付2.1.1)と同じ機械攪拌式深層混合処理工法に限定している．しかしながら，既存躯体及び既存基礎杭を残置したり再利用する場合の設計では，施工方法・使用設備面から機械攪拌式深層混合処理工法は一般に採用しづらいことから，施工条件面での制約が少ない噴射攪拌式深層混合処理工法が採用されている．また，建物が供用されている中での基礎および支持地盤の補強工事では使用設備がコンパクトな噴射攪拌式深層混合処理工法が採用されている．

2）工法分類

噴射攪拌式深層混合処理工法は多くの工法が実用化されている．それぞれの工法は噴流材料で分けると，スラリー状の固化材だけを直接噴射する「グラウト噴射系」，固化材と共に空気を添わせて

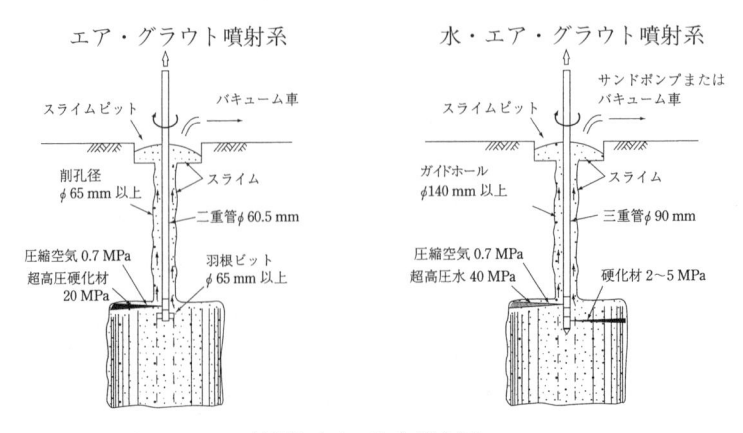

付図2.1.1　改良概念図

噴射する「エア・グラウト噴射系」，固化材や水に空気を添わせて噴射する「水・エア・グラウト噴射系」で分類できる．また噴射方向で分けると，「水平一方向噴射」，「水平対抗二方向噴射」，「斜め二方向交差噴射」，「全方向一方向噴射」で分類できる．「斜め二方向交差噴射」は噴流を定位置で交差させることで，交差点より遠くの切削ができないように工夫して，造成径を制御する工法である．

実用化工法は噴流材料と噴射方向の組合せで適用地盤条件，改良規模などが工法ごとに異なっている．

「エア・グラウト噴射系」と「水・エア・グラウト噴射系」の改良概念を付図2.1.1に示した．

2.1.3 設計法

噴射攪拌式深層混合処理工法は造成径の確認が実際にできないことから，適用地盤に対して測定された最小改良径の採用，測定強度分布での最低強度の採用を基本とした，高い安全性を確保して低い信頼性をカバーする許容応力度設計法が採用されている．工法ごとに設計指針が用意されている．

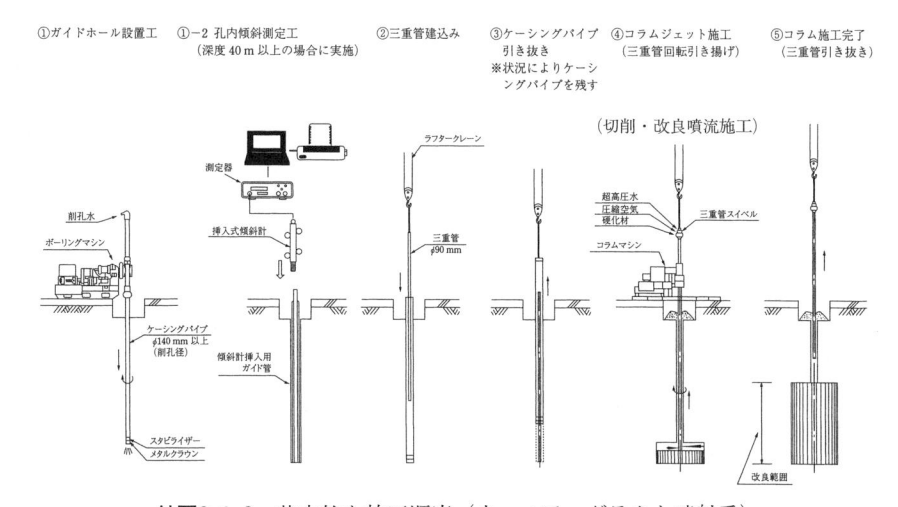

付図2.1.2 基本的な施工順序（水・エア・グラウト噴射系）

2.1.4 施工法

噴射攪拌式深層混合処理工法の基本的な施工手順を付図2.1.2に示した．

噴射攪拌式深層混合処理工法の代表的7工法を選んで比較したものを付表2.1.1に示す．表中のA～G工法は概略の改良体造成直径の小さい方から大きい順に，左から右に並べている．

噴射攪拌式深層混合処理工法の詳細については，各工法ごとに組織された研究会，協会が発行している技術資料，マニュアルを参照されたい[例えば, 付2.1.2)～付2.1.6)]．

2.1.5 適用事例

噴射攪拌式深層混合処理工法の適用3事例を示す．
① Nビル新築工事（付図2.1.3参照）

付表2.1.1 噴射攪拌工法比較一覧表

工法		A工法	B工法	C工法	D工法	E工法	F工法	G工法
工法の概要		スラリー状の固化材をノズルから高圧で地中に噴射し、その破壊力により切削攪拌させながら、ロッドを回転・引上げて、円柱状の改良体を造成する	スラリー状の固化材を攪拌翼の先端ノズルから高圧で地中に噴射し、土粒子と強制攪拌お　よび混合しながら、円柱状の改良体を造成する	スラリー状の固化材を圧縮空気と共に高圧で地盤を切削すると共に、地盤の切削と混合攪拌を行い、円柱状の改良体を造成する	空気を沿わせた超高圧水で地盤を切削すると共に、エアーリフトの原理を用いて切削ズリを排出し、出来た空隙に固化材を填充し、円柱状の改良体を造成する	空気を沿わせた超高圧水を地中の一定距離で衝突させて深さ方向に凹凸の少ない地盤切削をすると共に、切削ズリを排出し、出来た空隙に固化材を填充し、円柱状の改良体を造成する	超高圧水噴流体ならびに超高圧固化材噴流体と空気噴流体を地中に二段階で噴射して、回転引上げることによって、円柱状の改良体を造成する	空気を沿わせた高速固化材噴流により地盤を切削すると共に、円柱状にして、攪拌・混合・固化状の改良体を造成する
適用地盤	砂質土	$N<15$	$N<10$	$N<50$	$N<200$	$N\leqq150$	$N\leqq100$	$N<100$
	粘性土	$C<50kN/m^2$	$N<5$ $C<50kN/m^2$	$N\leqq4$	$N\leqq9$	$N\leqq5$	$N\leqq5$	$N\leqq7$
改良直径 (m) 注：深度30m以内の時		$\phi0.3\sim0.5$	$\phi1.1\sim1.4$	$\phi1.0\sim2.0$	$\phi1.2\sim2.0$	$\phi2.5$	$\phi2.0\sim3.2$	$\phi2.8\sim5.0$
改良強度 (kN/m²)	砂質土	800〜3 000	400〜800	1 000〜3 000	1 000〜3 000	2 000〜3 000	2 000〜3 000	2 000〜3 000
	粘性土	200〜1 000	150〜600	300〜1 000	300〜1 000	1 000	700〜1 000	300〜1 000
切削または切削改良噴流	流体	固化材	固化材	固化材	清水	清水	清水	固化材
	空気	無	無	有	有	有	無	有
改良噴流	流体	—	—	—	固化材	固化材	固化材	—
	空気	—	—	—	無	無	有	—
施工仕様 使用固化材		セメント系	セメント系	セメント系	セメント系	セメント系	セメント系	セメント系
施工方法 ロッド外径		$\phi40.5mm$	$\phi63mm$	$\phi60.5mm$	$\phi90mm$	$\phi90mm$	$\phi90mm$または$142mm$	$\phi90mm$または$142mm$
削孔方法		ロッド削孔	ロッド削孔	ロッド削孔	GH削孔	GH削孔	ロッドまたはGH削孔	GH削孔
プラント面積		50m²	60m²	105m²	150m²	150m²	375m²	200m²
施工面積		—	20m²	100m²	100m²	100m²	100m²	100m²
施工条件 使用水量		—	150ℓ/min	60ℓ/min	200ℓ/min	320ℓ/min	280ℓ/min	300ℓ/min
施工深度		20m	25m	25m	60m	60m	60m	70m

平面図

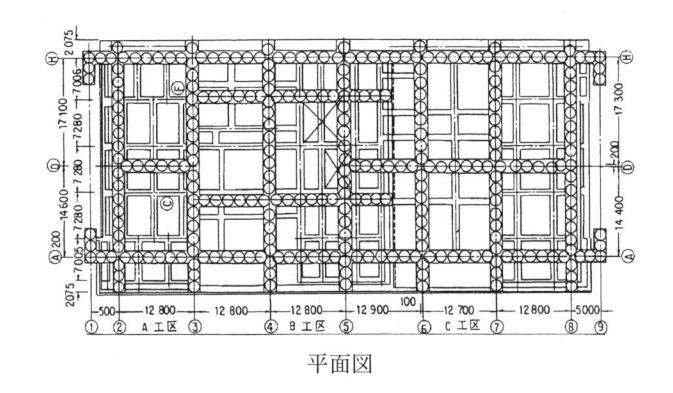

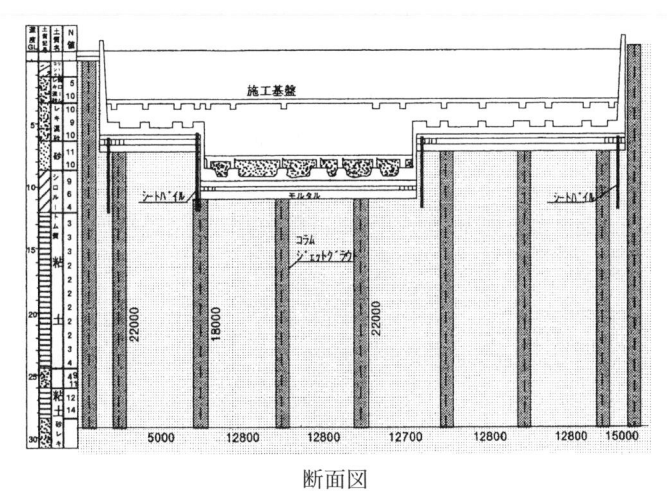

断面図

付図2.1.3 適用例①

目　的　ビル立替に際し，旧ビルの松杭（1 600本）を除去する方法がないことから，底盤と松杭を残し，噴射攪拌工法により $\phi2 000mm$ の杭を底盤下に造成し建物を支持している．

設計条件　改良径＝2.0m，改良強度＝800kN/m²

品質確認　［事前］　試験工事による改良径および改良強度の確認

　　　　　［事後］　コア強度；qu＝1 500～5 000kN/m²

② N銀行改築工事〔付図2.1.4参照〕

目　的　改築および外周保存による建物の重量増加に伴い，その基礎部の地盤支持力の増加を図るため，永久目的の建物基礎地盤改良（人工地盤）を噴射攪拌工法により $\phi2 000mm$ の杭で造成している．

設計条件　改良径＝最小2.0m（平均2.5m），改良強度＝最小800kN/m²（平均2 500kN/m²）

品質確認　［事前］　試験工事による改良径および改良強度の確認

　　　　　　　　　　密着性試験工事による建物との密着性の確認

　　　　　［事後］　掘削に伴うコラム頭部の改良径の確認；$\phi2.5～3.0m$

　　　　　　　　　　コア強度；q_u＝2 000～8 000kN/m²，c＝500～1 000kN/m²

③ Aビル補強工事（付図2.1.5参照）

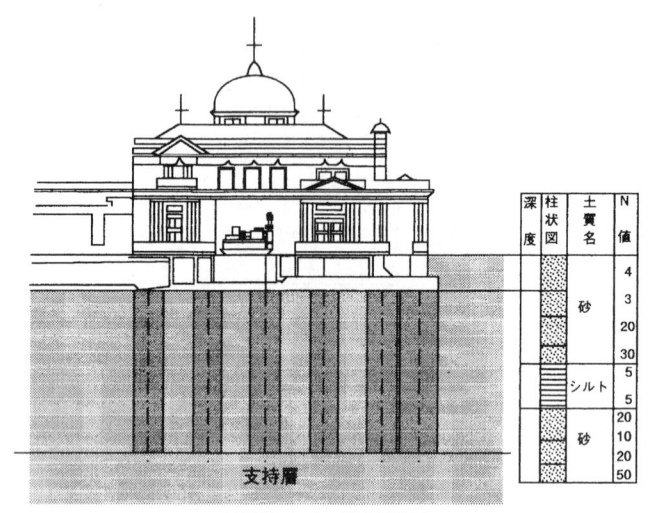

付図2.1.4　適用例②

目　　的　Aビル新築工事に際して敷地の一部に軟弱地盤が現れたため，地盤支持力を増強する地盤改良が計画された．地盤改良には，すでに打設されたベースコンクリートの上から径の大きな改良体が造成でき，高強度が期待できる噴射攪拌工法が採用された．

設計条件　改良径＝2.0m，改良強度＝1 000kN/m²

品質確認　［事後］　コア強度；2 300～13 800kN/m²（平均6 600kN/m²）

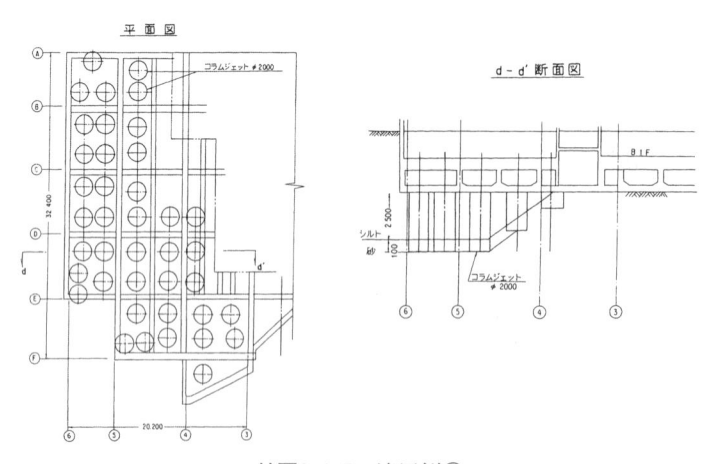

付図2.1.5　適用例③

参考文献

付2.1.1)　日本建築センター：改訂版　建築物のための改良地盤の設計および品質管理指針―セメント系固化材を用いた深層・浅層混合処理工法―，2002.11

付2.1.2)　JJGA 日本ジェットグラウト協会：JET GROUT ジェットグラウト工法技術資料　第12版，2004.9

付2.1.3) JACSMAN 研究会：交差噴流式複合攪拌工法 JACSMAN 技術資料　第5版，2002.7
付2.1.4) Superjet 研究会：Superjet 工法技術資料，2004.8
付2.1.5) CDM 研究会：セメント系深層混合処理工法 CDM 設計と施工マニュアル（設計・施工編），1994.10
付2.1.6) クロスジェット協会：X-jet クロスジェット工法技術資料，2004.9

付2.2　流動化処理工法

2.2.1　工法の概要

　流動化処理工法は，建設発生土に水や泥水を加え泥状化したものに固化材を加えて混練することにより流動化させた安定処理土を建築物の支持地盤に適用する置換工法のひとつであり，以下の特徴を有している[付2.2.1]．

① 要求する強度にもよるが，あらゆる土質の発生土が利用可能である
② 流動性があり締固めが不要である
③ 流動性・強度を任意に設定することが可能である
④ 透水性が低く粘着力が高いことから地下水の浸食を受けにくい
⑤ 粘着力が高いため地震時に液状化しない
⑥ 打設後の体積収縮や圧縮が小さい

　流動化処理工法は，これらの特徴から，これまでに山留め壁と躯体の隙間や共同溝などの狭い空間の埋戻しあるいは路面下の空間の充填など，主として仮設に適用されることが多い地盤改良工法のひとつであった．そのため，建築物の支持地盤など恒久的な用途に適用されることは非常に少なかった．しかし，プラントで製造・管理され，安定した品質が期待できる流動化処理工法をラップルコンクリートの代替工法として建築物の支持地盤に適用する事例が増えている．

2.2.2　設　計　法

　流動化処理工法の設計は，基本的にラップルコンクリートと同様，基礎底面からの応力に対して

付表2.2.1　実　績　一　覧[付2.2.2]に加筆

プラント形式	固定式プラント						現地プラント		
構造・規模	S造 地上6階 地下1階	S造 地上4階 地下1階	RC造 地上10階 地下なし	RC造 地上4階 地下なし	S造 地上7階 地下1階	RC造 地上19階 地下1階	RC造 地上3階 地下なし	RC造 地上4階 地下なし	S造 地上4階 地下なし
対象土	粘性土 砂	粘性土 砂	粘性土 砂	粘性土 砂	粘性土 砂	粘性土 砂	ローム 粘性土	ローム 粘性土	粘性土
設計接地圧 σ (kN/m^2)	660 (損傷)	100	450	100, 110	250	3 000 (終局)	300	215	140
設計基準強度 F_c (kN/m^2)	1 000	300	1 350	330	750	3 000	900	650	420

打設された流動化処理土の設計基準強度を設定する強度設計である．つまり，各限界状態における基礎設計用の接地圧に対して，流動化処理土に要求されている設計基準強度 F_c を設定する．流動化処理土の圧縮強度は，原料となる土と固化材の添加量により自由に設定することができるが，付表2.2.1に示すように，建築物の支持地盤として適用する場合，設計基準強度 F_c で500～1 000kN/m²程度としている例が多い[付2.2.2]．しかし，超高層建築物の支持地盤として流動化処理工法を採用している事例では，設計基準強度 F_c を3 000kN/m²程度としている例もある[付2.2.3], [付2.2.4]．

2.2.3 施工方法

流動化処理工法は，大型固定式プラントにて製造するものと現場にプラントを設置して製造するものに大別されるが，流動化処理土の基本的な製造方法は，以下の手順による（付図2.2.1）．

① 建設発生土の選定・受入れ
② 材料のストック
③ 建設発生土に水または泥水を添加（解泥）し，密度を調整した泥水（調整泥水）を製造
④ 調整泥水を篩に通して不純物を除去し，水槽などに仮置き（貯泥）
⑤ 調整泥水と固化材を混練
⑥ 所定品質確認後，運搬車に積み込み
⑦ 受入れ検査として密度・フロー値・温度・ブリーディング率などを確認後に現場搬入

現場搬入された流動化処理土は，ポンプ車またはシュート等により所定位置に打設する．この手順により，均等な強度発現が得られるだけでなく，ばらつきも制御された安定した品質の材料を施工することができる．

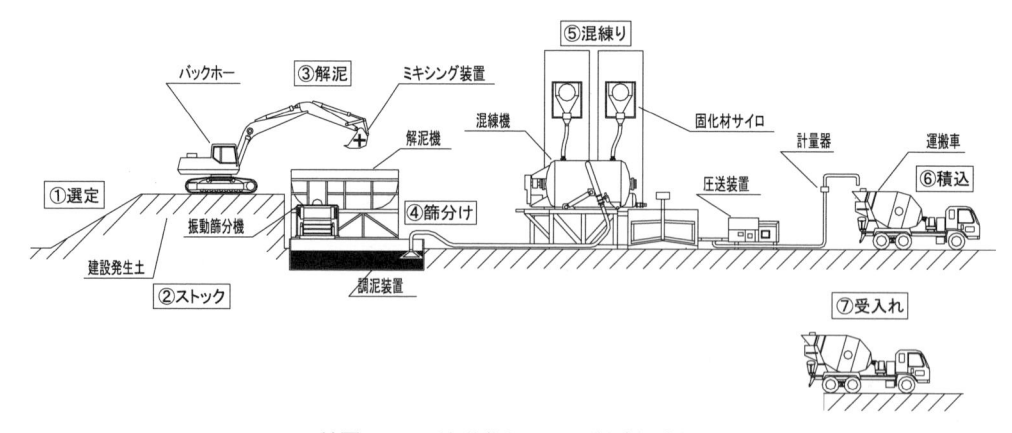

付図2.2.1 流動化処理土の製造概念図

このほか，調整泥水を製造せず建設発生土と水と固化材を同時に混合して流動化処理土を製造する方法，あるいは建設汚泥を原料とする方法もあるが，土質のばらつきなどにより配合が頻繁に変化する場合があり正確な製造管理が難しくなることがある．そのため，これらの方法では，ある程度均等な発生土が供給できる場合を除き，建築物の支持地盤に適用するにはより詳細な材料管理や品質管理が必要となる．

2.2.4 適用事例

流動化処理工法の適用事例を以下に示す．

① R大学研究棟新築工事[付2.2.5],[付2.2.6]（固定式プラント）

建物概要：鉄骨造地上6階・地下1階　研究施設

設計条件：設計接地圧 $\sigma = 660 \text{kN/m}^2$（中地震動時）平均打設高さ＝3.7m〔付図2.2.2〕

　　　　　設計基準強度 $F_c = 1.0 \text{MN/m}^2$　強度の変動係数 $V_{quf} \leqq 20\%$

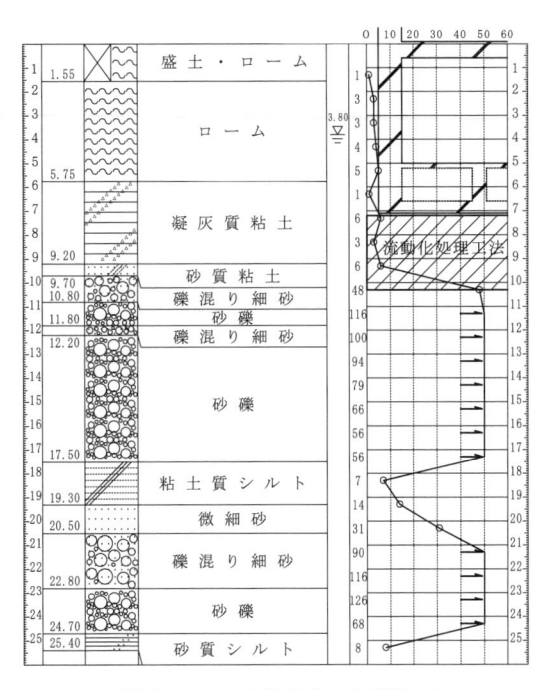

付図2.2.2　地盤構成と打設範囲

品質確認：

品質管理項目と管理値は，建築物の支持地盤としての品質と打設時の施工性，要求されている強度や使用する原料土の土性を考慮して設定する必要があることから，施工前の品質検査として，打設数量150m³に1回の頻度で付表2.2.2に示す品質検査項目と管理値を設定している．

付表2.2.2　流動化処理土の品質検査項目と管理値（施工前）

密度 (g/cm³)	フロー値 (mm)	ブリーディング率 (％)	温度 (℃)
1.50±0.1	160±40	1.0未満	5.0～35.0

また，施工後の品質検査として，打設前に採取した供試体による一軸圧縮強さと強度の変動係数（付図2.2.3）を確認し，打設後の流動化処理土が設計時に設定した要求性能を満足していることを確認している．

そのほか，付図2.2.4に示す位置で流動化処理土の内部温度計測，および打設後の流動化処理土か

ら切り取った供試体(コア供試体)による一軸圧縮試験を実施した．その結果，コア供試体の一軸圧縮強さは，付表2.2.3に示すように，建築物の支持地盤としての要求性能を満足していることを確認している．また，内部温度の上昇による強度への影響や有害なひび割れ等は特に見受けられなかった．

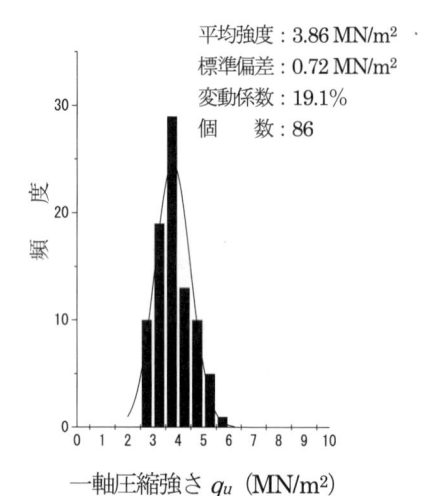

平均強度：3.86 MN/m²
標準偏差：0.72 MN/m²
変動係数：19.1%
個　数：86

付図2.2.3　施工前に採取した供試体の一軸圧縮強さの分布

付表2.2.3　コア供試体による一軸圧縮試験の結果（施工後）
(MN/m²)

Bor. No	地点 (深度)	1	2	3	平均
No.1	上層 G.L-0.25〜-1.33m	4.15	4.73	3.99	4.29
No.1	中層 G.L-1.33〜-2.66m	5.00	3.01	5.32	4.44
No.1	下層 G.L-2.66〜-4.00m	3.86	4.50	5.42	4.59
No.2	上層 G.L-0.15〜-1.20m	5.67	5.43	4.36	5.15
No.2	中層 G.L-1.20〜2.40m	4.66	5.59	5.67	5.31
No.2	下層 G.L-2.40〜3.60m	6.16	6.33	5.71	6.07

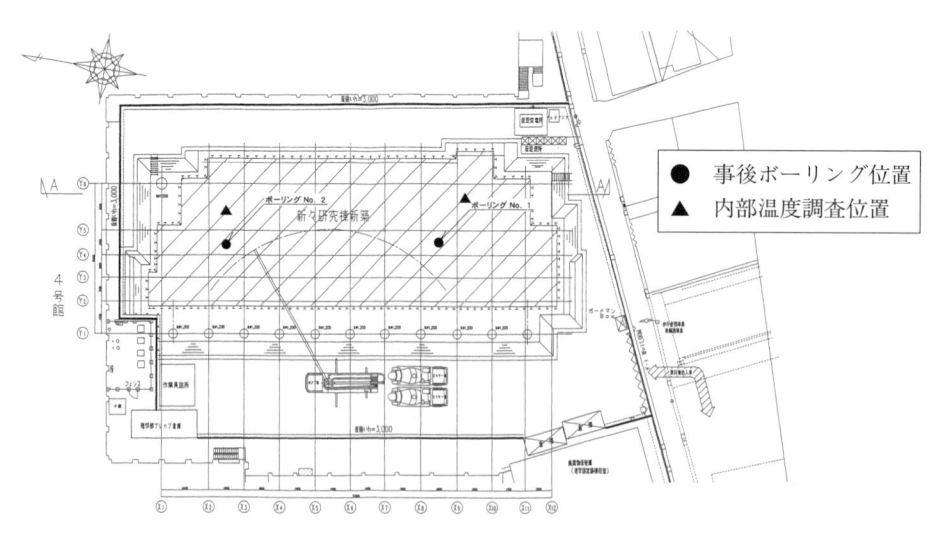

付図2.2.4　事後調査位置

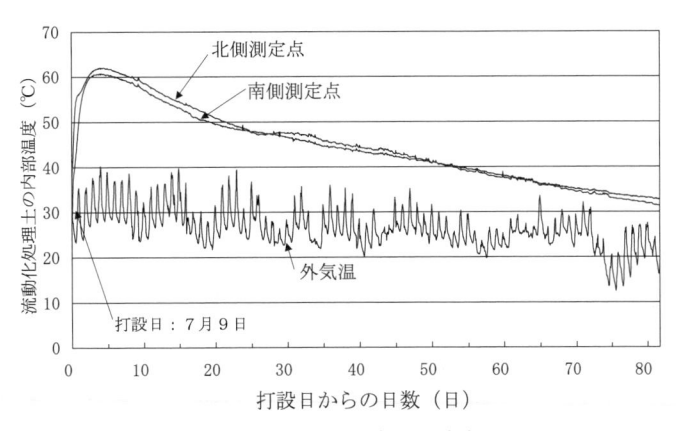

付図2.2.5　内部温度の経時変化

参 考 文 献

付2.2.1)　建設省土木研究所：流動化処理土利用技術マニュアル，1997.12
付2.2.2)　大西智晴・野津光夫・吉富宏紀・藤井　衛・渡辺一弘：建築物の直接基礎としての流動化処理工法の適用と事例報告，㈳日本材料学会，第6回地盤改良シンポジウム論文集，pp.53～58，2004.09
付2.2.3)　秋重博之・木村　匡・大西智晴：流動化処理土を高層住宅の支持地盤とした事例，基礎工，Vol. 32，No. 8，pp.74～77，2004.08
付2.2.4)　大西智晴・友住博明・宮田　章：流動化処理工法により支持された超高層建築物の事例報告，日本建築学会大会学術講演梗概集（北海道），pp.401～402，2004.08
付2.2.5)　藤井　衛・小林利和・山本　実・大西智晴：流動化処理工法を適用した直接基礎の事例（その1）計画の概要，日本建築学会大会学術講演梗概集（北陸），pp.403～404，2002.08
付2.2.6)　藤井　衛・小林利和・山本　実・大西智晴：流動化処理工法を適用した直接基礎の事例（その2）結果報告，日本建築学会大会学術講演梗概集（北陸），pp.405～406，2002.08

付2.3　浅層混合処理工法

2.3.1　工法の概要

　浅層混合処理工法は，セメント系固化材などにより基礎底面直下の地盤を薄層状に改良し，直接基礎の支持地盤に適用する工法である．固化材を粉体で添加する場合の改良深さの目安は，通常2m程度であり，改良対象層がこれ以上深い場合には，撹拌・混合および転圧作業の施工性が極めて悪くなるため，一般に深層混合処理工法が適用される．特殊なアームを有する施工機械を使用し，転圧が不要なスラリー状態で固化材を添加する場合には，10m近い改良が可能な施工法もある．

　文献付2.3.1)では，適用対象を接地圧30～100kN/m²の小規模建物に限定している．従来，独立フーチングや連続フーチングの基礎底面と支持層間に堆積する軟弱地盤の層厚がそれほど厚くない場合には，軟弱層をコンクリートで置換するラップルコンクリート工法が採用されることが多かった．浅層混合処理工法は，その代替工法として適用することが可能であり，掘削土量の削減による環境負荷の低減効果も期待できる．また，べた基礎で接地圧が100kN/m²を超える中規模建物の場合

でも，入念な品質管理を行うことにより適用することが可能である．土間スラブに関しても，ばらつきの大きな盛土などに支持される場合や積載荷重が大きな場合には，局部的な不同沈下を防止する目的で適用されることが多い．

2.3.2 設計法

浅層混合処理工法による地盤改良の設計にあたっては，必要な改良厚さと改良範囲，および改良地盤の設計基準強度を設定し，要求性能を満足すべく改良地盤の支持力，下部地盤の支持力の2項目について検討する．

1) 改良地盤の支持力

改良地盤の支持力については，基礎底面に作用する最大接地圧が改良地盤の支持力を超えないことを確認する．すべり線の発生状況を考慮し，基礎幅に対して十分な広さと深さで地盤改良が実施される場合には，改良地盤の支持力は浅い基礎の支持力公式を適用して求めることができる．すなわち，基礎指針[付2.3.2]に規定される支持力公式の第2項を無視し，第1項の粘着力 c を改良地盤の設計基準強度 F_c の1/2に置き換えて算定する．しかし，敷地境界との関係から基礎幅に対して十分な広さの改良が困難な場合には，改良地盤の設計基準強度を極限支持力度とする．前者の場合には，改良地盤がパンチング破壊しないことを確認する必要がある．

改良地盤の設計基準強度は，一般に信頼性の高い順に下記の3つの方法により設定される．

① 試験施工による抜取りコアの一軸圧縮強さから求める方法

試験施工による改良地盤から採取したコアサンプルの一軸圧縮強さに強度のばらつきを考慮して，次式により算定する．

$$F_c = (1 - m \cdot V) \cdot \bar{q}_{uf} \qquad (付2.3.1)$$

m：$\bar{q}_{uf}$，V を関係付ける定数（当面は，$m = 1.3$ とする）
V：一軸圧縮強さの変動係数（特殊な施工法を除き，$V = 0.45$ とする）
$\bar{q}_{uf}$：抜取りコアの平均一軸圧縮強さ

② 室内配合試験による一軸圧縮強さから求める方法

あらかじめ採取した改良対象土を用いて室内配合試験を実施し，得られた一軸圧縮強さに現場と室内の強度比やばらつきを考慮して次式により算定する．

$$F_c = (1 - m \cdot V) \cdot \bar{q}_{ul} \cdot d_l \qquad (付2.3.2)$$

$\bar{q}_{ul}$：室内における平均一軸圧縮強さ
d_l：現場と室内の一軸圧縮強さの比（$= \bar{q}_{uf} / \bar{q}_{ul}$，付表2.3.2参照）

③ 既存資料より推定した一軸圧縮強さから求める方法

既存資料から推定される室内平均一軸圧縮強さより，室内配合試験による方法と同様にして設計基準強度を算定するが，今後施工実績の蓄積による推定精度の向上が望まれる．

2) 下部地盤の支持力

下部地盤の支持力については，改良地盤を介して下部地盤に作用する最大接地圧が，下部地盤の支持力を超えないことを確認する．付図2.3.1に示すように，1/2勾配による荷重の分散を考慮し

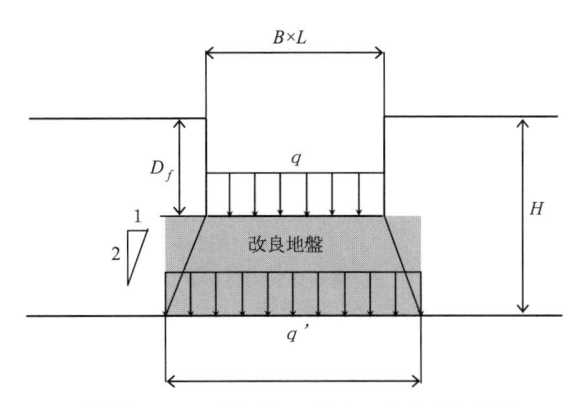

付図2.3.1　下部地盤に対する荷重分散効果

て下部地盤に生ずる応力を(付2.3.3)式により算定し，下部地盤の支持力に対する安全性を確認する．その際，当然ながら同式の第2項に示すように改良地盤の重量を考慮する．基礎幅の小さな独立フーチングや連続フーチングの場合は，荷重の分散効果を期待できるが，載荷面積の大きなべた基礎の場合には，乱されることの多い基礎直下の地盤の強度，剛性の増加および接地圧の平均化による改良効果は得られるが，荷重の分散効果はほとんど期待できない．詳細は，基礎指針[付2.3.2]に解説されている層状地盤の鉛直支持力を参照されたい．

$$q' = \frac{q \cdot B \cdot L}{(B+H-D_f) \cdot (L+H-D_f)} + \gamma \cdot (H-D_f) \qquad (付2.3.3)$$

　γ：改良地盤の単位体積重量

2.3.3　施 工 法

1）施工法の種類

　浅層混合処理工法による施工法を一覧して付表2.3.1に示す．固化材は粉体で混合するのが一般的であるが，専用混合プラントによりスラリー状態にして混合する方法もあり，後者の場合は転圧が不要となる．混合場所については，直接改良地盤上で行なう原位置混合方式と，あらかじめ改良対象土あるいは客土と固化材とを所定の配合で混合する事前混合方式がある．原位置混合方式（粉体）では，バックホウによる攪拌・混合が一般的であるが，改良面積が広い場合には専用のスタビライザ機の使用が，施工能率および施工品質の両面で優れている．事前混合方式には，鉄板上などで行う簡易な方法と混合状況の良い改良土を供給可能な専用の混合プラントを用いた方法がある．改良対象地盤の種類にもよるが，スタビライザ機や専用の混合プラントを使用した事前混合方式の場合には，バックホウを用いた簡易な原位置混合方式に比べて，改良地盤の設計基準強度を設定する際に仮定するバラツキの程度を低めに評価することも可能である[付2.3.3],[付2.3.4]．また，室内配合試験における現場と室内の強度比についても，固化材の添加方式や施工機械の影響を受け，その一例を付表2.3.2に示す[付2.3.5]．

2）施工手順

　バックホウあるいはスタビライザ機を使用した原位置混合方式による施工手順は，以下のとおり

付表2.3.1 施工法による固化材の攪拌・混合方法

固化材の添加方式	混合場所	施工(混合)機械	攪拌・混合方法
粉体	原位置混合	バックホウ	所定量の固化材を敷均し，バックホウにより攪拌・混合する．
		スタビライザ	所定量の固化材を敷均し，各種のスタビライザ機により攪拌・混合する．
	事前混合	バックホウ(鉄板上)	客土あるいは改良対象土と所定量の固化材を鉄板上などで攪拌・混合した後，敷均して転圧する．
		専用混合プラント	客土あるいは改良対象土と所定量の固化材を専用混合プラントで攪拌・混合した後，敷均して転圧する．
スラリー	原位置混合	専用攪拌・混合機械	チェーン状のアーム先端からスラリー状態の固化材を噴出可能な専用機により，改良対象土と攪拌・混合する．
	事前混合	専用混合プラント	客土あるいは改良対象土とスラリー状態の固化材を専用プラントで混合し，所定の位置に打設する．

付表2.3.2 現場と室内の強度比の一例[付2.3.5]

固化材の添加方式	改良の対象	施工機械	(現場/室内)強度比
粉体	軟弱土	スタビライザ	0.5～0.8
		バックホウ	0.3～0.7
	ヘドロ 高含水有機質土	クラムシェル・バックホウ	0.2～0.5
スラリー	軟弱土	スタビライザ	0.5～0.8
		バックホウ	0.4～0.7
	ヘドロ 高含水有機質土	処理船	0.5～0.8
		泥上作業車	0.3～0.7
		クラムシェル・バックホウ	0.3～0.6

である．

① 固化材の散布：施工の障害となる瓦礫などを除去した後，所定量の固化材を改良対象土上に散布し均一に敷き均す．フレキシブルコンテナバックから直接散布する場合は，1袋分に相当する改良土量を算定して区画割りしておく．

② 混合・攪拌：1回の施工による改良深さは，対象地盤および後工程である転圧の効果を考慮して決定するが，一般的には30～50cm程度にとどめておくことが望ましい．また，改良効果は固化材の混合状況に大きく影響されるため，対象土の土性および施工機械の能力を考慮して，適正な混合・攪拌時間を設定する．基本的には，粘性土は砂質土に比べて入念な混合・攪拌が必要となる．

③ 転圧：改良地盤の転圧は，密度増大および化学的な固結作用の促進を図るための極めて重要な

工程である．混合・攪拌直後には，過剰転圧にならない程度の施工機械の自走による転圧を行い，1～3日経過後にタンパーやローラーによる本転圧を行う．
④ 養生：転圧完了後は，必要に応じて一定の強度が発現されるまで養生を行う．養生にあたっては，急激な乾燥の防止や重量車両の通行禁止に注意する．

2.3.4 品質管理

品質管理試験は，改良地盤に要求される性能あるいは要求性能を満足すべく設定した設計値を施工後に確認する目的で実施される．品質管理試験により得られる地盤情報と特徴を一覧して付表

付表2.3.3 品質管理試験により得られる地盤情報および特徴

品質管理試験	得られる地盤情報	特　徴
平板載荷試験	支持力 変形係数	・直接支持性能を確認することができ，原位置試験で試験誤差が入りにくい． ・試験時間，試験コストがかかり，ばらつきの影響評価が困難．
一軸圧縮試験	一軸圧縮強さ 変形係数	・設計値である一軸圧縮強さを確認でき，ばらつきの影響評価が可能． ・試料採取時や成形時の乱れによる試験誤差が入りやすい．
スウェーデン式サウンディング試験	貫入抵抗（N_{sw}値）	・多数の試験実施ができ，ばらつきの影響評価が可能． ・換算による支持力の推定は可能であるが，直接設計値を確認できない．
動的コーン貫入試験	貫入抵抗（N_d値）	・多数の試験実施ができ，ばらつきの影響評価が可能． ・換算による支持力の推定は可能であるが，直接設計値を確認できない．
衝撃加速度試験	衝撃加速度I （一軸圧縮強さ[※1]）	・多数の試験実施ができ，ばらつきの影響評価が可能． ・換算による一軸圧縮強さの推定は可能であるが，直接設計値を確認できない．
シュミットハンマー試験	反発度R （一軸圧縮強さ[※2]）	・多数の試験実施ができ，ばらつきの影響評価が可能． ・換算による一軸圧縮強さの推定は可能であるが，直接設計値を確認できない．
急速平板載荷試験	変形係数 支持力	・試験が簡便で多数の試験実施ができ，ばらつきの影響評価が可能． ・約100kN/m²までの支持力を確認することができる．
せん断波速度試験	せん断波速度 （一軸圧縮強さ[※3]）	・試験が簡便で多数の試験実施ができ，ばらつきの影響評価が可能． ・換算による一軸圧縮強さの推定は可能であるが，直接設計値を確認できない．

［注］※1：あらかじめ地盤ごとに衝撃加速度Iと一軸圧縮強度の関係を設定しておき，換算により一軸圧縮強さを推定する．
　　※2：あらかじめ地盤ごとに反発度Rと一軸圧縮強度の関係を設定しておき，換算により一軸圧縮強さを推定する．
　　※3：あらかじめ設定した改良土の一軸圧縮強さとせん断波速度V_sの関係から，設計基準強度に対応するV_s値と比較することにより判定する．

2.3.3に示す．浅層混合処理工法における品質管理試験としては，一般に直接支持性能を確認できる平板載荷試験および設計基準強度を確認可能な一軸圧縮試験が実施されることが多いが，試験数を多くしてばらつきの程度を表す変動係数を確認できる試験法も提案されている[付2.3.4), 付2.3.6)]．特に変動係数を低めに抑えて設計基準強度を設定した場合には，設計基準強度だけでなくばらつきの程度も確認することが望ましい．

2.3.5 適用事例

浅層混合処理工法の適用2事例を以下に示す．

1）原位置混合方式の事例[付2.3.3)]

目　　的：沈下障害が発生した既存施設に隣接する体育館内部のアリーナ部基礎直下の盛土層を浅層混合処理工法により改良し，下部層に確実に荷重を伝達して不同沈下を防止する．

設計条件：設計基準強度 $F_c=143\mathrm{kN/m^2}$，室内配合強度 $q_{ul}=220\mathrm{kN/m^2}$，現場と室内の一軸圧縮強

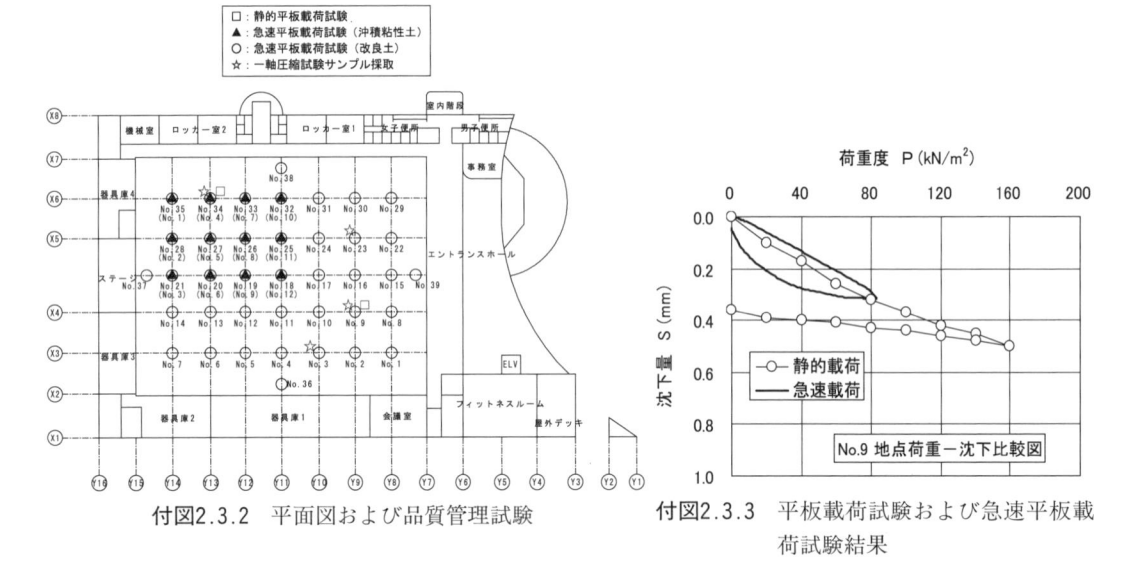

付図2.3.2　平面図および品質管理試験

付図2.3.3　平板載荷試験および急速平板載荷試験結果

付写真2.3.1　スタビライザ機による施工状況

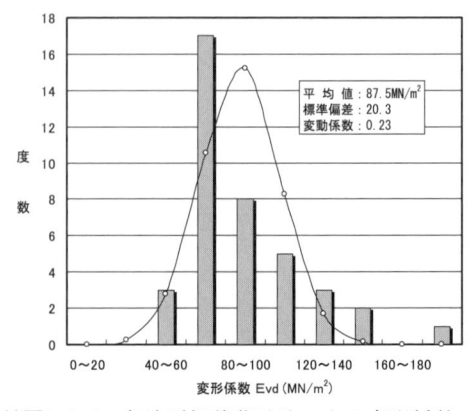

付図2.3.4　急速平板載荷試験による変形係数の度数分布

さの比 $d_l=0.65$, 変動係数 $V=0.45$, 改良厚さ 基礎底面直下 1 m

施工方法：スタビライザ機を使用した原位置混合方式

品質管理：平板載荷試験, 一軸圧縮試験, 急速平板載荷試験

2）事前混合方式の事例[付2.3.4]

目 的：機械式駐車場ピット基礎直下に堆積する N 値の小さな盛土層を浅層混合処理工法により改良し，下部層に確実に荷重を伝達して不同沈下を防止する．

設計条件：設計基準強度 $F_c=170kN/m^2$, 室内配合強度 $q_{ul}=340kN/m^2$, 現場と室内の一軸圧縮強さの比 $d_l=0.5$, 変動係数 $V=0.45$, 改良範囲 基礎底面直下 1 m

施工方法：自走式専用混合プラントを使用した事前混合方式

品質管理：平板載荷試験, 一軸圧縮試験, 急速平板載荷試験

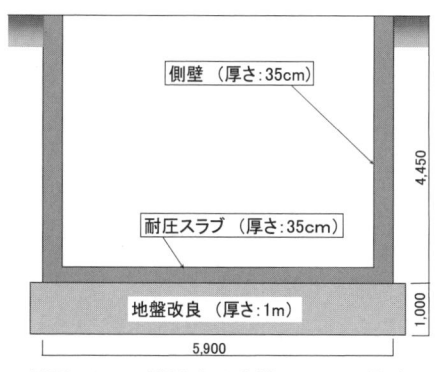

付図2.3.5 機械式駐車場ピットの構造

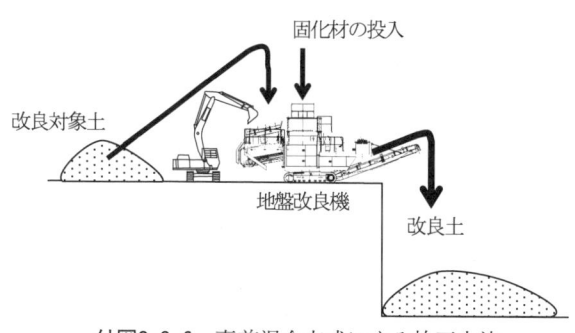

付図2.3.6 事前混合方式による施工方法

付写真2.3.2 自走式専用混合プラント

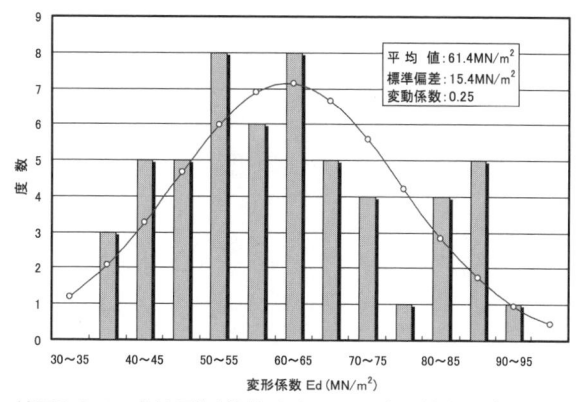

付図2.3.7 急速平板載荷試験による変形係数の度数分布

参 考 文 献

付2.3.1) 日本建築センター：改訂版 建築物のための改良地盤の設計及び品質管理指針，2001

付2.3.2) 日本建築学会：建築基礎構造設計指針，2001

付2.3.3) 伊勢本昇昭・保井美敏・金子 治：スタビライザー方式による浅層地盤改良工事，第38回地盤工学研究発表会，2003

付2.3.4) 伊勢本昇昭・保井美敏・金子 治：機械式事前攪拌工法による表層改良工事，第37回地盤工学

　　　　　　研究発表会，2003
付2.3.5)　社団法人セメント協会：セメント系固化材による地盤改良マニュアル〔第二版〕，1997
付2.3.6)　杉本裕志・浅香美治・桂　豊・阿部　透：せん断波速度に基づくセメント改良地盤の品質管理方法とその適用例，日本建築学会大会学術講演梗概集（東海），2003

第II編　締固め工法編

第1章　総　　論

1.1節　本編の方針

1. 本編は，建築物を対象とした締固め地盤改良工法の設計法と施工管理・品質管理方法に加え，改良地盤で支持される直接基礎および杭基礎の設計に対する考え方を示すものである．
2. 液状化対策の設計，直接基礎および杭基礎の設計は限界状態設計法に沿った考え方を採用する．
3. 地盤改良や基礎の設計に用いる土質定数や液状化抵抗，支持力，沈下量，水平抵抗力，引抜き抵抗力などの計算式は，過去の実績，地震被災事例，現状の技術レベル，および，実施する地盤調査の数量や検討の程度に応じて，簡便法，推奨法，詳細法の三種類より選択できるものとする．
4. 液状化対策の設計では，締固め改良地盤を締固め杭と杭間地盤で構成される複合地盤として液状化抵抗を評価する手法を推奨する．
5. 直接基礎の設計では，締固め効果と締固め杭の存在を考慮した複合地盤として鉛直支持力と沈下量を評価する手法を推奨する．
6. 杭基礎の設計では，締固め効果による N 値の増加や変形係数の増加を考慮して杭の鉛直支持性能，水平抵抗力，引抜き抵抗力を評価する手法を推奨する．

1. 目　　的

　締固め地盤改良工法は，当初，直接基礎の支持力対策として開発されたが，新潟地震の際に締固め工法を採用した構造物が液状化の被害を免れて以来，液状化対策として急速な普及を遂げ，設計法も整備されてきた[1.1.1]．建築分野でも主に杭基礎建築物を対象とした液状化防止対策として実績を伸ばし，兵庫県南部地震においても改良効果が確認されたことから地盤改良が補助的なものから基礎工法の一つとして位置付けされたと思われる．ただし，液状化対策としての実績を伸ばしつつも，直接基礎の支持力対策としての実績は土木構造物に比べると極めて少ない．また，固化系地盤改良工法と異なって建築物を対象とした地盤改良の設計から基礎設計までをまとめた技術資料が整備されているわけではなく，基礎指針[1.1.2]においても締固め工法の設計法については言及されていない．そのため，構造設計者がその都度，過去の事例を紐解きながら独自の判断で設計するか，地盤改良専門業者に設計から施工までを一括委託しているのが現状である．一方，既往の設計法[1.1.1]についても，土質データのばらつきの評価方法や複合地盤としての力学特性の評価方法など，解決すべき技術的課題も残されていた．そのため，1998年に基礎構造運営委員会の下部組織として設けられた地盤改良小委員会・締固め工法WGでは上記技術課題に関する調査研究を鋭意行ってきた[1.1.3]．

　本編では，一般の建築構造設計者が利用することを念頭に，図1.1.1に示す液状化防止を目的とした地盤改良の設計から基礎の設計までの一連の考え方をまとめ，かつ，前述の技術課題に関する最新のデータや技術的知見を取り入れ，建築物の基礎地盤としての設計指針，標準的な施工管理と品質管理の方法，および設計例を示した．

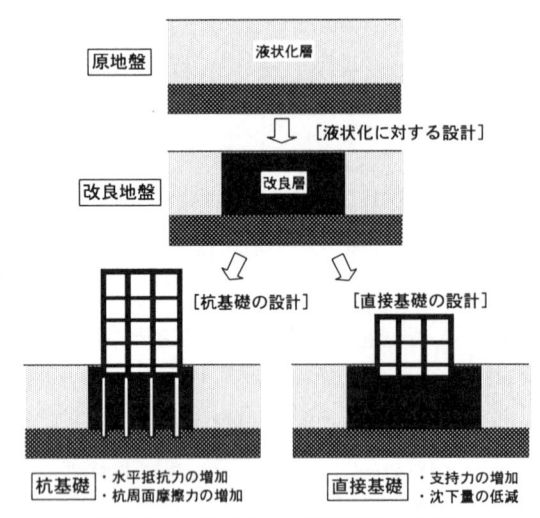

図1.1.1　地盤改良と建築基礎の設計

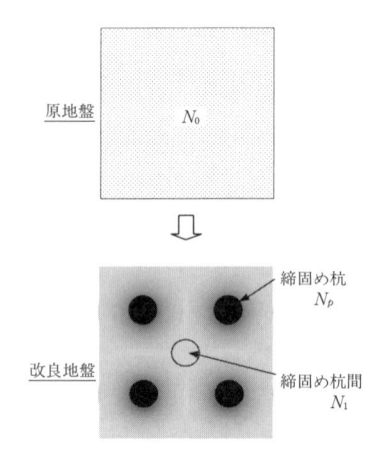

図1.1.2　改良地盤の N 値の計測位置

2．設計の考え方

　液状化対策の設計，直接基礎および杭基礎の設計では，基礎指針に準拠し，限界状態設計法に沿った考え方を取り入れている．特に，液状化対策の設計については，改良地盤のばらつきの要因を分析し，その評価方法とばらつきを考慮した新たな設計法を示している．限界状態設計法の本来の考え方では，荷重と耐力の変動性を考慮し，応答値と限界値に別々の安全係数（荷重係数，耐力係数）を乗じて設計用の応答値と限界値を求め，それらの大小関係を比較して要求性能あるいは安全性を確認する必要がある．しかしながら，現状では信頼性に基づいて耐力係数を合理的に決定できるデータ数を確保できているとは言い難い．そこで当面，考え方のみ限界状態設計法の枠組みに従うことにした．具体的には，液状化対策の設計では改良地盤における地盤調査結果や過去の被災事例より複数の評価項目に対して十分安全とみなせる範囲で限界値を直接設定し，直接基礎および杭基礎の設計では従来の許容応力度設計法を逸脱しない範囲で安全係数を設定した．

3．選 択 事 項

　本編には，地盤改良効果の評価方法として最新の研究成果や知見が盛り込まれているものの，研究途上である項目や実績が十分とは言えない項目も含まれている．また，実施する地盤調査の数量や内容あるいは検討手法により改良地盤や基礎の性能に対する信頼の程度は異なると考えられる．これらの点を考慮して，本編では，設計に用いる土質定数，計算式および品質管理の手法を一律に規定するのではなく，従来通りの調査・検討を採用する標準的な手法（簡便法）以外に，最新の知見を盛り込み積極的な採用を推奨している手法（推奨法），および，今後のデータ蓄積や研究成果の蓄積を前提に現状では提案に留めている手法（詳細法）の3種類から，地盤条件，建物条件，設計条件など各種条件に応じて選択できるものとした．

　①簡便法：必要最小限の地盤調査と品質管理でも要求性能を確保できると見なせる土質定数の設定方法，および液状化抵抗，基礎の支持力などの算定方法．比較的簡便な調査や検討で性能を確認できる反面，既往の設計法を逸脱せず，かつ，最も安全余裕度を持たせた手法であるため，

過剰設計になりやすい．

②推奨法：本編で推奨する土質定数の設定方法，および液状化抵抗，基礎の支持力などの算定方法．過去の実測例や地震被災事例，最新の知見から判断して，適切な地盤調査と品質管理を行うことにより要求性能を確保できると考えられる手法．

③詳細法：②に加え，地盤改良後の詳細な地盤調査や高度な解析を条件に，設計者の判断で採用できる地盤定数の設定方法，および，液状化抵抗，基礎の支持力などの算定方法．現状では十分なデータが揃っていないため，性能を確認するのための調査・検討に多くの労力を必要とするが，前提条件を満たした詳細法を採用することによって合理的な地盤改良と基礎の設計が可能．

4．液状化対策の設計方針

液状化対策の設計では，液状化抵抗の評価手法として締固め杭間地盤の締固め効果のみを考慮する従来からの手法を簡便法，改良地盤を締固め杭と杭間地盤で構成される複合地盤として評価する手法を推奨法，N値や細粒分含有率F_cのばらつきを考慮して設計する方法を詳細法としている．

(1) 締固め改良地盤の液状化抵抗の評価方法

従来の設計では，改良地盤の液状化抵抗を締固め杭から最も離れた点におけるN値（N_1）のみで評価していた（図1.1.2参照）．しかし，既往の実測データや地震被害事例の分析結果より，改良地盤がかなりの過負荷についても抵抗できる「ねばり」を有していること[1.1.4)]や，従来の設計法では改良地盤の液状化抵抗を過小評価していたこと[1.1.5)]などが指摘され，改良地盤を締固め杭と杭間地盤で構成される複合地盤として評価する考え方が提唱されている[1.1.6)]．

本編では，これらの研究成果に基づいて，従来の設計で用いられてきたN_1より求めた液状化抵抗比に，割増係数Cを乗じて改良地盤全体の液状化抵抗比を評価する考え方を推奨法とする．

一方，液状化判定については，損傷限界状態では原則として全点$F_l>1.0$を設計条件とするのに対し，終局限界状態では改良地盤の要求性能と地盤全体の液状化程度を考慮して，液状化時の地表面動的変位D_{cy}と液状化指数P_l値[1.1.7)]による総合評価を推奨法として盛り込んだ．

(2) 地盤データのばらつきの考慮

液状化抵抗比の計算では，計算条件となるN値や細粒分含有率F_cなどのばらつきの評価方法が重要となる．本編では，地盤改良前後における多数の実測データに基づき，人為的要因によるばらつきを極力抑える地盤調査方法と地盤自体の不均一性を考慮したばらつきの評価方法を推奨法・詳細法として示した．具体的には，自動落下装置を用いた標準貫入試験，N値と同数の粒度試験の実施，エリア分けによる地盤特性の評価を推奨法，これらに加えて，最小・最大密度試験や液状化試験の実施，F_l値に関する不合格率を考慮した設計を詳細法とした．

5．直接基礎に対する設計方針

直接基礎の設計では，鉛直支持力と沈下量を締固め効果と締固め杭の存在を考慮した複合地盤として評価する方法を推奨法とする．さらに，地盤改良後に締固め杭間・杭心で標準貫入試験あるいは平板載荷試験を実施し，その結果に基づき改良地盤の支持力や変形性能を評価する方法を詳細法とする．ただし，事前・事後に十分な地盤調査を行えない場合の対応策として，締固め杭の存在を

考慮せずに鉛直支持力と沈下量を評価する方法を簡便法として残している．

(1) 改良地盤の鉛直支持力

本編では，改良地盤を複合地盤として扱い，締固め杭心と杭間のそれぞれの N 値より推定した内部摩擦角 ϕ を用いて支持力を算定し，改良率に応じて各支持力を面積平均することにより複合地盤の支持力を求める方法を推奨法とする．

(2) 沈下量の計算方法

独立基礎や一部の布基礎などの接地面積が小さく，基礎の沈下の影響範囲が改良層に留まるような基礎形式の場合には，改良地盤で実施した大型平板載荷試験結果や模型土槽による室内実験に基づいて設定された双曲線近似式を用いて沈下量を計算する方法を推奨する．これに対して，沈下の影響範囲が改良層下部の非改良層にまで及ぶ接地面積の大きなべた基礎あるいは基礎間隔の狭い布基礎や独立基礎については，改良層と非改良層より構成された多層地盤として沈下量を評価する必要があることから，原則として，Steinbrenner の近似解などの弾性解を用いる．この際，改良層の変形係数を締固め杭と杭間地盤で構成された複合地盤として評価する方法を推奨する．

(3) 改良範囲の考え方

直接基礎に対して改良範囲を設定する際には，建物外周部に改良深さの $1/2$ から $2/3$ 程度の改良範囲を確保することが望ましいと考えられることから，$2/3 \sim 1$ 倍を簡便法，$1/2 \sim 2/3$ 倍を推奨法とする．一方で，兵庫県南部地震では $1/3$ から $1/4$ の改良範囲でも無被害であった事例[1.1.8]もあり，敷地条件等によりやむを得ず上記の改良範囲を確保できない場合には，特殊な対策や詳細な検討，例えば，有効応力解析やすべり計算を行なって安全性を確認することを条件に詳細法とする．

6．杭基礎に対する設計方針

杭基礎の設計では，地盤改良による N 値や変形係数の増加を考慮して鉛直支持性能や水平抵抗力を評価する手法を推奨法とする．具体的には，鉛直支持力や引抜き抵抗の算定では杭周面摩擦抵抗の増加を，水平力を受ける杭の応力や変形量の算定では水平地盤反力係数の増加を考慮する．さらに，地盤改良後に特殊な地盤調査や杭の載荷試験を実施し，その結果に基づき杭の支持力や変形性能を評価する方法を詳細法とする．ただし，事前・事後に十分な地盤調査を行えない場合の対応策として，地盤改良効果を見込まずに杭の性能を評価する従来の方法を簡便法として残している．

(1) 杭の鉛直支持力，引抜き抵抗力，水平抵抗力

杭の鉛直支持力や引抜き抵抗力の算定に用いる周面摩擦抵抗に関しては締固め杭間 N 値の採用を推奨法，水平抵抗力の算定に用いる水平地盤反力係数に関しては既往の実測データが少ない点を考慮し，信頼性の高い順に以下の優先順位で求めた水平地盤反力係数の採用を詳細法・推奨法とする．

①詳細法：地盤改良後の杭の水平載荷試験

②詳細法：地盤改良後のボーリング孔内水平載荷試験

③推奨法：$E_0 = 700 \cdot N_1$（N_1 は地盤改良後の締固め杭間 N 値）

通常の建築物では，時間的な制約や経済的な都合から，改良目標 N 値と方法③を用いて地盤反力

係数を計算し杭の設計を行なうことが多くなると予想される．その場合には，改良後に締固め杭間 N 値を測定し，これが設計時に設定した改良目標 N 値を上回っていることを確認する必要がある．

(2) 改良範囲の考え方

建物外周部の改良範囲に関しては，条件に応じ，以下に示す3種類の方法から選択する．

① 簡便法：改良深さの1/2に相当する範囲を改良する．

② 推奨法：建物外周部にグラベルコンパクションパイルや地中壁を配置することを条件に，改良範囲を改良深さの1/2以下とする．

③ 詳細法：数値解析や模型実験などによって上部構造物の安定性や杭基礎の安全性を確認することを条件に，改良範囲を改良深さの1/2以下とする．

参考文献

1.1.1) 地盤工学会：液状化対策工法，地盤工学・実務シリーズ18，2004.9
1.1.2) 日本建築学会：建築基礎構造設計指針，2001.10
1.1.3) 日本建築学会：建築基礎の設計施工に関する研究資料10，建築基礎のための地盤改良設計指針作成にあたって，2003.11
1.1.4) 吉見吉昭：「ねばり強さ」に関する液状化対策の評価基準，土と基礎，Vol.38, No.6, pp.33～38, 1990.6
1.1.5) 安田 進：大地震による液状化と N 値，基礎工，Vol.31, No.2, pp.50～53, 2003.2
1.1.6) 原田健二・石田英毅：大地震における建築構造物の締固めによる直接基礎改良地盤の評価に関する実証的研究，建築基礎の設計施工に関する研究資料5，実務にみる地盤改良工法の技術的諸問題，日本建築学会構造委員会，1999.10
1.1.7) 岩崎敏男・龍岡文夫・常田賢一・安田 進：地震時地盤液状化の程度と予測について，土と基礎，No.1164, pp.23～29, 1980.4
1.1.8) 阪口 理：浜甲子園団地の液状化防止工法，土と基礎，Vol.45, No.3, 1997.3

1.2節 適 用 範 囲

> 1．適用対象とする地盤改良工法は，建築物基礎への適用実績と設計法が比較的整備されている点を考慮して，以下4工法とする．
> ・サンドコンパクションパイル工法
> ・バイブロフローテーション工法
> ・ディープ・バイブロ工法
> ・静的締固め砂杭工法
>
> 2．対象とする地盤は砂質土系の地盤とし，原則として，液状化対策を目的とした地盤改良を行った後に直接基礎形式あるいは杭基礎形式の建物を建設する場合に適用する．

1．適用対象とする地盤改良工法

締固め地盤改良工法は，図1.2.1に示すように，振動あるいは静的エネルギーを利用して，砂，砂利，砕石，スラグなどの補給材を地盤中に充填する工法（地中振動・充填工法）と地表面に直接振

動あるいは衝撃エネルギーを与える工法（地表面振動・衝撃工法）に大別される．

地中振動・充填工法は振動締固め工法，静的締固め工法に細分され，地表面振動・衝撃工法は表層締固め工法と衝撃締固め工法に細分される．本編では，これらの地盤改良工法のうち，建築基礎への適用実績と設計法が整備されている点を考慮して4工法を適用対象とした．ロッドコンパクション工法は簡便な締固め工法として適用実績は比較的多いが，ロッド形状や施工法が多種多様であり，すべての工法を網羅できる設計法が整備されていないため対象外とした．また，砂や礫と生石灰などの混合材料を地中に充填し，圧入エネルギーと生石灰の水和反応による膨張エネルギーを併用して締固め効果を高める圧入膨張工法も開発されているが，特殊工法であるため対象外とした．ただし，適用対象とした4工法以外でも，本編と同一の考え方で設計することが可能であり，かつ，改良効果が実証されている工法については適用を妨げるものではない．

一方，表層締固め工法は表層部に薄い砂層が存在する場合や地中振動・衝撃充填工法の補助工法として使用実績は多いが，改良目標N値を得るための改良仕様を事前に決定することが難しいため対象外とした．衝撃締固め工法は広大な埋立て地盤の改良工法として適用実績はあるが，落下エネルギーや地盤特性により改良効果が大きく異なり，事前の設計が難しいことから対象外とした．

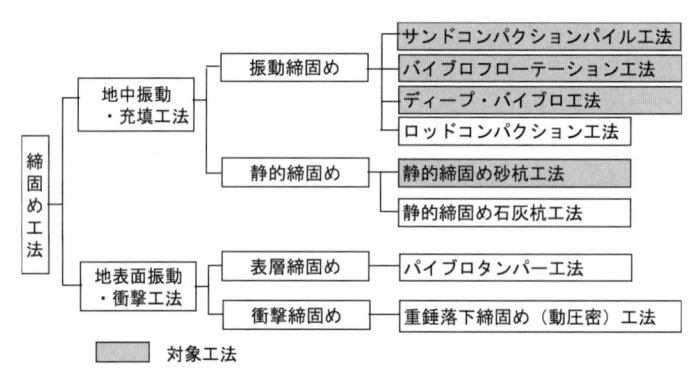

図1.2.1 締固め地盤改良工法の分類と適用対象とする改良工法

(1) サンドコンパクションパイル（SCP）工法[1.2.1]（図1.2.2参照）

本工法は，鉛直振動を利用して地盤内に締まった砂杭を造成し，周辺の地盤を締め固めて安定化を図る地盤改良工法である．バイブロハンマーでケーシングパイプを打ち込み，このパイプを通し

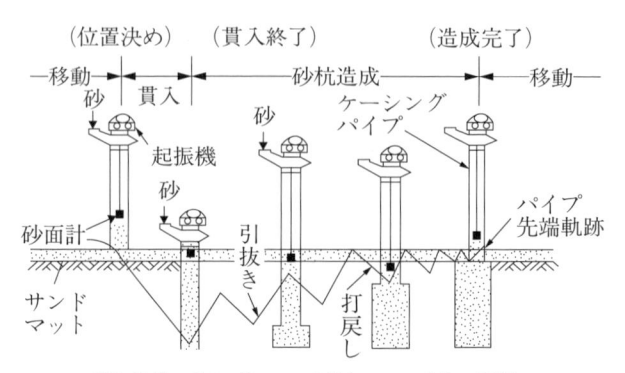

図1.2.2 サンドコンパクションパイル工法

て先端より砂を供給しつつ，パイプの引抜き打戻しを繰り返すことによって砂杭の径を拡大することで周辺地盤を締固める．良質な砂が入手困難な場合や改良杭自体に大きな強度を期待したいときは，砂の代わりに砂利や礫を使うこともある．一般的には $\phi 400 \sim 500mm$ のケーシングパイプを用いて直径700mm程度の砂杭を造成する．

(2) バイブロフローテーション工法[1,2,1]（図1.2.3参照）

本工法は，水平振動と水締めを効果的に利用して，緩い砂地盤を締め固める地盤改良工法である．対象とする砂地盤の所定深度まで，偏心錘を内蔵した棒状振動体（バイブロフロット）を偏心荷重の回転から生ずる水平振動と先端からの射水（ウォータージェット）によって貫入させる．次にこの棒状振動体を引き抜きながら補強材（砕石・砂利・鉱さいなど）を投入し，フロットの水平振動と上下運動によって地盤を締固める．

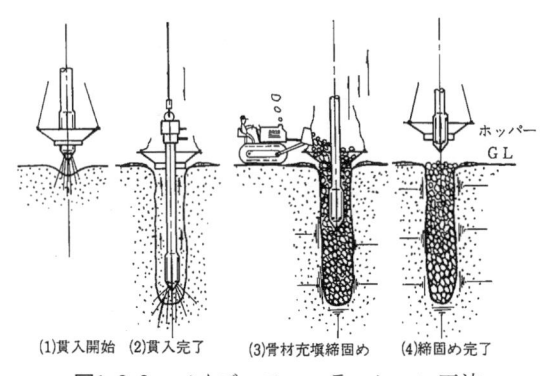

図1.2.3　バイブロフローテーション工法

(3) ディープ・バイブロ工法[1,2,1]（図1.2.4参照）

本工法は，砂・礫などの中詰め材をバイブロフロットの外側から供給しながら，地中深くまでバイブロフロットを油圧モーターによって水平振動させ，周辺地盤や中詰め材を締固めることにより地盤の支持力の増加，沈下の低減，緩い砂質系地盤の液状化抵抗の増加を図るものである．バイブロフロットが高周波，大出力であること，ロッドとバイブロフロットが緩衝器を介して接続されていることから，比較的低振動・低騒音で施工できることが特徴である．

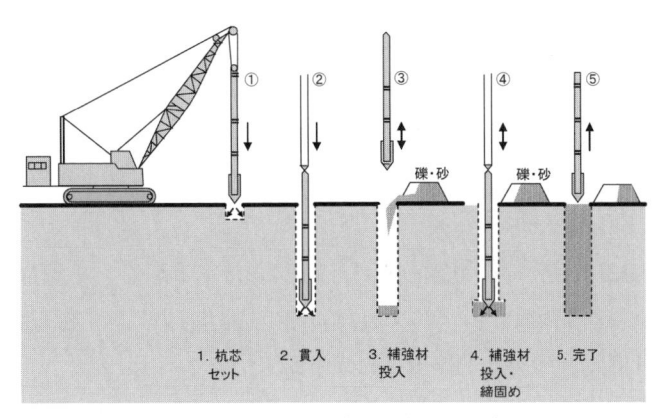

図1.2.4　ディープ・バイブロ工法

(4) 静的締固め砂杭工法[1.2.1]（図1.2.5参照）

　振動機を用いて締固めるSCP工法では，市街地等における騒音・振動が問題となるため，最近になって多く採用されるようになってきた工法である．改良原理は，基本的にSCP工法と同様である．本工法は強制昇降装置を用いてケーシングの貫入と引抜きを繰り返すことにより，振動エネルギーに頼らずに砂杭を造成するものである．ケーシングには，単管式と二重管式とがある．

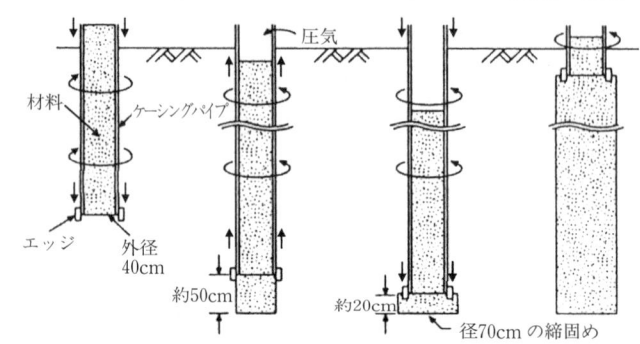

図1.2.5　静的締固め砂杭工法

2. 適 用 地 盤

　本編で対象とする地盤は砂質土系地盤とし，原則として，液状化対策を目的とした地盤改良を行った地盤に直接基礎形式あるいは杭基礎形式の建築物を建設する場合に適用する．併用基礎の設計法については記述していないが，直接基礎と杭基礎の設計で使用している改良地盤の諸定数を利用して設計することができる．一方，礫質土，粘性土，廃棄物などに対しても締固め効果を期待できないわけではないが，建物基礎用の地盤改良としての設計法が必ずしも整備されているわけではないため適用対象外とした．これらの地盤に締固め地盤改良工法を適用する場合には，試験工事により設計の妥当性を確認したり，試験結果を設計にフィードバックさせる必要がある．また，既に述べたように，改良層の中間に粘土層が存在する場合には，締固め杭の存在による粘性土中の発生応力や排水促進効果を適切に評価して基礎の設計を行うことができるが，慎重な扱いが必要である．

―――――――――
参 考 文 献
1.2.1)　地盤工学会：液状化対策工法，地盤工学・実務シリーズ18，2004.9

1.3節　本編の構成

　本編は，第1章「総論」，第2章「地盤改良の計画」，第3章「調査」，第4章「液状化対策としての設計」，第5章「直接基礎の設計」，第6章「杭基礎の設計」，第7章「施工管理」，第8章「品質管理」，第9章「設計例」，の9章より構成されている．

　第2章「地盤改良の計画」では，改良地盤の要求性能と限界値，改良地盤の力学特性とばらつき

の評価方法，施工管理と品質管理に対する考え方などを示す．まず，「改良地盤の要求性能と限界値」では，基礎形式に応じた各限界状態に対する改良地盤の要求性能と限界値を解説する．「改良地盤の力学特性の評価方法」では，改良地盤の液状化特性，直接基礎の設計に必要な鉛直支持力や沈下量を算定するための強度・変形特性，杭基礎の鉛直支持力や水平抵抗力などを算定するための強度・変形特性の評価方法について解説する．「改良地盤のばらつきの評価」では，改良地盤のばらつきの要因とその評価方法，および，これらのばらつきが設計に与える影響について解説する．

第3章「調査」では，地盤改良の設計と基礎の設計に先立って実施する地盤調査を含む各種調査の目的と調査計画，および，調査項目，調査方法，実施にあたっての留意事項について示す．まず，「調査の目的と調査計画」では事前調査の目的と調査計画の流れ，調査の概要，必要な調査数について解説する．「地盤調査の方法と留意事項」では，目的に応じた地盤調査の項目と調査方法を必須項目と推奨項目別に詳しく解説するとともに，地盤調査および結果の評価に関する留意点を解説する．

第4章「液状化対策としての設計」では，基本事項，設計の手順，液状化の判定方法，改良仕様の設定方法，および設計上の留意点を示す．「基本事項」では，改良地盤を複合地盤として液状化抵抗を評価することによって合理的な設計を行うための基本的な考え方，および直接基礎と杭基礎について各限界状態の液状化に関する要求性能と液状化安全率，液状化指数，液状化時の地表面動的変位の限界値について解説する．「液状化の判定」では，検討対象とする土層，設定地震力，液状化の判定方法と液状化の激しさの程度を評価する手法について解説する．「改良仕様の設定方法」では，改良仕様の設定手順，目標N値を得るための改良仕様（締固め杭ピッチ，改良率）の設定方法，および，改良地盤の液状化抵抗の評価方法について解説する．

第5章「直接基礎の設計」では，締固め改良地盤上の直接基礎の設計方法とその考え方，および，設計上の留意点について示す．具体的には，直接基礎の要求性能と限界値，設計フロー，締固め効果や複合地盤として捉えた改良地盤の鉛直支持力や沈下量の算定法と使用する土質定数，および，改良範囲の考え方について解説する．

第6章「杭基礎の設計」では，締固め改良地盤における杭基礎の設計方法とその考え方，および，設計上の留意点について示す．具体的には，杭基礎の要求性能と限界値，設計フロー，杭の鉛直支持力，引抜き抵抗力，水平抵抗力の算定方法と使用する杭周面摩擦抵抗，水平地盤反力係数の設定方法，および，改良範囲の考え方について解説する．

第7章「施工管理」では，設計性能を確保するための施工管理と周辺環境に配慮した施工管理など，地盤改良の施工に関して設計者がある程度把握しておくべき施工管理のポイントについて示す．まず，「性能を確保するための施工管理」では，施工機械の能力，補給材の品質，締固め杭の施工精度，締固め杭の連続性など，施工時および施工直後に実施する施工管理項目と，それらの目的，管理方法，管理指標を解説する．「環境に配慮した施工管理」では地盤改良工事によって発生する地盤変位，振動・騒音，地下水への影響を解説し，これらへの対応策について示す．

第8章「品質管理」では，施工後に実施する改良地盤の性能確認のための品質管理項目と指標，品質管理のための地盤調査方法，および，検査結果の評価方法（合否判定）について解説する．まず，「品質管理項目と指標」では，液状化抵抗の増加や支持力増加など改良目的に応じた管理（検査）

項目，地盤と基礎の要求性能に応じた管理指標について示す．「品質管理のための地盤調査方法」では，標準貫入試験，粒度試験，原位置載荷試験など各種の地盤調査の方法，調査位置，調査数量について解説する．「検査結果の評価」では，検査結果の評価方法と合否判定基準，ならびに，判定基準を下回った場合の対応を含め，調査結果を基礎設計に反映する方法について解説する．

第9章「設計例」では，締固め地盤改良の設計から基礎の設計までを直接基礎建物2例，杭基礎建物1例について示す．

1.4節 用　　　語

本編で使用する主な用語の定義を以下に示す．その他の用語は基礎指針に準ずる．

---

1. 極限鉛直支持力：構造物を支持しうる最大の鉛直方向抵抗力．基礎形式に応じて，直接基礎の極限鉛直支持力，杭の極限鉛直支持力という．
2. 杭の引抜き抵抗力：杭に引抜き力を加えたときの上向きの抵抗力で，杭周面の上向きの摩擦力，杭の自重，および杭材の引張強度から決まる．
3. 杭の水平抵抗力：杭に水平力を加えたときの抵抗力で，水平抵抗力と水平変位の関係は水平地盤反力係数，杭の根入れ長さ，曲げ剛性，幅および杭頭接合部の固定度によって決まる．
4. 締固め地盤改良工法：緩い砂質地盤や不均質な廃棄物埋立て地盤などに対して，地表面や地中部からの振動・衝撃あるいは補給材の強制充填により地盤を締固める工法．
5. 複合地盤：原地盤と締固め杭によって構成され，かつ，作用する鉛直荷重や水平荷重に対して両者が一体となって抵抗する地盤．
6. 液状化抵抗：ある回数の繰返しせん断によって，有効応力がゼロになるか，または，せん断ひずみ振幅がある値（例えば両振幅5％）に達するせん断応力振幅．
7. 液状化抵抗比：液状化抵抗を有効土被り圧で除した値．
8. 液状化安全率：ある深さにおける土の液状化抵抗比を想定地震によって発生する等価繰返しせん断応力比で除した値．
9. 液状化指数：地盤としての液状化の激しさを表わす指標で，液状化安全率および液状化安全率1.0を下回る土層の厚さと深さの関数として定義される．
10. 締固め杭：地中振動・充填工法によって地中に造成される締固められた補給材の杭．
11. 補給材：締固め杭を造成するため地中に充填する砂，砕石あるいはスラグなどの材料．

1.5節 記　　　号

本編で使用する記号とその意味を以下に示す．なお，（　）内は通常使用されている単位を表わし，[　]内は主に使用されている節番号を表わす．

a_s　　：改良率 [4.4]

A_s　　：締固め杭の平均断面積（m²）[4.4]

B　　：長方形基礎の短辺長さ（m）[5.3]，無次元化杭径 [6.5]

c　　：土の粘着力（kN/m²）[5.3]

c_1　　：締固め杭間地盤の粘着力（kN/m²）[5.3]

c_p　　：締固め杭の粘着力（kN/m²）[5.3]

C　　：地盤改良による複合地盤としての液状化抵抗比の割増係数 [4.1]

C_1	：地盤の密度増加による液状化抵抗比の割増係数 ［4.1］
C_2	：水平有効応力の増加による液状化抵抗比の割増係数 ［4.1］
C_3	：複合地盤効果による液状化抵抗比の割増係数 ［4.1］
C_4	：締固め杭からの距離を考慮した液状化抵抗比の割増係数 ［4.1］
C_5	：締固め杭の排水効果による液状化抵抗比の割増係数 ［4.1］
C_6	：飽和度の低下による液状化抵抗比の割増係数 ［4.1］
C_N	：換算 N 値係数 ［4.2］
d	：締固め杭の打設間隔 (m) ［4.4］
D_{50}	：平均粒径 (mm) ［3.2］
D_{cy}	：液状化時の地表面動的変位 (m) ［4.2］
D_r	：相対密度 (%) ［4.4］
e_0	：初期間隙比 ［4.4］
e_1	：改良後の間隙比 ［4.4］
e_{max}, e_{min}	：最大，最小間隙比 ［4.4］
E_s	：地盤の変形係数 (kN/m²) ［3.2］
F_c	：細粒分含有率 (%) ［3.2］
F_l	：液状化発生に対する安全率 ［4.2］
I_p	：塑性指数 ［3.2］
K_{ia}	：締固め杭心での平板載荷試験による初期接線勾配 (kN/m²) ［5.4］
k_h	：水平地盤反力係数 (kN/m³) ［6.5］
k_{h0}	：基準水平地盤反力係数 (kN/m³) ［6.5］
L	：長方形基礎の長辺長さ (m) ［5.3］
M_0	：杭頭曲げモーメント (kN・m) ［6.5］
M_{max}	：杭の地中部最大曲げモーメント (kN・m) ［6.5］
N	：標準貫入試験打撃回数 (N 値) ［3.2］，軸力 (kN) ［6.2］
N_1	：換算 N 値 ［4.2］，改良後の締固め杭間 (目標) N 値 ［4.4］
N_a	：補正 N 値 ［4.2］
N_P	：締固め杭心の N 値 ［5.3］
N_0	：改良前の原地盤 N 値 ［4.4］
P	：$F_l<1.0$ となる比率 (%) ［4.1］
P_l	：液状化指数 ［4.2］
q_{fb}	：締固め杭間地盤の極限鉛直支持力度 (kN/m²) ［5.4］
q_u	：極限鉛直支持力度 (kN/m²) ［5.3］
Q_{up}	：締固め杭が受け持つ極限鉛直支持力 (kN) ［5.3］
Q_{u1}	：締固め杭間地盤が受け持つ極限鉛直支持力 (kN) ［5.3］
R_c	：有効締固め係数 ［4.4］

R_l ：液状化抵抗比 [4.1]
R_u ：杭の極限支持力 (kN) [6.3]，直接基礎の極限鉛直支持力 (kN) [5.3]
S ：沈下量 (mm, m) [5.4]
y ：杭の水平変位 (m) [6.5]
α ：締固め杭配置による係数 [4.4]
α_{max} ：地表面における設計用水平加速度 (cm/s²) [4.2]
α, β ：改良率（幅）に応じた低減係数 [5.4]
β ：改良効果の低減率 [4.4]，基礎の形状係数 [5.3]
γ_w ：地盤の繰返しせん断ひずみ [4.2]
ρ_s ：土粒子の密度 (g/cm³) [3.2]
σ_z ：全土被り圧（鉛直全応力）(kN/m²) [4.2]
σ'_z ：有効土被り圧（鉛直有効応力）(kN/m²) [4.2]
σ' ：有効拘束圧 (kN/m²) [5.4]
τ_d ：水平面に生ずる等価な一定繰返しせん断応力振幅 (kN/m²) [4.2]
τ_l ：水平面における液状化抵抗 (kN/m²) [4.2]
ϕ ：内部摩擦角 (°) [3.2]，締固め杭の径 (m) [4.4]
ΔN_f ：細粒分含有率に応じた補正 N 値増分 [4.2]

第2章　地盤改良の計画

2.1節　基本事項

1. 締固め地盤改良は，直接基礎および杭基礎それぞれの基礎形式に対して，以下に示す効果を目的として実施する．
   (1) 直接基礎
      ・液状化対策
      ・鉛直支持力の増加
      ・即時沈下量の低減
   (2) 杭基礎
      ・液状化対策
      ・水平抵抗力の増加
      ・鉛直支持力および引抜き抵抗力の増加
2. 地盤改良の計画にあたっては，建築物と基礎構造の特性および要求性能を踏まえ，改良地盤の目標性能を明確にしたうえで，その性能を保証するために必要な具体的検討項目を設定し，適切な手順と方法により検討する．
3. 工法の選定にあたっては，地盤条件，建物条件，敷地条件，周辺状況などに十分配慮し，確実に改良効果が期待でき，かつ周辺環境への影響が少ない適切な工法を選定する．
4. 地盤改良の計画にあたっては，地盤調査のほか，敷地の状況，敷地周辺の近隣構造物や道路状況などについて事前に調査する．

1．改良目的

本編で取り扱う各締固め工法は，振動締固め，圧入締固めなどの締固め方法に違いはあるものの，いずれも締まった砂などの杭を一定の間隔で形成して周辺地盤の間隙比を減少させ，地盤強度および剛性を増加させる点で共通している．図2.1.1に締固めの原理を模式的に示す[2.1.1)]が，平面的にみて改良後の地盤は杭と杭間地盤で構成される複合地盤となる．また，締固めによる改良効果としては，密度増加以外に水平有効応力すなわち静止土圧係数 K_0 が増加することも確認されている．複合

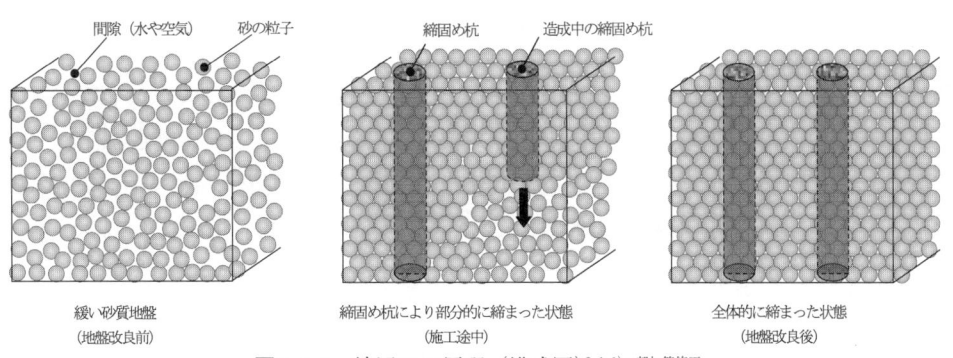

図2.1.1　締固めの原理（模式図）[2.1.1)]一部加筆修正

地盤としての特性については「2.3節改良地盤の力学特性の評価方法」，静止土圧係数の増加については第4章で詳細に記述している．なお，締固め工法によって地盤に生ずる現象，効果およびその用途を，文献2.1.2)を参考に整理するとおおむね図2.1.2のように表される．

[現象] [効果] [用途]

応力状態の変化（K_0値の変化） — K_0値の増加 — 鉛直支持力の増加
間隙比 e の減少（粒度分布） — N値の増加（ϕの増加） — 水平抵抗力の増加
— 密度の増加 — 沈下量の低減
— 液状化抵抗の増加

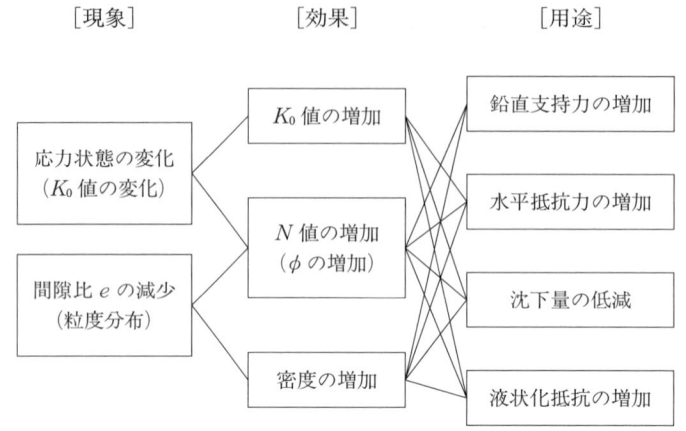

図2.1.2 締固めにより生ずる現象と効果の関係[2.1.2)一部加筆修正]

地盤の強度および剛性の増加といった締固めによって得られる効果を踏まえ，主な改良目的を基礎形式ごとに大別すると，液状化対策，直接基礎に対する鉛直支持力増加・即時沈下量の低減，杭基礎に対する水平抵抗力，鉛直支持力および引抜き抵抗力の増加に分類される．改良目的としては，各基礎形式，地盤条件により，以下に示すような組合せが考えられる．

(1) 直接基礎
 a．非液状化地盤において支持力の増加および沈下量の低減を目的とする場合
 b．液状化地盤において液状化対策のみを目的とする場合
 c．液状化地盤において液状化対策と支持力の増加・沈下量の低減を目的とする場合

(2) 杭基礎
 a．液状化地盤において液状化対策のみを目的とする場合
 b．液状化地盤において液状化対策と水平抵抗力の増加を目的とする場合
 c．液状化地盤において液状化対策と水平抵抗力・鉛直支持力・引抜き抵抗力の増加を目的とする場合

2．地盤改良の計画

締固め地盤改良の概略計画フローを図2.1.3に示す．地盤改良の計画にあたっては，建築物の規模，形状，構造種別，用途，地盤状況，敷地状況，周辺環境などを把握した上で，概略の設計を実施し，工期，経済性なども考慮して適切な工法を選定する．工法確定後，基礎形式に応じた詳細設計により改良仕様を決定して，必要な施工管理項目と品質管理項目を抽出する．施工は具体的な施工計画に従い実施し，施工後に品質確認を行い，改良効果を確認する．各計画の詳細は，図2.1.3に示す関連各章で詳細に記述している．

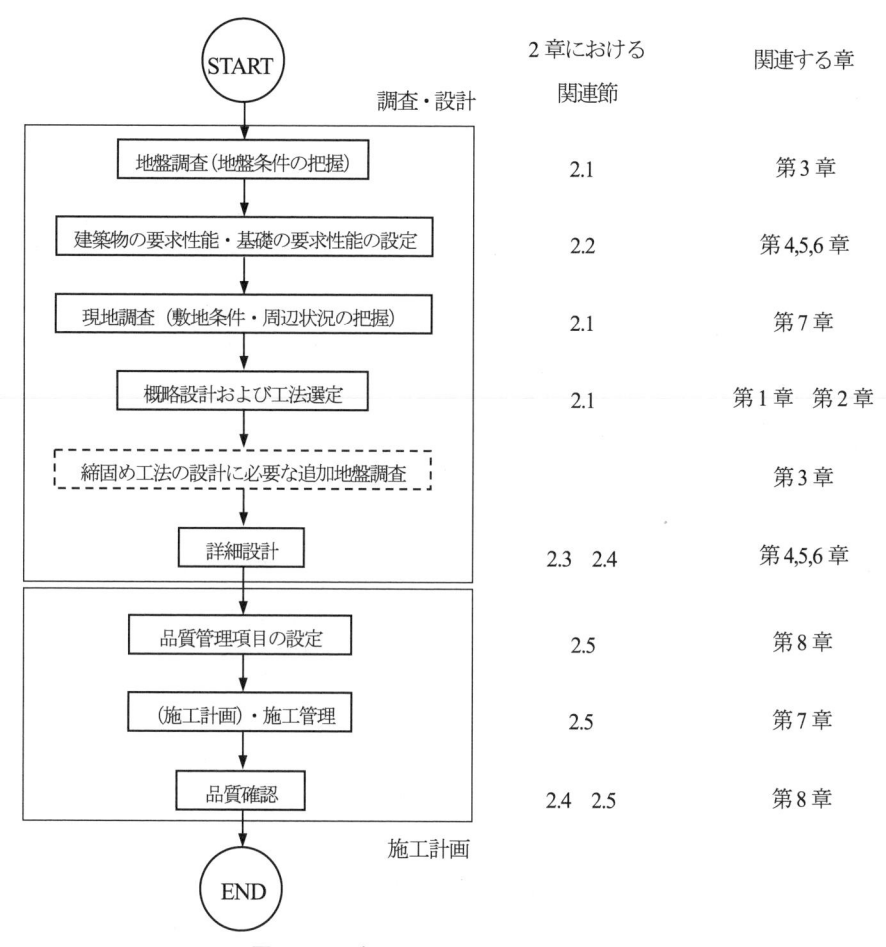

フロー	2章における関連節	関連する章
START → 調査・設計		
地盤調査（地盤条件の把握）	2.1	第3章
建築物の要求性能・基礎の要求性能の設定	2.2	第4,5,6章
現地調査（敷地条件・周辺状況の把握）	2.1	第7章
概略設計および工法選定	2.1	第1章 第2章
締固め工法の設計に必要な追加地盤調査		第3章
詳細設計	2.3　2.4	第4,5,6章
品質管理項目の設定	2.5	第8章
（施工計画）・施工管理	2.5	第7章
品質確認	2.4　2.5	第8章
END（施工計画）		

図2.1.3　締固め工法の概略計画フロー

3．工法の選定

(1) 各工法の適用条件

　本編では，第1章にも記したとおり，サンドコンパクションパイル工法（以下，SCP工法），静的締固め砂杭工法，バイブロフローテーション工法，ディープ・バイブロ工法の4工法を扱っている．主な改良目的，すなわち液状化対策，支持力増加，沈下量の低減に対する適用性に関しては，各工法同等であるが，各工法の改良原理の違いにより対象土質，改良深度，改良規模，環境への影響の程度などを異にしている．したがって，工法選定においては，当該敷地の土質や地層構成などの地盤特性，敷地の周辺環境などを事前に調査・把握し，工期，経済性，各施工実績も考慮したうえで，総合的に判断する必要がある．

　本編で扱う4工法の施工機に関する一般的な適用条件を表2.1.1に示す．同表に示す条件外については，個別の工法ごとに詳細な検討が必要となる．

　また，図2.1.4，図2.1.5に締固め工法の振動および騒音レベルの距離減衰を示す．これらの図表を参考にすれば，改良仕様，コストなどの具体的検討の前段階に，ある程度の工法の選定が可能であると考えられる．

表2.1.1 各工法の適用条件[2.1.3)一部加筆修正]

		サンドコンパクションパイル工法	バイブロフローテーション工法	ディープ・バイブロ工法	静的締固め砂杭工法
改良可能深度		25m	18m	20m	25m
最小作業空間	高さ	25m	10m	25m	25m*
	面積	40m×20m	10m×10m	30m×30m	40m×20m*
地盤条件(砂質土)	細粒分含有率 F_c	特に制限無し	$F_c<30～40\%$ 以下	$F_c<30～40\%$ 以下	特に制限無し
	$N<20$	○	○	○	○
	$N>20$	△	△	△	△
環境	騒音(30m地点)	85dB	70dB	68dB	68dB
	振動(30m地点)	80dB	65dB	55dB	47dB
	地盤変状	有	有	有	有
使用可能な補給材料		砂 砕石 再生砕石 スラグ	砕石 砂利 再生砕石 スラグ	砂 砕石 再生砕石 スラグ	砂 砕石 再生砕石 スラグ

[注] *：地盤条件などによっては小型の施工機を適用できる場合もある[2.1.4].

(2) 地盤条件

a．適用地盤

本編で対象とする地盤は，原則として砂質土系の地盤としているが，その適用範囲を細粒分含有率 F_c などの指標により数値で明確に区分することは難しい．ただし，締固め工法が主に液状化対策を目的に実施されてきた経緯から，液状化判定の対象となる地盤が適用地盤のひとつの目安になると考えられる．液状化判定の対象とする地盤条件は第4章に詳述している．F_c が判定対象としてい

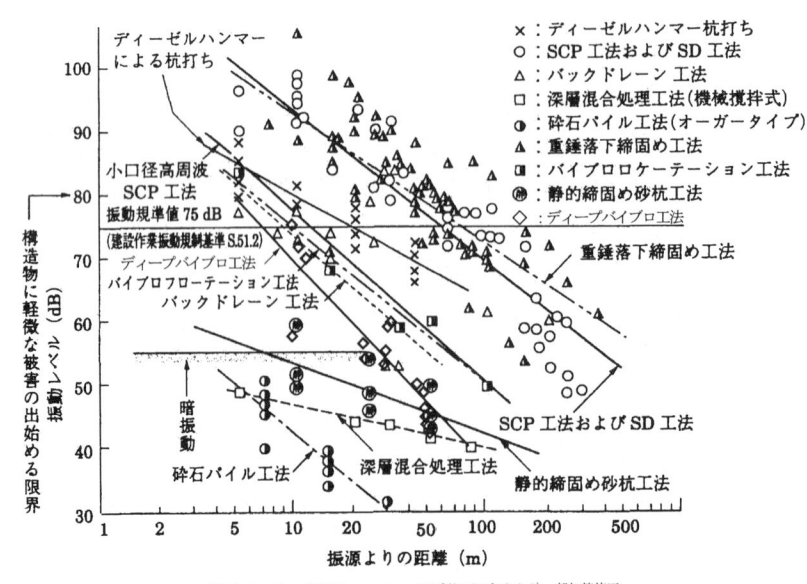

図2.1.4 振動レベル距離減衰[2.1.5)一部加筆修正]

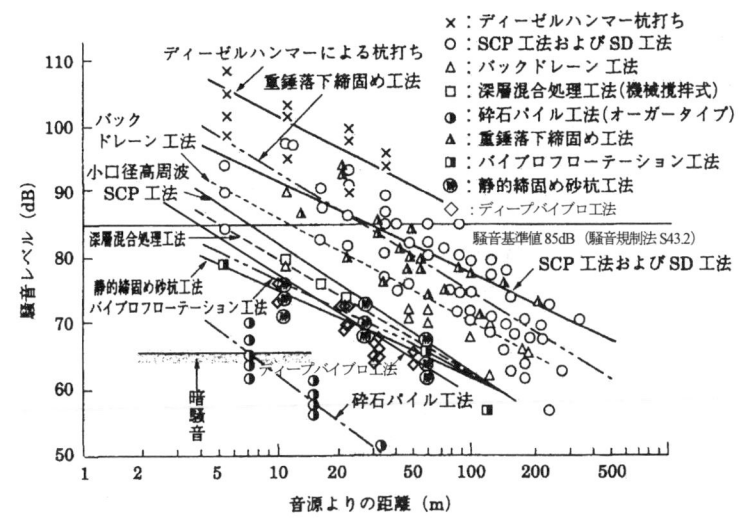

図2.1.5　騒音レベル距離減衰[2.1.5)一部加筆修正]

る数値を大きく超える場合などは，工法ごとの改良効果に対する過去の実績，周辺での施工結果などを踏まえた慎重な検討が必要となる．施工的な観点からの地盤条件としては各工法ともおおむねN値20以下が目安となる．なお，対象とする砂層内に粘性土が介在する場合や下部に粘性土層がある場合でも粘性土の支持力および沈下についての検討を行えば，適用は可能である．軟弱な粘性土地盤中に砂杭（補給材に砂を用いた締固め杭）を造成し，その造成に伴う過剰間隙水圧の上昇および比較的短期間での消散に伴って粘性土の強度増加および沈下促進が生じた事例も報告されつつあるが[2.1.6)～2.1.7)]，本編ではこのような効果を踏まえた具体的な設計方法までは取り扱わない．介在する粘性土層の支持力および沈下の検討における地盤定数については，実績のある工法で特別な調査検討を実施しない限り，原地盤の定数を用いればよいと考えられる．

b．地盤構成

直接基礎を採用する場合で，地層構成が均一な成層構成ではなく，図2.1.6に示すように地層が著しく傾斜している場合，また前述した粘性土などが不規則に介在している場合は，調査数量を増やして地盤構成を正確に把握するなど，より詳細な調査と検討が必要となる．

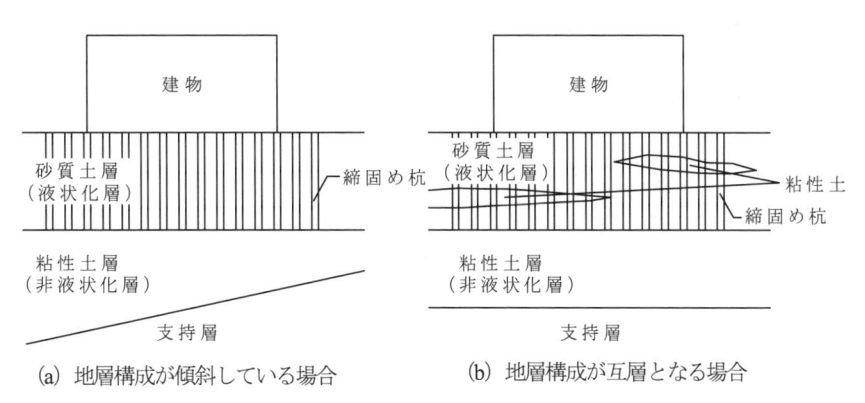

(a) 地層構成が傾斜している場合　　(b) 地層構成が互層となる場合

図2.1.6　検討上特に注意が必要な地層構成の例

(3) 建築物の条件

本編では，杭基礎，直接基礎いずれの基礎形式においても，建築物の規模，構造種別，用途，立面・平面形状について特に制限は設けないが，設計における留意点は以下のとおりである．

　a．直接基礎

建築物の構造種別(鉄骨造，鉄筋コンクリート造など)，用途に応じた改良地盤に対する要求性能および限界値を適切に設定し，改良地盤の支持力・沈下性状が建築物に与える影響について慎重に検討を行う必要がある．また，建築物の接地圧が大きい場合，平面的，立面的に著しく形状が変化する場合，塔状比が大きい場合も，同様に慎重な検討が必要である．

　b．杭基礎

建築物の塔状比が大きくなり杭基礎が引抜き力を負担する場合については，地震時の杭周面摩擦抵抗力に対する改良地盤の評価を慎重に行う必要性がある．

(4) 敷地条件

地盤改良の計画に際しては，敷地の広さ，形状，高低差，表層の状態などの施工への影響要因となる敷地の状況について十分に調査を行い把握する必要がある．敷地の広さ・形状は，施工性，資機材の配置，機械の搬入および組立て解体の可否を判断するうえでの重要な要因となる．敷地の高低差の程度，表層の状態は，施工時における施工機械の作業性に大きく影響を与える要因となる．

(5) 周辺環境

施工時において周辺環境に影響を及ぼす項目には，騒音，振動，地盤変状，土壌・地下水汚染などがある．騒音，振動に関しては当該敷地およびその周辺における騒音・振動規制，工事規制，作業時間などに関する状況を事前に調査し，工事上の支障が発生しないように心がける．地盤変状は締固め工法の改良原理上，避けられない現象であり，施工時に鉛直および水平変位が生ずる．したがって，建設敷地内外に関わらず，地盤改良の影響範囲に建設されている建築物，構造物，周辺道路，地下埋設物については，その影響を事前に十分に検討し，支障を及ぼさないように注意するとともに必要に応じて対策工法を併用する必要がある．土壌・地下水汚染は補給材に用いる材料に起因するもので，環境基準を満たす材料を選定する必要がある．これらについては第7章で詳述する．

　4．事前調査

(1) 地盤調査

設計に必要な主な地盤情報としては，地盤構成(砂層の分布状況や粘土層の介在)，地下水位，対象土層の N 値，F_c などが挙げられる．これらは，原則として調査ボーリングにより求められるが，N 値や F_c は設計における重要な定数であることから，設計の信頼性，経済性を増すためにも敷地内の平面，深度のばらつきを把握可能な個数の実施を推奨する．既に建築物の設計のための調査が実施されている場合は，必要に応じて追加調査を実施する．また，試験施工により改良後調査の結果を設計に反映可能な場合には，試験施工後の調査として，杭間・杭心の標準貫入試験，平板載荷試験，PS検層，孔内水平載荷試験などを実施し，改良効果の確認に用いることも有効である．

(2) 敷地調査

敷地の広さ，形状，高低差，表層の状態などの施工への影響要因となる敷地の状況把握を目的として，現地踏査を実施する．

(3) 周辺調査

施工機の搬入・搬出時の道路状況や道路規制ならびに騒音，振動，地盤変状，土壌・地下水汚染など周辺環境に与える影響把握を目的とした現地踏査を実施する．

参考文献

2.1.1) 加倉井正昭ほか：シリーズ建築施工・図解地下工事，p.118，2005.6
2.1.2) 地盤工学会：液状化対策工法，p.223，2004.7
2.1.3) 土木学会：第8回新しい材料・工法・機械講習会―最新の地盤改良工法の現状と設計・施工のポイント，1999.11
2.1.4) 大塚　誠・松沢　諭・中野健二：SAVEコンポーザーにおける小型施工機の開発，建設の機械化，pp.9-15，2000.8
2.1.5) 安藤　裕・荻島達也：地盤改良工法における騒音・振動対策，基礎工27-3，pp.6〜11，1999
2.1.6) 鈴木亮彦・妹尾博明・小倉　学：静的締固め砂杭工法を粘性土地盤に適用した改良効果，日本建築学会大会学術講演梗概集（東北），pp.545-546，2000.9
2.1.7) 山崎　勉・八重樫光・野津光夫・大西智晴・吉富宏紀：軟弱な粘土層と砂層で構成される地盤への静的締固め砂杭工法の適用（その1）（その2），日本建築学会大会学術講演梗概集（北海道），pp.393-396，2004.8

2.2節　改良地盤の要求性能と限界値

> 地盤改良の設計にあたっては，終局限界状態，損傷限界状態，使用限界状態に対する建築物・基礎・地盤の要求性能と限界値を設定し，各限界状態検討用の作用荷重に対して設計応答値が限界値を上回らないように設計する．

　地盤改良および基礎の設計は，基礎指針に準拠し，限界状態設計法の考え方をとり入れている．まず，終局限界，損傷限界，使用限界の3つの状態を想定し，各限界状態に対応する基礎の要求性能を設定する．続いて，改良地盤の要求性能を設定し，その要求性能を満足するための具体的な検討項目と目標性能を設定し，応答値が限界値を上回らないことを確認する．各基礎形式の要求性能および限界値の詳細は，第5章，第6章に記述している．

2.3節　改良地盤の力学特性の評価方法

> 1．液状化対策の設計では，原則として，改良地盤を締固め杭と杭間地盤で構成される複合地盤として液状化抵抗比を評価する手法を推奨する．
> 2．直接基礎の設計では，原則として，複合地盤としての締固め効果を考慮した鉛直支持力と即時沈下量を評価する手法を推奨する．

> 3．杭基礎の設計では，原則として，締固め効果を考慮して杭の鉛直支持力性能，水平抵抗，引抜き抵抗を評価する手法を推奨する．

　締固め工法によって改良された地盤は，改良形式からも明らかなように締固め杭と周辺の杭間地盤で構成される地盤である．例えば，補給材に砂を用いた場合の締固め杭（以下，砂杭）の強度に関しては,改良後の杭間および杭心の標準貫入試験による N 値を細粒分含有率 F_c と換算 N 値の関係で整理した結果[2.3.1]，図2.3.1に示すように杭心 N 値は総じて杭間 N 値より大きく，F_c が大きくなるにつれ両者の差が乖離することが明らかになっている．また，杭間地盤内の強度分布については，標準貫入試験やコーン貫入試験結果[2.3.1]より，図2.3.2に示すような傾向が報告されている．

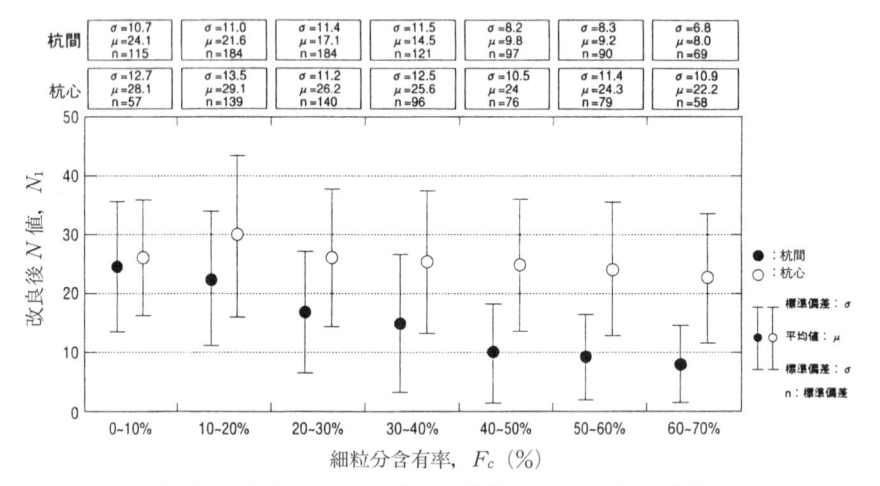

図2.3.1 細粒分含有率の及ぼす杭間・杭心 N 値の影響[2.3.1]

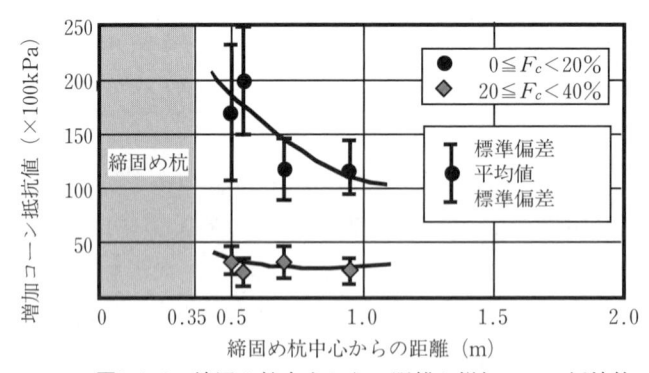

図2.3.2 締固め杭中心からの距離と増加コーン抵抗値の関係[2.3.1]

１．液状化抵抗に対する改良地盤の評価方法

　液状化に対する設計では，改良地盤を締固め杭と杭間地盤で構成される複合地盤として液状化抵抗を評価する手法を推奨している．従来，液状化に対する地盤改良の設計において，改良地盤の液状化抵抗の評価は，締固め杭から最も離れた点における N 値を用いて行い，$F_l>1.0$ となる条件で設計されてきた．しかし，これまでの実測データや地震被害事例分析より，杭間強度のみで改良地

盤を評価する従来の設計法では，改良後の地盤全体の平均的な液状化抵抗を過小評価している可能性があることが指摘されている．改良地盤の液状化抵抗の発現に寄与する要因としては，土の密度の増加に加え，静止土圧係数の増加，締固め杭の剛性による複合地盤としての効果，繰返しせん断履歴による微視構造の変化，締固め杭の排水効果，飽和度の低下などが考えられる．

本編では，兵庫県南部地震における液状化事例と改良地盤の無被害事例の分析結果に基づいて，これまでの設計で用いられてきた N_1 より求めた液状化抵抗比 R_l(改良後杭間)に，割増係数 C を乗じて改良地盤全体の液状化抵抗 R_l(改良地盤)を評価する考え方を推奨法とし，さらに，基礎の設計に際しては，基礎形式，限界状態に応じた C の設定や液状化判定として表2.3.1に示す考え方を推奨する．

C については，直接基礎と打込み工法や圧入工法のように地盤のゆるみを発生しない杭工法では $C=1.2$，場所打ち杭や埋込み杭のように地盤のゆるみが発生する杭工法では $C=1.1$ を推奨値とする．ただし，試験施工や地盤改良後の地盤調査によって改良効果を確認し，その結果に基づいて C を設定する方法を詳細法として盛り込んでいる．

一方，液状化判定の考え方については，損傷限界状態では原則として全点 $F_l>1.0$ となるように設計するのに対し，終局限界状態では改良地盤の要求性能と兵庫県南部地震での被災記録の分析結果や地盤全体としての液状化の程度を考慮して，液状化時の地表面動的変位 D_{cy} と液状化指数 P_l 値による総合評価を推奨法として盛り込み，限界値の目安を示した．

表2.3.1 液状化強度の割増係数と液状化判定の考え方（推奨法）

	直接基礎		杭基礎		
	割増係数 C	液状化判定	割増係数 C		液状化判定
			打込み杭 圧入杭	場所打ち杭 埋込み杭	
損傷限界状態	$C=1.2$	原則 $F_l>1.0$	$C=1.2$	$C=1.1$	直接基礎に準ずる または 部分液状化を 許容した杭の設計
終局限界状態	$C=1.2$	D_{cy}, P_l による総合評価 限界値の目安 $D_{cy} \leq 5 \sim 10$cm $P_l \leq 5 \sim 10$	$C=1.2$	$C=1.1$	

2．直接基礎の支持力および沈下に対する改良地盤の評価方法

直接基礎の設計では，改良地盤上の基礎の実測沈下量や複合地盤での大型平板載荷試験結果に基づき，本編では締固め杭の存在を考慮した複合地盤として強度，剛性を評価する方法の採用を推奨する．改良前後で十分な地盤調査を実施できない場合には，複合地盤効果を無視して従来どおりの杭間地盤で強度・剛性を評価する方法を簡便法とし，地盤改良後に杭心・杭間で標準貫入試験，あるいは平板載荷試験などを実施して，その結果に基づき強度，剛性を評価する手法を詳細法とする．

(1) 鉛直支持力

静的締固め砂杭工法により改良された地盤上の大型平板（1.4m角正方形）載荷試験結果によると，荷重－沈下曲線は，低荷重レベルの載荷初期段階では，杭心（砂杭）部分で行った小型（平板

直径30cm）載荷試験の結果と近い挙動を示すが，高荷重レベルになるに従って杭心地盤における曲線から離れることが報告されている[2.3.2]．図2.3.3に示すように，荷重の小さい段階では杭間地盤に比べて剛性の高い杭心部分に応力が集中するが，荷重が増加し沈下が進行するに従って，応力が再配分されて杭間地盤の応力分担比が増加し，終局限界状態では杭心地盤と杭間地盤の応力分担比は改良率に一致すると考えられる．したがって，改良地盤の極限支持力は，杭心および杭間地盤の受け持つ極限支持力を改良率（面積比）に応じて重ね合わせて評価することとする．

一方，使用限界状態および損傷限界状態の荷重レベルでは，本来，杭心地盤に応力が集中する効果も考慮に入れる必要がある．杭心の分担が大きくなる要因としては，締固め杭の造成によって静止土圧係数 K_0 が1.0～2.0と大きくなり，有効拘束圧が大きいことが寄与しているとも考えられる[2.3.2]．しかし，沈下量の適合性まで考慮に入れて支持力を評価することは現状では困難であることを勘案して，使用限界状態および損傷限界状態の支持力は，応力集中の効果を無視して，控えめな値となる極限支持力の1／3および2／3の値に留めることとした．

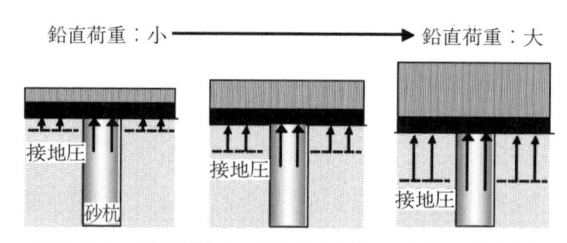

図2.3.3　荷重増加に伴う応力分担の変化の模式図

(2) 即時沈下

本編では，対象とする地盤を砂質土としていることから，沈下量は即時沈下量を計算対象としている．Steinbrennerの近似解の利用を基本とし弾性論に基づく算定方法によって，締固め杭間地盤の剛性のみを考慮して沈下計算を行う方法を簡便法とする．一方，弾性論にFEM解析および双曲線近似式を算定式として加え，かつ地盤定数の評価方法に複合地盤の効果を考慮する方法を推奨法とする．以下，推奨法についてその概略を記す．

a．弾性論・FEM解析による方法

べた基礎や一部の布基礎，独立基礎のように接地面積が大きく，基礎の沈下影響範囲が改良層下方の非改良地盤にまで及ぶ場合の計算方法として適切であると考えられる．計算に用いる変形係数は，改良後の杭間 N 値および杭心 N 値を推定したのち，基礎指針に示される N 値と変形係数の関係図や，既往の N 値と V_s の関係式を利用して算出した V_s に基づいてひずみ依存性や応力依存性を考慮する方法などから評価する．また，複合地盤としての評価方法としては，その例として，既往の沈下実測結果に基づく変形係数 E_s の逆解析の実施例を2例示している．

① 既往の回帰式を利用して，改良後の杭間および杭心の N 値から V_s を推定して各変形係数を算定し，それらの値を面積平均して改良地盤全体の変形係数を評価する方法

② 改良後地盤の中で杭心ならびに杭間を横断するライン上で数点の V_s を計測し，その平均値

を改良地盤全体の V_s として変形係数を評価する方法

　b．双曲線近似式による方法

　独立基礎や一部の布基礎のように小規模で接地面積が小さく，基礎の沈下影響範囲が改良層内に留まるような基礎形式の場合には，前述した大型平板載荷試験結果に基づく複合地盤の双曲線近似式による計算方法も適切であると考えられる．複合地盤の荷重―沈下曲線は，杭心地盤における既往の平板載荷試験結果から設定する初期接線勾配 K_{ia}，複合地盤の極限支持力度 q_{fb}，および改良率，改良幅に応じた低減係数で構成される双曲線近似式で表すことができる．

　なお，以上に示す沈下量の算定方法および地盤定数の評価方法は，「5.4節　沈下」に詳述している．

　3．杭基礎の水平抵抗力，鉛直支持力および引抜き抵抗力に対する改良地盤の評価

　杭基礎の水平抵抗力，鉛直支持力および引抜き抵抗力の算定にあたっては，改良後の締固め杭間 N 値に基づいて地盤定数を設定することを推奨する．

(1)　水平抵抗力

　水平抵抗力の算定に用いる水平地盤反力係数 k_h は，本来，改良後地盤の杭の水平載荷試験，もしくは孔内水平載荷試験を実施し，その結果を設計に反映させることが望ましいが，工程的，経済的な制約条件などから，試験の実施が困難なケースが多い．よって本編では，過去に改良地盤において実施された孔内水平載荷試験結果と改良後の杭間 N 値との関係を蓄積した結果に基づき，変形係数 E_0 を(2.3.2)式で評価する方法を推奨する．詳細は第6章で記述する．

$$E_0 = 700 N_1 \quad (N_1 \text{ は改良後杭間 } N \text{ 値)} \tag{2.3.2}$$

(2)　鉛直支持力および引抜き抵抗力

　杭の鉛直支持力と引抜き抵抗力は，本来，杭の鉛直載荷試験および引抜き試験を実施し，その結果を設計に反映させることが望ましいが，実際には試験の実施が困難なケースが多い．よって鉛直支持力と引抜き抵抗力の算定に用いる周面摩擦抵抗は，改良地盤における既製杭の鉛直載荷試験の結果に基づき，改良後の杭間 N 値に基づいて評価する方法を推奨する．詳細は第6章で記述する．

参 考 文 献

2.3.1)　原田健二・石田英毅：大地震における建築構造物の締固めによる直接基礎改良地盤の評価に関する実証的研究，日本建築学会構造委員会，建築基礎の設計施工に関する研究資料5，シンポジウム論文集「実務に見る地盤改良工法の技術的諸問題」，pp.93-98，1999.10

2.3.2)　大西智晴・野津光夫・安達俊夫：締固め砂杭による改良地盤の直接基礎への適用について，日本建築学会構造委員会，建築基礎の設計施工に関する研究資料5，シンポジウム論文集「実務に見る地盤改良工法の技術的諸問題」，pp.75-80，1999.10

2.4節　改良地盤のばらつきの評価方法

　1．地盤改良の設計および品質管理においては，敷地規模，建築規模に応じて設計に用いるデータの数

> を適切に確保するとともに，原地盤のばらつき，地盤調査上のばらつき，地盤定数推定時のばらつき，施工に伴うばらつきを十分配慮する．
> 2．地盤改良の設計および品質管理においては，データ数を十分に確保した上で，過去の実測データなどに基づく確率・統計的な手法を採り入れ，より合理的な設計および品質管理を行ってもよい．

1．改良地盤のばらつきとその要因

(1) ばらつきの要因

本編で扱う地盤改良はある程度の細粒分を含む砂質土を対象としている．敷地内の地盤全体としてみた場合，堆積年代や堆積環境および土質区分などの観点から同一とみなされる地層においても，敷地内の深度方向や水平方向で，N値やF_cは変化している．これらを設計上，可能な範囲で同一層として扱う場合に生ずる変動幅が，一般的にばらつきと称される．地盤改良の一般的な改良率が10~20%程度であることから考えても，改良地盤が原地盤同様のばらつきを有することは明らかである．改良後の地盤定数の評価に影響を与える要因として挙げられる項目は以下のとおりである．

a．原地盤のばらつき
b．施工によるばらつき
c．地盤調査上のばらつき
d．設計用地盤定数の推定値および推定法のばらつき

以下にそれぞれの項目について詳しく述べる．

a．原地盤のばらつき

大規模建築物を対象とした比較的広い敷地内のN値・細粒分の分布傾向例[2.4.1]を図2.4.1に示す．土質的に同一とみなされる地層においても，調査位置の違いによりN値，F_cともかなりのばらつきを有していることが分かる．このようなばらつきの中で，最小N値や最小F_lを示す，ある一箇所に対して限界値を満足するように敷地全体の改良率を設定することは，不経済な設計となる可能性が高い．

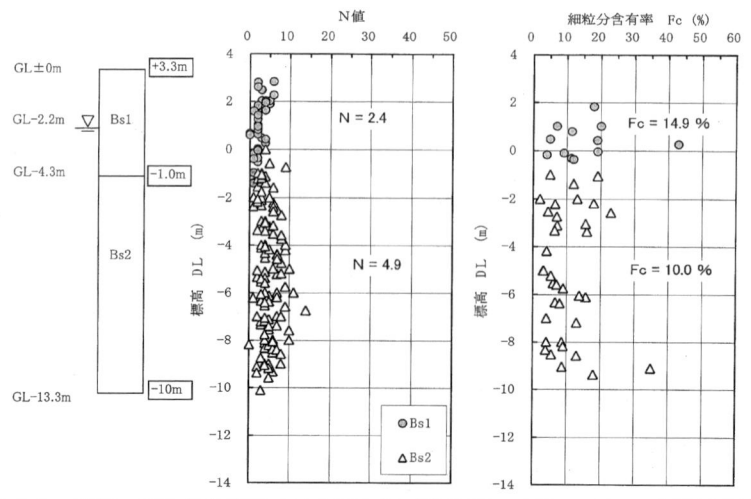

図2.4.1　N値・細粒分含有率の分布傾向例（敷地150×300m，Bor. 本数13本）[2.4.1]

第3章でも詳しく述べるが，比較的広大で調査箇所数の多い敷地において敷地全体とエリア分けした場合とのN値のばらつきを比較した分析例[2.4.1)]によれば，エリアによっては，ばらつきが敷地全体に比べ小さくなるケースも報告されている．よって，本編では敷地が広大でデータ数が豊富な場合には，敷地をエリア分けして地盤の評価を行うことを推奨する．ばらつきの少ない適切なエリア分けができた場合は，経済的に改良仕様を設定することが可能となる．

b．施工によるばらつき

各工法の施工条件によるばらつきも改良後の地盤のばらつきに及ぼす影響要因となる．具体的には，SCP工法，静的締固め砂杭工法においては補給材の排出量，打ち戻しのピッチ，バイブロフローテーション，ディープ・バイブロ工法においては，補給材の供給量，引抜きスピードなどが挙げられる．ただし，改良率を決定する設計式そのものが，ある一定の施工管理のもとに改良された地盤のデータに基づいて構築されていることから，施工条件によるばらつきは設計式自体が持つばらつきの中に含まれているという見方もできる．

c．地盤調査上のばらつき

ばらつきを検討すべき主な調査項目は，標準貫入試験と粒度（細粒分含有率）試験であり，それぞれ機械的要因，人為的要因により，調査結果がかなりばらつくことが報告されている[2.4.1)]．これらの知見に基づき，本編では標準貫入試験におけるハンマー落下方法に自動落下法を利用することを推奨する．調査における留意事項，推奨事項については，第3章に詳述している．また，改良前，改良後に実施されるその他の調査（平板載荷試験，孔内水平載荷試験，PS検層など）においても，それぞれ同様のばらつきとそのばらつきを与える要因があると考えられる．

d．設計用地盤定数の推定値および推定法のばらつき

改良率および改良後N値の算定方法には，A～D法までの4つの方法があり，各方法の詳細は4.4節に記述している．このうちC法およびD法は，いずれも改良率および改良後N値の算出までの一連の手順が数式化され，広く用いられている設計方法である．具体的には，まず細粒分含有率F_cより，原地盤の最大・最小間隙比（e_{max}, e_{min}）を推定し，N値～相対密度D_r～間隙比eの関係式を用いて，原地盤N値（N_0）から原地盤の間隙比e_0を，改良目標値（N_1）から同様に改良後の間隙比e_1を求めて，この間隙比の変化から改良率を算定する．また各方法とも，細粒分による締固め効果の低減を考慮している．C法では，締固め杭打設時に地盤は体積変化を生じない，すなわち，締固め杭の圧入はすべて地盤の密度増加に寄与するものとして，推定N値を算出し，設計の最終段階で細粒分による締固め効果の低減係数βを乗じて細粒分による締固め効果の低減を図る．一方，D法では，砂杭打設後の地盤の変化を考え，その体積変化を考慮した砂杭打設時の間隙比の変化を，有効締固め係数R_cというパラメータにより補正して，細粒分による締固め効果の低減を図る．

ただし，設計用地盤定数である間隙比e，相対密度D_r，細粒分による締固め効果の低減係数β，およびR_cの値は，原地盤のN値およびF_cに基づいた推定値であるため，ある程度の変動幅（ばらつき）を有している．以下，各方法における地盤定数の推定式を①～③に列記し，そのばらつきについて解説する．

① 最大・最小間隙比の推定（C法，D法とも共通）

$$e_{max} = 0.02F_c + 1.0 \tag{2.4.1}$$

$$e_{min} = 0.008F_c + 0.6 \tag{2.4.2}$$

② 相 対 密 度

$$\text{C 法（図4.4.3参照）}: D_r = 21\sqrt{\frac{N}{0.7 + \sigma_z'/98}} \tag{2.4.3}$$

$$\text{D 法（図4.4.3参照）}: D_r = 21\sqrt{\frac{N}{0.7 + \sigma_z'/98} + \frac{\Delta N_f}{1.7}} \tag{2.4.4}$$

③ 細粒分含有率による締固め効果の低減係数

$$\text{C 法（図4.4.3参照）}: \beta = 1.05 - 0.51 \cdot \log F_c \tag{2.4.5}$$

$$\text{D 法（図4.4.3参照）}: R_c = 1.05 - 0.46 \cdot \log F_c \tag{2.4.6}$$

これらの地盤定数のうち，推定 e_{min}, e_{max} を用いて算定した間隙比と実測間隙比との誤差について分析した事例[2.4.2)]によれば，最大，最小密度試験を実施して求めた間隙比は，推定式により算出した間隙比に対して，ばらつきの減少がみられるとの報告がある．D_r についても同様に，実測値と推定値誤差のばらつきの程度として12%程度が報告されている[2.4.3)]．また，e_{max}, e_{min}, D_r, および有効締固め係数 R_c 推定のばらつきが最終的に改良率 a_s に対して与える影響度の分析事例として，文献2.4.3)がある．図2.4.2は，$F_c = 10\%$，原地盤 N 値 $N_0 = 5$，改良後 N 値 $N_1 = 15$ の条件下でのデータ数と必要改良率の関係を示した図である．同図中，$\mu \pm \sigma(e, D_r, R_c)$，$\mu \pm \sigma(D_r, R_c)$，$\mu \pm \sigma(R_c)$ の定義は，それぞれ以下に示すとおりである．

i $\mu \pm \sigma(e, D_r, R_c)$：最大・最小間隙比（$e_{max}$, e_{min}），相対密度（D_r）を推定式で算出した場合のばらつきおよび締固め係数 R_c のばらつきを考慮

ii $\mu \pm \sigma(D_r, R_c)$ ：D_r を推定式で算出した場合のばらつきおよび R_c のばらつきを考慮

iii $\mu \pm \sigma(R_c)$ ：R_c のばらつきのみを考慮

同図より i～iiiの傾向がほとんど同一であることから，R_c の与える影響がもっとも大きく，またデータ数が多くなるほど，$\mu + \sigma$ と $\mu - \sigma$ の改良率 a_s の差は小さく，設定精度の上昇を見てとれる．

以上より，敷地規模，建築物の規模に応じて，N 値のデータ数を適切に確保するとともに，設計における重要な要素である F_c についても，原則として N 値と同数の粒度試験の実施を推奨する．

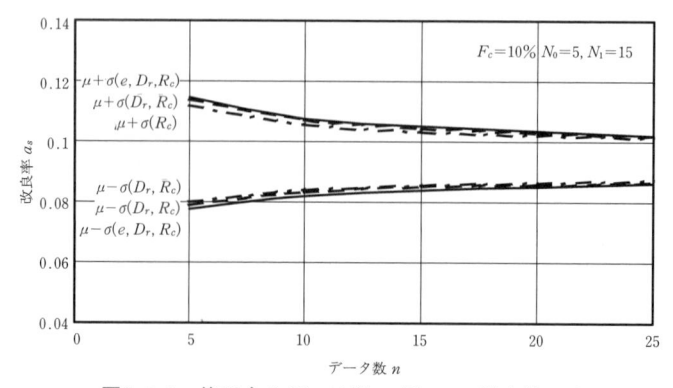

図2.4.2 使用するデータ数 n 別の a_s 設定値[2.4.3)]

(2) 改良後の N 値の実測例

「a．原地盤のばらつき」で記述した事例（図2.4.1）では，敷地全体を6ブロックにエリア分けした上で改良仕様が設定された．そのうち2ブロックの改良後 N 値の分布例を図2.4.3に示す[2.4.1]．同図に示すように，前述したさまざまな要因から同じブロック内でもボーリング位置によって N 値はばらついている．ここで同じブロック内での改良前・改良後のばらつきの傾向を捉えることを目的として，層ごとに N 値を統計処理した結果を図2.4.3に示す．改良後 N 値は一見大きくばらついているが，N 値の絶対値も改良前と比べて増加していることから，変動係数(CV)で評価した場合，おおむね改良前と同等以下に低下している．また，同図は，表層部の N 値が増加しにくいSCP工法の特性も表しているが，これは改良率を決定する設計式に盛り込まれている要素でもあり，推定可能な範囲である．なお，図中標高－6m以深の丸印で囲った範囲に N 値の増加が小さい箇所が点在するが，当該部分の細粒分が多く締め固まりにくかったことが大きな要因として挙げられる．また，表層部である程度大きな N 値が要求される場合は，表層部の改良率を大きくする改良仕様も考えられる．

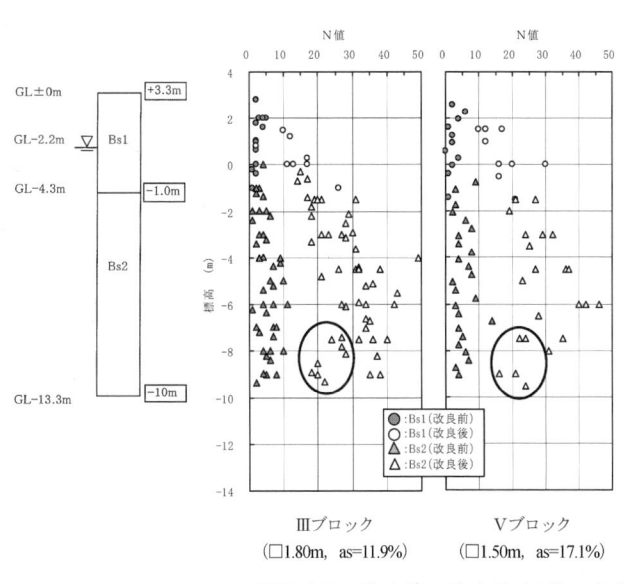

Ⅲブロック	Bs1		Bs2	
	事前	事後	事前	事後
μ	2.4	13.1	5.1	28.2
Mi	1.0	2.0	1.0	14.0
Ma	5.0	26.0	11.0	49.0
σ	1.1	6.6	2.7	8.1
CV	0.46	0.50	0.53	0.29
Me	2.0	12.0	4.5	28.0
n	16	9	44	51

Ⅴブロック	Bs1		Bs2	
	事前	事後	事前	事後
μ	2.3	17.1	5.4	28.6
Mi	0.0	10.0	2.0	16.0
Ma	6.0	30.0	14.0	46.0
σ	1.7	6.1	2.8	7.9
CV	0.74	0.36	0.52	0.28
Me	2.0	16.0	4.0	27.0
n	11	9	25	22

μ ：平均値　Mi：最小値
Ma：最大値　σ：標準偏差
CV：変動係数　Me：中央値
n：データ数

図2.4.3 改良前・改良後 N 値の分布例[2.4.1]

(3) 推定値に対する実測値のばらつき

図2.4.4に，改良後の推定 N 値と実測値の関係を示す．(a)はC法（図4.4.3参照）におけるSCP工法，(b)はD法（図4.4.3参照）による静的締固め砂杭工法の結果を示している．(a)(b)ともおおむね45°ラインを中心にばらつきが生じているが，平均的にはおおむね推定値≒実測値となっていることから，設計式としての妥当性を示している．

一方，図2.4.5は，静的締固め砂杭工法によって施工された18現場における設計時に推定した杭間 N 値をもとに算出した F_l と施工後の実測杭間 N 値をもとに算出した F_l との関係を示した図である．N 値と同様，F_l も N 値および F_c のばらつき，ボーリング位置の違いによる影響を大きく受け，

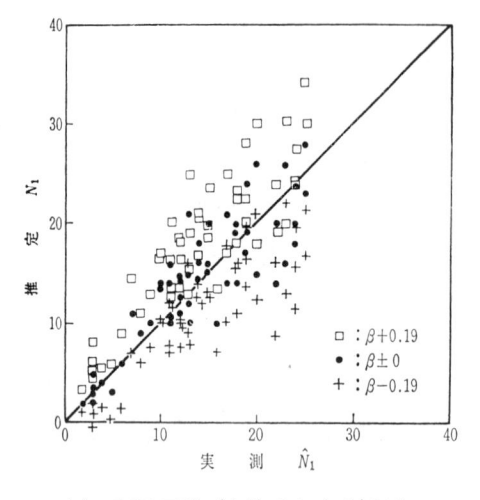

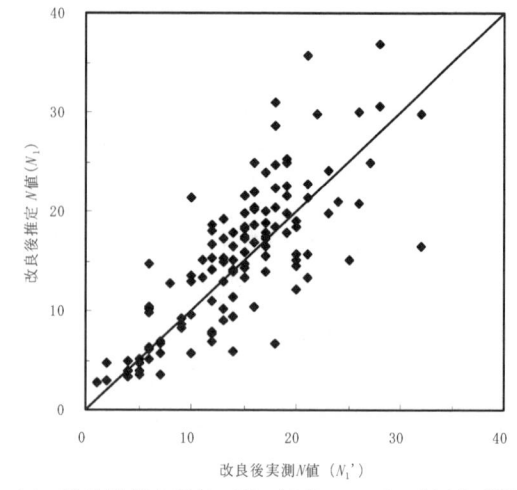

(a) SCP 工法（方法 C による）[2.4.4]　　(b) 静的締固め砂杭工法（方法 D による）[2.4.5]一部修正

図2.4.4　実測 N 値と計算 N 値の関係

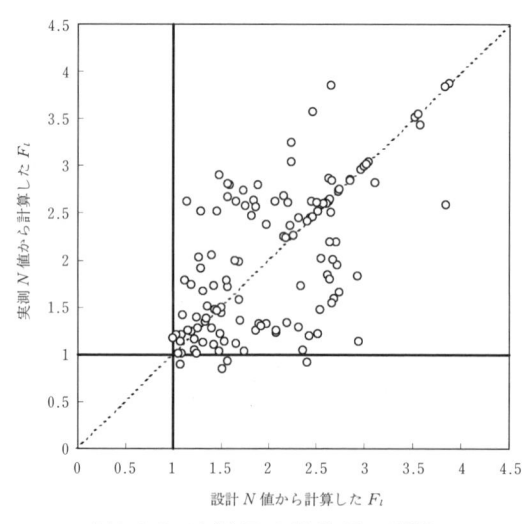

図2.4.5　実測 F_l と計算 F_l の関係

45°ラインを中心にばらつきが生じている．ただし，設定した限界値 $F_l>1.0$ という条件に対しては，おおむね満足し得る結果となっている．

2．ばらつきを考慮した設計法

経済的な地盤改良の設計を行うには，前述した地盤のばらつきを把握した上で，不合格率（地盤のばらつきの影響等で F_l 値が1.0以下となる個数の割合）を考慮した確率・統計手法を採り入れた合理的な設計および品質管理が望まれ，本編でもこの手法を詳細法として挙げている．

不合格率の適用可能性については，第4章に詳述するように兵庫県南部地震における被害事例の検証結果から，大地震動時にある程度の不合格率を許容した液状化時の地表面動的変位 D_{cy}，液状化指数 P_l，平均 F_l という指標の有用性が報告されている．また，改良前の地盤情報（ボーリング本数，N 値および F_c）が多い場合に，敷地のブロック分割や統計的手法（不合格率の概念）を導入した設

計および品質管理を行って施工した事例[2.4.6)]もある．同事例では，発電所におけるSCP工法の設計および品質管理において，広大な対象敷地をブロック分けし，ブロックごとに地表面水平加速度 $a_{max}=200 \, (cm/s^2)$ に対して $F_l \leq 1.0$ となる箇所数，すなわち不合格率が5％以下（合格率95％以上）となるように改良率を設定している．図2.4.6に設計時の F_l 値の分布例を示す．また表2.4.1はブロックごとの改良後の実測値による合格率と設計時に見込んだ合格率を示した表であるが，各ブロックにおいて設計値とほぼ同等あるいはそれ以上の合格率を示し，ブロック分けおよび設計法の妥当性を確認できたことから，液状化対策における設計・品質管理におけるひとつの手法となり得ると考えられる．なお，設計段階で，合格率を95％より小さくしているブロックについては，杭基礎の設計において水平方向地盤反力係数を低減して対応していると報告されている．

ただし，本事例で設定した不合格率5％という数値は，液状化の被害と直接関連づいた根拠に基づくものではないが，発電所という非常に重要性の高い建築物に対して設定された数値の例である．不合格率の具体的な数値については，建築物の重要性などを判断した上で設計者が判断して決定することになるが，一般建築物においては10％を上限値の目安としてよいと考えられる．

データ数の多少にともなう地盤のばらつきと不合格率の概念を図2.4.7に示す．設計時において，原地盤のデータ数すなわち N 値および F_c の数が多いほど，改良後のばらつきの推定精度も上がり信頼性が増すため，敷地を平均的に評価し適切な不合格率を定めて改良率を決定することができる．

一方，データ数が少ない場合は，敷地内のばらつきの中で下よりなのか上よりなのか判断しかねるため，データ中の最低値もしくは最低値に近い非常に不合格率が小さくなる点で改良率を決定す

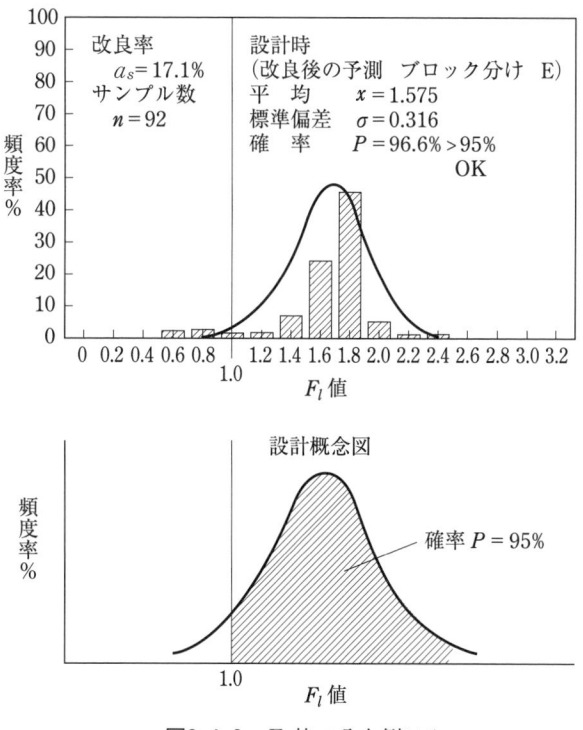

図2.4.6　F_l 値の分布例[2.4.6)]

表2.4.1 設計時および改良後実測値の合格率[2.4.6]

事例	ブロック	土層	改良率 a_s (%)	$F_l≧1$ となる確率 p (%)	
				設計	事後
千葉	a	Bs層	19.6	96.8	99.9
		As1層		86.4	99.6
	b	Bs層	31.8	99.9	99.9
		As1層		99.9	99.2
	c	Bs層	非液状化	—	—
		As1層	19.6	96.6	96.3
	$d*$	Bs層	31.8	89.4	94.3
		As1層	8.0	91.9	92.2
	$e*$	Bs層	31.8	91.6	91.9
		As1層	8.0	89.8	98.8
	$f*$	Bs層	31.8	82.1	91.0
		As1層	8.0	99.9	99.9

＊：杭の設計において水平地盤反力係数を低減

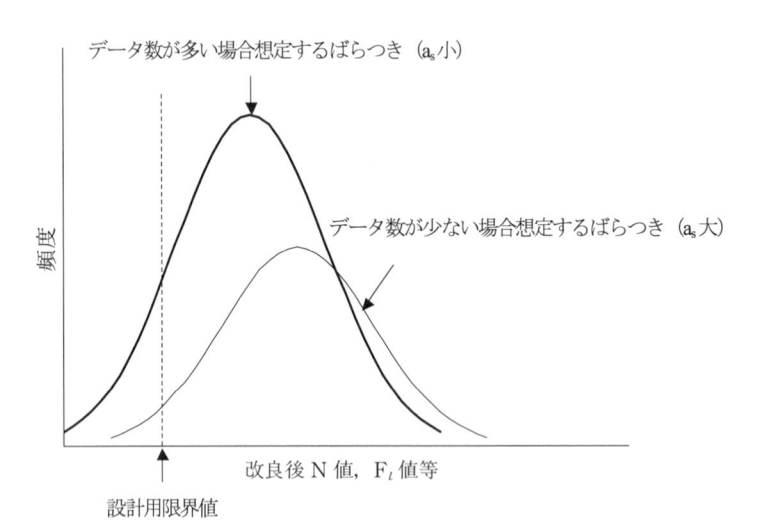

図2.4.7 改良率 a_s の決定における地盤のばらつきと不合格率の概念

る必要がある．データの個数に関する推奨値などは第3章に詳しく述べられているので，参照されたい．

参考文献

2.4.1) 駒崎俊治・笹尾 光・吉田 正：締固め改良地盤におけるばらつきの評価，シンポジウム資料，

建築基礎のための地盤改良設計指針作成にあたって，日本建築学会構造委員会，pp.41-48，2003.11
2.4.2) 吉田　正・笹尾　光：締固め地盤改良の設計に用いる間隙比の推定方法について，実務にみる地盤改良工法の技術的諸問題シンポジウム論文集，日本建築学会構造委員会，pp.65-68，1999.10
2.4.3) 中野健二：締固め地盤改良の設計における改良効果推定法のばらつきについて，実務にみる地盤改良工法の技術的諸問題シンポジウム論文集，日本建築学会構造委員会，pp.69-74，1999.10
2.4.4) 水野恭男・末松直幹・奥山一典：細粒分を含む砂質地盤におけるサンドコンパクションパイル工法の設計法，土と基礎35-5，pp.21-26，1987
2.4.5) 山本　実・原田健二・野津光夫：締固め工法を用いた緩い砂質地盤の液状化対策の新しい設計法，土と基礎，Vol.48，No.11，pp.17-20，2000
2.4.6) 安達俊夫・大林　淳：埋立地の火力発電所本館における基礎の設計事例，建築物を対象とした締固め地盤改良工法の適用事例集，日本建築学会構造委員会，pp.28-33，2002.8

2.5節　施工管理と品質管理

> 1．施工計画にあたっては，工法ごとに改良地盤に要求される性能を確保し，周辺環境への影響を防止するための施工管理項目を選定し，管理方法，管理値を定める．
> 2．地盤改良後，必要な試験・検査を実施し，改良地盤が設計時に設定した性能を確保できていることを確認する．

1．施　工　管　理

(1) 性能を確保するための施工管理

　施工管理は，配置・形状に関する事項と材料・締固め効果に関する事項に分けられる．具体的には，施工前の補給材料に関する品質試験および締固め杭の打設位置，鉛直性の確認，施工中の施工管理計を用いた補給材の投入量，締固め杭の深度，連続性に関する施工管理により，改良地盤に要求される性能および設計用限界値を確保できる施工を行う．詳細は第7章に記述している．

(2) 環境に配慮した施工管理

　施工時に周辺環境に影響を及ぼす項目には，騒音，振動，地盤変状，土壌・地下水汚染などがある．騒音，振動に関しては，まず当該敷地およびその周辺における騒音・振動規制，工事規制，作業時間などに関する状況を事前に調査し，工事上の支障を生じさせない工法の選定が重要となる．また，必要に応じて振動・騒音測定を実施し，規制値を満足していないと判断される場合は，空溝，吸収孔や遮断壁の設置などの対策を講ずる必要がある．周辺構造物などに対する地盤変位の影響が高いと判断される場合には，変位を極力小さくする打設計画（打設順序）に配慮するとともに，事前に変位予測を実施し，許容変位量を超えると判断される場合には変位緩衝溝，変位緩衝孔を設けるなどの対策を講ずる必要がある．詳細は第7章で記述している．

2．品　質　管　理

　改良後の品質管理においては，改良地盤の性能が，事前の地盤調査結果に基づいて設定した液状化抵抗比，支持力特性，変形特性など改良地盤に要求される性能以上であることを確認する．具体的な地盤調査の項目としては，締固め杭間位置における標準貫入試験を必須項目すなわち推奨法と

位置づけ，その他に基礎形式，改良目的，選択した検討法に応じて，以下に示すような調査とその数量を，適宜，選択し実施するものとする．

(1) 液状化対策：粒度（細粒分含有率）試験（推奨法）
(2) 直接基礎の支持力増加・沈下低減：杭心標準貫入試験，平板載荷試験，PS検層（詳細法）
(3) 杭の水平抵抗力増加：孔内水平載荷試験，杭の水平載荷試験（詳細法）
(4) 杭の鉛直支持力，引抜き抵抗力の増加：杭の鉛直載荷試験（詳細法）

　以上の地盤調査結果に基づいて改良地盤の性能を評価し，設計時に設定した要求性能以上であることを確認する．万が一，改良地盤の性能が要求性能を下回った場合は，追加の地盤調査や，詳細な検討による性能確認，あるいは，基礎の設計変更，地盤改良の追加など要求性能を確保するための適切な対策を施す．詳細は第8章で記述している．

第3章 調　　査

3.1節　調査目的と調査計画

> 1．締固め地盤改良に関する調査は，設計に必要な情報を的確に把握することを目的として実施する．既に建築物を対象とした地盤調査がなされている場合には，必要に応じて地盤状況や周辺環境に関する情報の把握を目的とした追加調査を実施する．
> 2．改良前の事前調査計画は，以下の項目を踏まえて立案する．
>   (1) 建築物の基礎形式に応じた土質定数の把握
>   (2) 工法選定および施工時の周辺環境に関する情報の把握
>   (3) 適切なボーリング調査箇所数の確保
>   (4) 適切な粒度試験データ数の確保

1．調査目的

　建築物を対象とした通常の地盤調査は，建物基礎の支持層深度や敷地地盤の地層構成の把握，ならびに設計・施工上で必要となる土質定数の把握を目的として実施されており，基本設計の段階から締固め改良を考慮した調査が行われることは少ない．従来の締固め地盤改良における設計では，このような通常の地盤調査の結果を用いて検討されている例も多く，改良設計に用いる土質定数などの地盤データ数も少なく，かなりの余裕を見込んだ安全側の設計がなされているケースも多い．

　本来の締固め地盤改良の調査では，通常の建築物を対象とした地盤調査の情報に加えて，改良設計に必要な情報を的確に把握することが必要である．すなわち，改良対象となる土層のより詳細で多くの地盤情報（平面的，深度的な N 値・細粒分含有率の情報，粘土層の介在などの情報）や，構築される建築物の基礎形式に応じた改良前の地盤データが必要であり，これらの改良設計に必要な地盤データが適切なデータ数として確保されていなければならない．また，敷地周辺の施工環境に関する情報として施工時の騒音・振動や資機材運搬に関する道路状況などの周辺の現地情報も必要である．これらの情報によって，信頼性の高いより経済的な設計が可能となる．

　締固め地盤改良を前提とした調査においては，後述する調査項目・数量を考慮した調査の実施を推奨する．既に建物設計のための本調査が実施されている場合にも，図3.1.1に示すように必要に応じた追加調査を可能な範囲で実施し，設計に必要な情報を補完することを推奨する．なお，改良後の品質確認のための調査に関しては，第8章に詳述する．

　本編では，締固め地盤改良の事前の調査として，従来からの建築物を対象とした通常の地盤調査を適用する場合を「簡便法の調査」として位置づける．これは，従来の改良設計法が適用される方法である．また，上述の締固め地盤改良を踏まえた調査を「推奨法の調査」とし，以下に示すような地盤データのばらつきの影響を低減することを考慮した調査手法を推奨する．

- 標準貫入試験のハンマー落下方法には自動落下法を採用する．
- 締固め地盤改良の設計に用いる粒度試験は，採用する N 値のデータ数と同数実施する．
- 敷地規模や建物規模に応じたボーリング調査箇所数を設定し，N 値・細粒分含有率のデータ数を適切に確保する．
- 敷地が広い場合には平面的に複数のエリアに分けて地盤特性を評価する．

一方，事前の調査段階において，締固め地盤改良の試験施工が実施され，その改良地盤を対象とした地盤調査から得られた土質定数が実施設計に反映可能な場合，または，本施工による改良後の調査結果が実施設計に反映可能な場合には，最も合理的な設計が可能となる．これらは，施工後の締固め杭間地盤と杭心地盤を対象とした調査であり，「詳細法の調査」として位置づける．

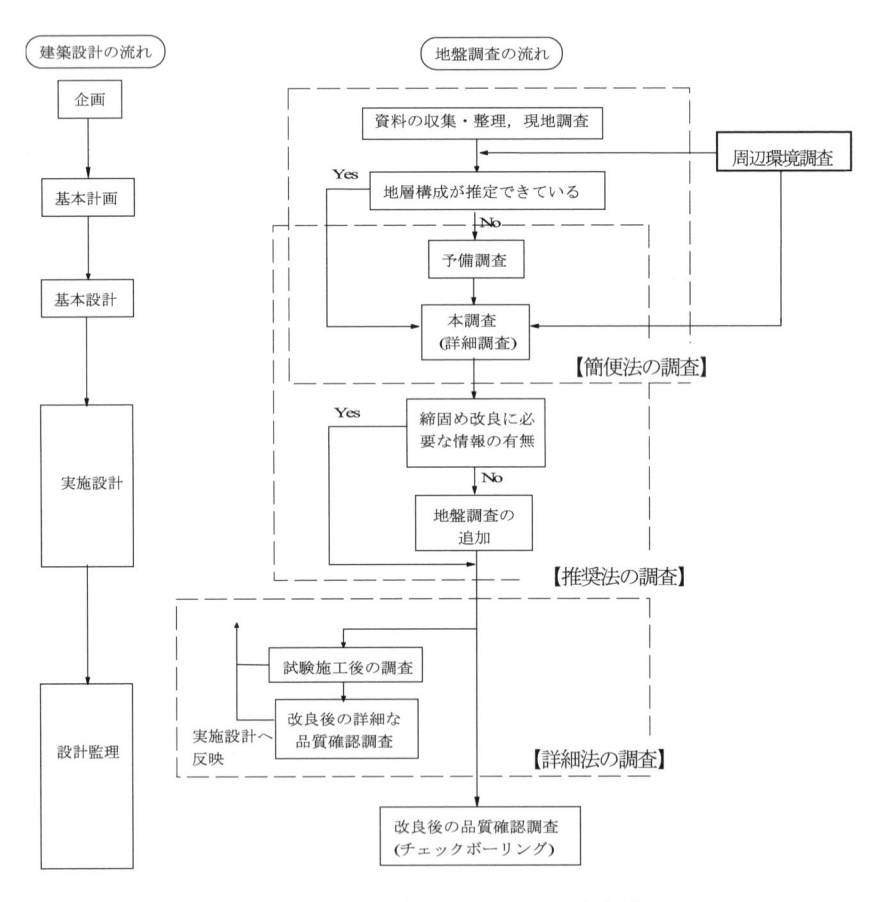

図3.1.1　締固め地盤改良の調査の流れ[3.1.1)—一部加筆]

2．調査計画

(1) 建築物の基礎形式に応じた土質定数の把握

本指針で取り扱う締固め地盤改良は，原則として液状化発生の防止を目的としており，改良地盤に構築される建築物の基礎形式に応じて以下の改良効果を期待するものである．

　① 液状化発生の防止

② 直接基礎の支持力増加・沈下量の低減
③ 杭基礎の鉛直支持力・水平抵抗力および引抜き抵抗力の増加

これらの改良効果の把握を踏まえ，改良設計のための情報として事前の地盤調査に要求される調査項目と調査手法を表3.1.1に示す．

液状化発生の防止を目的とした締固め地盤改良の設計では，地層構成や地下水位などの地盤状況の把握と改良深度・改良範囲の設定および要求性能に基づく改良率を設定するための地盤定数が必要である．これらは，原則として，ボーリング調査と併用して実施する標準貫入試験（N値），ならびに貫入試験で得られた乱した試料を対象とした粒度試験（細粒分含有率）により求められる．

表3.1.1 事前の地盤調査の調査項目

改良目的		調査項目（地盤定数）		対応する調査項目と調査手法		
				簡便法	推奨法	詳細法（試験施工後の調査）
液状化発生の防止		地盤状況	地層構成・改良深度 N値・地下水位	BOR SPT 粒度試験	BOR SPT 粒度試験 SPT試験方法，試験数量などに推奨事項を設定	—
		原地盤の液状化安全率 F_l	地層区分・湿潤密度 地下水位・N値・粒度分布（細粒分含有率）			杭間のBOR・SPT・粒度試験
直接基礎	支持力増加	N値・湿潤密度・内部摩擦角（詳細法：荷重〜沈下量関係，極限支持力）				杭間と杭心のSPT・平板載荷試験
	沈下量の低減	変形係数（詳細法：荷重〜沈下量関係，杭間地盤の極限支持力，杭心地盤の初期勾配）				PS検層
杭基礎	鉛直支持力・引抜き抵抗力の増加	N値				杭間のSPT
	水平抵抗力の増加	変形係数（基準水平地盤反力係数 k_{h0}）			(PMT)	杭間のSPT・杭間のPMT

[注]・推奨法では，試験数量・方法などに推奨事項を加味する．
・BOR：ボーリング調査　・SPT：標準貫入試験　・PMT：孔内水平載荷試験

簡便法は，従来からの建築物を対象とした通常の地盤調査を適用する方法であり，ボーリング調査・標準貫入試験・粒度試験を調査項目とする．推奨法は，おおむね簡便法と同様であるが，地盤データのばらつきの影響の低減を考慮し，調査数量や試験方法に推奨事項を加味した方法である．詳細法は，推奨法の推奨事項に加えて，試験施工の実施に伴う改良後調査の結果が実施設計に反映可能な場合に，その試験施工後の締固め杭の杭間地盤および杭心での調査を加味した調査方法である．

改良地盤上に計画される建築物が直接基礎の場合，簡便法および推奨法の調査では，標準貫入試験と粒度試験（細粒分含有率）が前提となり，推奨法の調査では調査数量や試験方法に相違がある．詳細法の調査は，複合地盤としての支持力・沈下の評価のための試験施工後の杭間や杭心地盤での標準貫入試験（N値）・平板載荷試験およびPS検層（変形係数）などが挙げられる．

計画される建築物が杭基礎の場合，簡便法および推奨法の調査では，標準貫入試験と粒度試験が前提となるが，推奨法の調査では調査数量や試験方法に相違があることに加え，原地盤での孔内水平載荷試験の実施を推奨する．原地盤での変形係数の把握，ならびに改良後の同試験結果との比較による改良効果の確認の上においても有用である．詳細法の調査は，試験施工後の調査結果が実施設計に反映可能な場合に行う調査であり，杭間地盤での標準貫入試験や孔内水平載荷試験である．

(2) 工法選定および施工時の周辺環境に関する情報の把握

　a．工法選定に必要な地盤情報

地盤改良工法が適用可能な地盤条件は2.1節に示されているが，地盤調査においては，これらの条件を判断するために必要な地盤情報が含まれた調査でなければならない．必要な地盤情報には，①地盤構成―改良深度・対象土層の土質・介在粘性土層および改良土層下の粘性土の有無・地下水位，②原地盤のN値，細粒分含有率，平均粒径などがあり，これらは，前述の標準貫入試験併用のボーリング調査と粒度試験によって得られる．地盤改良工法の適用範囲については第2章で示すように，数値で明確に提示することは難しいが，ここでは，既往の施工実績に基づいた適用範囲として，原地盤のN値・細粒分含有率・平均粒径および施工深度の実績を図3.1.2および図3.1.3に示す．これらの施工実績によると，原地盤のN値はおおむね20以下が適用可能とされているが，実際は15以下

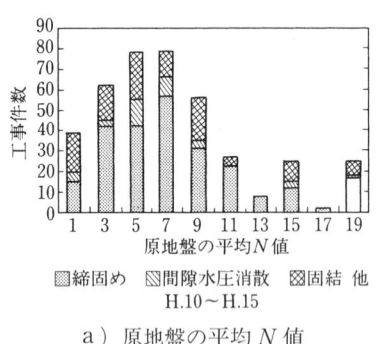

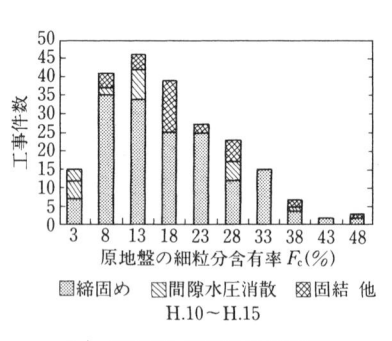

a）原地盤の平均N値

b）原地盤の細粒分含有率

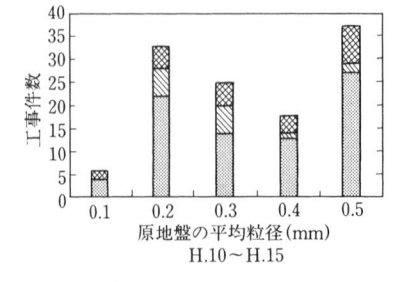

c）原地盤の平均粒径

図3.1.2　締固め工法の施工実績における地盤条件[3.1.2)]

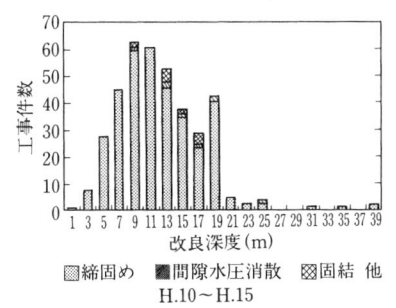

図3.1.3　締固め工法の改良深度の施工実績[3.1.2]

に適用されるケースが多く，細粒分含有率38％以下，平均粒径0.5mm以下の地盤に適用されているケースが多い．また，改良深度は4～20m程度での実績が多くみられている．

　b．周辺環境に関する調査

　地盤改良工法の施工上の選定要因となる当該敷地の現況や周辺施設の状況も，重要な事前の調査項目である．敷地の広さ・形状・高低差および敷地表層の舗装や既存構造物の有無などは，施工機械や資機材の配置などに関わる要因である．また，資機材運搬時の道路状況や規制などの周辺環境，ならびに市街地での近接施工時の振動・騒音および地盤変位などの周辺施設への影響の可能性の確認も，工法選定の上での事前確認の項目となる．締固め工法における振動・騒音レベルと距離減衰の関係は，既往の調査から第2章図2.1.4, 図2.1.5に示した相関が求められており，これらの測定結果も工法選定の参考となる．なお，近接施工時の振動・騒音・地盤変位および周辺土壌や地下水に対する影響に関しては，第7章で詳述している．

(3)　適切なボーリング調査箇所数の確保

　建築基礎設計におけるボーリング調査箇所数は，通常，敷地面積や建物規模に応じて設定される．例えば，3 000m²（50×60m）の建築面積または敷地面積に対して，本会編「地盤調査計画指針」に準拠すれば，図3.1.4に示すように，地層構成に変化がない場合には3～6か所程度のボーリング調査が計画されることになる．ここで，敷地内の改良対象となる液状化対象層の層厚が5mとすれば，改良対象層のN値データ数は15～30個存在することになる．

　一方，地盤改良の要求性能と限界値の取扱いにおいて，要求性能（目標液状化強度や目標支持力

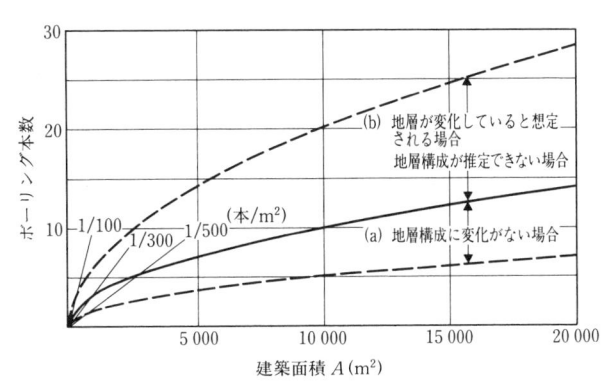

図3.1.4　建築（敷地）面積から想定されるボーリング調査の箇所数[3.1.4]

など）に対するばらつきを考慮した評価方法として，2.4節で「不合格率」の概念を示している．

不合格率の適用可能性については，兵庫県南部地震における被害事例の検証から F_l 値の不合格率と地盤の液状化発生程度との関係として，P_l 値を考慮した不合格率の有用性が報告[3.1.3]されており，対象建築物の要求性能との関係をより明確にすることにより，不合格率を考慮した経済的な改良設計が提案される．このような不合格率の設計への適用には統計処理を必要とするため，N 値や細粒分含有率 F_c のデータ数が少なくては自ずと難しくなる．

一般に統計的処理により設計用地盤定数を求める場合，母平均や分散の推定に必要な調査個数は20個以上，その頻度分布型の推定には25個以上のデータ数が必要とされる[3.1.5]．上述の敷地地盤に適用した場合には，4～5箇所以上のボーリング調査が推奨されることになる．このように，敷地面積や建物規模が大きく調査データ数が多く採用できる場合には，要求性能に応じた不合格率を考慮した設計方法が可能となる．ただし，不合格率の設定に関しては，要求性能との関係を加味した十分な検討が必要である．一方，調査箇所数は上述のように敷地面積や建物規模によって設定されることが原則であるが，現実的にはコスト面などの要因から改良設計に必要な調査データ数が確保できないことも想定される．このような場合には，最小 N 値や最小 F_l 値を示す箇所が想定する地震力の大きさに対して $F_l>1.0$ となるように改良率が設定される簡便法のケースとなろう．

(4) 適切な粒度試験データ数の確保

地盤改良の適用に際しての地盤調査は，敷地地盤の地層構成や地下水位などの把握に加え，対象土層の詳細な地盤情報の把握が必要となる．具体的には，①敷地内における改良対象となる軟弱な砂層の分布状況（水平・深度方向）と粘性土層の介在，②地下水位，③対象土層の N 値（代表値・ばらつき度合い），④対象土層の細粒分含有率（代表値・ばらつき度合い）などである．これらの情報は，一般的な建築物を対象とした地盤調査からも得られる情報であるが，改良対象となる軟弱な砂層に関する調査は，液状化検討や杭基礎の水平抵抗力の推定などが主な目的とされる場合が大半であり，そのデータ数は少ない．ここで，大規模な建築物を対象とした地盤調査の事例を表3.1.2に示す．同表は，調査地毎に測定した沖積砂層や埋立て砂層の N 値や細粒分含有率 F_c をまとめたものである．各調査地とも N 値のデータ数に比べて F_c のデータ数の少ないことが読み取れ，大規模な建築物を対象としても，沖積砂層などに対する粒度試験が代表的にしか実施されていない事例である．また，その試験実施の割合は N 値データ数の3～7割程度である．このように，当該敷地における対象範囲の全域を均等に，または深度方向おいても均等に調査・試験が行われるケースは少なく，締固め地盤改良の設計においては，データ数が非常に少ないものとなってしまう．

計画当初から締固め地盤改良が予定されているケースは，重要建築物のような場合を除いては希であり，一般的な建築物で締固め地盤改良を適用する場合は，改良対象土層に対して，おおむね上述のような少ないデータから設計を開始する場合が大半であろう．このような状況では，F_l 計算における細粒分含有率に対しても推定値が用いられるケースも想定される．地盤改良の設計では，N 値と細粒分含有率が重要なファクターであり，細粒分含有率に推定値を用いた場合の影響は大きい．

改良設計の観点からは設計に用いる N 値データ数と同数の細粒分含有率データの収集を原則と

表3.1.2 建築を対象とした地盤調査の事例（対象土層の N 値・細粒分含有率）[3.1.6]

調査地		A	B		C	D	
敷地規模（m）		120×180	80×160		100×180	150×300	
調査地点（箇所）		10	9		5	13	
地点間距離（m）		20〜45	30〜40		70	25〜40	
対象土層 （層厚 m）		沖積砂層 （4）	沖積砂層 （上5，下5）		沖積砂層 （5）	埋立て砂層 （上4，下9）	
N 値	測定範囲	3〜20	3〜13		1〜15	0〜10	
	平均値	11.3	9.3	5.4	5.0	2.4	4.9
	標準偏差	5.6	2.3	1.3	3.5	1.4	2.5
	変動係数	0.49	0.25	0.25	0.71	0.58	0.51
	データ数	42	35	24	32	43	115
細粒分（%）	測定範囲	6〜60	15〜80		10〜70	2〜20	
	平均値	18.9	29.3	70.4	33.7	14.9	10.0
	標準偏差	15.9	9.5	9.4	15.1	10.5	6.8
	変動係数	0.84	0.32	0.13	0.45	0.7	0.68
	データ数	29	9	10	21	12	36

［注］ 調査地 A，B，C：通常の建物を対象とした地盤調査例
調査地 D：締固め地盤改良を踏まえた地盤調査例
調査地 B，D の左右の表示は，上層（左欄），下層（右欄）に層区分した表示

する．F_ℓ 計算や改良設計の全てに係わる細粒分含有率に N 値と同数の実測値を用いることは，地盤データのばらつきの影響を極力低減した評価を可能とする基本的な要件である．

以上より，地盤改良の対象層に関する地盤情報が少ない状況において本法を適用する場合には，標準貫入試験併用のボーリング調査と粒度試験を内容とした追加調査を，改良対象層に対して可能な範囲で極力実施することを視野に入れた地盤調査の計画が推奨される．

参 考 文 献

3.1.1) 日本建築学会：建築基礎設計のための地盤調査計画指針，pp.4-6，1995.12
3.1.2) 地盤工学会：液状化対策工法，pp.199-203，2004.7
3.1.3) 山本 実・山崎 勉・船原英樹・吉富宏紀：締固め改良地盤の液状化及び杭基礎に対する設計法について，シンポジウム資料 建築基礎のための地盤改良設計指針作成にあたって，pp.49-59，日本建築学会，2003.11
3.1.4) 日本建築学会：建築基礎設計のための地盤調査計画指針，pp.23-25，1995.12
3.1.5) 土質工学会：土質基礎の信頼性設計・土質基礎工学ライブラリー28，pp.59-63，1985
3.1.6) 駒崎俊治・笹尾 光・吉田 正：締固め改良地盤におけるばらつきの評価，シンポジウム資料 建築基礎のための地盤改良設計指針作成にあたって，pp.41-48，日本建築学会，2003.11

3.2節　地盤調査の方法と留意事項

> 1．締固め地盤改良に関する地盤調査には，主に以下の調査・試験方法があり，これらの調査・試験方法を適切に組み合わせて実施する．なお，その他の有用な調査方法も必要に応じて適宜活用する．
> 　(1)　現　地　調　査：標準貫入試験併用のボーリング調査
> 　(2)　室内土質試験：粒度試験（土粒子の密度試験，含水比試験を含む），細粒分含有率試験
> 　(3)　原 位 置 試 験：孔内水平載荷試験
> 2．締固め地盤改良に関する地盤調査は，以下の点に留意して実施する．
> 　(1)　標準貫入試験のハンマー落下方法は，原則として自動落下法を採用する．
> 　(2)　粒度試験の試験数量は，原則として設計に用いる N 値のデータ数と同数とする．
> 　(3)　敷地が広い場合には，平面的なエリアに分けて N 値・粒度分布を評価する．

1．地盤調査の方法

地盤改良工法の設計手法は，4.4節に示すように，目標 N 値に改良するための改良率を改良前後の間隙比の変化から求めている．この設計法（C法またはD法）における対象地盤の間隙比は，最大・最小間隙比（e_{max}, e_{min}）を介して N 値～相対密度 D_r ～間隙比 e の関係から求められる．また，e_{max}, e_{min} は，細粒分含有率 F_c との相関式（水野ほか［1987］[3.2.1]—平間の方法）から一義的に求められた推定値が通常用いられる．

このように，地盤改良工法における改良率の設計は，原地盤の N 値と細粒分含有率ならびに土被り圧（湿潤密度，地下水位）がわかれば設計が可能となる．また，細粒分含有率 F_c は液状化判定において必要不可欠な土質定数であるが，改良設計においても相対密度や間隙比の算定，さらには締固め効果の補正係数の算定にも用いられる重要な土質定数である．

調査・試験方法と得られる土質定数ならびに設計における利用をまとめ，表3.2.1に示す．PS検層や平板載荷試験は，試験施工後の改良地盤を対象とした調査であり，複合地盤としての評価を行うための詳細法の調査として位置づけられる．

(1)　現 地 調 査

　a．ボーリング調査

地盤改良のための調査では，少なくとも改良対象層の下限深度までの調査が必要であるが，その下位の地層構成や性状についても，支持力や沈下などの問題において把握しておく必要がある．また，改良対象層の水平範囲・深度範囲を的確に把握するとともに，締固め効果に影響を及ぼす粘性土層の介在状況については，特に詳細な把握が必要である．

地下水位の確認方法は，対象地盤が通常は沖積低地や埋立て地であることから，一般的にはボーリング調査時の無水掘り水位を適用する．ただし，無水掘りが困難な場合には，現場透水試験の平衡水位や孔内洗浄後の安定水位，または孔内泥水水位などを考慮して求める．なお，季節変動や水位回復および潮位の影響などによる水位変化には注意が必要である．

　b．標準貫入試験

標準貫入試験は，原則として深度1mごとに実施する．また，ハンマーの落下方法は，N 値のばらつき要因の低減を目的として「自動落下法」の採用を推奨する．

表3.2.1 地盤改良における地盤調査の方法と調査項目・設計への利用

調査・試験方法		得られる土質定数	規格	改良設計への利用	改良目的
簡便法・推奨法	ボーリング調査	土層構成 土質分類 地下水位 ［無水掘り水位］	削孔径 ϕ66mm 以上	土層構成，改良深度の設定 改良対象地盤の分布の把握 介在粘性土層の有無 湿潤密度の推定	液状化の防止 直接基礎 支持力増加 沈下量低減 杭基礎 鉛直支持力 引抜き抵抗 水平抵抗力 の増加
	標準貫入試験	N 値 （内部摩擦角 ϕ） （変形係数 E_s）	JIS A 1219	相対密度 D_r の算定 液状化の判定 支持力の算定 基準水平地盤反力係数の推定 即時沈下量の推定	
	粒度試験	細粒分含有率 F_c 粒度分布 平均粒径 D_{50} 60%粒径 D_{60} 均等係数 U_c 等	JIS A 1204	液状化の判定 最大・最小間隙比 e_{max}, e_{min} の算定 相対密度 D_r の算定 有効締め係数 R_c の算定 土質区分・湿潤密度の推定	
	細粒分含有率試験	細粒分含有率 F_c	JIS A 1223	最大・最小間隙比 e_{max}, e_{min} の算定 相対密度 D_r の算定 有効締め係数 R_c の算定 土質区分・湿潤密度の推定	
	孔内水平載荷試験	変形係数 E_s	JGS 1421	原地盤の基準水平地盤反力係数	杭基礎 水平抵抗力 の増加
詳細法	PS検層	変形係数 E_d	JGS 1122	複合地盤の即時沈下量の推定	直接基礎 沈下量低減
	平板載荷試験	極限支持力 杭心地盤の 初期勾配	JGS 1521	複合地盤の支持力・即時沈下量の推定	直接基礎 支持力増加 沈下量低減

［注］ 補給材（改良杭材料）に関する調査・試験は，7.2節施工管理に示す．

(2) 室内土質試験

a．粒度試験（土粒子の密度試験・含水比試験を含む），細粒分含有率試験

粒度試験はふるい分析と沈降分析を合わせた試験の実施を原則とする．沈降分析による粘土分含有率の把握は，改良設計に直接関係しないものの液状化判定では必要な項目であるため，液状化対策を目的とする締固め地盤改良の調査では，原則として，粒度試験はふるい分析および沈降分析を実施する．なお，明らかに細粒分が少ない試料においては，この限りではない．

一方，ふるい分析のみで F_c を求める試験方法として細粒分含有率試験（JIS A 1223）があるが，上記の理由から適用には注意を要する．ただし，現場の状況によっては，粒度試験の実施を前提にその補完として細粒分含有率試験を組み合わせる方法も考慮されよう．また，粒度試験は，改良対象となる土層で実施された標準貫入試験による試料の全てに対して実施することを推奨する．

b．湿潤密度の推定

土被り圧の推定のため各土層の湿潤密度（単位体積重量）が必要となる．各土層の湿潤密度は，地盤調査の面からは採取した乱さない試料を用いた湿潤密度試験（JIS A 1225）から求める．また，ボーリング孔を利用して測定する密度検層から求めることも可能である．ただし，これらの調査は，ボーリング削孔径が$\phi 86 \sim 116mm$と大きくなるためコスト面や他諸条件から，中小規模の建築物では適用しがたい状況もある．このような場合には，ボーリング調査や粒度試験から判明した土質区分に基づいた推定値の採用も可能である．湿潤密度の推定値の例を表3.2.2に示す．なお，湿潤密度の推定誤差がF_l計算値に及ぼす影響は少ない．

表3.2.2 湿潤密度（単位体積重量）の推定値の例[3.2.2]一部加筆

a）土質分類と単位体積重量，平均粒径，細粒分含有率の概略値

土 質 分 類	地下水位面下の単位重量 γ_{t2} (kN/m³)	地下水位面上の単位重量 γ_{t1} (kN/m³)	平 均 粒 径 D_{50} (mm)	細粒分含有率 F_c (%)
表　　　土	17.0	15.0	0.02	80
シ ル ト	17.5	15.5	0.025	75
砂質シルト	18.0	16.0	0.04	65
シルト質細砂	18.0	16.0	0.07	50
微　細　砂	18.5	16.5	0.1	40
細　　　砂	19.5	17.5	0.15	30
中　　　砂	20.0	18.0	0.35	10
粗　　　砂	20.0	18.0	0.6	0
砂 れ き	21.0	19.0	2.0	0

b）平均粒径と土質分類との概略の相関

粒径（mm）	0.005　0.01　　　0.075　0.1　　0.42　　1.0　　2.0　　5.0
土質工学会統一分類法	粘土　｜　シルト　｜　細砂　｜　粗砂　｜細れき｜中れき
土質分類名 平均粒径 D_{50} の概略値（mm）	0.02　0.25　0.04　0.07　0.1　0.15　0.35　0.6　2.0 表土　シルト　砂質シルト　シルト質細砂　微細砂　細砂　中砂　粗砂　砂れき

(3) 原位置試験

a．孔内水平載荷試験

改良後の地盤に計画される建築物が杭基礎構造の場合，水平抵抗力の増加が改良効果として見込まれる．原地盤で孔内水平載荷試験を実施し変形係数（基準水平地盤反力係数）を把握しておくことにより，基礎設計（簡便法）での利用および改良効果の確認が可能となる．孔内水平載荷試験は，

通常はプレボーリングタイプのプレッシャーメーターが用いられている．なお，孔内水平載荷試験には，孔壁の乱れや応力解放の影響が少ないとされるセルフボーリングプレッシャーメーター（SBP）もあるが，同タイプは，プレボーリングタイプに比べ高めの変形係数が得られるといわれている．本指針では6.5節に示すように一般的に用いられているプレボーリングタイプを適用した変形係数の評価方法を採用しているため，SBPタイプの使用にあたっては注意が必要である．

　b．PS 検 層

　試験施工後の杭間地盤と杭心地盤における変形係数（E_d）を，各ボーリング孔におけるPS検層結果から把握することにより，複合地盤としての沈下量の評価が可能となる．なお，PS検層のせん断波速度 V_s からひずみ依存性や応力依存性を考慮して変形係数を求める方法は，基礎指針5.4節「2．地盤定数の評価方法」を参照されたい．

(4)　その他の調査・試験項目

　a．砂の最小密度・最大密度試験

　締固め地盤改良の設計では，細粒分含有率 F_c から原地盤の最大・最小間隙比（e_{max}, e_{min}）を推

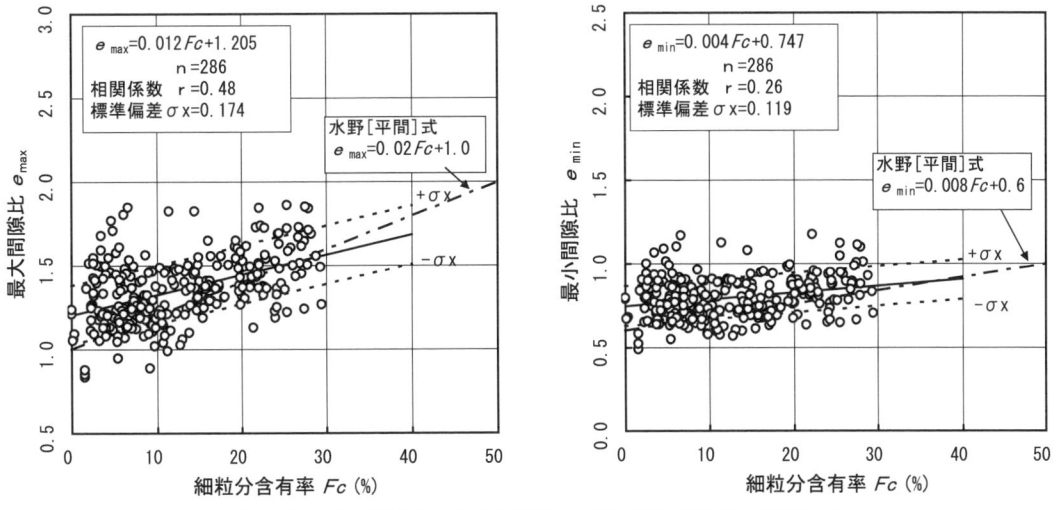

図3.2.1　最小間隙比・最大間隙比の推定値と実測値の関係[3.2.3]

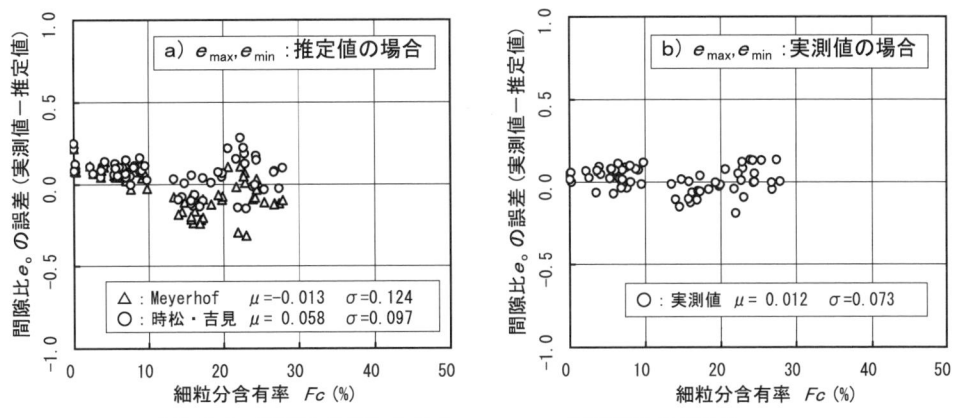

図3.2.2　間隙比推定における e_{max}, e_{min} 実測値の効果[3.2.3]

定し，N値～相対密度D_r～間隙比eの関係から原地盤の間隙比e_0を推定している．同様に，改良目標N値（N_1）から改良後の間隙比（e_1）を求めて，改良率および改良効果を推定している．改良効果におけるばらつきは，おのおのの推定値の持つばらつきが原因の一つとされている．

原地盤のe_{max}，e_{min}の推定値と実測値との関係を図3.2.1に示す．e_{max}，e_{min}ともに推定値は実測値より低めの傾向を示している．

一方，F_cから推定したe_{max}，e_{min}を用いて算定した間隙比と，実測の間隙比との誤差を図3.2.2(a)に示すとともに，最小・最大密度試験から実測値として求めたe_{max}，e_{min}を用いて算定した間隙比と実測間隙比との誤差を同図(b)に示す．誤差の標準偏差は前者の$\sigma=0.097$に対して最小・最大密度試験を実施した場合では$\sigma=0.073$となり，ばらつきの減少がみられる．F_cからの推定値に替えて最小・最大密度試験による実測のe_{max}，e_{min}を用いることで間隙比の推定変動幅を1/2以下に減少できるとの報告[3.2.4]もある．

　b．液性限界・塑性限界試験

液性限界・塑性限界試験（JIS A 1205）は，沖積砂層や埋立て地盤および盛土地盤などで細粒分含有率の多い低塑性シルトなどの液状化判定が必要な場合には，塑性指数I_pによる液状化対象土層としての判定も含まれるため試験の実施を考慮する必要がある．

　2．地盤調査における留意事項

(1) 標準貫入試験のハンマー落下方法における自動落下法の採用

地盤改良の設計ではN値の評価が重要であり，標準貫入試験時の人為的要因や機械的要因によるばらつきをできるだけ解消する必要がある．この機械的要因に標準貫入試験のハンマーの落下方法がある．現状のJIS規格（JIS A 1219-2003）では自動落下法（全自動型・半自動型），手動落下法（トンビ法・コーンプーリー法）が表記されている．自動落下法のうち，全自動型はハンマーの吊上げから落下までを完全自動で行う装置であり，半自動型は図3.2.3に示すように，ハンマー吊上げを

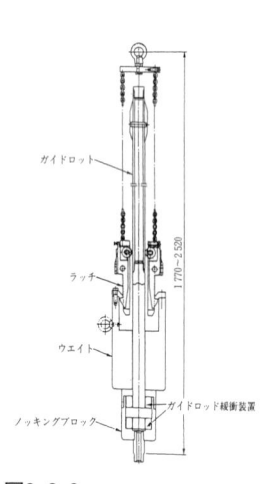

図3.2.3　標準貫入試験半自動落下装置[3.2.5]

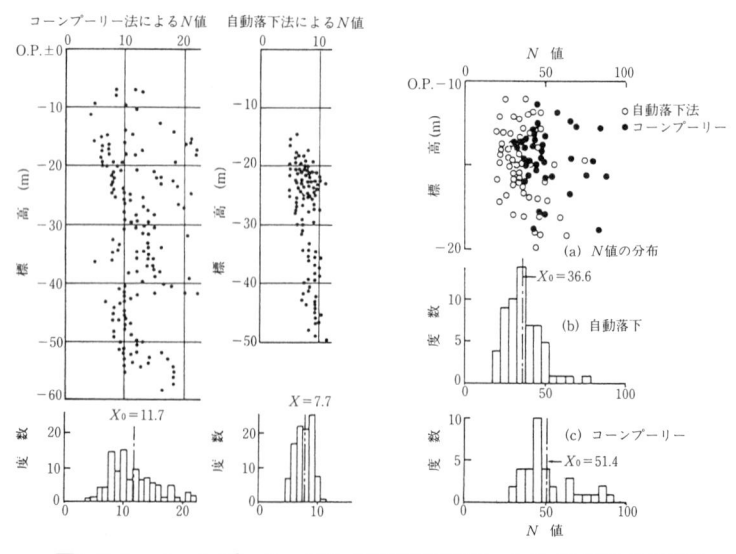

図3.2.4　コーンプーリー法と自動落下装置によるN値の比較[3.2.6]

手動で行う装置である．現状では，作業性の簡便さから半自動落下装置を用いた方法が自動落下法の大半を占めている．半自動落下装置では落下高さの確保やハンマーフックの解除の動作が自動であり，オペレータの熟練度など人為的要因による差が生じにくい方法として，「地盤調査計画指針」[3.2.7)]においても推奨されている．コーンプーリー法と自動落下法による粘土および砂礫層における N 値の比較結果を図3.2.4に示す．自動落下法による N 値は，コーンプーリー法による N 値のばらつきの下限値とほぼ対応しており，全体の平均値では，自動落下法がコーンプーリー法の約70％の低い値を示すとの紹介[3.2.6)]もある．以上より，N 値のばらつき要因の内で人為的要因や機械的要因をできるだけ解消するため，自動落下法の採用を推奨する．

(2) 対象土層の N 値データ数と同数の粒度試験の実施

N 値の変動係数は，表3.1.2に示した調査事例に基づくと，均一な砂層において最小でも0.25程度である．一方，沖積砂層の細粒分含有率 F_c のばらつきは，変動係数では0.13〜0.84の範囲を示し変動幅はかなり広い．また，深度方向の変化を考慮し対象範囲を細分化すれば，ばらつき幅は若干減少するものの全般的なばらつきは大きい．ここで，表3.1.2に示した既往の調査事例の内，調査地Dにおける N 値や F_c の分布傾向を図3.2.5に示す．土層ごとに区分した場合においても，N 値のばら

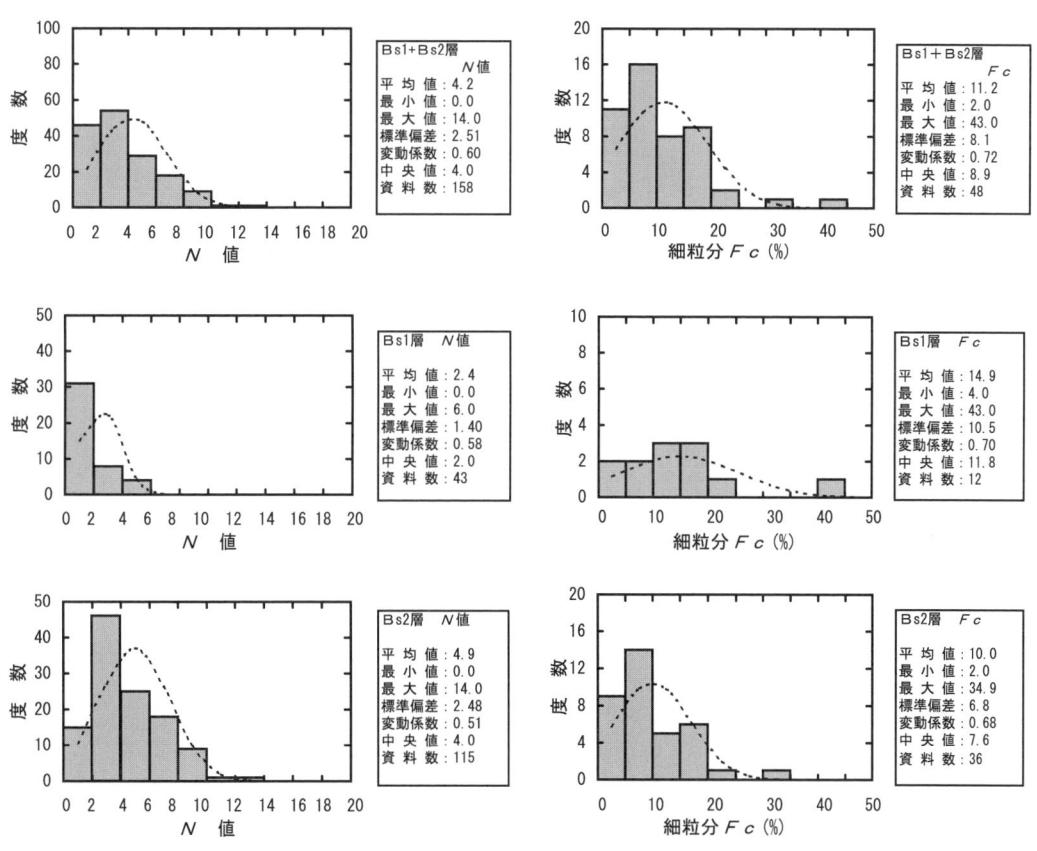

（全層［Bs1＋Bs2層］，上部層［Bs1層］，下部層［Bs2層］）
N 値・細粒分含有率の深度方向分布は図2.4.1参照

図3.2.5　調査地Dの N 値・細粒分含有率の分布傾向[3.2.8)]

つきに比べてF_cの変動幅が大きいことが示されている．このようにばらつきの大きいF_cに対して，現状では，N値のデータ数に比べてF_cのデータ数が非常に少ない状況にある．F_cは，液状化判定に用いられるとともに改良設計においても間隙比や相対密度の推定，改良効果の補正などの各段階で用いられる重要な定数であり，より多くのデータ収集によって改良設計の精度を高める必要がある．このため，設計に用いるN値データ数と同数のF_cデータの収集（粒度試験などの物理試験の実施）を原則として推奨する．

(3) 広い敷地でのエリア区分によるN値・粒度分布の評価の実施

建築面積や敷地面積に応じたボーリング調査箇所数，ならびに統計処理を前提とした不合格率を適用する場合に確保されるべきデータ数については，「3.1節 調査目的と調査計画」において示している．敷地面積が広く，数棟の建築物が敷地内に独立して建設される場合には，建屋の配置に基づいて敷地内を複数のエリアに分けた地盤調査の実施が望まれる．

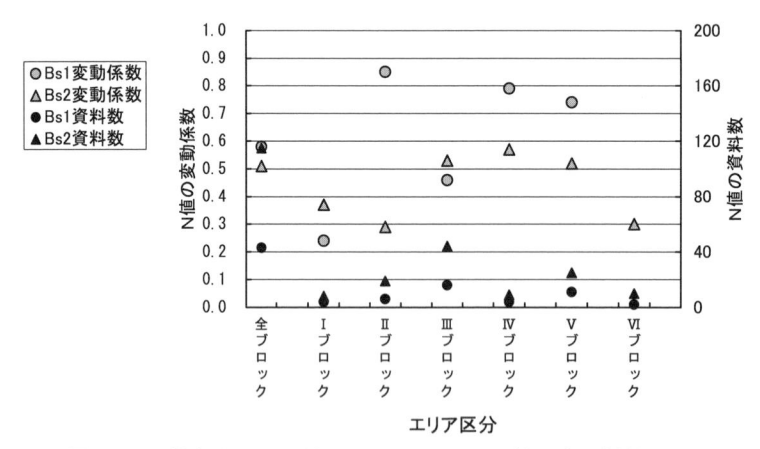

ここで，表3.1.2に示した調査地AとDにおけるエリア区分による平均N値の算定事例を以下に示す．調査地Dの対象土層の層厚は，図2.4.1に示したように4m（Bs1層）と9m（Bs2層）程度であり，N値の深度方向への一様な傾向はみられない．同調査地では建屋ごとに敷地をエリア分けした設計がなされており，各エリアのN値の変動係数を図3.2.6に示す．埋立て土層の大半を占めるBs2層に着目すると，Ⅲ，Ⅳ，Ⅴエリアでは敷地全体（全エリア）と同様な変動係数を示すのに対してⅠ，Ⅱ，Ⅵエリアでは変動係数は低下しており，エリア分けによりN値のばらつき幅が減少する傾向が示されている．

図3.2.6 調査地DにおけるエリアごとのN値の変動係数[3.2.8]

一方，調査地Aで隣接するボーリング地点をエリアとしてまとめた場合の各エリアの平均N値，変動係数を表3.2.3に示す．対象砂層は，層厚4m程度で，N値は深度方向に増加する傾向は認められない箇所である．調査地Aでは，地点間距離が近ければ変動係数は低いという傾向は，必ずしもみられていない．これは，沖積砂層を対象とした場合，近接した調査地点のN値が必ずしも同様な値を示すわけではないことを示しており，自然地盤におけるN値の不均一性を示している．

実務では敷地が広く調査データが豊富な場合は，建屋ごとにエリアを分けた設計が行われるものと推察される．調査地A，DのようにN値のばらつきが異なった傾向を示す例もあり，今後もデー

表3.2.3　調査地 A におけるエリア区分による N 値の変動係数[3.2.8]

Case	エリア区分	地点間距離	平均 N 値	変動係数
	全地点 10箇所	20～45m	11.3	0.49
1	3箇所	30～38m	9.3	0.45
2	3箇所	20～28m	11.4	0.67
3	3箇所	40～45m	11.1	0.28

タの蓄積が必要ではあるが，調査データが多く敷地のエリア分けによる検討が可能な場合には，同手法により N 値のばらつきが低下する可能性もあり，調査段階において検討すべき事項である．

参考文献

3.2.1) 水野恭男・末松直幹・奥山一典：細粒分を含む砂質地盤におけるサンドコンパクションパイル工法の設計法，土と基礎 Vol.35, No.5, pp.21-26, 1987.5
3.2.2) 日本道路協会：道路橋示方書（V耐震設計編）・同解説，2002.4
3.2.3) 吉田　正・笹尾　光：締固め地盤改良の設計に用いる間隙比の推定方法について，実務にみる地盤改良工法の技術的諸問題シンポジウム論文集, pp.65-68, 日本建築学会, 1999.10
3.2.4) 中野健二：締固め地盤改良の設計における改良効果推定法のばらつきについて，実務にみる地盤改良工法の技術的諸問題シンポジウム論文集, pp.69-74, 日本建築学会, 1999.10
3.2.5) 日本建築学会：建築基礎設計のための地盤調査計画指針，pp.162-163, 1995.12
3.2.6) 日本建築学会：建築基礎設計のための地盤調査計画指針，pp.193-197, 1995.12
3.2.7) 日本建築学会：建築基礎設計のための地盤調査計画指針，pp.3-4, 1995.12
3.2.8) 駒崎俊治・笹尾　光・吉田　正：締固め改良地盤におけるばらつきの評価，シンポジウム資料　建築基礎のための地盤改良設計指針作成にあたって，pp.41-48, 日本建築学会, 2003.11

第4章　液状化対策としての設計

4.1節　基本事項

1. 液状化対策としての締固め工法による地盤改良効果とその評価方法に関しては，地盤，建築物条件などの設計諸条件に応じて，簡便法，推奨法，詳細法の3種類の中から適切な手法を選択する．
2. 各限界状態において，基礎形式に応じた液状化に対する改良地盤の要求性能と限界値を適切に設定し，各限界状態検討用の外力に対して，応答値が限界値を上回らないことを確認する．

1．液状化対策における設計方法

液状化対策における地盤改良の設計方法は，地盤条件，建築物の条件やその他の諸設計条件に応じて，構造設計者が，簡便法，推奨法，詳細法の中から適切な手法を選択する．表4.1.1に各検討項目における検討法とその具体的手法を示す．

(1) 改良地盤の液状化判定

改良地盤の液状化判定には，簡便法，推奨法ともに基礎指針で示す液状化安全率F_lを用いた液状化判定法を採用する．ただし，終局限界状態については，基礎指針で取り扱われる液状化時の地表面動的変位D_{cy}，ならびに液状化指数P_lの二指標を地盤全体の液状化の程度を表す判定指標として用いて総合的に評価する手法を推奨法とする．液状化指数P_lとは，液状化安全率F_lと深さに対する重み関数を液状化対象深度で積分することによって，液状化の激しさ，すなわち構造物への被害を予測するうえでの一指標として提案された数値で，兵庫県南部地震における地震被害事例分析でも液状化後の地盤沈下量との間に相関関係がみられている．P_lの定義の詳細は4.3節に詳述している．

また，その他の方法として，有効応力解析などにより直接，過剰間隙水圧や変形を推測する方法もあるが，これらの方法は解析方法の種類，設計者の経験と判断により解が大きく左右されるため，本編では詳細法として紹介するに留める．

(2) 改良地盤の液状化抵抗比の評価

従来，締固め改良後の液状化抵抗比は，図4.1.1に示すような締固め杭から最も離れた点(杭間位置)におけるN値に基づいて評価するのが一般的であった．よって，本編でも杭間N値を用いて液状化抵抗比を評価しF_lを算出する方法を簡便法として扱う．しかし，改良地盤における実測データや兵庫県南部地震の被災事例分析などから，締固め改良地盤の液状化抵抗比が，杭間地盤のN値を用いて各指針類に従って算出した液状化抵抗比以上の強度を有していることや，その強度増加の要因となる改良地盤の複合地盤としての特性が明らかになってきている．したがって，本編ではこれまでの設計で用いられてきた杭間N値に基づく液状化抵抗比に，基礎形式に応じた割増係数を乗じ

表4.1.1 液状化対策に関する改良地盤の検討項目および検討法

検討内容	検討項目	選択手法	具体的手法
液状化対策	液状化判定	簡便法	・基礎指針に準じた液状化安全率 F_l による簡易判定法
		推奨法	・液状化安全率 F_l による判定の他,終局限界状態においては,液状化時の地表面動的変位 D_{cy},液状化指数 P_l による液状化程度の判定方法を併用
		詳細法	・損傷限界状態において,不合格率($F_l≦1.0$となる点数の割合)を用いた判定方法 ・有効応力解析などにより,直接,過剰間隙水圧,地盤変形量を算出する方法
	液状化に対する限界値の目安	簡便法	原則として $F_l>1.0$
		推奨法	・損傷限界状態:原則として $F_l>1.0$ ・終局限界状態 　杭基礎・べた基礎(塔状比の小さい建築物):$D_{cy}≦5〜10$cm,$P_l≦5〜10$ 　独立基礎・連続基礎:$D_{cy}≦5〜10$cm,$P_l≦5〜10$かつ基礎幅の約2倍の深度までは,原則 $F_l>1.0$ とする.
		詳細法	・損傷限界状態において,10%を上限値として不合格率の限界値を設ける ・有効応力解析による値に対して限界値を設定
	液状化抵抗比の評価	簡便法	杭間地盤の N 値に基づいた評価
		推奨法	杭間地盤の R_l に割増係数 C を乗じて複合地盤として評価
		詳細法	試験施工や改良後の地盤調査によって改良効果を確認し,その結果に基づいて割増係数を設定,もしくは液状化抵抗比を直接評価

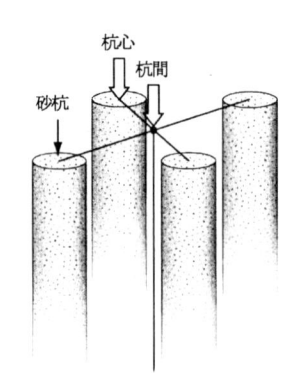

図4.1.1 締固め改良地盤の模式図(正方形配置の場合)

て複合地盤として評価する手法を推奨法として扱い,この液状化抵抗比を用いて F_l を算出する.具体的な液状化抵抗比の評価方法,推奨値の詳細,ならびにその根拠については4.3節に記している.

一方,試験施工や改良後の地盤調査によって改良効果を確認し,その結果に基づいて割増係数の設定,もしくは液状化抵抗比を直接評価する手法を詳細法として位置づけている.

2．要求性能と限界値

改良地盤の液状化に対する要求性能および限界値は,建築物の条件と各限界状態に相当する地震

表4.1.2　改良地盤の要求性能

限界状態	要　　求　　性　　能
終局限界	建築物の破壊・転倒，基礎の破壊が生じないように，地盤の極限抵抗力を確保する．作用外力が極限抵抗力を超えない．
損傷限界	上部構造や基礎の耐久性に有害となる残留変形が生じないように，地盤の強度・変形性能を確保する．

の起こりうる再現期間や期待値を考慮して，総合的な判断に基づいて設定されるべきものである．本編では，改良地盤の要求性能を基礎指針と同様，表4.1.2のように設定し，かつ，同指針で示す液状化安全率 F_l による液状化判定法の採用を基本とした上で，これらの要求性能を確保するための指標と限界値を基礎形式および限界状態ごとに設定する．なお，第5章，第6章においても液状化を含めた改良地盤に対する要求性能と限界値を詳細に記述している．

(1) 直接基礎に対する限界値

　a．終局限界状態

　終局限界状態では，改良地盤に求められる性能に，部分的な液状化は許容するが液状化層全体で判断したうえでその部分的な液状化が建築物の転倒および支持力の喪失などにつながらないことが要求される．これらの要求性能を確保するための具体的な指標として，液状化安全率 F_l，液状化時の地表面動的変位 D_{cy}，液状化指数 P_l の三指標を取り上げ，従来どおり液状化対象層全点で $F_l > 1.0$ を限界値とする考え方を簡便法，下記の①②を限界値として，建築物の転倒および支持力の喪失につながる液状化の被害は防止できるとする考え方を推奨法とする．①②の優先順位については，まず，①の D_{cy} について判定し，D_{cy} に関する限界値をクリアしない場合には，②の P_l を併用して総合的に判断する．

　　　①液状化時の地表面動的変位 $D_{cy} \leq 5 \sim 10$ cm
　　　②液状化指数 $P_l \leq 5 \sim 10$

　①の D_{cy} は，基礎指針に準じて液状化の程度が「軽微～小」に対応する5～10cmを目安としている．また，②の液状化指数 P_l と同様に，平均 F_l（液状化対象層において深さ1mごとに求めた F_l の平均値）という指標も，兵庫県南部地震において液状化による地盤沈下量との関係にある程度の相関性がみられたことから[4.1.1-4.1.2]，本編では推奨法には位置づけないが，適切に評価を行えば液状化の程度を表す指標として適用可能であると考えられる．各指標の算出方法，限界値の設定根拠，各指標の相互関係とその優先順位の妥当性については4.3節で詳しく記述している．なお，終局限界状態時に部分的に液状化を許容する場合，直接基礎に支持された建築物の詳細挙動や，さらに許容する場合に設計上どのように支持力を評価しておくべきかに関しては，未だに不明な点が多い．基本的に，建築物の規模，用途，重要性，構造種別などを考慮して，設計者が液状化を許容しない場合の終局限界支持力を適宜低減して評価することを原則とする．当面の目安としては，塔状比が小さな建築物を支持することを前提にして，べた基礎を採用する．もしくは独立基礎や連続基礎を採用する場合は支持力の影響深度として基礎幅の2倍までの深度を考え，この深度範囲内においては

全点液状化させないことを適用条件として推奨する．塔状比の大きな建築物を独立基礎や布基礎で支持させ，影響範囲内において部分的に液状化を許容する場合は，別途詳細な検討によってその安全性を確認することが望ましい．

　b．損傷限界状態

　損傷限界状態においては，液状化の可能性を完全に抑制しておくことが妥当であると判断し，原則として液状化対象層において深度1mごとに液状化安全率$F_l>1.0$を限界値に設定する．ただし，細粒分が多く含まれる砂質土の薄層を介在するなど，ある深度だけ$F_l≦1.0$となる点が存在する場合には，必ずしも損傷限界状態に相当する目標性能を確保できない訳ではないので，全深度で$F_l>1.0$を満たす必要性はないという設計上の判断も可能である．同様に敷地が広く調査箇所数（標準貫入試験および粒度試験の個数）が十分揃っている場合には，2.4節に解説したように10％を上限値の目安とした上で，具体的な不合格率（＝液状化安全率$F_l≦1.0$となる箇所数／改良対象層における全液状化判定箇所数）を設定して改良仕様を決定することも考えられる．なお，本編では同手法を詳細法として位置づける．

(2)　杭基礎に対する限界値

　杭基礎については，前述した直接基礎と同一の限界値を採用してもよい．ただし，部分的に液状化を許容した場合でも，地盤が液状化した場合の水平地盤反力係数の低減，応答変位法を採用する場合の地盤変位などの杭基礎の設計を行ううえでの地盤の評価方法が基礎指針に示されており，これらを考慮して杭体の設計を行い，性能を確保する考え方もある．詳しくは第6章で述べる．

―――――――――

参 考 文 献

4.1.1)　原田健二・石田英毅：大地震における建築構造物の締固めによる直接基礎改良地盤の評価に関する実証的研究，建築基礎の設計施工に関する資料5，実務にみる地盤改良工法の技術的諸問題，日本建築学会構造委員会，1999.10

4.1.2)　山本　実・山崎　勉・船原英樹・吉富宏紀：締固め改良地盤の液状化および杭基礎に対する設計法について，建築基礎の設計施工に関する研究資料10，建築基礎のための地盤改良設計指針作成にあたってシンポジウム資料，pp.49-59，2003

4.2節　設計の手順

> 　液状化対策の設計にあたっては，液状化に関する要求性能と限界値を設定し，設定した改良仕様に対する液状化抵抗比の評価および液状化判定を実施し，その妥当性を判断する．

　液状化対策の設計フローの一例と各検討項目の関連章節を図4.2.1に示す．同フローは，第5章，第6章における各設計フロー中の液状化に関する詳細な検討手順を示したものである．まず，4.3節より原地盤の液状化判定を行い，液状化対策の必要性について検証する．液状化対策を行った方がよいと判断した場合，4.1節より，基礎形式，限界状態に応じた限界値を設定する．その後，4.4節

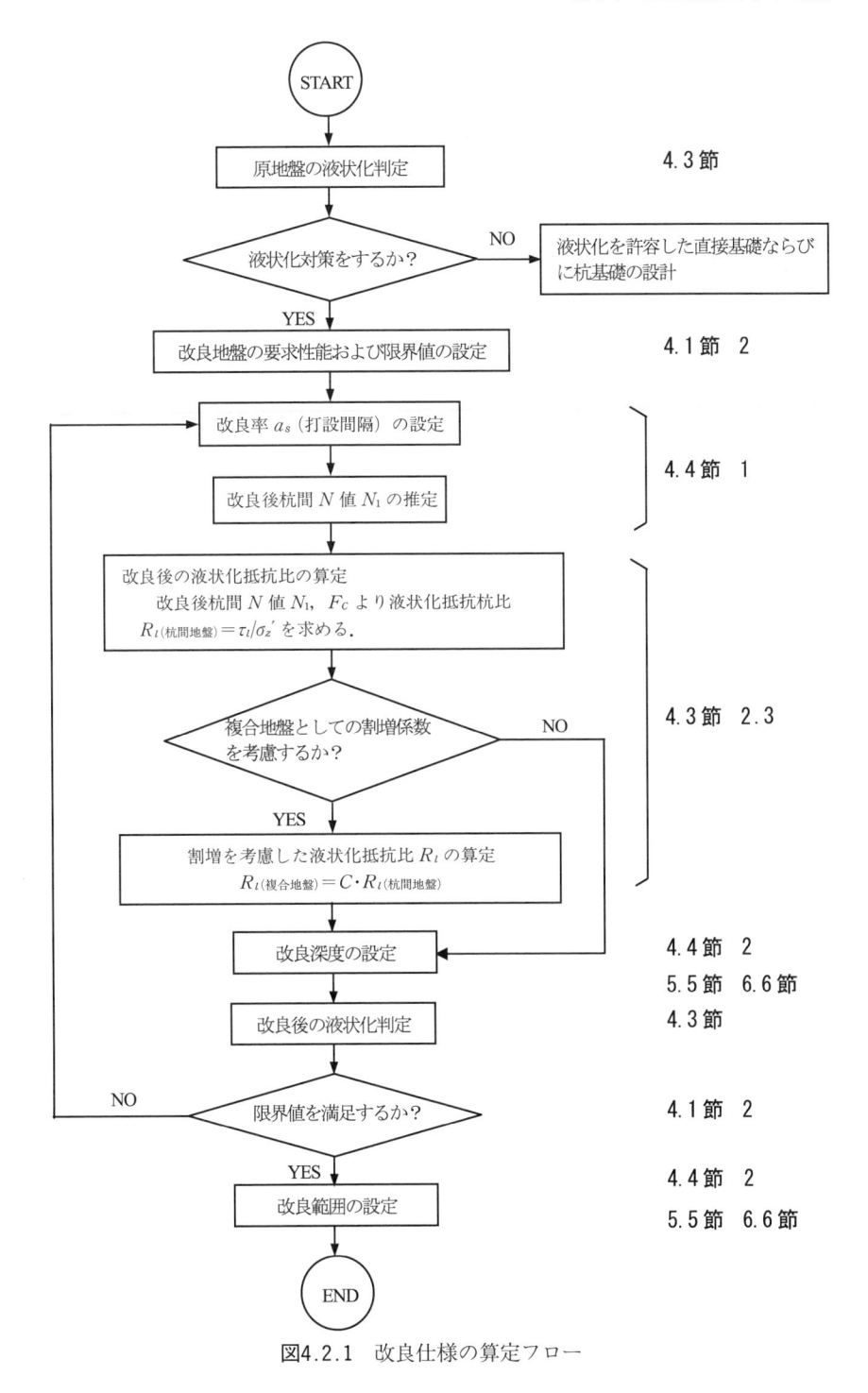

第4章　液状化対策としての設計　—317—

```
                    START
                      │
                      ▼
           ┌─────────────────────┐
           │  原地盤の液状化判定  │           4.3節
           └─────────────────────┘
                      │
                      ▼
                ◇液状化対策を───NO──→ ┌──────────────────────┐
                  するか？            │ 液状化を許容した直接基礎ならび│
                      │               │ に杭基礎の設計              │
                     YES              └──────────────────────┘
                      ▼
           ┌─────────────────────────────┐
           │ 改良地盤の要求性能および限界値の設定 │  4.1節　2
           └─────────────────────────────┘
                      │
      ┌──────────────▶▼
      │    ┌──────────────────────────┐  ┐
      │    │ 改良率 $a_s$（打設間隔）の設定 │  │
      │    └──────────────────────────┘  │  4.4節　1
      │                  │                │
      │    ┌──────────────────────────┐  │
      │    │ 改良後杭間 N 値 $N_1$ の推定  │  │
      │    └──────────────────────────┘  ┘
      │                  ▼
      │    ┌──────────────────────────────────┐  ┐
      │    │ 改良後の液状化抵抗比の算定              │  │
      │    │  改良後杭間 N 値 $N_1$, $F_c$ より液状化抵抗比 │  │
      │    │  $R_{l(杭間地盤)} = \tau_l/\sigma_z'$ を求める．│  │
      │    └──────────────────────────────────┘  │
      │                  │                        │  4.3節　2.3
      │                  ▼                        │
      │          ◇複合地盤としての割増係数──NO──┐ │
      │            を考慮するか？                  │ │
      │                  │                        │ │
      │                 YES                       │ │
      │                  ▼                        │ │
      │    ┌──────────────────────────────┐     │ │
      │    │ 割増を考慮した液状化抵抗比 $R_l$ の算定 │     │ │
      │    │ $R_{l(複合地盤)} = C \cdot R_{l(杭間地盤)}$ │     │ │
      │    └──────────────────────────────┘     ┘ │
      │                  │◀──────────────────────┘
      │                  ▼
      │        ┌────────────────┐              4.4節　2
      │        │  改良深度の設定  │              5.5節　6.6節
      │        └────────────────┘
      │                  ▼
      │        ┌────────────────────┐          4.3節
      │        │  改良後の液状化判定  │
      │        └────────────────────┘
      │                  ▼
      └──NO──◇ 限界値を満足するか？              4.1節　2
                        │
                       YES
                        ▼
              ┌────────────────┐              4.4節　2
              │  改良範囲の設定  │              5.5節　6.6節
              └────────────────┘
                        ▼
                      END
```

図4.2.1　改良仕様の算定フロー

より改良仕様を仮定して，深度ごとに改良後杭間 N 値 N_1 を推定し，液状化抵抗比 $R_{l(杭間地盤)}$ を算出する．

次に，改良後の液状化抵抗比の評価において推奨法を採用する場合は，下式のように $R_{l(杭間地盤)}$ に基礎形式に応じた割増係数を乗じて複合地盤としての液状化抵抗比を算出する．

$$R_{l(複合地盤)} = C \cdot R_{l(杭間地盤)} \quad (4.2.1)$$

(4.2.1)式の液状化抵抗比を用いて F_l,および終局限界状態における各指標の値を算出し,液状化判定を実施し,設定した限界値を満足するか否かを検討する.割増係数 C は改良地盤における実測データや兵庫県南部地震の被災事例分析などから,改良地盤の液状化抵抗比が,杭間地盤の N 値を用いて各指針類に従って算出した液状化抵抗比以上の強度を有していることや,その強度増加の要因となる改良地盤の複合地盤としての特性が明らかになってきていることから本編で新たに採用した係数である.具体的な液状化抵抗の評価方法,推奨値,ならびにその根拠については4.3節に詳細に記している.なお,限界値を満足しない場合は,満足するような改良仕様を再設定し,上記の作業を繰り返す.また,フロー中の液状化判定とは,深度ごとの液状化安全率 F_l と層全体としての液状化程度の判定を包括した表現としている.

4.3節 液状化判定

1. 液状化判定の対象土層および設計条件は,原則として基礎指針に準じて設定する.
2. 液状化判定の指標には,原則として深度ごとの液状化安全率 F_l を用いる.
3. 改良地盤の液状化抵抗比の算定においては,杭間位置の液状化抵抗比に複合地盤としての効果を考慮した割増し係数を乗じて,改良地盤全体を平均的に評価する方法を推奨する.
4. 終局限界状態における液状化程度の判定には,深度方向に層全体の液状化程度を判定する指標として,地表面動的変位 D_{cy},液状化指数 P_l を用いることを推奨する.
5. 詳細な検討を行う場合は,有効応力解析などによる液状化予測を実施する.

1. 対象土層および設計条件

(1) 対象とすべき土層

液状化の判定を行う必要がある飽和土層は,一般に地表面から20m程度以浅の沖積層で,考慮すべき土の種類は,細粒分含有率 F_c が35%以下の土とする.ただし,埋立地盤など人工造成地盤では,細粒分含有率が35%以上の低塑性シルト,液性限界に近い含水比を持ったシルトなどが液状化した事例も報告されているので,粘土分含有率が10%以下,または塑性指数が15%以下の埋立てあるいは盛土地盤については液状化の検討を行う.

(2) 地表面における設計用水平加速度

液状化判定に用いる地表面における設計用水平加速度の値は,基本的には限界状態に応じて,要求性能に対応する形で決定するべきものであるが,本編では,原則として基礎指針に準じて終局限界検討用で350cm/s²,損傷限界検討用で150〜200cm/s²を推奨する.なお,基礎指針によると,350cm/s²は1995年の兵庫県南部地震などの際,液状化した地盤上で観測された最大値にほぼ対応している.

(3) 液状化判定に必要な調査事項

表4.3.1に示す地盤調査結果をもとに設計条件(原地盤 N 値,細粒分含有率,地下水位など)を設定し,液状化判定を実施する.

表4.3.1 液状化判定に必要な調査事項

地盤特性	地下水位 土層構成 粒度分布 単位体積重量
地盤強度特性	N 値または室内液状化抵抗
設計条件	地表面最大加速度，マグニチュード

2．F_l による液状化判定

地盤改良前の液状化判定の手順は，すべて基礎指針に準ずる．一方，改良後の液状化判定もおおむね基礎指針に準ずるが，液状化抵抗比 R_l の算出において，杭間地盤の液状化抵抗比 R_l に割増係数 C を乗じて複合地盤として評価する選択肢がある点が改良前の液状化判定と異なっている．以下に改良前後の液状化判定の手順を示す．割増係数については(3)に記述している．

(1) 検討地点の地盤内各深さに発生する等価な繰返しせん断応力比を次式により算定する．

$$\frac{\tau_d}{\sigma_z'} = r_n \cdot \frac{a_{\max}}{g} \cdot \frac{\sigma_z}{\sigma_z'} \cdot r_d \tag{4.3.1}$$

ここに，

τ_d ：水平面に生ずる等価な一定繰返しせん断応力振幅（kN/m²）

σ_z' ：検討深さにおける有効土被り圧（鉛直有効応力）（kN/m²）

r_n ：等価な繰返し回数に関する補正係数で次式による

$\quad r_n = 0.1(M-1)$

M ：地震のマグニチュード

$a_{\max}$ ：地表面における設計用水平加速度（cm/s²）

g ：重力加速度（980cm/s²）

σ_z ：検討深さにおける全土被り圧（鉛直全応力）（kN/m²）

r_d ：地盤が剛体でないことによる低減係数で，次式による

$\quad r_d = 1 - 0.015z$

z ：地表面からの検討深さ（m）

(2) 各深さにおける補正 N 値（N_a 値）を，次式を用いて算出する．

$$N_a = N_1 + \Delta N_f \tag{4.3.2}$$

$$N_1 = C_N \cdot N \tag{4.3.3}$$

$$C_N = \sqrt{98/\sigma_z'} \tag{4.3.4}$$

ここに，

N_a ：補正 N 値

N_1 ：換算 N 値

ΔN_f：細粒分含有率に応じた補正 N 値増分で，図4.3.1による．

C_N ：換算 N 値係数

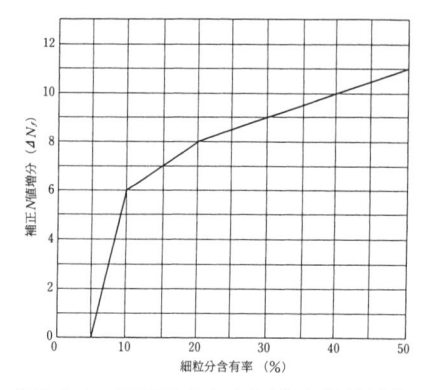

図4.3.1 細粒分含有率と補正 N 値増分[4.3.1]

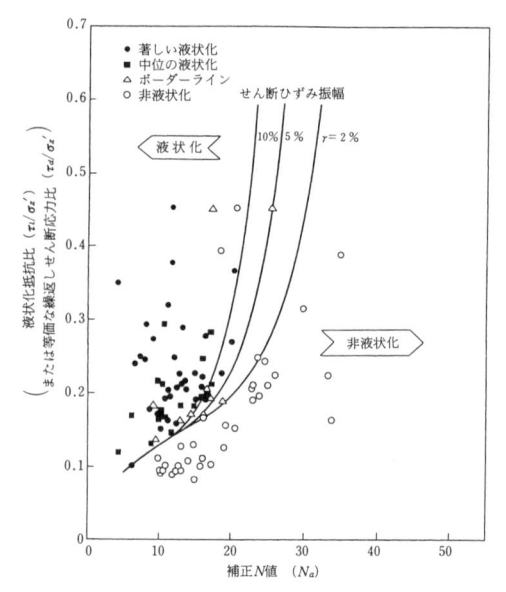

図4.3.2 補正 N 値と飽和土層の液状化抵抗比の関係[4.3.1]

N ：原則として自動落下法による実測 N 値（改良後においては，$N=$改良後杭間 N 値 N_1 とする．）

(3) 図4.3.2中のせん断ひずみ振幅5％曲線を用いて，補正 N 値（N_a）に対する飽和土層の液状化抵抗比 $R_l=\tau_l/\sigma_z'$ を求める．ここに，τ_l は，水平面における液状化抵抗である．なお，改良後において推奨法を選択する場合の改良地盤の液状化抵抗比は，上記手順で算出した杭間地盤の液状化抵抗比 R_l に(4.3.5)式のように割増係数 C を乗じて，複合地盤として評価する．

$$R_{l(複合地盤)} = C \cdot R_{l(杭間地盤)} \tag{4.3.5}$$

C：割増係数（表2.3.1参照）

割増係数の推奨値ならびにその根拠は「3．改良地盤の液状化抵抗の評価」に詳述している．

(4) 各深さにおける液状化発生に対する安全率 F_l を次式による求める．

$$F_l = R_l/(\tau_d/\sigma_z') \tag{4.3.6}$$

$F_l>1.0$ を満足する土層については，液状化発生の可能性はないと判断し，$F_l \leqq 1.0$ の場合には，その値が小さくなるほど，液状化発生の危険性は高いと判定される．

3．改良地盤の液状化抵抗比の評価

改良地盤の液状化抵抗比は，各限界状態，基礎形式に応じて，表2.3.1に示す割増係数 C を乗じて，改良地盤全体しての平均的な液状化抵抗比を評価する方法を推奨する．これに対し，従来の杭間地盤の N 値に基づいて液状化抵抗比を算出し，液状化判定を行う方法を簡便法として位置づける．

以下に，割増係数 C の採用に至るまでの概要を示す．

既に4.1節で述べたように，従来，締固め改良後の液状化抵抗比の評価は，締固め杭から最も離れた点すなわち杭間地盤で評価してきた．しかし，これまでの地震被害事例分析や実測データなどから，改良地盤全体の液状化抵抗比が杭間地盤の N 値に基づき各指針類に従って算出した液状化抵抗

比以上の強度を有している可能性が明らかになってきている．

たとえば吉見[4.3.2]は原位置凍結サンプリング法による不撹乱試料の繰り返し三軸試験の結果よりサンドコンパクションパイル工法（以下，SCP工法）によって締め固められた地盤の液状化抵抗が，かなりの過負荷に対しても抵抗できる「ねばり」をもつことを指摘している．改良地盤における大地震動時の被害事例分析を例にとると，たとえば，大林[4.3.3]らは，日本海中部地震，三陸はるか沖地震，北海道南西・東方沖地震を被災しながら液状化の痕跡が見られなかったSCP工法による改良地盤について，杭間地盤の換算N値と繰返しせん断応力比の関係をプロットした結果，実際には液状化するであろう領域にもプロットされていることから，SCPによる改良地盤が大きな液状化抵抗を有している可能性を示唆したうえで，静止土圧係数を$K_0=1.0$で評価した場合の液状化強度曲線が，液状化領域と非液状化領域を区分する妥当な曲線であることを示している．同様に，山崎[4.3.4]は，釧路沖地震，兵庫県南部地震の被害事例調査より，改良地盤の液状化に関する挙動が同様のN値をもつ自然堆積地盤に比べて明らかに異なることを示している．また，安田[4.3.5]は，兵庫県南部地震の被害事例分析に基づき，現状の杭間強度のみで改良地盤を評価する方法では，地盤全体としての平均的な液状化抵抗を過小評価する可能性のあることを指摘している．

一方，SCP工法および静的締固め砂杭工法における改良後の水平方向有効応力（静止土圧係数K_0）については，プレッシャーメーターを中心とした測定事例[4.3.6][4.3.7]により，改良率に応じてK_0はおおむね増加することと，その長期的な持続性が確認されている（図4.3.3参照）．また，ディープ・バイブロ工法における改良後K_0の確認事例[4.3.8]によると，$K_0=0.75～1.39$までの上昇が報告されている．静止土圧係数K_0と液状化抵抗の関係については，石原ら[4.3.9]により，せん断抵抗比は初期平均主応力$(1+2K_0)/3$に比例して増加することが確認されている．また，K_0増加による液状化抵抗の増加率については，細粒分含有率の異なる数種類の砂を対象にした標準貫入土槽実験および中空ねじりせん断試験結果[4.3.10]により，K_0増加によるN値の増加分の液状化抵抗への寄与分を差し引いた上で，図4.3.4に示すようにK_0が0.5から1.0～1.5に増加することで，液状化抵抗が1.1～1.5程度になることが示されている．

砂杭（補給材に砂を用いた締固め杭）の強度に関しては，改良後の砂杭間および杭心の標準貫入試験によるN値を細粒分含有率F_cと換算N値（$N_1=1.7N/(0.7+\sigma_z'/98)$，$\sigma_z'$：有効土被り圧（kN/m²））の関係で整理した結果，杭心N値は総じて杭間N値より大きく，F_cが大きくなるにつ

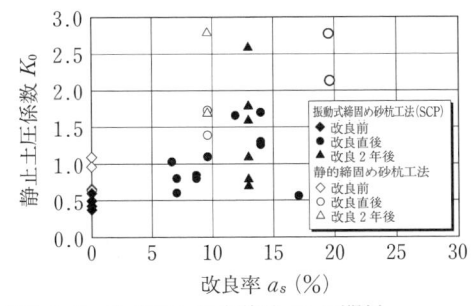

図4.3.3　改良率と改良前後K_0の関係
（SCPおよび静的締固め砂杭工法）[4.3.7]

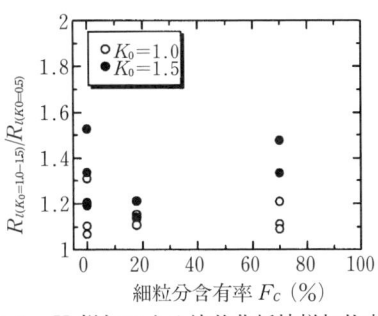

図4.3.4　K_0増加による液状化抵抗増加比[4.3.10]

れ両者の差が乖離していくことが明らかにされている〔図2.3.1参照〕．さらに，砂杭からの距離と増加強度の関係については，コーン貫入試験結果より，細粒分含有率が20％以下の場合は砂杭からの距離に応じた強度分布が明確に表れていることが報告されている（図2.3.2参照）．また，SCPによる改良後26年にわたって飽和度が低下していた事例が，岡村[4.3.11]らの凍結サンプリング試験によって報告され，飽和地盤を仮定した液状化抵抗に比べて，実際の液状化抵抗が大きいものとなっていることが中空ねじりせん断試験により確認されている[4.3.12]．

以上の知見をふまえ，山本[4.3.13]らは，複合地盤としての効果を①～⑥に分類したうえで，①（$R_{l(改良後杭間)}$で評価されている）以外の効果を割増係数 C という指標でまとめて，杭間位置の N 値より算出した液状化抵抗比 R_l に乗じて定量的に評価する方法を提案している．

①地盤の密度増加（地盤の細粒分含有率を考慮）（C_1）
②水平有効応力の増加（静止土圧係数 K_0 の増加）（C_2）
③締固め杭のもたらす地盤の強度増大（複合地盤効果）（C_3）
④繰返しせん断履歴による微視構造の変化（C_4）
⑤締固め杭の排水効果（C_5）
⑥飽和度の低下（C_6）

$$R_{l(複合地盤)} = C \cdot R_{l(改良後杭間)} = C_2 \cdot C_3 \cdot C_4 \cdot C_5 \cdot C_6 \cdot R_{l(改良後杭間)} \tag{4.3.7}$$

また，兵庫県南部地震における地盤沈下量と地盤条件を用いて基礎指針による液状化判定方法により，表4.3.2に示すような分析条件のもとで液状化時の地盤沈下量と液状化時の地表面動的変位 D_{cy}，液状化指数 P_l，平均 F_l（液状化対象層において深さ1mごとに求めた F_l の平均値），および $F_l \leq 1.0$ となる比率 P について整理された結果[4.3.13][4.3.14]を図4.3.5に示す．

なお，改良地盤の液状化抵抗比は杭間地盤の N 値に基づいて算出されて（C_1 のみが評価されて）いる．また，分析条件における地表面最大加速度としてポートアイランド（PI）では $a_{max} = 500\text{cm/s}^2$，六甲アイランド（六甲）では $a_{max} = 400\text{cm/s}^2$ が想定されており，4.3節1.(2)に示す設計に用いる推奨値よりは，やや大きめの位置づけとなっている．

図4.3.5の無処理地盤の地盤沈下量と各指標の分布に着目してみると，沈下が生じない（被害が軽

表4.3.2 分析条件[4.3.13]

液状化判定	・判定方法：「建築基礎構造設計指針」 ・地表面最大加速度：$a_{max} = 500\text{cm/s}^2$（ポートアイランド） 　　　　　　　　　　　$= 400\text{cm/s}^2$（六甲アイランド） ・判定対象層：液状化対象層全層 ・液状化抵抗比：液状化抵抗比の上限を $R_l = 0.5$ とする．
平均 F_l の算定	・無処理：液状化対象全層の平均 ・改良域：改良対象全層の平均
P_l の算定	$P_l = \int_0^{20} (1 - F_l)(10 - 0.5x)dx$ ・ボーリングごとに算出した P_l をエリアごとに平均した数値とする．
$F_l \leq 1.0$ となる比率 P	・$P = (F_l \leq 1.0 となる箇所数)/(液状化判定箇所数) \times 100$（%）

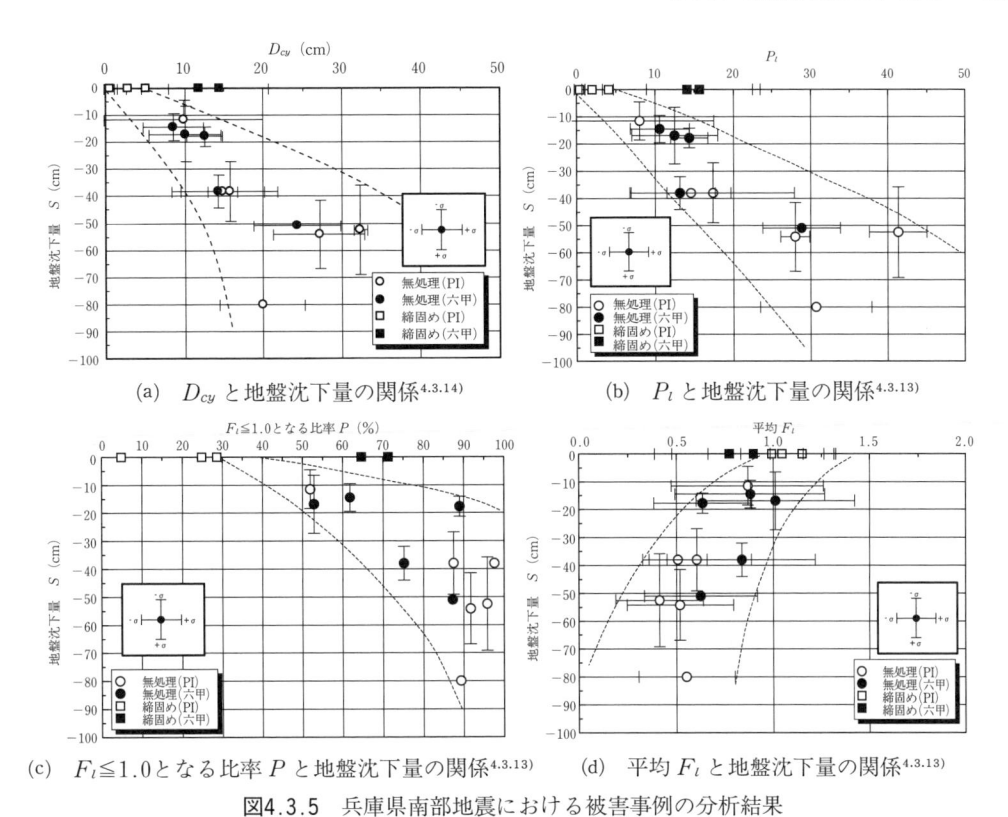

第4章　液状化対策としての設計　— 323 —

(a)　D_{cy} と地盤沈下量の関係[4.3.14]

(b)　P_l と地盤沈下量の関係[4.3.13]

(c)　$F_l \leqq 1.0$ となる比率 P と地盤沈下量の関係[4.3.13]

(d)　平均 F_l と地盤沈下量の関係[4.3.13]

図4.3.5　兵庫県南部地震における被害事例の分析結果

(a)　D_{cy} と割増係数 C の関係

(b)　P_l と割増係数 C の関係[4.3.13]

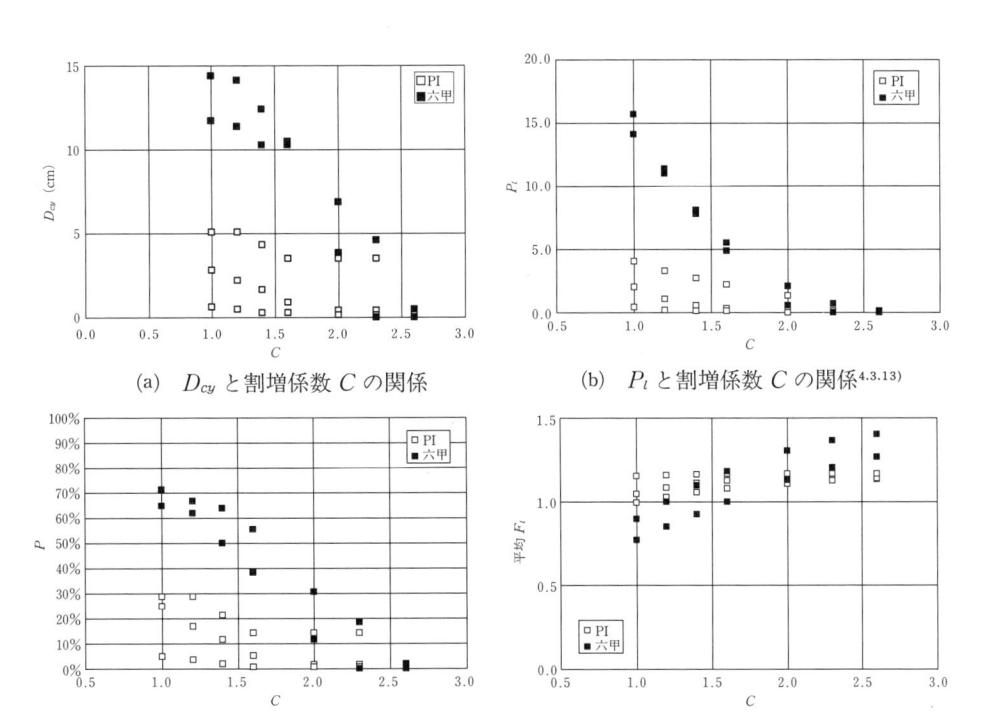

(c)　$F_l \leqq 1.0$ となる比率 P と割増係数 C の関係[4.3.13]

(d)　平均 F_l と割増係数 C の関係[4.3.13]

図4.3.6　各指標と割増係数の関係

微であろう）範囲としては，おおむね $D_{cy} \leqq 5 \sim 10$ cm, $P_l \leqq 5 \sim 10$，平均 $F_l > 1.0$, $P < 30 \sim 40\%$ 程度と読み取ることができ，大地震動時の液状化における限界値としてのひとつの目安となると考えられる．

一方，改良地盤では沈下が生じていないにもかかわらず，D_{cy}，P_l，平均 F_l，$F_l \leqq 1.0$ となる比率 P の分布が広範囲である．特に D_{cy} においては，本来，液状化の可能性がある（$F_l \leqq 1.0$ の点がある）場合は，$D_{cy} > 0$ cm となるべきものであるため，実際の改良地盤の液状化抵抗が(4.3.7)式の $C_2 \sim C_6$ の効果を持っている可能性を推察することができる．図4.3.6は，(4.3.7)式に示される液状化抵抗比の割増係数 C をパラメータとして，改良地盤の D_{cy}，P_l，平均 F_l，および $F_l \leqq 1.0$ となる比率 P を整理した図である．図中のプロットは，C を任意に与えたことにより得られた各指標の平均値である．ポートアイランド（PI）と六甲アイランド（六甲）でデータの傾向は異なるが，例えば，図4.3.6(a)で D_{cy} が 0 cm となるときの割増係数 C の値は最大で $C=2.5$ 倍程度と読み取ることができる．また，ポートアイランド（PI）と六甲アイランドで，データの傾向が大きく異なる要因のひとつとして，細粒分含有率の違いのほかに，ポートアイランドのまさ土よりも粘性に富む六甲アイランドの泥岩土の方が構成粒子の鉱物的相違があるためか液状化抵抗が大きくなった可能性が報告されている[4.3.15]．

なお，現状では，これまでに示したように改良地盤の液状化抵抗比割増係数 C の算出例は兵庫県南部地震の一例のみである．また，静止土圧係数 K_0 の増加（C_2）については，4.4節で後述するように2年〜5年程度までの持続性は確認されているものの，地震発生後にも保持されているかについては，いまだ調査した事例が無く，再液状化に対する液状化抵抗の増加の維持については確認されていない．よって，設計への数値の反映においては十分，安全側に配慮する必要があると判断し，本編では各限界状態，基礎形式ごとに，表2.3.1に示した割増係数を杭間地盤の液状化抵抗比に乗じて，改良地盤全体としての平均的な液状化抵抗比を評価する方法を推奨する．これに対し，従来の杭間地盤の N 値に基づいて液状化抵抗比を算出し，液状化判定を行う方法を簡便法として位置づける．

打込み杭や圧入杭のような，杭工事による K_0 の減少が生じない杭工法および直接基礎では，K_0 増加を考慮して $C=1.2$，場所打ちコンクリート杭や埋込み杭のように掘削後の K_0 の確保が確認できていない杭では，$C=1.1$ を採用した．また，割増係数 C の値は大地震動時における改良地盤の被害事例に基づき算出されたものであるが，液状化抵抗そのものは，本来，中地震動，大地震動の区別なく同一のものであるという観点から，損傷限界状態にもこの考え方を適用した．

なお，締固め改良後の K_0 を試験施工により確認した場合や，杭の掘削，打設後に K_0 が確保されていることを確認した場合などは，土圧の長期的な経時変化ならびに再液状化抵抗の評価を考慮したうえで設計者の判断により割増係数の値を設定することも可能である．

4．液状化程度の判定方法

地盤改良前，改良後に適用可能な深度方向に対する層全体の液状化程度を評価する方法として，液状化時の地表面動的変位 D_{cy} および液状化指数 P_l を推奨する．また，平均 F_l も液状化程度を評価する指標として参考にすることが可能である．

表4.3.3 D_{cy} と液状化の程度の関係[4.3.17]

D_{cy} (cm)	液状化の程度
0	なし
5	軽微
5～10	小
10～20	中
20～40	大
40	甚大

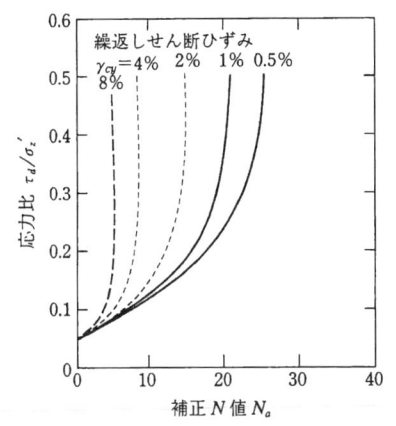

図4.3.7 補正 N 値と繰返しせん断ひずみの関係[4.3.16]

(1) 液状化に伴う地盤変形量の予測

基礎指針に示される液状化地盤の地盤変形量の予測方法を，部分的に $F_l \leqq 1.0$ となる箇所に適用して，層全体としての地表面動的変位および残留沈下量を算定する．

　①図4.3.7から N_a，τ_d/σ_z' に対応する各層の繰返しせん断ひずみ γ_{cy} を推定する．

　②各層のせん断ひずみ γ_{cy} が同一方向に発生すると仮定して，これを鉛直方向に積分して，振動中の最大水平変位分布とする．

　③地表変位を D_{cy} とし，液状化の程度は D_{cy} の値により表4.3.3のように評価する．

　④同様に沈下量 S を求めたい場合は，γ_{cy} を体積ひずみ ε_v と読みかえて算出する．

(2) 液状化指数 P_l

P_l は岩崎ら[4.3.18]により，液状化の激しさすなわち構造物への被害を予測するうえでの一指標として提案された数値である．具体的には，P_l は，液状化安全率 F_l と深さに対する重み関数を用いて，(4.3.8)式により定義されている．同式で，浅い部分に大きな重みを与えるのは，同一の F_l でも浅い部分の方が過剰間隙水圧の下方からの浸透によって液状化しやすいこと，また，構造物の被害につながりやすいことへの配慮によるもので，現在，P_l の算定には(4.3.8)式が用いられている．文献4.3.19)では，P_l の値5, 20を境として，土質定数を変化させており，液状化の程度としては，以下に示すような対応をしていると考えられる．

$$P_l = \int_0^{20} (1-F_l)\cdot(10-0.5x)dx \quad (ただし，1-F_l \geqq 0) \qquad (4.3.8)$$

ここに，x：深度（m）

　$P_l \leqq 5$ …………液状化程度は軽微

　$5 < P_l \leqq 20$ ……液状化程度は中位

　$20 < P_l$ …………液状化程度は甚大

(3) 平均 F_l

平均 F_l は，液状化対象層における深さ 1 m ごとに求める F_l の平均値（F_{lave}）を表す．同指標は，兵庫県南部地震において締固め改良域と未改良域の杭間地盤の液状化抵抗比に基づいた F_l の $F_l \leqq$

1.0となる比率 P と地盤沈下量とに相関関係が見られ，改良地盤においては，P が20%～70%でも，沈下がほとんど生じていないという分析結果[4.3.20-4.3.21]に基づき提案された指標である．ただし，平均 F_l という指標は，液状化の程度を表す指標としてのある程度の妥当性は示されているものの，図4.3.5にも示されるように無処理地盤では平均 $F_l>1.0$ でも沈下を生じている箇所がある．また，本来，工学的に意味がある数値ではないため，その取扱いには注意を要する．特に補正 N 値（N_a）がある程度大きい値になると，液状化抵抗比 R_l は指数的に大きくなるため，平均 F_l の適用の際には R_l の上限値として0.5程度を設定しておくのが望ましい．また，平均の対象とする層の範囲設定は設計者の判断に委ねられるため，安全側の範囲設定となるよう十分留意する必要がある．液状化対象層すなわち改良対象層の中で極端な N 値および細粒分含有率 F_c の大小が認められる場合などにはその特異点を排除するなどの配慮も必要になると考えられる．

(4) 限界値の設定根拠と優先順位

既に述べたように，終局限界状態における改良地盤の要求性能を確認するための指標およびそれらの限界値の目安として，以下の優先順位と値を推奨している．

　　①地表面動的変位 $D_{cy} \leqq 5$ ～10cm

　　②液状化指数 $P_l \leqq 5$ ～10

D_{cy} は基礎指針で取り上げられている指標であり，終局限界状態における改良地盤の要求性能との関連，地盤改良によって付加価値を高めた点に配慮して，液状化の程度「軽微～小」に相当する $D_{cy} \leqq 5$ ～10cm を限界値の目安とし，本編では，①を優先することとした．なお，3．で記述した兵庫県南部地震における D_{cy} と未改良地盤，改良地盤の地盤沈下量の関係［図4.3.5(a)］から沈下量が生じない（被害が軽微であると考えられる）限界として $D_{cy}=5$ ～10cm 程度であることが示されている．また，大地震の事例では無いが，日本海中部地震における液状化の可能性のある砂質地盤上に建ちながら，ほとんど被害が無かった戸建住宅付近の D_{cy} の上限値がおおむね5～10cm程度であったとの報告もある[4.3.14]．なお，限界値の目安に幅をもたせた理由としては，既に述べたように本来，限界値が建築物の条件（用途，規模，重要度，構造形式，塔状比など）によって判断されるべきものであるとの配慮によるものである．

一方，P_l は基礎指針では取り扱っていない指標であるが，D_{cy} と同様に兵庫県南部地震における P_l と液状化時の地盤沈下量の関係［図4.3.5(b)参照］に相関が見られたことから，液状化の程度を表す評価指標として妥当性があると判断し，終局限界状態における指標としての採用を推奨することとした．なお，平均 F_l は評価指標としての妥当性は，ある程度示されているものの，前述した理由により推奨法としては位置づけず，参考値として扱うに留める．

ここで，本編で取り扱う3指標の相関関係を検証した結果[4.3.14]について以下に解説する．図4.3.8は，未改良地盤の85データについて，損傷限界状態（200～250cm/s²）および終局限界状態（350～400cm/s²）相当の地表面最大加速度に対する $D_{cy}-P_l$ 関係，$D_{cy}-1/F_{lave}$ 関係を示したものである．前述した終局限界状態における限界値 $D_{cy} \leqq 5$ ～10cm の範囲に相当する P_l の範囲はおおむね10～15程度と読みとることができる．また，図4.3.9は図4.3.8で用いたデータにおいて，液状化抵抗比 R_l に割増係数 $C=1.2$ を乗じた場合の $D_{cy}-P_l$ 関係，$D_{cy}-1/F_{lave}$ 関係を示したものである．同図では

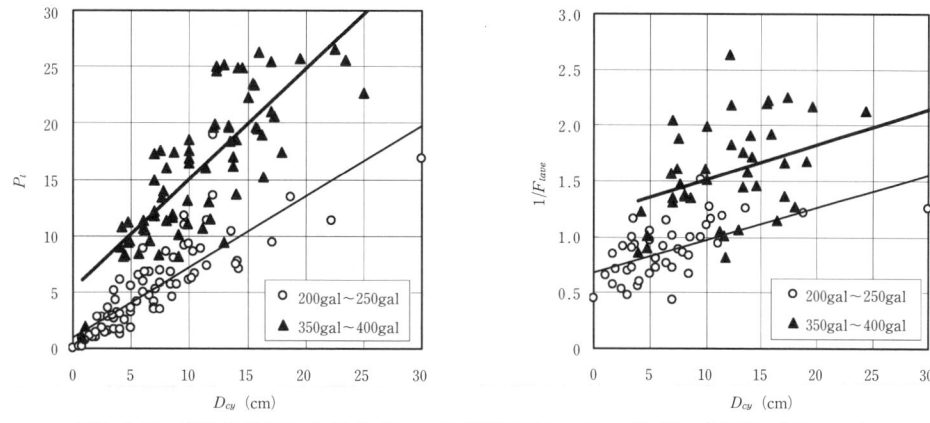

図4.3.8 未改良地盤における $D_{cy}-P_l$ 関係[4.3.14]，$D_{cy}-(1/F_{lave})$ 関係（$C=1.0$）

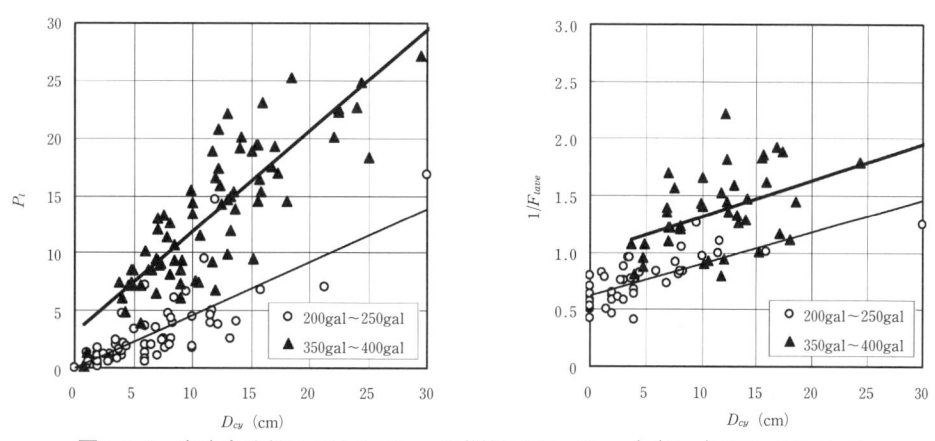

図4.3.9 未改良地盤における $D_{cy}-P_l$ 関係[4.3.14]，$D_{cy}-(1/F_{lave})$ 関係（$C=1.2$）

$D_{cy}=5\sim10$cm に対応する P_l の値はおおむね $7\sim12$程度である．一方，F_{lave} は $D_{cy}\leqq 5$cm では，おおむね $F_{lave}=1.0$に相当するが，$D_{cy}=5\sim10$cm では F_{lave} の値はおおむね1.0を下回る．以上の結果を踏まえて，D_{cy} に対する P_l の範囲はやや安全側に設定し $P_l\leqq 5\sim10$とした．優先順位は①②の順であるが，建築物の用途・重要度・規模によっては②を併用し，平均 F_l も参考にして総合的に評価することが望ましい．さらに，今後これらのデータが蓄積されれば限界値を見直す必要もあると考えられる．

ただし，$D_{cy}\leqq 10$cm を限界値とした場合には，改良層の大部分で $F_l\leqq 1.0$となる場合もあるため，D_{cy} や P_l の値だけにとらわれず，改良後各深度の F_l の値ならびにその不合格率（$F_l\leqq 1.0$となる点数の割合）にも十分留意し，基礎，上部構造への影響も含めて総合的に判断する必要がある．

5．その他の液状化予測法

前述した簡易判定法のほか，詳細な液状化予測の手法として全応力解析と有効応力解析による方法がある．基礎指針では(4.3.1)式の r_d の深度が深くなるほど精度が悪くなることも指摘されている．よって，より適切にせん断応力を求めたい場合には，工学的基盤に対する入力地震動を最大速

度やスペクトルで定義し，等価線形解析を代表とする全応力解析を実施し，せん断応力の深度分布を求めることも有効である．この場合，各深度の最大せん断応力比に(4.3.1)式の r_n を乗じて (τ_d/σ_z') とし，2.に示す手順に従い，液状化判定を行うことができる．

一方，有効応力解析は過剰間隙水圧の上昇ならびに地盤変形などの各応答値の時刻歴を再現可能である．解析手法には一次元のものから三次元のものまで，主に応力－ひずみ関係の定式化（構成則）の違いを有する様々な解析手法があり，液状化予測として用いる場合はその過剰間隙水圧比の値に着目することとなる．二次元，三次元の解析では，構造物の地震終了後の変位応答も直接評価することが可能である．ただし，一般的に構成則に用いるパラメータが多く，その設定作業には多くの経験を要する．よって，本編ではこれらを詳細法として取り扱う．全応力解析手法および有効応力解析手法の詳細については，文献4.3.22)～4.3.24)などを参照されたい．

参考文献

4.3.1) 時松孝次：耐震設計と N 値（建築），基礎工，Vol. 25, No. 12, pp.61-66, 1997

4.3.2) 吉見吉昭：「ねばり強さ」に関する液状化対策の評価基準，土と基礎，Vol. 38, No. 6, pp.33-38, 1990

4.3.3) 大林　淳・原田健二・山本　実・佐々木康：締固め地盤の液状化抵抗に関する評価，第10回地震工学シンポジウム論文集，pp.1411-1416, 1998

4.3.4) 山崎浩之：小特集　耐震設計と地質調査―港湾の耐震設計―，地質と調査，pp.27-33, 1996

4.3.5) 安田　進：報文　大地震による液状化と N 値，基礎工，Vol. 31, No. 2, pp.50-53, 2003

4.3.6) 木村　保・奥村一郎・三沢久詩・川鍋　修：コンパクションパイル打設地盤の K_0 値について，第21回土質工学研究発表会，pp.1863-1864, 1986

4.3.7) 原田健二・山本　実・大林　淳：静的締固め砂杭打設地盤の K_0 増加に関する一考察，第53回土木学会年次学術講演会，pp.544-545, 1998

4.3.8) 山崎　勉：高層建物の液状化対策にディープ・バイブロ工法を適用した事例，建築物を対象とした締固め地盤改良工法の適用事例集，日本建築学会構造委員会，pp.66-71, 2002.8

4.3.9) Ishihara, K., Iwamoto, A., Yasuda, S. and Takatsu, H.: Liquefaction of Anisotropically Consolidation Sand, Proc. of 9th ICSMFE, 1997.

4.3.10) 原田健二・安田　進・丹羽俊輔・新川直利・出野智之：細粒分を含んだ締固めによる改良地盤の評価，No. 35, JSCE Journal of Earthquake Engineering, vol. 27, 2003

4.3.11) 岡村未対・石原雅規・田村敬一：SCPで改良された砂質土地盤の26年後の飽和度，第38回地盤工学研究発表会，pp.2027-2028, 2003

4.3.12) 石原雅規・岡村未対・田村敬一：締固め改良地盤の不飽和液状化強度，第38回地盤工学研究発表会，pp.1003-1004, 2004

4.3.13) 新川直利・吉富宏紀・大林　淳・山本　実：大地震時における締固め改良地盤の液状化強度の評価方法に関する一考察，日本建築学会学術講演大会（東海），pp.463-464, 2003.9

4.3.14) 吉富宏紀・安達俊夫・真島正人・伊勢本昇昭・船原英樹：液状化の程度を表す判定指標に関する考察，日本建築学会学術講演大会（近畿），pp.791-792, 2005.9

4.3.15) 田中泰雄：臨海埋立地の盛土材料の液状化強度と影響因子，土と基礎，Vol. 47, No. 6, pp.33-36, 1999

4.3.16) 時松孝次・鈴木康嗣：液状化の判定方法と実際の現象，基礎工，Vol. 24, No. 11, pp.36-41, 1996

4.3.17) 日本建築学会：建築基礎構造設計指針，p.66, 2001.10

4.3.18) 岩崎敏男・龍岡文夫・常田賢一・安田　進：地震時地盤液状化の程度と予測について，土と基礎，No.1164, pp.23-29, 1980.4
4.3.19) 道路橋示方書・同解説V耐震設計編：日本道路協会，2002
4.3.20) 松尾　修・安田　進・山本　実・原田健二・橋本　隆：レベル2地震動における改良地盤の評価に関する実証的研究，第24回地震工学研究発表会講演概要集，pp.273-276, 1997
4.3.21) 原田健二・石田英毅：大地震における建築構造物の締固めによる直接基礎改良地盤の評価に関する実証的研究，建築基礎の設計施工に関する資料5，実務にみる地盤改良工法の技術的諸問題，日本建築学会構造委員会，1999.10
4.3.22) 地盤工学会：液状化対策工法，地盤工学・実務シリーズ18, 2004
4.3.23) 安田　進：液状化の調査から対策工まで，鹿島出版会，1988
4.3.24) 日本港湾協会：港湾の施設の技術上の基準・同解説，1999

4.4節　改良仕様の設計

1．改良率の算定は，拘束圧や細粒分含有率の影響を考慮した適切な方法により実施する．
2．基礎形式に応じた適切な改良範囲を設定し，必要に応じて解析などによる検討を実施する．
3．設計にあたっては，各工法の施工実績を踏まえて改良効果に信頼性がおける範囲で改良率の下限値に留意する．また，改良効果の長期耐久性にも十分留意する．

1．改良率の算定

改良率の算定ならびに改良後の杭間N値の算定は，各工法の施工実績，蓄積データに基づき，拘束圧や細粒分含有率の影響を考慮した適切な方法により実施する．以下に工法別の具体的な改良率（打設間隔）の算定方法および改良後杭間N値の推定方法を示す．

(1)　サンドコンパクションパイル工法，静的締固め砂杭工法の設計方法

　a．改良原理の基本的な考え方

　図4.4.1に改良原理の基本的な考え方を示す．同図で原地盤の間隙比をe_0とすると，$(1+e_0)$の体積の地盤にΔeに相当する砂を圧入し，間隙比を減少させることにより締め固め効果を得る．改良率は(4.4.1)式により表される．

$$a_s = \frac{\Delta e}{1+e_0} = \frac{e_0 - e_1}{1+e_0} \tag{4.4.1}$$

　ここに，a_s：改良率
　　　　　e_0：原地盤の間隙比
　　　　　e_1：改良後の地盤間隙比

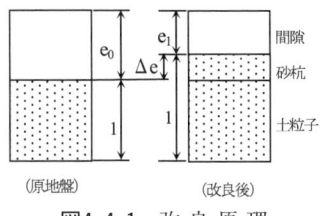

図4.4.1　改良原理 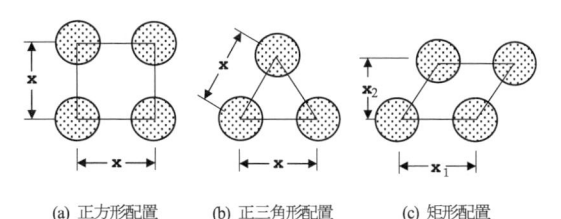　　　　　図4.4.2　締固め杭の配置

(a) 正方形配置　(b) 正三角形配置　(c) 矩形配置

b．改良率と杭配置

締固め杭は図4.4.2に示すように正方形や三角形および矩形で配置され，改良率 a_s は式(4.4.2)，(4.4.3)式で表される．杭径としては，通常 $\phi 700$mm（$A=0.385$m²）が用いられる．

①正方形・矩形配置

$$a_s = \frac{A_s}{A} = \frac{A_s}{x^2} \quad \text{または} \quad \frac{A_s}{x_1 \cdot x_2} \tag{4.4.2}$$

②正三角形配置

$$a_s = \frac{A_s}{A} = \frac{2}{\sqrt{3}} \cdot \frac{A_s}{x^2} \tag{4.4.3}$$

ここに，A_s ：締固め杭断面積
 A ：杭1本が分担する面積（分担面積）
 x_1, x_2：杭中心間距離

原地盤土質調査から原地盤 N 値 N_0，建物条件等から改良後目標 N 値 N_1 を求める．

方法A

step-1
①目標 N 値を改良後杭間 N 値 N_1 とする場合，図4.4.4より必要改良率 a_s を求める．
②目標 N 値を $N=(1-a_s)N_1+a_s \cdot N_p$ とする場合（N_p は改良後杭心 N 値），図4.4.4より，繰返し計算を行い a_s を求める．

step-2
(4.4.2)式または(4.4.3)式により a_s からピッチ x を求める．

方法B

step-1
原地盤粒度（D_{60} または D_p）より，$e_{\max}$，$e_{\min}$ を求める．（D_p は頻度最大の粒径）

step-2
$e_{\max}$，$e_{\min}$ から相対密度 D_r と間隙比 e の直線を図4.4.5(b)に引く．

step-3
図4.4.5の N 値～D_r ～e 関係を用い，上載圧を介し N_0，N_1 の変化に相当する e の変化量 $\Delta e(=e_0-e_1)$ を読み取り，(4.4.1)式から a_s を求める．

step-4
(4.4.2)式または(4.4.3)式により a_s からピッチ x を求める．

方法C

step-1
細粒分含有率 F_c(%) より $e_{\max}$，$e_{\min}$ を下式より求める．
$e_{\max}=0.02F_c+1.0$
$e_{\min}=0.008F_c+0.6$

step-2
原地盤 N 値 N_0 および拘束圧 σ_z'(kN/m²) から相対密度 D_{r0} および e_0 を求める．
$D_{r0}=21\sqrt{\dfrac{N_0}{0.7+\sigma_z'/98}}$
$e_0=e_{\max}-D_{r0}(e_{\max}-e_{\min})/100$

step-3
細粒分による増加 N 値に対する低減率 β を下式より求める．
$\beta=1.05-0.51 \cdot \log F_c$

step-4
低減率 β を考慮し，細粒分がないと仮定した計算 N 値 N_1' を求める．
$N_1'=N_0+(N_1-N_0)/\beta$

step-5
N_0 を N_1' に取り替えて step-2 に示した式で e_1 を求める．

step-6
e_0，e_1 から (4.4.1)式により a_s を求める．

step-7
(4.4.2)式または(4.4.3)式により a_s からピッチ x を求める．

方法D

step-1
細粒分含有率 F_c(%) より $e_{\max}$，$e_{\min}$ を下式より求める．
$e_{\max}=0.02F_c+1.0$
$e_{\min}=0.008F_c+0.6$

step-2
細粒分による補正 N 値増分 ΔN_f を求める．

F_c (%)	ΔN_f
0～5	0
5～10	1.2 (F_c-5)
10～20	6+0.2 (F_c-10)
20～	8+0.1 (F_c-20)

step-3
原地盤 N 値 N_0 および拘束圧 σ_z'(kN/m²) から相対密度 D_{r0} および e_0 を求める．
$D_{r0}=21\sqrt{\dfrac{N_0}{0.7+\sigma_z'/98}+\dfrac{\Delta N_f}{1.7}}$
$e_0=e_{\max}-D_{r0}(e_{\max}-e_{\min})/100$

step-4
細粒分含有率による増加 N 値に対する有効締固め係数 R_c を求める．
$R_c=1.05-0.46 \cdot \log F_c$

step-5
N_0 を N_1 におきかえ step-3 に示した式で e_1 を求める．

step-6
目標 N 値に必要な改良率 a_s を求める．
$a_s=\dfrac{e_0-e_1}{R_c(1+e_0)}$

step-7
(4.4.2)式または(4.4.3)式により a_s からピッチ x を求める．

図4.4.3 サンドコンパクションパイルおよび静的締固め砂杭工法の設計方法[4.4.1]一部加筆修正

c．設計手順

サンドコンパクションパイル工法および静的締固め砂杭工法の設計方法としては，方法A～Dの4種類が提案されている[4.4.1]．各設計法の設計フローを図4.4.3に示す．

ⅰ）方法 A

過去の施工実績に基づいて整理された原地盤N値（N_0）―改良率（a_s）―改良後杭間N値（N_1）または，杭心N値（N_p）の関係[4.4.2]（図4.4.4参照）に基づく方法である．細粒分含有率20％以下の地盤での施工例に基づくものであり，細粒分の多い砂質地盤には適用できない．

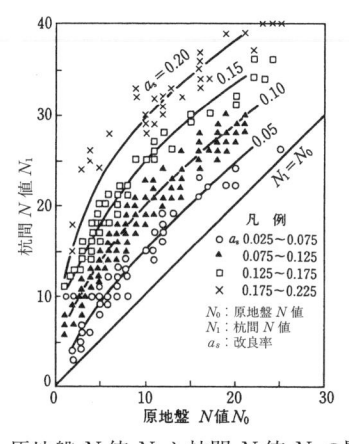

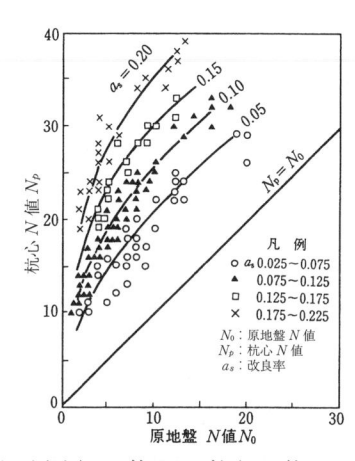

(a) 原地盤N値N_0と杭間N値N_1の関係　　(b) 原地盤N値N_0と杭心N値N_pの関係

図4.4.4　原地盤N値と杭間N値および杭心N値の関係（細粒分含有率20％以下）[4.4.2]

ⅱ）方法 B

Gibbs-HoltsのN―D_r―e関係[4.4.3]（図4.4.5参照），粒度と最大・最小間隙比の関係の設計図表（文献4.4.3参照）を用いて，図4.4.3に示す手順で最大間隙比e_{max}，最小間隙比e_{min}，原地盤の間隙比e_0，および改良後の目標間隙比e_1を算定して，必要な改良率a_sを算出する方法である．

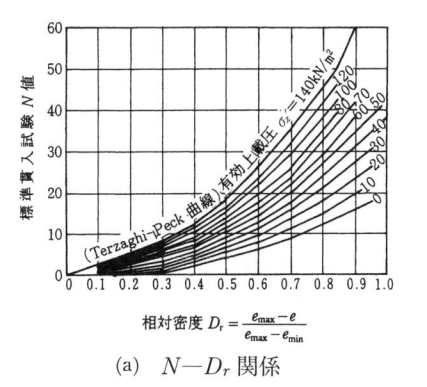

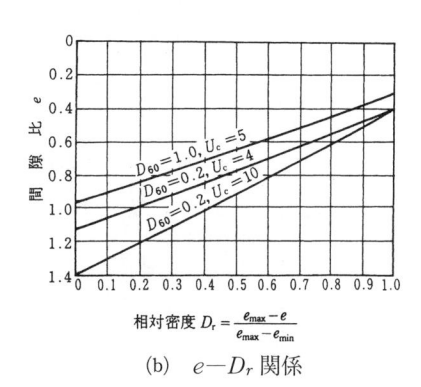

(a) N―D_r関係　　(b) e―D_r関係

図4.4.5　N―D_r―eの関係図[4.4.3]

ⅲ）方法 C

方法Cは設計の考え方は方法Bと同じであるが，N値からの相対密度の推定にMeyerhofの

式[4.4.4]，e_{max}，e_{min} の推定に平間の式[4.4.5]を用いている．方法Bと大きく異なる点は，図4.4.3の方法C・step-3に示す式によって細粒分による締固め効果の低減率 β を考慮している点にある．本方法では，地盤改良施工後の N 値 N_1 を事前 N 値 N_0，細粒分含有率 F_c および改良率 a_s から推定しており，図4.4.6(a)に示すように締固め杭打設時に地盤は体積変化を生じないものと仮定している．すなわち，締固め杭の圧入はすべて地盤の密度増加に寄与するものとし，この密度状態での推定 N 値である N_1' をまず求めている．しかし，実際には地盤中の細粒分含有率が増加すると，締固め効果が減殺されて締固め杭圧入時に地盤の盛上りが生ずるため，設計計算の最終段階で改良効果の低減率 β を用いて事後 N 値 N_1 を求めている．

iv) 方 法 D

方法Dでは図4.4.6(b)のように締固め杭打設後の地盤の変化を考え，その体積変化率を地盤の細粒分含有率 F_c と関連付けている．これにより，e_1 および D_{r1} について正当な評価を行うことが可能であり，現場での地盤の盛上りあるいは室内での締固め試験などの結果と関連づけることができると考えられる．細粒分による体積変化率のパラメータとして"有効締固め係数 R_c"を導入すると，改良後の間隙比 e_1 は，図のように，$e_1 = e_0 - R_c \cdot (1+e_0) \cdot a_s$ となる．本推定方法の提案における R_c への寄与率の高いパラメータとなる地盤要素としては，既存の現場実測データの解析より細粒分含有率 F_c が最も相関関係が高いという結果が得られている．図4.4.7にSCP工法，図4.4.8に静的締固め砂杭工法の細粒分含有率 F_c と有効締固め係数 R_c の関係を示す．なお，方法Dでは，N 値からの相対密度の推定に時松・吉見による推定式[4.4.6]を用いている．

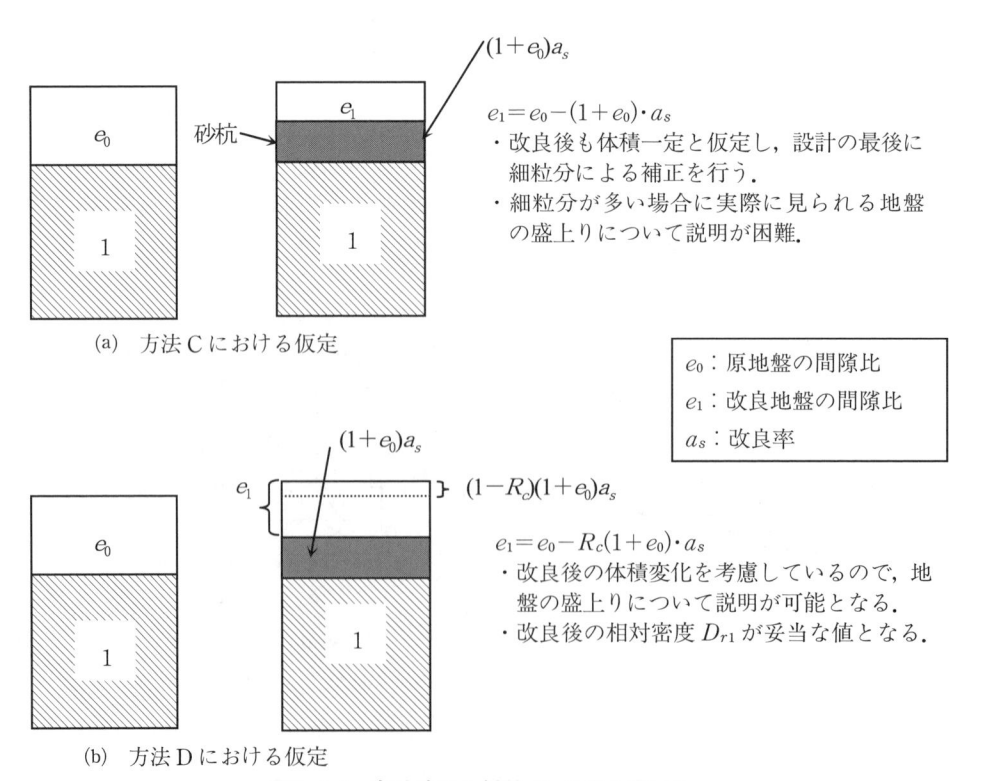

$e_1 = e_0 - (1+e_0) \cdot a_s$
・改良後も体積一定と仮定し，設計の最後に細粒分による補正を行う．
・細粒分が多い場合に実際に見られる地盤の盛上りについて説明が困難．

(a) 方法Cにおける仮定

e_0：原地盤の間隙比
e_1：改良地盤の間隙比
a_s：改良率

$e_1 = e_0 - R_c(1+e_0) \cdot a_s$
・改良後の体積変化を考慮しているので，地盤の盛上りについて説明が可能となる．
・改良後の相対密度 D_{r1} が妥当な値となる．

(b) 方法Dにおける仮定

図4.4.6 有効締固め係数 R_c の考え方[4.4.7]

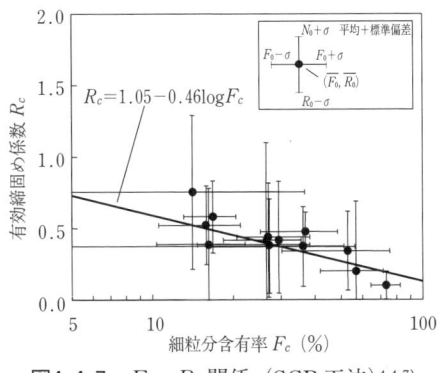

図4.4.7　F_c－R_c 関係（SCP工法）[4.4.7]

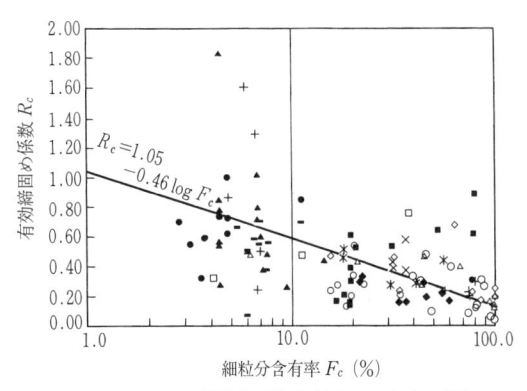

図4.4.8　F_c－R_c 関係（静的締固め砂杭工法）[4.4.7]

　方法A，Bは改良仕様の概略を知るうえではある程度有効であるが，地盤の体積変化および締固め効果に大きな影響を及ぼす細粒分含有率F_cを定量的に設計に反映させていないため，方法C，方法Dと比較してやや信頼性に欠ける面がある．また，D法の考え方が締固めの効果ならびにメカニズムを最も忠実に再現していると判断し，本編ではA～C法は簡便法，D法を推奨法と位置づける．

　なお，図4.4.3が各方法とも最初に改良後の目標N値N_1を設定して必要な改良率を求めるフローとなっており，文献4.4.1)にも示される一般的なフローであるのに対し，図4.2.1に示す設計フローでは，改良率を仮定してから改良後杭間N_1値を推定し，限界値を満足するか否かの判断を繰り返すフローとしている．これは，4.1節2に示す各限界状態の液状化に対する限界値に対して，これらをすべて満たすような目標N値を設計当初に設定することは困難であるとの判断によるものである．実際の設計では，図4.2.1に示すフローの「改良率a_s（打設間隔）の設定」において，まず深度ごとに$F_l>1.0$を満足する杭間N値N_1（目標N値）に対する必要改良率を図4.4.3より算出し，その値を目安に，後は図4.2.1のフローに従って，改良率を逐次変えながら，設定した限界値を満足する改良率を決定していく手順になると考えられる．ここでは，本編で推奨するD法を例にと

```
改良率 a_s の仮定
        ↓
図4.4.3の step-1 から step-4 に従う．
        ↓
改良率 a_s より改良後間隙比 e_1 を求める．
    e_1 = e_0 − R_c・a_s(1+e_0)
        ↓
e_1 より D_{r1} および改良後推定 N 値 N_1 を求める．
    D_{r1} = (e_max − e_1)/(e_max − e_min) · 100
    N_1 = (0.7 + σ_z'/98){(D_{r1}/21)^2 − ΔN_f/1.7}
```

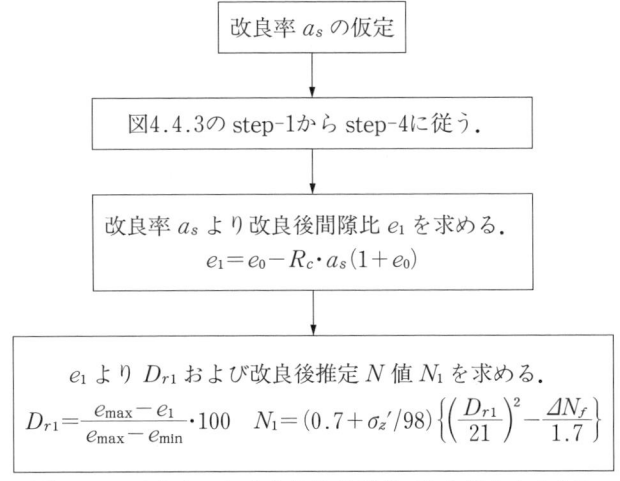

図4.4.9　改良率から改良後杭間N値N_1を算出する方法

り，改良率を仮定して杭間 N 値 N_1 を求めるフローを図4.4.9に示す．

(2) バイブロフローテーション工法

バイブロフローテーション工法は，緩い砂質地盤中に比較的エネルギーの小さい高周波の水平振動を発生するバイブロフロットを圧入し，振動締固めにより地盤の密度増加を図る工法である．設計上，打設時に地盤は体積変化を生じないと仮定しており，改良後 N 値 N_1 は事前 N 値 N_0，細粒分含有率 F_c（％）から推定する．しかし実際にはジェット（水，圧搾空気の混合体）の併用により，細粒分が地上に排出される（盛り上がりが生ずる）ため，施工実績に基づき細粒分含有率 F_c ごとに設定された補正値を用いて補給材必要量の割増しを行う．

①改良後の N 値 N_1 の決定
　・設計条件（F_l>1.0など）より改良後の目標 N 値（N_1）を求める．
　・設計用の土質定数（N 値，F_c など）は，原地盤の土質試験結果を用いる．

②原地盤，改良後地盤の間隙比 e の決定
　・(4.4.4)式により原地盤 N 値 N_0，細粒分含有率 F_c（％）より原地盤の間隙比 e_0 を求める．

$$D_r = 21\sqrt{\frac{N_0}{0.7+\sigma_z'/98}} \qquad e_0 = e_{\max} - \frac{D_r}{100}(e_{\max}-e_{\min}) \tag{4.4.4}$$

　・改良後の目標 N 値 N_1，原地盤の細粒分含有率 F_c（％）より改良後の目標間隙比 e_1 を求める．

③補給材必要量 v（m³/m³）の決定

補給材必要量（設計数量）は原地盤の間隙比 e_0，改良後地盤の目標間隙比 e_1 より施工実績に基づき原地盤単位体積あたりの補給材必要量 v（m³/m³）を(4.4.5)式を参考に求める．

$$v = \frac{(1+n_1)(e_0-e_1)}{(1+e_0)(1+e_1)} \quad (\text{m}^3/\text{m}^3) \tag{4.4.5}$$

　n_1：細粒分含有率 F_c（％）に対する補正値（表4.4.1参照）

表4.4.1 細粒分含有率 F_c（％）に対する補正値

F_c（％）	$F_c<5$	$5\sim10$	$11\sim14$	$15\sim20$	$F_c>20$
n_1	1.5～1.4	1.3～1.1	1.0～0.8	0.7～0.5	0.4

④補給材可能量 S（m³/m）の決定

補給材可能量は原地盤の土性値，杭の打設間隔，締固め時間などによって異なるが，施工実績に基づき締固め杭単位長さあたりの補給材可能量 S（m³/m）を(4.4.6)式より求める．

$$S = A_s(1+n) \quad (\text{m}^3/\text{m}) \tag{4.4.6}$$

　A_s：改良（礫）杭平均断面積 m²（$\phi600\sim\phi650$mm）
　n　：締固めによる体積変化などに対する割増率（0.2～0.3）

⑤締固め杭の打設間隔 d（m）の決定

締固め杭の打設間隔は原地盤単位体積あたりの補給材必要量 v（m³/m³）と締固め杭単位長さあたりの補給材可能量 S（m³/m）より，施工実績に基づいて打設間隔 d（m）を(4.4.7)式を参考に求める．

$$d = a\sqrt{S/v} \quad (\text{m}) \tag{4.4.7}$$

a：締固め杭配置による係数（正方形配置：$a=1.0$，正三角形配置：$a=1.075$）

(3) ディープ・バイブロ工法

　設計方法は原則としてSCP工法に準ずるが，施工にあたっては試験施工により改良効果を確認して改良仕様の妥当性を検証後，本施工に移行するものとする．通常，杭径にはϕ600mmを用いる．

2．改良範囲

(1) 直接基礎

　直接基礎における改良深度は，液状化層下端までを原則とする．ただし，建築物の重要度・使用期間・コストなどの諸事情を考慮して，液状化層下端まで改良しない場合には，液状化後に発生する沈下量や傾斜角を基礎指針もしくは適切な数値解析手法により算出し，要求性能を満足することを確認する．改良範囲については，本編では建物外周から改良層厚の1/2～2/3倍の距離までを推奨する．また，改良部と非改良部の間に過剰間隙水圧を速やかに消散させるグラベルコンパクションパイルや，ソイルセメント壁，シートパイルなどの遮水壁の設置，詳細な検討・解析を実施して必要な改良範囲を設定する方法を詳細法とする．詳細は第5章で記述する．

(2) 杭基礎

　杭基礎における改良深度は，液状化層下端までを原則とする．液状化層下端まで改良しない場合には，杭の水平抵抗に支配的な影響を与える地盤の範囲を目安として改良深度を設定する方法，杭基礎－地盤系の解析的検討などを実施し，要求性能を満足するような改良深度を設定する方法がある．改良範囲については，特別な検討や対策を行わない場合として，基礎指針に準じて外周杭から改良層厚の1/2の距離までとする方法を簡便法とする．また，敷地の制約などの理由により，水平方向の改良範囲が確保できない場合には，直接基礎と同様，グラベルコンパクションパイル，ソイルセメント壁，シートパイルなどの設置を推奨するほか，数値解析や模型実験などに基づいて上部構造物の安定性や杭基礎の安全性を確認する方法を詳細法とする．詳細は第6章に記述する．

3．設計における留意点

(1) 改良率の下限値

　本編では，改良地盤を複合地盤として評価し，液状化抵抗を割り増す方法を提案しているが，地盤条件によっては，計算上改良率が非常に小さくなる（打設間隔が広くなる）可能性を含んでいる．しかし，改良仕様の設計方法および改良地盤の評価に関するデータは，一定の範囲内の改良仕様における調査結果によるものであり，改良率は各工法の施工実績および改良効果が確認されている範囲で設定されるべきものである．必要改良率が極端に小さくなった場合は，割増係数の効果を過大にみすぎないよう留意し，各工法の実績を踏まえた改良率の下限値を考慮する必要がある．

　a．サンドコンパクションパイル工法および静的締固め砂杭工法

　改良率の下限値設定において図4.4.4が参考資料のひとつとなる．同図に示されるようにサンドコンパクションパイル工法の最小設計ラインは，実績より改良率$a_s=0.025$～0.075の平均値である$a_s=0.05$に設定されている．$a_s=0.05$は締固め杭径を700mmとした場合，正方形配置で2.7mに相当する．このような実績を参考にしながら，地盤条件（細粒分含有率など）を含めて総合的に判断し

て改良率を設定することが望ましい．静的締固め砂杭工法においてもサンドコンパクションパイル工法と同じ考え方を踏襲するが，最終的には地盤条件（細粒分含有率），工法の実績を踏まえて妥当な改良率を設定するものとする．

b．バイブロフローテーション工法

バイブロフローテーション工法における実績に基づいた打設間隔の上限値は，おおむね正方形配置で2.0m，正三角形配置で2.2m程度（杭径をϕ650mmとした場合の改良率は約8％程度）である．また，打設間隔が1.5m～1.7m，15kw型フロット使用時の施工前後のN値頻度分布，施工前後のN値対比を図4.4.10に，10％粒径（D_{10}）と施工後N値との関係および粗粒分率と施工後N値との関係を，図4.4.11に示す．改良後N値は，締固め杭（砕石）の対角線交点で最も改良効果が小さい地点で実施している．同図によると細粒分含有率が多くなるに従って改良後N値は減少する傾向を示

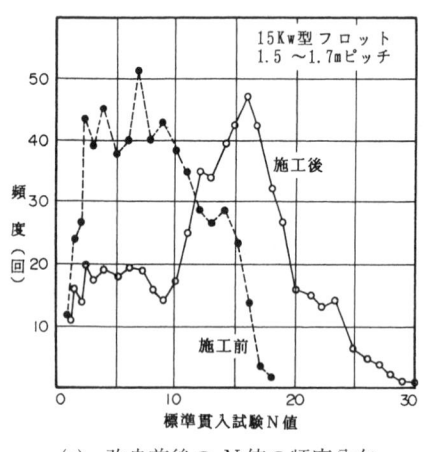

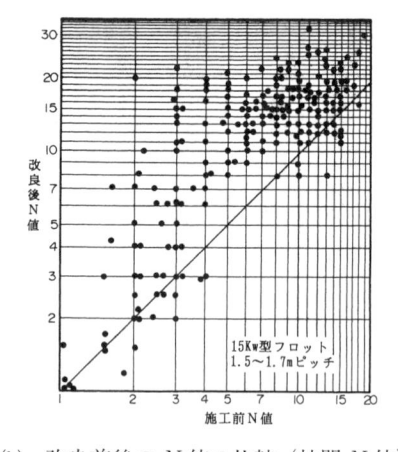

(a) 改良前後のN値の頻度分布　　(b) 改良前後のN値の比較（杭間N値）

図4.4.10　締固め杭（砕石）の施工前後N値頻度分布・対比

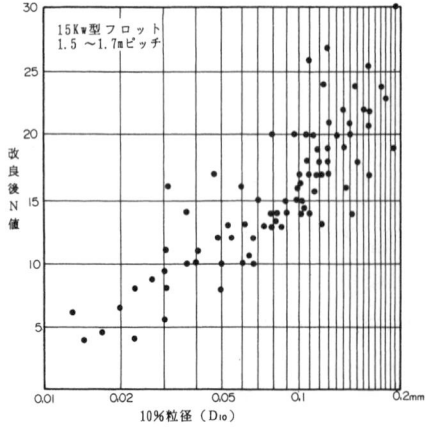

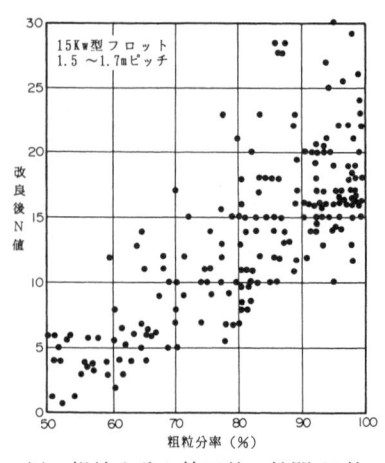

(a) 10％粒径と改良後の杭間N値　　(b) 粗粒土分と施工後の杭間N値

図4.4.11　10％粒径・粗粒分率と施工後N値

している．締固め杭の打設間隔の上限値は，これらのデータを考慮して決定することが望ましい．

c．ディープ・バイブロ工法

静的締固め砂杭工法と同様，サンドコンパクションパイル工法と同じ考え方を踏襲するが，最終的には地盤条件（細粒分含有率），工法の実績を踏まえて妥当な改良率を設定するものとする．

(2) 改良効果の長期耐久性

改良後地盤の強度増加すなわち増加 N 値，静止土圧係数 K_0 の増加を考慮した設計を行うにあたり，その改良効果が長期間にわたって持続されている必要がある．SCP工法による改良効果の長期的持続性に関する調査例として，文献4.4.8)がある．また，補給材に転炉スラグを用いた事例ではあるが，図4.4.12に示すように改良2年後の N 値および静止土圧係数 K_0 が，改良直後以上の値で維持され，2年後の K_0 の値は0.7〜2.6程度となっていることが確認されている[4.4.9]．なお，本事例

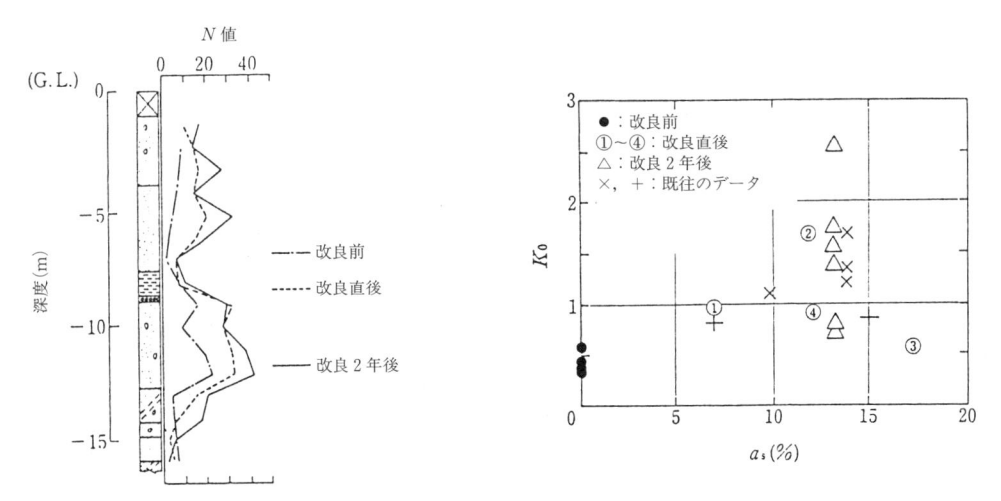

図4.4.12 改良後2年後の N 値および静止土圧係数 K_0（SCP工法，転炉スラグ）[4.4.9]

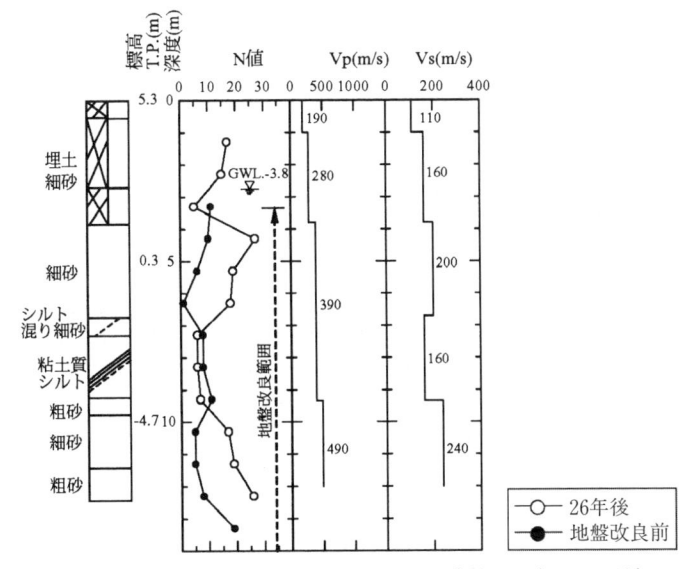

図4.4.13 改良後26年後の N 値および PS 検層結果（SCP工法）[4.4.10]

は，改良直後（凡例：①～④）と2年後（凡例：△）とで改良率（a_s）が異なっていることから，調査した位置も異なっていることが推察されるが，改良地盤全体としては，ある程度の値でK_0の増加はおおむね維持できていると解釈できる．また2年後のN値が改良直後より大きくなっている要因としては，転炉スラグの膨張性により地盤がさらに締め固まった可能性があることも指摘されている．

一方，図4.4.13はSCP工法により改良された地盤における改良後26年後の標準貫入試験およびPS検層の結果[4.4.10]で，26年後のN値，V_p，V_sと地盤改良前のN値を併せて示した図である．改良直後のN値および改良前，直後のV_p，V_sが不明であるものの，砂層のN値が改良効果を十分に確認できる範囲でその値の維持が確認されている．また，V_pの値は自然堆積地盤の地下水位以下で計測される一般的な値と比較するとかなり小さい値を示しており，SCP砂投入時の空気の流出に起因する長期的な不飽和状態が継続している可能性が報告されている．

静的締固め砂杭工法による地盤改良後1か月と2年後のN値とセルフボーリングタイプの孔内水平載荷試験によるK_0の測定結果[4.4.11]を図4.4.14に示す．同図から，N値は1か月後の値が2年後にもおおむね維持され，2年後のK_0の値も1か月後の値以上に維持されていることが確認できる．同様に前述した孔内水平載荷試験により測定した2年後の地盤剛性も図4.4.15に示すように改良後

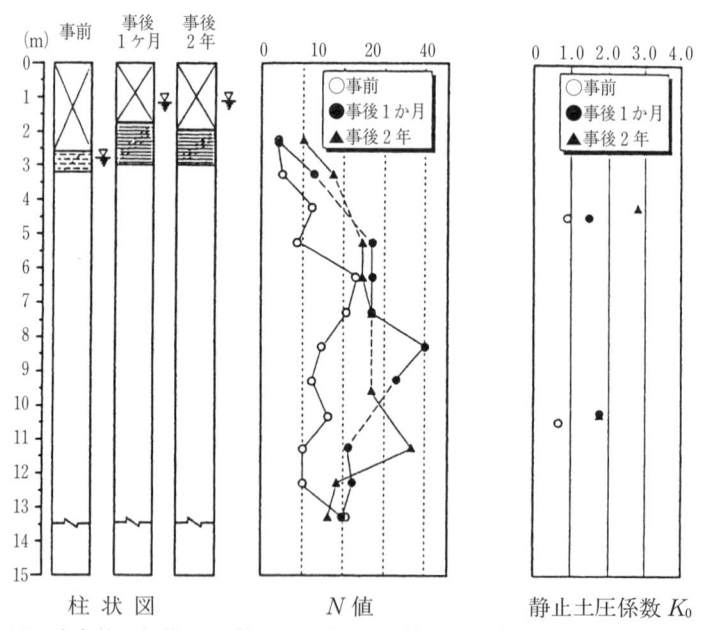

図4.4.14 改良後2年後のN値および静止土圧係数K_0（静的締固め砂杭工法）[4.4.11]

1か月後の値がおおむね維持できていることが確認されている．

また，静的締固め石灰杭工法により改良された地盤の長期的な水平土圧の測定結果[4.4.12]によれば，図4.4.16に示すように締固め杭打設直後に水平土圧は急上昇した後，徐々に低下し，500～800日でほぼ定常的な状態に達し，約1 800日で土圧係数K_0は0.8強＝静止土圧＋0.3が維持できていることが報告されている．

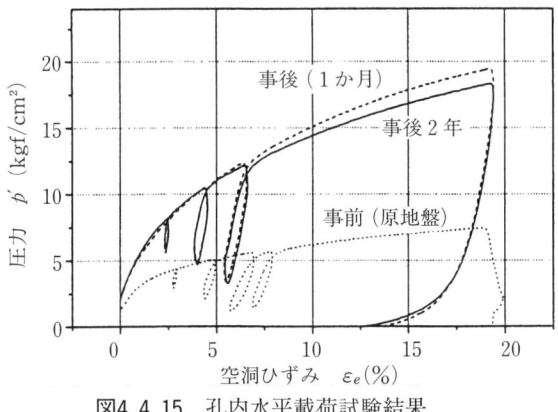

図4.4.15 孔内水平載荷試験結果
（静的締固め砂杭工法）[4.4.11]

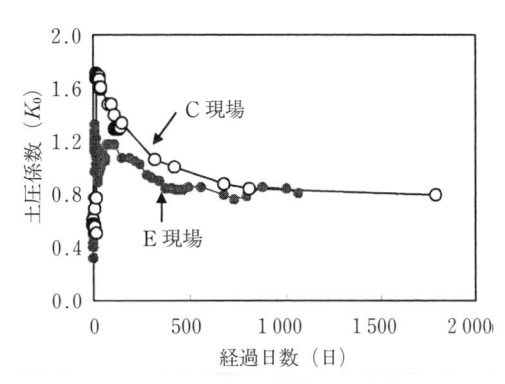

図4.4.16 水平土圧係数の経時変化
（静的締固め石灰杭工法）[4.4.12]

以上より，静止土圧係数の増加は長期的にも維持されていることが確認されているが，打設直後の水平土圧が最も高く，その後徐々に低下する傾向も示されていることから，測定値をそのまま設計に反映させるのではなく，長期的な経時変化を見据えた値の設定が必要となる．

参考文献

4.4.1) 地盤工学会：液状化対策工法，地盤工学・実務シリーズ18，2004
4.4.2) 不動建設研究室：コンポーザーシステムデザインマニュアル，pp.11-18，1971
4.4.3) Gibbs, H.J. and Holts, W.G：Research on Determining the Density of Sand by Spoon Penetration Test, Proc. of 4th ICSMFE, London, Vol., pp.35-39, 1957
4.4.4) Meyerhof, G.G.：Discussion of Session 1, Proc. Of 4th ICSMFE, London, Vol. 3, 1957
4.4.5) 平間邦興：相対密度の適応に関する2，3の所見，砂の相対密度と工学的性質に関するシンポジウム発表論文集，土質工学会，pp.53-56，1981
4.4.6) 時松孝次・吉見吉昭：細粒分含有率とN値を用いた液状化判定法と液状化対策，建築技術，No. 420，1986.8
4.4.7) 山本 実・原田健二・野津光夫：締固め工法を用いた緩い砂質地盤の液状化対策の新しい設計法，土と基礎，Vol. 48，No. 11，pp.17-20，2000
4.4.8) 末松直幹・竹原有二：特集「構造物基礎の耐震性」基礎のための地盤改良工法，橋梁と基礎，77-12，pp.21-25，1977
4.4.9) 木村 保・和田 啓・塩田啓介・奥村一郎・三沢久詩・川鍋 修：転炉スラグを用いたコンパクションパイルによる地盤改良，川崎製鉄技術報告集，pp.69-75，1988
4.4.10) 岡村未対・石原雅規・田村敬一：SCPで改良された砂質土地盤の26年後の飽和度，第38回地盤工学研究発表会，pp.2027-2028，2003.7
4.4.11) 原田健二・山本 実・大林 淳：静的締固め砂杭地盤のK_0増加に関する一考察，土木学会第53回年次学術講演会，pp.544-545，1998
4.4.12) 金子 治・伊勢本昇昭：静的締固め工法による地盤改良効果に関する考察，日本建築学会大会学術講演梗概集（北海道），pp.387-388，2004.8

4.5節　改良仕様の計算例

SCPおよび静的締固め砂杭工法の設計例は第9章で取り扱っているため，本節ではバイブロフローテーション工法の計算例（改良仕様の設計方法）を示す．

1．計算条件

- 想定マグニチュード　　　：$M=7.5$
- 地表面水平加速度　　　　：$a_{max}=200$ （cm/s²）
- 土の湿潤単位体積重量　　：$\rho_t=18.0$ （kN/m³）
- 原地盤の地下水位　　　　：GL-2.3m
- 原地盤の N 値　　　　　：$N_0=2$ （GL-5.0m 以浅），$N_0=10$ （GL-5.0m 以深）
- 原地盤の細粒分含有率　　：$F_c=9.2\sim14.0\%$ （GL-5.0m 以浅），$F_c=2.7\sim6.7\%$ （GL-5.0m 以深）
- 改良後地盤の目標 F_l 値：$F_l>1.0$
- 改良後地盤の目標 N 値　：$N_1\geq10$ （GL-5.0m 以浅，$E_0=700$kN/m²）
  $N_1\geq19$ （N 値増加最大 8，GL-5.0m 以深）

表4.5.1　対象地盤の液状化判定結果

深度 (m)	柱状図	原地盤 N値	改良後想定N値	細粒分含有率 Fc (%)	土被り圧 (t/㎡) σ_v	土被り圧 (t/㎡) σ_v'	γ_d	原地盤 Na	原地盤 τ_l	原地盤 τ_d	原地盤 Fl	原地盤 判定	改良後想定値 Na	改良後想定値 τ_l	改良後想定値 Fl	改良後想定値 判定	Fl 分布
1		7	10	5.5	2.13	2.13	0.98	15.78	0.17	0.13	1.33	×	22.28	0.31	2.36	×	
2		6	10	12.3	3.98	3.98	0.97	15.97	0.18	0.13	1.36	×	22.32	0.31	2.41	×	
3		20	20	8.9	5.83	4.98	0.95	33.03	2.04	0.15	13.77	×	33.03	2.04	13.77	×	
4		2	10	9.2	7.67	5.82	0.94	7.66	0.11	0.16	0.69	●	18.15	0.20	1.23	×	
5		4	10	14.0	9.47	6.62	0.92	11.72	0.14	0.18	0.81	●	19.09	0.22	1.25	×	
6		10	15	5.5	11.29	7.44	0.91	12.31	0.15	0.18	0.80	●	18.11	0.20	1.10	×	
7		10	16	2.7	13.14	8.29	0.89	10.98	0.14	0.19	0.73	●	17.57	0.19	1.03	×	
8		10	17	8.6	14.99	9.14	0.88	22.10	0.30	0.19	1.58	●	22.10	0.30	1.58	×	
9		10	18	4.2	16.84	9.99	0.86	17.01	0.19	0.19	0.97	●	18.01	0.20	1.04	×	
10		10	19	4.8	18.69	10.84	0.85	14.41	0.16	0.19	0.83	●	18.25	0.20	1.05	×	
11		12	19	4.6	20.54	11.69	0.83	11.10	0.14	0.19	0.71	●	17.57	0.19	1.00	×	
12		11	19	6.7	22.39	12.54	0.82	11.86	0.14	0.19	0.74	●	19.01	0.22	1.12	×	
13		19	21	3.4	24.24	13.39	0.80	16.42	0.18	0.19	0.93	●	18.15	0.20	1.05	×	
14		20	20	13.2	26.09	14.24	0.79	23.40	0.36	0.19	1.88	×	23.40	0.36	1.88	×	
15		22	22	7.4	27.94	15.09	0.77	20.79	0.26	0.19	1.36	×	20.79	0.26	1.36	×	

●：液状化の可能性あり　　×：液状化の可能性なし　　△：原地盤　　▲：改良後想定値

2. 計算手順

(1) GL−5.0m 以浅の締固め杭打設間隔の算定

①補給材必要量 v (m³/m³)

$$v = \frac{(1+n_1)(e_0-e_1)}{(1+e_0)(1+e_1)} = 0.205 \quad (\text{m}^3/\text{m}^3)$$

n_1：$n_1=1.0$ 細粒分含有率に対する補正値（$F_c=10\sim12\%$）

原地盤の間隙比：$e_0=1.09$（$e_{max}=1.24$, $e_{min}=0.70$, $D_{r0}=27.90\%$）

改良後地盤の間隙比：$e_1=0.72$（$e_{min}=1.00$, $e_{min}=0.60$, $D_{r1}=67.96\%$）

②補給材可能量 S (m³/m)

$$S = A_s(1+n) \fallingdotseq 0.40 \quad (\text{m}^3/\text{m})$$

A_s：締固め杭平均断面積 0.331m²（φ650mm）

n：締固めによる体積変化などに対する割増率 0.2（$N \leq 5$, $F_c \geq 10\%$）

③締固め杭の打設間隔 d (m)

$$d = \alpha\sqrt{S/v} = 1.38 \sim 1.48 \quad (\text{m})$$

α：正方形配置 1.0，正三角形配置 1.075

(2) GL−5.0m 以深の締固め杭打設間隔の算定

①補給材必要量 v (m³/m³)

$$v = \frac{(1+n_1)(e_0-e_1)}{(1+e_0)(1+e_1)} = 0.131 \quad (\text{m}^3/\text{m}^3)$$

n_1：$n_1=1.3$ 細粒分含有率に対する補正値（$F_c=4\sim6\%$）

原地盤の間隙比：$e_0=0.87$（$e_{max}=1.10$, $e_{min}=0.64$, $D_{r0}=50.94\%$，(4.4.4)式で算定）

改良後地盤の間隙比：$e_1=0.69$（$e_{max}=1.00$, $e_{min}=0.60$, $D_{r1}=77.08\%$，(4.4.4)式で算定）

②補給材可能量 S (m³/m)

$$S = A_s(1+n) \fallingdotseq 0.40 \quad (\text{m}^3/\text{m})$$

A_s：締固め杭平均断面積 0.331m²（φ650mm）

n：締固めによる体積変化などに対する割増率 0.2（GL−5.0m 以浅と同一とする）

③締固め杭の打設間隔 d (m)

$$d = \alpha\sqrt{S/v} = 1.75 \sim 1.88 \quad (\text{m})$$

α：正方形配置 1.0，正三角形配置 1.075

(3) 締固め杭打設間隔の決定

算定結果によると GL−5.0m 以浅では 1.38m（正方形配置）〜1.48m（正三角形配置）となり GL−5.0m 以深では 1.75m（正方形配置）〜1.88m（正三角形配置）となる．該当敷地における打設間隔を 2種類の改良深度で 1.70m の複合配列による正方形配置とする．

・GL−5.0m 以浅は，1.30m 間隔以下の正方形配置（1.70m×$\sqrt{2}/2 \leq 1.30$m…OK）

・GL−5.0m 以深は，1.75m 間隔以下の正方形配置

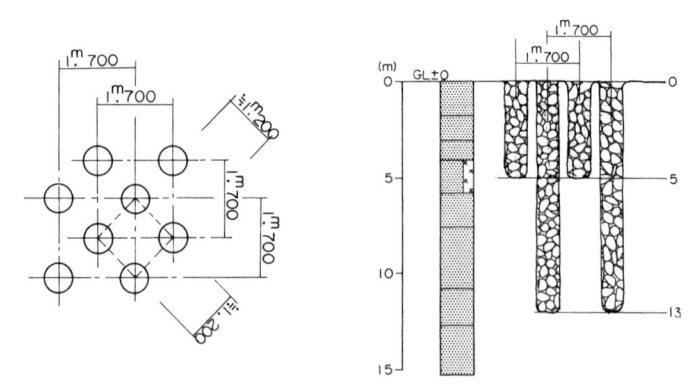

図4.5.1　締固め杭の打設間隔配置および深度図

(4) 改良深度の決定

改良深度は，液状化判定結果に基づき GL−13m とする．

第5章　直接基礎の設計

5.1節　基本事項

> 1．直接基礎の設計は，原則として基礎指針に準じて行う．地盤改良効果の評価方法に関しては，簡便法・推奨法・詳細法の3種類の中から，地盤・建物条件やその他の設計諸条件に応じて，構造設計者が最も適切と判断する方法を選択する．
> 2．各限界状態において，鉛直支持力および沈下に関する要求性能と限界値を適切に設定し，限界状態検討用の外力に対して，改良地盤および基礎部材に生ずる応力や変形が限界値を上回らないことを確認する．

1．地盤改良効果の評価方法

　地盤改良効果の評価方法は，地盤・建物条件やその他の設計諸条件に応じて，構造設計者が，簡便法・推奨法・詳細法の中から適切な方法を選択する．直接基礎の設計では，まず液状化の検討を行い，対策が必要と判断した場合には，第4章に示す設計法に従って地盤改良の具体的仕様を決定する．その後，直接基礎の支持力・沈下の検討を行う．表5.1.1に，選択手法ごとの算定方法とそれに応じた地盤定数の評価方法をまとめて示す．

　締固め改良地盤は，本来補給材を圧入した締固め杭心地盤と，それらの間の締め固められた杭間地盤から成る複合地盤であるが，改良効果を控えめに評価しておく意図から，改良地盤の品質管理として杭間地盤のみを調査する場合がある．このような場合，従来どおりの調査・検討方法を採用する簡便法を選択する．すなわち，簡便法は締固め杭の存在を無視し，杭間地盤における強度・剛性のみを締固め改良地盤系全体のそれと評価する方法である．

　締固め杭の存在を無視する従来の簡便法を採用した設計では，不経済な設計を強いられる場合もあり，既往の震災調査結果や最近の知見に照らし合わせてみても，これらの傾向が徐々に裏付けされ始めている．したがって，本編では複合地盤効果を設計へ積極的に反映する方法を推奨法とし，この方法の採用を推奨する．具体的には表5.1.1に示すように，液状化検討時には液状化抵抗比の割増係数を用い，支持力検討時には改良率と関連付けた支持力式を利用し，沈下検討時には複合効果を考慮可能な算定法を用いる．

　一般的な設計・施工条件下においては，試験施工後の改良地盤の調査結果を設計に再び反映できるような時間的余裕のない場合が多いが，極めて稀には存在する．このような場合，表5.1.1に示すように，最も合理的な設計が可能となる詳細法を選択することができる．

2．要求性能と限界値

　各限界状態において，建築物・基礎に対する要求性能および改良地盤に対する要求性能を満足させるための限界値を，建築物の重要度，地震の起こり得る確率およびその規模などを考慮し，適切

表5.1.1 直接基礎に関する検討内容および評価方法

検討内容	選択手法	算定方法	地盤定数の評価方法	
液状化	簡便法	基礎指針に準じた液状化安全率 F_l による簡易判定法	杭間地盤の N 値に基づき複合地盤効果を無視した評価方法	
	推奨法	F_l，液状化時の地表面動的変位 D_{cy} および液状化指数 P_l による液状化程度の総合判定法	杭間地盤の F_l に液状化抵抗比の割増係数を乗じて複合地盤効果を考慮した評価方法	
	詳細法	・損傷限界状態において，不合格率（$F_l \leq 1.0$ となる点数の割合）を用いた判定方法 ・有効応力解析などにより，直接，過剰間隙水圧，地盤変形量を算出する方法	試験施工や改良後の地盤調査によって改良効果を確認し，その結果に基づいて割増係数を設定，もしくは液状化抵抗比を直接評価する方法	
支持力	簡便法	複合地盤効果を無視した支持力公式による算定方法	既往の改良実績を踏まえ，改良率や細粒分含有率に応じて改良前の N 値から改良後の杭間 N 値（杭心 N 値）をやや控え目に推測可能な図や算定式を利用する評価方法	
	推奨法	改良率と関連付けて締固め杭の存在を考慮した支持力式による算定方法		
	詳細法		複合地盤上の平板載荷試験結果や，杭間地盤・杭心地盤における標準貫入試験結果を利用する評価方法	
			評価時期	複合地盤効果の評価方法
沈下	簡便法	複合地盤効果を無視した沈下計算方法 ・弾性論	改良前（既往の実績図から推測した改良後の締固め杭間 N 値を利用）	無視（締固め杭間地盤の剛性のみを評価）
	推奨法	複合地盤効果を考慮に入れた沈下計算方法 ・弾性論 ・双曲線近似式 ・FEM	改良前（締固め改良地盤上での大型平板載荷試験結果を踏まえて提案された既往評価法，もしくは実績図から推測した改良後の杭心・杭間 N 値を利用）	①弾性論やFEMを利用することを前提として，改良地盤全体をマスとして扱いその等価剛性を評価する方法 ②双曲線近似式を利用することを前提として，低荷重域では杭心地盤の剛性，高荷重域では複合地盤の剛性を評価する方法
	詳細法		改良後（試験施工後，杭間・杭心における標準貫入試験結果や平板載荷試験結果等の各種の地盤調査結果を利用）	
改良範囲	簡便法	建築物外周から改良層厚の $2/3 \sim 1$ 倍の範囲		
	推奨法	建築物外周から改良層厚の $1/2 \sim 2/3$ 倍の範囲		
	詳細法	改良部と非改良部の境界に特殊な対策を施すこと，もしくは別途詳細な諸検討・解析を行うことを前提として，改良範囲の制限無		

表5.1.2 要求性能を満足するために必要な限界値の例

要求性能			限界状態		
			使用限界状態	損傷限界状態	終局限界状態
改良目的	建築物・基礎に対する要求性能		基礎の変形によって、建築物の使用性や機能性、耐久性に支障を生じない.	基礎の変位によって、建築物に損傷を生じない. 基礎の残留変形によって、建築物の使用性や機能性、耐久性に支障を生じない.	基礎の破壊または変位によって、建築物が破壊または転倒しない.
	改良地盤に対する要求性能		上部構造の使用性、機能性や耐久性に障害を生ずるような過大な沈下・変形を生じない.	上部構造や基礎の耐久性に有害な残留変形を生じない.	改良地盤および周辺地盤の極限抵抗力を超えない.
液状化対策	限界値	簡便法	—	原則として$F_l > 1$	
		推奨法		原則として$F_l > 1$	D_{cy}が終局限界値の目安を超えない. クリアしない場合、P_lによる判定を併用し、総合的に判断.
		詳細法		・10%を上限値の目安として不合格率の限界値を設定. ・有効応力解析結果を踏まえて限界値を設定.	有効応力解析結果を踏まえて限界値を設定.
支持力増強・沈下抑制対策	限界値	簡便法	・建築物全体の傾斜が使用限界値を超えない. ・基礎梁を含む構造部材の変形角が損傷限界値を超えない.	基礎の接地圧が地盤の極限支持力度の2/3を超えない.	基礎の接地圧が地盤の極限支持力度を超えない.
		推奨法および詳細法	・建築物全体の傾斜が使用限界値を超えない. ・基礎梁を含む構造部材の変形角が損傷限界値を超えない.	・建築物全体の傾斜が損傷限界値を超えない. ・基礎梁を含む構造部材の変形角が使用限界値を超えない. ・建築物が滑動しない.	・基礎の接地圧が地盤の極限支持力度を超えない. ・建築物が転倒しない ・建築物が滑動しない.

に設定する.表5.1.2に建築物・基礎および改良地盤に対する各要求性能とこれらに対応する限界値の例を示す.

(1) 終局限界状態

終局限界状態において,基礎に対してはその破壊または変位によって建築物が崩壊または転倒しないこと,改良地盤に対しては直接基礎全体が鉛直支持性能を喪失しないことが要求される.この要求性能を満足するための限界値を,基礎の接地圧が地盤の極限支持力度を超えないこととする.

液状化に対する検討では,部分的な液状化は許容するが,液状化層全体で判断した上で部分的な液状化が建築物の転倒につながらないことを確認することとする.具体的な指標として,液状化安

全率 F_l, 液状化時の地表面動的変位 D_{cy}, 液状化指数 P_l の三指標を取り上げ, 従来どおり全点 $F_l>1.0$ を限界値とする考え方を簡便法, 下記の①②を限界値の目安として, 建築物の転倒および支持力の喪失につながる液状化の被害は防止できるとする考え方を推奨法とする. ①と②の優先順位については, まず, ①の D_{cy} について判定し, D_{cy} に関する限界値の目安をクリアしない場合には, ②の P_l を併用して総合的に判断する[5.1.1)〜5.1.5].

①液状化時の地表面動的変位 $D_{cy} \leqq 5 \sim 10$ cm

②液状化指数 $P_l \leqq 5 \sim 10$

上記の各指標の意味合いや, 各限界値の目安の設定根拠と優先順位の考え方については,「4.3節 液状化判定」を参照されたい.

終局限界状態時に部分的に液状化を許容した場合, 直接基礎に支持された建築物の詳細挙動や, さらに許容する場合に設計上どのように支持力を評価しておくべきかに関しては, 未だに不明な点が多い. 基本的に, 建築物の規模・用途・重要性・構造種別などを考慮して, 設計者が液状化を許容しない場合の終局限界支持力を適宜低減して評価することを原則とする. 現時点での目安としては, 搭状比が小さな建築物を支持することを前提にして, べた基礎を採用する, もしくは独立基礎や布基礎を採用する場合は支持力の影響深度として基礎幅の2倍までの深度を考え, この深度範囲内においては全点液状化させないことを適用条件として推奨する. 搭状比の大きな建築物を独立基礎や布基礎で支持させ, 影響深度内において部分的に液状化を許容する場合は, 別途詳細な検討によってその安全性を確認することが望ましい.

(2) 損傷限界状態

損傷限界状態において, 基礎に対してはその変位によって建築物に損傷が発生しないこと, また基礎の残留変形によって建築物の使用性や機能性・耐久性に支障が発生しないこと, 改良地盤に対しては過大な変形を生じないことが要求される. 損傷限界値の具体的数値は基礎指針を参照されたい. このように, 損傷限界状態の検討でも, 変形を直接評価する推奨法および詳細法を基本とするが, 変形の検討を省略できる簡便法の場合の限界値は, 基礎の接地圧が締固め杭の存在を考慮した地盤の極限支持力度の2/3を超えないこととする.

改良地盤の液状化判定条件としては, 改良地盤全層において深度1mごとに液状化安全率 $F_l>1.0$ とし, 液状化そのものを完全に防止することを原則とする. ただし, 敷地が広く, 標準貫入試験および粒度試験の調査箇所数が十分揃っている場合には, ある程度の値を上限に不合格率(液状化安全率 $F_l \leqq 1.0$ となる箇所の割合)を許容可能とする.

(3) 使用限界状態

使用限界状態において, 基礎に対しては建築物の使用性や機能性, 耐久性に支障を生じないこと, 改良地盤に対しては使用上有害な地盤の変形が生じないことが要求される. この要求性能を満足するための条件は, 建築物全体の傾斜が使用限界値を超えないこと, 基礎梁を含む構造体に発生する部材応力が使用限界値を超えないことである. 使用限界値の具体的数値は基礎指針を参照して設定する.

以上の具体的な各評価方法については,「4.4節　改良仕様の設計」「5.3節　鉛直支持力」「5.4節

沈下」を参照されたい．

参考文献

5.1.1) 日本建築学会基礎構造運営委員会：液状化地盤における基礎設計の考え方，建築基礎の設計施工に関する研究資料4，1998
5.1.2) 阪口　理：1960年代前半に実施した日本住宅公団における大規模地盤改良，日本建築学会構造委員会，建築基礎の設計施工に関する研究資料8，「建築物を対象とした締固め地盤改良工法の適用事例集」，特別寄稿，2002.8
5.1.3) 佐原　守・吉富宏紀・寺田邦雄・安達俊夫：締固め改良地盤上の直接基礎の設計法について，「建築基礎のための地盤改良設計指針の作成にあたって」シンポジウム論文集，pp.61-77，日本建築学会構造運営委員会，2003
5.1.4) 嶋本栄治・三輪　滋・内田明彦・畑中宗憲・秋山映雄・阪口　理：兵庫県南部地震における短尺サンドコンパクションパイル工法による砂地盤の改良効果に関する検討，日本建築学会大会学術講演梗概集，pp.589-590，1998
5.1.5) 吉富宏紀・安達俊夫・真島正人・伊勢本昇昭・船原英樹：液状化の程度を表す判定指標に関する考察，日本建築学会大会学術講演梗概集，2005

5.2節　設計フロー

> 締固め改良地盤上に支持される直接基礎の設計では，まず各限界状態において要求される性能と限界値を設定する．ついで，仮定した改良仕様に対する液状化・鉛直支持力・沈下・滑動抵抗・基礎部材の諸検討を行い，これらの検討結果を踏まえて評価した性能が，設定した限界値を満足することを確認する．最後に，各検討結果を踏まえた総合的な妥当性の判断を行う．

　直接基礎の設計フローの一例を図5.2.1に示す．「4.4節　改良仕様の設計」より改良仕様（締固め杭径，改良率，改良長，改良範囲）を設定し，液状化，鉛直支持力，沈下，滑動抵抗に対応する限界値を満足するか否かを検討する．限界値を満足しない場合は，満足するように改良仕様を再設定し，上記の作業を繰り返す．限界値を満足することを確認した後，基礎部材の応力計算および断面算定を行う．
　滑動抵抗の検討手法に関しては，基礎指針を参照されたい．

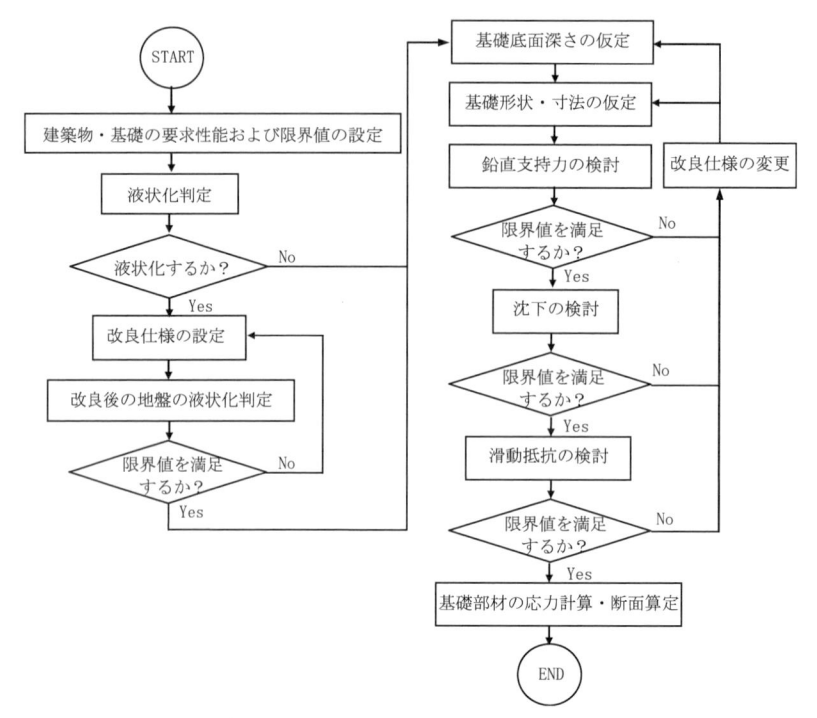

図5.2.1 締固め改良地盤を併用した直接基礎の設計フロー

5.3節 鉛直支持力

> 1．鉛直支持力の算定方法は，選択手法に応じた適切な方法を用いる．
> 2．支持力計算に用いる地盤定数の評価方法は，選択手法に対応した適切な方法を用いる．
> 3．改良地盤下や改良地盤内に粘性土層が堆積し，鉛直支持力に影響を及ぼすと考えられる場合には，その影響を適切に考慮に入れて鉛直支持力を評価する．

1．算定方法

(1) 簡便法

すべての限界状態の支持力は，締固め杭の存在を無視して，杭間地盤が一様に堆積していると見なす自然堆積地盤上の直接基礎の支持力式を用いて評価する．

(2) 推奨法

図5.3.1に，複合地盤，杭心地盤および杭間地盤における荷重～沈下量曲線を比較した概念図[5.3.1)]を示す．複合地盤の曲線は，低荷重レベルにおいては杭心地盤の曲線に近く，高荷重レベルになるにしたがい徐々に杭心地盤の曲線から離れる．第2章の図2.3.3に示したように，荷重レベルの小さな段階では杭間地盤に比べて剛性の高い杭心地盤に応力が集中するが，荷重レベルが大きくなり沈下の進行に伴い応力が再配分されて，徐々に杭間地盤の応力分担比が増加し，終局限界状態に至ると沈下量に依らず杭心地盤と杭間地盤の応力分担比は改良率と一致すると考えられる．したがって，

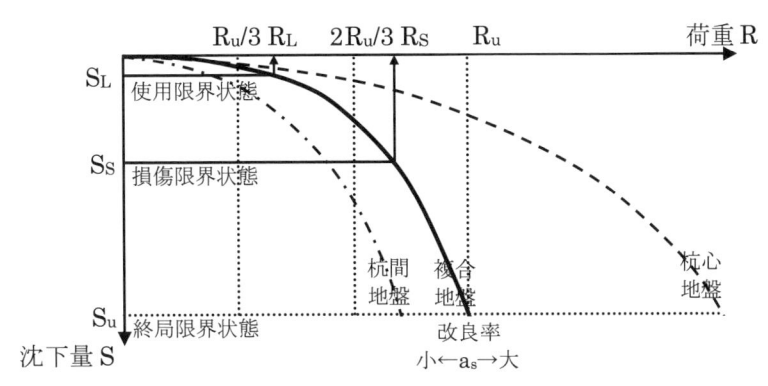

図5.3.1 複合地盤の荷重～沈下量曲線の概念図

終局限界状態の支持力は，(5.3.1)式～(5.3.3)式を利用して評価する．一方，使用限界状態および損傷限界状態の支持力は，改良率のみならず沈下量の大きさに依存して杭心地盤に応力が集中する効果を考慮に入れる必要がある．しかし，沈下量の適合性まで考慮に入れて支持力を評価することは現状では困難であること，図5.2.1に示すように支持力の検討の後に必ず沈下の検討も行うこと等を勘案して，ここでは使用限界状態および損傷限界状態の支持力は，応力の集中する効果を無視して控えめの値を与える(5.3.1)式～(5.3.3)式による極限支持力の1/3および2/3の値に留めておくこととした．

この改良地盤の極限支持力は，杭心地盤および杭間地盤のせん断強度のすべり線上に沿った積分値である．したがって，(5.3.1)式～(5.3.3)式による極限支持力の適用条件は，図5.3.2に示すように改良範囲内にすべり線が留まることである．留まらない基礎に対しては，5.5節図5.5.3に示すように適宜支持力を低減しておくような配慮が必要である．

$$R_u = Q_{up} + Q_{u1} \tag{5.3.1}$$

$$Q_{up} = a_s \cdot (i_\gamma \cdot \beta \cdot \gamma_p \cdot B \cdot \eta \cdot N_\gamma + i_q \cdot \gamma_2 \cdot D_f \cdot N_q) \cdot A \tag{5.3.2}$$

$$Q_{u1} = (1-a_s) \cdot (i_\gamma \cdot \beta \cdot \gamma_1 \cdot B \cdot \eta \cdot N_\gamma + i_q \cdot \gamma_2 \cdot D_f \cdot N_q) \cdot A \tag{5.3.3}$$

ここに，R_u：改良地盤の極限鉛直支持力（kN）

Q_{up}：杭心地盤が受け持つ極限鉛直支持力（kN）

Q_{u1}：杭間地盤が受け持つ極限鉛直支持力（kN）

a_s：改良率（<1.0）

i_γ, i_q：荷重の傾斜に対する補正係数

β：基礎の形状係数

η：基礎の寸法効果による補正係数

γ_p：杭心地盤の単位体積重量（kN/m³）

γ_1：杭間地盤の単位体積重量（kN/m³）

γ_2：根入れ部分の土の単位体積重量（kN/m³）

（地下水位以深の場合，γ_p, γ_1, γ_2には水中単位体積重量を用いる．）

B：基礎幅（m），（短辺幅，荷重の偏心がある場合には有効幅B_eを用いる．

N_γ, N_q：支持力係数
D_f：根入れ深さ (m)
A：基礎の底面積 (m²)（荷重の偏心がある場合には有効面積 A_e を用いる．）

支持力係数 N_γ, N_q，基礎の形状係数 β，基礎の寸法効果による補正係数 η，荷重の傾斜に対する補正係数 i_γ, i_q，基礎の底面積 A，基礎幅 B，根入れ深さ D_f 等の扱いは，基礎指針に準拠する．

終局限界状態時に部分的に液状化を許容した場合に，直接基礎の支持力をどのように評価しておくべきかに関しては，研究開発段階に近く未だに不明な点が多い[5.3.2]．したがって，本編では搭状比の小さな建築物を支持する場合に適用することを前提として，べた基礎を採用する，もしくは独立基礎および布基礎を採用する場合であれば，基礎の支持力の影響深度として基礎幅の2倍までの深度を考え，この範囲内は全点液状化させないことを推奨する〔図5.3.2参照〕．

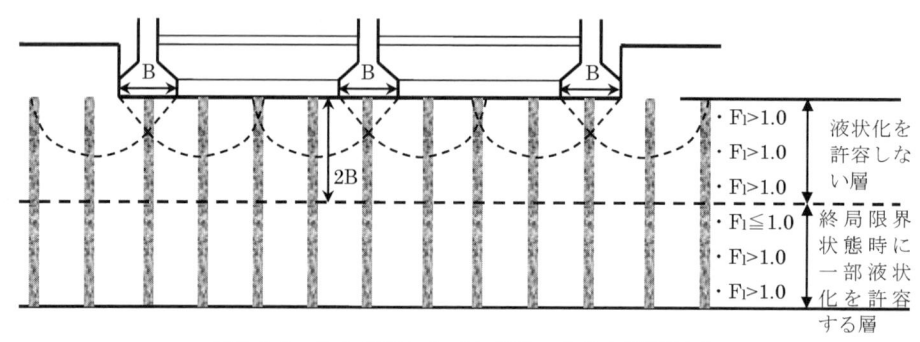

図5.3.2 独立基礎および布基礎の支持力影響深度

(3) 詳 細 法

改良地盤上において平板載荷試験を実施する場合，得られた試験結果から直接各限界状態の支持力を評価する．標準貫入試験のみを行う場合，杭間地盤および杭心地盤において得られた N 値から諸定数を設定して，詳細法による算定法に準じて，各限界状態の支持力を評価する．

2．地盤定数の評価方法

(1) 簡 便 法

簡便法による地盤定数の評価方法は，既往の改良実績を踏まえて提案された推定図[5.3.3]を用いる．図4.4.4は，細粒分含有率 F_c が20％以下，改良率 a_s が22.5％以下の時の原地盤 N 値と改良後杭間 N 値の関係を示した図である．図5.3.3は F_c と N 値の関係を示した図である．これらの図を利用して，改良前の N 値から改良後の杭間 N 値を推測する．上記の F_c や a_s の範囲以外の場合には，図4.4.3に示される方法Cあるいは方法Dに準じて推測する，もしくは次に示す(2)推奨法のように地盤調査結果に基づいて直接評価する．

(2) 推 奨 法

推奨法による支持力式に用いる地盤定数は，杭間地盤の内部摩擦角 ϕ_1，杭間地盤および根入れ部の土の単位体積重量（γ_1, γ_2），杭心地盤の内部摩擦角 ϕ_p，杭心地盤の単位体積重量 γ_p である．

土の単位体積重量は，事前の地盤調査や基礎指針などに準拠して決定する．杭間地盤の内部摩擦角 ϕ_1 は，4.4節に従い算出した改良後の増加 N 値より基礎指針に示される大崎式もしくは畑中らの

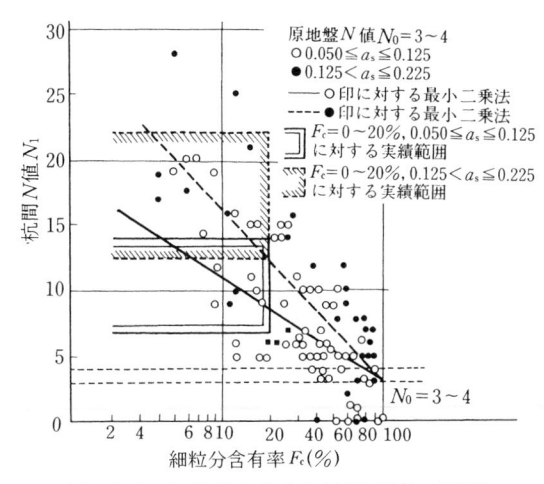

図5.3.3 細粒分含有率と杭間 N 値の関係

提案式により算出することができる．

$$\text{大崎式：} \phi = \sqrt{20N} + 15° \tag{5.3.4}$$

もしくは，

$$\text{畑中らの提案式：} \phi = \sqrt{20N_1} + 20° \, (3.5 \leq N_1 \leq 20) \tag{5.3.5}$$

ここに，$N_1 = N \cdot \sqrt{98/\sigma_z'}$ （有効上載圧を補正した換算 N 値，σ_z' : kN/m²）

(5.3.5)式を適用する場合，根入れの小さい基礎で有効上載圧が小さい地表面付近においては，大きな N_1 値となり支持力を過大評価するおそれがある．(5.3.5)式の提案のもとになったデータの範囲は $\sigma_z' \geq 40$ kN/m² であるが，根入れの小さい基礎の支持力に対する安全性を考慮して $\sigma_z' \geq 98$ kN/m² とするのがよい．両式の提案条件の詳細は基礎指針を参照されたい．選定補給材料の単位体積重量は，現地で使用する材料を用いた室内土質試験および既存の参考資料などにより求める．材料に砂を用いる場合は，図4.4.4を利用して杭心地盤の N 値 N_p を求め杭間地盤と同様の手法で内部摩擦角 ϕ_p を算出することができる．その他の材料を用いる場合には，表5.3.1[5.3.4]~[5.3.6]を参考にして設定してもよい．

表5.3.1 砂以外の主な補給材料の湿潤単位体積重量および内部摩擦角 ϕ_p

補給材料	湿潤単位体積重量（kN/m³）	内部摩擦角 ϕ_p（°）
砕石	20	35～40
再生砕石	20	35～40
製鋼スラグ	26	35～40
水砕スラグ	17	35以上

(3) 詳細法

事前に試験施工を行い改良地盤を作成する．この改良地盤上において平板載荷試験を実施する場合，得られた結果から直接支持力を評価する．標準貫入試験のみを実施する場合，杭間地盤および杭心地盤において得られた N 値を用いて，支持力式中の各定数を評価する．

3. 粘性土地盤の存在が支持力に及ぼす影響

改良の対象となる砂層下に粘性土が堆積する場合，もしくは改良地盤内に層厚の薄い粘性土を挟み，粘性土地盤の存在が支持力に影響を及ぼすと考えられる場合は，基礎指針に従い，二層地盤の検討もしくは薄層粘土の絞り出し破壊の検討を行い，支持力に及ぼす影響を考慮する．

軟弱粘性土内に締固め杭を打設し，締固め杭造成に伴う過剰間隙水圧の上昇とその後の消散により締固め杭間粘土の強度増加が確認された事例が，一部で報告されつつある[5.3.7),5.3.8)]．しかしながら，未だ研究開発段階に近い利用法であるため，設計にこのような効果を考慮できるのは，実績のある工法で特別な調査検討を実施した場合に限るものとし，本編で具体的な検討方法は取り扱わないこととした．

参考文献

5.3.1) 大西智晴・野津光夫・安達俊夫：締固め砂杭による改良地盤の直接基礎への適用について，日本建築学会構造委員会，建築基礎の設計施工に関する研究資料5，シンポジウム論文集「実務に見る地盤改良工法の技術的諸問題」，pp.75-80，1999.10

5.3.2) 寺田邦雄：過剰間隙水圧比 r_u を考慮した支持力計算式の提案と適用，土と基礎，Vol. 53, No. 11, pp.23-25, 2005.11

5.3.3) 地盤工学会：液状化対策工法，地盤工学実務シリーズ18，pp.238，2004

5.3.4) 運輸省港湾局監修，㈳日本港湾協会編：港湾の施設の技術上の基準・同解説，1999

5.3.5) 日本道路公団：設計要領第一集　土工・舗装・排水・造園，1998

5.3.6) ㈶沿岸開発技術研究センター，鐵鋼スラグ協会：港湾工事用製鋼スラグ利用手引書，2000.3

5.3.7) 松尾　稔・木村　稔・西尾良治・安藤　裕：建設発生土類を利用した軟弱地盤改良工法の開発，土木学会論文集，No. 567/IV-35, pp.237-248, 1997.6

5.3.8) 野津光夫・大西智晴・吉富宏紀・山崎　勉・八重樫光：軟弱な粘土層と砂層で構成される地盤への静的締固め砂杭工法の適用，日本建築学会大会学術講演梗概集，pp.395-396, 2004.8

5.4節　沈　下

1. 沈下量の算定方法は，選択手法に応じた適切な方法を用いる．また，対象とする沈下量は即時沈下量とする．
2. 沈下計算に用いる地盤定数の評価方法は，選択手法に対応した適切な方法を用いる．
3. 建築物の要求性能に応じて，沈下量を適切に評価する．

1. 算定方法

使用限界状態および損傷限界状態の検討を行う際，沈下計算を行う．本編では，砂質系地盤を締固め改良する場合を対象としていることから，即時沈下量を計算対象とする．

(1) 簡便法

弾性論に基づく算定方法を用いて，締固め杭間地盤の剛性のみを考慮した沈下計算を行う．基礎指針には，一様な半無限弾性地盤上の基礎沈下の算定方法と，Steinbrenner の近似解を利用する方

法が併記してある．有限層厚地盤の影響を加味できること，多層系地盤への拡張が容易であることなどの観点から，後者の方法の利便性が高いと考えられる．いずれも具体的な算定方法は基礎指針に詳述されているため，それらの詳細は同指針を参照されたい．

(2) 推奨法および詳細法

弾性論に基づく方法や，FEM を利用する方法，複合地盤効果を考慮に入れた双曲線近似式を利用する方法等を利用して沈下計算を行う．

基礎下の沈下影響深度範囲が改良層下方にまで及ぶようなべた基礎や，基礎間隔が狭い布基礎や独立基礎の場合は前二者の計算方法を，沈下影響深度範囲が改良層内に留まるような独立基礎や一部の布基礎の場合は後二者の計算法の採用が適切であろう．双曲線近似式による利用方法は，取扱いが容易であるため，最も大きな沈下量が予想される箇所の独立基礎単体での沈下計算を行い，その量の大小によって，おおむねの独立基礎採用の可能性の判断に利用することも考えられる．表5.4.1に設計条件・基礎形式・計算方法の関係をまとめて示す．

弾性論に基づく方法やFEMを利用する方法の詳細は，他刊行物に多く記載されていることから，本書ではその内容を割愛し，双曲線近似式による算定法を示す．双曲線近似式による算定法は，締固め改良地盤上で実施された大型平板載荷試験結果や，種々の改良条件下で実施された室内模型載荷実験結果を踏まえて提案された方法[5.4.1]–[5.4.5]である．

双曲線近似式を(5.4.1)式に示す．

$$\frac{(S/B)}{q} = \frac{(S/B)}{\beta \cdot q_{fb}} + \frac{1}{\alpha \cdot K_{ia}} \tag{5.4.1}$$

ここに，S：沈下量（m），q：荷重度（kN/m²），B：基礎幅（m）
　　　　q_{fb}：複合地盤の極限支持力度（kN/m²），K_{ia}：杭心地盤の初期接線勾配（kN/m²）
　　　　α：改良率に応じた低減係数，　β：改良幅に応じた低減係数

以下，この近似式の提案に至るまでの概要を示す．

図5.4.1に示す地盤条件において，直径700mm，長さ12.5m の締固め杭が，杭心間隔1.4m，改良率20%で打設され，表層砂層が締固められた．締固め杭と杭間地盤を包含する1辺1.4m角の正方形の大型平板載荷試験と，杭間位置および杭心位置において直径300mm の標準平板載荷試験が実施された．図5.4.2に得られた荷重〜沈下曲線を比較して示す．杭間地盤と杭心地盤から構成される複

表5.4.1 即時沈下量の計算方法

設計条件	影響深度範囲が改良地盤内		影響深度範囲が多層
基礎形式	独立基礎	布基礎	べた基礎
計算方法	双曲線近似式による計算方法	Steinbrenner の近似解	
	FEM		

合地盤の荷重～沈下曲線は，載荷荷重の初期段階においては杭心における挙動と同様の挙動を示し，その後荷重の増加に伴い徐々に杭心地盤の挙動から離れる傾向となる．この複合地盤の荷重～沈下曲線の実測結果に対して，杭心地盤の荷重～沈下曲線の初期接線勾配 K_{ia} および複合地盤の極限支持力度 q_{fb} を用いた(5.4.2)式の双曲線式による近似が試みられた．図5.4.3に近似曲線と実験値を比較して示す．双曲線近似曲線は実験値をよく表現しているとともに，終局的には複合地盤の曲線に漸近することが分かる．

$$\frac{(S/B)}{q} = \frac{(S/B)}{q_{fb}} + \frac{1}{K_{ia}} \tag{5.4.2}$$

ここに，S：沈下量（m），q：荷重度（kN/m²），B：基礎幅（m）

q_{fb}：複合地盤の極限支持力度（kN/m²），K_{ia}：杭心地盤の初期接線勾配（kN/m²）

(5.4.2)式は，大型平板載荷試験を実施した改良条件下において，適用性を検証された式である．適用可能な改良率および基礎幅に対する改良範囲の条件を拡張するために，(5.4.2)式を一般化する必要性がある．ここで，大型平板載荷試験を実施した条件である改良率 $a_s=20\%$，改良幅と載荷板幅の比 D/B が2.0のときの杭心地盤の K_{ia}，複合地盤の q_{fb} を基準とし，それぞれに低減係数 α および β を乗じた(5.4.1)式が，一般的な複合地盤の荷重～沈下曲線を表す近似式として提案されている．低減係数 α および β については，基礎面積に対する締固め杭面積の割合である改良率 a_s および改良範囲をパラメータとした一連の模型土槽における室内実験結果により，以下に示すような傾向が得られている．

図5.4.4はこれらの室内試験結果より得られた改良率 a_s と低減係数 α の関係である．改良率が減

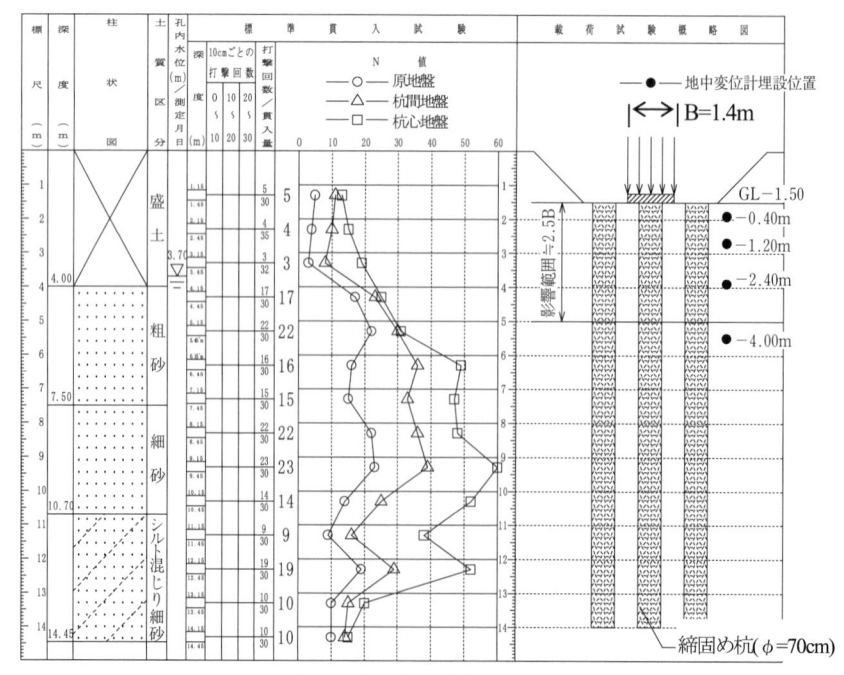

図5.4.1 土質柱状図

図5.4.2 荷重～沈下曲線

図5.4.3 実測値と双曲線近似曲線との比較

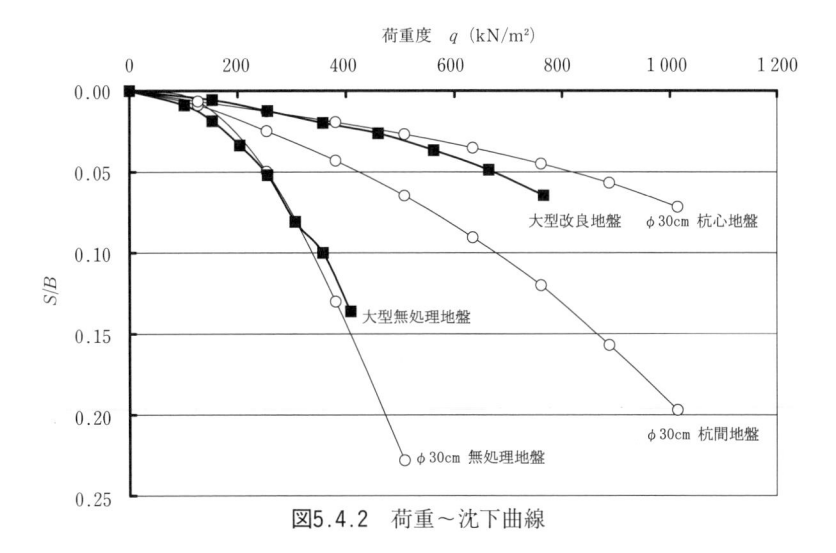

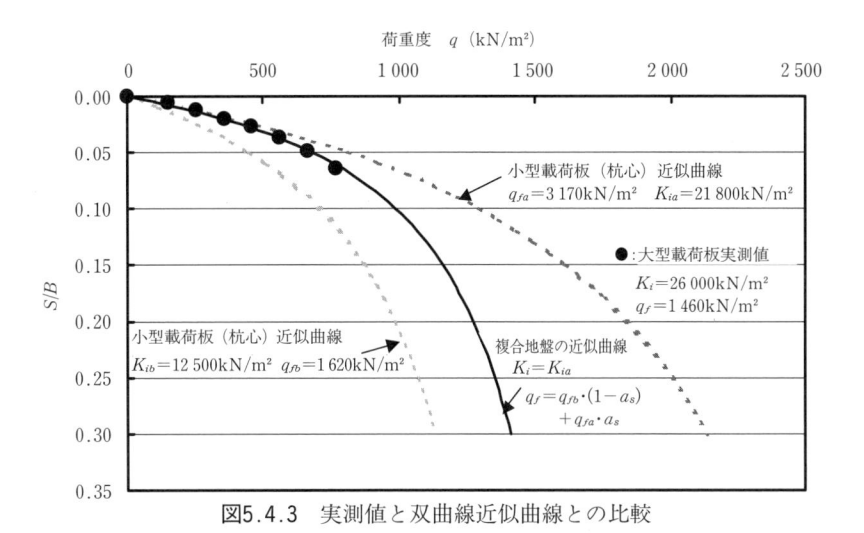

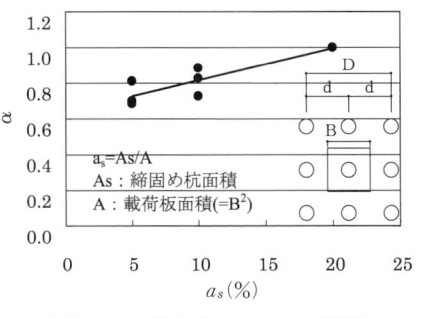

図5.4.4 改良率 a_s と α の関係

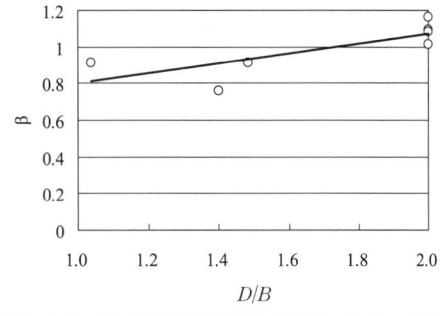

図5.4.5 改良幅／載荷板幅（D/B）と β の関係

少するに従い，低減係数の値も小さくなる傾向が表れており，α の値としては改良率 $a_s = 5\%$ 〜20%の改良率で0.7〜1.0の値で評価することが可能である．また，β の値としては，改良範囲 D（実験条件は $D=2d$，d：締固め杭中心間隔）と載荷板幅 B の比（D/B）に応じて図5.4.5に示すような傾向が表れており，$\beta = 0.8$〜1.0程度の値が得られている．

2．地盤定数の評価方法

(1) 簡便法

改良前地盤の N 値と，改良率，細粒分含有率から，図4.4.4や図5.3.3などの既往の実績図を利用して，改良後地盤の杭間 N 値を評価する．締固め杭心地盤の存在は無視し，締固め杭間地盤の剛性のみを評価する．具体的には，基礎指針に掲載されているような既往の変形係数と平均 N 値の関係図などを利用して，杭間 N 値から改良地盤系全体の変形係数を評価する．

(2) 推奨法

a．弾性論やFEMを利用する場合の地盤定数の評価方法

① 地盤定数の評価方法の方針

弾性論やFEMを利用する場合，改良地盤全体をマスとして扱い，その等価剛性を評価する方針とする．FEMも弾性解を扱うのであれば，いずれの算定法における地盤定数も，変形係数とポアソン比のみである．排水条件の砂のポアソン比は，0.25〜0.35の値をとるが，通常0.3と設定しておけばよい．以降，変形係数の評価方法について示す．

改良前地盤の N 値，改良率，細粒分含有率に応じて，図4.4.4や図5.3.3などの既往の実績図を利用して，改良後地盤の杭間 N 値および杭心 N 値を推定し，その後既往の変形係数と平均 N 値の関係図などを利用して，それぞれの変形係数を算定する．現在，杭間地盤および杭心地盤の各変形係数と，改良地盤全体の等価変形係数を結び付ける適切な方法が不明であるため，現時点においては改良率に応じた平均値を第一近似とする．改良前の地盤調査結果にPS検層によるせん断波速度 V_s がある場合，既往の N 値と V_s の関係式など[5.4.6]〜[5.4.9]を利用して改良後の V_s を推定し，これに基づいて変形係数のひずみ依存性や応力依存性を考慮に入れて，変形係数を評価する方法もある．ただし，変形係数は V_s の2乗に比例するため，V_s の評価精度に十分留意する必要がある．

② 既往の沈下実測結果に基づく地盤の変形係数の逆解析例

締固め改良地盤全体の等価な変形係数を具体的にどのように評価すべきかに関する知見は，沈下実測値に基づく逆解析例が少ないために，未だ確立された方法がない．ここでは，その数少ない報告例を参考資料として2例紹介する．

1例目は，長辺112m・短辺16m・高さ約21m・RC造5階建て・平均接地圧113kN/m²の建築物が，液状化対策として締め固めた改良地盤上に直接基礎で支持された例[5.4.10]である．図5.4.6〜図5.4.8に，土質柱状図・断面図・締固め杭平面配置図をそれぞれ示す．締固め杭中心間隔は2.3m，改良率は9.5%，締固め杭先端深度は6.5m，補給材は高炉水砕スラグである．図5.4.9に示す基礎下端深度および改良地盤下端深度に設置された層別沈下計による沈下量の経時変化を図5.4.10に示す．複数の杭心地盤を横断するライン上で計測したS波速度と，杭間地盤を横断するライン上で計測したS波速度の平均値を改良地盤全体のS波速度として，この値に対応する微小ひずみレベルにおける変

形係数 E_d を評価している．一方，層別沈下計による沈下実測値に基づいて Steinbrenner の近似解を利用して，締固め改良地盤の変形係数 E_s が逆算されている．改良地盤の鉛直ひずみ ε と E_s/E_d の関係を図5.4.11に示す．図5.4.11には，杭心地盤および杭間地盤位置で実施された直径30cmの標準平板載荷試験結果および図5.4.8に示すように載荷板中心が杭心と一致する位置と載荷板の四隅が杭心と一致する位置で実施した一辺2.3mの大型平板急速載荷試験結果から，それぞれ建築物の平均接地圧レベルに対応する地盤反力係数に基づき逆算した E_s 値，および沈下量を載荷板の直径および幅で除し ε と見なした値も併記されている．110kN/m²程度の接地圧に対して，改良地盤内に1.0～2.0×10⁻³程度の鉛直ひずみが発生し，E_s/E_d は0.3～0.4程度の値に対応する結果が得られている．

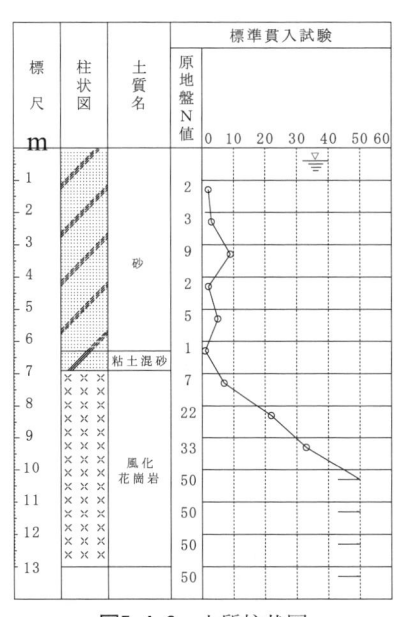

図5.4.6 土質柱状図

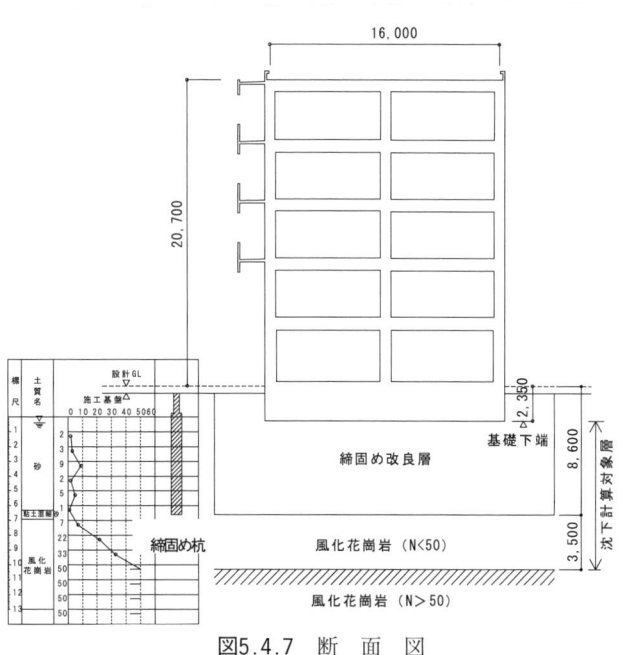

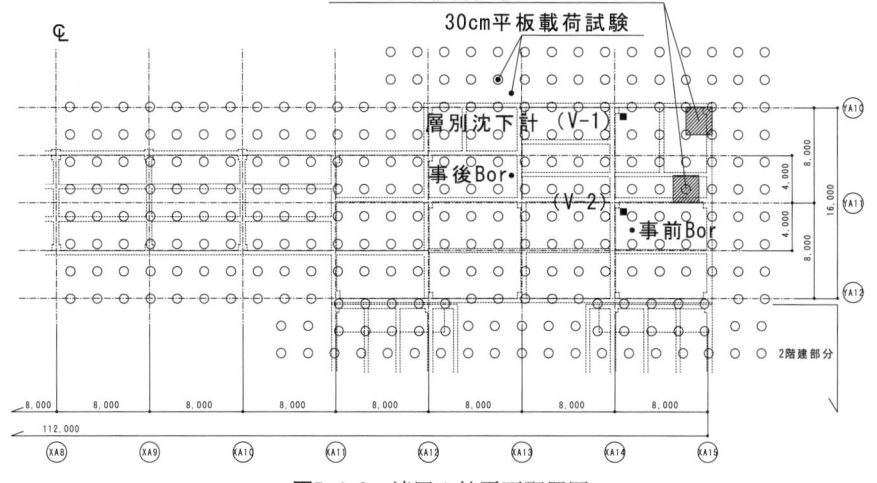

図5.4.7 断面図

図5.4.8 締固め杭平面配置図

図5.4.9　層別沈下計設置深度

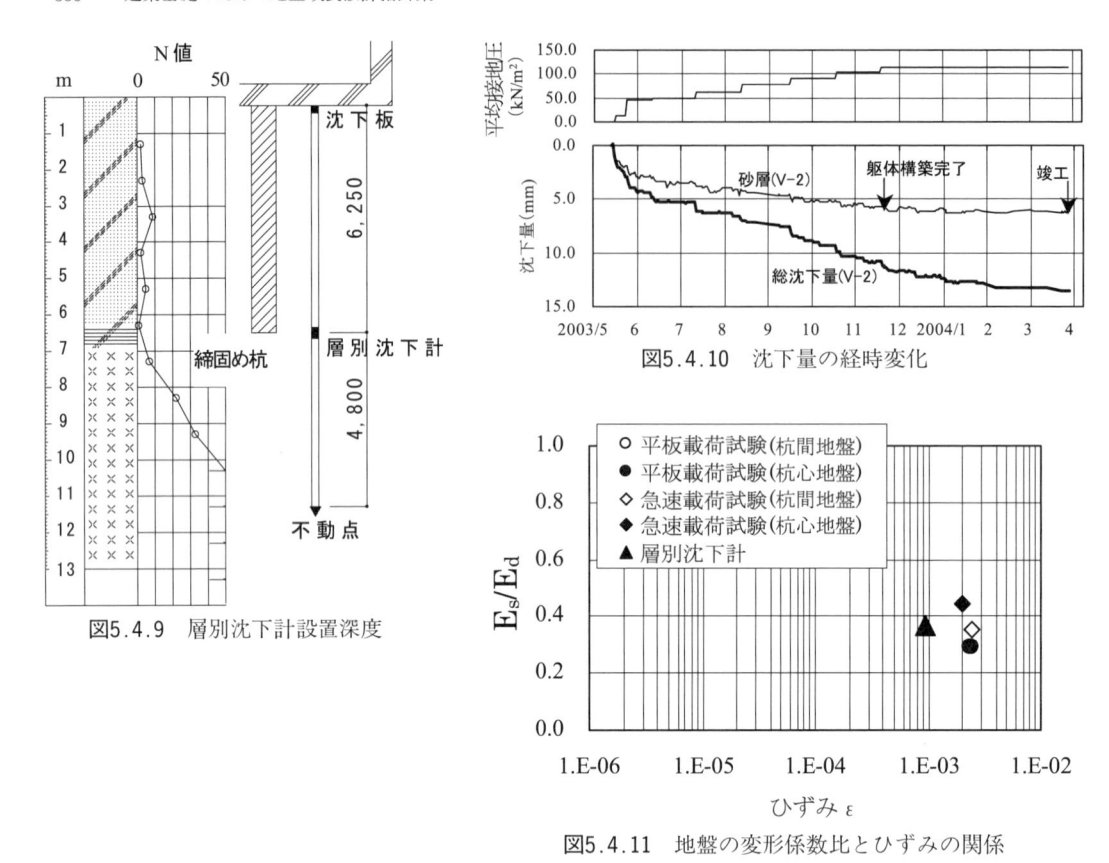

図5.4.10　沈下量の経時変化

図5.4.11　地盤の変形係数比とひずみの関係

2例目は，液状化対策として砂地盤を締固め，その改良地盤上に直接基礎で支持された油槽タンクの例[5.4.11)]である．タンクの直径82.5m，接地圧211kN/m²，タンク外周部の平均沈下量は49mm，タンク底面の剛性はゼロとみなせる．図5.4.12に土質柱状図を示す．改良率は6.4％，締固め杭先端深度は14.5mである．改良地盤全体の微小ひずみレベルにおける変形係数 E_d は，締固め杭間地盤の変形係数と杭心地盤の変形係数を改良率で面積平均して評価した．具体的には，既往の回帰式を利用して杭間地盤および杭心地盤の N 値からS波速度を推定して各変形係数を算定して，それらの値を面積平均して改良地盤全体の微小ひずみレベルにおける変形係数 E_d を評価した．Steinbrennerの近似解で扱う荷重面の形状は矩形であることから，タンクの円の面積と等価な面積を持つ正方形に近似して扱い，正方形の隅角部の解析沈下量とタンク外周部で計測した平均沈下量を比較した．沈下対象地盤深度 Z は，タンク面積を A とした場合，Z を A の平方根の1.0，1.5，2.0倍とし，締固め地盤全体の変形係数 E_s を E_d の0.30，0.25，0.20倍に低減したケースを解析した．解析結果を表5.4.2に示す．沈下対象地盤深度を基礎接地面積の平方根の1.5〜2.0倍とした場合，210kN/m²程度の接地圧に対して低減係数は0.20倍〜0.25倍程度の値が適切[5.4.12)]との結果を得ている．

　b．双曲線近似式を利用する場合の地盤定数の評価方法

複合地盤の荷重〜沈下曲線は，杭心地盤の初期接線勾配 K_{ia} および双曲線の漸近線となる荷重に相当する複合地盤の極限支持力度 q_{fb} を算出したのち，改良率および改良幅に応じた低減係数 $α$，$β$ を(5.4.1)式にあてはめて，荷重〜沈下曲線を求める．図5.4.13にこのフローを示す．この評価方法

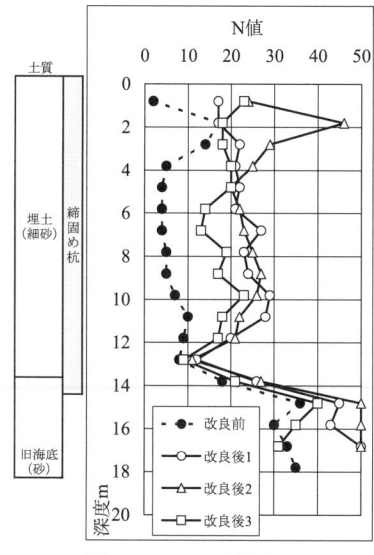

図5.4.12 土質柱状図

表5.4.2 逆解析結果
実測値（$p=211kN/m^2$, $S=49mm$）

	$E_s=0.30E_d$	$E_s=0.25E_d$	$E_s=0.20E_d$
$Z=\sqrt{A}$	26	31	39
$Z=1.5\sqrt{A}$	34	41	51
$Z=2.0\sqrt{A}$	39	47	59

は表5.1.1の推奨法および詳細法の②に対応する．

図5.4.14は，既往の杭心地盤で実施した直径30cmの平板載荷試験結果を双曲線近似して求めた初期接線勾配K_{ia}の頻度分布である．試験数は全15件であり，締固め時の補給材料はすべて砂である．K_{ia}の度数分布は，地盤条件，改良率の違いなどによりある程度ばらつくが，K_{ia}（平均値）$-\sigma$（標準偏差）の値（$24\,300kN/m^2$）と，大型平板載荷試験によるK_{ia}の値（$26\,000kN/m^2$）はおおむね一致する．初期接線勾配K_{ia}の値として，$25\,000kN/m^2$程度の値を採用することを推奨する．

改良率が20%を下回る場合には，改良率に応じて初期接線勾配K_{ia}を図5.4.4に示す関係から係数αを評価する．改良範囲幅とフーチング幅の比D/Bが2.0を下回る場合には，図5.4.5に示す関係か

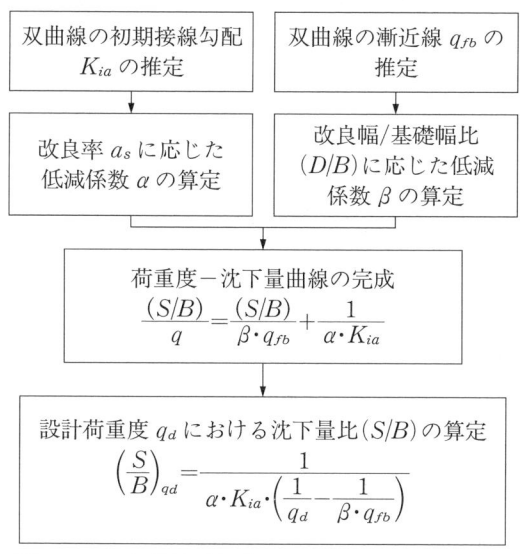

図5.4.13 双曲線近似式による沈下量計算のフロー

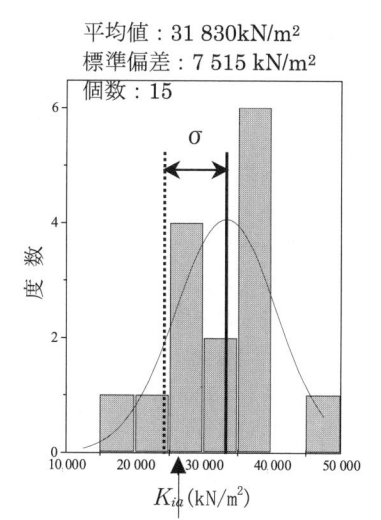

図5.4.14 杭心地盤の初期接線勾配K_{ia}の頻度分布

ら係数 β を評価する．フーチング下に複数本の締固め杭を配置する場合，複数の締固め杭を等価断面積の1本の締固め杭に置き換えて，図5.4.5の関係を適用する．

(3) 詳　細　法

　締固め改良の試験施工後，杭間および杭心地盤において実施した標準貫入試験結果や平板載荷試験結果などの各種の地盤調査結果を，直接設計段階における地盤定数の評価に反映させる．改良地盤全体をマスとして扱い，その等価剛性を直接評価する地盤調査法は未だ確立されておらず，研究開発段階である．複数の杭心地盤および杭間地盤をせん断波が横断する配置条件でそれぞれ PS 検層を行い，これらの結果を利用する試み[5.4.13]や，表面波（レーリー波）探査法を利用する試み[5.4.14],[5.4.15]などの報告を参考にして，適切に調査および評価することが望まれる．

３．沈下量の評価

　建築物の構造形式・重要度・構造部材の耐力などを考慮に入れて，構造設計者が沈下量の評価を行う．具体的な沈下量の限界値の考え方は，基礎指針に準ずる．

　「１．算定方法」に示した沈下計算方法はいずれも，建物剛性の影響は考慮されていないので，建築物が非常にたわみやすい場合には，建築物各部における近似解が求められる．しかし，建物剛性の影響が無視できない場合，一般に沈下の進行に伴い，基礎および建物剛性の効果によって，基礎への荷重の再配分が行われて沈下は平均化され，構造物の相対的な沈下量は，剛性を無視した場合よりも小さな値になる．建物剛性の影響を考慮する代表的な解析モデルは，基礎指針にも採用されている格子梁モデルであろう．建物剛性による影響を無視できない場合には，必要に応じてこのようなモデルを利用して影響を考慮する．

参 考 文 献

5.4.1)　大西智晴・野津光夫・安達俊夫：締固め砂杭による改良地盤の直接基礎への適用について，日本建築学会構造委員会，建築基礎の設計施工に関する研究資料5，シンポジウム論文集「実務に見る地盤改良工法の技術的諸問題」，pp.75-80，1999.10

5.4.2)　中野健二・山本　実・大西智晴・安達俊夫：静的締固め砂杭による改良地盤に支持された直接基礎の荷重～沈下曲線，第34回地盤工学研究発表会，pp.1119-1120，1999.7

5.4.3)　幡野祐輔・安達俊夫・小林東世雄・中野健二・吉富宏紀：締固め砂杭により改良した砂質地盤の土槽載荷実験，日本建築学会大会学術講演梗概集，pp.495-496，2000.9

5.4.4)　佐藤浩介・安達俊夫・幡野祐輔・中野健二・吉富宏紀：締固め砂杭により改良した砂質地盤の土槽載荷実験（その2　静止土圧係数 K_0 の測定及び解析），日本建築学会大会学術講演梗概集，pp.689-690，2001.9

5.4.5)　幡野祐輔・安達俊夫・大林　淳・吉富宏紀：締固め砂杭により改良した砂質地盤の土槽載荷実験（その3　改良率，余改良幅の影響），日本建築学会大会学術講演梗概集，pp.383-384，2002.8

5.4.6)　Imai, T.: P and S wave velocities of the ground in Japan, Proc. 9th ICSMFE, Tokyo, Vol. 2, pp.257-260, 1977

5.4.7)　今井常雄・吉村正義：地盤の弾性波速度と力学的性質，物理探鉱，Vol. 25, No. 6，1972

5.4.8)　今井常雄・殿内啓司：N 値と S 波速度の関係およびその利用例，基礎工，pp.70-76，1982.6

5.4.9)　桑原文夫・堀越研一：解析による単杭の荷重～変位特性の評価方法，土と基礎（講座：杭基礎の

鉛直荷重～変位特性の評価法入門），Vol. 47, No. 10, pp.59-63, 1999
5.4.10) 吉成　裕・梅野　岳・吉富宏紀・大西智晴：静的締固め砂杭工法による改良地盤における直接基礎建物の鉛直支持力と沈下挙動（その1：設計概要）（その2：改良効果確認試験，日本建築学会大会学術講演梗概集，pp.389-392, 2004.8
5.4.11) 砂地盤上のタンク基礎：地盤工学・実務シリーズ12「基礎の沈下予測と実際」，地盤工学会，354-363, 2000.2
5.4.12) 佐原　守・吉富宏紀・寺田邦雄・安達俊夫：締固め改良地盤上の直接基礎の設計法について，「建築基礎のための地盤改良設計指針の作成にあたって」シンポジウム論文集，pp.61-77, 日本建築学会構造運営委員会，2003
5.4.13) 秋山裕紀・二木幹夫・安達俊夫・田村昌仁・渡辺一弘・木村　匡・牧原依夫：締固め砂杭工法による改良地盤のS波速度の評価，日本建築学会大会学術講演梗概集，pp.381-382, 2002.8
5.4.14) 鈴木晴彦・佐藤信一・辻　孝宏：人工振源を用いた表面波探査の土木調査への適用（その2）—河川堤防調査への適用事例—，物理探査学会第106回学術講演会，2002
5.4.15) 青池邦夫・内田明彦・林　宏一：地震探査によるサンドコンパクションパイル施工前後のP波およびS波速度の変化の把握，第40回地盤工学研究発表会，pp.107-108, 2005

5.5節　改良範囲

> 1．改良深度は，液状化対策を兼ねる場合には液状化層下端深度までとし，支持力増強・沈下抑止対策の場合には必要な改良効果を満足する深度までとする．
> 2．改良範囲は，原則として選択手法に応じた範囲とする．
> 3．建築物の重要度・規模・想定地震動などを勘案して，液状化した周辺地盤が，改良地盤・基礎・建築物系の地震動時挙動に及ぼす影響を把握する必要がある場合には，別途適切な検討を行う．

1．改良深度

　液状化対策を兼ねる場合の改良深度範囲は，液状化層下端までを原則とする．ただし，新潟地震(1964)後の木造住宅のような軽微な建築物の震災調査結果を踏まえて，液状化層上部のみの改良でも効果があるとの報告がある[5.5.1),5.5.2)]．建築物の重要度・使用期間・コストなどの諸事情を考慮して，液状化層下端まで改良しない場合には，液状化後に発生する沈下量や傾斜角を，基礎指針の計算方法もしくは適切な数値解析手法によって評価して，各限界状態に対応する要求性能を満足することを確認する．

　液状化層下方の一部の層を意識的に改良せず，建築物への入力地震動の低減を図る「液状化免震」なる考え方がある[5.5.3)-5.5.5)]．このような考え方の設計を行うためには，別途地震応答解析を行い，詳細に地震動時の挙動と地震動後の沈下挙動を検討する必要がある．

2．改良範囲

　改良範囲が直接基礎の挙動に及ぼす影響を定量的に評価する系統立った既往研究は少なく，未だ確立されていないのが実情である．基礎指針では，直接基礎を対象とした改良範囲の設定例として，図5.5.1に示すような既往の提案例・諸規基準類の設定例[5.5.6)-5.5.11)]を種々紹介したうえで，建築物外周部の改良範囲として，杭基礎と直接基礎の区別なく，改良層厚に対して1/2という範囲を目安に

ⓐ 土田の提案（1978）[5.5.6]

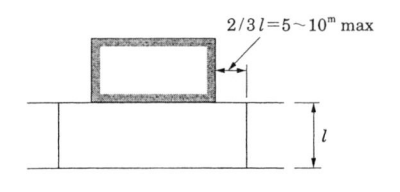

α_1：受働崩壊角 $= 45 + \dfrac{\phi}{2}$
α_2：主働 〃 $= 45 - \dfrac{\phi}{2}$

ⓑ 消防法（1977）[5.5.7]

$2/3\,l = 5 \sim 10^{\mathrm{m}}\,\mathrm{max}$

ⓒ 斎藤ら（1976）[5.5.8]

H：液状化層厚
h：$1/\beta$

ⓓ 岩崎，Mitchel（1982）[5.5.9][5.5.10]

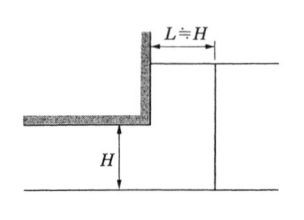

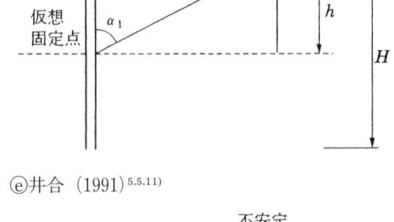

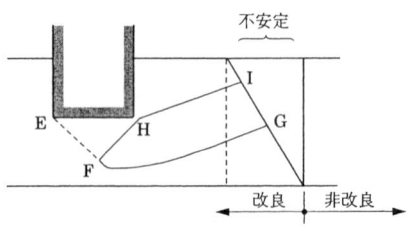

$L \fallingdotseq H$

ⓔ 井合（1991）[5.5.11]

EFG＋HI のせん断抵抗によって支持力が得られるよう

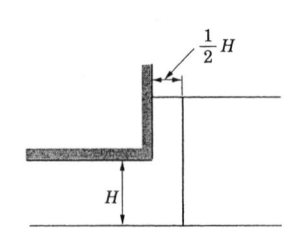

ⓕ AIJ 指針（1988）

$\dfrac{1}{2}H$

ⓖ AIJ 指針（1988）

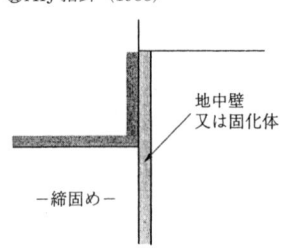

地中壁又は固化体
—締固め—

図5.5.1　改良範囲の考え方

している．「埋立地の液状化対策ハンドブック（改訂版）平成9年」（㈶沿岸開発技術研究センター）では，図5.5.1a)に示す角度 α_2 を30度として扱い，図5.5.2に示す ABC の部分が特に不安定な性状を示す範囲と見なしている．この部分を液状化するものとして取り扱い，四角形 ABDC を安定性の低下を考慮すべき範囲と考えている．すなわち，ABDC の範囲は建築物の外周部から見ると「液状化層厚の1/2の範囲」にほぼ等しい範囲と見なせるので，この改良範囲は，主に過剰間隙水圧の伝播で地盤の剛性が低下する範囲としている．

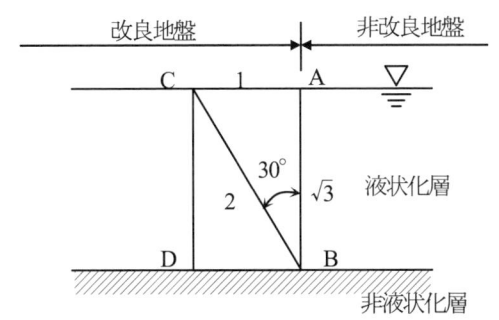

```
        改良地盤        非改良地盤
           C    1    A      ▽
                    30°
                 2        √3     液状化層
           D         B
                               非液状化層
```

図5.5.2 非改良地盤の過剰間隙水圧の伝播により改良地盤の剛性が低下する範囲

　本編では，選択手法に応じて表5.1.1に示す改良範囲とした．すなわち，簡便法を選択した場合には建築物外周から改良層厚の2/3～1倍，推奨法を採用した場合には建築物外周から改良層厚の1/2～2/3倍，詳細法を採用した場合には，改良部と非改良部の境界に特殊な対策を施すこと，もしくは別途詳細な諸検討・解析を行うことを前提条件として，改良範囲を制限しないこととした．

　改良範囲を改良層厚の1/4～1/3までとしていながら，実地震動を受けても沈下による被害がほとんど無かった事例[5.5.12],[5.5.13]が報告されている．ただし，直接基礎の場合は，液状化の発生が部分的であったにしても，支持力の減少が建築物の傾斜・倒壊などの被害につながるおそれがある．したがって，詳細法を採用する際の前提条件のような，詳細な数値解析を行いその変形挙動を検討する，あるいは図5.5.3に示すような剛塑性すべり線の液状化部分のせん断強度を無視した極限せん断破壊時の力の釣合いの検討を行うなどの慎重な検討を行わない限り，改良長の1/2程度の改良範囲は最低限確保しておくことが望ましい．なお，液状化層はなく支持力・沈下対策としての改良目的のみに適用する場合も，図5.5.3に示す液状化層を非液状化層と見なしたうえで，力の釣合いの検討を行う．

　周辺非改良地盤との境界部に，過剰間隙水圧を速やかに消散させるグラベルコンパクションパイルや人工材料のドレーンを設置する対策法を採用した事例や，周辺の液状化地盤で発生した過剰間隙水圧の改良地盤への伝播を防ぐ遮水壁を配する対策方法を採用する際の留意点を以下に示す．

(1) 外周部にグラベルコンパクションパイルを打設した対策事例

　図5.5.4は神戸ポートアイランド内の某建築物に適用された改良地盤の平面図と断面図である[5.5.14]．支持力増大を目的として締固め工法が適用され，外周部についてはグラベルコンパクションパイルが施工された．兵庫県南部地震の際，同施設の周辺では液状化による噴砂，地盤沈下が生じたが，同施設域では液状化による噴砂・沈下などの被害や，改良域端部の損傷なども認められなかった．周辺地盤の過剰間隙水圧の上昇により，改良域が損傷を受けないよう，外周部に透水性の高い単粒度砕石を材料としたグラベルコンパクションパイルを2列程度打設し，過剰間隙水圧の消散を図った．グラベルコンパクションパイルを用いた理由は，外周部の締固め効果も期待するためである．中詰材には，目詰まり防止と透水性確保のため，粒度調整した単粒度砕石（6号～7号）が一般的に用いられている．

(2) 外周部に遮水壁を配置する方法

　外周部に，RC連続壁，ソイルセメント壁，シートパイルなどの遮水壁を配置し，液状化した周辺

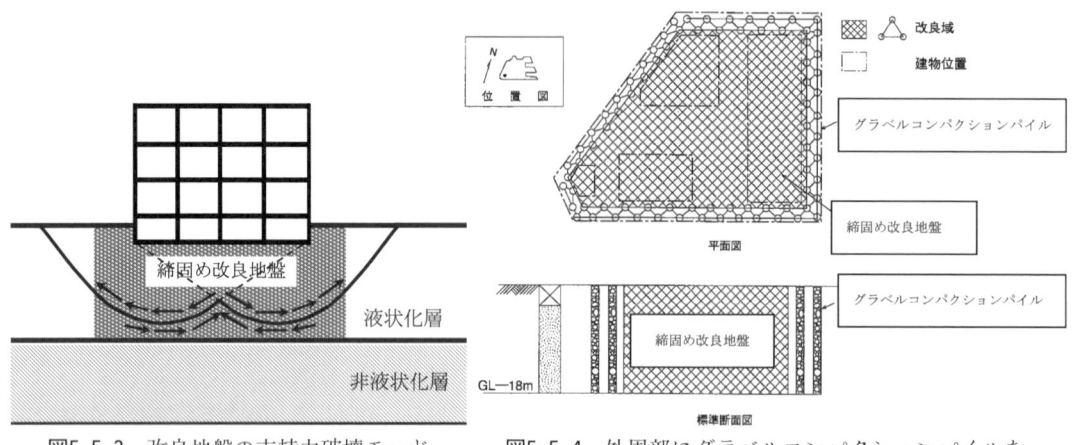

図5.5.3 改良地盤の支持力破壊モード

図5.5.4 外周部にグラベルコンパクションパイルを設置した対策事例

地盤の過剰間隙水圧の影響が建築物直下に及ぶことを防ぐ方法である．基礎や地下掘削の際に，山留め壁を用いる場合，これを残して利用することも考えられる．

外周遮水壁の先端を，図5.5.5(a)に示すように液状化層下部の不透水層まで根入れする場合と，図5.5.5(b)に示すように不透水層まで根入れせずに非液状化層の途中に先端を留める場合がある．後者の場合には，根入れ長さを適切に確保して，外部で発生した過剰間隙水圧が根入れ部を廻りこみ内部の二次液状化を誘発させないような配慮が必要である．

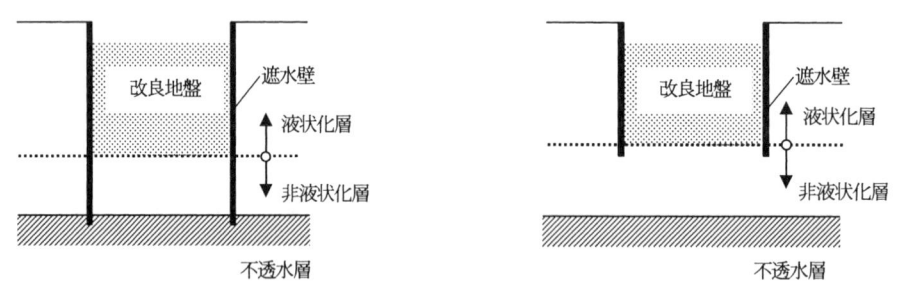

(a) 遮水壁を不透水層まで根入れする場合　　(b) 遮水壁を非液状化層まで根入れする場合
図5.5.5 外周部に遮水壁を設置する方法

この用途に用いる遮水壁は，地震動時にその機能が損なわれないような品質のもとに設計され，施工される必要がある．RC連続地中壁のように地下壁の本設利用として設計法・施工法が確立されているものは，その仕様に準じて用いればよい．一方，ソイルセメント壁やシートパイルを用いる場合には，恒久対策であることを意識して，以下の項目について検討しておくことが望ましい．

　a．地震動時の変形の追随性

　想定する地震力に対して壁の変形の追随性を確認し，地震動時に大きな損傷や遮水性を損なうようなクラックが発生しないことを確認する．

　シートパイルのように追随性に優れているものはよいが，ソイルセメント壁で厚さが薄い場合な

どは，強度や変形の追随性を確認したうえで，壁厚や配合計画を立てるように配慮する．変形の追随性を確保するため，ベントナイトを主体とした固化壁を用いた事例[5.5.15)]も報告されている．

　b．遮　水　性

　ここで扱う遮水壁は，壁内部の非改良地盤を常時不飽和状態に維持するために用いるものではなく，地震動時に周囲の過剰間隙水圧の影響が壁内部の改良地盤に及ばない状態を維持するために用いるものである．壁の遮水性に関して，既往の報告例を以下に示す．

　①　ソイルセメント壁の場合

　上記施工事例[5.5.15)]では，遮水壁の要求品質を，透水係数で $k=10^{-7}$ cm/sec に設定している．「廃棄物最終処分場整備の計画・設計概要（平成13年10月），㈳全国都市清掃会議」では，汚染水拡散防止の目的に用いる鉛直遮水壁として，壁厚50cm 以上かつ透水係数 $k=10^{-6}$ cm/sec 以下を規定している．「SMW 連続壁標準積算資料（平成13年4月），SMW 協会」では，セメント系懸濁液の標準配合で透水係数 $k=10^{-5}$ cm/sec を目標としている．なお，ソイルセメント壁では，遮水性能をあげるための分散材などの添加剤を加える研究が多くなされている．分散材を適度に加えたソイルセメントは，要素試験やコアサンプルで透水係数 $k=10^{-10}$～10^{-8} cm/sec の報告がある[5.5.16)]．

　②　シートパイルの場合

　シートパイルは継手部の遮水性に乏しいので，継手部に高吸水性ポリマー系の樹脂を塗布する方法が一般的に採用されている．このような遮水材を塗布した継手部の遮水性能は透水係数 $k=1\times10^{-5}$ cm/sec 程度と言われている[5.5.17)]．膨潤性や密実性の向上を目的とした遮水材の開発はめざましく，樹脂メーカーの研究報告では室内の要素試験で $k=10^{-9}$ cm/sec レベルの値も報告[5.5.18)]されている．これらの既往の施工事例・指針を参照し，遮水材料の配合試験や遮水壁のコアサンプルの要素試験レベルで，透水係数 $k=10^{-6}$ cm/sec 以下を目安とすれば，必要な遮水性能が保たれると思われる．なお，遮水壁にも面内剛性があり，特に RC 連続壁やソイルセメント壁を利用する場合，この剛性により遮水壁内部に囲まれた地盤内に発生する地震動時せん断変形が抑制される効果がある[5.5.19)]．ただし，この効果を定量的に把握する実用的評価方法は，未だ確立されていない．このような効果を設計に反映するためには，別途詳細な検討を行うことが望ましい．

　3．留　意　点

　建築物の重要度が高い，あるいは建築規模が大きいために地震動時の建物挙動を把握しておくべきと判断される場合，液状化した周辺地盤が改良地盤・基礎・建築物系全体の地震動時挙動に及ぼす影響を考慮に入れて，別途数値解析などによる適切な検討を行うなどの留意が必要である．

　外周部にグラベルコンパクションパイルを打設する対策法を採用した場合の解析的検討例としては，文献5.5.20)の報告がある．外周のグラベルコンパクションパイルの幅を1.5m として，その排水効果を液状化抵抗比の増加に置き換えた二次元の FEM 有効応力解析結果から，過剰間隙水圧の上昇が外周部の改良幅を改良層厚の1/2確保した場合のそれと比べて大差ないとの結論を得ている．このような数値解析的検討を行ううえでの解析モデルの妥当性についての検討[5.5.21)]も試み始められている．なお，グラベルコンパクションパイルを建築物からどの程度の距離を確保した位置に打設すべきかに関しては，図5.5.3に示すような液状化部分のせん断強度を無視した極限せん断破壊

時の力の釣合いの検討も慎重に行ったうえで，適切に判断する必要がある．

外周部にソイルセメント壁を設ける遮水対策法を採用する場合に，遮水壁を等価な透水係数をもつ材料要素にモデル化して非定常浸透流解析を行い，対策効果を検討する方法がある．非改良部に液状化時の過剰間隙水圧の経時変化を与え，遮水壁内側の過剰間隙水圧の変化を推定するもので，遮水壁要素の等価透水係数をパラメータとして扱う．

参考文献

5.5.1) Kenji Ishihara : Stability of natural deposits during earthquakes, 11th International Conference on Soil Mechanics and Foundation Engineering, Vol. 1, 321-376, 1985

5.5.2) 土質工学会：液状化対策の調査・設計から施工まで, pp.167-168, 1993

5.5.3) 福武毅芳・長谷場良二・山口弘信・竹脇尚信・吉原　進：西田橋基礎の地震応答シミュレーション　—沖積地盤上の石造アーチ橋の移設計画—，第18回土木史研究発表会, pp.395-410, 1998.6

5.5.4) 福武毅芳：液状化を利用した地盤免震と構造物への影響（その2），第36回地盤工学研究発表会, pp.1735-1736, 2001.6

5.5.5) 福武毅芳：地盤特性を利用した免震基礎，日本建築学会大会，構造（基礎構造）部門，パネルディスカッション・基調講演資料, 17-29, 2001.9

5.5.6) 土田　肇・井合　進・倉田栄一：液状化対策としての締固め施工範囲について，第14回地震工学研究発表会, 1978

5.5.7) 消防庁：危険物の規制に関する規制及び危険物の規制に関する技術上の細目を定める告示, 1977

5.5.8) 斉藤　彰・有馬　宏・米山利治・福田正美：扇島地区における液状化予測と対策の実施例，土と基礎, pp.35-42, 1976

5.5.9) 岩崎俊男・常田賢一・木全俊雄・近藤益央：地盤液状化の対策範囲に関する模型実験，第17回土質工学研究発表会, 1982

5.5.10) Mitchell, J.K : Soil Improvement State of the Arts Report, 10th JC, SMFE, 1981

5.5.11) 井合　進・小泉勝彦・倉田栄一：液状化対策としての地盤締固め範囲，土と基礎, pp.35-40, 1991

5.5.12) 阪口　理：浜甲子園団地の液状化防止工法，土と基礎, 1997.3

5.5.13) 阪口　理：1960年代前半に実施した日本住宅公団における大規模地盤改良，日本建築学会構造委員会，建築基礎の設計施工に関する研究資料8，「建築物を対象とした締固め地盤改良工法の適用事例集」，特別寄稿, 2002.8

5.5.14) 平成7年（1995年）兵庫県南部地震調査速報集，不動建設, 1995

5.5.15) 大森弘一：軟弱地盤における設計・施工例　タンク基礎（間隙水圧低下工法による地盤強化対策），基礎工, 122-129, 1988.12

5.5.16) 堀井宏謙・松居　克・稲田弘二：分散剤を添加したソイルセメント柱列壁の諸物性，第37回地盤工学研究発表会, 1595-1596, 2002.7

5.5.17) ㈳全国都市清掃会議：廃棄物最終処分場整備の計画・設計要領, 278-282, 2001.12

5.5.18) 日本化学塗料㈱：パイルロックNS膨潤塗膜の透水係数の測定, 2002.6

5.5.19) 地盤工学会：液状化対策工法，地盤工学・実務シリーズ18, pp.411-428, 2004.9

5.5.20) 山本陽一・有居東海男・西村憲義：液状化対策としての密度増大工法の効果に関する解析検討，三井建設技術研究報告, No.26, pp. 1 -12, 2001

5.5.21) 竹島康人・澤田俊一・小堤　治・井合　進・池田隆明・佐藤誠一・梅木康之：非排水有効応力解析によるドレーン改良地盤のモデル化に関する検討（その1）モデル化手法と大型振動台実験の検証解析，第38回地盤工学研究発表会, pp.2037-2038, 2003.7

第6章 杭基礎の設計

6.1節 基本事項

1. 杭基礎の設計は，原則として基礎指針に準じて行う．地盤改良効果の評価方法に関しては，簡便法・推奨法・詳細法の3種類の中から，地盤・建物条件やその他の設計諸条件に応じて，構造設計者が最も適切と判断する手法を選択する．
2. 各限界状態において，鉛直支持力，引抜き抵抗力および水平抵抗力に関する要求性能と限界値を適切に設定し，限界状態検討用の外力に対して，改良地盤および基礎部材に生ずる応力や変形が限界値を上回らないことを確認する．

1．地盤改良効果の評価方法

(1) 地盤改良効果

　杭基礎を対象とした締固め地盤改良は，液状化対策を目的として採用される場合が多い．そのため，液状化対策以外の改良効果は考慮せず，杭の鉛直支持力や水平抵抗力の評価にあたっては，改良前の地盤物性を用いて行うのが通例であった．

　一方，地盤を締め固めれば，相対密度が増大し，液状化強度に加えてせん断強度や変形係数が大きくなるという改良効果が得られる．近年，改良後の地盤調査において，改良前後のN値だけでなく，ボーリング孔内の水平載荷試験など地盤の変形係数の増大を確認する試験も少なからず行われており，改良後のN値と変形係数の相関を議論できるだけのデータが徐々に蓄積されてきている[6.1.1)]．

　本編では，締固め地盤改良の効果として，液状化強度だけでなくせん断強度や変形係数等の増大も適切に評価して，杭の鉛直支持力や水平抵抗力を算定することが合理的であると考え，改良地盤の地盤定数を評価して杭基礎の設計に積極的に反映させることを推奨する．既往の改良前後の試験データを整理し，締固め改良地盤における鉛直支持性能の評価を6.3節で，水平支持性能の評価を6.5節で提示する．

(2) 評価方法

　地盤改良効果の評価方法は，地盤・建物条件やその他の設計諸条件に応じて，構造設計者が，後述する簡便法・推奨法・詳細法の中から適切な手法を選択する．杭基礎の設計では，まず液状化の検討を行い，対策が必要と判断した場合には，第4章に示す設計法にしたがって地盤改良の具体的仕様を決定する．その後，杭の鉛直支持力・引抜き抵抗力・水平抵抗力・改良範囲の諸検討を行う．表6.1.1に，これらの評価方法および算定方法を示す．

　杭基礎の場合は，締固め杭との相対的な位置関係が不確定であることから，直接基礎の場合のように締固め杭本体を考慮した複合地盤としての評価を行うのではなく，締固め杭から最も離れた杭

間中心位置での評価を行い，設計に反映させることを原則とする．

実設計において改良前後に十分な地盤調査が実施できない場合は，従来どおりの調査・検討方法を採用する簡便法を選択する．簡便法とは，液状化を防止する効果のみ考慮し，改良地盤のせん断強度や変形係数が増大する効果は無視して評価を行う従来の設計法をいう．

しかし，液状化対策のみを目的とした簡便法による設計では，過剰設計を強いられる場合が少なからずある．これを踏まえ，本指針では地盤改良の効果を設計へ積極的に反映する方法を推奨法と称する．改良後の地盤において，地盤調査や試験杭の載荷試験を実施して設計用の定数を得ることが最も望ましいことは言うまでもないが，工程的・経済的な制約上困難となる場合が多い．そのよ

表6.1.1 杭基礎に関する検討内容および評価方法

検討内容	選択手法	算定方法	地盤定数の評価方法
液状化	簡便法	基礎指針に準じた液状化安全率 F_l よる簡易判定法	杭間地盤の N 値に基づき複合地盤効果を無視した評価方法
	推奨法	液状化時の地表面動的変位および液状化指数 P_L による液状化程度の総合判定法	杭間地盤の F_l に液状化抵抗比の割増係数を乗じて複合地盤効果を考慮した評価方法
	詳細法	・損傷限界状態において，不合格率（$F_l≦1.0$ となる点数の割合）を用いた判定方法 ・有効応力解析などにより，直接，過剰間隙水圧や地盤の剛性低下を算出する方法	試験施工や改良後の地盤調査によって改良効果を確認し，その結果に基づいて割増係数を設定，もしくは液状化抵抗比を直接評価する方法
鉛直支持力	簡便法	原地盤の物性を用いた算定式	原地盤の地盤調査
	推奨法	杭間地盤の物性を用いた算定式	推定杭間 N 値
	詳細法		改良後の杭の鉛直載荷試験 改良後地盤調査
引抜き抵抗力	簡便法	原地盤の物性を用いた算定式	原地盤の地盤調査
	推奨法	杭間地盤の物性を用いた算定式	推定杭間 N 値
	詳細法		改良後の杭の引抜き試験 改良後地盤調査
水平抵抗力	簡便法	原地盤の物性を用いた算定式	原地盤の地盤調査
	推奨法	杭間地盤の物性を用いた算定式	推定杭間 N 値
	詳細法		改良後の杭の水平載荷試験 改良後の孔内水平載荷試験
改良範囲	簡便法	液状化対策を目的とした場合，建築物外周から改良層厚の1/2の範囲	
	推奨法	液状化対策を目的とした場合，建築物外周から改良層厚の1/2の範囲を原則とする．ただし，上記の改良範囲が確保されない場合は，改良部と非改良部の境界に特殊な対策を施す．	
	詳細法	別途詳細な諸検討・解析を行うことを前提として，改良範囲の制限無	

うな場合，第4章で示した方法に従って改良地盤の杭間 N 値を推定し，その N 値を用いて設計用の地盤定数を設定する．この地盤改良の効果を杭の設計に反映させる方法が推奨法である．

地盤改良前のみならず，地盤改良後の杭間位置の標準貫入試験やボーリング孔内水平載荷試験，さらに試験杭の載荷試験を実施して，その結果を杭の設計に反映できる場合には，最も合理的な詳細法を選択する．また改良範囲については，従来必要と考えられてきた改良範囲が確保できないような場合，個別に特別な実験的な検討や数値解析的な検討を加えることにより，必要に応じて合理的な改良範囲を見いだし，採用する考え方もある．しかし，それらはいまだ研究段階であり，広く一般の設計者が用いることができる統一的な知見は得られていない．そこで，本指針では，このような特別な検討による方法も詳細法として示すに留める．

2．要求性能と限界値

締固め改良地盤における杭基礎に関する要求性能は，通常の地盤における杭基礎に関する要求性能と基本的に同じであり，基礎指針に準ずるものとする．基礎指針に準じた杭基礎の要求性能と限

表6.1.2 要求性能を満足するために必要な限界値の例

要求性能			限 界 状 態		
			使用限界状態	損傷限界状態	終局限界状態
改良目的	建物に対する要求性能		杭の変位によって，建物の使用性，耐久性に支障が生じない．	杭の変位によって建物に構造上の補修，補強を必要とするような損傷が生じない．	杭基礎の破壊または変位によって，建物が破壊または転倒しない．
	基礎部材*に対する要求性能		基礎部材の耐久性に支障が生じない．	基礎部材に構造上の補修，補強を必要とするような損傷が生じない．	基礎部材が脆性的な破壊を生じない．また，変形性能の限界に達して，急激な耐力低下を生じない．
	改良地盤に対する要求性能		—	残留変位が小さい．繰返し荷重による変位の増加が小さい．	改良地盤全体の安定性が失われない．また杭基礎に作用する荷重が地盤から定まる杭基礎全体の最大抵抗力に達しない．
液状化対策	限界値	簡便法		原則として $F_l>1$	
		推奨法		原則として $F_l>1$	D_{cy} が終局限界値の目安を超えない．クリアしない場合，P_L による判定を併用し，総合的に判断．
		詳細法		・10%を上限値の目安として不合格率の限界値を設定． ・有効応力解析結果を踏まえて限界値を設定．	有効応力解析結果を踏まえて限界値を設定．

［注］ ＊：基礎梁，基礎スラブ，杭頭接合部，杭体，杭体の継手部等

界値を表6.1.2に示す．なお，単杭の設計用限界値，ならびに杭の沈下・水平変位に関する限界値については基礎指針に準ずる．

(1) 終局限界状態

いずれの杭も地盤による終局限界支持力に達しないこと，いずれの基礎部材も終局限界強度または限界塑性変形量に達しないことを要求性能とする．改良地盤については地盤全体の安定性が失われないこと，また，杭基礎に作用する荷重が地盤から定まる杭基礎全体の最大抵抗力に達しないことが要求される．杭基礎に関しては，液状化を考慮して杭体のみで対応する設計の考え方もあるので，改良地盤の液状化対策に対する限界値には，第5章「直接基礎の設計」の場合と同じ指標および評価方法を用いるものの，これを液状化対策の目安として位置付ける．杭体の実設計においては，改良後の杭間 N 値を適切に評価し，基礎指針に準じて水平地盤反力係数の低減を考慮するか，応答変位法において地盤の剛性低下を考慮するなどして評価する．

(2) 損傷限界状態

各基礎部材に発生する応力が損傷限界強度に達しないことが要求される．損傷限界値の具体的数値は基礎指針を参照されたい．

改良地盤の液状化判定条件としては，改良地盤全層において深度1mごとに液状化安全率 $F_l >$ 1.0とし，液状化そのものを完全に防止することを原則とする．ただし，敷地が広く，標準貫入試験および粒度試験の調査箇所数が十分揃っている場合には，10%を上限値の目安として不合格率（液状化安全率 $F_l \leq 1.0$ となる箇所の割合）を許容可能とする．また，部分的に液状化を許容して杭体を設計する場合は，基礎指針に準じて水平地盤反力係数の低減等を考慮して行う．

(3) 使用限界状態

基礎部材のクリープ変形に対して余裕のある強度を確保するとともに，鉄筋コンクリート部材の

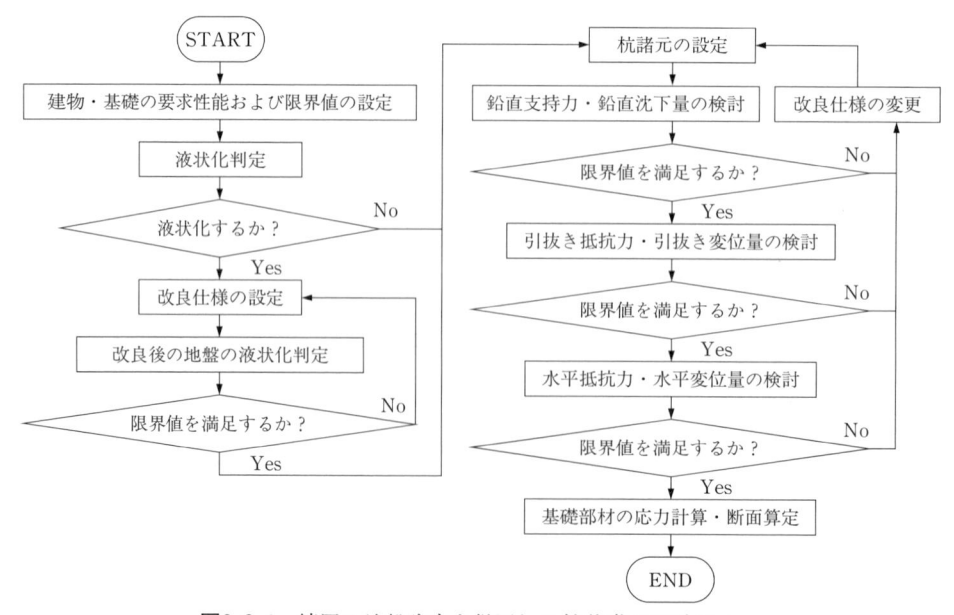

図6.2.1　締固め地盤改良を併用した杭基礎の設計フロー

耐久性に支障が生じないよう，いずれの基礎部材に発生する応力も使用限界強度に達しないことを要求性能とする．使用限界値の具体的数値は基礎指針を参照されたい．

参考文献

6.1.1) 山本　実・山崎　勉・船原英樹・吉富宏紀：締固め改良地盤の液状化および杭基礎に対する設計法について，建築基礎の設計施工に関する研究資料10，建築基礎のための地盤改良設計指針作成にあたってシンポジウム資料，pp.49-59, 2003

6.2節　設計フロー

> 締固め改良地盤上に支持される杭基礎の設計では，まず各限界状態において要求される性能と限界値を設定する．ついで，仮定した改良仕様に対する液状化・鉛直支持力・引抜き抵抗力・水平抵抗力・基礎部材の諸検討を行い，これらの検討結果を踏まえて評価した性能が，設定した限界値を満足することを確認する．最後に，各検討結果を踏まえた総合的な妥当性の判断を行う．

締固め地盤改良を併用した杭基礎の設計フローの一例を図6.2.1に示す．「4.4節　改良仕様の設計」より改良仕様（締固め杭径，改良率，改良長，改良範囲）を設定し，液状化，鉛直支持力，引抜き抵抗力，水平抵抗力および水平変位量に対応する限界値を満足するか否かを検討する．

限界値を満足しない場合は，満足するように改良仕様を再設定し，上記の作業を繰り返す．限界値を満足することを確認した後，基礎部材の応力計算および断面算定を行う．ただし，設計フローにおいて液状化を許容する場合には，基礎指針の液状化地盤における杭基礎の設計方法に準じ，水平地盤反力係数や周面摩擦力の低減など，液状化の影響を考慮した検討を行う．

6.3節　鉛直支持力

> 1．杭基礎の鉛直支持力の算定方法は，基礎指針に準じ，鉛直載荷試験もしくは支持力算定式による．
> 2．杭の鉛直支持力の評価に際しては，改良地盤の強度および変形特性を適切に設定する．

1．算定方法

杭基礎の鉛直支持力の算定は，鉛直変位量も含め基礎指針に準じて行う．

(1) 簡便法

簡便法による鉛直支持力の評価では，締固め杭の存在を無視し，原地盤の物性を用いた支持力算定式を用いる．

(2) 推奨法

推奨法による鉛直支持力の評価では，締固め杭の存在を考慮に入れて，杭間地盤の物性を用いた支持力算定式を用いる．締固めた地盤では，杭基礎の「地盤から定まる」鉛直支持力は，周面摩擦

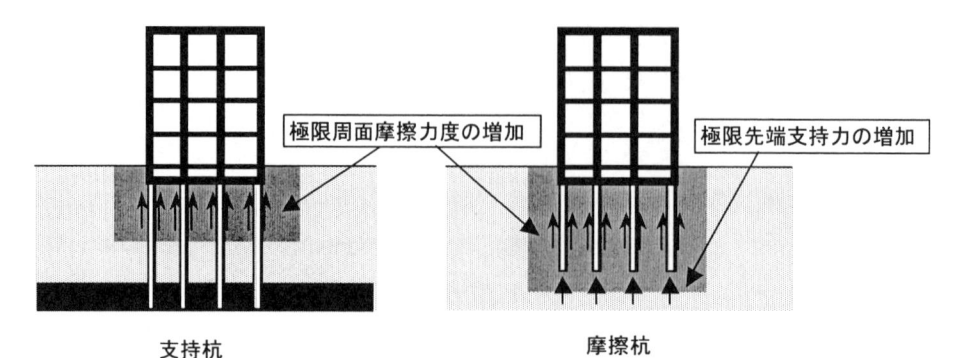

図6.3.1 杭基礎の鉛直支持性能に対する締固め地盤改良の効果

力の増加あるいは先端支持力の増加により，原地盤における杭基礎に比べて増加する〔図6.3.1〕．

本指針では，このような締固めによる改良効果を考慮して，杭基礎の鉛直支持力を合理的に評価し，設計に反映することを推奨する．また必要に応じて，改良効果を考慮して沈下量を評価する．

改良地盤における摩擦杭の極限支持力の評価に際し，支持力算定式を用いる場合には，砂質土層における極限周面摩擦力度と極限先端支持力の算定に用いる N 値として，事前に推定された締固め杭間 N 値を用いる．

基礎指針に示された支持力算定式は以下のとおりである．

$$R_u = R_p + R_f$$
$$R_p = q_p \cdot A_p \qquad (6.3.1)$$
$$R_f = (\tau_s \cdot L_s + \tau_c \cdot L_c) \cdot \Psi$$

R_u：極限支持力 (kN)

R_p：極限先端支持力 (kN)

R_f：極限周面摩擦力 (kN)

q_p：極限先端支持力度 (kN/m²)

A_p：杭先端閉塞断面積 (m²)

τ_s：砂質土の極限周面摩擦力度 (kN/m²)

τ_c：粘性土の極限周面摩擦力度 (kN/m²)

L_s：砂質土部分の長さ (m)

L_c：粘性土部分の長さ (m)

表6.3.1 杭の極限先端支持力度，極限周面摩擦力度の算定式（砂質土）

	極限先端支持力度 (kN/m²)	極限周面摩擦力度 (kN/m²)
打込み杭	$q_p = 300N_1$	$\tau_s = 2.0N_1$
場所打ちコンクリート杭	$q_p = 100N_1$	$\tau_s = 3.3N_1$
埋込み杭	$q_p = 200N_1$	$\tau_s = 2.5N_1$

［注］N_1 は改良地盤の締固め杭間 N 値，上限値は基礎指針に準ずる

$\mathit{\Psi}$：杭の周長（m）

(3) 詳　細　法

詳細法による鉛直支持力は，改良地盤における鉛直載荷試験に基づいて杭の限界支持力を評価するか，改良地盤において実施した地盤調査結果を支持力算定式に反映して評価する．

２．地盤定数の評価方法

(1) 簡　便　法

原地盤の地盤調査結果を用いて地盤定数を評価する方法を簡便法とする．

(2) 推　奨　法

推奨法による支持力算定式に用いる地盤定数のうち，改良後の N 値には，推定杭間 N 値 N_1 を用いる．推定杭間 N 値 N_1 は，「4.4節」に従って算定する．

改良後の杭間 N 値を用いて鉛直支持力の評価の妥当性を示唆する実測データの１例を紹介する．

ある締固め改良地盤において杭の静的な鉛直載荷試験が実施されている．地盤は，サンドコンパクションパイル（ピッチ1.8m）により深度10～20mの範囲が締固められている．試験杭は中掘り先端根固め工法による既製コンクリート杭（上部SC杭，下部PHC杭）であり，杭長約53m，杭径600mmである．改良前後に実施された地盤調査の結果（標準貫入試験および土質柱状図）と，載荷試験により得られた杭の周面摩擦力度の深度分布を図6.3.2に示す．改良前の地盤調査は，試験杭から十数m離れた位置で行なわれており，改良後の地盤調査は試験杭から２m程度離れた位置で行なわれている．当該敷地では，地層構成が変化に富んでおり，深度15～20mの範囲では改良前の地盤調査位置では砂層が卓越しているのに対し，改良後の地盤調査位置ではシルト層が卓越しており，同列で N 値の比較ができない．そこで，改良深度範囲の上半分（深度10～15m）に着目すると，改良前の地盤調査位置での砂層（11～14m）の平均 N 値が9.3であるのに対し，改良後の調査位置での砂層（深度10～15m）の平均 N 値は14.5であり，地盤改良により平均 N 値が上昇していることが分

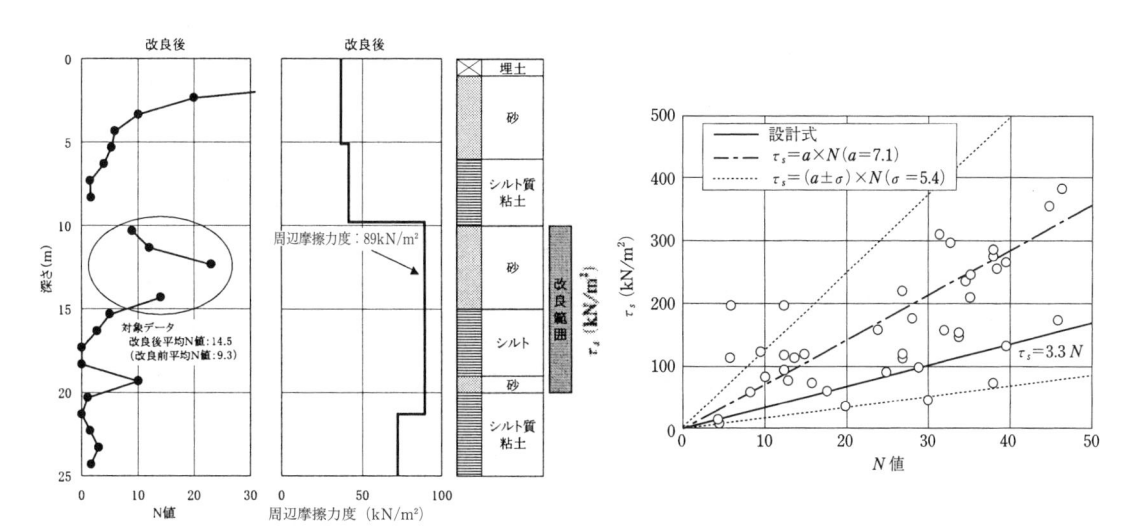

図6.3.2　改良後の周面摩擦力度

図6.3.3　改良地盤における杭周面摩擦力度と N 値（基礎指針の図6.3.8に加筆）

かる.一方,鉛直載荷試験により得られた改良深度範囲(深度10～20m)付近における杭の最大周面摩擦力度は89kN/m²であった.本試験で得られた,改良後の平均 N 値と杭の最大周面摩擦力度の関係を,基礎指針の埋込み杭に関する周面摩擦力度と N 値の相関図に重ねてプロットしたものが図6.3.3である.1例のみではあるが,改良後の N 値に基づいたプロットは,全プロットの平均線に近い位置にあり,改良後 N 値に基づいて周面摩擦抵抗を評価することの妥当性を示唆していると考えられる.

(3) 詳細法

詳細法による地盤定数の評価では,締固め改良地盤における杭の鉛直載荷試験を実施して算定するか,改良後に新たに地盤調査を行って地盤定数を算定する.

6.4節 引抜き抵抗力

> 1.杭基礎の引抜き抵抗力の算定方法は,基礎指針に準じ,引抜き載荷試験,引抜き抵抗力算定式,あるいは鉛直載荷試験結果から推定する方法による.
> 2.杭の引抜き抵抗力の評価に際しては,改良地盤の強度および変形特性を適切に設定する.

杭基礎の引抜き抵抗力の算定は,引抜き変位量も含め基礎指針に準じて行う.

1.算定方法

(1) 簡便法

簡便法による引抜き抵抗力の評価では,締固め杭の存在を無視し,原地盤の物性を用いた支持力算定式を用いる.

(2) 推奨法

推奨法による引抜き抵抗力の評価では,締固め杭の存在を考慮に入れて,杭間地盤の物性を用いた支持力算定式を用いる.締固め地盤改良により,杭の周面摩擦抵抗が増加するため,引抜き抵抗力も増大するものと考えられる.鉛直支持力の評価における考え方と同様,本指針においては,この改良効果を適切に評価して,引抜き抵抗力を算定することを推奨する.また,必要に応じて改良効果を考慮して引抜き量を評価する.

基礎指針には,杭の引抜き抵抗力の評価方法として,引抜き試験結果,算定式,鉛直載荷試験結果からの推定,の3つの方法が示されている.本指針ではこれに準じることとする.最大引抜き抵抗力,残留引抜き抵抗力,降伏引抜き抵抗力をそれぞれ算定する式の中で,τ_{sti}(砂質土層における引抜き時の最大周面摩擦力度)が用いられている.これは押し込み時の極限周面摩擦力度の2/3とされている.そこで,杭の引抜き抵抗力は,改良地盤における鉛直支持力の評価で用いた締固め杭間の N 値に基づく極限周面摩擦力に2/3を乗ずることにより,評価できるものとする.

最大引抜き抵抗力の評価式は以下のとおりである.

$$R_{TU} = (\sum \tau_{sti} L_{si} + \sum \tau_{cti} L_{ci}) \Psi + W \tag{6.4.1}$$

τ_{sti}:砂質土中の引抜き時最大周面摩擦力度

(押込み時の極限周面摩擦力度の 2/3 とする (kN/m²))

L_{si}：砂質土層中の杭長 (m)

τ_{cti}：粘性土中の引抜き時最大周面摩擦力度 (kN/m²)

L_{ci}：粘性土層中の杭長 (m)

W：杭の自重 (kN)

表6.4.1 杭の引抜き時極限周面摩擦力度算定式 (砂質土)

	極限周面摩擦力度 (kN/m²)
打込み杭	$\tau_{sti}=(2/3)2.0N_1$
場所打ちコンクリート杭	$\tau_{sti}=(2/3)3.3N_1$
埋込み杭	$\tau_{sti}=(2/3)2.5N_1$

[注] N_1 は改良地盤の締固め杭間 N 値，上限値は基礎指針に準ずる

2．地盤定数の評価方法

改良地盤における杭の引抜き試験の事例はほとんどない．したがって，改良地盤の締固め杭間 N 値を，引抜き抵抗力算定式に用いることを裏付ける直接的なデータはない．しかし，基礎指針において，鉛直支持力の算定式における周面摩擦抵抗に関連付けて，引抜き抵抗力を評価する方法が示されている．そこで，前節で示したように，改良後の締固め杭間 N 値と改良地盤における杭の周面摩擦抵抗の相関性がある程度期待できることから，改良後の締固め杭間 N 値を用いて，引抜き抵抗力を評価する方法を推奨法とする．さらに，締固め改良地盤における杭の引抜きおよび鉛直載荷試験を実施するか，改良後に新たに地盤調査を行って地盤定数を算定する方法を詳細法とする．

6.5節　水平抵抗力および水平変位

1．杭基礎の水平抵抗力および水平変位の算定は，基礎指針に準じ，水平載荷試験か水平抵抗算定式による．
2．改良地盤における杭の水平抵抗力および水平変位の評価に際しては，改良地盤の強度および変形特性を適切に評価する．

1．算定方法

基礎指針で示された杭の水平抵抗力の算定方法には，杭の水平変位や断面力を求める「杭を曲げ剛性を有する線材，地盤をばねと仮定した解析モデルを用いた方法」と，杭の極限水平抵抗力を求める「極限抵抗法による Broms の算定式による方法」の二つがある．

a．杭を曲げ剛性を有する線材，地盤をばねと仮定した解析モデルを用いた方法

(6.5.1)式の基礎微分方程式の解を利用して杭の水平変位・曲げモーメント・せん断力等を求める方法である．

$$\frac{d^2}{dz^2}\left[K\frac{d^2y}{dz^2}\right]+pB=0 \qquad (6.5.1)$$

K：杭体の非線形性を考慮した曲げ剛性（kN・m²）

（弾性範囲内では EI に等しい）

y：杭体水平変位（m）

z：深さ（m）

p：深さ z における水平地盤反力（kN/m²）で，次式による．

$p = k_h \cdot y$

k_h：深さ z における水平地盤反力係数（kN/m³）

B：杭径（m）

b．極限平衡法による Broms の算定式による方法

砂質地盤を対象とした場合，設計用塑性水平地盤反力 p_y を求める方法〔図6.5.1〕として，(6.5.4)式が推奨されている．

$$\frac{P_y}{\gamma B} = \varkappa K_p \frac{z}{B} \tag{6.5.2}$$

γ：地盤の単位体積重量（kN/m³）

B：杭径（m）

$\varkappa$：群杭の影響を考慮した係数

K_p：受働土圧係数 $= \tan^2(45° + \phi/2)$

ϕ：砂の内部摩擦角（°）

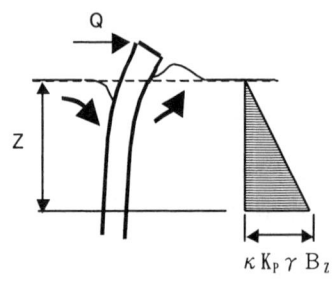

(a) 変形　　(b) 設計用塑性水平地盤反力

図6.5.1　砂質地盤の塑性水平地盤反力

(a) 多層地盤における杭－地盤の解析モデル　　(b) 水平地盤反力係数の変化

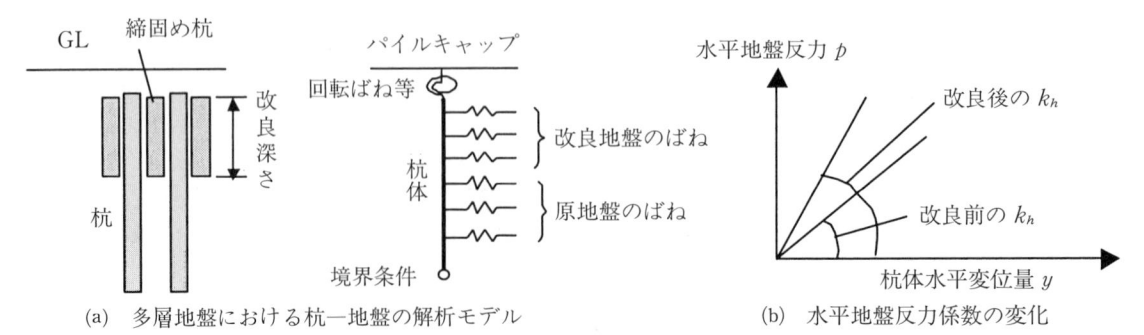

図6.5.2　多層地盤を考慮した杭－地盤の解析モデルの設定

　　　　　　z：深さ（m）

(1) 簡　便　法

　簡便法による水平抵抗力の評価では，締固め杭の存在を無視し，原地盤（改良前）の物性を用いた水平抵抗算定式を用いる．

(2) 推　奨　法

　推奨法による水平抵抗力の評価では，締固め杭の存在を考慮に入れて，杭間地盤の物性を用いた水平抵抗算定式を用いる．液状化対策を目的として締固めが施された地盤では，杭の水平抵抗性能も改善されており，本指針ではこの改良効果を適切に評価して水平抵抗力の評価に反映させることを推奨する．改良地盤では，(6.5.1)式において水平地盤反力係数 k_h が増大する．また，一様地盤中の杭を対象とした場合，杭頭に水平力を受ける杭の水平抵抗力に支配的な影響を与える地盤の範囲としては，(6.5.3)式に示される β を用いて（$1/\beta$）程度の深さが目安とされている．改良後ではこの適用深さ（$1/\beta$）が浅くなる．

$$\beta=[k_h\cdot B/(4K)]^{1/4} \quad (1/\text{m}) \tag{6.5.3}$$

　さらに，本方法を「長い杭」として扱えるか否かの杭長の下限値を表す(6.5.4)式の L も，β の増大に伴い改良後では小さくなる．

$$L>2.25/\beta \quad L：杭の根入れ長（\text{m}） \tag{6.5.4}$$

　一方，多層地盤に拡張して杭の水平抵抗力や水平変位を求める場合でも，杭体－地盤間のばねに用いる水平地盤反力係数 k_h には，改良後の定数を設定することが望ましい（図6.5.2）．

　さらに，改良後の砂地盤では，密度が増大するので砂の内部摩擦角 ϕ は大きくなる．したがって，(6.5.2)式の受働土圧係数 K_p は大きくなるので塑性水平地盤反力 p_y も大きくなる．

　上述した定数を，改良地盤において適切に定めることがより現実的な評価方法となる．

(3) 詳　細　法

　詳細法による水平抵抗力の評価では，改良地盤における水平載荷試験に基づいて設計用の諸定数を評価するか，もしくは改良後に実施した地盤調査結果をもとに水平抵抗算定式を用いる．

　2．地盤定数の評価方法

(1) 簡　便　法

　原地盤の地盤調査結果を用いて地盤定数を評価する方法を簡便法とする．

(2) 推　奨　法

　水平抵抗算定式に用いる地盤定数のうち，改良前後で値が変化するのは以下の3つである．

　　　①水平地盤反力係数：k_h（kN/m³）
　　　②地盤の水平方向の変形係数：E_0（kN/m²）
　　　③砂の内部摩擦角：ϕ（°）

これらの定数を，改良地盤の推定杭間 N 値 N_1 を用いて評価する方法を推奨法とする．

a．水平地盤反力係数と地盤の水平方向の変形係数

　杭の水平載荷試験を実施しない場合は，基礎指針で推奨されている基準水平地盤反力係数 k_{h0} は地盤の水平方向の変形係数や杭径などから評価する(6.5.5)式を利用する．

$$k_{h0} = \alpha \cdot \xi \cdot E_0 \cdot B^{-3/4} \tag{6.5.5}$$

k_{h0}：基準水平地盤反力係数（kN/m³）

α：評価法によって決まる定数（m⁻¹）：砂質土で$\alpha=80$

ξ：群杭の影響を考慮した係数

E_0：地盤の水平方向の変形係数（kN/m²）

砂質土の場合，$E_0=700\cdot N_1$ （N_1：締固め杭の推定杭間N値）

B：無次元化杭径（杭径をcmで表した無次元数値）

この数年，改良効果を把握するために締固め前後において，標準貫入試験に加えてボーリング孔内の水平載荷試験も行なわれている事例がある．その事例を表6.5.1[6.5.1)]に示す．同表に示された工法はいずれも砂層の液状化防止を目的として実施されたものであり，締固め杭間において標準貫入試験と孔内水平載荷試験が実施されている現場のみを選別したものである．改良前に比べて改良後は明らかに変形係数が上昇しているのがわかる．図6.5.3は，B，C，E，Gの4現場において，ほぼ同一深度で孔内水平載荷試験が実施されている点に関する改良前後の変形係数の相関図である．

砂質土の場合，改良後の変形係数は締固めによって改良前の値を下回らないことが分かる．砂質改良地盤の変形係数が上昇していることから，締固め杭間のボーリング孔において測定した変形係数を(6.5.5)式に適用して水平地盤反力係数を評価することにより，改良効果を考慮した合理的な杭の設計が可能となる．表6.5.1から，改良後の締固め杭間N値と変形係数E_0の関係をプロットしたものを図6.5.4に示す．全現場におけるデータを対象とした線形近似式として(6.5.6)式を得た．

$$E_0 = 926.4 \cdot N \quad (N：改良後の締固め杭の杭間N値) \tag{6.5.6}$$

図6.5.4は全現場のデータをプロットしたものであり，異なる試験法による結果が混在している．一般にSBP（セルフボーリングタイプの孔内水平載荷試験）やダイラトメータ試験は，ボーリング時の周囲の乱れが少なく，従来のPBP（プレボーリングタイプの孔内水平載荷試験）に比べて大きめの変形係数が得られるとされている．そこで，従来の設計が主にPBPに基づいたものであることを考慮し，PBPによる結果のみを抽出した結果を図6.5.5に示す．これらのデータは，ほぼ$E_0=500\cdot N \sim 1\,000\cdot N$の範囲内にあり，その線形近似式は(6.5.7)式である．

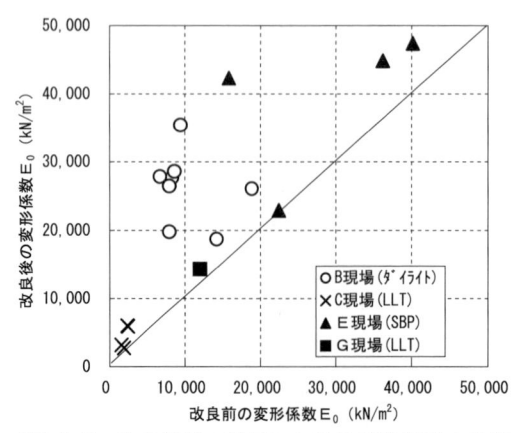

図6.5.3 改良前後の砂層における変形係数の比較

表6.5.1 改良後の締固め杭間 N 値と地盤の変形係数の関係（全現場）

現場名	対象土	締固め工法	改良前				改良後			
			深度(GL-m)	N値	孔内水平載荷試験結果		深度(GL-m)	杭間N値	孔内水平載荷試験結果	
					試験方法	変形係数 E_0(KN/m²)			試験方法	変形係数 E_0(KN/m²)
A現場	砂	バイブロコンポーザー	-2.0	3	LLT	1 555	-6.3	31	LLT	22 336
			-4.0	3		1 810	-1.7	10		8 893
			-6.0	7		3 115	-2.1	10		6 154
			-2.0	2		888	-2.3	15		10 499
			-4.0	1		982	-4.7	17		10 887
			-6.0	7		4 157	-1.6	12		8 050
			-2.0	2		1 107	-2.2	12		7 750
			-4.0	1		2 298	-1.8	11		9 349
			-6.0	3		948	-2.6	8		5 234
			-2.0	3		1 322	-2.5	13		10 467
			-4.0	9		3 938	-2.1	14		9 208
			-6.0	9		1 892	-1.5	10		9 747
			-2.0	2		899	-4.3	10		6 407
			-4.0	2		1 029	-8.3	18		7 020
			-6.0	7		2 926	-5.3	12		8 549
			-2.0	3		1 343				
			-4.0	4		3 721				
			-6.0	5		2 084				
			-2.0	1		1 515				
			-4.0	8		2 135				
			-6.0	6		6 257				
			-2.0	2		1 214				
			-4.0	6		801				
			-6.0	3		1 681				
			-3.5	4		2 060				
B現場	礫混り砂	静的締固め	-4.2	9	ダイラト	8 348	-4.2	16	ダイラト	27 703
			-5.2	10		7 995	-5.2	17		26 477
			-6.7	9		8 662	-6.2	19		28 596
			-7.2	14		7 995	-7.2	20		19 757
			-8.2	9		14 175	-8.2	20		18 697
			-9.2	7		18 845	-9.7	17		26 074
			-10.2	7		9 457	-10.7	19		35 414
			-11.2	4		6 769	-11.2	13		27 850
			-1.5	2		1 146	-2.3	4		2 739

現場	土質	工法	深度	N値	試験	値	深度	N値	試験	値
C現場	シルト質砂	静的締固め	-2.5	4	LLT	1 874	-3.3	6	LLT	3 196
			-3.5	3		1 559	-4.3	7		5 961
			-4.5	5		2 342	-5.3	11		5 944
			-5.5	6		2 461	-6.3	11		6 642
D現場	砂	ディープバイブロ	-12.0	24			-12.0	30	LLT	24 100
			-17.5	11			-17.5	40		23 400
			-12.0	24			-12.0	33		22 500
			-17.5	11			-17.5	22		18 800
E現場	砂	静的締固め	-4.5	18	SBP	15 798	-4.5	30	SBP	42 297
			-10.5	10		36 182	-10.5	50		44 845
			-4.5	8		22 422	-4.5	20		22 932
			-10.5	12		40 153	-10.5	24		47 393
F現場	シルト質砂	静的締固め					-8.5	9	SBP	5 720
							-9.0	10		20 020
		バイブロコンポーザー					-14.6	5		9 100
G現場	火山灰質粗砂（シラス）	静的締固め	-10.3	6	LLT	8 633	-7.7	22	LLT	10 830
			-15.3	8		11 985	-15.2	18		14 330
			-20.3	7		10 478				
			-10.3	5		9 940				
			-15.3	6		9 606				
			-20.3	4		4 562				
			-30.3	3		6 894				
H現場	火山灰質粗砂（シラス）	バイブロフローテーション	-5.0	2			-5.0	15	LLT	8 403
			-10.0	11			-10.0	10		8 601
			-5.0	4			-5.0	14		14 237
			-10.0	10			-10.0	14		10 335
			-5.0	5			-5.0	17		11 462
			-9.0	18			-5.0	15		9 242
			-5.0	4			-10.0	10		9 256
			-9.0	14			-5.0	14		13 571
			-5.0	2			-10.0	14		8 941
			-9.0	15			-9.0	15		8 445

LLT ：プレボーリングタイプ孔内水平載荷試験
SBP ：セルフボーリングタイプ孔内水平載荷試験
ダイラト：ダイラトメーター試験

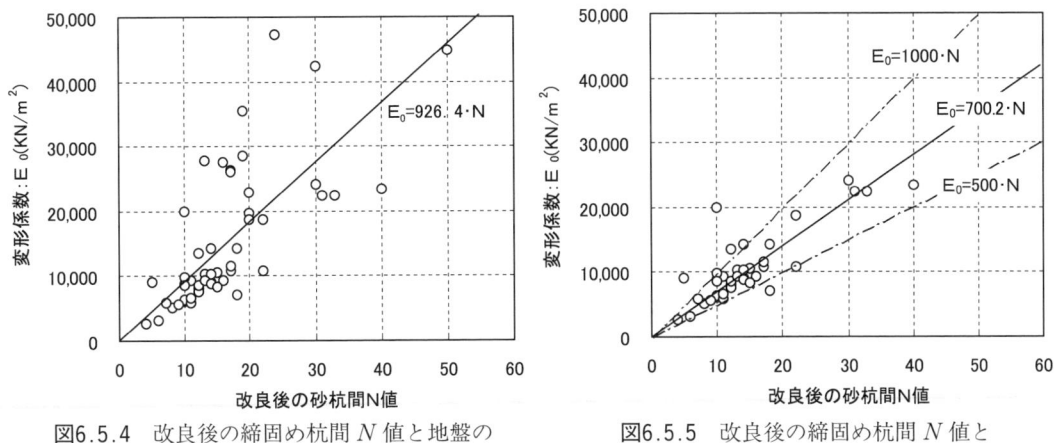

図6.5.4 改良後の締固め杭間 N 値と地盤の変形係数の関係

図6.5.5 改良後の締固め杭間 N 値と地盤の変形係数の関係

$$E_0 = 700.2 \cdot N \quad (N：改良後の締固め杭の杭間 N 値) \tag{6.5.7}$$

これは，従来の改良前の地盤に関する評価式（$E_0 = 700 \cdot N$）と一致するものである．一般に，地盤改良の設計は建物や構造物の設計と同時に行なう場合が多く，工程上地盤改良後の調査結果を杭の設計に反映する余裕がない場合が多い．したがって，改良地盤における杭の水平載荷試験やボーリング孔内の水平載荷試験を実施できない場合には，改良後の杭間 N 値の推定値を用いて改良地盤の変形係数を(6.5.8)式を利用して評価することを推奨する．

$$E_0 = 700 \cdot N \quad (N：地盤改良設計時の推定杭間 N 値) \tag{6.5.8}$$

なお，金子ら[6.5.2)]も同様に，締固め改良地盤における孔内水平載荷試験を実施している．改良後の N 値を用いて推定した変形係数が実測値とほぼ対応していることを指摘しており，本指針の提案の妥当性を裏付けるものと考えられる．

b．砂の内部摩擦角

杭間地盤の内部摩擦角 ϕ_i は，「4.4節　改良仕様の算定方法」に従い算出した改良後の増加 N 値より基礎指針に示される大崎式(5.3.4式)または畑中らの提案式(5.3.5式)により算出する．

(3) 詳細法

詳細法による水平抵抗力の評価では，改良地盤における杭の水平載荷試験に基づいて設計用の定数を直接設定するか，もしくは改良地盤において実施した地盤調査結果をもとに水平抵抗算定式を用いる．水平地盤反力係数については，改良地盤における杭の水平載荷試験結果を吟味して設定するのが最も望ましい．杭周辺地盤の性状の変化を含む種々の複雑な要因による影響が反映されているという点において，改良地盤における杭の水平載荷試験による評価が最も優先されるべき方法である．載荷時の杭頭の固定条件が設計時と異なる場合の評価手法も，原地盤における場合と同様である．なお，試験杭は，締固め杭の杭間位置に打設することが望ましい（図6.5.6）．これは，水平抵抗力が最も小さいと考えられる位置であり，安全側の評価を行なうためである．

なお，改良地盤において孔内水平載荷試験や標準貫入試験を実施し，改良後の地盤の変形係数が得られれば，(6.5.5)式を用いて水平地盤反力係数を算定する方法も詳細法である．

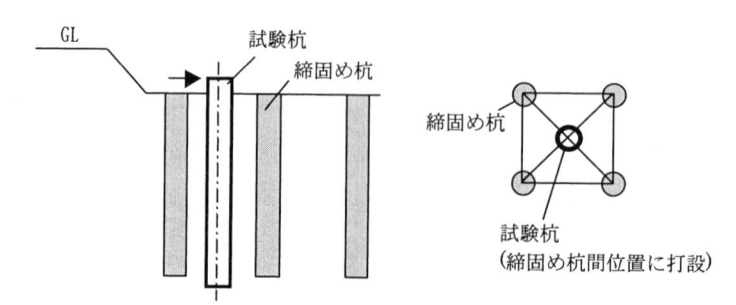

図6.5.6 締固め改良地盤における杭の水平載荷試験と試験杭の配置

参考文献

6.5.1) 山本　実・山崎　勉・船原英樹・吉富宏紀：締固め改良地盤の液状化及び杭基礎に対する設計法について，「建築基礎のための地盤改良設計指針の作成にあたって」シンポジウム論文集，pp. 49-59，日本建築学会構造委員会，2003.11

6.5.2) 金子　治・伊勢本昇昭：静的締固め工法による地盤改良効果に関する考察，2004年度日本建築学会大会学術講演梗概集 B-1, pp.387-388, 2004.8

6.6節　改良範囲

1．液状化対策を主目的とする場合の改良深度は，原則として液状化層下端深度までとする．
2．液状化対策を主目的とする場合の改良範囲は，建物外周部から改良層厚の1/2の範囲を原則とする．敷地条件・環境条件等の制約により周辺を改良できない場合には，周辺非改良地盤との境界部に適切な対策を講ずる．
3．建物の重要度・規模・想定地震力等を勘案して，液状化した建物周辺地盤が改良地盤・杭基礎・建物系の地震時挙動に及ぼす影響を把握する必要がある場合には，適切な数値解析等の検討を行う．

1．改良深度

液状化対策が主目的の場合，改良深度は液状化層下端までを原則とする．

液状化層下端まで改良しない場合は，杭の水平抵抗力に支配的な影響を与える地盤の範囲として$1/\beta$以浅を改良する方法，もしくは多層地盤における杭基礎－地盤系の解析的検討を行い杭に発生する応力や変位に影響のある深さを評価してそれ以浅を改良する方法などがあるが，いずれも各限界状態に対応した要求性能を満足することを確認する必要がある．

2．改良範囲

建物外周部の改良範囲は，杭基礎の場合も直接基礎と同様，図6.6.1に示すように改良層厚の1/2の範囲を原則とする．その背景の詳細については，5.5節を参照されたい．

敷地条件・環境条件などの制約から，改良範囲として改良層厚の1/2を確保できない場合，周辺非改良地盤との境界部に図6.6.2に示すような過剰間隙水圧を速やかに消散させるグラベルコンパクションパイルなどを配する対策法を採用すること，もしくは図6.6.3に示すように周辺非改良地盤

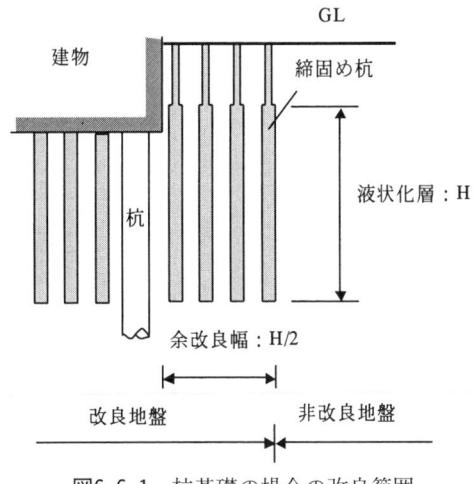

図6.6.1 杭基礎の場合の改良範囲

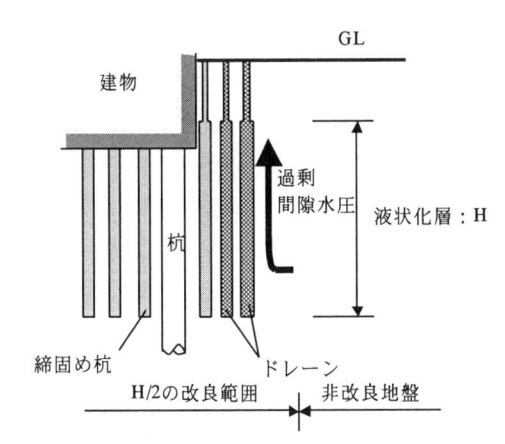

図6.6.2 非改良地盤との境界にドレーンを設置する場合

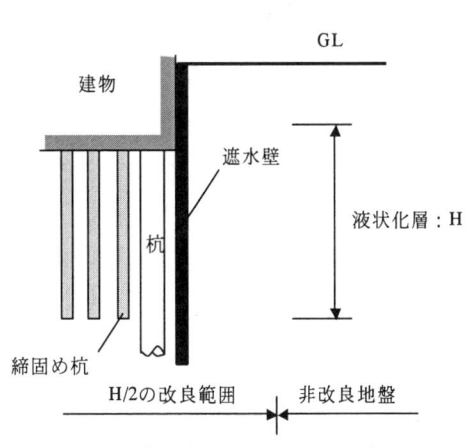

図6.6.3 非改良地盤との境界に遮水壁を設置する場合

で発生した過剰間隙水圧が改良地盤へ伝播することを防ぐ遮水壁を配する対策方法を採用することが望ましい．

建物外周部にグラベルコンパクションパイルを配した対策を直接基礎に採用して，実地震によりその改良効果が確認された実例がある．詳細は5.5節を参照されたい．建物外周部に遮水壁を採用する場合，その先端を図6.6.4(a)に示すように液状化層下部の不透水層まで根入れする場合と，図6.6.4(b)に示すように不透水層に根入れさせない場合がある．不透水層に根入れさせない場合には，非液状化層への根入れ長さを適切に確保して，外部で発生した過剰間隙水圧が根入れ部を廻り込み内部の二次液状化を誘発させないよう配慮が必要である．

遮水壁として，RC連続壁・ソイルセメント壁・シートパイル等で構築された山留め壁を利用する場合がある．地震動時の変位への追随性や遮水性に関する留意点については，5.5節を参照されたい．

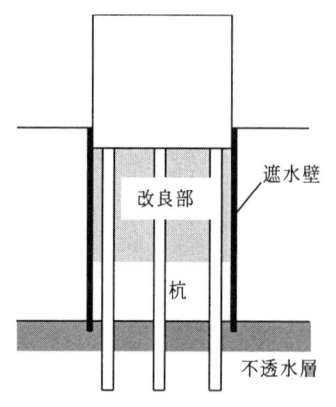

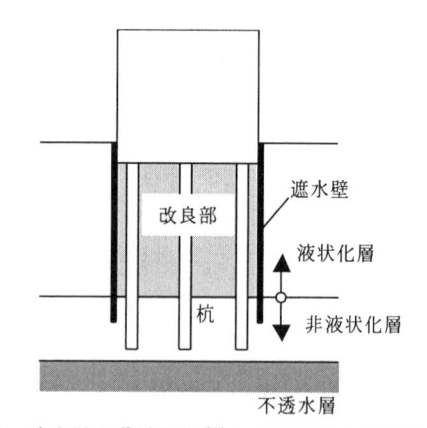

(a) 遮水壁を不透水層まで根入れする場合　　(b) 遮水壁を非液状化層まで根入れする場合

図6.6.4　外周部に遮水壁を設置する方法

3．留意点

　締固め改良地盤における杭基礎の地震動時の挙動に影響を及ぼす要因としては，改良地盤の液状化の抑制とそれに伴う上部構造の応答特性の変化，および周辺の非改良地盤の液状化などが考えられる．これらの要因の影響度合は，平面的な改良範囲の設定によって複雑に変化する．したがって，改良範囲の設定に際しては，改良部と非改良部の形状・寸法などを詳細に考慮した数値解析（有効応力FEM解析など）により，杭や建物に発生する応力・変形を評価できれば理想的である．しかしながら，このような数値解析手法は構造設計者が標準的に利用できるほど一般的にはなっていないので，本指針では建物の重要度・規模に応じて選択するべき詳細法に含める．

　有効応力FEMを用いた数値解析事例[6.6.1)]を図6.6.5～図6.6.7に示す．改良地盤-杭-建物系の地震応答解析であり，改良範囲をパラメータにし，改良範囲が杭の曲げモーメントに与える影響を評価している．改良範囲が広いほど杭の曲げモーメントは小さくなるが，改良範囲を建物直下のみに限定した場合でも杭の曲げモーメントが終局限界に達しない結果となっており，設定した要求性能と限界値によっては設計が成立する可能性のあることを示唆している．

　今後，このような数値解析的検討事例や，模型実験による検討事例が蓄積されることによって，合理的な改良範囲の評価手法が確立されるものと考えられる．

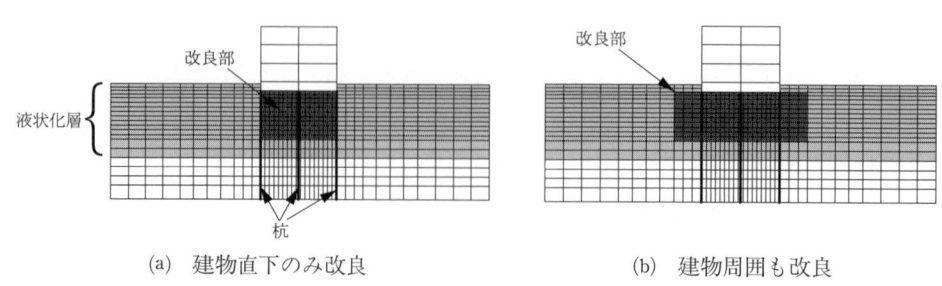

(a) 建物直下のみ改良　　(b) 建物周囲も改良

図6.6.5　改良範囲に関する解析的検討事例（モデル図）

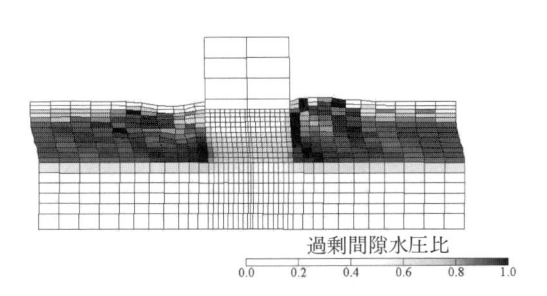

図6.6.6　FEM解析結果例（黒い部分が液状化していることを示す）

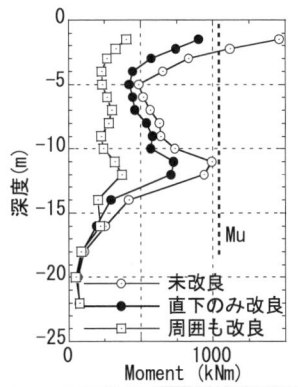

図6.6.7　改良範囲が杭の曲げ応答に与える影響

参 考 文 献

6.6.1)　船原英樹・真島正人：締固め工法とパイルドラフト基礎を併用した建物の有効応力解析，第37回地盤工学研究発表会（大阪），pp.1849-1850，2002.7

第7章 施工管理

7.1節 基本事項

> 施工計画にあたっては，改良地盤に要求される性能の確保，および，周辺環境への影響を防止するための施工管理項目を選定する．

　施工管理は，改良地盤に要求される性能を確保するための施工管理と周辺環境への影響を防止するための施工管理に大別されるが，これらのうち本章では地盤改良の施工に関して設計者が把握しておくべきポイントについて記述する．

　要求された改良地盤の性能は，最終的には施工後の地盤調査により確認されることになるが，すべての箇所で地盤調査を実施することは，経済的，工期的な制約から不可能である．よって，各工法の施工実績に基づいた性能を保証するための施工管理項目を選定し，実施することが必要である．

　一方，周辺環境への影響を防止するための施工管理項目としては，振動，騒音，地盤変状，周辺土壌，地下水への影響などがある．必要に応じて，これらの影響予測，調査を実施し，施工管理項目に反映させることが必要である．

7.2節 性能を確保するための施工管理

> 1．施工管理に必要な管理項目を選定し，管理方法および管理値を定める．
> 2．本工事に先立ち試験施工を実施し，現地の地盤条件に対して要求性能を満たす改良地盤が施工できることを確認する．
> 3．補給材は設計図書で指定された品質を満足することを搬入時に確認する．
> 4．改良位置，鉛直性が設計図書に定められた範囲内であることを確認する．
> 5．締固め杭の連続性，充填される補給材の投入量を確認する．
> 6．設計図書で定められた条件で打ち止める．

1．施工管理項目

　各工法の施工管理項目を表7.2.1，表7.2.2に示す．施工管理項目は，主に配置・形状に関する事項と材料に関する事項に分けられる．施工前の補給材料に関する品質試験および施工中の施工管理計を用いた補給材の投入量，締固め杭の施工深度，連続性に関する施工管理によって，要求される締固め効果を十分に確保できる施工を行う．

　締固め杭の施工間隔と杭芯位置については，例えば「土木工事必携：国土交通省」[7.2.1)]では，管理値として±100mmという基準を設けており，この程度の値が一般的な管理値になると考えられる．

2. 試験施工（キャリブレーション）

本施工に先立ち，施工性（機械のトラフィカビリティー，安定性，施工速度など），改良深度，施工管理計器作動状況の確認のほか，必要に応じて打ち止め状況の確認，周辺への影響調査などのために監理者立会いのもとに試験施工を実施する．試験施工はボーリング調査箇所の近くなどの土層が既知の地点で行う．また，補給材として使用実績の少ない材料を使用する場合などは，試験施工の実施により改良効果を確認することも検討する．

表7.2.1　SCPおよび静的締固め砂杭工法の施工管理項目

項　目			施　工　時			施　工　後		
			管理項目	管理方法	管理値	確認項目	確認方法	管理値
配置・形状	配　置		施工間隔	施工図・測量	設計間隔	施工間隔	測量	特記による
			杭心位置	施工図・測量	設計位置	杭心位置	測量	特記による
	出来形		杭径	投入量より換算	設計値以上 施工計画値	杭径	杭頭検査	設計値以上
			杭長	施工管理計	設計値以上 施工計画値	杭長	施工管理計の記録	設計値以上
			連続性	施工管理計	施工計画値	連続性	施工管理計の記録	施工計画値
補給材料	品　質		粒度分布 その他	粒度試験	施工計画値			
	使用量		量	施工管理計	施工計画値	量	施工管理計の記録	施工計画値

表7.2.2　バイブロフローテーションおよびディープ・バイブロの施工管理項目

項　目			施　工　時			施　工　後		
			管理項目	管理方法	管理値	確認項目	確認方法	管理値
配置・形状	配　置		施工間隔	施工図・測量	設計間隔	施工間隔	測量	特記による
			杭心位置	施工図・測量	設計位置	杭心位置	測量	特記による
	出来形		打設杭数	施工図	設計数量	打設杭数	杭頭検査	特記による
			貫入深度	管理記録計	設計値以上	打設深度	深度計記録	設計値以上
			貫入・締固め時間	管理記録計	設計値以上	貫入・締固め時間	電流計記録	設計値以上
補給材料	品　質		粒度分布 その他	粒度試験他（骨材試験）	施工計画書	各種試験	試験結果	特記による
	使用量		使用量	バケット容量記録	施工計画書	搬入量	納入記録	特記による

3. 補給材の品質確認

補給材は，設計図書で指定された種類，粒度の材料を使用する．サンドコンパクションパイル工

法(以下，SCP工法)，静的締固め砂杭工法およびディープ・バイブロ工法の使用材料としては，砂，砕石，再生砕石，スラグなどがあり，細粒分含有率が小さく，かつ施工により土粒子が細粒化（破砕）しないものがよい．砕石はC-40(JIS-A5001)，再生砕石はRc-40という規格が使用される場合が多い．管理方法としては，粒度試験（ふるい分け）を行い，採取地，粒径加積曲線を記載した試験成績表を作成し，設計図書で指定された品質を満足することを搬入時に確認する．搬入時の粒度試験は，通常，1回/2 000m³程度の頻度で実施される．実績に基づく規定粒度の範囲を図7.2.1に示す．

バイブロフローテーション工法の補給材料としては，砂利・砕石・再生砕石・鉱さい（スラグ）などがあり，粒径は$\phi5$mm～$\phi40$mm（例：$\phi20$mm～$\phi40$mm）内の設計図書で指定された種類，粒度分布であることを確認する．管理方法としては，搬入前に骨材のフルイ分け，すりへり，比重および吸水量，単位容積重量，洗いなどの各種試験を採取地別に行い試験結果をとりまとめ，設計図書で指定された品質を満足することを確認する．粒度試験の頻度は，SCP工法と同様である．

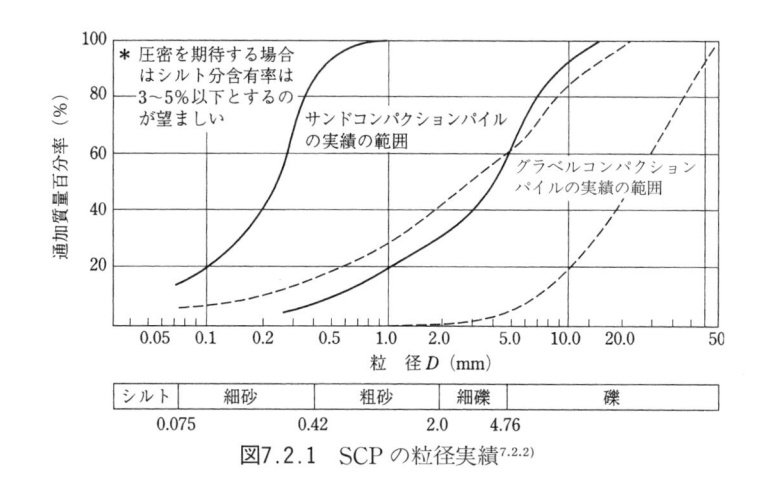

図7.2.1 SCPの粒径実績[7.2.2]

4．締固め杭の改良位置および鉛直精度

改良位置は，基準測量と杭心測量により管理する．基準測量では，施工に支障がなく，復元が容易で，変位が生じない適切な位置に杭心の引照点を数点設置する．杭心測量では，杭心引照点よりトランシット，テープなどで位置を測定し，通常リボンをつけた目杭を地面に打ち込み表示する．

締固め杭の鉛直精度は，施工機足場の整地を十分に行うとともに，ケーシングに対して二方向の傾斜管理を実施する．通常，施工機のリーダーに取り付けられた傾斜計の値により管理し，傾斜角の管理値としては1/100程度とする場合が多い．

5．締固め杭の連続性および補給材充填量の確保

SCPおよび静的締固め砂杭工法では，締固め杭の連続性および補給材充填量は，ケーシングパイプやロッドの先端深さを検知する深度計（GL計），ケーシングパイプ内にある補給材面の高さを検知する砂面計（SL計）などの施工管理計を用いて，1サイクルの造成に必要な補給材量が排出されたことをケーシングパイプの引抜き時に確認し，その後，所定の深さまでケーシングパイプを打ち戻すことで管理する．

また，最近，静的締固め砂杭工法では，SL計とGL計の検出値が刻々とデータ処理装置に入力され，使用補給材量の入力値をもとにケーシング内戻し長が自動的に演算処理され，それに基づき全自動で締固め杭の造成を行う管理システムを備えている．

　バイブロフローテーション工法およびディープバイブロ工法では，補給材充填量は，試験施工時に使用する重機のバケットの計量を数回行い，平均値を用いて基準値としてバケットの投入回数を記録し，杭1本あたりの使用量を管理する．締固め杭の出来形，貫入・締固め時間，貫入深度は，電流計（アンメーター），深度計（GL計）一体型の管理記録計を用いて記録管理をする．

6．締固め杭の打ち止め管理

　締固め杭は設計図書で定められた条件で打ち止める．設計図書では，改良深度を定める場合と杭下端を着底させる支持地盤を定める場合がある．前者の場合は，深度計の表示により打止め管理を行う．後者の場合は，ボーリング調査箇所の近くなどの土層が既知の地点で試験施工を行い，支持層に達したときの貫入速度の低下を確認し，打止め管理基準を設定する．支持層深度の変化や地中障害物などにより，設計図書に定められた改良深度までの施工が困難な場合は，施工者は監理者と設計図書の変更，施工機械の変更について協議し，適切な処置を行う．

参 考 文 献

7.2.1)　国土交通省：土木工事必携（平成12年版）
7.2.2)　日本建築学会：建築基礎構造設計指針，2001.10

7.3節　環境に配慮した施工管理

> 1．施工箇所の隣接地に建設されている建築物，構造物，周辺道路，地下埋設物に対して，施工による地盤変状などの影響を事前に十分に検討し，支障を及ぼさないように留意するとともに，必要に応じて対策を施す．
> 2．敷地およびその周辺における騒音・振動規制を事前に調査し，適切な工法を選定するとともに，施工中の振動，騒音測定を実施し，必要に応じて対策を施す．
> 3．周辺土壌および地下水への影響調査を実施し，必要に応じて対策を施す．

1．地 盤 変 位

　締固め工法では材料を強制的に圧入して杭を造成するという原理より，施工時には水平方向および鉛直方向の地中応力が増加して地盤変位が生ずる．4.4節で説明したように基本的に締固め杭の改良率 a_s は体積ひずみ ε_v に相当し，$a_s=\varepsilon_v$ の場合（すなわち有効締固め係数 $R_c=1.0$ の場合）は，理論的には変位は生じないということになるが，このような地盤条件はごくまれである．変位が生ずる影響範囲および変位量は過去の実測結果よりおおむね把握されている．しかし，使用材料，施工方法，地盤種別，地層構成，改良範囲などによってはその影響範囲も異なるため，地盤改良の影響範囲に建設されている建築物および構造物などに対してはその影響を事前に十分検討し，支障を

及ぼさないように留意する必要がある．

(1) 地盤変位の実測値

SCP 工法および静的締固め砂杭工法の施工時における周辺地盤の水平変位は，図7.3.1[7.3.1)]に示すような実測例をもとに評価されるのが一般的である．静的締固め砂杭工法の施工時においても，振動を用いる SCP に対して，その値は小さいものの地盤変位が生ずる．改良域下端からの影響範囲としては，おおむね30°程度となっている．しかし，同図は，周辺地盤の強度，構造物の有無を考慮できないなどの問題があり，より厳密に周辺構造物への影響を照査する場合は，FEM 解析などを用いた事前の変位予測が必要となる場合もある．

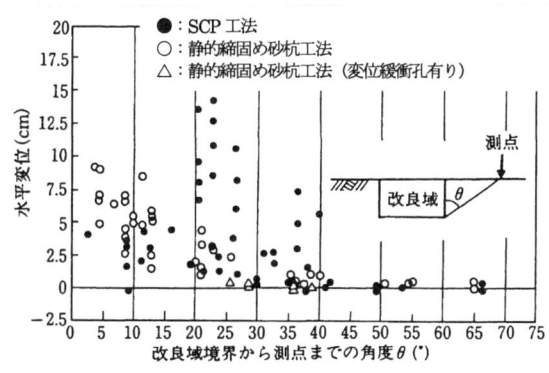

図7.3.1 施工に伴う周辺時地盤変位[7.3.1)]に一部加筆修正

(2) 地盤変位の対策

①上部の非締固め部の施工

図7.3.2に示すように，締固め杭の上部に補給材を供給するが，ケーシングパイプの打ち戻しを行わず，パイプと同程度の径で造成される部分（非締固め部）を設けることにより地盤変位を低減させる効果が確認されている．これは，地盤面近傍の施工中に地盤変位が進行しやすいので，設計改良深度の上部に非締固め部を設けることにより変位を吸収させるものである．

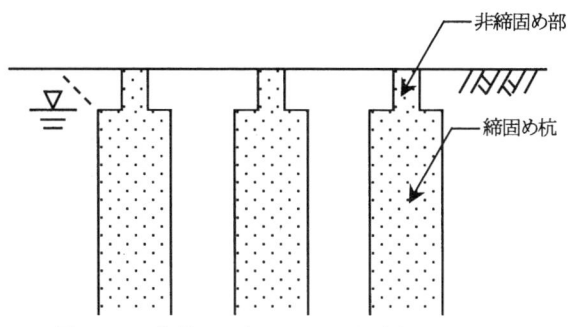

図7.3.2 非締固め部による地盤変位の緩衝[7.3.1)]

②変位緩衝孔（溝）の設置

代表的な対策工は図7.3.3に示すような変位緩衝孔および変位緩衝溝である．変位緩衝孔は，対象物との間を径500mm，1m 間隔程度でオーガー削孔を施し変位を吸収するものである．変位緩衝溝

は幅深さとも1～1.5m程度の空溝とするケースが多い．変位緩衝孔および変位緩衝溝の実施例[7.3.2]を図7.3.4に示す．なお，建築物を対象とした敷地では，改良範囲端部と敷地境界との距離が少ないケースが多く，変位緩衝孔の設置位置は改良範囲端部から1.0～1.5m程度としている例が多い．

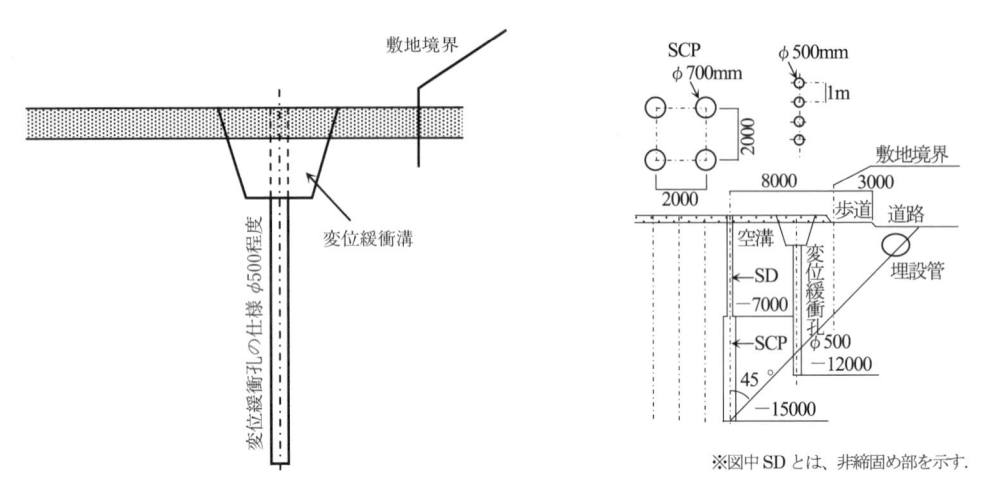

図7.3.3 変位緩衝孔および変位緩衝溝[7.3.1]

図7.3.4 変位緩衝孔および変位緩衝溝の実施例[7.3.2]

※図中SDとは、非締固め部を示す．

③施工順序による対策

施工順序を工夫することにより，地盤変位をある程度低減することが可能である．SCP工法および静的締固め砂杭工法では，通常，変位を最小限に抑えるために原則として対象構造物に近い箇所から遠ざかるように打設する施工順序がとられている．

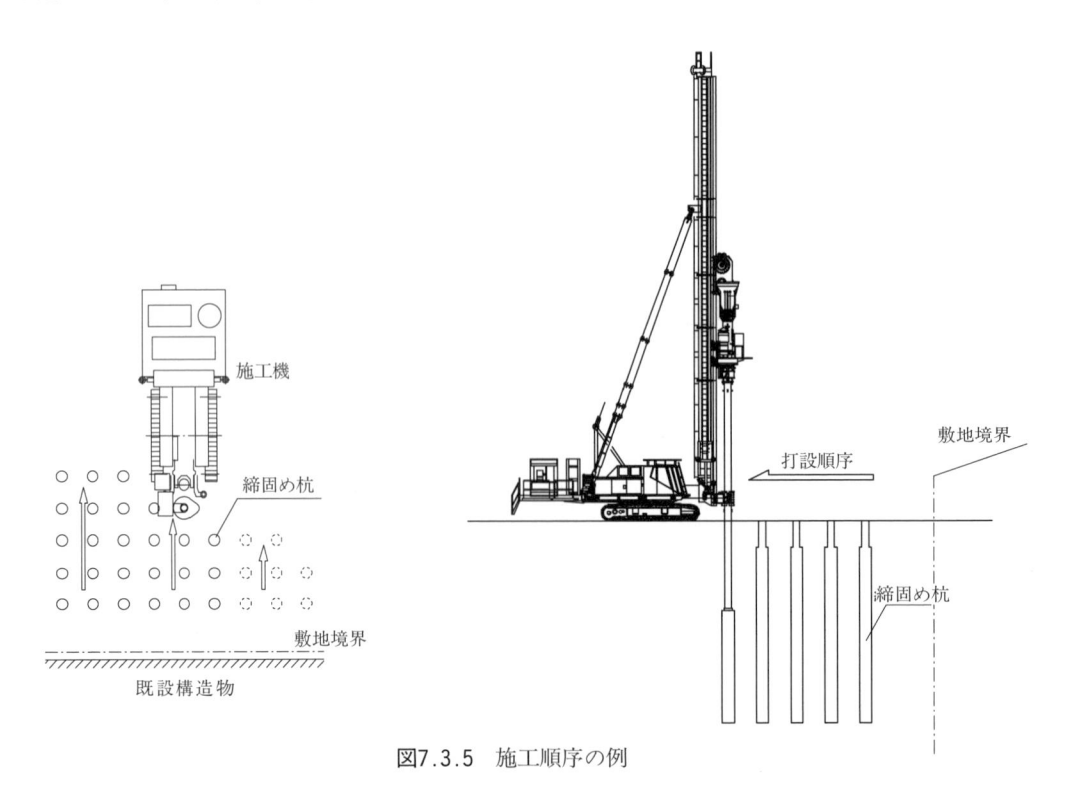

図7.3.5 施工順序の例

(3) 地盤変位の予測

SCP工法の変位予測については，過去には，数多くの計算手法の提案および計算予測値と実測値の比較についての事例報告がある．しかし，近年，市街地などの周辺地盤への影響が問題となる敷地では，必然的に振動・騒音も問題となるため，低振動，低騒音の静的締固め砂杭工法が適用されるケースが多く，変位予測に関する研究も，おのずと静的締固め砂杭工法を対象とした事例が多くなっている．地盤変位の予測方法には，簡易チャートによる方法，簡易予測法，FEM解析による方法が提案されている．

a．簡易チャートによる方法

図7.3.1などの各工法の実測データに基づいて変位を予測する方法で，おおむねの変位は予測することが可能である．

b．簡易予測法

砂質地盤における静的締固め砂杭工法の地表面水平変位量のデータ5例を分析した結果[7.3.3)]によれば，地表面水平変位量 d の自然対数 $\log_e d$ と施工域からの距離 x(m)には，よい相関性が認められ，変位の推定式として(7.3.1)式を提案されている．

$$d = d_0 \cdot \exp(\lambda x) \qquad (7.3.1)$$

ここに，λ：距離減衰の程度を表す係数（$=-0.022\Delta N$, ΔN：増加 N 値）

d_0：4～10cm

(7.3.1)式は，5現場での施工実績に基づいたデータであり，今後データ数を増加した予測式の精度向上が望まれるが，施工時水平変位の大まかな推定に用いることができる．

c．FEM解析による方法

より詳細に地盤変位を予測する手法としてFEM解析による方法があるが，解析モデル，打設時の荷重，地盤定数の設定方法として一般化された手法は，いまだない状況にある．以下に静的締固め砂杭工法を対象としたFEM解析による地盤変位予測と実測変位との検証例[7.3.4)]のうち平面ひずみモデルによる解析例についてその概要を記す．図7.3.6に示すような杭配置において，A列～C列の順序で締固め杭を打設し，各列施工後にA列から2m離れた位置に設置した地中変位計で水平変位を計測している．解析モデルは，二次元平面ひずみモデルの弾性FEM解析である．図7.3.7に示す荷重および地盤条件を，図7.3.8に示す解析メッシュのもとに与え，各列施工時の水平変位の深度分布を算定している．図7.3.9は，地盤の変形係数 E を $E=700N$ (kN/m²) で評価し，打設時の水平

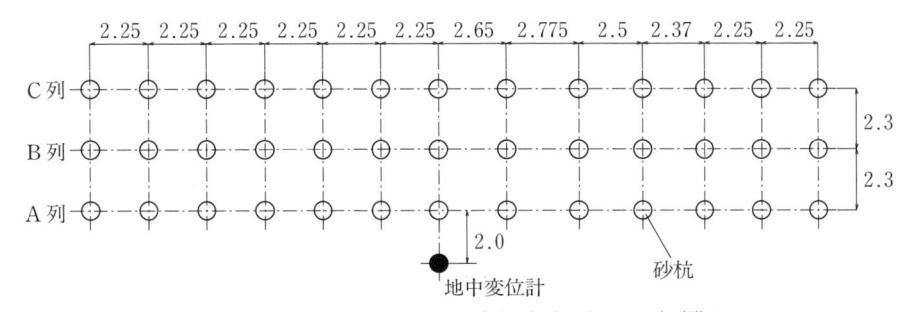

図7.3.6 杭配置および地中変位計計測位置[7.3.4)]一部修正

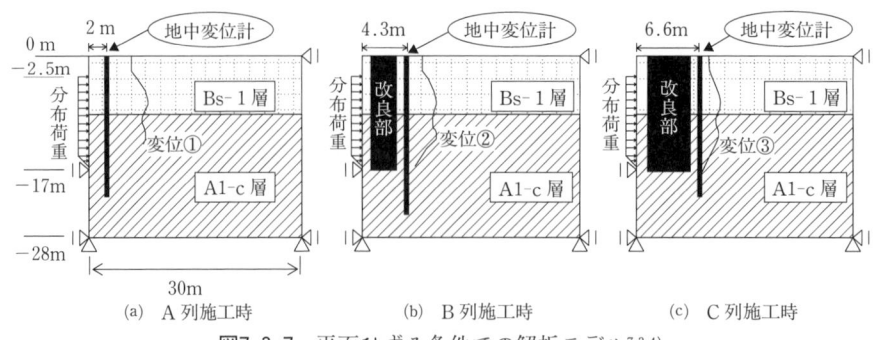

(a) A列施工時　(b) B列施工時　(c) C列施工時

図7.3.7　平面ひずみ条件での解析モデル[7.3.4]

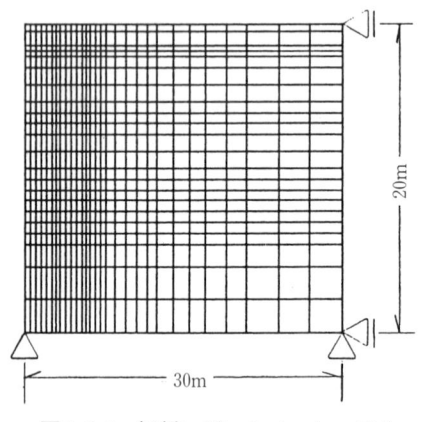

図7.3.8　解析に用いたメッシュ[7.3.4]

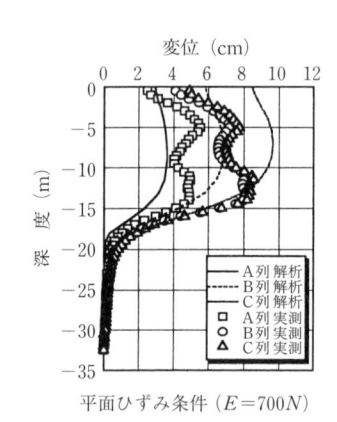

図7.3.9　解析と実測の水平変位の比較[7.3.4]

荷重を20kN/m²の水平荷重として作用させた場合の解析結果を示しており，C列においては多少過大な評価を与えているものの，傾向的には実測値をよく表している．また，同様の解析による実測変位の検証例[7.3.5]では，水平荷重を10kN/m²〜20kN/m²とした場合が妥当であるとの報告もある．

(4) 地盤の鉛直変位（盛上り量）とその予測

水平地盤変位に併せて，施工時には地盤の盛上りが生ずる．4.3節で述べた設計法Dにおいては，杭打設時の地盤の体積変化を考慮し，細粒分含有率F_cに応じて有効締固め係数R_cを算出し，締固め効果を補正している．このR_cと実際の現場における盛上がり量の実績および体積ひずみの測定結果に基づき，盛り上がり高さΔHの推定式として下式が提案されている[7.3.6]．

$$\Delta H = (1 - \alpha R_c) D \cdot a_s \qquad (7.3.2)$$

ここに，D：改良長，a_s：改良率

αの値として，SCP工法の場合，おおむね1.4〜1.9程度の値が得られている．

(5) 現場での管理

周辺構造物などに対する地盤変位の影響が大きいと判断される場合には，前述した変位予測ならびに事前に地表面の水平変位の計測を実施するなどして，定めた許容変位量を満足するか否かを確認する．許容変位量を超える場合は，前述した変位緩衝溝，変位緩衝孔を設けるなどの処置を行う．また，敷地周辺部の施工時には，随時変位量を観測し，周辺構造物への影響を確認する必要がある．

2．振動および騒音

市街地での民家に隣接した施工や地中構造物に対する近接施工の場合には，施工時の振動および騒音が及ぼす周辺環境への影響に留意し，工法選定の段階で慎重に検討する必要がある．各工法の振動レベルおよび騒音レベルと距離減衰の関係については2.1節の図2.1.4，図2.1.5が参考となる．

また，必要に応じて騒音レベル計，振動レベル計を用いた振動・騒音測定を実施する．規制値を満足していないと判断される場合，特に振動対策としては，前述した変位緩衝孔，変位緩衝溝と同様の吸収孔や空溝の施工，遮断壁（固化壁）の設置などにより低減効果を確認した事例[7.3.7]～[7.3.9]が報告されている．

3．周辺土壌および地下水に対する影響

周辺土壌および地下水に対する影響は，使用する補給材料の性質に起因するものであることから，材料を適切に選定することにより対処が可能である．砂，砕石などの自然材料を使用する場合には特に留意する必要はないが，例えば鉄鋼スラグを使用する場合は，溶出水のpHが若干高い傾向があり，農業，水産関係など環境条件の厳しい場所での使用時には注意する必要がある．なお，水砕スラグについては試料材齢の初期のpHは高いが，時間の経過とともに中性化する傾向も報告されている[7.3.10]．また，地下水が被圧している箇所に，補給材として砕石などの透水性のよい材料を使用すると，湧水するおそれがあるため，留意する必要がある．

参 考 文 献

7.3.1) SAVEコンポーザー建設技術審査証明事業（一般土木工法）報告書，(財)国土技術研究センター
7.3.2) 末松直幹・野津光夫：土と基礎講座「各種構造物の実例にみる地盤改良工法の選定と設計，4.1地盤改良による振動，騒音，地盤変状の実例と対策」，土と基礎，pp.49-54，1998.8
7.3.3) 野津光夫・竹内秀克：静的締固め砂杭工法の施工に伴う周辺地盤の変位予測，第46回地盤工学シンポジウム論文集，pp.135-140，2001.11
7.3.4) 川村佳則・安達昌史・河邊 衛・皆川昭吾・松本淳之介・野津光夫・鵜野雅明：静的締固め砂杭工法の地中水平変位の予測，第32回地盤工学研究発表会，pp.2321-2322，1997
7.3.5) 菅沼史典・野津光夫・鵜野雅明：静的締固め砂杭工法施工時の変位予測，土木学会第52回年次学術講演会講演概要集第3部(B)，pp.414-415，1997
7.3.6) 山本 実・原田健二・野津光夫：締固め砂杭工法を用いた緩い砂質地盤の液状化対策の新しい設計法，土と基礎，Vol.48，No.11，pp.17-20，2000
7.3.7) 安藤 裕・荻島達也：地盤改良工法における騒音・振動対策，基礎工，pp.6-11，1999.7
7.3.8) 山本 実・野津光夫・深田 久：最近の地盤改良工法と地盤振動問題，基礎工，pp.61-63，2002.1
7.3.9) 大塚 誠・坪井英夫・磯谷修二・野津光夫・日置和昭・櫛原信二：ガスクッションを用いたハイブリッド（三重構造）振動遮断壁工法の開発，基礎工，pp.81-85，2004.11
7.3.10) 鐵鋼スラグ協会編：水砕スラグ「土工用材料としての技術資料」

第8章 品質管理

8.1節 品質管理の目的と実施項目

> 1．品質管理は，以下の2項目のいずれかを目的として実施する．
> ⅰ）改良地盤の性能が，事前の地盤調査結果に基づいて設定した液状化強度，支持力特性，変形特性など改良地盤に要求される性能以上であることを確認する．
> ⅱ）直接基礎，杭基礎の設計に必要となる改良地盤の地盤物性値を直接求める．
> 2．品質管理のための地盤調査は，締固め杭間で行う標準貫入試験を必須項目（簡便法）とし，その他の調査項目および数量は，改良目的，データの信頼性，建築物の規模・重要度および基礎形式などを考慮して適切に選定する．

1．品質管理の目的

品質管理の目的には，ⅰ）改良地盤の液状化特性，強度特性，変形特性などの地盤定数が，設計時に設定された目標値以上であることを確認するいわゆる品質管理と，ⅱ）直接基礎の支持力・沈下量，杭基礎の鉛直支持力・引抜き抵抗力・水平抵抗力を算定するための地盤物性値を改良地盤において直接求めることの2項目がある．基礎の設計は，地盤改良後の地盤調査結果に基づいて行うⅱ）の方法を採用するのが信頼性の観点からは望ましいことは言うまでもなく，改良地盤の性能にある程度の安全余裕度を見込んだⅰ）の方法より経済設計となる可能性も高い．したがってⅱ）を推奨すべきであるが，通常の建築物では工期的な都合から，主に液状化防止を対象とした地盤改良設計で設定された改良目標 N 値（あるいは設計 N 値）などの地盤物性値を用いて，直接基礎や杭基礎の支持力，沈下，耐震性能を検討し，基礎の設計を行わざるを得ないことが多く，品質管理の目的もⅰ）が主体となると考えられる．また，ⅱ）を目的として品質管理を行うにしても，地盤調査の内容によっては経済的に実施不可能な調査項目もある．以上の点を考慮して，本編では品質管理の目的のⅰ）とⅱ）に優先順位はつけないこととした．

2．品質管理のための地盤調査項目

地盤改良の目的は，①液状化の防止，②直接基礎の支持力の増加・沈下量の低減，③杭基礎の鉛直支持力・引抜き抵抗力・水平抵抗力の増加であり，地盤改良後に地盤調査を実施してこれらの性能を確認する必要がある．改良目的に対応した品質管理項目と地盤調査項目を表8.1.1に示す．いずれの改良目的においても，簡便法として杭間での標準貫入試験が不可欠であり，その他の調査・試験方法は，8.3節に記述する品質管理のレベルに相当する簡便法，推奨法，詳細法の性能確認の方法に応じて必要な項目を適宜実施する．

(1) 液状化の防止

液状化の防止を目的とした品質管理では，締固め杭間での標準貫入試験とその試験から得られた

表8.1.1 改良目的に応じた品質管理項目と調査・試験項目

改良目的		品質管理項目	調査・試験項目（調査手法）		
			簡便法	推奨法	詳細法
液状化の防止		F_l, D_{cy}, P_l, 不合格率	標準貫入試験（杭間 N 値），粒度試験（細粒分含有率試験）		
		液状化解析	—	—	PS検層（杭間地盤）液状化・変形試験
直接基礎	支持力の増加	設計 N 値（杭間）	標準貫入試験（杭間 N 値）		—
		各限界状態支持力（内部摩擦角）	標準貫入試験（杭間 N 値）	標準貫入試験（杭間 N 値）［杭心 N 値は換算図による推定値］	
		各限界状態支持力（内部摩擦角）荷重〜沈下量関係（杭間・杭心極限支持力）	—	—	標準貫入試験（杭間・杭心 N 値）平板載荷試験（杭間・杭心地盤）
	沈下量の低減	設計 N 値（杭間）	標準貫入試験（杭間 N 値）		
		各限界状態沈下量（Steinbrenner近似式計算：変形係数）	標準貫入試験（杭間 N 値）	標準貫入試験（杭間 N 値）［杭心 N 値は換算図による推定値］	標準貫入試験（杭間・杭心 N 値）PS検層（杭間・杭心地盤）
		各限界状態沈下量（双曲線近似式計算：杭間，杭心-極限支持力，杭心-初期接線勾配）	—	標準貫入試験（杭間 N 値）［杭心初期接線勾配は推定値］	標準貫入試験（杭間・杭心 N 値）平板載荷試験（杭間・杭心地盤）
杭基礎	鉛直支持力	設計 N 値（杭間）	標準貫入試験（杭間 N 値）	—	—
		極限鉛直支持力	—	標準貫入試験（杭間 N 値）	—
		極限鉛直支持力（先端・周面摩擦力）	—	—	杭の鉛直載荷試験
	引抜き抵抗力の増加	設計 N 値（杭間）	標準貫入試験（杭間 N 値）	—	—
		極限引抜き抵抗力	—	標準貫入試験（杭間 N 値）	—
		極限引抜き抵抗力（周面摩擦力）	—	—	杭の引抜き試験
	水平抵抗力の増加	設計 N 値（杭間）	標準貫入試験（杭間 N 値）	—	—
		杭の応力・変形量（水平地盤反力係数）	—	標準貫入試験（杭間 N 値）	孔内水平載荷試験
		杭の応力・変形量	—	—	杭の水平載荷試験

［注］・杭間，杭心のボーリング調査位置は，図8.1.1参照
　　　・杭心 N 値推定の換算図は，図4.4.4参照

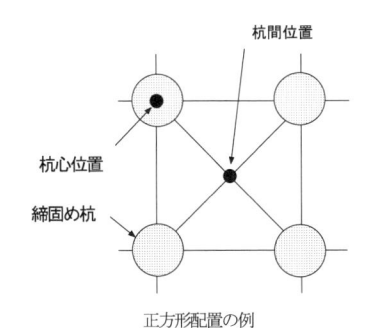

図8.1.1 改良後調査位置の例

試料を用いた粒度試験を実施し，基礎指針に準じた液状化判定を行う．液状化判定から得られた F_l, D_{cy}, P_l, および不合格率を用いて，簡便法，推奨法，詳細法の各限界状態に対応する要求性能を満足することを確認する．また，詳細法で有効応力解析などを適用する場合には，締固め杭間でのPS検層や乱さない試料を用いた液状化試験・動的変形試験を実施する．

(2) 直接基礎の支持力の増加・沈下量の低減
　　a．支持力の増加の確認

直接基礎に対する改良地盤の支持力は，改良後のN値から5.3節2項に示した大崎式や畑中らの提案式より内部摩擦角 ϕ を求めて支持力公式から算定する．そのため，締固め杭間地盤の内部摩擦角を確認するための標準貫入試験の実施が簡便法・推奨法における必須項目となる．また，詳細法は複合地盤として支持力の評価に対応した締固め杭心での標準貫入試験も必要となる．

なお，締固め杭間および杭心地盤で平板載荷試験を行い，おのおのの荷重～沈下量関係から極限支持力を求め，改良面積比から複合地盤としての支持力を確認する方法も詳細法として位置付ける．

　　b．沈下量の低減の確認

直接基礎の即時沈下量は，改良地盤の変形係数を求めて算定する．そのため，沈下量を弾性論に基づいて算定する方法では，改良地盤の変形係数を5.4節に示すN値から推定する方法か，または改良地盤のPS検層による弾性係数にひずみ依存性や拘束圧依存性による低減を考慮して設定する．したがって，簡便法では締固め杭間で標準貫入試験を実施し，杭間地盤の変形係数のみで沈下量を算定する．一方，複合地盤として即時沈下量を算定する場合には，改良地盤の締固め杭間と杭心における変形係数の評価が必要となる．推奨法では，杭間の標準貫入試験に加えて杭心地盤の変形係数を図4.4.4に示した換算図から推定し複合地盤として沈下量を算定する．また，詳細法では杭間および杭心で標準貫入試験を実施し変形係数を推定するか，杭間および杭心でPS検層を実施して杭間・杭心地盤の変形係数を求め複合地盤として沈下量を算定する．

なお，独立基礎のように接地面積が小さく沈下の影響範囲が改良層内に収まるような場合には，5.4節に示すように，平板載荷試験結果に基づいた双曲線近似式による沈下計算法の適用も可能としている．同方法は，杭間と杭心の極限支持力から求めた複合地盤の極限支持力度 q_{fb} と杭心の荷重～沈下曲線の初期勾配 K_{ia} を用いて算定する方法である．改良地盤の杭間と杭心で平板載荷試験を実施し，q_{fb} と K_{ia} を求めその妥当性を確認する方法も詳細法として位置づける．

(3) 杭基礎の鉛直支持力・引抜き抵抗力の増加および水平抵抗力の増加

杭基礎については，試験杭を用いた杭載荷試験により設計値を確認する方法が最も信頼性が高いが，作業工程や現場状況およびコスト面から適用可能なケースは非常に少ない．本編では，杭基礎の鉛直支持力および引抜き抵抗力を設計時に評価する方法として，改良後の締固め杭間 N 値を推定し，その N 値から周面摩擦力等を算定することを次善の策として推奨している．したがって，簡便法・推奨法では杭間で標準貫入試験を実施し，簡便法ではそれが設計時に設定した N 値であることを確認する．推奨法では実測 N 値から算定した支持力・抵抗力が設計値以上であることを確認する．

水平抵抗力は，改良後の締固め杭間における変形係数を用い基礎指針に準じて基準水平地盤反力係数を求めて算定する．したがって，詳細法では締固め杭間で孔内水平載荷試験を実施して変形係数を把握し，その変形係数が設計で設定した値に適合することを確認する．ただし，現場状況や工程などの面から孔内水平載荷試験の実施が困難な場合には，杭間 N 値から推定した変形係数が設計値以上であることを確認する方法も推奨法として位置づける．

8.2節　品質管理のための地盤調査方法

> 1．締固め効果を確認するための品質管理には，締固め杭間における標準貫入試験併用のボーリング調査を行う．
> 2．液状化強度増加の確認や基礎形式に応じた品質確認の調査方法には，標準貫入試験に加えて粒度試験，PS検層，孔内水平載荷試験，平板載荷試験などがあり，改良目的や基礎の要求性能に合わせて調査方法を選択して実施する．
> 3．品質確認においては，その他の有用な調査方法も適宜活用する．

１．改良後のボーリング調査（チェックボーリング）

地盤改良後の品質管理では，締固め効果の確認として締固め杭間における標準貫入試験併用のボーリング調査を行い改良後の N 値を確認する．標準貫入試験は，JIS A 1219に準拠した方法で行い，調査深度は，改良対象層の下限深度までとする．標準貫入試験は，3.2節2項で示したようにハンマーの落下方法に「自動落下法」を用い，原則として深度1mごとの実施を推奨する．

調査時期は，改良施工終了からおおむね1～2週間程度後に実施されるケースが多い．これは，締固め杭打設に伴う過剰間隙水圧の発生とその間隙水圧が消散・安定するまでの時間を考慮したものであり，対象地盤の細粒分含有率を考慮して時期を設定する必要がある．

ボーリング調査の箇所数は，SCP工法の場合にはおおむね締固め杭100～500本に1か所の割合[8.2.1)]がひとつの目安とされている．ここで，3.1節2項で示したような地層構成が均一な地盤で3 000m²（50×60m）の改良範囲に対して，改良ピッチ2m正方形配置で締固め杭が打設された場合を想定すると，締固め杭数はおおむね750本（25×30本）となる．これより，ボーリング箇所数は2～7箇所程度となる．一般的に同規模程度の施工事例では，2～3か所程度のチェックボーリングが行われていることが多い．なお，同一敷地においても改良仕様が異なる場合や地層構成が異なる場合には，原則として各改良仕様のエリアや地盤状況に応じて実施するものとする．

一方，改良範囲が広くデータ数が多い場合などで「不合格率」を導入した設計では，改良後のボーリング調査においても同等な統計処理が要求されよう．このような場合には，3.1節2項で示したように25個以上の N 値データの採用が望ましいため，それを踏まえた調査箇所数となる．

2．改良目的に合わせた調査（検査）方法

(1) 液状化の防止

液状化の防止に対する品質確認の調査は，チェックボーリングとして締固め杭間で実施するボーリング調査の標準貫入試験を適用する．また，その貫入試験により得られた試料を用いた室内土質試験（粒度試験・土粒子の密度試験・含水比試験）を行い，基礎指針に準じた液状化判定を行う．調査方法は，簡便法，推奨法および詳細法とも共通である．ばらつきの多い細粒分含有率 F_c に推定値を用いることは液状化判定の信頼性を低下させる要因となるため，3.2節2項で示したように，対象となる貫入試験試料の全てに対して粒度試験等を実施して F_c を求めることを推奨する．ただし，工期的な都合やコスト面から全試料の粒度試験が困難な場合には，その一部を細粒分含有率試験（F_c のみを求める試験）によって補完する方法も次善の策とする．なお，詳細法に対応する損傷限界や終局限界の検査方法では，有効応力解析やFEM解析などによる確認方法も提案している．この場合には，PS検層や乱さない試料を用いた液状化試験や動的変形試験などの室内試験も適宜適用する．

(2) 直接基礎の支持力の増加，沈下量の低減

a．直接基礎の支持力の調査（検査）

直接基礎の支持力に対する品質確認の調査は，簡便法・推奨法ともにチェックボーリングとして締固め杭間で実施する標準貫入試験を適用する．詳細法では，杭心でのボーリング調査と標準貫入試験を行う．杭心における標準貫入試験の仕様は，杭間のチェックボーリングと同様とする．またボーリング調査箇所数も杭間のチェックボーリングと同等とすることを推奨する．詳細法のもう一つの方法として，締固め杭間・杭心地盤で平板載荷試験を行いおのおのの限界支持力を求めて改良面積比から複合地盤としての支持力を求める方法もある．

b．直接基礎の沈下量の調査（検査）

直接基礎の沈下量に対する品質確認の調査は，簡便法・推奨法ともにチェックボーリングとして締固め杭間で実施する標準貫入試験を適用する．詳細法では，直接基礎の即時沈下量を要求性能に応じて杭間と杭心の変形係数を合わせた複合地盤として求める設計法に対応して，締固め杭心の標準貫入試験を行い N 値から変形係数を推定する．これには，支持力確認の詳細法で実施する杭心の N 値を適用する．また，変形係数を直接求める方法には，締固め杭間や杭心で実施するPS検層がある．PS検層は，杭間地盤および締固め杭のおのおのの剛性を評価することを目的とするため，地盤工学会基準 JGS 1122 に準拠した孔内起振受振方式（サスペンション式）のPS検層器の採用が望ましい．測定深度は，改良対象層の下端深度までとし，測定間隔は原則として1mごととする．調査箇所数は，計画される建築物の規模や配置等により適切な箇所数が設定されるものであり一概に限定はできないが，前述の3 000m²程度の改良範囲に対しては，おおむね杭間と杭心との組合せとして1組程度の調査箇所数となろう．ただし，改良仕様が異なる場合や敷地内の地層構成に大きな相

違がみられる場合には，各エリアでの複数組の調査が推奨される．なお，地盤剛性の多少の変化に対して PS 検層から求める剛性の精度は必ずしも明確にはなっていない．このため，締固め杭間・杭心の地盤剛性の評価においては今後のデータの蓄積も必要である．

接地面積の小さい独立基礎で支持された小規模建築物の場合には，平板載荷試験に基づいた双曲線近似式による複合地盤としての沈下計算法を適用する方法もあり，締固め杭間と杭心における平板載荷試験を実施する．平板載荷試験は JGS 1521 に準拠した方法で，通常の直径 φ300mm 載荷板を用いて実施する．双曲線近似の方法を図8.2.1に示す．5.4節１項に示すように，双曲線近似式の漸近線は，杭間と杭心における平板載荷試験から求めた複合地盤の極限支持力度 q_{fb} を，また初期接線勾配 K_{ia} は杭心における載荷試験の荷重〜沈下曲線の初期接線勾配を適用する．

調査箇所数は，同沈下量の算定方法が小規模な建築物を対象としていることより，おおむね１棟あたり１組程度の調査箇所数となろう．ただし，敷地内の地層構成に大きな相違がみられる場合は，各エリアでの複数組の調査が推奨される．

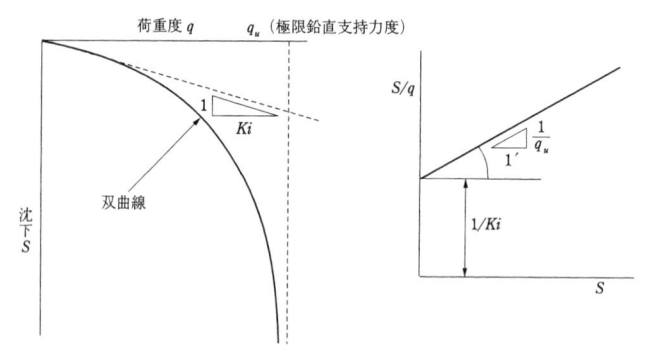

図8.2.1 平板載荷試験結果の双曲線近似[8.2.2]一部加筆

(3) 杭基礎の鉛直支持力，引抜き抵抗力の増加および水平抵抗力の増加

　ａ．杭基礎の鉛直支持力，引抜き抵抗力の調査（検査）

杭基礎の鉛直支持力および引抜き抵抗力に対する品質確認の調査は，簡便法・推奨法ともにチェックボーリングとして締固め杭間で実施する標準貫入試験を適用する．杭間の調査ボーリングと標準貫入試験の仕様・数量は，8.2節１項に示した締固め効果確認のチェックボーリングと同様とする．最も信頼性が高く詳細法に位置付ける調査方法として，改良地盤の試験杭を用いた杭載荷試験がある．杭の鉛直載荷試験（JGS 1811）や杭の引抜き試験（地盤工学会基準）により設計値を確認する方法であるが，現場状況やコスト面から適用されるケースは限定されよう．

　ｂ．杭基礎の水平抵抗力の調査（検査）

杭基礎の水平抵抗力に対する品質確認の調査は，詳細法として締固め杭間での孔内水平載荷試験の実施を適用する．孔内水平載荷試験は，地盤工学会基準 JGS 1421 に準拠したプレッシャーメーターを用いて実施する．プレッシャーメーターにはプレボーリングタイプとセルフボーリングタイプがあるが，6.5節で示したように，プレボーリングタイプに比べてセルフボーリングタイプでは変形係数が高く求められる可能性もある．このため，品質確認の調査では事前の調査で使用した機種

と同等の装置を用いる必要がある．調査箇所数および調査深度などは，計画される建築物の規模や配置により適切な箇所数，深度を設定すべきであるが，同一敷地においても改良仕様が異なる場合や地層構成が異なる場合には，原則として各改良エリアで実施することが望ましい．なお，現場状況などの理由から孔内水平載荷試験の実施が難しい場合には，杭間 N 値から変形係数を推定する方法を推奨法として位置付ける．この場合は，チェックボーリングとして締固め杭間で実施する標準貫入試験を適用する．

3．その他の調査方法の活用

改良地盤の締固め度合いの確認や改良目的に合わせた要求性能の確認方法として，本節では設計手法に対応した調査方法を推奨法として示している．ただし，標準貫入試験の補完を目的とした調査方法や液状化強度の推定，地盤剛性の評価方法など各種の調査手法も提案されている．これらの有用な調査方法を以下に示す．

(1) 締固め効果の調査

建築面積が広くボーリング調査では工期・工費が過大となる場合には，標準貫入試験の補完として動的コーン貫入試験のオートマチックラムサウンディング[8.2.3)]の採用が挙げられる．同サウンディングの打撃回数 N_d は図8.2.2に示すように標準貫入試験の N 値とおおむね等しい関係にあり，乱した試料の採取はできないものの改良地盤の N 値補完としては有用である．なお，同サウンディングは，8.2項(1)に示すチェックボーリングの箇所数の代用をするものではないことに注意する必要がある．チェックボーリングは杭間 N 値として液状化判定にも用いるため，試料採取が必要条件となる．同サウンディングは地層の連続性や傾斜の確認，杭心 N 値の補完への活用を提案する．

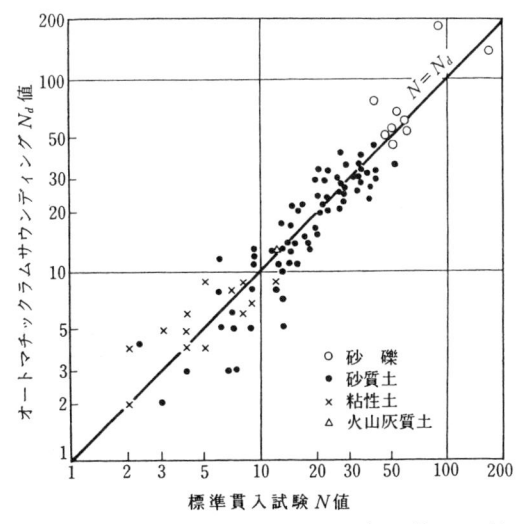

図8.2.2　オートマチックラムサウンディング N_d 値と N 値の関係[8.2.3)]

改良前後の密度の変化を求める方法に密度検層がある．同方法は締固め杭間のボーリング孔で容易に測定でき，締固め改良に伴う密度の変化を深度方向に連続的に把握することが可能である．ただし，密度検層ではその測定条件ごとの実測密度によるキャリブレーションが重要であり，締固めに伴う密度変化を高精度に求めるには，乱さない試料採取と湿潤密度試験の併用が望ましい．

(2) 液状化強度の調査

改良地盤の液状化強度の簡易的な推定方法として，電気式静的コーン貫入試験（地盤工学会基準 JGS1435）を用いた時松・鈴木による方法[8.2.4]があり，F_L 計算に基づく液状化判定が可能である〔詳細は，基礎指針[8.2.5]参照〕．これにより，改良地盤の液状化判定を N 値のほかに数多く実施し，液状化強度の傾向を補完する場合などに活用できる．また，液状化強度のばらつきを詳細に検討する場合などにも有用である．

(3) 静止土圧係数 K_o の調査

地盤改良による液状化強度増加の要因の一つとして，水平有効応力の増加（静止土圧係数の増加）が挙げられる．4.3節に示したように本編の設計法においては，改良地盤全体の液状化強度として杭間 N 値による液状化強度に，静止土圧係数の増加やその他の効果を踏まえた割増係数 C を乗じて設定している．また，4.4節3項に示すように，改良後の静止土圧係数を確認した場合は，その数値を設計に反映させることも可能である．静止土圧係数 K_o の測定すなわち水平有効応力の測定は，セルフボーリングプレッシャーメーターの初期圧を用いて求めた山本らの事例[8.2.6]や静的締固め工法の改良前に土圧計を埋設して改良後の水平土圧の経時変化を直接測定した金子らの事例[8.2.7]がある．また，ダイラトメーターによる測定方法[8.2.8]等もある．ダイラトメーターは地盤に計測プローブを圧入貫入するものであり，より締った地盤への適用性に難しさが伴う．

一方，砂地盤の原位置凍結サンプリングを利用した室内 K_o 測定方法[8.2.9]が提案されており，SCP 改良地盤での原位置と室内での測定例が畑中ら[8.2.10]により示されている．凍結サンプリングの実施が前提であり調査期間やコスト面からすべての建築物への適用には難しさはあるが，砂地盤の K_o 測定方法として有力な方法であろう．なお，これらの計測した静止土圧係数の適用にあたっては水平有効応力が長期的に保持されていることが前提であり，今後のデータの蓄積も必要である．

(4) 複合地盤としての評価手法

締固め杭間の地盤と締固め杭（砂杭やグラベルパイル）の剛性（変形係数）や支持力の相違を複合地盤として一括して評価する方法がいくつか試みられている．秋山ら[8.2.11]は複合地盤の剛性（V_S，変形係数）の評価方法として，図8.2.3に示すようにダウンホール方式の PS 検層でゾンデを杭間のボーリング孔に設置して，複数個の杭間を通過する位置で起振測定した S 波速度 V_S と杭心を通過

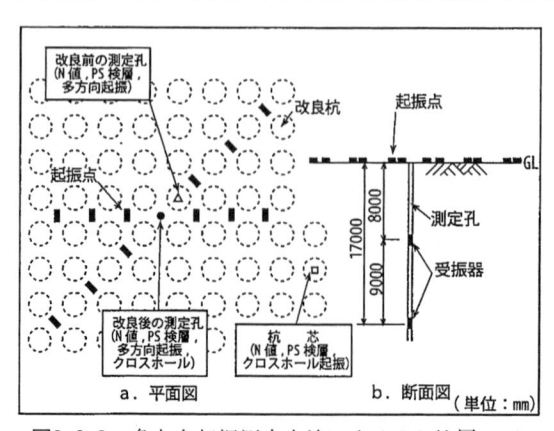

図8.2.3 多方向起振測定方法による PS 検層[8.2.11]

する位置で起振測定した Vs の平均値を用いる方法を提案している．

　締固め杭間と杭心を含めた大型の載荷板を用いた載荷試験により直接的に複合地盤の剛性を評価する方法も試みられている．大西ら[8.2.12]の1.4m角の大型平板載荷試験については5.4節において詳しく示されている．なお，最近では表面波探査（レーリー波探査）法を改良地盤全体の剛性評価に利用する試み[8.2.13]も行われている．

(5) その他の効果の評価

　改良地盤の液状化強度に影響する要因として，改良地盤の飽和度が挙げられる．改良後の地盤の飽和度の低下とその持続性(26年間)が，凍結サンプリングを用いた岡村ら[8.2.14],[8.2.15]の試験結果から求められている．これは，SCP工法において，補給材（砂）投入時に使用する圧搾空気がケーシング先端より周辺地盤に流出することにより起こる現象で，改良地盤の液状化強度が飽和地盤を仮定した通常の評価よりも大きいことを示唆する結果である．今後の改良地盤の液状化強度の評価法に寄与する調査である．

参考文献

8.2.1) 日本建築学会：建築基礎構造設計指針，pp.416-417，2001.10
8.2.2) 日本建築学会：建築基礎構造設計指針，pp.126-128，2001.10
8.2.3) 地盤工学会：地盤調査法，pp.260-263，1995.9
8.2.4) 鈴木康嗣・時松孝次・古山田耕司：コーン貫入試験の先端抵抗と摩擦抵抗を併用した液状化強予測，第31回地盤工学研究発表会，pp.1229-1230，1996.7
8.2.5) 日本建築学会：建築基礎構造設計指針，p.65，2001.10
8.2.6) 山本　実・野津光夫・山田　隆・小飼喜弘：静的締固め砂杭工法の改良効果—佐原試験工事—，第32回地盤工学研究発表会，pp.2317-2318，1997.7
8.2.7) 金子　治・伊勢本昇昭：静的締固め工法による地盤改良効果に関する考察，日本建築学会大会学術講演梗概集，pp.387-388，2004.8
8.2.8) 地盤工学会：地盤調査法，pp.264-266，1995.9
8.2.9) 畑中宗憲・内田明彦・田屋裕司・酒匂教明：未改良および締固めた埋立マサ土の K_o 値測定，第33回地盤工学研究発表会，pp.77-78，1998.7
8.2.10) 畑中宗憲・内田明彦・安浩　輝：地盤の水平方向応力測定，第39回地盤工学研究発表会，pp.383-389，2004.7
8.2.11) 秋山裕紀・二木幹夫・安達俊夫・田村昌仁・渡辺一弘・木村　匡・牧原依夫：締固め砂杭工法による改良地盤のS波速度の評価，日本建築学会大会学術講演梗概集，pp.381-382，2002.8
8.2.12) 大西智晴・野津光夫・安達俊夫：締固め砂杭による改良地盤の直接基礎への適用について，日本建築学会構造委員会，実務に見る地盤改良工法の技術的諸問題シンポジウム論文集，pp.75-80，1999.10
8.2.13) 鈴木晴彦・佐藤信一・辻孝　広：人工振源を用いた表面波探査の土木調査への適用（その2）河川堤防調査への適用事例，物理探査学会第106回学術講演会論文集，pp.43-46，2002.
8.2.14) 岡村未対・石原雅規・田村敬一：SCPで改良された砂質土地盤の26年後の飽和度，第38回地盤工学研究発表会，pp.2027-2028，2003.7
8.2.15) 岡村未対・石原雅規・田村敬一：SCPで改良された砂質土地盤の液状化強度と飽和度，第38回地盤工学研究発表会，pp.2025-2026，2003.7

8.3節　検査結果の評価方法

1．地盤改良後の調査結果に基づき，改良地盤の液状化強度特性や直接基礎あるいは杭基礎の各種性能を評価し，設計時に設定したおのおのの性能が要求性能以上であることを確認する．
2．当初の計画に従って改良地盤の各種性能を評価した結果，改良地盤の性能が要求性能を下回った場合には，追加の地盤調査や詳細検討による性能確認，あるいは，基礎の設計変更，地盤改良の追加など要求性能を確保するための適切な対策を施す．
3．地盤改良後の調査結果に基づいて基礎の設計を行う場合には，地盤改良設計時に設定した設計 N 値あるいは設計 N 値より推定した地盤定数に代わって，実測した N 値や地盤定数を用いることができる．

1．改良地盤の性能確認方法

改良地盤の液状化強度特性や直接基礎あるいは杭基礎の各種性能の確認，すなわち合否判定は，以下に示す①簡便法，②推奨法，③詳細法の優先順位で行うことを原則とする．要求性能に対する安全余裕度は，③＜②＜①の順で高くなるため，実務上は①で性能が確認できた場合は②，③を，②で性能が確認できた場合は③による確認作業を省略することができる．また，液状化防止対策を対象とした改良目標 N 値より，直接基礎や杭基礎の性能確保を対象とした改良目標 N 値の方が低い場合には，それぞれの基礎に対する性能確認を省略できる．ただし，①での性能確認のための調査（検査）に合格した場合でも，少なくとも②までの手法によって改良地盤と基礎の保有性能，あるいは安全余裕度を把握しておくことが望ましい．

(1) 液状化の防止を対象とした性能確認

液状化の防止を目的とした改良における品質管理項目と検査指標を表8.3.1に示す．

①簡便法：実測した締固め杭間 N 値と細粒分含有率を用いて液状化強度を求め，各限界状態に対応する地震力に対して液状化判定を行い，原則として全点 $F_l>1.0$ となることを確認する．

②推奨法：簡便法の液状化強度に各基礎形式（杭工法）に対応する割増係数を乗じて複合地盤としての液状化強度を求め，各限界状態に対応する地震力に対して液状化判定を行う．損傷限界状態においては原則として全点 $F_l>1.0$ となることを確認する．また，終局限界状態では $F_l \leq 1.0$ となるデータが存在する場合には，原則として液状化時の地表面動的変位 $D_{cy} \leq 5 \sim 10$ cm，または液状化指数 $P_l \leq 5 \sim 10$ の判定を併用して確認する．確認の優先順位は，D_{cy} に関する限界値をクリアしない場合には P_l を併用して総合的に判断する．なお，直接基礎の内で独立基礎や布基礎の場合は，5.3節に示すように，基礎幅の2倍程度の深度までの F_l 値は，全て $F_l>1.0$ であることを前提条件として推奨している．

③詳細法：損傷限界状態において $F_l \leq 1.0$ となるデータが存在し，ばらつきを評価できるデータ数が確保されている場合には，$F_l \leq 1.0$ となるデータの比率（不合格率）が，10％を上限値の目安として設定しそれ以内であることを確認する．

ここで，設計 N 値に対する改良後の杭間の実測 N 値の事例を図8.3.1に示す．同図は表3.1.2に示した調査地Dの改良後の N 値を示したものである．改良後の N 値は設計 N 値に対してばらつき

表8.3.1　液状化防止における品質管理項目と検査指標

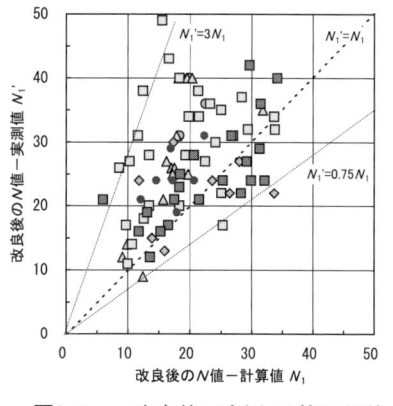

調査・試験方法			品質管理項目	改良地盤の検査指標		
				簡便法	推奨法	詳細法
原位置試験	ボーリング調査		F_l, D_{cy}, P_l, 不合格率	土質区分　液状化判定（F_l計算, D_{cy}, P_l）		
	標準貫入試験	杭間		損傷限界　全点 $F_l>1.0$　　終局限界　全点 $F_l>1.0$	損傷限界　全点 $F_l>1.0$　　終局限界　$D_{cy}\leq5\sim10$cm, $P_l\leq5\sim10$	損傷限界　不合格率　≦10%（上限値の目安）
室内土質試験	土粒子の密度試験					
	含水比試験					
	粒度試験					
	細粒分含有率試験					
追加試験	PS検層（杭間）		液状化解析	—	—	損傷限界・終局限界　有効応力解析　FEM解析
	乱さない試料採取					
	液状化試験					
	動的変形試験					

図8.3.1　改良後の実測N値と設計N値の関係[8.3.1)]

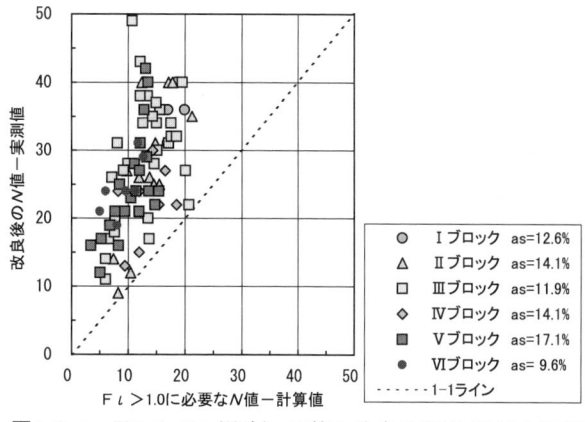

図8.3.2　$F_l>1.0$に必要なN値と改良後実測N値の関係

を持ち，0.75～3.0倍程度を示している．この事例において，締固め度合いの確認として，目標とする設計 N 値を指標とした場合の不合格率は約19%となる．一方，この締固め改良の目的である液状化の防止の良否確認において，N 値の比較の観点から $F_L>1.0$ に必要な N 値と改良後の実測 N 値との関係をまとめ図8.3.2に示した．$F_L>1.0$ に必要な各深度の N 値に対して全てそれ以上の実測 N を示しており，不合格率は0%となる．これは，締固めの度合いにはある程度のばらつきが生じるものの，その改良目的における品質においては要求性能を十分に満たす結果が得られている例である．要求品質に不合格率を考慮した設計は，許容される範囲内の不合格率を指標として管理されるものであるが，各指標の限界値に対してどの程度の不合格率が許容されるかについては調査データが十分ではなく，今後もデータの収集・検討が必要である．なお，液状化防止対策の性能確認における液状化時の地表面動的変位 D_{cy} や液状化指数 P_L も不合格率を加味した要求性能を示しているものである．

(2) 直接基礎の性能確認

直接基礎における品質管理項目と検査指標を表8.3.2に示す．

a．直接基礎の支持力の性能確認

①簡便法：実測した締固め杭間 N 値が設計 N 値以上であることをもって，要求性能以上の支持力であることを確認する．または，杭間 N 値から締固め杭間地盤の支持力を計算し各限界支持力が要求性能以上であることを確認する．

②推奨法：実測した締固め杭間の N 値と過去の実績（改良率をパラメータとした原地盤 N 値～杭心 N 値の関係）より推定した杭心 N 値を用いて，杭間地盤と杭心地盤の内部摩擦角を推定し，改良面積比から複合地盤として各限界状態に対応する支持力を計算する．各限界支持力が要求性能以上であることを確認する．

③詳細法：実測した締固め杭間 N 値と杭心 N 値を用いて，おのおのの内部摩擦角を推定し各限界状態に対応する支持力を推奨法と同様に複合地盤として計算する．各限界支持力が要求性能以上であることを確認する．また，杭間と杭心で平板載荷試験を行い，荷重～沈下量関係から各限界状態に対応する支持力を求めて，各限界支持力が要求性能以上の支持力であることを確認してもよい．

b．直接基礎の沈下量の性能確認

①簡便法：実測した締固め杭間の N 値が設計 N 値以上であることをもって，沈下量が限界沈下量以下であることを確認する．または，杭間 N 値から杭間地盤の沈下量を計算し各限界沈下量が要求性能以上であることを確認する．

②推奨法：実測した締固め杭間 N 値と改良率から推定した杭心 N 値を用いて，杭間地盤と杭心地盤の変形係数を推定し，Steinbrenner の近似解を用いて複合地盤とし基礎の沈下計算を行う．沈下量が各限界沈下量以下であることを確認する．また，沈下の影響範囲が改良層に留まる場合には，5.4節に示した複合地盤としての沈下予測式（双曲線近似式）を適用して沈下量を計算し，沈下量が各限界沈下量以下であることを確認する．ここで，杭間地盤の極限支持力度は実測した杭間 N 値より算定し，杭心地盤の荷重～沈下量関係の初期接線勾配には提案値を用

表8.3.2 直接基礎における品質管理項目と検査指標

a) 直接基礎の支持力の増加

調査・試験方法			品質管理項目	改良地盤の検査指標		
				簡便法	推奨法	詳細法
原位置試験	標準貫入試験	杭間	設計 N 値	杭間 N 値 >設計 N 値	—	—
		杭間	各限界状態支持力（杭間地盤の内部摩擦角）	杭間支持力 >各限界支持力	複合地盤の支持力（杭心支持力は推定） >各限界支持力	複合地盤の支持力 >各限界支持力
		杭心	各限界状態支持力（杭心地盤の内部摩擦角）	—	—	
	平板載荷試験	杭間	各限界状態支持力（杭間・杭心地盤の荷重～沈下量関係）	—	—	複合地盤の支持力 >各限界支持力
		杭心				

[注] 調査・試験方法にはボーリング調査（削孔径 ϕ66mm 以上）を含む．

b) 直接基礎の沈下量の低減

調査・試験方法			品質管理項目	改良地盤の検査指標		
				簡便法	推奨法	詳細法
原位置試験	標準貫入試験	杭間	設計 N 値	杭間 N 値 >設計 N 値	—	—
		杭間	各限界状態沈下量（杭間地盤の変形係数）	杭間沈下量 <各限界沈下量	複合地盤の沈下量（杭心沈下量は推定） <各限界沈下量	複合地盤の沈下量 <各限界沈下量
		杭心	各限界状態沈下量（杭心地盤の変形係数）	—	—	
		杭間	各限界状態沈下量（杭間地盤の極限支持力，杭心の初期勾配は推定）	—	複合地盤の沈下量（双曲線近似） <各限界沈下量	—
	PS検層	杭間	各限界状態沈下量（杭間・杭心地盤の変形係数）	—	—	複合地盤の沈下量 <各限界沈下量
		杭心				
	平板載荷試験	杭間	各限界状態沈下量（杭間・杭心地盤の荷重～沈下量関係）	—	—	複合地盤の沈下量 <各限界沈下量
		杭心				

いて計算する．

③詳細法：実測した締固め杭間 N 値と締固め杭心 N 値を用いて，杭間地盤と杭心地盤の変形係数を推定し，Steinbrenner の近似解を用いて複合地盤とし基礎の沈下計算を行う．沈下量が各限界沈下量以下であることを確認する．または，平板載荷試験を締固め杭間と杭心で行い，杭間地盤と杭心地盤の荷重～沈下量関係から求めた複合地盤の極限支持力度と杭心の初期接線勾配を求め，これを複合地盤としての沈下予測式（双曲線近似式）に代入して沈下量を計算し，

沈下量が限界沈下量以下であることを確認する．なお，PS検層により地盤の微小ひずみレベルでの変形係数を求め，この値を利用して5.4節に示したように，Steinbrennerの近似解を用いて複合地盤とし基礎の沈下計算を行い，沈下量が限界沈下量以下であることを確認してもよい．

(3) 杭基礎の性能確認

杭基礎における品質管理項目と検査指標を表8.3.3に示す．

表8.3.3 杭基礎における品質管理項目と検査指標

a) 杭基礎の鉛直支持力

調査・試験方法			品質管理項目	改良地盤の検査指標		
				簡便法	推奨法	詳細法
原位置試験	標準貫入試験	杭間	設計 N 値	杭間 N 値 $>$ 設計 N 値	—	—
			杭基礎の極限鉛直支持力（N 値を用いた支持力公式）	—	杭の各限界値支持力 $>$ 各限界支持力	—
	杭の鉛直載荷試験		杭基礎の極限鉛直支持力	—	—	杭の各限界値支持力 $>$ 各限界支持力

b) 杭基礎の引抜き抵抗力

調査・試験方法			品質管理項目	改良地盤の検査指標		
				簡便法	推奨法	詳細法
原位置試験	標準貫入試験	杭間	設計 N 値	杭間 N 値 $>$ 設計 N 値	—	—
			杭基礎の極限引抜き抵抗力（N 値を用いた支持力公式）	—	杭の各限界値の引抜き抵抗力 $>$ 各限界抵抗力	—
	杭の引抜き試験		杭基礎の極限引抜き抵抗力	—	—	杭の各限界値引抜き抵抗力 $>$ 各限界抵抗力

c) 杭基礎の水平抵抗力

調査・試験方法			品質管理項目	改良地盤の検査指標		
				簡便法	推奨法	詳細法
原位置試験	標準貫入試験	杭間	設計 N 値	杭間 N 値 $>$ 設計 N 値	—	—
			杭基礎の応力・変形量（N 値による水平地盤反力係数）	—	水平地盤反力係数 $>$ 要求性能	—
	孔内水平載荷試験	杭間	変形係数 E_s	—	—	水平地盤反力係数 $>$ 要求性能
	杭の水平載荷試験		杭の応力・変形量	—	—	杭の応力・変形量 $>$ 要求性能

a．鉛直支持力の性能確認

①簡便法：実測した締固め杭間の N 値が設計 N 値以上であることをもって，要求性能以上の鉛直支持力であることを確認する．

②推奨法：実測した締固め杭間の N 値を用いて杭の極限鉛直支持力を計算し，各限界状態に対応する限界支持力が要求性能以上であることを確認する．

③詳細法：杭の鉛直載荷試験による先端支持力や周面摩擦力から杭の極限鉛直支持力を求め，各限界状態に対応する限界支持力が要求性能以上であることを確認する．

　b．杭基礎の引抜き抵抗力の性能確認

①簡便法：実測した締固め杭間の N 値が設計 N 値以上であることをもって，要求性能以上の引抜き抵抗力であることを確認する．

②推奨法：実測した締固め杭間の N 値を用いて杭の極限引抜き抵抗力を計算し，各限界状態に対応する限界引抜き抵抗力が要求性能以上であることを確認する．

③詳細法：杭の引抜き試験による周面摩擦力の確認により杭の極限引抜き抵抗力を求め，各限界状態に対応する限界引抜き抵抗力が要求性能以上であることを確認する．

　c．水平抵抗力の性能確認

①簡便法：実測した締固め杭間の N 値が設計 N 値以上であることをもって，要求性能以上の水平抵抗力であることを確認する．

②推奨法：実測した締固め杭間の N 値から推定した水平地盤反力係数を用い，各限界状態に対応する杭の応力・変形量を計算し，杭の応力・変形量が限界値以下であることを確認する．

③詳細法：締固め杭間のボーリング孔で実施する孔内水平載荷試験から地盤の変形係数を求めた後，この値を用いて各限界状態に対応する杭の応力・変形量を計算して杭の応力・変形量が限界値以下であることを確認する．または，杭の水平載荷試験より杭の応力・変形量を直接求め，杭の応力・変形量が限界値以下であることを確認する．

　2．目標性能を下回った場合の対応

前節で示した①から③の手法で品質管理を行った結果，改良地盤の性能が要求性能を下回る可能性は残されている．事後の地盤調査で実測したすべてのポイントで要求性能を下回る可能性は無いと思われるが，細粒分含有率が高く不均質な埋立て地盤などでは，事前に十分な地盤調査や試験施工，厳密な施工管理を行っても局部的に要求性能を下回る可能性は否定できない．このような場合には，追加の地盤調査や詳細検討による性能確認，あるいは基礎の設計変更，地盤改良の追加など要求性能を確保するための適切な対策を施す必要がある．

(1) 液状化の防止を対象とした改良への対応

液状化の防止を対象とした地盤改良において目標性能を下回る結果が生じた場合，以下のⅰ)からⅳ)の手順に従って適切な対応を行う．なお，改良地盤の性能が要求性能を下回る範囲が広範囲にわたる場合には，ⅲ)，ⅳ)を採用することになろう．

　ⅰ) 地盤調査の追加実施による詳細法の適用

　　　損傷・終局限界状態に対して，不合格率を考慮した品質管理が可能となるような数量の標準

貫入試験（粒度試験）を追加実施して F_L 値による液状化判定を行い，追加データを含めた不合格率が許容範囲内に収まることを確認する．

ⅱ）改良地盤の詳細な地盤調査に基づいた液状化判定

改良地盤の液状化判定を詳細な F_L 法（全応力解析）や有効応力解析，または二次元 FEM 解析などを行って液状化の程度を求め，要求性能との比較検討により安全性を確認する．このための詳細な地盤調査として，PS 検層や乱さない試料を用いた室内液状化試験・動的変形試験などを実施する．

ⅲ）建築物の基礎構造の設計変更

建築物の基礎構造を，部分的な液状化が許容できるような基礎形状や基礎形式に変更する．

ⅳ）地盤改良の追加実施

基礎の設計変更が不可能な場合には，地盤改良を追加実施する．

(2) 直接基礎の支持力増加・沈下量の低減を対象とした改良への対応

直接基礎の支持力増加・沈下量の低減を対象とした地盤改良において目標性能を下回る結果が生じた場合，以下のⅰ)からⅳ)の手順に従って適切な対応を行う．

a．支持力の増加

ⅰ）締固め杭心における標準貫入試験の追加実施による詳細法の適用

締固め杭心での標準貫入試験を追加実施し，締固め杭の内部摩擦角を求め，詳細法を適用して複合地盤として各限界状態に対応する支持力が要求性能以上であることを確認する．

ⅱ）平板載荷試験実施による詳細法の適用

締固め杭間および杭心で平板載荷試験を実施し，荷重～沈下関係から複合地盤として各限界状態に対応する支持力が要求性能以上であることを確認する．

ⅲ）建築物の基礎構造の設計変更

基礎の形式あるいは根入れ長さを変更し，各限界状態に対する支持力を確保する．

ⅳ）地盤改良の追加実施

基礎の設計変更が不可能な場合には，地盤改良を追加実施する．

b．沈下量の低減

ⅰ）締固め杭心における標準貫入試験の追加実施による詳細法の適用

締固め杭心で標準貫入試験を追加実施し，締固め杭の変形係数を求めて詳細法を適用する．すなわち，Steinbrenner の近似解を用いた複合地盤とし基礎の沈下計算を行い，沈下量が限界沈下量以下であることを確認する．

ⅱ）締固め杭間・杭心における平板載荷試験・PS 検層等の実施による詳細法の適用

締固め杭間・杭心で平板載荷試験および PS 検層が実施されていない場合には，これらの試験を実施して複合地盤としての双曲線近似による沈下計算を行い，限界沈下量以下の沈下量であることを確認する．または，PS 検層による変形係数から Steinbrenner の近似解を用いて複合地盤として基礎の沈下計算を行い，沈下量が限界沈下量以下であることを確認する．

ⅲ）建築物の基礎構造の設計変更

基礎の形状や根入れ深さ，あるいは基礎梁の剛性を変更し，限界沈下量以下の変形性能を確保する．

　iv）地盤改良の追加実施

　　基礎の設計変更が不可能な場合には，地盤改良を追加実施する．

(3) 杭基礎の鉛直支持力・引抜き抵抗力・水平抵抗力の増加を対象とした改良への対応

　杭基礎の鉛直支持力や引抜き抵抗力の増加，ならびに水平抵抗力の増加を目的とした地盤改良において，目標性能を下回る結果が生じた場合，以下のi)からiii)の手順に従って適切な対応を行う．なお，鉛直支持力と引抜き抵抗力の詳細確認におけるi)とii)の順序は，おのおのの建築物における設計の進行状態により異なることが想定されるため，その順位は付けないものとする．

　a．鉛直支持力の増加

　i）杭の鉛直載荷試験の実施

　　改良地盤において杭の鉛直載荷試験を実施して支持力を求め，要求性能以上の鉛直支持力であることを確認する．

　ii）杭基礎の設計変更

　　杭径あるいは杭長を変更し，各限界状態に対応する鉛直支持力を確保する．

　iii）地盤改良の追加実施

　　杭基礎の設計変更が不可能な場合には，地盤改良を追加実施する．

　b．引抜き抵抗力の増加

　i）杭の引抜き試験の実施

　　改良地盤において杭の引抜き試験を実施して引抜き抵抗力を求め，要求性能以上の引抜き抵抗力であることを確認する．

　ii）杭基礎の設計変更

　　杭径あるいは杭長を変更し，各限界状態に対応する引抜き抵抗力を確保する．

　iii）地盤改良の追加実施

　　杭基礎の設計変更が不可能な場合には，地盤改良を追加実施する．

　c．水平抵抗力の増加

　i）孔内水平載荷試験の実施による詳細法の適用

　　締固め杭間でボーリング孔を用いた孔内水平載荷試験を実施して地盤の変形係数を求め，各限界状態に対応する杭の応力・変形量を計算する．この杭の応力・変形量が限界値以下であることを確認する．

　ii）杭の水平載荷試験の実施

　　改良地盤において杭の水平載荷試験を実施して杭の応力・変形量を直接求め，杭の応力・変形量が限界値以下であることを確認する．

　iii）杭基礎の設計変更

　　杭径，鉄筋量，鋼材量を変更し，各限界状態に対応する水平抵抗力を確保する．

　iv）地盤改良の追加実施

杭基礎の設計変更が不可能な場合には，地盤改良を追加実施する．

3．地盤改良後の地盤調査結果に基づいた基礎の設計

品質管理の目的の一つには8.1節で示したように，直接基礎や杭基礎の設計に必要となる改良地盤の強度・変形特性などの地盤物性値を直接求めることも挙げられる．ただし，工期的な都合やコスト面から改良地盤の地盤定数は，締固め杭間の改良目標 N 値から推定する場合が多い．改良前の地盤調査結果から各要求性能に合わせて算定される設計 N 値がそれにあたる．

締固め杭心の N 値や PS 検層による変形係数，ならびに平板載荷試験による締固め杭間の極限支持力や杭の初期接線勾配などは，現状の施工実績からは精度よく推定できるほどのデータの蓄積に乏しいため，かなりの安全余裕度を見込んだ推定値を適用している．これらを用いて求められる複合地盤としての直接基礎の支持力や沈下量，ならびに改良地盤における杭の水平抵抗力などは，本来は改良後の実測値を用いて設計が行われるべきものである．このため，設計時に設定した目標 N 値あるいはその N 値より推定した地盤定数に代わって実測した N 値や地盤定数を用いることができる場合には，当然のことながらより信頼性の高い経済的な設計が可能となる．

試験施工後の地盤調査データの採用も合わせて，地盤改良後の地盤調査結果に基づいた設計が可能な場合には，積極的な活用が推奨される．

参 考 文 献

8.3.1) 駒崎俊治・笹尾 光・吉田 正：締固め改良地盤におけるばらつきの評価，シンポジウム資料 建築基礎のための地盤改良設計指針作成にあたって，pp.41-48，日本建築学会，2003.11

第9章 設 計 例

設計例の概要

「第Ⅱ編 締固め工法編」第1章～第8章の内容を具体的な検討手順を追ってより詳細に解説するための設計例を，第9章に示す．締固め地盤改良工法を適用する場合，改良原理や改良実績から，主に液状化対策として利用されることが多いものと想定される．比較的軽量な搭状比の小さな中低層建物であれば，合理的に直接この締固め改良地盤上に支持できる場合も少なからずあると思われる．また，杭基礎を採用せざるを得ないような地盤・建物条件の場合に対しても，従来はかなり保守的に改良前の原地盤の力学特性を反映させておくに留めていた場合が多かったが，ここではより合理的に改良後の地盤の力学特性を積極的に反映させる考え方の内容を取り上げた．設計例は計3例であり，直接基礎（独立基礎およびべた基礎）2例と杭基礎1例である．設計例の構成は，前半の「1．敷地・建物概要，2．地盤概要，3．基礎構造の計画，4．基礎の目標性能」までの構成を共通とし，後半の個別内容部分は，各設計固有の考え方の説明の分かりやすさを優先した個別の構成とした．各設計例の主な内容を以下に示す．

各設計例の概要

節	地盤概要			建物概要	基礎概要	検討事項
9.1	0～-9m -9m～ 　　　-48m -48m～	細砂（N値2～9） シルト（N値2～6） 砂礫（N値50以上）		地上3階建 延床面積936.0m² 鉄骨造 事務所	直接基礎 （独立基礎）	液状化 鉛直支持力 即時沈下 圧密沈下 滑動抵抗
9.2	0～-15m -15m～ 　　　-57m -57m～	細砂～中砂（N値3～21） 細砂（N値17～49）およびシルト（N値6～19）の互層 砂礫（N値50以上）		地上3階建 延床面積2 721.6m² 鉄筋コンクリート造 公的施設	直接基礎 （べた基礎）	液状化 鉛直支持力 即時沈下 滑動抵抗
9.3	0～-10m -10m～ 　　　-18m 18m～	細砂（N値2～11） シルト（N値2～5） 砂礫（N値50以上）		地上6階建 延床面積2 049.7m² 鉄筋コンクリート造 集合住宅	杭基礎	液状化 鉛直支持力 水平抵抗力

9.1節　直接基礎（独立基礎）

1．敷地・建物概要

　　建設場所　　北陸地方

　　用　　途　　事務所

　　敷地面積　　1 305m²

建築面積　　　312m²
延床面積　　　936m²
階　　数　　　地上3階・地下無
高　　さ　　　11.4m
構造種別　　　鉄骨造
構造形式　　　上部構造　鉄骨造
　　　　　　　基礎構造　直接基礎（独立フーチング基礎）
　　　　　　　地盤改良　締固め工法

　配置図およびボーリング位置，平面図，および断面図を図9.1.1～図9.1.3にそれぞれ示す．

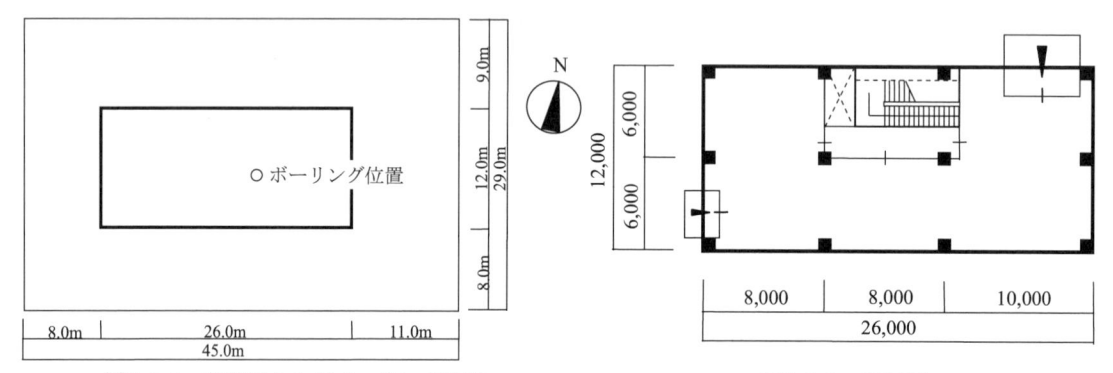

図9.1.1　配置図およびボーリング位置

図9.1.2　平面図

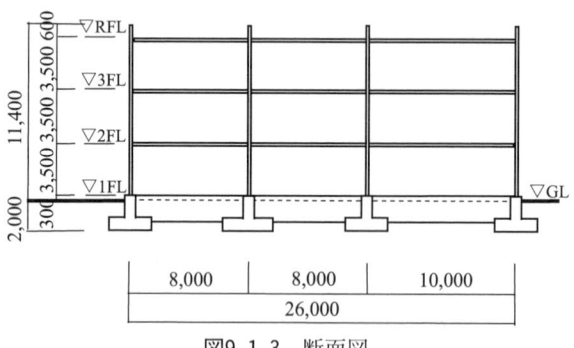

図9.1.3　断面図

2．地盤概要

　当敷地の土質柱状図を図9.1.4に示す．表層から GL－9.5m まで緩い細砂よりなる沖積砂層，GL－47.0m まではやや過圧密状態の沖積粘土層，GL－47.0m 以深に堅硬な砂礫層が堆積し，地下水位は GL－3.0m である．隣接地の既往調査結果による土質柱状図も同様の地層構成であり，ほぼ成層地盤とみなせる．表9.1.1に GL－42.0m までの土質試験結果を示す．

図9.1.4 土質柱状図

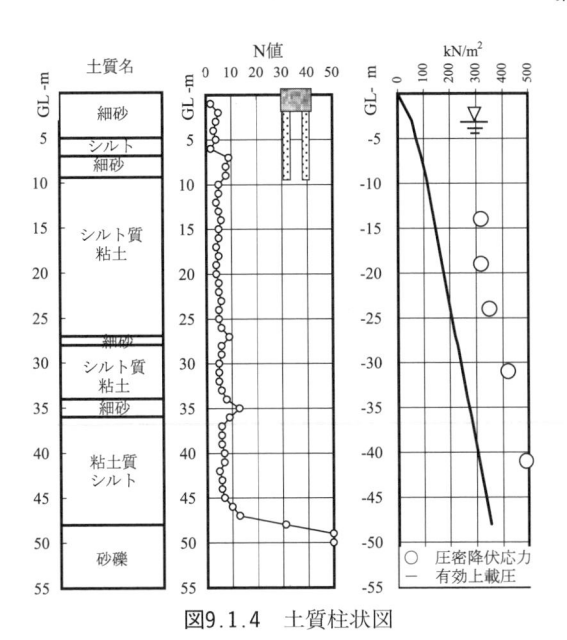

表9.1.1 土質試験結果一覧表

	深度GL-m	2.1 -3.1	4.1 -5.1	5.6 -6.6	8.1 -9.1	13.5 -14.5	18.5 -19.5	23.5 -24.5	30.5 -31.5	40.5 -41.5
粒度分布	礫分（2mm以上） %	0.0	0.0	0.0	0.0	0.0	0.0	0.0	0.0	0.0
	砂分（75μm〜2mm） %	87.9	84.9	45.5	85.7	1.5	2.2	8.3	6.7	4.3
	シルト分（5μm〜75μm） %	8.2	6.1	48.3	10.3	52.3	55.7	53.4	46.3	49.5
	粘土分（5μm未満） %	3.9	3.0	6.2	4.0	46.2	42.1	38.3	47.0	46.2
	最大粒径 mm	1.83	0.82	0.49	1.73	0.85	0.91	0.84	0.89	0.95
土粒子密度 ρ_s t/m³		2.70	2.71	2.70	2.72	2.72	2.72	2.72	2.72	2.72
湿潤単位体積重量 γ_t kN/m³		18	18	17	18	16	16	16	17	17
力学試験結果	一軸圧縮強さ q_u kN/m²	—	—	—	—	90	105	100	120	150
	圧密降伏応力 p_c kN/m²	—	—	—	—	320	320	350	420	490
	初期間隙比 e_0	—	—	—	—	1.382	1.401	1.375	1.227	1.209
	圧縮指数 C_c	—	—	—	—	1.14	1.01	0.93	0.71	0.62

3．基礎構造の計画

(1) 設計方針

　GL－47.0m以深に堆積する砂礫層を支持層とする支持杭基礎形式を採用する選択肢もあったが，地上3階建ての事務所を支持する基礎としては，やや過剰設計の感を免れない．さらに，表層の沖積砂層は地震動時に液状化する可能性が高いため，支持杭基礎を採用した場合であっても，別途液状化を防止するための地盤改良費用，もしくは液状化を許容して杭基礎を補強する費用が加算される．

沖積砂層下に堆積する粘土層は沖積層ではあるものの，ある程度の過圧密状態にあるため，建物建設後に粘土内に発生する有効応力が圧密降伏応力を越えないことを確認できれば，大きな圧密沈下発生の懸念も無い．建物全体の平均接地圧は47kN/m²程度であり，また建物の搭状比も小さく地震動時変動軸力が小さいため，沖積砂層の液状化対策として地盤改良を行い，同時にこの改良地盤上に直接基礎で支持できる可能性が高いと判断した．ここでは，地盤改良工法として締固め砂杭工法を採用して，液状化対策効果とともに，改良地盤に支持力向上・沈下抑制効果を期待して，締固め改良地盤上に直接基礎で支持させる設計方針とした．以降，締固め改良地盤の設計，改良地盤の液状化判定，改良範囲の設定，改良地盤上の直接基礎の支持力・沈下・滑動の検討内容を順次示す．なお，これらの検討法では全て本編に示す「推奨法」を選択した．

(2) 液状化の判定

GL−9.5mまでの砂層の液状化判定結果を，表9.1.2および表9.1.3に示す．ここで，地表面の設計用水平加速度は損傷限界検討用（中地震動時）として200cm/s²，終局限界検討用（大地震動時）として350cm/s²とし，地震のマグニチュードはともに7.5，設計用地下水位はGL−3.0mとした．液状化時の地表面動的変位 D_{cy} および液状化指数 P_l を，表9.1.2および表9.1.3に併記する．

シルト層を除く地下水位以深の細砂層および砂層の液状化安全率 F_l は，終局限界状態で全深度1.0以下となり，損傷限界でも1.0以下ないしは1.0に近い値となり，液状化の可能性が高いと判断した．

(3) 液状化対策としての地盤改良の検討

施工実績が豊富であること，地震経験による改良効果が認識されていること，低騒音・低振動で施工が可能であることから，静的締固め杭工法を採用した．

表9.1.2 損傷限界状態における原地盤の液状化判定結果

GL −m	N値	細粒分含有率 F_c %	全応力 σ_z kN/m²	有効応力 σ_z' kN/m²	補正N値 N_a	液状化抵抗比 τ_l/σ_z'	繰返しせん断応力比 τ_d/σ_z'	液状化安全率 F_l	各深度動的変位 $\varDelta D_{cy}$ cm	各深度液状化指数 $\varDelta P_l$
3.1	4	12.1	55.8	53.8	11.8	0.142	0.131	1.09	—	—
4.1	3	9.1	73.8	62.0	8.7	0.121	0.148	0.82	2.74	1.45
5.1	4	9.1	91.8	70.2	9.6	0.128	0.160	0.80	2.43	1.51
6.1	2	54.5	109.3	77.9	13.7	—	—	—	—	—
7.1	9	14.3	126.8	85.6	16.5	0.181	0.176	1.03	—	—
8.1	8	14.3	144.8	93.8	15.0	0.166	0.180	0.93	0.80	0.44
9.1	8	14.3	162.8	102.0	14.7	0.164	0.183	0.89	0.80	0.57
									液状化時の地表面動的変位 D_{cy} cm 6.8	液状化指数 P_l 4.0

表9.1.3 終局限界状態における原地盤の液状化判定結果

GL −m	N値	細粒分含有率 F_c %	全応力 σ_z kN/m²	有効応力 σ_z' kN/m²	補正 N 値 N_a	液状化抵抗比 τ_l/σ_z'	繰返しせん断応力比 τ_d/σ_z'	液状化安全率 F_l	各深度動的変位 ΔD_{cy} cm	各深度液状化指数 ΔP_l
3.1	4	12.1	55.8	53.8	11.8	0.142	0.229	0.62	2.39	3.20
4.1	3	9.1	73.8	62.0	8.7	0.121	0.259	0.47	3.78	4.23
5.1	4	9.1	91.8	70.2	9.6	0.128	0.280	0.46	3.47	4.05
6.1	2	54.5	109.3	77.9	13.7	—	—	—		
7.1	9	14.3	126.8	85.6	16.5	0.181	0.307	0.59	1.50	2.66
8.1	8	14.3	144.8	93.8	15.0	0.166	0.315	0.53	1.79	2.80
9.1	8	14.3	162.8	102.0	14.7	0.164	0.320	0.51	1.80	2.66
									液状化時の地表面水平変位 D_{cy} cm	液状化指数 P_l
									14.7	19.6

a．改 良 深 度

表9.1.2および表9.1.3に示した液状化安全率の深度分布に基づき，液状化の可能性が高いと判断されるGL−9.5mまでを改良深度とした．

b．改 良 範 囲

平面的な改良範囲は，本編の表5.1.1の推奨法の値を参考にして，建物外周から改良層厚の1/2の範囲とした．

c．改良目標 N 値

損傷限界状態では全深度液状化させないことを改良目標とした．べた基礎を採用する場合であれば，終局限界状態で若干の液状化を許容する設計も考えられるが，ここでは独立基礎を採用予定のため，基礎幅の2倍までの影響深度範囲内は，たとえ終局限界状態であっても全深度液状化させない方針とした．本地盤・基礎条件では影響深度範囲がほぼ改良層深度範囲と一致するため，結果的に終局限界状態も全深度で液状化させないことを改良目標とした．

各深度の終局限界状態における液状化安全率 F_l が1.0を上回る改良地盤の N 値，すなわち「改良後必要 N 値 N_l^*」の逆算結果を表9.1.4に示す．なお，液状化抵抗比の割増係数 C は1.2とした．

d．締固め杭の設計

本編の図4.2.1に示される改良仕様の算定フロー，および図4.4.3の方法Dによる改良率算定法に準じて設計した．GL−5.1mの深度を例にとり，具体的な設計手順を以下に示す．

① 細粒分含有率 F_c より，最大間隙比 e_{max}・最小間隙比・e_{min} をそれぞれ求める．

$e_{max}=0.02F_c+1.0=0.02\times9.1+1.0=1.182$

$e_{min}=0.008F_c+0.6=0.008\times9.1+0.6=0.673$

② F_c による補正 N 値増分 ΔN_f を求める．

表9.1.4 締固め杭の改良率

GL $-m$	原地盤 N値 N_0	細粒分含有率 F_c%	最大間隙比 e_{max}	最小間隙比 e_{min}	原地盤相対密度 D_{r0} %	原地盤間隙比 e_0	有効応力 σ_z'kN/m²	補正N値増分 ΔN_f	有効締め係数 R_c	改良後必要N値 N_1^*	改良後相対密度 D_{r1} %	改良後間隙比 e_1	改良後改良率 a_s^*	設計改良率 a_s	改良後目標N値 N_1
3.1	4	12.1	1.242	0.697	55.5	0.940	53.8	6.42	0.552	8	67.0	0.877	0.059	0.107	11
4.1	3	9.1	1.182	0.673	47.6	0.939	62.0	4.92	0.609	12	72.4	0.813	0.107	0.107	12
5.1	4	9.1	1.182	0.673	50.2	0.926	70.2	4.92	0.609	13	73.0	0.810	0.099	0.107	13
6.1	2	54.5	—	—	—	—	—	—	—	—	—	—	—	—	—
7.1	9	14.3	1.286	0.714	65.6	0.911	85.6	6.86	0.519	13	73.7	0.865	0.046	0.107	18
8.1	8	14.3	1.286	0.714	62.5	0.929	93.8	6.86	0.519	14	74.2	0.862	0.067	0.107	18
9.1	8	14.3	1.286	0.714	61.7	0.933	102.0	6.86	0.519	15	74.7	0.859	0.074	0.107	18

$\Delta N_f = 1.2 \times (F_c - 5) = 1.2 \times (9.1 - 5.0) = 4.92$

③ 原地盤 N 値 N_0 および鉛直有効応力 σ_z'(kN/m²) から相対密度 D_{r0} および間隙比 e_0 を求める．

$$D_{r0} = 21 \times \sqrt{\frac{N_0 \times 98.1}{0.7 \times 98.1 + \sigma_z'} + \frac{\Delta N_f}{1.7}} = 21 \times \sqrt{\frac{4 \times 98.1}{0.7 \times 98.1 + 70.2} + \frac{4.9}{1.7}}$$

$$= 21 \times \sqrt{2.8257 + 2.8823} = 50.2 \ (\%)$$

$$e_0 = e_{max} - \frac{D_{r0}}{100}(e_{max} - e_{min}) = 1.182 - \frac{50.2}{100} \times (1.182 - 0.673) = 0.926$$

④ 改良目標 N 値 N_1 に対応する相対密度 D_{r1}，間隙比 e_1 を求める．

$$D_{r1} = 21 \times \sqrt{\frac{N_1 \times 98.1}{0.7 \times 98.1 + \sigma_z'} + \frac{\Delta N_f}{1.7}} = 21 \times \sqrt{\frac{13 \times 98.1}{0.7 \times 98.1 + 70.2} + \frac{4.92}{1.7}}$$

$$= 21 \times \sqrt{9.18341 + 2.89412} = 73.0 \ (\%)$$

表9.1.5 損傷限界状態における改良地盤の液状化判定結果

GL $-m$	改良地盤 N値 N_1	細粒分含有率 F_c %	全応力 σ_z kN/m²	有効応力 σ_z' kN/m²	補正 N値 N_a	液状化抵抗比 τ_l/σ_z'	割増後液状化抵抗比 $C \times \tau_l/\sigma_z'$	繰返しせん断応力比 τ_d/σ_z'	液状化安全率 F_l
3.1	11	12.1	55.8	53.8	21.3	0.272	0.326	0.131	2.49
4.1	12	9.1	73.8	62.0	20.0	0.237	0.285	0.148	1.92
5.1	13	9.1	91.8	70.2	20.3	0.244	0.293	0.160	1.83
6.1	—	54.5	109.3	77.9	13.7	—	—	—	—
7.1	18	14.3	126.8	85.6	26.1	0.558	0.670	0.176	3.82
8.1	18	14.3	144.8	93.8	25.3	0.482	0.578	0.180	3.21
9.1	18	14.3	162.8	102.0	24.5	0.426	0.511	0.183	2.80

表9.1.6 終局限界状態における改良地盤の液状化判定結果

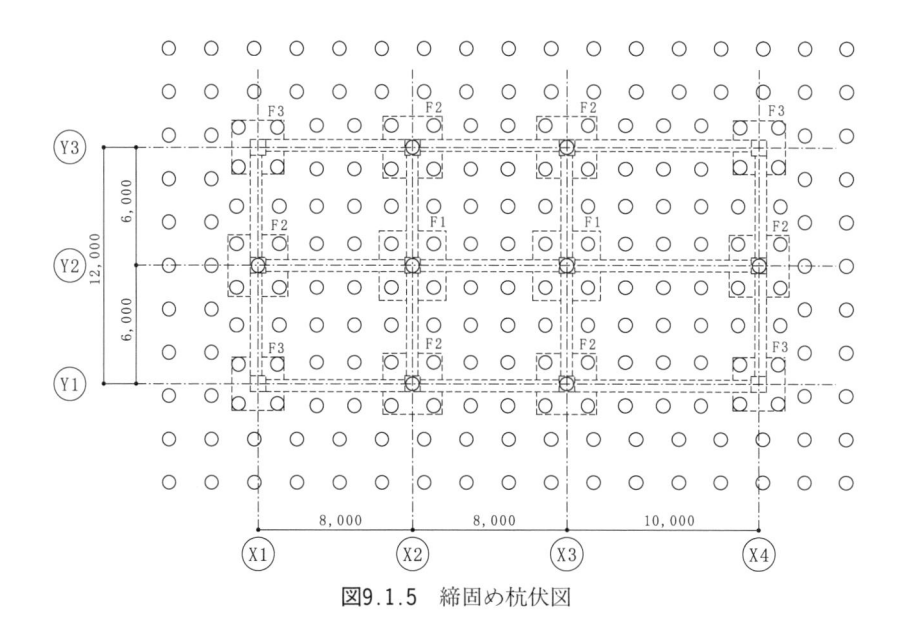

GL −m	改良 地盤 N 値 N_1	細粒分 含有率 F_c %	全応力 σ_z kN/m²	有効応力 σ_z' kN/m²	補正 N 値 N_a	液状化 抵抗比 τ_l/σ_z'	割増後 液状化 抵抗比 $C \times \tau_l/\sigma_z'$	繰返し せん断 応力比 τ_d/σ_z'	液状化 安全率 F_l
3.1	11	12.1	55.8	53.8	21.3	0.272	0.326	0.229	1.42
4.1	12	9.1	73.8	62.0	20.0	0.237	0.285	0.259	1.10
5.1	13	9.1	91.8	70.2	20.3	0.244	0.293	0.280	1.04
6.1	−	54.5	109.3	77.9	13.7	−	−	−	−
7.1	18	14.3	126.8	85.6	26.1	0.558	0.670	0.307	2.18
8.1	18	14.3	144.8	93.8	25.3	0.482	0.578	0.315	1.84
9.1	18	14.3	162.8	102.0	24.5	0.426	0.511	0.320	1.60

図9.1.5 締固め杭伏図

$$e_1 = e_{\max} - \frac{D_{r1}}{100}(e_{\max} - e_{\min}) = 1.182 - \frac{73.0}{100} \times (1.182 - 0.673) = 0.810$$

⑤ 有効締固め係数 R_c を算定する．

$$R_c = 1.05 - 0.46 \times \log F_c = 1.05 - 0.46 \times \log 9.1 = 0.609$$

⑥ 改良率 a_s を算定する．

$$a_s = \frac{e_0 - e_1}{R_c(1+e_0)} = \frac{0.926 - 0.810}{0.609(1+0.926)} = 0.099$$

以上の①〜⑥の計算を，他の深度点についても同様に行う．計算結果をまとめて表9.1.4に示す．表9.1.4に示す必要改良率 a_s^* の最大値0.107を設計改良率 a_s とした．

改良ピッチ X は，直径 ϕ700mm の締固め杭を正方形に配置するとして，締固め杭断面積 A_s と改

良率 a_s より下式から得られる．

$$X=\sqrt{\frac{A_s}{a_s}}=\sqrt{\frac{0.385}{0.107}}=1.9 \text{ (m)}$$

以上の締固め杭の仕様で全深度改良した場合の損傷限界状態および終局限界状態の改良地盤の液状化判定結果を表9.1.5および表9.1.6に示し，締固め杭伏図を図9.1.5に示す．

4．基礎の目標性能
(1) 地盤の鉛直支持力に関する目標性能

基礎に作用する水平力の影響を考慮して，改良地盤の各限界状態の支持力を推奨法により算定し，各鉛直支持力が表9.1.7に示す目標性能を満足することを確認した．地震動時水平力の影響のうち，建物に作用する転倒モーメントは基礎梁で処理されると考え，荷重の傾斜の影響のみを考慮した．

(2) 沈下に関する目標性能

使用限界状態および損傷限界状態において，表9.1.8に示す目標性能を満足すること

表9.1.7 改良地盤の鉛直支持力に関する目標性能

限界状態	目 標 性 能
終局限界状態	・基礎の接地圧が改良地盤の極限支持力度を超えない． ・改良地盤下端の接地圧が下部粘性土の極限支持力度を超えない．
損傷限界状態	・基礎の接地圧が改良地盤の極限支持力度の2／3を超えない． ・改良地盤下端の接地圧が下部粘性土の極限支持力度の2／3を超えない．
使用限界状態	・基礎の接地圧が改良地盤の極限支持力度の1／3を超えない． ・改良地盤下端の接地圧が下部粘性土の極限支持力度の1／3を超えない

表9.1.8 基礎の沈下量に関する目標性能

限界状態	目 標 性 能
損傷限界状態	基礎間の変形角を3.0×10^{-3}以内に留める
使用限界状態	基礎間の変形角を1.5×10^{-3}以内に留める

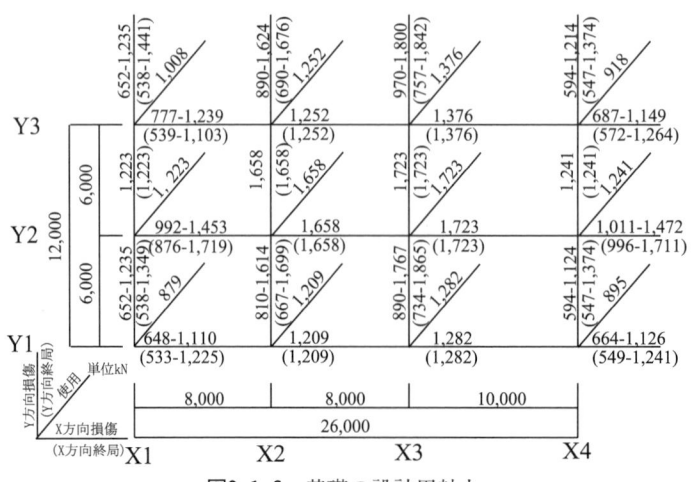

図9.1.6 基礎の設計用軸力

ととした.

(3) 滑動に関する目標性能

損傷限界状態および終局限界状態において，水平力が基礎底面と改良地盤間の極限摩擦力を越えないことを確認することとした.

5．設計用軸力・水平力

使用限界状態，損傷限界状態および終局限界状態における基礎の設計用軸力を図9.1.6に示す．基礎底面に作用する地震動時水平力は，上部構造に作用する地震動時水平力と基礎構造に作用する水平力の和とした．算定に関わる諸係数および算定結果を表9.1.9にまとめて示す.

表9.1.9 基礎に作用する地震動時水平力

	損傷限界状態	終局限界状態	
		X方向	Y方向
上部構造重量 W_B	8 424kN $(=9kN/m^2/F \times 3F \times A m^2)$		
基礎構造重量 W_F	6 240kN $(=20kN/m^2 \times A m^2)$		
上部構造に作用する地震時水平力	1 685kN $(=z \times R_t \times C_0 \times W_B)$	2 527kN $(=W_B \times D_{SX})$	3 791kN $(=W_B \times D_{SY})$
基礎構造に作用する地震時水平力	624kN $(=W_F \times k_{h1})$	1 248kN $(=W_F \times k_{h2})$	
基礎に作用する地震時水平力	2 309kN	3 775kN	5 039kN

A：建築面積（312m²＝26m×12m）
C_0：地震層せん断力係数（＝0.2）
R_t：振動特性係数（＝1.0）
z：地域係数（＝1.0）
D_{SX}, D_{SY}：構造特性係数（$D_{SX}=0.30, D_{SY}=0.45$）
k_{h1}, k_{h2}：地下震度（$k_{h1}=0.1, k_{h2}=0.2$）

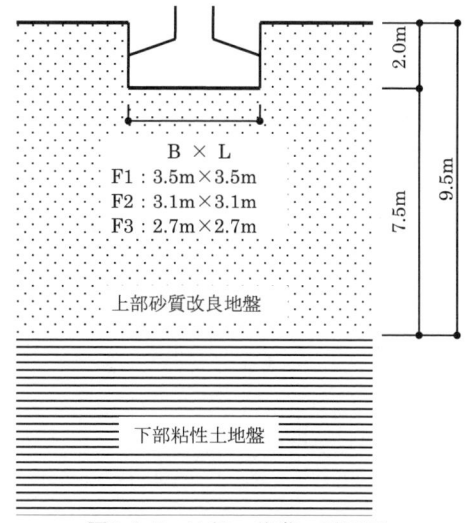

図9.1.7 地盤・基礎の断面図

B×L
F1：3.5m×3.5m
F2：3.1m×3.1m
F3：2.7m×2.7m

上部砂質改良地盤

下部粘性土地盤

6. 鉛直支持力の検討

基礎底面下の地盤の破壊時のすべり面の及ぶ深度範囲は，おおむね基礎底面から基礎幅の2倍程度の深度までである．本地盤構成は，上部が締固め工法による砂質改良地盤，下部が粘土地盤から成る二層地盤であるものの，図9.1.7に示すように，基礎底面下の砂層改良地盤層厚が基礎幅の2倍以上確保されているため，下部粘土地盤の支持力で基礎の支持力は決まらず，上部砂層改良地盤の支持力で基礎の支持力が決まる．

図9.1.8に示す3種類の寸法の独立基礎を採用した場合の各限界状態の支持力の検討を行った．

(1) 終局限界状態の検討

終局限界状態の支持力の検討を，本編(5.3.1)～(5.3.3)式の支持力算定式を利用して行った．表9.1.10に，支持力計算式中の各種数値，計算結果をまとめて示す．

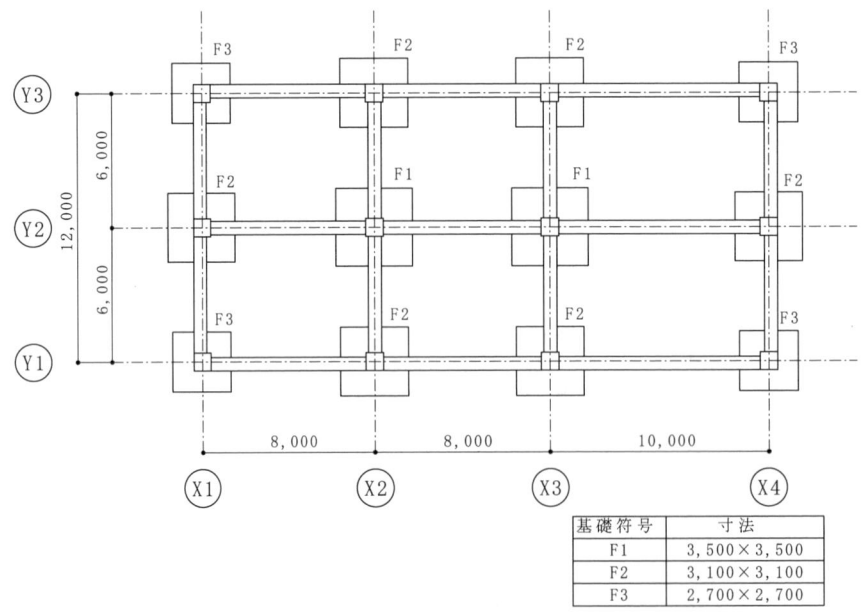

基礎符号	寸法
F1	3,500×3,500
F2	3,100×3,100
F3	2,700×2,700

図9.1.8 基礎伏図

表9.1.10 終局限界状態の支持力の検討結果

フーチング符号	改良率 a_s	杭心荷重傾斜補正係数 $i_{\gamma p}$	基礎の形状係数 β	杭心地盤の単位体積重量 γ_p kN/m³	基礎幅 B m	寸法効果補正係数 η	杭心支持力係数 $N_{\gamma p}$	荷重傾斜補正係数 i_q	根入れ部地盤の単位体積重量 γ_2 kN/m³	根入れ深さ D_f m	杭心支持力係数 N_{qp}	接地面積 A m²	杭間荷重傾斜補正係数 $i_{\gamma 1}$	杭間地盤の単位体積重量 γ_1 kN/m³	杭間支持力係数 $N_{\gamma 1}$	杭間支持力係数 N_{q1}	終局限界支持力 R_{u0} kN		終局限界設計軸力 N_{u0} kN	支持力判定
F1	0.107	0.463	0.30	10	3.5	1.00	22.0	0.784	18	2.0	23.2	12.25	0.417	8	13.5	16.6	6 636	≥	1 720	可
F2	0.107	0.491	0.30	10	3.1	1.00	22.0	0.797	18	2.0	23.2	9.61	0.446	8	13.5	16.6	5 256	≥	1 842	可
F3	0.107	0.384	0.30	10	2.7	1.00	22.0	0.745	18	2.0	23.2	7.29	0.334	8	13.5	16.6	3 629	≥	1 374	可

表9.1.11 損傷限界状態の支持力の検討結果

フーチング符号	改良率 a_s	杭心荷重傾斜補正係数 $i_{\gamma p}$	基礎の形状係数 β	杭心地盤の単位体積重量 γ_p kN/m³	基礎幅 B m	寸法効果補正係数 η	杭心支持力係数 $N_{\gamma p}$	荷重傾斜補正係数 i_q	根入れ部地盤の単位体積重量 γ_2 kN/m³	根入れ深さ D_f m	杭心支持力係数 N_{qp}	接地面積 A m²	杭間荷重傾斜補正係数 $i_{\gamma 1}$	杭間地盤の単位体積重量 γ_1 kN/m³	杭間支持力係数 $N_{\gamma 1}$	杭間支持力係数 N_{q1}	損傷限界支持力 R_s kN	損傷限界設計軸力 N_s kN	支持力判定
F1	0.107	0.645	0.30	10	3.5	1.00	22.0	0.864	18	2.0	23.2	12.25	0.611	8	13.5	16.6	5 028	≧ 1 720	可
F2	0.107	0.659	0.30	10	3.1	1.00	22.0	0.869	18	2.0	23.2	9.61	0.626	8	13.5	16.6	3 920	≧ 1 687	可
F3	0.107	0.528	0.30	10	2.7	1.00	22.0	0.813	18	2.0	23.2	7.29	0.485	8	13.5	16.6	2 695	≧ 1 239	可

表9.1.12 使用限界状態の支持力の検討結果

フーチング符号	改良率 a_s	基礎の形状係数 β	杭心地盤の単位体積重量 γ_p kN/m³	基礎幅 B m	寸法効果補正係数 η	杭心支持力係数 $N_{\gamma p}$	根入れ部地盤の単位体積重量 γ_2 kN/m³	根入れ深さ D_f m	杭心支持力係数 N_{qp}	接地面積 A m²	杭間地盤の単位体積重量 γ_1 kN/m³	杭間支持力係数 $N_{\gamma 1}$	杭間支持力係数 N_{q1}	使用限界支持力 R_L kN	使用限界設計軸力 N_L kN	支持力判定
F1	0.107	0.30	10	3.5	0.66	22.0	18	2.0	23.2	12.25	8	13.5	16.6	2 882	≧ 1 720	可
F2	0.107	0.30	10	3.1	0.69	22.0	18	2.0	23.2	9.61	8	13.5	16.6	2 240	≧ 1 376	可
F3	0.107	0.30	10	2.7	0.72	22.0	18	2.0	23.2	7.29	8	13.5	16.6	1 683	≧ 1 008	可

(2) 損傷限界状態の検討

損傷限界状態の支持力の検討を，本編(5.3.1)～(5.3.3)式の支持力算定式を利用して行った．表9.1.11に，支持力計算式中の各種数値，計算結果をまとめて示す．

(3) 使用限界状態の検討

使用限界状態の支持力の検討を，本編(5.3.1)～(5.3.3)式の支持力算定式を利用して行った．表9.1.12に，支持力計算式中の各種数値，計算結果をまとめて示す．

7．沈下の検討

改良砂地盤下に沖積粘土層が堆積している．この粘土層の圧密降伏応力と有効上載圧の関係を図9.1.4に示す．同図に示すように，粘土は過圧密状態にある．建物荷重が独立基礎下端から下方へ勾配1／2の分散角で改良砂層を伝わり，その結果粘土上面で発生する有効応力は，粘土の圧密降伏応力以内に留まることを確認した．過圧密領域内における圧密沈下量は微小と判断し，ここでの沈下量の検討は，改良砂層の即時沈下量を検討する方針とした．

改良砂地盤上の独立基礎の即時沈下量の計算は，本編5.4節に示される「双曲線近似式による計算方法」および図5.4.13に示す計算フローに準じて行った．計算に用いた諸定数値および計算結果を表9.1.13にまとめて示す．損傷限界状態では例えばX1通りのY1～Y2間のF2～F3基礎間で最大

表9.1.13 基礎の沈下量

		F1	F2	F3
限界状態	初期勾配 K_{ia} kN/m²	25 000	25 000	25 000
	改良率 a_s %	15.7	20.0	21.1
	a_s に応じた低減係数 α	0.9	1.0	1.0
	改良範囲に応じた低減係数 β	1.0	1.0	1.0
	基礎幅 B m	3.5	3.1	2.7
	極限支持力度 q_{fb} kN/m²	515	521	475
損傷	荷重度 q_d kN/m²	140	187	169
	基礎幅に対する沈下量の比 S/B	0.00855	0.01167	0.01049
	沈下量 S mm	29.9	36.2	28.3
使用	荷重度 q_d kN/m²	140	143	138
	基礎幅に対する沈下量の比 S/B	0.00855	0.00788	0.00778
	沈下量 S mm	29.9	24.4	21.0

1.3×10^{-3} の変形角が発生し,使用限界状態では例えば X2通りの Y1~Y2間の F1~F2基礎間で最大 0.9×10^{-3} の変形角が発生する計算結果を得た.いずれの値も表9.1.8に示した目標性能を満足しており,問題ないことを確認した.

8.滑動の検討

滑動抵抗の算定に用いる基礎底面の摩擦係数は,基礎指針を参考に0.5とした.滑動抵抗力の極限値は,建物総重量(14 664kN)に摩擦係数を乗じた値である.設計上,根入れ部分の抵抗力を無視して扱ったとしても,表9.1.9に示す最大地震動時水平力(5 039kN)は,基礎底面下における極限摩擦力(7 332kN)を超えず,滑動抵抗に関しても問題ない.

9.2節 直接基礎(べた基礎)

1.敷地・建物概要

建設場所 東海地方
用 途 公的施設
敷地面積 2 608m²
建築面積 907.2m²
延床面積 2 721.6m²
階 数 地上3階・地下無
高 さ 最高高さ14.9m,軒高14.3m
構造形式 上部構造 鉄筋コンクリート造
 基礎構造 直接基礎(べた基礎)
 地盤改良 締固め工法

図9.2.1　平　面　図

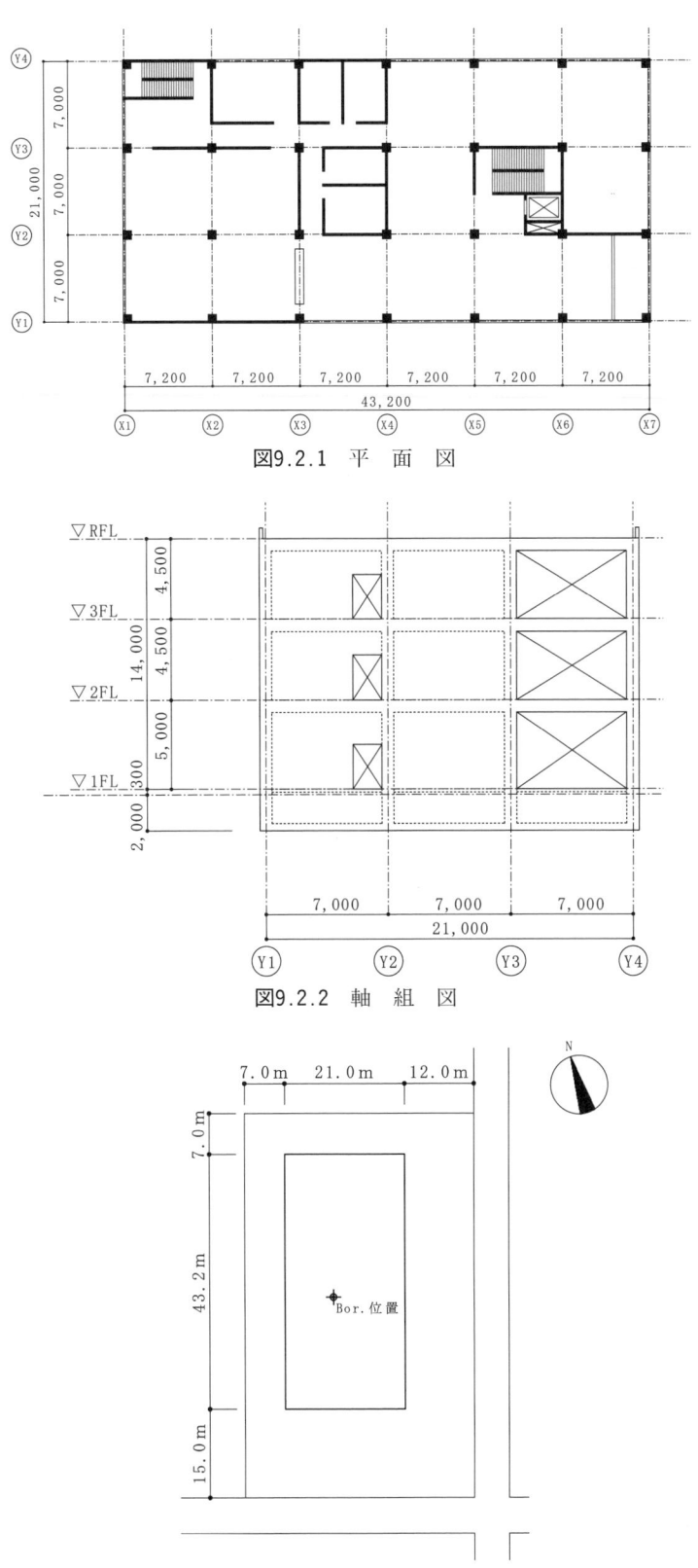

図9.2.2　軸　組　図

図9.2.3　配置図およびボーリング位置

配置図およびボーリング位置，平面図，および軸組図を図9.2.1〜図9.2.3にそれぞれ示す．

2．地盤概要

当敷地の土質柱状図を図9.2.4に示す．表層からGL－12.5mまで比較的緩い細砂，中砂よりなる沖積砂層，GL－12.5〜35.1mまでの洪積砂層，GL－35.1〜57.0mの洪積粘性土層，GL－57.0m以深の砂礫層に区分される．表9.2.1にGL－20mまでの土質試験結果を示す．洪積粘性土層は，十分過圧密であり，圧密沈下の可能性は少ない．

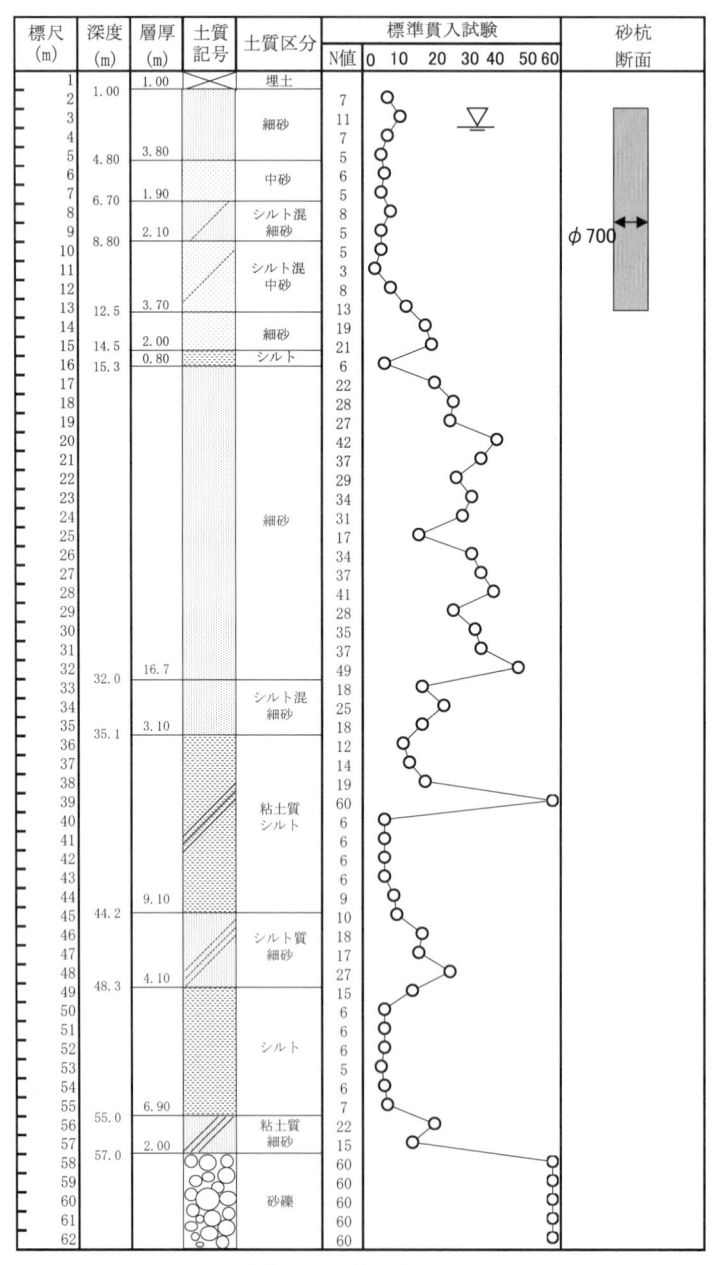

図9.2.4 柱状図

表9.2.1 土質試験結果一覧表

深度 (m)	1.0〜1.3	2.0〜2.3	3.0〜3.3	4.0〜4.3	5.0〜5.3	6.0〜6.3	7.0〜7.3	8.0〜8.3	9.0〜9.3	10.0〜10.3
礫分（2mm以上）　　　％	0	0	0	0	0	0	0	0	0	0
砂分（75μm〜2mm）　％	81	89.5	90.5	89.8	89.5	90.5	86.2	85.8	87.2	77.9
シルト分（5μm〜75μm）％	12.7	8.3	7.2	8.5	8.5	6	10.8	10.5	10.6	12.6
粘土分（5μm未満）　％	6.3	2.2	2.3	1.7	2	3.5	3	3.7	2.2	9.5
最大粒径　　　　　　mm	0.42	0.5	0.85	2	2.1	1.85	0.43	0.43	0.8	0.8
土粒子の密度 ρ_s　g/cm³	2.71	2.71	2.70	2.71	2.69	2.68	2.70	2.71	2.70	2.69

深度 (m)	11.0〜11.3	12.0〜12.3	13.0〜13.3	14.0〜14.3	15.0〜15.3	16.0〜16.3	17.0〜17.3	18.0〜18.3	19.0〜19.3	20.0〜20.3
礫分（2mm以上）　　　％	0	0	0	0	0	0	0	0	0	0
砂分（75μm〜2mm）　％	84.7	80.8	84.4	86.7	3.1	89.9	91.7	89.1	90.5	85.8
シルト分（5μm〜75μm）％	10.5	10.8	12.5	10.3	46.7	8.5	7.5	8.6	8.2	10.3
粘土分（5μm未満）　％	4.8	8.4	3.1	3	50.2	1.6	0.8	2.3	1.3	3.9
最大粒径　　　　　　mm	0.85	0.9	0.9	0.9	0.4	0.85	0.85	1.1	1.1	1.1
土粒子の密度 ρ_s　g/cm³	2.7	2.69	2.71	2.71	2.7	2.7	2.68	2.69	2.7	2.7

	深度 (m)		38.0〜39.0
粒度分布	礫分（2mm以上）　　　％		0
	砂分（75μm〜2mm）　％		0
	シルト分（5μm〜75μm）　％		47.3
	粘土分（5μm未満）　％		52.7
	最大粒径　　　　　　(mm)		0.075
	土粒子の密度 ρ_s　g/cm³		2.68
力学特性	一軸圧縮強さ q_u	kN/m²	294
	E_{50}	MPa	36.8
	圧密降伏応力 p_c	kN/m²	627.2
	初期間隙比 e_0		1.862
	圧縮指数 C_c		1.31

3．基礎構造の計画

(1) 設計方針

　本敷地の地盤構成は，上部のGL−12.5m付近までの軟弱な沖積砂層が液状化する可能性があり，原地盤のままでは，直接基礎として設計するのは困難である．杭基礎とする場合，GL−57.0m以深に堆積する砂礫層を支持層とする支持杭，中間の砂層を支持層とする摩擦杭などが考えられるが，

液状化層厚も比較的厚く，杭および基礎梁を補強する費用が別途発生する．本建物は塔状比も小さいことから，剛性が高く多少の不同沈下に対しても上部構造に多大な被害を与えることの少ないべた基礎を採用したうえで，大地震時では若干の液状化を許容することを前提に考えることにより，技術的，コスト的に設計が十分成立すると判断し，締固め改良地盤上に直接基礎で支持させる設計方針を採った．以降，締固め改良地盤の設計，改良地盤の液状化判定，改良範囲の設定，改良地盤上の直接基礎の支持力，沈下，滑動の検討内容を順次示す．なお，液状化対策，鉛直支持力，沈下量の検討法では本編における「推奨法」を採用している．

(2) 荷重の設定

建物全体の固定荷重および積載荷重を表9.2.2に示す．建築面積1m²あたりの平均荷重度は69kNである．本建物の地震力は，建築基準法施行令に従って設定されている．地震層せん断力係数 C_0 などは以下のとおりである．

$C_0=0.2$，振動特性係数 $R_t=1.0$，地域係数 $Z=1.0$，地下深度 $k_{base}=0.1$

また，大地震動時の検討においては，必要保有水平耐力時（構造特性係数 $D_s=0.4$）の建物水平力と地下深度 $k_{base}=0.3$ として算定した基礎部分の水平力を考慮する．建物および基礎の地震時水平力と基礎底面に対する転倒モーメントを表9.2.3に示す．

(3) 液状化の判定

GL−20m までの砂層について，液状化判定の計算を行った結果を，表9.2.4に示す．ここで，地表面の設計用水平加速度は損傷限界検討用（中地震動時）として200cm/s²，終局限界検討用（大地震動時）として350cm/s²とし，地震のマグニチュードはともに7.5，設計用地下水位は GL−2.5m とした．損傷限界状態，終局限界状態ともに，GL−12.0m 程度までの砂層において，液状化安全率 F_l が1.0を下回り，液状化の可能性が高いと判断された．

表9.2.2 建物全体の荷重

	固定荷重 (kN)	積載荷重 (kN)		合計 (kN)	
		常時	地震動時	常時	地震動時
1階～最上階	28 952	3 822	1 702	32 774	30 654
基礎	26 287	3 204	1 426	29 491	27 713
合計	55 239	7 026	3 128	62 265	58 367

表9.2.3 建物および基礎の地震時水平力と転倒モーメント

	中地震動時		大地震動時	
	水平力 (kN)	転倒モーメント (kNm)	水平力 (kN)	転倒モーメント (kNm)
上部構造	6 131	62 565	12 262	125 130
基礎	2 771	—	8 314	—
合計	8 902	62 565	20 576	125 130

表9.2.4 各限界状態の液状化判定結果

深度 (m)	N値	細粒分含有率 F_c (%)	全応力 σ_z (kN/m²)	有効応力 σ'_z (kN/m²)	補正N値 N_a	液状化抵抗比 τ_l/σ'_z	損傷限界状態(a=200cm/s²)				終局限界状態(a=350cm/s²)			
							繰返しせん断応力比 τ_d/σ'_z	液状化安全率 F_l	各深度 ΔD_{cy} (cm)	各深度 ΔP_l	繰返しせん断応力比 τ_d/σ'_z	液状化安全率 F_l	各深度 ΔD_{cy} (cm)	各深度 ΔP_l
1	7	19.0	18.00	18.00	24.13	0.378	0.131	—	—	—	0.229	—	—	—
2	11	10.5	36.00	36.00	24.25	0.385	0.129	—	—	—	0.225	—	—	—
3	7	9.5	54.00	49.10	15.29	0.168	0.139	1.20	—	—	0.244	0.69	1.53	2.65
4	5	10.2	72.00	57.30	12.58	0.147	0.157	0.94	1.17	0.47	0.274	0.54	2.52	3.70
5	6	10.5	90.00	65.50	13.44	0.153	0.169	0.91	1.19	0.68	0.295	0.52	2.30	3.60
6	5	9.5	108.00	73.70	11.17	0.138	0.177	0.78	2.17	1.54	0.310	0.45	3.11	3.88
7	8	13.8	126.00	81.90	15.51	0.170	0.183	0.93	0.70	0.46	0.320	0.53	1.83	3.05
8	5	14.2	144.00	90.10	12.05	0.144	0.187	0.77	1.95	1.37	0.326	0.44	2.87	3.36
9	5	12.8	162.00	98.30	11.55	0.141	0.189	0.74	2.17	1.41	0.331	0.42	3.03	3.16
10	3	22.1	180.00	106.50	11.09	0.137	0.191	0.72	2.41	1.39	0.334	0.41	3.18	2.94
11	8	15.3	198.00	114.70	14.45	0.161	0.191	0.84	1.18	0.71	0.335	0.48	2.11	2.34
12	13	19.2	216.00	122.90	19.45	0.220	0.191	1.15	—	—	0.335	0.66	1.07	1.37
13	19	15.6	234.00	131.10	23.55	0.348	0.191	1.83	—	—	0.334	1.04	—	—
14	21	13.3	252.00	139.30	24.27	0.386	0.190	2.04	—	—	0.332	1.16	—	—
15	6	96.9	269.60	147.10	20.59	0.244	0.188	—	—	—	0.330	—	—	—
16	22	10.1	287.00	154.70	23.53	0.347	0.187	1.86	—	—	0.327	1.06	—	—
17	28	8.3	305.00	162.90	25.68	0.481	0.185	2.60	—	—	0.324	1.48	—	—
18	27	10.9	323.00	171.10	26.61	0.562	0.183	3.08	—	—	0.320	1.76	—	—

	地表面動的変位 D_{cy} cm	液状化指数 P_l	地表面動的変位 D_{cy} cm	液状化指数 P_l
	12.94	8.05	22.02	30.05

(4) 液状化対策としての地盤改良の検討

近隣への振動,騒音の影響に配慮して,低振動,低騒音での施工が可能で,液状化対策としての実績が豊富な静的締固め砂杭工法を採用した.

a．液状化に対する目標性能

損傷限界状態では全深度液状化させないことを改良目標とした.一方,終局限界状態では,べた基礎の採用を前提にしていること,塔状比が$H/B=0.67$程度でそれほど大きくないことから,液状化による若干の水平変位や残留沈下を許容できると判断し,建物の公共性,重要性などを考慮した上でD_{cy}の限界値を5cm程度に設定した.液状化に対する要求性能と限界値を表9.2.5に示す.

表9.2.5 液状化に対する要求性能と限界値

限界状態	荷重	目標性能
終局限界状態	大地震動時	D_{cy}＝5.0cm 程度（軽微）
損傷限界状態	中地震動時	液状化対象層全点で $F_l>1.0$

b．改良深度

表9.2.4に示した液状化安全率の深度分布に基づき，液状化の可能性が高いGL－12.5mまでを改良深度とした．

c．改良範囲

平面的な改良範囲は，表5.1.1の推奨法の値を参考にして，建物外周から改良層厚の1/2の範囲とした．

d．締固め杭の設計

締固め杭の杭径は ϕ700mm とする．設計の手順は，図4.2.1に示される締固め杭の設計フローに従う．まず損傷限界状態において全深度で $F_l>1.0$ となる改良率を図4.4.3の方法Dによる改良率算定法に準じて設定した後，同改良仕様における終局限界状態（大地振動時）の液状化程度を D_{cy} により判定し，設定した限界値を満足しない場合は，限界値を満足させるような改良仕様を再設定する手順を採った．「9.1節　直接基礎（独立基礎）」と同様の手順に従って，各深度の必要改良率（打

表9.2.6 改良地盤の液状化判定結果

深度 (m)	原地盤 N 値	改良率 a_s	改良後 N 値 N_1	補正 N 値 N_a	液状化抵抗比 τ_l/σ'_z	割増後液状化抵抗比 $C\cdot\tau_l/\sigma'_z$	損傷限界状態(200cm/s²) 繰返しせん断応力比 τ_d/σ'_z	損傷限界状態(200cm/s²) 改良後 F_l	終局限界状態(350cm/s²) 繰返しせん断応力比 τ_d/σ'_z	終局限界状態(350cm/s²) 改良後 F_l	各深度 ΔD_{cy} (cm)
1	7	0.067	10.0	31.1	—	—	—	—	—	—	—
2	11	0.067	16.4	33.2	—	—	—	—	—	—	—
3	7	0.067	12.6	23.2	0.330	0.396	0.139	2.85	0.244	1.63	—
4	5	0.067	10.4	19.6	0.223	0.267	0.157	1.71	0.274	0.97	0.82
5	6	0.067	11.8	20.5	0.242	0.290	0.169	1.72	0.295	0.98	0.81
6	5	0.067	11.0	18.1	0.199	0.238	0.177	1.35	0.310	0.77	1.26
7	8	0.067	13.8	21.8	0.279	0.335	0.183	1.83	0.320	1.05	—
8	5	0.067	10.4	17.7	0.193	0.232	0.187	1.24	0.326	0.71	1.41
9	5	0.067	11.0	17.6	0.191	0.229	0.189	1.21	0.331	0.69	1.45
10	3	0.067	7.3	15.2	0.167	0.200	0.191	1.05	0.334	0.60	1.93
11	8	0.067	14.4	20.3	0.239	0.286	0.191	1.50	0.335	0.86	0.92
12	13	0.067	19.3	25.1	0.437	0.524	0.191	2.74	0.335	1.57	—

D_{cy}(cm)＝8.59

表9.2.7 再設定後の終局限界状態における液状化判定結果

深度 (m)	原地盤 N値	改良率 a_s	改良後 N値 N_1	補正 N値 N_a	液状化抵抗比 τ_l/σ'_z	割増後液状化抵抗比 $C \cdot \tau_l/\sigma'_z$	繰返しせん断応力比 t_d/σ'_z	改良後 F_l	各深度 ΔD_{cy} (cm)	各深度 ΔP_l
1	7	0.087	11.0	33.4	—	—	—	—	—	—
2	11	0.087	18.3	36.3	—	—	—	—	—	—
3	7	0.087	14.5	25.9	0.499	0.599	0.244	2.46	—	—
4	5	0.087	12.2	22.0	0.287	0.344	0.274	1.25	—	—
5	6	0.087	13.8	22.9	0.320	0.384	0.295	1.30	—	—
6	5	0.087	13.2	20.6	0.245	0.294	0.310	0.95	0.83	0.36
7	8	0.087	15.7	24.0	0.369	0.443	0.320	1.39	—	—
8	5	0.087	12.3	19.7	0.225	0.270	0.326	0.83	1.02	1.04
9	5	0.087	13.1	19.6	0.224	0.269	0.331	0.81	1.03	1.04
10	3	0.087	8.7	16.5	0.180	0.215	0.334	0.65	1.65	1.77
11	8	0.087	16.5	22.3	0.297	0.357	0.335	1.07	—	—
12	13	0.087	21.4	26.9	0.595	0.713	0.335	2.13	—	—

D_{cy}(cm) P_l
4.53 4.21

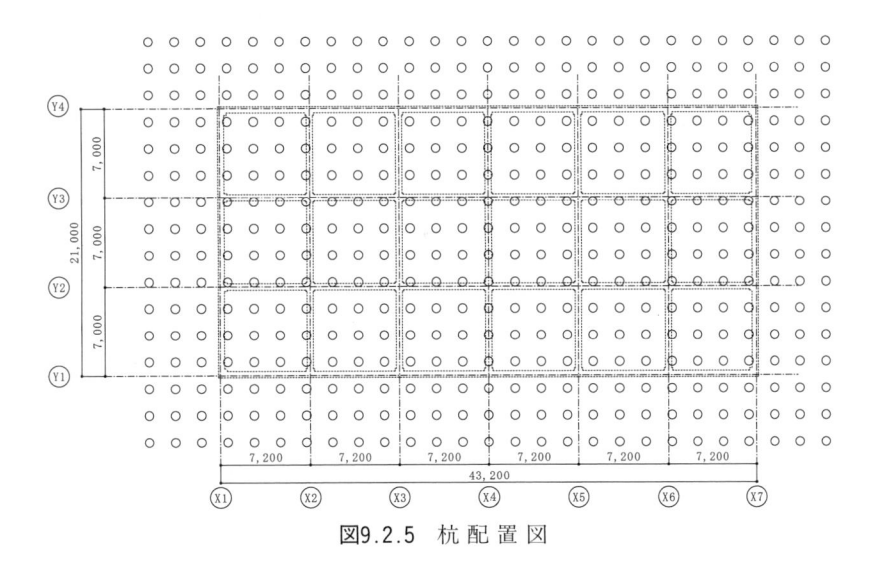

図9.2.5 杭配置図

設間隔)を算出した結果,GL−10m地点での必要改良率が$a_s=0.067$で最大となった.必要打設間隔xは,φ700mmの締固め杭を正方形に配置するとして,締固め杭断面積A_sと必要改良率a_s'の関係から下式によって算出する.

$$x \leq \sqrt{\frac{A_s}{a_s'}} = \sqrt{\frac{0.385}{0.063}} = 2.47\text{m}$$

以上より，打設間隔2.4mの正方形配置（以降，□2.4mと略記）で全深度改良した場合の損傷限界状態の液状化判定結果および終局限界状態の改良地盤の液状化判定結果を表9.2.6に示す．損傷限界状態の F_l はすべての深度で1.0を上回るが，終局限界状態では設定した限界値を上回ることから，締固め杭の打設間隔を再設定した．□2.1mにした場合の液状化判定結果を表9.2.7に示す．終局限界状態では，表9.2.7に示すようにGL−8.0～11.0mで $F_l=0.65～0.95$ となるが，地表面動的変位 D_{cy} も 5 cm 以下，また，液状化指数 P_l も5.0以下であることから，建物の倒壊に至る可能性はないと判断した．なお，改良地盤の液状化判定において液状化抵抗比の割増係数は $C=1.2$ としている．

また，締固め杭の杭伏図を図9.2.5に示す．

4．基礎の目標性能

(1) 地盤の鉛直支持力に対する目標性能

鉛直支持力の検討においては，限界値の設定，算定法ともに推奨法に従う．各限界状態の要求性能と限界値を表9.2.8に示す．

表9.2.8 改良地盤の鉛直支持力に関する目標性能

限界状態	目 標 性 能
終局限界状態	基礎全体に作用する鉛直力が極限支持力を超えない．
損傷限界状態	基礎全体に作用する鉛直力が極限支持力の2/3を超えない． 基礎端部の接地圧が，極限支持力度を超えない．
使用限界状態	基礎端部の接地圧が，極限支持力度の1/3を超えない．

(2) 沈下に対する目標性能

使用限界状態において，表9.2.9に示す目標性能を満足することを確認することとした．本建物は二重スラブ形式のべた基礎形式で十分な剛性を有することから，最大沈下量を30～40mm程度に抑えておけば，有害となる変形は生じないであろうという判断によるものである．一方，損傷限界状態においても，本来，具体的な目標性能を設定して沈下の検討を実施する必要があるが本設計では，紙面の都合等により同検討を省略することとした．

表9.2.9 改良地盤の沈下に関する目標性能

限界状態	目 標 性 能
使用限界状態	最大沈下量 30～40mm

(3) 滑動に対する目標性能

終局限界状態において，水平力が基礎底面と改良地盤間の極限摩擦力を超えないことを確認する．

5．鉛直支持力の検討

(1) 終局限界状態の検討

水平力 H およびモーメント M を考慮した基礎全体の極限支持力 R_u が，大地震動時において基礎全体に作用する鉛直力 V よりも十分大きく，安全なことを確認する．大地震動時における鉛直力

V,水平力 H,転倒モーメント M は,表9.2.2〜9.2.3より以下のとおりである.

$\quad V = 58\,367\,\text{kN} \qquad H = 20\,576\,\text{kN} \qquad M = 125\,130\,\text{kNm}$

① 杭間地盤の極限支持力度

改良層の杭間 N 値は基礎底面(GL-2.0m)から改良層下端までの深度方向の平均 N 値とする.

$\quad N = (18.3+14.5+12.2+13.8+13.2+15.7+12.3+13.1+8.7+16.5+21.4)/11 = 14.5$

$\qquad\quad$→地盤のばらつき等を考慮し,安全側に評価して,$N=12$ とする.

$\quad \phi = \sqrt{20N} + 15 = 30° \quad N_q = \dfrac{1+\sin\phi}{1-\sin\phi}\exp(\pi\tan\phi) = 18.4 \quad N_\gamma = (N_q-1)\tan(1.4\phi) = 15.7$

地下水位以 GL-2.5m より,支持層の単位体積重量は,$\gamma_1 = 19.0 - 9.8 = 9.2\,\text{kN/m}^3$,根入れ部の単位体積重量 γ_2 は $18.0\,\text{kN/m}^3$,有効根入れ深さ D_f は 1.0m とする.

また,水平力を考慮した荷重の傾斜角 θ は,

$\quad \theta = \tan^{-1}(H/V) = \tan^{-1}(20\,576/58\,367) = \tan^{-1}(0.353) = 19.4°$

$\quad i_\gamma = \left(1 - \dfrac{19.4}{30}\right)^2 = 0.12, \qquad i_c = i_q = \left(1 - \dfrac{19.4}{90}\right)^2 = 0.62$

荷重の偏心量 e と偏心を考慮した有効幅 B_e は,

$\quad e = \dfrac{M}{V} = \dfrac{125\,130}{58\,367} = 2.14\,\text{m}, \qquad B_e = B - 2e = 21.0 - 2 - 2.14 = 16.7\,\text{m}$

形状係数 β は,

$\quad \beta = 0.5 - 0.2\dfrac{B_e}{L} = 0.5 - 0.2 \times \dfrac{16.7}{42.3} = 0.42$

以上より杭間地盤の極限支持力度は,以下のように算定される.

$\quad q_{u1} = i_\gamma \cdot \beta \cdot \gamma_1 \cdot B_e \cdot \eta \cdot N_\gamma + i_q \cdot \gamma_1 \cdot D_f \cdot N_q$

$\qquad\quad = 0.12 \times 0.42 \times 9.2 \times 16.7 \times 1.0 \times 15.7 + 0.62 \times 18.0 \times 1.0 \times 18.4$

$\qquad\quad = 327\,\text{kN/m}^2$

② 杭心地盤の極限支持力度

改良層の杭心の N 値は,図4.4.4(b)より,安全側に読み取って $N_p = 20$ とする.

$\quad \phi = \sqrt{20N} + 15 = 35°\ \text{より} \qquad N_q = 33.3 \qquad N_p = 37.2$

$\quad \theta = 19.4°,\ i_\gamma = 0.20,\ i_c = i_q = 0.62$

また,支持層の単位体積重量は,$\gamma_1 = 20.0 - 9.8 = 10.2\,\text{kN/m}^3$ とする.

以上より,杭心の極限支持力度 q_{up} は,以下のように算定される.

$\quad q_{up} = i_\gamma \cdot \beta \cdot \gamma_1 \cdot B_e \cdot \eta \cdot N_\gamma + i_q \cdot \gamma_1 \cdot D_f \cdot N_p$

$\qquad\quad = 0.20 \times 0.42 \times 10.2 \times 16.7 \times 1.0 \times 37.2 + 0.62 \times 18 \times 1.0 \times 33.3$

$\qquad\quad = 904\,\text{kN/m}^2$

改良率が $a_s = 0.087$ であることから,複合地盤としての極限支持力度は以下のように算出する.

$\quad q_u = (1-a_s)q_{u1} + a_s \cdot q_{up} = (1-0.087) \times 327 + 0.087 \times 904 = 377\,\text{kN/m}^2$

したがって,極限支持力 Q_u は,

$$Q_u = q_u B_e L = 377 \times 16.7 \times 43.2 = 271\,983\text{kN} \quad > \quad V = 58\,367\text{kN} \quad\quad 可$$

極限支持力 Q_u は，作用鉛直力 V の4.6倍程度であり，極限支持力に達しないことを確認した．

(2) 損傷限界状態の検討

降伏支持力 R_y が，基礎全体に作用する鉛直力 V よりも十分大きく，かつ極限支持力度 q_u がモーメントを考慮した基礎端部の接地圧 $p_{\max}$ より十分に大きいことを確認する．中地震動時に基礎全体に作用する鉛直力 V，水平力 H，転倒モーメント M は，表9.2.2～9.2.3より以下のとおりである．

$$V = 58\,367\text{kN} \quad H = 8\,902\text{kN} \quad M = 62\,265\text{kNm}$$

① 杭間地盤の極限支持力度

(1)と同様に算出した各パラメータおよび極限支持力度 q_{u1} は以下のとおりである．

$\theta = 8.7°$, $i_\gamma = 0.50$, $i_c = i_q = 0.82$, $B_e = 18.9$m, $\beta = 0.41$, $\gamma_1 = 9.2\text{kN/m}^3$, $\gamma_2 = 18.0\text{kN/m}^3$
$\eta = 1.0$, $N_q = 18.4$, $N_\gamma = 15.7$

$q_{u1} = 831\text{kN/m}^2$

② 杭心地盤の極限支持力度

支持力算定式を構成する各パラメータを(1)と同様に算出すると以下のような結果を得る．

$\theta = 8.7°$, $i_\gamma = 0.56$, $i_c = i_q = 0.82$, $B_e = 18.9$m, $\beta = 0.41$, $\gamma_1 = 10.2\text{kN/m}^3$, $\gamma_2 = 18.0\text{kN/m}^3$
$\eta = 1.0$, $N_q = 33.3$, $N_\gamma = 37.2$

$q_{up} = 2\,138\text{kN/m}^2$

改良率が $a_s = 0.087$ であることから，複合地盤としての極限支持力度は以下のように算出する．

$$q_u = (1 - a_s) q_{u1} + a_s \cdot q_{up} = (1 - 0.087) \times 831 + 0.087 \times 2\,138$$
$$= 945\text{kN/m}^2 > p_{\max} = 84\text{kN/m}^2 \quad\quad 可$$

したがって，降伏支持力 Q_y は，

$$Q_y = \frac{2}{3} q_u B_e L = \frac{2}{3} \times 945 \times 18.9 \times 43.2 = 514\,382\text{kN} \quad > \quad V = 58\,367\text{kN} \quad\quad 可$$

以上より損傷限界状態の検討において，改良層の極限支持力 q_u は基礎端部の接地圧 $p_{\max}$ の11.2倍，降伏支持力 R_y は，作用鉛直力 V の8.8倍程度であり，十分な余裕を有すると判断できる．

(3) 使用限界状態の検討

極限支持力 q_u の1／3が基礎の端部の接地圧 $p_{\max}$ より十分に大きいことを確認する．

① 杭間地盤の極限支持力度

$B = 21.0$m, $\beta = 0.40$, $\eta = (B/B_0)^{-1/3} = (21.0/1.0)^{-1/3} = 0.36$, $i_\gamma = 1.0$, $i_q = i_c = 1.0$,
$\gamma_1 = 9.2\text{kN/m}^3$, $\gamma_2 = 18.0\text{kN/m}^3$, $\eta = 1.0$, $N_q = 18.4$, $N_\gamma = 15.7$

$q_{u1} = 768\text{kN/m}^2$

② 杭心地盤の極限支持力度

$q_{up} = 1\,747\text{kN/m}^2$

複合地盤としての極限支持力度は以下のように算出される．

$$q_u = (1 - a_s) q_{u1} + a_s \cdot q_{up} = (1 - 0.087) \times 768 + 0.087 \times 1\,747 = 853\text{kN/m}^2$$

使用限界状態における支持力度 q_l は，

$$q_l = \frac{1}{3} \times q_u = \frac{1}{3} \times 853 = 284 \text{kN/m}^2 \quad > \quad p_{\max} = 69 \text{kN/m}^2 \qquad 可$$

以上より使用限界状態において，支持地盤の降伏に対して十分な余裕を有すると判断できる．

6．沈下の検討

使用限界状態の検討において基礎の沈下を検討し，使用上有害な沈下が生じないことを確認する．

(1) 地盤のモデル化

5.4節に紹介される構造物実測沈下量に基づく逆解析例のうち，文献5.4.10)では，改良後の杭間 N 値の深度方向平均値は 9 程度で，杭心地盤および杭間地盤を横断するライン上の平均値で評価した V_s は168m/sec程度を示していることが報告されている．この V_s は平均 N 値から既往の回帰式5.4.6)で算出した V_s におおむね一致しており，この V_s に基づく E_0 に対して110kN/m²程度の接地圧で $E_s/E_0=0.3\sim0.4$ 程度の値が得られたとともに，杭間 N 値 N_1 に対しては $E_s=5\,600N_1$（kN/m²）程度であったことが報告されている．また，2例目では，既往の回帰式を利用して杭間および杭心の N 値からS波速度を推定し，各変形係数を面積平均して算出した改良地盤全体の E_0 に対して，210kN/m²程度の接地圧で $E_s/E_0=0.2\sim0.25$ 程度が得られている．なお，$E_s/E_0=0.2$ は N 値に対して $2\,800N$（kN/m²）程度に相当する．設計段階で改良地盤全体の等価な変形係数を定量的に評価することが困難なことからも，上記 2 例の解析例を参考にした上で，ある程度安全側の評価となるように沈下計算に用いる変形係数を設定する．本建物の平均接地圧は69kN/m²で上記解析例 2 例に比べて小さく，$E_s/E_d=0.2$ 程度は十分確保できると考えられることから，改良層の変形係数は杭間 N 値 N_1 に対して $E_s=2\,800N_1$ で評価した．その他の洪積砂層の変形係数は，N 値より既往の回帰式5.4.6)より V_s を推定し，低減率は一律0.3とした．洪積粘性土層の変形係数には，一軸圧縮試験による E_{50} の値をそのまま用いた．沈下計算の深度方向の範囲は，建物面積 A に対して，$1.5\sqrt{A}$ の範囲とした．沈下計算に用いた地盤モデルを図9.2.6に示す．

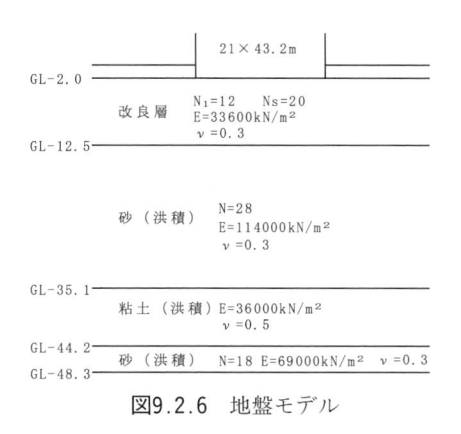

```
                    21×43.2m
GL-2.0  ─────────┬──────────┬─────────
                 │改良層  $N_1=12$  $N_s=20$
                 │       E=33600kN/m²
                 │       ν=0.3
GL-12.5 ─────────┴──────────┴─────────
                   砂（洪積）  N=28
                              E=114000kN/m²
                              ν=0.3
GL-35.1 ──────────────────────────────
                   粘土（洪積） E=36000kN/m²
                              ν=0.5
GL-44.2 ──────────────────────────────
                   砂（洪積）  N=18  E=69000kN/m²  ν=0.3
GL-48.3 ──────────────────────────────
```

図9.2.6　地盤モデル

上記条件のもとで沈下計算を実施した結果，最大沈下量は $S=25.0$ mm となり，設定した限界値を十分に満足する結果となった．

7．滑動の検討

終局限界状態の検討において，基礎の滑動に対して十分安全であることを確認する．基礎に作用

する鉛直力 V と水平力 H は，以下のとおりである．

V＝58 367kN　　H＝20 576kN　　H/V＝20 576/58 367＝0.35

基礎指針によれば，直接基礎の摩擦係数 μ は0.4～0.6の範囲であると記述されていることから，本建物の基礎の摩擦係数 μ を0.5とすれば，基礎の滑動に対する耐力余裕率 $\mu/(H/V)$ は，1.43であり，十分な安全性を有していると判断できる．

9.3節　杭　基　礎

1．敷地・建物概要

用　　途　集合住宅

建築面積　341.6m²

延床面積　2 049.7m²

階　　数　地上6階

高　　さ　最高高さ17.7m，軒高17.4m

構造種別　鉄筋コンクリート造

構造形式　上部構造　ラーメン構造

基礎構造　杭基礎　PHC杭

地盤改良　締固め工法

図9.3.1に基準階平面図，図9.3.2に軸組図を示す．

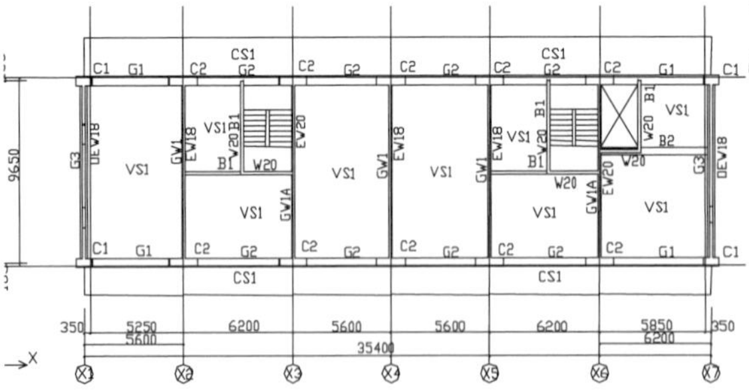

図9.3.1　基準階平面図

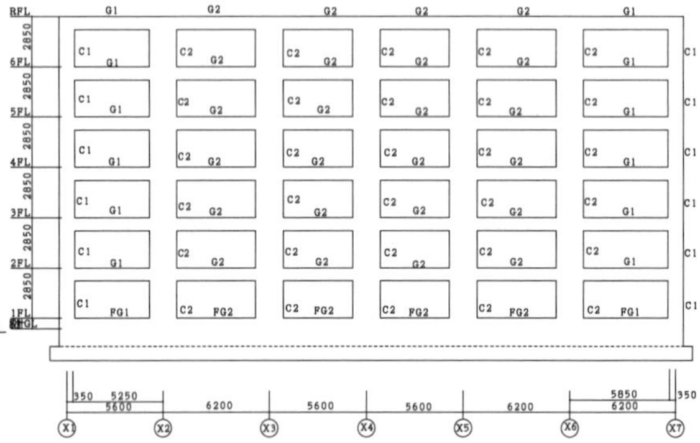

Y1通り軸組図

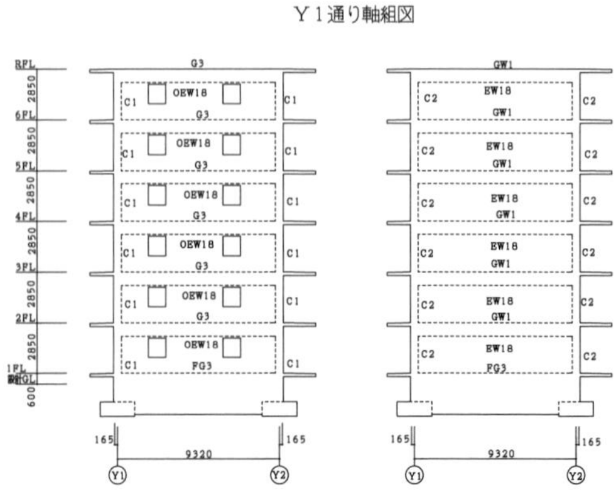

X1通り軸組図　　X2通り軸組図

図9.3.2　軸　組　図

2. 地盤概要

敷地地盤のボーリング柱状図を図9.3.3に示す．表層10mはN値が2～11と比較的小さい細砂層であり，地下水位（深度1.5m）以深は地震時の液状化の検討が必要となる層である．また，深度10mから18mのシルト層は過圧密状態にあり，圧密沈下の懸念はない．シルト層の平均一軸圧縮強さq_uは40kN/m²である．深度18m以深は洪積砂礫層でN値が60以上あり，十分に締まった支持層と考えられる．

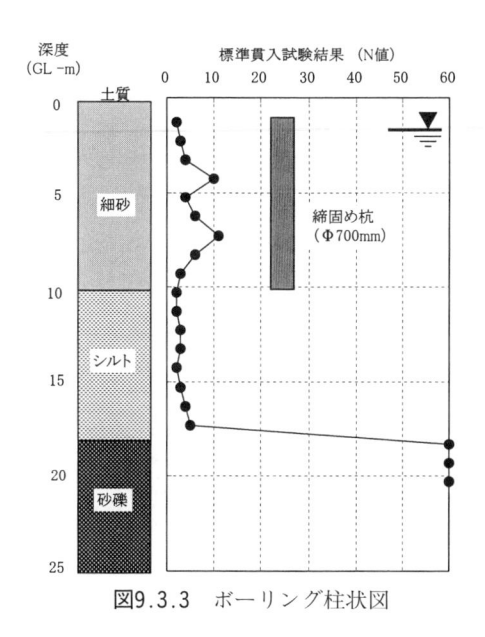

図9.3.3 ボーリング柱状図

3. 基礎構造の計画

(1) 設計方針

基礎構造は，建物の終局限界状態においても急激な鉛直支持力の低下が生ずることなく，作用する水平力に対して十分に耐震安全性が確保できるように計画を行なう．

細砂層は地震時に液状化が発生する可能性があるため，その検討を行なう．その結果，液状化の発生が懸念される場合は，液状化対策を行なう．基礎の設計に際しては，本指針の推奨法に従い，液状化対策後の地盤物性を用いるものとする．

(2) 液状化の判定

原地盤の液状化判定結果を表9.3.1に示す．損傷限界状態では細砂層のほぼ全層において，終局限界状態では細砂層の全層において，液状化が発生するという判定結果となった．液状化時の地表面動的変位D_{cy}は，損傷限界状態で12.5cm，終局限界状態で20.5cmと評価された．また液状化指数P_l値は，損傷限界状態で8.69，終局限界状態で31.36と評価された．

(3) 基礎構造と液状化対策工法の選定

建物荷重と表層地盤の支持力特性を考慮すると，直接基礎や摩擦杭基礎の採用は難しいと判断し，N値60以上の洪積砂礫層を支持層とする支持杭基礎とする．杭は埋込み工法による既製コンクリート杭（PHC杭B種，拡底型）を採用する．

また，地震時には細砂層において液状化の発生が懸念されるため，締固め工法による液状化対策を実施し，杭の水平支持性能を確保する．

表9.3.1 原地盤の液状化判定結果

●損傷限界状態（原地盤）

マグニチュード $M=$	7.0
地表面最大加速度 $a_{max}=$	200

データ番号	深度 (m)	N 値	F_c (%)	単体重量 (kN/m³)	全応力 σ_z (kN/m²)	有効応力 σ'_z (kN/m²)	N_a	液状化強度比 R	せん断応力比 L	安全率 F_l	判定	ΔD_{cy} (cm)	ΔP_l
1	1.3	2	12.0	17.6	22.9	22.9	11	0.134	0.120	＊＊＊		0.00	0.00
2	2.3	3	13.0		40.6	32.7	12	0.142	0.147	0.97	×	1.00	0.26
3	3.3	4	10.0		58.2	40.6	12	0.145	0.167	0.87	×	2.00	1.09
4	4.3	10	7.0		75.9	48.4	17	0.182	0.179	1.01		0.00	0.00
5	5.3	4	16.0		93.5	56.3	12	0.147	0.187	0.78	×	2.00	1.58
6	6.3	6	13.0		111.1	64.1	14	0.158	0.192	0.82	×	1.00	1.22
7	7.3	11	6.0		128.8	71.9	14	0.158	0.195	0.81	×	1.00	1.20
8	8.3	6	12.0		146.4	79.8	13	0.151	0.197	0.77	×	1.50	1.36
9	9.3	3	10.0		64.1	87.6	9	0.125	0.197	0.63	×	4.00	1.97
												D_{cy}(cm)	P_l
												12.50	8.69

●終局限界状態（原地盤）

マグニチュード $M=$	7.5
地表面最大加速度 $a_{max}=$	350

データ番号	深度 (m)	N 値	F_c (%)	単体重量 (kN/m³)	全応力 σ_z (kN/m²)	有効応力 σ'_z (kN/m²)	N_a	液状化強度比 R	せん断応力比 L	安全率 F_l	判定	ΔD_{cy} (cm)	ΔP_l
1	1.3	2	12.0	17.6	22.9	22.9	11	0.134	0.228	＊＊＊		0.00	0.00
2	2.3	3	13.0		40.6	32.7	12	0.142	0.278	0.51	×	3.00	4.32
3	3.3	4	10.0		58.2	40.6	12	0.145	0.317	0.46	×	3.00	4.52
4	4.3	10	7.0		75.9	48.4	17	0.182	0.340	0.54	×	1.50	3.65
5	5.3	4	16.0		93.5	56.3	12	0.147	0.355	0.41	×	3.00	4.31
6	6.3	6	13.0		111.1	64.1	14	0.158	0.364	0.43	×	2.00	3.88
7	7.3	11	6.0		128.8	71.9	14	0.158	0.370	0.43	×	2.00	3.63
8	8.3	6	12.0		146.4	79.8	13	0.151	0.373	0.40	×	2.00	3.48
9	9.3	3	10.0		164.1	87.6	9	0.125	0.374	0.33	×	4.00	3.57
												D_{cy}(cm)	P_l
												20.50	31.36

4. 基礎構造の目標性能

(1) 液状化対策に関する目標性能

損傷限界状態では全深度で液状化の発生を許容せず，液状化安全率 F_l 値が1を上回るようにする．終局限界状態では部分的な液状化は許容し，地表面動的変位 D_{cy} が5cm以下に，また P_l 値が5以下に留まるようにする．

(2) 鉛直支持力に関する目標性能

改良後の杭間 N 値に基づいて地盤物性を評価し，使用限界状態，損傷限界状態および終局限界状態の検討において，杭の鉛直支持性能を確保するように計画する．

(3) 水平抵抗力に関する目標性能

改良後の杭間 N 値に基づいて水平地盤反力係数を評価し，損傷限界状態および終局限界状態の検討において，杭の水平支持性能を確保するように計画する．

5. 設計用軸力と地震時水平力

基礎設計用軸力（基礎の重量含む）を表9.3.2に示す．また，損傷限界状態の水平力は7 121kN，終局限界状態の水平力は11 077kN とする．

表9.3.2 基礎設計用軸力

使用限界検討用軸力

	X1	X2	X3	X4	X5	X6	X7
Y2	1 715	3 456	3 468	2 922	3 302	3 691	1 692
Y1	1 683	3 219	3 198	2 861	3 058	3 512	1 782

損傷限界検討用軸力増分（X方向）

	X1	X2	X3	X4	X5	X6	X7
Y2	−1 097	−44	−162	46	138	136	983
Y1	−1 126	−65	−178	29	168	113	1 059

損傷限界検討用軸力増分（Y方向）

	X1	X2	X3	X4	X5	X6	X7
Y2	805	1 192	1 262	1 178	1 170	1 238	864
Y1	−805	−1 192	−1 262	−1 178	−1 170	−1 238	−864

終局限界検討用軸力増分（X方向）

	X1	X2	X3	X4	X5	X6	X7
Y2	−1 201	−38	−181	46	156	144	1 072
Y1	−1 234	−63	−199	29	189	120	1 158

終局限界検討用軸力増分（Y方向）

	X1	X2	X3	X4	X5	X6	X7
Y2	1 848	2 903	2 996	2 871	2 866	3 012	2 013
Y1	−1 854	−2 900	−2 995	−2 860	−2 868	−3 022	−2 009

［単位：kN］

6. 液状化対策の検討

締固め杭は杭径 ϕ700mm とし，砂質土層の下端（深度10m）まで設置する．本編4.4節のD法に基づき，「損傷限界状態では全深度の F_l 値が1を上回り，終局限界状態では地表面動的変位 D_{cy} が5cm以下に，液状化指数 P_l 値が5以下に留まる」という目標性能を満足するように，締固め杭のピッチを設定する．埋込み杭工法を採用することを考慮し，改良地盤の液状化判定における液状化強度の割増係数Cは1.1とする．「9.1節 直接基礎（独立基礎）」と同様の手順に従って検討した結果，液状化対策に関する目標性能を満足する締固め杭のピッチは2.0mと算出された．表9.3.3に改良地盤の液状化判定結果を示す．終局限界状態の地表面動的変位 D_{cy} は2.5cmであり，液状化指数 P_l 値は3.9である．

改良後の細砂層における杭間 N 値の平均値は13.3である．

表9.3.3 液状化対策の設計と液状化判定結果

●損傷限界状態（改良地盤）

マグニチュード	$M=$	7.0		割増係数	1.1
地表面最大加速度	$a_{max}=$	200		締固め杭ピッチ(m)	2.0

番号	深度 GL(m)	初期 N値 N_0	細粒分 F_c(%)	最大間隙 e_{max}	最小間隙 e_{min}	補正N値増分 ΔN_f	初期相対密度(%) D_{r0}	初期間隙比 e_0	有効締固め係数 R_c	改良率 a_s
1	1.3	2	12.0	1.240	0.696	6.4	51.0	0.962	0.55	0.0962
2	2.3	3	13.0	1.260	0.704	6.6	54.7	0.956	0.54	0.0962
3	3.3	4	10.0	1.200	0.680	6.0	56.0	0.909	0.59	0.0962
4	4.3	10	7.0	1.140	0.656	2.4	65.7	0.822	0.66	0.0962
5	5.3	4	16.0	1.320	0.728	7.2	57.0	0.982	0.50	0.0962
6	6.3	6	13.0	1.260	0.704	6.6	60.6	0.923	0.54	0.0962
7	7.3	11	6.0	1.120	0.648	1.2	60.8	0.833	0.69	0.0962
8	8.3	6	12.0	1.240	0.696	6.4	58.4	0.922	0.55	0.0962
9	9.3	3	10.0	1.200	0.680	6.0	48.9	0.946	0.59	0.0962

番号	改良後間隙比 e_1	改良後相対密度(%) D_{r1}	改良後 N値 N_1	改良後等価N値 N_{a1}	液状化強度比 R	せん断応力比 L	安全率 F_l	判定	ΔD_{cy} (cm)	ΔP_l
1	0.858	70.2	6.9	20.7	0.282	0.120	***		0.00	0.00
2	0.855	72.9	8.4	21.2	0.297	0.147	2.03		0.00	0.00
3	0.800	76.9	11.0	23.1	0.378	0.167	2.27		0.00	0.00
4	0.706	89.6	20.1	31.0	1.509	0.179	8.41		0.00	0.00
5	0.888	73.0	10.0	20.4	0.272	0.187	1.45		0.00	0.00
6	0.824	78.4	13.6	23.5	0.399	0.192	2.08		0.00	0.00
7	0.711	86.6	23.4	28.5	0.947	0.195	4.85		0.00	0.00
8	0.820	77.2	14.8	22.8	0.361	0.197	1.84		0.00	0.00
9	0.836	70.1	12.1	18.8	0.235	0.197	1.19		0.00	0.00
									D_{cy} (cm)	P_l
									0.0	0.00

●終局限界状態（改良地盤）

マグニチュード	$M=$		7.5		割増係数		1.1		
地表面最大加速度	$a_{max}=$		350		締固め杭ピッチ(m)		2.0		

番号	深度 GL(m)	初期N値 N_0	細粒分 F_c(%)	最大間隙 e_{max}	最小間隙 e_{min}	補正N値増分 ΔN_f	初期相対密度(%) D_{r0}	初期間隙比 e_0	有効締固め係数 R_c	改良率 a_s
1	1.3	2	12.0	1.240	0.696	6.4	51.0	0.962	0.55	0.0962
2	2.3	3	13.0	1.260	0.704	6.6	54.7	0.956	0.54	0.0962
3	3.3	4	10.0	1.200	0.680	6.0	56.0	0.909	0.59	0.0962
4	4.3	10	7.0	1.140	0.656	2.4	65.7	0.822	0.66	0.0962
5	5.3	4	16.0	1.320	0.728	7.2	57.0	0.982	0.50	0.0962
6	6.3	6	13.0	1.260	0.704	6.6	60.6	0.923	0.54	0.0962
7	7.3	11	6.0	1.120	0.648	1.2	60.8	0.833	0.69	0.0962
8	8.3	6	12.0	1.240	0.696	6.4	58.4	0.922	0.55	0.0962
9	9.3	3	10.0	1.200	0.680	6.0	48.9	0.946	0.59	0.0962

番号	改良後間隙比 e_1	改良後相対密度(%) D_{r1}	改良後N値 N_1	改良後等価N値 N_{a1}	液状化強度比 R	せん断応力比 L	安全率 F_l	判定	ΔD_{cy} (cm)	ΔP_l
1	0.858	70.2	6.9	20.7	0.282	0.228	＊＊＊		0.00	0.00
2	0.855	72.9	8.4	21.2	0.297	0.278	1.07		0.00	0.00
3	0.800	76.9	11.0	23.1	0.378	0.317	1.19		0.00	0.00
4	0.706	89.6	20.1	31.0	1.509	0.340	4.43		0.00	0.00
5	0.888	73.0	10.0	20.4	0.272	0.355	0.77	×	1.00	1.72
6	0.824	78.4	13.6	23.5	0.399	0.364	1.10		0.00	0.00
7	0.711	86.6	23.4	28.5	0.947	0.370	2.56		0.00	0.00
8	0.820	77.2	14.8	22.8	0.361	0.373	0.97	×	0.50	0.18
9	0.836	70.1	12.1	18.8	0.235	0.374	0.63	×	1.00	1.99
									D_{cy} (cm)	P_l
									2.5	3.90

7．鉛直支持力の検討

(1) 杭の鉛直支持力

本編6.3節の推奨法に従い，地盤から定まる杭の鉛直支持力の算定に際しては，液状化対策を施す細砂層の杭周面摩擦力を改良後の推定杭間N値に基づいて評価する．ただし，細砂層の周面摩擦力を考慮するのは使用限界状態および損傷限界状態に限定し，部分的な液状化の可能性を許容する終局限界状態では，細砂層の周面摩擦力を無視する．

軸径900mm（拡底部径1 000mm）の杭について計算例を以下に示す．

杭先端深さは20mとし，砂礫層に2m根入れするものとする．

使用限界状態および損傷限界状態の極限鉛直支持力は，

$$R_u = R_p + R_f = q_p \cdot A_p + (\tau_s \cdot L_s + \tau_c \cdot L_c) \cdot \Psi$$

ここに,

R_u：極限支持力（kN）

R_p：極限先端支持力（kN）

R_f：極限周面摩擦力（kN）

q_p：極限先端支持力度（kN/m²）　　　$q_p = 200\overline{N} = 200 \times 60 = 12\,000 \text{kN/m}^2$

A_p：杭先端閉塞断面積（拡底部）（m²）　$A_p = 3.14 \times \{(0.9+0.1)/2\}^2 = 0.785 \text{m}^2$

τ_s：砂質土の極限周面摩擦力度（kN/m²）　$\tau_s = 2.5\overline{N_1} = 2.5 \times 13.3 = 33.25 \text{kN/m}^2$
　　（改良後の平均 N 値13.3を使用）

τ_c：粘性土の極限周面摩擦力度（kN/m²）　$\tau_c = 0.8\overline{q_u}/2 = 0.8 \times 20.0 = 16.0 \text{kN/m}^2$

L_s：砂質土部分の長さ（m）　　　　　$L_s = 10\text{m}$

L_c：粘性土部分の長さ（m）　　　　　$L_c = 8\text{m}$

（なお，拡底部の砂礫層への根入れ長さは 2 m, 極限周面摩擦力度は$2.5 \times 50 = 125$kN/m²）

Ψ：杭の周長（m）　　　　　　　　軸部径：0.9m, 拡底径：1.0m として計算

以上より，使用限界状態と損傷限界状態検討用の極限支持力は,

$$R_u = 12\,000 \times 0.785 + (33.25 \times 10 + 16 \times 8) \times 3.14 \times 0.9 + 125 \times 2 \times 3.14 \times 1.0 = 11\,506 \text{kN}$$

となる．使用限界状態の設計用限界値はこの極限支持力の1/3とし，損傷限界状態の設計用限界値ではこの極限支持力の2/3として，各限界状態の設計用軸力が設計用限界値に達しないことを確認した．

一方，終局限界状態検討用の極限支持力は，砂質土層の周面摩擦力を無視し,

$$R_u = 12\,000 \times 0.785 + 16 \times 8 \times 3.14 \times 0.9 + 125 \times 2 \times 3.14 \times 1.0 = 10\,567 \text{kN}$$

となる．これを終局限界状態の設計用限界値とする．終局限界状態の設計用軸力がこの設計用限界値に達しないことを確認した．

(2) 杭の配置

前述の鉛直支持力の検討結果に加え，終局限界時の引抜き抵抗力や，後述する地震時水平抵抗の検討結果をも考慮した上で，杭径を決定する．検討の結果，杭径700mm, 800mm, 900mm の3種類の杭を用い，図9.3.4に示すように各柱の直下に一本ずつ配置することとした．

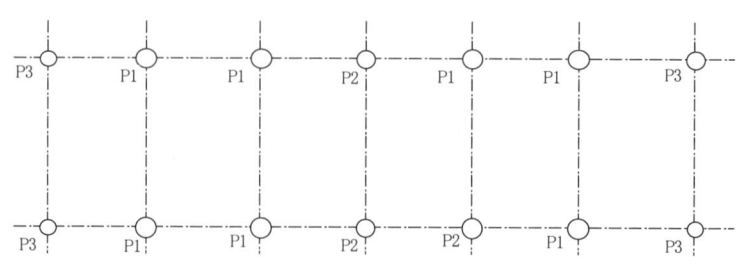

P1: Φ900mm, P2: Φ800mm, P3: Φ700mm

図9.3.4　杭の平面配置

8. 水平抵抗力の検討1（損傷限界状態）

(1) 検討方法

杭の水平抵抗力については，多層地盤中の杭として検討する．杭を梁要素，地盤をばね要素でモデル化した解析モデルを用いる．地盤ばねの評価に際しては，改良後の推定杭間 N 値を用いて深度ごとに水平地盤反力係数を設定する．損傷限界状態の検討では，杭の曲げ応答がコンクリートのひび割れ限界以内（弾性範囲内）に留まることを確認する．

(2) 解析モデル

図9.3.5に解析モデルを示す．杭は杭径ごとに集約してモデル化している．また，杭頭部の曲げの自由度を拘束し，さらに剛床を仮定して各杭の杭頭変位が等しいとしている．作用させる杭頭水平力は7 121kNである．

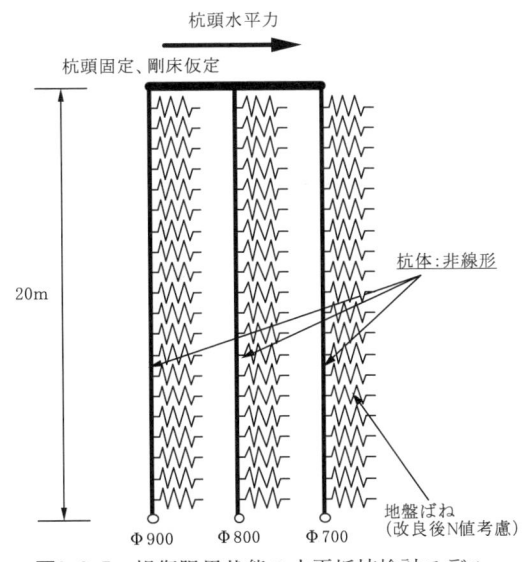

図9.3.5 損傷限界状態の水平抵抗検討モデル

(3) 地盤ばね

改良層の地盤ばねの初期値は，改良後の推定 N 値（N_1）を用い，変形係数を$700N_1$として求めた（表9.3.4）．また，非改良層は原地盤の N 値を用いた．さらに地盤ばねの変形に依存した剛性低下（非線形性）を，基礎指針の（6.6.3式）を用いて評価した．

(4) 解析結果

図9.3.6に杭に発生する曲率，曲げモーメント，せん断力，変位の深度方向分布を杭径ごとに示す．曲率と曲げモーメントに関しては，コンクリートにひび割れが発生する損傷限界状態に対応する杭径ごとの限界値（Φ_c, M_c）を併記している．

杭の曲げ応答は，コンクリートにひび割れの発生しない弾性範囲内に留まっており要求性能を満足している．

表9.3.4 基準水平地盤反力係数と初期地盤ばね

深度(m)	改良後 N値 N_1	E_0 (kN/m²)	水平地盤反力係数 (kN/m³) 杭径Φ (mm)			初期地盤ばね (kN/m/本) 杭径Φ (mm)		
			900	800	700	900	800	700
2.3	8	5 861	$1.6E+04$	$1.8E+04$	$1.9E+04$	$1.4E+04$	$1.4E+04$	$1.4E+04$
3.3	11	7 639	$2.1E+04$	$2.3E+04$	$2.5E+04$	$1.9E+04$	$1.8E+04$	$1.8E+04$
4.3	20	13 983	$3.8E+04$	$4.2E+04$	$4.6E+04$	$3.4E+04$	$3.3E+04$	$3.2E+04$
5.3	10	6 959	$1.9E+04$	$2.1E+04$	$2.3E+04$	$1.7E+04$	$1.7E+04$	$1.6E+04$
6.3	14	9 493	$2.6E+04$	$2.8E+04$	$3.1E+04$	$2.3E+04$	$2.3E+04$	$2.2E+04$
7.3	23	16 308	$4.5E+04$	$4.9E+04$	$5.4E+04$	$4.0E+04$	$3.9E+04$	$3.8E+04$
8.3	15	10 279	$2.8E+04$	$3.1E+04$	$3.4E+04$	$2.5E+04$	$2.5E+04$	$2.4E+04$
9.3	12	8 436	$2.3E+04$	$2.5E+04$	$2.8E+04$	$2.1E+04$	$2.0E+04$	$2.0E+04$

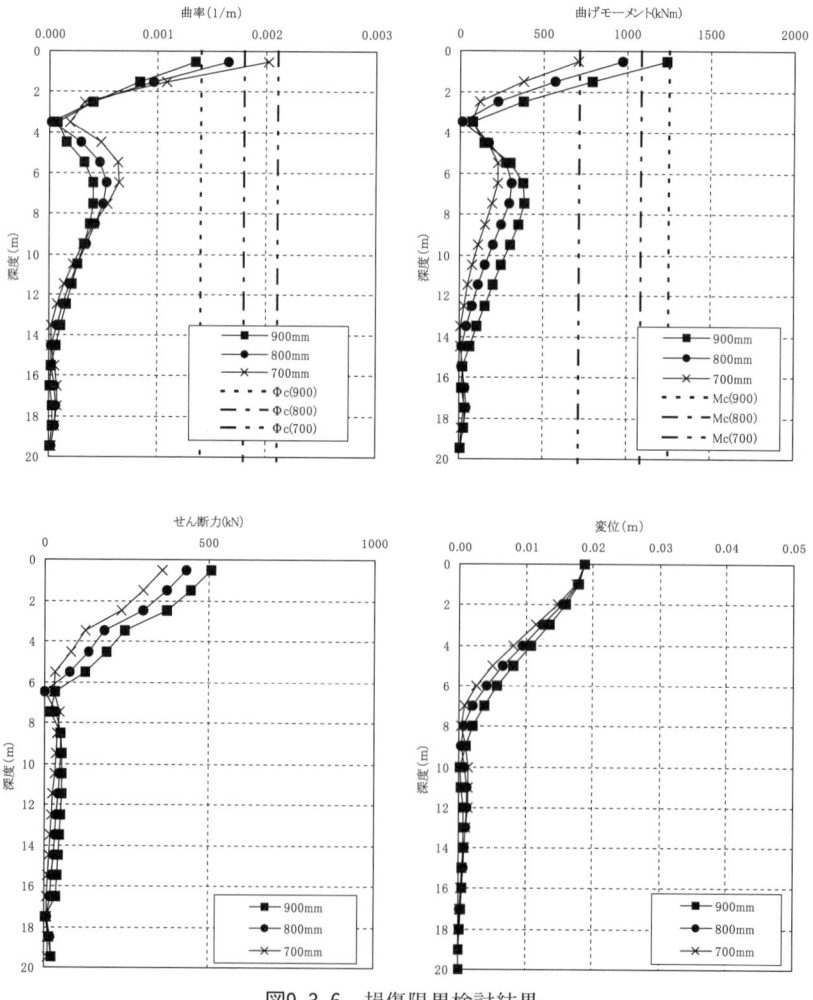

図9.3.6 損傷限界検討結果

9. 水平抵抗力の検討2 （終局限界状態）

(1) 検討方法と解析モデル

損傷限界状態に対する検討と同様の検討〔図9.3.5〕を行なう．ただし，液状化判定結果において，液状化安全率 F_l が1以下となる層に関しては，水平地盤反力係数を低減する．また，部分的に F_l が1以下となる層があるものの D_{cy} が5 cm 以下であるため液状化地盤とは見なさず，地盤変形の影響は無視する．杭体の曲げに関する非線形性（M-Φ 関係）をトリリニアでモデル化し，杭体が終局限界（コンクリートの圧縮縁ひずみ：0.25％）に至らないことを確認する．杭頭に作用する水平力は11 077 kN である．

(2) 地盤ばね

改良地盤の液状化判定結果において，F_l が1以下となる点については，各層の改良後補正 N 値（N_a）を用い，基礎指針の図4.5.14に基づいて，初期水平地盤反力係数の低減率を定める．

表9.3.5 終局限界検討用の地盤ばね

深度(m)	改良後 N 値 N_1	E_0 (kN/m²)	液状化低減係数	水平地盤反力係数 (kN/m³) 杭径Φ (mm)			初期地盤ばね (kN/m/本) 杭径Φ (mm)		
				900	800	700	900	800	700
2.3	8	5 861	0.4	6.4E+03	7.2E+03	7.6E+03	5.8E+03	5.6E+03	5.4E+03
3.3	11	7 639	1.0	2.1E+04	2.3E+04	2.5E+04	1.9E+04	1.8E+04	1.8E+04
4.3	20	13 983	1.0	3.8E+04	4.2E+04	4.6E+04	3.4E+04	3.3E+04	3.2E+04
5.3	10	6 959	0.3	5.7E+03	6.3E+03	6.9E+03	5.1E+03	5.0E+03	4.8E+03
6.3	14	9 493	1.0	2.6E+04	2.8E+04	3.1E+04	2.3E+04	2.3E+04	2.2E+04
7.3	23	16 308	1.0	4.5E+04	4.9E+04	5.4E+04	4.0E+04	3.9E+04	3.8E+04
8.3	15	10 279	0.5	1.4E+04	1.6E+04	1.7E+04	1.3E+04	1.2E+04	1.2E+04
9.3	12	8 436	0.3	6.9E+03	7.5E+03	8.4E+03	5.2E+03	5.0E+03	4.9E+03

(3) 杭の曲げモーメント M ～曲率 Φ 関係のモデル化

長期軸力状態における杭のモーメント曲率関係を杭径ごとに算定し，それらの関係をトリリニアでモデル化して解析に用いた〔図9.3.7〕．ひび割れモーメント M_c および終局モーメント M_u を図中に併記している．

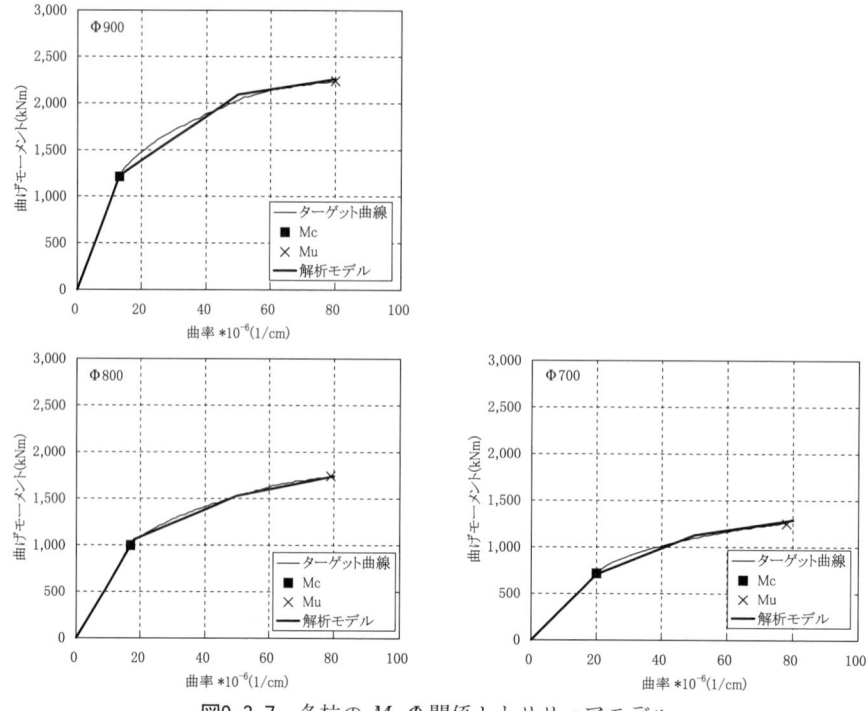

図9.3.7 各杭の M-Φ 関係とトリリニアモデル

(4) 解 析 結 果

図9.3.8に各杭に発生する曲率，曲げモーメント，せん断力，変位の深度方向分布を杭径ごとに示す．曲率と曲げモーメントに関しては，コンクリートの圧縮縁ひずみが0.25%に達する終局限界状態に対応する杭径ごとの限界値（Φ_u，M_u）を併記している．

いずれの杭径の杭においても，曲げ応答値は終局限界値以下に留まっており，要求性能を満足している．

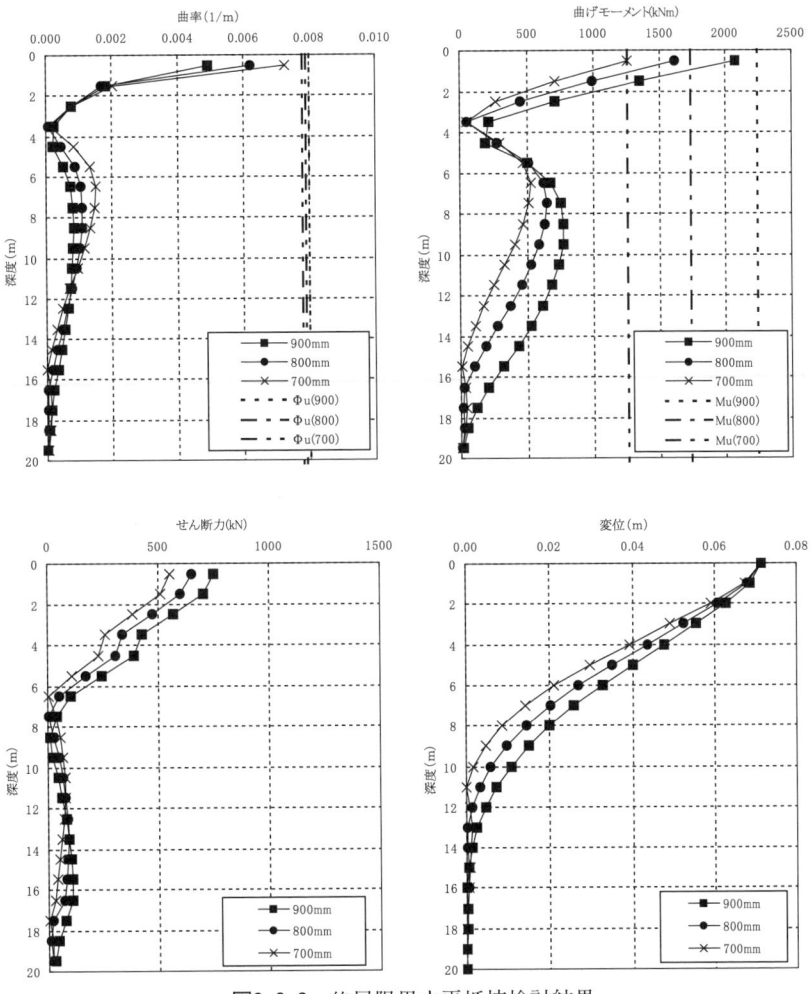

図9.3.8 終局限界水平抵抗検討結果

建築基礎のための地盤改良設計指針案

2006年11月20日	第1版第1刷
2017年4月5日	第6刷

編　集 著作人	一般社団法人　日本建築学会
印刷所	昭和情報プロセス株式会社
発行所	一般社団法人　日本建築学会

108-8414　東京都港区芝 5 — 26 — 20
電　話・(03) 3 4 5 6 — 2 0 5 1
Ｆ Ａ Ｘ・(03) 3 4 5 6 — 2 0 5 8
http://www.aij.or.jp/

発売所　丸善出版株式会社

101-0051　東京都千代田区神田神保町 2 — 17
神田神保町ビル
電　話・(03) 3 5 1 2 — 3 2 5 6

Ⓒ日本建築学会 2006

ISBN978-4-8189-0570-2 C3052